Die Vergütung von Betriebsräten

D1720786

Die Vergütung von Betriebsräten

Martina Schlamp

Fachmedien Recht und Wirtschaft | dfv Mediengruppe | Frankfurt am Main

Zugleich Dissertation, Katholische Universität Eichstätt-Ingolstadt, 2018

Bibliografische Information Der Deutschen Nationalbibliothek

Die Deutsche Nationalbibliothek verzeichnet diese Publikation in der Deutschen National-
bibliografie; detaillierte bibliografische Daten sind im Internet über http://dnb.de abrufbar.

ISBN 978-3-8005-1685-8

dfv Mediengruppe

Satz: fidus Publikations-Service GmbH, Nördlingen

Druck: WIRmachenDRUCK GmbH, Backnang

Printed in Germany

Vorwort

Die Arbeit entstand während meiner Tätigkeit am Lehrstuhl für Bürgerliches Recht, Zivilprozessrecht und Insolvenzrecht an der Katholischen Universität Eichstätt-Ingolstadt. Sie befasst sich ausführlich mit dem viel diskutierten Themenbereich der Betriebsratsvergütung und betrachtet das gesetzlich vorgesehene Vergütungssystem vor dem Hintergrund der betrieblichen Entwicklungen in den letzten Jahren. Rechtsprechung und Literatur fanden bis zum Frühjahr 2018 Berücksichtigung.

An dieser Stelle gebührt mein außerordentlicher Dank Herrn Professor Dr. Christian Heinrich für die hervorragende Betreuung meines Promotionsvorhabens. Er war mir ein wertvoller Ansprechpartner, der mir den nötigen wissenschaftlichen Freiraum gewährt hat und auf dessen fachliche wie persönliche Unterstützung ich während der Erstellung der Arbeit sowie in meiner Zeit als Mitarbeiterin an seinem Lehrstuhl stets vertrauen konnte. Zudem danke ich Herrn Professor Dr. Joachim Genosko für die bereitwillige Übernahme und rasche Erstellung des Zweitgutachtens.

Des Weiteren bin ich der AUDI AG für die freundliche Förderung zu großem Dank verpflichtet. Dabei gilt mein besonderer Dank dem Chefsyndikus Herrn Dr. Martin Wagener für die vertrauensvolle Unterstützung und gewinnbringenden Gespräche. Auch Herrn Dr. Peter Gladbach sowie Herrn Dr. Marc Kaiser danke ich für den offenen Austausch und die anregenden Diskussionen.

Darüber hinaus möchte ich mich ganz herzlich bei meinen Freunden für ihren Rückhalt und ihre Geduld während der Entstehung der Arbeit bedanken. Allen voran danke ich Frau Stephanie Schwab, die mir zu jeder Zeit vertrauensvoll zur Seite stand und eine wertvolle Stütze war sowie Frau Dr. Nathalie Wagner für ihren großartigen kollegialen und freundschaftlichen Einsatz.

Mein herzlichster Dank gilt meinen Eltern für ihren immerwährenden Beistand und ermutigenden Zuspruch sowie ihre bedingungslose Unterstützung und Förderung aller meiner Vorhaben. Auch meinen Geschwistern möchte ich von Herzen für ihren stets erheiternden Zuspruch danken.

Ingolstadt, Oktober 2018

Inhaltsübersicht

Inhaltsverzeichnis

XVII

XX

Einleitung

Die Vergütung von Betriebsräten – ein Thema, das immer dann an Aktualität gewinnt, wenn ein besonders Aufsehen erregender Fall in einem deutschen Unternehmen an die Öffentlichkeit gerät. Ein Thema, das nicht nur von Juristen kontrovers diskutiert wird, sondern nach medienwirksamer Verbreitung schnell in aller Munde ist. Worum geht es aber in den Fällen, die Juristen und die breite Öffentlichkeit gleichermaßen beschäftigen? Gehälter im sechsstelligen Bereich, großzügige Aufwandsentschädigungen, Dienstwägen und sonstige Aufmerksamkeiten oder Annehmlichkeiten sollen Betriebsräte mancher Unternehmen erhalten haben. Schnell entsteht zumindest zwischen den Zeilen der Verdacht von „Mauschelei" oder „Geklüngel", sogar der Vorwurf von „Bestechung" und „Käuflichkeit".[1] Wenig überraschend wird in solchen Fällen der Betriebsratsbezahlung von „zu viel Nähe zu den Mächtigen"[2] gesprochen. Der Eindruck entsteht häufig auch bei den Arbeitnehmern, die dann ihren Betriebsräten unterstellen, sie seien abgehoben und hätten sich aus der Belegschaft, deren Interessen sie aber eigentlich vertreten sollen, herausgelöst.

Handelt es sich hierbei um Extremfälle und damit vereinzelt auftretende Ausnahmen oder vielleicht um die betriebliche Realität, die nur hin und wieder an die Öffentlichkeit gerät? Kann den deutschen Unternehmen tatsächlich der Vorwurf von Bestechung und den Betriebsräten von Bestechlichkeit gemacht werden? Sind die praktizierten Verfahren nicht vielleicht sachgerecht und rechtmäßig? Hat sich in den Betrieben nicht schon lange ein Sinneswandel vollzogen, wonach der Betriebsrat als Sozialpartner auf Augenhöhe verstanden und akzeptiert wird? Kann der Arbeitgeber mit einer angemessenen Entlohnung der Betriebsräte ehrenwerte Absichten verfolgen? All das sind Fragen, die sich aufdrängen, wenn man sich mit dem Thema beschäftigt. Dabei stehen heute, zumindest bei den großen Betrieben, kaum mehr Befürchtungen im Raum, der Arbeitgeber könnte durch gezielte Maßnahmen versuchen, die Wahl eines Betriebsrates zu verhindern oder gewählte Amtsträger zu benachteiligen. Vorwürfe der Begünstigung von Betriebsräten stehen mittlerweile deutlich mehr im Fokus als der Verdacht von Benachteiligungen.

In Deutschland werden im Durchschnitt 41,2 Prozent aller Beschäftigten in einem privatwirtschaftlichen Unternehmen von einem Betriebsrat vertreten.[3] Betrachtet man das Kriterium der Betriebsgröße, hatten laut veröffentlichten Sta-

---

1 Vgl. z. B. *Zimmermann*, ArbRAktuell 2014, 278, 279; *Rieble*, AG 2016, 315, 317; *Weinspach*, FS Kreutz, S. 492.

2 http://www.sueddeutsche.de/wirtschaft/vw-betriebsraete-zu-viel-geld-zeugt-von-zu-viel-naehe-zu-den-maechtigen-1.3804694 (zuletzt abgerufen am 18.2.2018).

3 https://www.destatis.de/DE/ZahlenFakten/Indikatoren/QualitaetArbeit/QualitaetDerArbeit. html?cms_gtp=318944_slot%253D5 (zuletzt abgerufen am 18.2.2018). Dabei wurden im Jahr 2014 im Westen Deutschlands 43 Prozent und im Osten 36 Prozent der Arbeitnehmer von einem Betriebsrat vertreten, vgl. https://www.boeckler.de/5306.htm#jump_5313 (zuletzt abgerufen am 4.1.2016).

tistiken im Jahr 2014 im Durchschnitt 88,5 % der deutschen Unternehmen mit mehr als 500 Beschäftigten einen Betriebsrat.[4] Im Jahr 2016 wurden in Deutschland 1327 Betriebe verzeichnet, die Kraftfahrzeuge oder hierfür notwendige Teile produzierten.[5] Gerade für die Automobil- und Zuliefererbranche hat das Thema daher nicht nur große Relevanz, sondern auch hohe Brisanz. Es bereitet den Unternehmen in der Praxis aber nicht selten enorme Schwierigkeiten, die bestehenden Vorschriften zur Vergütung von Betriebsräten richtig anzuwenden und umzusetzen. Zum Teil bestehen große Unsicherheiten. Eine falsche Bemessung des Entgeltes eines Betriebsrates könnte schon den Verdacht nahelegen, der Arbeitgeber versuche, die Betriebsräte mit hohen Gehältern wohlgesonnen zu stimmen. Das könnte außerdem straf- und haftungsrechtliche Konsequenzen nach sich ziehen. Für den jeweiligen Arbeitgeber ist es deshalb entscheidend, das gesetzlich vorgesehene System der Betriebsratsvergütung genau zu kennen, um das Entgelt der Betriebsräte rechtskonform bestimmen und sich jeglichem Vorwurf der Begünstigung oder gar Bestechung von vornherein entziehen zu können.

Die Arbeit greift die Problematik der Vergütung von Mitgliedern des Betriebsrates auf. Zunächst wird nicht nur der aktuell geltende gesetzliche Rahmen eingehend untersucht und bestimmt, sondern es erfolgt insbesondere eine ausführliche und umfassende Darstellung des gesetzlich vorgesehenen Verfahrens zur Berechnung des Entgeltes von Betriebsräten. Dabei sollen sämtliche Aspekte betrachtet werden, die für die Vergütung von Bedeutung sein können, um so die Probleme bei der Anwendung der Gesetze aufzeigen und daraus mögliche Lösungsansätze entwickeln zu können. Für das Verständnis des Vergütungssystems und seine Bewertung erscheint es zweckmäßig und notwendig, auch auf die Hintergründe und Entwicklungen der Betriebsratsarbeit einzugehen. Insgesamt ist zu betrachten, ob das derzeit geltende Vergütungssystem des Betriebsverfassungsgesetzes der Realität in den Betrieben noch entspricht und ihr angemessen gerecht werden kann oder ob die Regelungen gegebenenfalls einer gesetzlichen Anpassung bedürfen. Denn mit den bekannt gewordenen Fällen aus der Praxis und den aufgeworfenen Aspekten drängt sich die entscheidende Frage auf: Sind die derzeit geltenden Vorschriften zur Vergütung von Betriebsräten noch zeitgemäß?

---

4 https://www.destatis.de/DE/ZahlenFakten/Indikatoren/QualitaetArbeit/QualitaetDerArbeit.html? cms_gtp=318944_slot%253D5 (zuletzt abgerufen am 4.1.2016).
5 https://www.destatis.de/DE/ZahlenFakten/ImFokus/IndustrieVerarbeitendesGewerbe/AutomobilindustrieWirtschaftDeutschlandKartell.html (zuletzt abgerufen am 18.2.2018).

Kapitel 1
Grundlagen und Hintergründe der Betriebsratsvergütung

Die Vergütung von Mitgliedern des Betriebsrates ist in dem Betriebsverfassungsgesetz[6] ausdrücklich gesetzlich festgeschrieben. Dabei ist es allerdings nicht nur entscheidend, welche Regelungen im Einzelnen für die Bemessung des Entgeltes[7] einschlägig sind, sondern es ist ebenso die rechtliche wie auch tatsächliche Ausgangssituation zu betrachten. Vor allem der Entstehungsprozess und die Entwicklung der gesetzlichen Regelungen bis zu ihrem heutigen Stand, aber auch das Zusammenspiel und der Zweck der vergütungsrelevanten Regelungen ermöglichen ein besseres Verständnis der Zusammenhänge. Neben dem Wandel der Betriebsratsarbeit in der betrieblichen Praxis stellen diese Hintergründe bedeutende Grundlagen für eine Bewertung des aktuell bestehenden Vergütungssystems dar.

§ 1 Die Entwicklung des deutschen Betriebsverfassungsgesetzes

Die Gründe des Gesetzgebers für die Einführung eines Betriebsverfassungsrechts in Deutschland sind vielfältig. Hauptanliegen war dabei nicht nur die Regelung des Verhältnisses und der Zusammenarbeit zwischen dem Arbeitgeber und der Belegschaft in einem Betrieb. Der Gedanke der Übertragung des Demokratieprinzips auf die Wirtschaft[8] sowie vor allem die Gesichtspunkte von Schutz und Teilhabe[9] spielten ebenfalls eine große Rolle. Zurückführen lässt sich das auf die zwangsläufig aus dem Arbeitsverhältnis herrührende strukturelle Ungleichheit zwischen Arbeitgeber und Arbeitnehmer bzw. die allgemein anerkannte spezifische Situation, in der sich Arbeitnehmer mit Aufnahme ihrer Arbeitstätigkeit mit Einfügen in die fremdbestimmte Arbeitsorganisation befinden.[10] Die Arbeitnehmer unterliegen dem Weisungsrecht und der Dispositi-

---

6 Betriebsverfassungsgesetz in der Fassung der Bekanntmachung vom 25. September 2001 (BGBl. I S. 2518), das zuletzt durch Artikel 6 des Gesetzes vom 17. Juli 2017 (BGBl. I S. 2509) geändert worden ist.

7 Es wird keine Differenzierung zwischen den Entgeltformen vorgenommen, soweit nicht ein Unterschied ausdrücklich dargestellt bzw. auf eine der Formen näher eingegangen wird.

8 Vgl. den Bericht der sog. ersten Biedenkopf-Kommission, einer Sachverständigenkommission zur Auswertung der bisherigen Erfahrungen bei der Mitbestimmung, welche darin die „Formel von der Demokratisierung der Wirtschaft" verwendet, BT-Drucks. VI/334 S. 65; vgl. auch DKKW/*Däubler*, Einl. Rn. 47 f.

9 GK-BetrVG/*Wiese*, Einl. Rn. 78 ff.; *Fitting*, § 1 Rn. 1; *Gamillscheg*, § 32 S. 22.

10 GK-BetrVG/*Wiese*, Einl. Rn. 72; *Fitting*, § 1 Rn. 1; ErfK/*Koch*, § 1 BetrVG Rn. 1. Der Arbeitnehmer verpflichtet sich im Arbeitsvertrag dazu, sich in den Betrieb zu einzufügen und seine Tätigkeit aufgrund des Direktionsrechts des Arbeitgebers (§ 106 GewO) weisungsabhängig

onsfreiheit des Arbeitgebers und begeben sich, indem sie ihre Selbstständigkeit im Hinblick auf Arbeitsabläufe, Organisation etc. verlieren, in eine gewisse rechtliche und soziale Abhängigkeit.[11] Das Gesetz sollte eine Teilhabe der Arbeitnehmer an den unternehmerischen Entscheidungen insoweit ermöglichen, als dadurch ihr Arbeitsverhältnis sowie ihre Rechts- und Interessenlage berührt wird, und die Vorhaben und Entschlüsse des Arbeitgebers damit gleichzeitig einer Kontrolle unterwerfen.[12]

Trotz des sehr früh entstandenen und heute gefestigten Teilhabegedankens in Betrieben ist die Idee der Mitbestimmung durch ein Vertretungs-Gremium – gerade im Bereich Wirtschaft und Arbeit – kein selbstverständliches oder automatisch anerkanntes Prinzip.[13] Dem Betriebsverfassungsgesetz in seiner heutigen Form mit dem bestehenden System der Mitbestimmung liegt ein langwieriger Prozess über viele Jahrzehnte zugrunde.

A. Von den Anfängen bis zu ersten gesetzlichen Regelungen des Teilhabegedankens

Betriebliche Teilhabegedanken waren in Deutschland schon sehr früh, noch vor der industriellen Revolution zu verzeichnen. Bereits in der ersten Hälfte des 19. Jahrhunderts gab es erste Ansätze, Arbeiterinteressen im Betrieb durch paritätisch besetzte Fabrikvereine oder Arbeiterausschüsse gebündelt zu vertreten.[14] Die entsprechende Vorlage eines Entwurfes zu einer Gewerbordnung in der Nationalversammlung im Jahre 1848/49 hatte sich allerdings nicht durchgesetzt; obwohl diese Bestrebungen gesetzlich nicht festgeschrieben wurden, gelten sie dennoch als Vorläufer des heutigen Betriebsverfassungssystems.[15] Letztendlich ausschlaggebend für die Idee einer Teilhabe an Entscheidungen des Arbeitgebers war die in den folgenden Jahren zunehmende Industrialisierung in Deutschland und die florierende Wirtschaft mit zahlreichen neuen Fabriken. Die Mechanisierung der Produktion mit Erfindung der Dampfmaschine sowie die vermehrten Fortschritte der Elektrotechnik ermöglichten eine Massenproduktion von Gütern, welche rasch zu einer grundlegenden Veränderung der Arbeitsbedingungen in den deutschen Fabriken führte. Die Arbeiter waren ihren übermächtigen Fabrikanten schutzlos ausgeliefert. Nicht nur die Arbeitsbedingungen, die u. a. durch lange Arbeitszeiten und Kinderarbeit geprägt waren, sondern auch die neuen Gefahren, die durch die veränderten maschinellen Arbeitsabläufe und die gesundheitsgefährdenden Arbeiten in den Kohle-, Stahl- und Chemiebetrieben für die Arbeiter bestanden, ließen die Rufe nach einer Arbeitnehmervertretung

---

auszuführen, vgl. HWGNRH/*Rose*, Einl. BetrVG Rn. 5 (eine dem § 106 GewO entsprechende Regelung findet sich nun auch in § 611a Abs. 1 S. 1, 2 BGB).

11 GK-BetrVG/*Wiese*, Einl. Rn. 73.

12 HWGNRH/*Rose*, Einl. BetrVG Rn. 2; ErfK/*Koch*, § 1 BetrVG Rn. 1 f.; *Richardi*, Einl. Rn. 1.

13 *v. Hoyningen-Huene*, Betriebsverfassungsrecht, § 1 Rn. 2.

14 *Richardi*, Einl. Rn. 6; HWGNRH/*Rose*, Einl. BetrVG Rn. 8.

15 HWGNRH/*Rose*, Einl. BetrVG Rn. 8; *Richardi*, Einl. Rn. 6.

laut werden.[16] Trotzdem blieb es in der Zeit nach der Nationalversammlung in den Betrieben zunächst lediglich bei vereinzelten und nur auf freiwilliger Basis gegründeten Arbeiterausschüssen einiger liberal eingestellter Unternehmer.[17] Erst Ende des Ersten Weltkrieges wurden gesetzlich verankerte, obligatorische Arbeitnehmerausschüsse jedenfalls für die Bereiche des Bergbaus und – aufgrund der Kriegsmüdigkeit sowie des militärischen Zusammenbruchs Deutschlands – in anderen, für den Krieg und die Versorgung wichtigen Betrieben mit über 50 Arbeitern und Angestellten eingeführt.[18]

Umfassend anerkannt wurde die gleichberechtigte Mitbestimmung dann zum ersten Mal in der Weimarer Reichsverfassung von 1919, in deren Artikel 165 ein Rätesystem mit Betriebsräten auf unterster Stufe vorgesehen war. Realisiert wurde dieses Prinzip in dem Betriebsrätegesetz im Jahr 1920, das die Mitbestimmung erstmals innerhalb der Betriebsverfassung gesetzlich regelte, wenngleich die Befugnisse der Arbeitnehmervertretungen relativ gering waren.[19] Dennoch enthielt dieses Gesetz Regelungen zur Rechtsstellung und insbesondere zur Vergütung der Betriebsräte. Auch wenn hier primär noch keine Arbeitsbefreiung für Betriebsratsarbeit vorgesehen war und Betriebsratssitzungen nach § 30 BRG nach Möglichkeit außerhalb der Arbeitszeit abgehalten werden sollten, hat das Gesetz in seinem § 35 BRG ausdrücklich angeordnet, dass die Betriebsratsmitglieder ihr Amt unentgeltlich als Ehrenamt zu verwalten haben. Eine notwendige Arbeitsversäumnis durfte aber dennoch nicht zu einer Minderung des Entgeltes führen. Interessant ist, dass die Schutz- und Strafbestimmungen des Gesetzes lediglich ein Verbot der Benachteiligung der Arbeitnehmer bei Ausübung des Amtes in § 95 BRG vorsahen, von einer Begünstigung allerdings nicht die Rede war. Ein deutlicher Rückschritt dieser Entwicklungen war dann zur Zeit des Nationalsozialismus zu verzeichnen, in der durch das Gesetz zur Ordnung der nationalen Arbeit (AOG) im Jahr 1934 die bestehenden Regelungen gänzlich wieder aufgehoben und entsprechend der nationalsozialistischen Ideologie durch das sog. Führerprinzip ersetzt wurden, so dass der Betriebsleiter wieder die alleinige Leitungsbefugnis des Betriebes innehatte.[20] Erst der Sieg der Alliierten ermöglichte eine erneute Umkehr und einen Neubeginn. So wurden nach Ende des Deutschen Reiches die nationalsozialistischen Regelungen wieder aufgehoben und ein neues Rahmengesetz – das Kontrollratsgesetz Nr. 22, auch Betriebsrätegesetz genannt – erlassen, das zwar Geltung für ganz Deutschland hatte, in einzelnen Bundesländern aber die Einführung landesrechtlicher, auch voneinander abweichender Betriebsratsgesetze ermöglichte.[21] Da einige Länder von dieser

---

16 http://www.praxis-fortbildung.de/downloads/HistorischeEntwicklungBetriebsverfassung.pdf (zuletzt abgerufen am 18.2.2018).
17 DKKW/*Bachner*, Einl. Rn. 2; *Richardi*, Einl. Rn. 7.
18 *Richardi*, Einl. Rn. 8 ff.; *v. Hoyningen-Huene*, Betriebsverfassungsrecht, § 2 Rn. 2.
19 *Richardi*, Einl. Rn. 11; GK-BetrVG/*Wiese*, Einl. Rn. 14; *v. Hoyningen-Huene*, Betriebsverfassungsrecht, § 2 Rn. 3.
20 *v. Hoyningen-Huene*, Betriebsverfassungsrecht, § 2 Rn. 4; DKKW/*Bachner*, Einl. Rn. 13.
21 *Fitting*, Einl. Rn. 3; *Richardi*, Einl. Rn. 13.

Möglichkeit Gebrauch machten, führte dies zu einer erheblichen Rechtszersplitterung, die schnell Forderungen nach einer bundesgesetzlichen Regelung als einheitliche Basis nach sich zog.[22]

Am 11. November 1952 trat sodann – nach erbitterten, politischen Auseinandersetzungen und langandauernden inhaltlichen Streitigkeiten[23] – ein für alle Länder der Bundesrepublik Deutschland einheitliches Betriebsverfassungsgesetz in Kraft. Inhaltlich führte es das Weimarer Betriebsrätegesetz von 1920 zwar fort, ging aber noch weit über dessen Regelungen hinaus.[24] Besondere Kennzeichen dieses Gesetzes waren neben der Trennung von Betriebsrat und Gewerkschaften die Unabhängigkeit des Betriebsrates von dem Arbeitgeber, gegenseitige Friedenspflicht sowie das Gebot vertrauensvoller Zusammenarbeit.[25] Im Gegensatz zu seinem Vorgänger setzte das neue Gesetz damit mehr auf die Idee der Sozialpartnerschaft. Es sah nunmehr auch ausdrücklich Freistellungsmöglichkeiten vor und führte wie schon das Betriebsrätegesetz von 1920 die Qualifizierung des Betriebsratsamtes als unentgeltliches Ehrenamt in § 37 BetrVG fort. Erstmals hat es in § 78 Abs. 1 a) BetrVG nicht nur eine Benachteiligung, sondern auch die Begünstigung eines Mandatsträgers, die „um seiner Tätigkeit willen" erfolgt, mit Strafe versehen.

B. Einführung und Reformen des Betriebsverfassungsgesetzes

Das Betriebsverfassungsgesetz von 1952 zeigte sich im Wesentlichen als zweckdienlich und hatte sich im Laufe der Jahre bewährt, obwohl es bereits von Anfang an einige Kompromisslösungen enthielt. Insbesondere die Gewerkschaften, aber auch Arbeitgeberverbände hatten mit ihren Wünschen bei dem Erlass des Gesetzes das Nachsehen.[26] Sein zunächst sehr gering anmutender tatsächlicher Anwendungsbereich in nur sechs Prozent der betriebsratsfähigen Betriebe stellte sich dennoch sehr weitreichend dar, weil eine Anwendung gerade in den (Groß-) Betrieben erfolgte, in denen zwei Drittel und damit die Mehrheit aller Arbeitnehmer beschäftigt waren.[27] Dennoch wurden nach einiger Zeit Reformwünsche laut, eine Anpassung des seit dem Jahr 1952 im Wesentlichen gleich gebliebenen Betriebsverfassungsgesetzes an die veränderten wirtschaftlichen, technischen und sozialen Verhältnisse vorzunehmen.[28] Vor allem die Fortschritte im Elektronik- und IT-Bereich brachten Veränderungen der Arbeitsformen und -abläufe in

---

22 GK-BetrVG/*Wiese*, Einl. Rn. 18; *Richardi*, Einl. Rn. 15; HWGNRH/*Rose*, Einl. Rn. 11 f.; *v. Hoyningen-Huene*, Betriebsverfassungsrecht, § 2 Rn. 4.

23 *v. Hoyningen-Huene*, Betriebsverfassungsrecht, § 2 Rn. 5; HWGNRH/*Rose*, Einl. Rn. 12.

24 GK-BetrVG/*Wiese*, Einl. Rn. 19.

25 *v. Hoyningen-Huene*, Betriebsverfassungsrecht, § 2 Rn. 5; DKKW/*Bachner*, Einl. Rn. 24.

26 Vgl. dazu die Begründung des Regierungsentwurfes eines Betriebsverfassungsgesetzes vom 18.12.1970, BT-Drucks. VI/1786, S. 31; *v. Hoyningen-Huene*, Betriebsverfassungsrecht, § 2 Rn. 6.

27 GK-BetrVG/*Wiese*, Einl. Rn. 21, mit Hinweis auf *Arendt*, BT-Prot. Bd. 75, S. 5804 B.

28 BT-Drucks. VI/1786, S. 31.

den Betrieben mit sich; das lag vor allem an der zunehmenden Automatisierung der Produktion, die kennzeichnend für die ab den 1960/70iger Jahren erfolgte dritte industrielle Revolution in Deutschland war. Als Gründe für eine dringend notwendige Reform des Gesetzes wurden aber nicht nur technische Neuerungen, sondern auch wirtschaftliches Wachstum sowie vor allem der Wandel gesellschaftlicher Anschauungen angeführt.[29]

Dass das Betriebsverfassungsgesetz insbesondere im Bereich der Mitbestimmung und Mitwirkungsmöglichkeiten des Betriebsrates diesen dynamischen Entwicklungen angepasst werden musste, steht außer Frage. Schon 20 Jahre nach seiner Einführung wurde die notwendige Reform mit einer Neufassung des Gesetzes im Jahr 1972 daher umgesetzt. Auch wenn sich das Gesetz mehr als eine konsequente Weiterentwicklung[30] seines Vorgängers als eine umfassende Neuregelung einordnen lässt, stellte es dennoch – so auch die Begründung des Gesetzesentwurfes – eine komplett neue Kodifikation des Betriebsverfassungsrechts und nicht eine bloße Änderung einzelner bestehender Vorschriften[31] dar. Mit dem neuen Gesetz wurden neben der Einräumung eigener Rechte für Arbeitnehmer die Mitbestimmungs- und Mitwirkungsrechte des Betriebsrates verstärkt, erweitert und auf weitere Bereiche ausgedehnt.[32] Ziel war es, die betriebliche Wirklichkeit mit der gesetzlich festgelegten Betriebsverfassung durch moderne Regelungen wieder in Einklang zu bringen und das Gesetz zugleich auch für künftige Entwicklungen zu öffnen.[33] Vorschriften hinsichtlich der Rechtsstellung des Betriebsrates wurden im Grundsatz nicht geändert, allerdings teilweise neu gefasst oder – gerade im Bereich der Arbeitsbefreiung bzw. Freistellung – um einige Punkte erweitert. So wurde in § 37 BetrVG der Ausgleich für Betriebsratstätigkeit außerhalb der Arbeitszeit ausführlich geregelt sowie Schutzvorschriften hinsichtlich der beruflichen Entwicklung in finanzieller wie auch beruflicher Hinsicht mit aufgenommen. Auch der Bereich der Teilnahme von Betriebsräten an Schulungen hat eine umfassende Regelung erfahren. Darüber hinaus wurde die dauerhafte Freistellung von Betriebsräten in § 38 BetrVG ausführlich festgesetzt.

Nach seiner Einführung hat das Betriebsverfassungsgesetz von 1972 meist nur noch geringfügige Änderungen erfahren, zuletzt im Juli 2017. Die letzte größere Neuerung des Betriebsverfassungsgesetzes wurde durch die Reform im Jahr 2001 vorgenommen. Deren Bedarf wurde in erster Linie mit „tiefgreifenden Veränderungen der Arbeits- und Wirtschaftswelt" begründet.[34] Aufgrund neuer Produktions- und Arbeitsmethoden seien moderne Formen der Betriebsratsarbeit notwendig geworden.[35] Mit der Reform sollte der Realität in den Betrieben

---

29 BT-Drucks. VI/1786, S. 31.
30 *v. Hoyningen-Huene*, Betriebsverfassungsrecht, § 2 Rn. 6.
31 BT-Drucks. VI/1786, S. 31.
32 BT-Drucks. VI/1786, Vorbl., S. 31 ff.; *v. Hoyningen-Huene*, Betriebsverfassungsrecht, § 2 Rn. 6.
33 BT-Drucks. VI/1786, Vorbl.
34 BT-Drucks. 14/5741, S. 1.
35 BT-Drucks. 14/5741, S. 1.

wieder ausreichend Rechnung getragen und die Betriebsverfassung zugleich zukunftsfähig gemacht werden.[36] Auswirkungen auf die Rechtsstellung der Betriebsratsmitglieder, insbesondere deren Vergütung, hatten die Neuerungen allerdings nicht.

§ 2 Der Wandel der Betriebsratsarbeit

A. Aufgaben des Betriebsrates

Der Betriebsrat nimmt in dem Mitbestimmungssystem, wie es heute in Deutschland existiert und in zahlreichen Unternehmen etabliert wurde, als Repräsentant und Interessenvertreter der gesamten Arbeitnehmerschaft im Betrieb eine herausragende Rolle ein. Das Betriebsverfassungsgesetz sieht eine Teilhabe der Arbeitnehmer durch zahlreiche Mitwirkungs- und Mitbestimmungsrechte (§§ 83 bis 113 BetrVG) vor, die als „Kernstück des Betriebsverfassungsrechtes"[37] betrachtet werden. Die Ausübung dieser Rechte, gegenüber dem Arbeitgeber, ist – bis auf wenige Ausnahmen – ausschließlich dem Betriebsrat vorbehalten.[38] Abhängig davon, welcher Regelungsbereich konkret betroffen ist, haben die einzelnen Rechte unterschiedliche Intensität und reichen von echten Mitbestimmungsrechten über Veto- bzw. Zustimmungs-, Beratungs- und Anhörungsrechten bis hin zu bloßen Informationsrechten. Teilweise übt der Betriebsrat damit sogar eine Gestaltungsfunktion aus, da er durch bestimmte Mitwirkungsrechte die betrieblichen Arbeitsbedingungen in den verschiedensten Bereichen, meist durch den Abschluss von Betriebsvereinbarungen, aktiv mitgestalten kann.[39] Neben diesen Beteiligungsrechten hat der Betriebsrat aber noch zahlreiche weitere Aufgaben wahrzunehmen. Die Vorschrift des § 80 Abs. 1 BetrVG teilt dem Betriebsrat weitere allgemeine Aufgaben in Form einer enumerativen Aufzählung von Zielvorgaben und Arbeitsfeldern zu, wobei die Aufzählung allerdings nicht abschließend ist.[40] Ob er von diesen Kompetenzen Gebrauch machen will, steht nicht im Belieben des Betriebsrates, die Wahrnehmung gehört zu seinen Amtspflichten.[41] Eine der wichtigsten Pflichten ist in diesem Zusammenhang die Einhaltung von Normen und Vorschriften, insbesondere der betrieblichen oder tarifvertraglichen Vereinbarungen und Schutzvorschriften, in dem Betrieb zu überwachen (vgl. § 80 Abs. 1 Nr. 1 BetrVG). Die Aufgaben sind dabei aber nicht nur so ausgestaltet, dass der Betriebsrat lediglich auf bereits getroffene Entscheidungen und Maßnahmen zu reagieren hat, sondern er muss vielmehr auch aus eigenem Antrieb oder auf Anregung von Arbeitnehmern (vgl. § 80 Abs. 1 Nr. 3 BetrVG) im Interesse der Beschäftigten von sich aus tätig werden.

---

36 BT-Drucks. 14/5741, S. 2.
37 HWGNRH/*Rose*, Einl. BetrVG Rn. 2.
38 GK-BetrVG/*Franzen*, § 1 Rn. 62.
39 DKKW/*Wedde*, Einl. Rn. 131; MünchArbR/*v. Hoyningen-Huene*, § 213 Rn. 18.
40 HWGNRH/*Nicolai*, § 80 Rn. 9; DKKW/*Buschmann*, § 80 Rn. 1.
41 DKKW/*Buschmann*, § 80 Rn. 2.

Dafür werden ihm auch Initiativrechte in Form von Antragsrechten (vgl. § 80 Abs. 1 Nr. 2 und 7 Hs. 2 BetrVG) zur Verfügung gestellt.

Darüber hinaus gehört es zu dem Tätigkeitsfeld des Betriebsrates[42], Sitzungen und Besprechungen, beispielsweise zu aktuellen Themen oder Beschwerden, sowohl mit dem Arbeitgeber als auch gremienintern oder gegebenenfalls auch mit Gewerkschaften abzuhalten. Insbesondere nimmt er an Betriebsversammlungen, Einigungsverfahren sowie Verhandlungen mit dem Arbeitgeber teil. Sämtliche Termine muss er stets umfassend vor- sowie nachbereiten. Zudem hält der Betriebsrat Sprechstunden für die Belegschaft ab und führt Beratungsgespräche mit Arbeitnehmern. Zuletzt übernimmt er außerdem administrative und organisatorische Arbeiten, die im Rahmen der Aufgabenerfüllung und Amtstätigkeit zusätzlich anfallen.

Das Arbeitsfeld und das Aufgabenspektrum des Betriebsrates stellen sich damit als besonders vielfältig und differenziert dar. Die Verteilung der einzelnen Aufgaben und Tätigkeiten innerhalb des Gremiums und Einteilung der einzelnen Mandatsträger nimmt der Betriebsrat selbst in eigener Verantwortung vor, wobei er die Gestaltung möglichst rational und unter Berücksichtigung der betrieblichen Belange vorzunehmen hat.[43] Dabei kann es durchaus vorkommen, dass ein Mitglied mehrere Aufgabenbereiche innerhalb des Gremiums zugewiesen bekommt oder diese im Laufe der Zeit sogar mehrfach wechseln. Neben umfangreichen fachlichen Kenntnissen sollten Betriebsräte auch persönliche Fähigkeiten wie Kommunikationsfähigkeit und Überzeugungskraft, eine gute Rhetorik sowie soziale Kompetenz vorweisen und ebenso in der Lage sein, mit Konflikten umzugehen. Die Anforderungen an Betriebsräte und ihre zu erfüllenden Aufgaben stellen sich allerdings nicht bei allen Mandatsträgern gleich dar. Hier muss zwingend differenziert werden, wobei vor allem die Betriebsgröße eine entscheidende Rolle spielt. Während in kleineren Betrieben vergleichsweise weniger Arbeiten anfallen werden, ist in großen Betrieben mit mehreren tausend Arbeitnehmern in der Regel nicht nur der Arbeitsanfall deutlich höher, sondern vor allem auch die Themenvielfalt und die zu bearbeitenden Problemkreise quantitativ und qualitativ anspruchsvoller.[44]

B. Die Entwicklung der Tätigkeit des Betriebsrates

I. Von betrieblicher Sozialarbeit zu gestalterischem Interessenmanagement

Parallel zu den Entwicklungen der Arbeitswelt hat sich ebenso die Arbeit des Betriebsrates in den letzten Jahr(zehnt)en grundlegend verändert. Dabei haben sich vor allem seine gesetzlichen Aufgaben und Pflichten in den vergangenen

---

42 Vgl. dazu den Überblick bei GK-BetrVG/*Weber*, § 37 Rn. 31 ff.; *Gamillscheg*, § 40 S. 546 f.
43 BAG BeckRS 1963, 30701194; GK-BetrVG/*Weber*, § 37 Rn. 30; Richardi/*Thüsing*, § 37 Rn. 24.
44 Vgl. auch *Byers*, NZA 2014, 65, 69 f.; *Fischer*, NZA 2007, 484, 486; *Franzen*, ZAAR-Kongress, § 2 Rn. 14.

Jahren stetig erweitert. Dadurch stellt sich die Betriebsratstätigkeit heute anders dar als noch bei der Neufassung des Gesetzes im Jahr 1972 und auch die Betriebsräte selbst unterliegen einem ständigen Entwicklungsprozess. Dabei lässt sich vor allem in großen Betrieben ein deutlicher Wandel feststellen.

Betrachtet man die Betriebsratsarbeit vor 46 Jahren, lässt diese sich in erster Linie als „betriebliche Sozialarbeit" beschreiben, bei der es zunächst darum ging, die dringendsten Bedürfnisse und Notlagen für die Arbeitnehmer in dem Betrieb zum Ausgleich zu bringen.[45] Mit der Zeit kamen weitere Regelungsbereiche wie Arbeitssicherheit oder berufliche Bildung hinzu, wobei sich dann über lange Zeit vor allem die Personalpolitik und insbesondere die Beschäftigungssicherung als Schwerpunkt der Betriebsratstätigkeit zeigten.[46] Kennzeichnend für die damalige Betriebsratsarbeit, insbesondere die Art und Weise der Aufgabenwahrnehmung war, dass sie vorwiegend Kontrolle von sowie lediglich Reaktion auf Maßnahmen und Entscheidungen des Arbeitgebers darstellte.[47] Dagegen wirkt der Betriebsrat in der heutigen Betriebspraxis – auch auf eigene Initiative – deutlich mehr gestalterisch an den unternehmerischen Entscheidungen und Arbeitsbedingungen mit.[48]

Von der ursprünglich eher sozialen Schutzfunktion in den Fabriken für die dem Arbeitgeber unterlegene Belegschaft haben sich die betriebsverfassungsrechtlichen Rechte und Pflichten immer mehr zu einem Teilhaben und Mitgestalten entwickelt. Zwar betrifft die Tätigkeit auch heute überwiegend noch den Schutz der Belegschaft, aber eher die Einhaltung und Umsetzung diverser Schutzvorschriften, die der Gesetzgeber durch staatliche Regelwerke festsetzt und kontinuierlich fortschreibt. Dabei geht es heute aber um immer komplexere und dynamische Themen wie Arbeitssicherheit, Umweltschutz oder Datenschutz. Daneben gehört es unter anderem zu der alltäglichen Arbeit der Betriebsräte, verschiedene (Kompromiss-)Lösungen mit dem Arbeitgeber zu erarbeiten und gleichzeitig bei der Belegschaft zu rechtfertigen und zu verteidigen.[49]

Auch das früher vorherrschende Selbstverständnis des Betriebsrates ausschließlich als reine Gegenmacht des Arbeitgebers sowie seine Rolle eines Kontrolleurs im Betrieb haben sich schon seit Jahren gewandelt und sind mittlerweile längst überholt.[50] Die klassischen Gegenspieler-Rollen lassen sich in den meisten Betrieben nicht mehr feststellen, die Grenzen zwischen einer einseitigen Vertretung der Arbeitnehmerinteressen und einer Art gemeinsamen „Interessenmanagements" verwischen zunehmend – und das nicht erst seit heute.[51] Begünstigt wird diese Entwicklung des Betriebsrates hin zu einem aktiven Mitgestalter durch

---

45 *Fahrtmann*, FS Stahlhacke, S. 123.
46 *Fahrtmann*, FS Stahlhacke, S. 123.
47 *Fahrtmann*, FS Stahlhacke, S. 123.
48 *Fahrtmann*, FS Stahlhacke, S. 123; vgl. auch DKKW/*Wedde*, Einl. Rn. 131.
49 *Beck*, S. 15.
50 Vgl. *Fahrtmann*, FS Stahlhacke, S. 123; *Hunold*, AuA 2002, 451; *v. Hoyningen-Huene*, NZA 1991, 7, 11, der schon für den Betriebsrat der 90iger Jahre eine moderne Betrachtung als „Management by Betriebsverfassung" forderte.
51 *Hunold*, AuA 2002, 451; *v. Hoyningen-Huene*, NZA 1991, 7, 11.

den zunehmenden Rückzug der Tarifpartner und die damit einhergehende Verlagerung der Regelungskompetenzen auf die Betriebsebene.[52] Den Betriebsräten stehen aufgrund von Öffnungsklauseln oder mit der Umsetzung tariflicher Rahmenregelungen deutlich größere Gestaltungsspielräume zur Verfügung.[53]

II. Auswirkungen verschiedener Entwicklungsfaktoren auf die Betriebsratsarbeit

Die Ursachen für die Entwicklung der Betriebsräte und ihrer Arbeit sind vielfältig und stehen in direktem Zusammenhang mit den Fortschritten und Neuerungen der Arbeitswelt. Nach den ersten industriellen Revolutionen – mit Mechanisierung, Elektrifizierung sowie Anfänge der Automatisierung von Produktion und Arbeitsstrukturen – ist für die Veränderungen in erster Linie die seit Jahren voranschreitende Digitalisierung maßgeblich. Mit den dadurch zunehmend automatisierten Produktionsformen gehen neue Arbeitsbedingungen und -abläufe einher, welche die betriebliche Praxis maßgeblich beeinflussen und tiefgreifend verändern. Aber auch weitere Faktoren, wie die fortschreitende Internationalisierung und Globalisierung spielen dabei eine maßgebende Rolle. Die Unternehmen reagieren auf internationale Konkurrenz und den globalen Wettbewerb nicht selten mit einem stetigen Wandel der Unternehmens- und Arbeitsorganisation, um konkurrenzfähig zu bleiben, wobei in den meisten Fällen eine Beteiligung des Betriebsrates erforderlich ist.[54] Konzerne mit Betrieben im In- und Ausland ziehen stets komplexer werdende Vorgänge nach sich, immer häufiger beschäftigen die Betriebsräte daher Themen wie grenzüberschreitende Personaleinsätze, Umstrukturierungen oder auch europäische Mitbestimmung.[55]

Nicht außer Acht bleiben dürfen auch die gesellschaftlichen Entwicklungen, die erheblichen Einfluss auf die Ausgestaltung der Arbeit im Betrieb nehmen können. Hier sind nicht nur der Wertewandel der Gesellschaft, sondern auch verschiedene Aspekte einzelner Arbeitnehmer von Bedeutung; dazu gehören vor allem die Vorstellungen von der persönlichen Arbeitszeit und Schwerpunktsetzung bei Vereinbarkeit von Privatem und Beruf sowie die Digitalisierung ihres Alltags.[56] Dass hier seit Jahren deutliche Veränderungen in den Köpfen der Menschen zu verzeichnen sind, welche die Arbeitsformen entscheidend mitprägen, zeigen nicht zuletzt auch zahlreiche Studien und Berichterstattungen über die sog. „Generation Y" oder neuerdings „Generation Z", welche die persönli-

---

52 *Hunold*, AuA 2002, 451; *Fahrtmann*, FS Stahlhacke, S. 123; *Franzen*, ZAAR-Kongress, § 2 Rn. 13; *Wendeling-Schröder*, Einl. S. 9; vgl. dazu auch *Genosko*, Dezentralisierung der Tarifpolitik, S. 1, 17.

53 *Fahrtmann*, FS Stahlhacke, S. 123 f.; *Liesenfeld*, S. 168; befürwortend als „Tarifpolitik des mittleren Weges" *Genosko*, Dezentralisierung der Tarifpolitik, S. 16 f.

54 *Wendeling-Schröder*, Einl. S. 9; siehe auch *Klebe*, NZA-Beilage 2017, 77; vgl. auch *Happe*, S. 158; z. B. zu den grundlegenden Veränderungen in der Automobilindustrie schon seit den Jahren 1992/93 *Genosko*, Globalisierung, S. 8 ff.

55 *Schweibert/Buse*, NZA 2007, 1080, 1082.

56 *Klebe*, NZA-Beilage 2017, 77.

chen Vorstellungen und Anforderungen von Nachwuchskräften an zukünftige Arbeitsstellen aufzeigen.[57] Mit dem neuen Verständnis von Arbeit setzen sich immer mehr moderne Arbeitsformen durch, wie z. b. mobiles Arbeiten im Home Office, um nur das wohl bekannteste Beispiel der zahlreichen aktuellen Trends zu nennen.

Diese Faktoren betreffen zwangsläufig die Arbeit des Betriebsrates. Umgestaltungen der betrieblichen Arbeitsorganisation führen in der Regel zu irgendeiner Art der Mitwirkung des Betriebsrates. Durch Erweiterung der Themenkreise, mit denen er sich zu beschäftigen hat, gehen automatisch auch neue Aufgaben einher. Dabei geht es nicht nur um neuartige Produktionsformen, sondern auch um digitalisierte, schnellere und internationalisierte Prozesse in den Unternehmen; ebenso die veränderten Organisationsstrukturen, insbesondere flachere und flexiblere Hierarchien sowie vor allem neue Arbeitsformen mit deutlich selbstbestimmteren Arbeitnehmern, aber auch Umgestaltungen der Arbeitsplätze in dem Betrieb betreffen Bereiche der Belegschaft, bei denen der Betriebsrat – in unterschiedlicher Form und Intensität – grundsätzlich beteiligt werden muss.[58] Die Bereiche, in denen die Betriebsräte Lösungen finden, mitentscheiden bzw. Vereinbarungen und Entscheidungen mit umsetzen müssen, erweitern sich stetig, vor allem auch durch den zunehmenden Erlass neuer staatlicher Regulierungen, wie beispielsweise im Arbeits- und Gesundheitsschutz.[59] Schon die Reform des Betriebsverfassungsgesetzes im Jahr 2001 hat eine Erweiterung des Katalogs der allgemeinen Aufgaben des Betriebsrates in § 80 BetrVG mit sich gebracht. Der Gesetzgeber hatte damit bereits das Ziel, auf die grundlegenden Neuerungen in der Arbeits- und Wirtschaftswelt in Zeiten rasanter technischer Fortschritte und ständiger Strukturveränderungen in den Unternehmen zu reagieren.[60]

Das wirkt sich aber automatisch auf die Anforderungen an die einzelnen Betriebsratsmitglieder aus, die dadurch erheblich gestiegen sind.[61] Schließlich erfordern der Umgang mit den neuen Entwicklungen und Themen sowie die entsprechende Mitwirkung umfangreiche und besondere Kenntnisse der Betriebsratsmitglieder in den verschiedensten Bereichen.[62] Das scheint selbst der Gesetzgeber schon im Jahr 1972 bei der Neufassung des Betriebsverfassungsgesetzes anerkannt zu haben, da er gerade wegen dieser steigenden Anforderungen die Möglichkeit einer Freistellung für Schulungs- und Bildungsmaßnahmen zur Vermittlung

---

57 Vgl. z. B. die Meldung des FD-ArbR 2017, 393463 (Generation Y) oder https://www.welt.de/wirtschaft/karriere/bildung/article152993066/Was-Generation-Z-vom-Berufsleben-erwartet.html (zuletzt abgerufen am 12.1.2018).

58 Vgl. zu den neuen Herausforderungen des Betriebsrates *Maschmann*, NZA-Beilage 2017, 73, 74.

59 *Wendeling-Schröder*, Einl. S. 9.

60 BT-Drucks. 14/5741, S. 1, 6 ff.

61 Ausführlich *Fahrtmann*, FS Stahlhacke, S. 123 ff.; *Happe*, S. 158 f.; *Franzen*, ZAAR-Kongress, § 2 Rn. 13; *Wendeling-Schröder*, Einl. S. 9; *Lipp*, S. 196 ff.; *Schweibert/Buse*, NZA 2007, 1080, 1081; *Hunold*, AuA 2002, 451; jedenfalls in Betrieben mit über 2000 Arbeitnehmern auch *Byers*, NZA 2014, 65, 70.

62 *Fahrtmann*, FS Stahlhacke, S. 123 ff.; *Schweibert/Buse*, NZA 2007, 1080, 1081; *Hunold*, AuA 2002, 451; *Wendeling-Schröder*, Einl. S. 9.

dieser Kenntnisse vorsah.[63] Neben betriebswirtschaftlichen Grundkenntnissen, insbesondere im Bereich der Personalpolitik und -organisation, kann hier sogar auch Spezialwissen in technischen Bereichen oder in Umweltfragen notwendig werden, die möglichen Themengebiete sind unbegrenzt. Dabei hat sich das Niveau der Kenntnisse, die für eine ordnungsgemäße und sachgerechte Erfüllung der Betriebsratsaufgaben erforderlich sind, ebenfalls deutlich erhöht, teilweise werden in den großen Betrieben sogar Managementqualifikationen verlangt.[64] Auch die Einhaltung diverser Rechtsvorschriften erfordert, dass sich die Mandatsträger nicht nur mit komplexen nationalen Vorschriften, sondern auch mit zahlreichen Vorgaben auf europäischer Ebene auseinandersetzen.[65] Die ordnungsgemäße Erfüllung sämtlicher Aufgaben verlangt damit neben entsprechenden Spezialisierungen auch einen erheblichen Zeitaufwand.[66] Die Betriebsräte bringen nur selten entsprechendes Wissen oder Qualifikationen bereits mit in das Amt, sie müssen sich daher eigenverantwortlich und selbstständig entweder im Selbststudium oder durch entsprechende Schulungen weiterbilden. Denn nur mit dem dazugehörigen Wissen und den erforderlichen Fähigkeiten können Betriebsräte die ihnen eingeräumten Rechte sach- und interessensgerecht wahrnehmen. Auch wenn der Arbeitgeber dem Betriebsrat zur Aufgabenerfüllung nach § 80 Abs. 2 S. 3 BetrVG unterstützend Auskunftspersonen bereitstellen müsste, wird ein Mandatsträger für eine ordnungsgemäße Interessenvertretung und beispielsweise für Verhandlungen mit dem Arbeitgeber nicht umhinkommen, sich in die – oft komplizierte – Materie selbst einzuarbeiten. Dabei verdeutlicht die Möglichkeit der Heranziehung von Hilfe durch Fachpersonal einmal mehr, dass auch der Gesetzgeber die zusätzlichen Anforderungen und Belastungen für die Betriebsräte durchaus gesehen und anerkannt hat. Nimmt der Betriebsrat diese fachliche Unterstützung durch zusätzliches (externes) Personal in Anspruch, bedeutet das nicht eine reine Entlastung, sondern beweist zusätzlich die gesteigerten Ansprüche an die Betriebsratsmitglieder. Denn hier kommen – in der Regel bei dem Betriebsratsvorsitzenden – dann noch Leitungsfunktionen zu dem Aufgabenbereich der Betriebsräte hinzu, weil er das Fachpersonal koordinieren und entsprechend einsetzen muss.[67]

Zu diesen Entwicklungen passt es auch, dass der Gesetzgeber bei der Neufassung des Gesetzes im Jahr 1972 wegen der zunehmend größeren Betriebsräte zur besseren Organisation und Straffung ihrer Tätigkeiten die Errichtung eines Betriebsausschusses sowie einzelner (Fach-)Ausschüsse (vgl. § 28 f. BetrVG) „im Interesse einer Intensivierung der Betriebsratsarbeit" vorgesehen hat.[68]

---

63 BT-Drucks. VI/1786, S. 40 f.
64 *Byers*, NZA 2014, 65, 69; *Schweibert/Buse*, NZA 2007, 1080, 1081; *Hunold*, AuA 2002, 451; vgl. auch *Fahrtmann*, FS Stahlhacke, S. 116 f., 123 ff.; *Happe*, S. 158.
65 Vgl. auch *Wendeling-Schröder*, Einl. S. 9.
66 Vgl. *Fahrtmann*, FS Stahlhacke, S. 123 ff.; *Franzen*, ZAAR-Kongress, § 2 Rn. 6.
67 Das verdeutlicht beispielsweise auch das Arbeitsanweisungsrecht des Betriebsrates (als „Arbeitgeber") hinsichtlich des ihm zur Verfügung gestellten Büropersonals, dazu ausführlich *Zumkeller/Lüber*, BB 2008, 2067, 2069.
68 BT-Drucks. VI/1786, S. 39.

III. Bedeutung für das Betriebsratsamt

Nicht zuletzt aufgrund dieser Entwicklungen stehen seit geraumer Zeit, vor allem in Zusammenhang mit der Vergütung von Betriebsratsmitgliedern, die teils kontrovers diskutierten Stichworte „Managementfunktion", „Augenhöhe" und „Co-Management" im Fokus; sie sollen für die heutigen Betriebsräte charakteristisch sein.[69]

Ob die genannten Entwicklungen aber eine solche Qualifizierung der Betriebsräte begründen können, ist fragwürdig. Eindeutig abzulehnen ist dabei jedenfalls eine Einordnung der Betriebsräte als „Mitunternehmer".[70] Das würde zu weit gehen und in keiner Weise der betriebsverfassungsrechtlichen Ausgestaltung des Amtes entsprechen. Ob dem Betriebsrat die Stellung eines „Co-Managers" in dem Betrieb tatsächlich zuzugestehen ist oder ob er allein aufgrund seines Gegenübers bei Verhandlungen mit Vertretern des Arbeitgebers, wie z. B. der Personalleitung, auf „Augenhöhe" mit dem Management einzuordnen ist,[71] bleibt weiterhin fraglich. Eine solche Qualifizierung von Betriebsräten ist für die Frage ihrer Vergütung aber jedenfalls nicht zwingend notwendig. Seine heutzutage bedeutende Rolle in dem Betrieb und die gesteigerten Anforderungen an ihn können direkt an seiner Betriebsrattätigkeit festgemacht werden, ohne dass es einer bestimmten Einordnung oder Kategorisierung bedarf. Das sieht auch das derzeit geltende Betriebsverfassungsgesetz nicht vor. Das Amt des Betriebsrates ist nach deutschem Recht im Gegensatz zu Managementposten weder als eigenständiger Beruf zu qualifizieren,[72] noch haben die Mandatsträger eine entsprechende Doppelfunktion; der Betriebsrat soll weiterhin nur in den speziellen, von dem Gesetzgeber vorgesehenen Bereichen wachen und mitgestalten.[73]

Trotzdem lässt sich nicht mehr gänzlich abstreiten, dass sich die Stellung des Betriebsrates und seine Arbeit in den großen Betrieben stark verändert haben und die Anforderungen an diese Betriebsratsmitglieder dadurch teilweise enorm gestiegen sind.[74] Dass sich hier ein Wandel bereits vollzogen hat, wurde schon Mitte der neunziger Jahre vertreten[75] und ist heute offenkundig. Teilweise wird

---

69 Ausdrücklich für eine Stellung des Betriebsrates als Co-Management *Frey/Streicher*, § 4 Rn. 20 ff.; wohl auch *Happe*, S. 160 f., der aber entsprechende vergütungsmäßige Konsequenzen ablehnt; vgl. zudem *Rieble*, ZAAR-Kongress, § 1 Rn. 34 ff.; *Niemeyer/Rapp*, AiB 2001, 473 ff.; genannt auch bei *Byers*, NZA 2014, 65, 65; *Röhrborn*, ArbRAktuell 2015, 573, 575; *Rieble*, NZA 2008, 276; *Beck*, S. 15; ablehnend *Fischer*, NZA 2014, 71, 73 f.

70 *Richardi*, Einl. Rn. 57; *Rieble/Klebeck*, NZA 2006, 758, 764.

71 So wohl aber *Röhrborn*, ArbRAktuell 2015, 573, 575.

72 Vgl. dazu die Ausführungen auf S. 23 ff., 28 ff.

73 Vgl. dazu *Fischer*, NZA 2007, 484, 486, 489.

74 Ausführlich *Fahrtmann*, FS Stahlhacke, S. 123 ff.; *Franzen*, ZAAR-Kongress, § 2 Rn. 13; *Wendeling-Schröder*, Einl. S. 9; *Esser*, S. 210; *Lipp*, S. 196 ff.; GK-BetrVG/*Kreutz*, § 78 Rn. 81; *Schweibert/Buse*, NZA 2007, 1080, 1081; *Klebe*, AiB 2006, 558 ff.; *Hunold*, AuA 2002, 451; wohl auch *Rieble*, ZAAR-Kongress, § 1 Rn. 56; jedenfalls in Betrieben mit über 2000 Arbeitnehmern auch *Byers*, NZA 2014, 65, 70.

75 Vgl. ausführlich *Fahrtmann*, FS Stahlhacke, S. 123 ff.

auch eine Professionalisierung der Betriebsratsarbeit als Gegenstück zum Ehrenamt gefordert.[76]

Im Ergebnis ist daher zumindest festzustellen, dass – jedenfalls in den großen Betrieben – eine Professionalisierung nicht nur der Qualifikation der Betriebsräte, sondern auch ihrer Tätigkeit, insbesondere der gesamten Art und Weise der Durchführung ihrer Arbeit stattgefunden hat.[77]

C. Künftige Weiterentwicklungen

Die dargestellten Änderungen in der betrieblichen Praxis und der Wandel der Betriebsratsarbeit ist keine abgeschlossene Entwicklung nur allein der letzten Jahre. Im Gegenteil, die gesamte Arbeitswelt steht auch aktuell vor einem entscheidenden Umbruch, was erneut Auswirkungen nicht nur auf die betriebliche Praxis, sondern gleichermaßen auf den Betriebsrat haben wird. In den kommenden Jahren wird ein grundlegender und einschneidender Wandel in den Unternehmen erwartet. Nicht zuletzt die sog. vierte industrielle Revolution wird deutliche Veränderungen in den Betrieben mit sich bringen. Stichworte wie „Industrie 4.0" oder „Arbeit 4.0" sind heute bereits geläufig und verheißen neue Arbeitsformen nicht nur in arbeitszeitlicher Hinsicht, sondern auch im Bereich der Dienstleistungen und der flexibleren Ausgestaltung von Arbeitsplätzen.[78]

Die bisherigen Produktionsformen werden sich mit einer weiter fortschreitenden Digitalisierung und Vernetzung weiterhin grundlegend verändern. Davon abgesehen werden in manchen Branchen zusätzlich entscheidende Neuerungen in den Produktlinien erwartet. Die Unternehmen werden sich teilweise neu ausrichten, um mit den aktuellen und in den nächsten Jahren erwarteten Trends mithalten zu können. Beispielsweise in der Automobilindustrie zeichnet sich eine deutliche Wende hin zu nachhaltigen und alternativen Antriebssystemen ab.[79] Das bedeutet aber wiederum tiefgreifende Veränderungen in den Betrieben, die zwangsläufig mit neuen Entwicklungen einhergehen.

Nicht nur die Handlungsfelder für den Betriebsrat werden damit immer vielfältiger und vor allem deutlich komplexer, sondern auch die Anforderungen an ihre Tätigkeit steigen weiter.[80] Daher ist neuerdings sogar von „Mitbestimmung

---

76 *Rieble*, ZAAR-Kongress, § 1 Rn. 88 ff.; *ders.*, NZA 2008, 276, 280; *ders.*, CCZ 2008, 32, 36 f.; vgl. auch *Frey/Streicher*, § 4 Rn. 1 ff.; kritisch *Schweibert/Buse*, NZA 2007, 1080, 1082.

77 Anerkennend auch *Franzen*, ZAAR-Kongress, § 2 Rn. 2, 13, 36; *Fahrtmann*, FS Stahlhacke, S. 123 ff.; *Wendeling-Schröder*, Einl. S. 9; *Happe*, S. 159; *Liesenfeld*, S. 168; *Esser*, S. 210; *Lipp*, S. 196 ff.; *Rieble*, CCZ 2008, 32, 36; *Behrens*, WSI-Mitteilungen 2005, 638, 644; GK-BetrVG/ *Kreutz*, § 78 Rn. 81; *Klebe*, AiB 2006, 558 ff.; *Hunold*, AuA 2002, 451; vgl. auch *Löwisch*/Kaiser, § 37 Rn. 3; *Byers*, NZA 2014, 65,69; *Schweibert/Buse*, NZA 2007, 1080, 1082; *Happe*, S. 159, 16, 20, der professionelle Betriebsratskarrieren allerdings als Ausnahmefall ansieht.

78 Zu den auf Digitalisierung basierenden betrieblichen Entwicklungen *Klebe*, NZA-Beilage 2017, 77.

79 Vgl. schon zu der grundlegenden Veränderung der Marktstruktur in der Automobilbranche seit den Jahren 1992/93 *Genosko*, Globalisierung, S. 8 ff.

80 Vgl. bereits im Jahr 2006 ausführlich zur Zukunft der Betriebsratsarbeit *Klebe*, AiB 2006, 558, 565.

4.0"[81] oder „Betriebsrat 4.0"[82] die Rede. Für den Betriebsrat bedeuten all diese (Zukunfts-)Themen dann nicht mehr „nur", dass er bei sämtlichen Änderungen im Betrieb gegebenenfalls zu beteiligen ist oder mit dem Arbeitgeber entsprechende Betriebsvereinbarungen aushandeln sowie die Einhaltung dazugehöriger Vorschriften überwachen muss. Neu wird für ihn außerdem sein, dass seine Arbeit erstmals selbst davon betroffen sein kann, wie etwa mit Nutzung besonderer moderner Arbeitsmittel oder auch bei Umsetzung neuer Arbeitsformen für die Betriebsräte selbst. Künftig kommen mit den Entwicklungen daher in zweifacher Hinsicht neue Aufgaben auf den Betriebsrat zu, weil sie nicht nur die Belange der Arbeitnehmer betreffen werden, sondern er seine Tätigkeit selbst anpassen und modernisieren kann oder vielleicht auch muss, um seine Aufgaben auch künftig bestmöglich erledigen zu können. Das erfordert wiederum, sich noch intensiver mit den jeweiligen Themen zu beschäftigen und sich noch mehr Kenntnisse anzueignen, was gleichzeitig zusätzliche Arbeit für eine eigene Neuausrichtung bedeutet. Das erforderliche Wissen wird dabei immer differenzierter, komplizierter und umfangreicher. Betrachtet man allein die Digitalisierung, auf die in der heutigen Zeit die meisten Neuerungen zurückzuführen sind, können hier insbesondere im Hinblick auf das Datenschutzrecht erhebliche Schwierigkeiten entstehen; denn es handelt sich hier um ein komplexes Rechtsgebiet, zu dem zahlreiche Vorschriften und Vorgaben nicht nur auf nationaler, sondern auch auf europäischer Ebene existieren.

Letztendlich muss der Betriebsrat sämtliche Entwicklungen auch im Hinblick auf zukunftsfähige Unternehmen begleiten und mittragen, was ohne ein gewisses Maß an Professionalisierung kaum möglich sein wird.

D. Fazit für die Vergütung von Betriebsräten

Die historische Entwicklung der Betriebsverfassung über viele Jahrzehnte lässt sich treffend als „lange[r] Weg vom Klassenkampf zur Sozialpartnerschaft"[83] beschreiben. Die letzte umfassende Neuerung des Betriebsverfassungsgesetzes liegt bereits 46 Jahre zurück. Bemerkenswert ist, dass die Vorschriften zur Vergütung der Betriebsratsmitglieder seit dem Jahr 1972 keine entscheidenden Änderungen mehr erfahren haben. Bei der Reform im Jahr 2001 wurde hier lediglich die Möglichkeit von Teilfreistellungen besser hervorgehoben, die Teilnahme an Schulungen außerhalb der Arbeitszeit klarer geregelt und im Bereich der Freistellungen nach § 38 BetrVG Korrekturen vorgenommen.

Doch nicht nur in den letzten Jahrzehnten, sondern vor allem auch seit dieser letzten großen Reform des Betriebsverfassungsgesetzes hat sich die betriebliche Praxis noch einmal deutlich weiterentwickelt. Die Arbeitswelt unterliegt aufgrund der dauernden technischen Fortschritte einem stetigen Wandel. Das seit

---

81 *Maschmann*, NZA-Beilage 2017, 73.
82 *Klebe*, NZA-Beilage 2017, 77.
83 *Pohl*, ZUG 1996, Beiheft 92, S. 26.

längerer Zeit nicht geänderte Betriebsverfassungsgesetz steht daher schon heute vor großen Herausforderungen. Und auch künftig sind noch weitreichendere Veränderungen zu erwarten.

Dabei rücken vor allem auch die Vergütungsvorschriften für Betriebsräte immer mehr in den Fokus. Denn solche grundlegenden Änderungen der Betriebsratsarbeit und gestiegenen Anforderungen an die Mandatsträger werfen zwangsläufig die Frage auf, ob diese sich möglicherweise auch auf deren Vergütung auswirken (müssen). Insbesondere stellt sich dabei die Frage, ob das derzeit geltende Vergütungssystem, das im Großen und Ganzen auf der Zeit im Jahre 1972 basiert, dem Wandel der letzten Jahrzehnte noch gerecht werden kann. Die Regelungen zur Bemessung des Entgeltes für Betriebsräte müssen daher vor dem Hintergrund dieser Entwicklungen betrachtet werden.

§ 3 Systematik und Zweck der betriebsverfassungsrechtlichen Vergütungsvorschriften

Im Gegensatz zu der rechtsgeschäftlich begründeten Gewerkschaft stellt der von den Arbeitnehmern durch Wahl demokratisch legitimierte Betriebsrat eine gesetzlich verfasste Arbeitnehmervertretung dar – ohne dass zugleich ein gesetzlicher Automatismus oder ein Zwang zur Errichtung eines Betriebsrates existiert. Dementsprechend unterscheidet sich auch die Finanzierung, die bei dem Betriebsrat gegenüber der arbeitnehmerfinanzierten Gewerkschaft allein durch den Arbeitgeber erfolgt. Wie dabei die Vergütung der Mitglieder des Betriebsrates im Einzelnen zu erfolgen hat, ist dem Arbeitgeber aber nicht selbst überlassen, sondern wurde in dem Betriebsverfassungsgesetz ausdrücklich festgeschrieben.

A. Überblick über die vergütungsrelevanten Regelungen

Für die Vergütung von Betriebsratsmitgliedern sind verschiedene betriebsverfassungsrechtliche Regelungen bedeutsam. Wichtig ist, die einzelnen Bestimmungen entsprechend dem System und nach ihrem jeweiligen Anwendungsbereich anzuwenden. Es kommt nicht selten vor, dass die verschiedenen Gesetze nicht klar voneinander getrennt und bei der Bemessung der Vergütung vermengt werden. Dabei darf aber nicht übersehen werden, dass die Vorschriften jeweils eigene Voraussetzungen und Anforderungen für einen speziellen Regelungsgegenstand aufstellen.

Zu beachten ist bei Vergütungsfällen insbesondere auch, dass es im Grundsatz zwei verschiedene Arten gibt, wie Betriebsratsmitglieder für Betriebsratstätigkeit von ihrer ursprünglichen Arbeit entbunden werden können. Zum einen können sie nach § 37 Abs. 2 BetrVG unter den dort genannten Voraussetzungen vorübergehend für Betriebsratstätigkeit befreit werden, grundsätzlich gehen sie ihrer normalen beruflichen Tätigkeit aber weiterhin noch nach. Sie werden immer nur dann, wenn konkrete Betriebsratsarbeit zu erledigen ist, für diese von ihrer ursprünglichen Tätigkeit befreit und kehren nach Erledigung der Aufgaben an ihren gewohnten Arbeitsplatz zurück. Die Pflicht zur arbeitsvertraglichen Leistung besteht bei ihnen weiter,[84] sie bleiben in ihren üblichen Arbeitsprozess eingegliedert.

Demgegenüber werden Betriebsratsmitglieder nach § 38 BetrVG, je nach Unternehmensgröße, entsprechend den festgelegten Freistellungsstaffeln in Absatz 1 dauerhaft von ihrer Tätigkeit freigestellt. Diese Mindestanzahl an ständig freigestellten Mandatsträgern nimmt dann ausschließlich nur noch Betriebsratsarbeit wahr. Zu ihrer ursprünglichen Arbeitstätigkeit kehren sie während ihrer gesamten Amtszeit nicht mehr – auch nicht nur zeitweise – zurück. Die Pflicht zur Arbeitsleistung entfällt in diesen Fällen gänzlich.[85] Da die Freistellungsstaffeln in § 38 Abs. 1 S. 1 BetrVG bereits bei 200 Arbeitnehmern beginnen, dürfte die Art der Arbeitsbefreiung in vielen Betrieben Realität sein. Eine solche generelle Freistellung, unabhängig von tatsächlich anfallenden Betriebsratsaufgaben, muss nicht zwingend in Vollzeit erfolgen, sondern ist nach § 38 Abs. 1 S. 3 BetrVG auch nur teilweise möglich.

Zwar besteht im Grundsatz bei der Vergütung der Betriebsräte – jedenfalls im Ergebnis – kein Unterschied zwischen nur vorübergehend befreiten oder dauerhaft freigestellten Betriebsratsmitgliedern,[86] für letztere enthält § 38 BetrVG aber gewisse Modifizierungen. Dabei gibt es auch teils unterschiedliche Auffassungen zur Anwendbarkeit einzelner Regelungen auf beide Arten der Arbeitsbefreiung von Betriebsratsmitgliedern. Darauf ist aber an gegebener Stelle näher einzugehen.

Unterteilen lassen sich die Vergütungsregelungen zunächst in allgemeine Schutzvorschriften sowie konkrete Bemessungsvorschriften. Zu den Vorschriften zum Schutz der Mandatsträger gehört speziell für die Vergütung das Unentgeltlichkeits- und Ehrenamtsprinzip des § 37 Abs. 1 BetrVG, wobei hier auch das allgemeine Benachteiligungs- und Begünstigungsverbot des § 78 S. 2 BetrVG Bedeutung erlangen kann. Neben deren Anforderungen im Einzelnen stellt sich hier vor allem die Frage, ob sie als allgemeine Vorschriften bei der Vergütung der Betriebsratsmitglieder stets Beachtung finden müssen und inwieweit sie sich auf die Entgeltbemessung auswirken können.

Für die konkrete Bemessung des Entgeltes eines einzelnen Mandatsträgers enthält das Betriebsverfassungsgesetz in erster Linie zwei Regelungen: nach § 37 Abs. 2 BetrVG darf das bisherige Entgelt des Betriebsratsmitgliedes aus seiner früheren Arbeitstätigkeit nicht wegen betriebsratsbedingter Arbeitsversäumnis gemindert werden, sondern ist in unveränderter Höhe fortzuzahlen. Um gleichermaßen an einer möglicherweise wegen des Amtes versäumten beruflichen Entwicklung teilhaben zu können, ist dieses Entgelt gegebenenfalls nach § 37

---

84 *Natzel*, NZA 2000, 77.
85 GK-BetrVG/*Weber*, § 38 Rn. 8.
86 Vgl. dazu auch die Ausführungen auf S. 127 ff.

Abs. 4 BetrVG an das Arbeitsentgelt vergleichbarer Arbeitnehmer mit betriebsüblicher beruflicher Entwicklung anzupassen. § 37 Abs. 3 BetrVG sieht zudem einen Ausgleich für Betriebsratstätigkeit außerhalb der Arbeitszeit vor, unter gewissen Umständen auch in Form einer Mehrarbeitsvergütung. Darüber hinaus können weitere Vorschriften, beispielsweise zu Kosten der Betriebsratsarbeit (vgl. § 40 BetrVG), eine Rolle spielen, allerdings haben diese keine direkten Auswirkungen auf die Vergütungsbemessung, sondern werden allenfalls mittelbar oder für eine Abgrenzung relevant.

Die genannten Regelungen beschränken sich aber nicht allein auf die Betriebsratsmitglieder sowie Gesamtbetriebsratsmitglieder (vgl. § 51 Abs. 1 S. 1 BetrVG). Sämtliche für die Vergütung der Betriebsratsmitglieder relevanten Vorschriften finden außerdem aufgrund ausdrücklicher Anordnung in § 40 Abs. 1 EBRG auf Angehörige des Europäischen Betriebsrates sowie nach § 42 SEBG auf Mitglieder des SE-Betriebsrates Anwendung.

B. Sinn und Zweck der Vorschriften

Mit den betriebsverfassungsrechtlichen Vorschriften zur Vergütung von Betriebsratsmitgliedern wollte der Gesetzgeber nicht nur eine einheitliche und allgemeingültige Regelung der Entlohnung von Betriebsräten festsetzen, sondern er hat damit auch verschiedene Zwecke hinsichtlich der Ausgestaltung und Ausübung des Betriebsratsamtes verfolgt. Dabei ist es nicht nur für ein besseres Verständnis, sondern gerade bei Anwendung und vor allem auch Bewertung der entsprechenden Bestimmungen wichtig, neben der bereits kurz skizzierten Historie des Gesetzes auch die gesetzgeberischen Absichten zu kennen. Bei unbestimmten Rechtsbegriffen und Auslegung der Regelungen kann der Gesetzeszweck von entscheidender Bedeutung sein.

I. Unabhängigkeit der Betriebsratsmitglieder

Sämtliche Vergütungsvorschriften verfolgen – im Zusammenspiel mit weiteren Schutzvorschriften, wie z. B. dem § 15 KSchG – in erster Linie denselben grundlegenden Zweck, die Unabhängigkeit der Betriebsratsmitglieder zu wahren und somit eine unparteiische Amtsführung sicherzustellen.[87] Die Ausgestaltung des Betriebsratsamtes ist maßgeblich von diesem Grundanliegen der Unabhängigkeit der Amtsinhaber geprägt; das ist allen Vergütungsregelungen gemeinsam, so dass insoweit hier kein Unterschied zu machen ist.[88] Dadurch sollen eine funktionsgemäße Erfüllung der Amtspflichten des Betriebsrates als Repräsentant der Belegschaft und eine wirkungsvolle Durchführung seiner gesetzlich auferlegten

---

87 Vgl. BAG AP BetrVG 1972 § 78 Nr. 1; GK-BetrVG/*Weber*, § 37 Rn. 10; GK-BetrVG/*Kreutz*, § 78 Rn. 1; *Fitting*, § 37 Rn. 1, § 78 Rn. 14; ErfK/*Koch*, § 37 Rn. 1; ErfK/*Kania*, § 78 BetrVG Rn. 6; ausführlich *Däubler*, SR 2017, 85, 87 f.
88 Vgl. auch BAG NZA 1994, 278, 281 zu § 37 Abs. 1 und § 78 S. 2 BetrVG.

Aufgaben gewährleistet werden.[89] Die Schutzvorschriften, insbesondere das Unentgeltlichkeits- und Ehrenamtsprinzip in § 37 Abs. 1 BetrVG, sollen nicht nur die innere, sondern ebenso die äußere Unabhängigkeit der Amtsträger garantieren.[90] Mit Gewährleistung der inneren Unabhängigkeit eines Amtsträgers, also seiner eigenen, unbefangenen Einstellung zur Sache, soll er jederzeit für sich selbst nachvollziehen können, dass bestimmte Handlungen des Arbeitgebers seine Entscheidungen in Zusammenhang mit der Ausführung von Betriebsratsaufgaben nicht beeinflusst haben.[91] Dagegen soll mit Sicherung der äußeren Unabhängigkeit auch – vor allem für die Belegschaft im Betrieb – nach außen erkennbar sein, dass Vereinbarungen und Entscheidungen des Betriebsrates unbeeinflusst von der Gewährung bestimmter Vorteile oder zu erwartender Nachteile getroffen wurden.[92] Im Hinblick auf die Vergütung bedeutet das natürlich, dass die Betriebsratsmitglieder nicht durch finanzielle Vorteile oder wirtschaftliche Nachteile zugunsten oder zulasten des Arbeitgebers beeinflusst werden dürfen. Der Betriebsrat soll im Idealfall die Interessen der Arbeitnehmer unter Beachtung des Gebots der vertrauensvollen Zusammenarbeit mit dem Arbeitgeber (§ 2 Abs. 1 BetrVG) bestmöglich vertreten und dabei weder von eigenen persönlichen Belangen noch von sachfremden Erwägungen des Arbeitgebers oder sonstiger Dritter geleitet werden.

Ein Aspekt der Sicherung der Unabhängigkeit ist dabei auch, dass die Mitglieder des Betriebsrates das ihnen übertragene Amt ohne Furcht vor Maßregelungen und Sanktionen des Arbeitgebers ausüben können.[93] Die Gefahr besteht bereits aufgrund der häufig zwischen Betriebsrat und Arbeitgeber entstehenden Spannungen und Konflikte.[94] Der Betriebsrat nimmt gerade keine unparteiische Rolle ähnlich eines Vermittlers ein, sondern verfolgt gegenüber dem Arbeitgeber in erster Linie die – meist abweichenden und oft gegensätzlichen – Interessen der Belegschaft.[95] Gleichzeitig stehen die Mandatsträger aber trotz der Amtsübernahme weiterhin in ihrem ursprünglichen Arbeitsverhältnis zum Arbeitgeber und damit bereits in gewisser Abhängigkeit von ihm. Umso wichtiger ist es, nicht weitere Abhängigkeitsfaktoren zu schaffen, die sich auf die Ausübung der Betriebsratsarbeit auswirken können. Schließlich sollen die Mandatsträger nicht durch Gewährung von besonderen Leistungen oder Zuwendungen durch den

---

89 GK-BetrVG/*Weber*, § 37 Rn. 10; GK-BetrVG/*Kreutz*, § 78 Rn. 1; *Fitting*, § 37 Rn. 1.

90 BAG NZA 2010, 1025, 1027; NZA 1997, 1242, 1244 (jeweils zum Ehrenamtsprinzip des § 37 Abs. 1 BetrVG); AP BetrVG 1972 § 37 Nr. 146 (zu § 78 S. 2 BetrVG); HWGNRH/*Glock*, § 37 Rn. 1; GK-BetrVG/*Weber*, § 37 Rn. 10; *Esser*, S. 24; *Rieble*, NZA 2008, 276.

91 BAG NZA 1997, 1242, 1244; ArbG Bielefeld BeckRS 2011, 73560; *Esser*, S. 24 (jeweils zum Ehrenamtsprinzip des § 37 Abs. 1 BetrVG); *Joussen*, NZA 2018, 139 f.; *Sparchholz/Trümner*, S. 12.

92 BAG NZA 1997, 1242, 1244; ArbG Bielefeld BeckRS 2011, 73560; *Esser*, S. 24; *Lipp*, S. 4 (jeweils zum Ehrenamts- bzw. Unentgeltlichkeitsprinzip des § 37 Abs. 1 BetrVG); *Joussen*, NZA 2018, 139, 140; *Sparchholz/Trümner*, S. 12.

93 BAG AP BetrVG 1972 § 78 Nr. 1; AP BetrVG 1972 § 37 Nr. 146 (jeweils zu § 78 S. 2 BetrVG).

94 MünchArbR/*Joost*, § 220 Rn. 126; *Esser*, S. 7 f. (zu § 78 S. 2 BetrVG).

95 Vgl. dazu ausführlich *Belling*, S. 306.

Arbeitgeber „käuflich" werden und ihre Aufgaben, insbesondere ihre Mitwirkungs- und Mitbestimmungsrechte nur noch zu seinen Gunsten ausüben.[96] Vor allem sollen sich Betriebsräte nicht von der Belegschaft entfremden oder sich so weit von dieser abheben, dass sie als eigen- bzw. selbstständige Arbeitnehmerfunktionäre wahrgenommen werden.[97]

II. Vertrauen der Belegschaft und Fortbestand des Amtes

Die Vorschriften zum Schutz der Betriebsratsmitglieder dienen aber zugleich auch dem Ziel, das Vertrauen der Belegschaft in den Betriebsrat als ihren Repräsentanten zu bestärken und Akzeptanz der von ihm mit dem Arbeitgeber verhandelten Entscheidungen und Vereinbarungen zu erreichen.[98] Denn die Tätigkeit des Betriebsrates kann durchaus mit Nachteilen für die Belegschaft oder einzelne Arbeitnehmer verbunden sein, denkt man beispielsweise an die Mitbestimmung in Bereichen sozialer oder personeller Angelegenheiten, unter anderem bei Kündigungen oder die Mitwirkung an Sozialplänen. Umso wichtiger ist es daher, dass der Betriebsrat und seine einzelnen Mitglieder für die Arbeitnehmer erkennbar unabhängig von sachfremden Einflüssen gehandelt haben.[99] Es darf nicht der Eindruck erweckt werden, dass der Arbeitgeber auf die Entscheidung des Betriebsrates durch Gewährung von Vorteilen Einfluss nehmen konnte.[100]

Unabhängig davon sollen die Schutzvorschriften auch zur Förderung der Bereitschaft, sich zum Betriebsrat wählen zu lassen, beitragen.[101] Wäre die Unabhängigkeit der Mandatsträger nicht gesichert, würden manche Arbeitnehmer die Übernahme des Betriebsratsamtes aus Angst vor möglichen negativen Konsequenzen nicht in Betracht ziehen.[102] Es soll verhindert werden, dass sich Arbeitnehmer nur deswegen nicht zur Wahl des Betriebsrates stellen, weil sie persönliche Nachteile – vor allem auch in wirtschaftlicher Hinsicht – befürchten müssen. Nur so kann der Fortbestand des Betriebsrates für die Zukunft gesichert werden, zumal in großen Betrieben immer häufiger die Rede von einem Rückgang der Bereitschaft für eine Kandidatur ist. Das Amt des Betriebsrates muss daher für potentiellen Nachwuchs attraktiv gehalten werden. Die Intention des Gesetzes ist es dabei auch, vor allem qualifizierte Arbeitnehmer für eine

---

96 Vgl. auch *Schweibert/Buse*, NZA 2007, 1080.
97 Richardi/*Thüsing*, § 37 Rn. 2; *Jacobs/Frieling*, ZfA 2015, 241, 243; *Rieble*, NZA 2008, 276; *Bayreuther*, NZA 2013, 758, 759.
98 BAG NZA 2010, 1025, 1027; NZA 1997, 1242, 1244; ArbG Bielefeld BeckRS 2011, 73560 (beide zum Ehrenamtsprinzip des § 37 Abs. 1 BetrVG); *Lipp*, S. 4 (zum Unentgeltlichkeitsprinzip); *Schweibert/Buse*, NZA 2007, 1080.
99 BAG NZA 1997, 1242, 1244; ArbG Bielefeld BeckRS 2011, 73560 (beide zum Ehrenamtsprinzip des § 37 Abs. 1 BetrVG); *Schweibert/Buse*, NZA 2007, 1080.
100 *Fischer*, NZA 2014, 71.
101 Vgl. BAG NZA 2016, 1212 1213 (zu § 37 Abs. 2 BetrVG); *Jacobs/Frieling*, NZA 2015, 513, 516; *Lipp*, S. 109; *Knipper*, S. 87, 89; *Weismann*, JuS 1987, 971, 974.
102 MünchArbR/*Joost*, § 220 Rn. 126; vgl. auch *Esser*, S. 7 f.; *Rieble*, NZA 2008, 276; *Fischer* NZA 2014, 71.

Kandidatur zu gewinnen.[103] Auf der anderen Seite muss aber gleichzeitig ausgeschlossen werden, dass Arbeitnehmer nur in Erwartung (finanzieller) Vorteile für das Amt kandidieren.[104]

---

103 *Weismann*, JuS 1987, 971, 974; vgl. auch *Happe*, 163 f.
104 *Jacobs/Frieling*, ZfA 2015, 241, 243; *Fischer*, NZA 2014, 71.

Kapitel 2
Allgemeine Grundsätze und Schutzvorschriften

Das Betriebsverfassungsgesetz enthält ein System von Vorschriften, das den Betriebsratsmitgliedern einen umfassenden Schutz bieten und im Hinblick auf die Vergütung ein angemessenes Entgelt sichern soll. Wie das Entgelt eines Betriebsratsmitgliedes im Einzelnen zu berechnen ist, ergibt sich aus einem Zusammenspiel verschiedener Regelungen aus eher allgemeinen Schutzvorschriften sowie konkreten Bemessungsvorschriften. Ein allgemeines, bedeutendes Grundprinzip speziell im Hinblick auf das Entgelt von Mandatsträgern stellt das Ehrenamts- und Unentgeltlichkeitsprinzip in § 37 Abs. 1 BetrVG dar. Ein über die Vergütung hinausgehendes, generelles Schutzprinzip für Betriebsräte enthält das Benachteiligungs- und Begünstigungsverbot des § 78 S. 2 BetrVG. Bevor auf die Berechnung des konkreten Entgeltes eingegangen wird, ist zu untersuchen, inwieweit diese allgemeinen Grundsätze auf die konkrete Vergütung Einfluss nehmen können oder jedenfalls Beachtung finden müssen und ob gegebenenfalls weitere allgemeine Vorgaben, möglicherweise auch außerhalb des Betriebsverfassungsgesetzes, hier zu berücksichtigen sind.

§ 1 Das Ehrenamts- und Unentgeltlichkeitsprinzip nach § 37 Abs. 1 BetrVG

Mit der Wahl zum Betriebsrat übernehmen die von der Belegschaft demokratisch gewählten Betriebsratsmitglieder ein betriebsverfassungsrechtliches Amt, das mit besonderen Rechten und Pflichten verbunden ist. § 37 Abs. 1 BetrVG enthält insbesondere für deren Vergütung gleich zwei bedeutende, allgemeine Grundsätze: Das Amt des Betriebsrates ist ein Ehrenamt und es ist unentgeltlich wahrzunehmen.

A. Das Betriebsratsamt und seine Ausgestaltung als Ehrenamt

Ehrenämter in den verschiedensten Bereichen weisen immer wieder typische Charakteristika und Merkmale auf, die im Kern allen Ämtern gleich sind. Ob auch das betriebsverfassungsrechtliche Ehrenamt der Betriebsräte sich durch diese Eigenschaften auszeichnet oder vollkommen anders ausgestaltet wurde, ist im Folgenden genauer zu beleuchten.

I. Der Begriff des Ehrenamtes nach allgemeinem Verständnis

Der Begriff des Ehrenamtes ist bekannt und allgemein gebräuchlich. Dennoch wird er nicht immer einheitlich verwendet. Eine allgemeingültige (gesetzliche)

Definition existiert nicht und lässt sich weder dem Betriebsverfassungsgesetz noch anderen arbeitsrechtlichen Gesetzen entnehmen. Außerhalb des Arbeitsrechts bestehen zwar vereinzelt gesetzliche Regelungen[105], die den Begriff des Ehrenamtes verwenden, diese Vorschriften geben aber lediglich vage Beschreibungen oder Hinweise, aus denen sich kein einheitliches charakteristisches Bild eines solchen Amtes ableiten lässt. Nähert man sich dem Begriff des Ehrenamtes in seiner üblichen Verwendung im allgemeinen Sprachgebrauch, fällt auf, dass er meist in Zusammenhang mit der Übernahme öffentlicher Ämter gebracht und überwiegend als unentgeltliche Tätigkeit wahrgenommen wird. In seinem ursprünglichen Sinn wurde es als öffentliches Amt ohne Entgelt verstanden, für das aber eine Aufwandsentschädigung gewährt werden kann.[106]

Dieses Verständnis hat sich heute mehr dahin gewandelt, dass ein Ehrenamt grundsätzlich ein freiwilliges Handeln im gemeinnützigen Bereich beschreibt, weshalb es teilweise mit den Begriffen „bürgerschaftliches Engagement" oder „Freiwilligenarbeit" gleichgesetzt wird.[107] Eine Beschränkung des Ehrenamtes nur auf die Übernahme öffentlicher Ämter wäre heutzutage zu begrenzt, weil gerade im nicht-öffentlichen Bereich, insbesondere auch im wirtschaftlichen Umfeld zahlreiche ehrenamtlich ausgestaltete Ämter existieren. Betrachtet man die gegenwärtig bestehenden Ehrenämter vor dem Hintergrund der Entwicklung als Bürgerbeteiligung, lassen sich einige Merkmale feststellen, die grundsätzlich allen diesen Ämtern, sowohl im privaten wie auch im öffentlichen Bereich, gemein sind.[108] Der Einsatz für eine fremdnützig bestimmte Einrichtung, die nicht hauptberufliche Ausübung sowie das Fehlen eigennützigen Erwerbsstrebens stellen die für ein Ehrenamt typischen Eigenschaften dar.[109] Vor allem im privatrechtlichen Bereich wird der Begriff des Ehrenamtes teilweise sogar streng als Gegenbegriff zum Arbeitsverhältnis interpretiert und dabei an die Weisungsunabhängigkeit und Unentgeltlichkeit der Tätigkeit angeknüpft.[110]

Dennoch lassen sich diese Eigenschaften nicht immer starr auf jedes Ehrenamt übertragen. Denn dieses kann unter Umständen ebenso weisungsabhängig oder sogar im Rahmen eines Arbeitsverhältnisses ausgeübt werden.[111] Auch hinsichtlich des Kriteriums der Unentgeltlichkeit ist genau zu differenzieren. Grundsätzlich darf für die Übernahme eines solchen Amtes zwar kein Entgelt gezahlt werden, weil dies durchaus als ein das Ehrenamt typischerweise kennzeichnendes Merkmal anzusehen ist. Das bedeutet aber nicht, dass jegliche Zuwendung

---

105 Beispielhaft § 4 Nr. 26 UStG, § 3 Nr. 26, Nr. 26a EStG oder § 2 Abs. 1 Nr. 10 SGB VII.
106 Küttner/*Röller*, Ehrenamtliche Tätigkeit, Rn. 1. In den Brockhaus Nachschlagewerken wird ein Ehrenamt ebenfalls als „Wahrnehmung eines öffentlichen Amtes beziehungsweise einer sozialen Aufgabe ohne Bezüge, gegebenenfalls mit Möglichkeiten zur Aufwandsentschädigung" definiert, https://brockhaus.de/ecs/enzy/ article/ehrenamt (zuletzt abgerufen am 14.1.2018).
107 Küttner/*Röller*, Ehrenamtliche Tätigkeit, Rn. 1.
108 vgl. FG Hamburg DStRE 2007, 635, 636.
109 vgl. FG Hamburg DStRE 2007, 635, 636.
110 Küttner/*Röller*, Ehrenamtliche Tätigkeit, Rn. 2.
111 *Greiner*, NZA 2015, 285, 286; Küttner/*Röller*, Ehrenamtliche Tätigkeit, Rn. 2.

an ehrenamtlich Tätige automatisch den Ehrenamtscharakter entfallen lässt.[112] Das zeigt bereits auch die steuerfreie Ehrenamtspauschale von 720 Euro im Jahr gemäß § 3 Nr. 26 EStG. Nicht nur im öffentlich-rechtlichen, sondern auch im privatrechtlichen Bereich ist es außerdem durchaus üblich, dass für Ehrenämter Aufwandsentschädigungen gewährt werden. Dabei handelt es sich allerdings nicht um ein Entgelt oder eine Vergütung des Amtes, sondern um einen Ausgleich für den Aufwand, der mit seiner Übernahme verbunden ist. Beispielhaft genannt werden können in diesem Zusammenhang Ämter wie das eines ehrenamtlichen Richters oder das Ehrenamt eines Bürgermeisters einer kleinen Gemeinde, bei denen in unterschiedlicher Form solche Aufwandsentschädigungen gewährt werden.

II. Das betriebsverfassungsrechtliche Ehrenamt

Die Regelung in § 37 Abs. 1 BetrVG hat den Ehrenamtscharakter für das Betriebsratsamt ausdrücklich gesetzlich festgeschrieben. Auch wenn die Regelung nicht vorrangig in der Kennzeichnung des Amtes liegt,[113] lassen sich daraus aber dennoch einige typische Eigenschaften ableiten.

1. Betriebsratsamt mit typischem Ehrenamtscharakter

Die Ausgestaltung des Betriebsratsamtes weist im Grunde ebenfalls die allgemeinen charakteristischen Merkmale eines Ehrenamtes auf.
Betrachtet man zunächst die Organisation und Rechtsstellung des Betriebsrates sowie seiner Mitglieder, setzen sich die Mandatsträger in gewisser Weise auch für eine fremdnützig bestimmte Einrichtung ein. Zum einen geschieht dies natürlich durch den Einsatz für die Belange der Belegschaft im Betrieb, indem der Betriebsrat seinen gesetzlich bestimmten Aufgaben- und Pflichtenkreis im Interesse und zum Wohl der Arbeitnehmer sowie des Betriebes (vgl. § 2 Abs. 1 BetrVG) erfüllt.[114] Nach allgemeiner Ansicht nimmt er die ihm von dem Betriebsverfassungsgesetz eingeräumten Befugnisse im Unterschied zu gesetzlichen Vertretern in eigenem Namen, zugleich aber fremdnützig wahr;[115] trotz seiner Funktion als Interessenvertretung ist er nach überwiegender Ansicht nämlich nicht als gesetzlicher Vertreter zu qualifizieren.[116]
Zum anderen engagieren sich die einzelnen Mandatsträger in gewisser Weise auch für den fremdnützig agierenden Betriebsrat als Gremium. Dem Betriebsrat

---

112 Vgl. auch *Happe*, S. 15 f. nach dem das Merkmal der Unentgeltlichkeit vielmehr den altruistischen Charakter von Ehrenämtern, nicht allein nach persönlichen Vorteilen zu streben, beschreibt.

113 GK-BetrVG/*Weber*, § 37 Rn. 12.

114 GK-BetrVG/*Weber*, § 37 Rn. 11.

115 GK-BetrVG/*Franzen*, § 1 Rn. 63; *Fitting*, § 1 Rn. 188, 190; *Richardi*, Einl. Rn. 99; vgl. auch BAG NZA 1990, 113, 114.

116 *Fitting*, § 1 Rn. 190; *v. Hoyningen-Huene*, Betriebsverfassungsrecht, § 10 Rn. 1. Die Rechtsnatur des Betriebsrates wird unterschiedlich beurteilt, vgl. den Überblick bei GK-BetrVG/*Franzen*, § 1 Rn. 63.

als Repräsentant[117] stehen zwar zunächst die Befugnisse aus dem Betriebsverfassungsgesetz zu, wie ihn gleichermaßen die gesetzlich auferlegten Pflichten treffen.[118] Ausgeübt werden diese Rechte allerdings vornehmlich durch die einzelnen Mitglieder des Betriebsrates, die ihre Amtstätigkeit auf die gesetzlichen Aufgaben des Gremiums zurückführen, es handelt sich um ein abgeleitetes Amt.[119]

Darüber hinaus ist die Tätigkeit der Betriebsratsmitglieder wie auch überwiegend bei anderen Ehrenämtern nicht weisungsgebunden. Denn im Gegensatz zu der arbeitsvertraglich zu erbringenden Leistung unterliegt die Betriebsratstätigkeit nicht dem Direktionsrecht des Arbeitgebers, er darf weder Einfluss auf den Umfang, die zeitliche Lage oder die Dauer der Betriebsratsarbeit nehmen.[120] Auch unterliegen die Mandatsträger weder den Weisungen der Belegschaft noch sind sie von deren Zustimmung abhängig, da es sich nicht um ein sog. imperatives Mandat handelt.[121]

Das oft mit Ehrenämtern in Verbindung gebrachte Merkmal der Unentgeltlichkeit wird in der Literatur meist schon mit dem Ehrenamtscharakter des Betriebsratsamtes begründet oder die Formulierung in § 37 Abs. 1 BetrVG sogar als tautologisch aufgefasst.[122] Man mag dem zustimmen, dass Ehrenämter nicht entlohnt werden wie Berufstätigkeiten. Genau genommen würde aber die Einordnung als Ehrenamt nicht automatisch vollständige Unentgeltlichkeit bedeuten, zumindest wenn man an die für Ehrenämter typischen – zumeist auch pauschalen – Aufwandsentschädigungen denkt.[123] Im Hinblick auf die Vergütung des Betriebsratsamtes kann dies aber dahingestellt bleiben. Denn § 37 Abs. 1 BetrVG schreibt für die Mitglieder des Betriebsrates ausdrücklich das Prinzip der Unentgeltlichkeit fest. Inwieweit darüber hinaus (pauschale) Zahlungen, z. B. in Form von Aufwandsentschädigungen, zulässig sind, bleibt im Folgenden genauer zu untersuchen. Ausschließen lässt sich mit dieser Regelung jedenfalls – zumindest in der Theorie –, dass Betriebsratsmitglieder nur aus materiellen Ambitionen das Amt übernehmen, so dass hier das Fehlen eigennützigen Erwerbsstrebens als Kriterium eines Ehrenamtes grundsätzlich bejaht werden kann.

---

117 Vorzugswürdig ist die Einordnung des Betriebsrates als Repräsentant der Belegschaft, die heute auch weitgehend verwendet wird, so auch GK-BetrVG/*Franzen*, § 1 Rn. 65 f.; HWGNRH/*Glock*, § 37 Rn. 9; *Fitting*, § 1 Rn. 188; MünchArbR/*v. Hoyningen-Huene*, § 212 Rn. 12; Düwell/*Kloppenburg*, § 1 Rn. 143. Darüber hinaus lassen sich von der Bezeichnung der Rechtsstellung des Betriebsrates noch keine Rückschlüsse auf seine rechtliche Einordnung oder seine vermögens- und haftungsrechtliche Stellung ziehen, vgl. GK-BetrVG/*Franzen*, § 1 Rn. 66.

118 *Gamillscheg,* § 40 S. 543.

119 *Gamillscheg,* § 40 S. 543; HWGNRH/*Glock*, § 37 Rn. 10.

120 BAG RdA 1983, 328; GK-BetrVG/*Weber*, § 37 Rn. 13; DKKW/*Wedde*, § 37 Rn. 38.

121 *Fitting*, § 1 Rn. 190; DKKW/*Wedde*, Einl. Rn. 128; *v. Hoyningen-Huene*, Betriebsverfassungsrecht, § 4 Rn. 1, 3; BAG BeckRS 9998, 149584.

122 *Weiss/Weyand*, § 37 Rn. 2.

123 Vgl. auch *Aden*, RdA 1980, 256, 258.

Bleibt zuletzt die typische Eigenschaft von Ehrenämtern der nicht hauptberuflichen Ausübung, die sich grundsätzlich auch auf das Betriebsrats-Ehrenamt
wegen seiner Ausgestaltung übertragen lässt; denn das deutsche Betriebsverfassungsrecht erkennt die Betriebsratstätigkeit grundsätzlich nicht als eigenständigen Beruf an.[124]
Betriebsratsarbeit soll keine gesonderte hauptberufliche Tätigkeit darstellen,
sondern wird neben dem ursprünglichen Beruf ausgeübt. Das Amt des Betriebsrates ist – wie nach der heute herrschenden Meinung das gesamte Betriebsverfassungsrecht[125] – dem Privatrecht zuzuordnen.[126] Es handelt sich daher schon
nicht um ein mit dem Beamtenrecht vergleichbares Amt im öffentlich-rechtlichen Sinne mit entsprechenden Amtsbefugnissen und dementsprechenden
Bezügen.[127] Gesetzlich ist es so ausgestaltet, dass das Rechtsverhältnis zum
Arbeitgeber während der gesamten Amtszeit, unabhängig davon, ob das Betriebsratsmitglied dauerhaft freigestellt ist oder nicht, das ursprünglich mit dem
Arbeitgeber geschlossene (privatrechtliche) Arbeitsverhältnis bleibt.[128] Haupt-
beschäftigung des Betriebsratsmitgliedes ist nach dem Gesetz also weiterhin
die in dem bereits bestehenden Arbeitsvertrag festgelegte Tätigkeit mit den entsprechenden Rechten und Pflichten, weshalb die arbeitsvertraglichen Aufgaben
nach wie vor zu erledigen wären.[129] Gleichzeitig erfährt die Arbeitnehmerstellung eines Betriebsratsmitgliedes durch die für ihn geltenden Sonderregelungen des Betriebsverfassungsgesetzes lediglich einige Modifizierungen, indem
weitere gesonderte betriebsverfassungsrechtliche Aufgaben zu dem gewöhnlichen Aufgabenkreis hinzukommen.[130] Das bedeutet aber nicht eine Erhöhung
der arbeitsvertraglichen Pflichten, denn die Tätigkeit für den Betriebsrat findet
neben den hauptberuflichen Verpflichtungen grundsätzlich während der bisherigen Arbeitszeit statt, das Arbeitsverhältnis ruht lediglich in dieser Zeit.[131] Das

---

124 A.A. *Aden*, RdA 256, 258, der die Betriebsratstätigkeit als Beruf ansieht.
125 GK-BetrVG/*Wiese*, Einl. Rn. 89; DKKW/*Däubler*, Einl. Rn. 69; HWGNRH/*Rose*, Einl. BetrVG
   Rn. 90; *v. Hoyningen-Huene*, Betriebsverfassungsrecht, § 1 Rn. 13.
126 GK-BetrVG/*Weber*, § 37 Rn. 11; Richardi/*Thüsing*, § 37 Rn. 6; *Fitting*, § 37 Rn. 6; HWGNRH/
   Glock, § 37 Rn. 9.
127 *Fitting*, § 37 Rn. 6; Richardi/*Thüsing*, § 37 Rn. 6; MünchArbR/*Joost*, § 220 Rn. 1 ff.; GK-
   BetrVG/*Weber*, § 37 Rn. 11.
128 GK-BetrVG/*Weber*, § 37 Rn. 10; *Fitting*, § 37 Rn. 6.
129 *Pawlak/Ruge*, Betriebsverfassungsrecht, Kap. 9 I; Richardi/*Thüsing*, § 37 Rn. 13; *v. Hoyningen-
   Huene*, Betriebsverfassungsrecht, § 10 Rn. 1.
130 GK-BetrVG/*Weber*, § 37 Rn. 10; vgl. auch *Fitting*, § 37 Rn. 6 f.
131 *Gamillscheg*, § 40 S. 553. Die für die Betriebsratsarbeit aufgewendete Zeit stellt nach überwiegender Ansicht keine Arbeitszeit im Sinne des Arbeitszeitgesetzes dar und ist mit der arbeitsvertraglich geschuldeten Leistung nicht identisch; dennoch wird sie gleichwohl mit dieser
   gleichgesetzt und gilt daher zumindest in der Sozial- und Unfallversicherung als Beschäftigung, vgl. GK-BetrVG/*Weber*, § 37 Rn. 12 ff.; *Fitting*, § 37 Rn. 14; Richardi/*Thüsing*, § 37
   Rn. 13; vgl. auch BSG BeckRS 1976, 00662. Das BAG hat in einer jüngeren Entscheidung die
   Frage der Einordnung der Betriebsratsarbeit als Arbeitszeit i. S. d. § 2 Abs. 1 ArbZG allerdings
   offengelassen, vgl. BAG NZA 2017, 791, 793.

jeweilige Arbeitsverhältnis und das Betriebsratsamt sind nach dem gesetzlichen Verständnis voneinander zu unterscheiden[132] und strikt zu trennen.

2. Betriebsrats-Ehrenamt als Beruf

Trotz der Ausgestaltung des Betriebsratsamtes als Ehrenamt finden sich wenige Stimmen in der Literatur, die das Amt – zumindest bei dauerhaft freigestellten Mandatsträgern – sogar als einen eigenständigen Beruf ansehen.[133]
Einer Auffassung nach wurde bereits mit Einführung der nach Unternehmensgröße gestaffelten obligatorischen, dauerhaften Freistellungen von Betriebsräten in dem Betriebsverfassungsgesetz von 1972 die Betriebsratstätigkeit als eigener Beruf anerkannt.[134] Damit hätte sich eine Verberuflichung des ursprünglich als Ehrenamt ausgestalteten Betriebsratsamtes vollzogen, die eher als eine „innerbetriebliche Alternativlaufbahn" zu verstehen sei und die Tätigkeit für den Betriebsrat während der Freistellung den ursprünglich ausgeübten Beruf ersetze.[135]
Die in dem Gesetz weiterhin beibehaltene Ausgestaltung als Ehrenamt bedeute lediglich noch, dass die Belegschaft weiterhin Vertrauen in die Betriebsräte und ihre Arbeit haben sollen und nicht, dass das Betriebsratsamt neben die ursprüngliche Arbeitstätigkeit tritt.[136] Parallelen zieht diese Ansicht sowohl zu der Entschädigung von Zeugen und Sachverständigen – in dem früheren ZSVG war eine Regelung für eine Art Verberuflichung dieser Tätigkeiten vorgesehen – wie auch zum politischen Bereich, in dem früher als Ehrenamt ausgestaltete Mandate ebenfalls verberuflicht wurden.[137] Eine weitere Ansicht sieht die Betriebsratstätigkeit jedenfalls auch als „Arbeit" an, was sie auf die gleiche Behandlung von Sachschäden während der normalen Arbeitstätigkeit sowie während der Ausübung von Betriebsratsarbeit zurückführt.[138] Denn es mache insoweit keinen Unterschied, ob ein Schaden in der Funktion als Arbeitnehmer oder als Betriebsratsmitglied entstehe.[139]

Auch die – teils höchstrichterliche – Rechtsprechung ließe in so mancher Entscheidung vermuten, dass es sich bei der Betriebsratstätigkeit tatsächlich um einen eigenständigen Beruf handelt, auch wenn sie es als solchen nicht ausdrücklich anerkennt. So hat das LAG Hamm in seiner Entscheidung die Be-

---

132 MünchArbR/*Joost*, § 220 Rn. 1.
133 *Aden*, RdA 1980, 256, 258; zustimmend auch *Gamillscheg*, § 40 S. 567, der die Tätigkeit als „Arbeit" ansieht; für eine Abschaffung des Ehrenamtsprinzips auch *Knipper*, S. 89 f., die stattdessen Betriebsratstätigkeit als Gegenleistung für das Entgelt verlangt; *Franzen*, ZAAR-Kongress, § 2 Rn. 16 f., für eine dispositive Ausgestaltung; *Byers*, NZA 2014, 65, 69 f.; wohl auch *Rieble*, NZA 2008, 276, 280; kritisch *Röhrborn*, ArbRAktuell 2015, 573, 574 ff.; vgl. auch *Misera*, Anmerkung zu BAG Urt. v. 29.7.1980 – 6 AZR 231/78, SAE 1982, 69, 74, der die Betriebsratsarbeit jedenfalls nicht der Erbringung der bisherigen Arbeitsleistung gleichstellt.
134 *Aden*, RdA 1980, 256, 258.
135 *Aden*, RdA 1980, 256, 258.
136 *Aden*, RdA 1980, 256, 258.
137 *Aden*, RdA 1980, 256, 258.
138 *Gamillscheg*, § 40 S. 567.
139 *Gamillscheg*, § 40 S. 567.

triebsratsarbeit ausdrücklich als Verwaltungsarbeit qualifiziert, die Arbeit eines freigestellten Betriebsratsmitgliedes sei als „Angestelltentätigkeit" aufzufassen.[140] Darüber hinaus wurde in dem zugrunde liegenden Fall der betroffenen freigestellten Betriebsratsvorsitzenden ein Entgeltanspruch während Ferienzeiten, in denen für sie grundsätzlich keine Beschäftigungsmöglichkeit bestand und sie für diese Zeit bislang auch kein Entgelt erhielt, dennoch zugestanden, weil sie zu dieser Zeit nun Betriebsratsarbeit ausführte.[141] Es liegt nahe, aufgrund solcher Entscheidungen bei Betriebsratsarbeit auf einen Beruf in Form von Verwaltungstätigkeit zu schließen. Auch Fälle der Änderung von Arbeitspflichten für die Ausübung der Betriebsratsarbeit, wie z. B. bei Versetzung eines im Außendienst Tätigen in den Innendienst[142] oder eine Umstellung von Nacht- auf Tagschicht[143] sowie von Wechsel- in Normalschicht[144] scheinen eine Verberuflichung des Amtes durch die Rechtsprechung geradezu weiter zu untermauern. Wenn es in den Konstellationen durchaus einleuchtend ist, dass ein Betriebsrat seine Amtstätigkeit nicht wie ursprünglich z. B. im Außendienst ausüben kann, hebt sich in diesen Fällen die Betriebsratsarbeit jedoch immer weiter von dem zugrundeliegenden Arbeitsverhältnis ab, das nach der gesetzlichen Konzeption aber eigentlich Grundlage für das Betriebsratsamt bleiben soll. Auch die arbeitszeitliche Behandlung der ehrenamtlichen Betriebsratstätigkeit bestätigt vielmehr die Tendenz einer Verberuflichung: Das BAG zieht bei Betriebsratsarbeit außerhalb der persönlichen Arbeitszeit die Wertung des § 5 Abs. 1 ArbZG heran und gesteht den Mandatsträgern eine Ruhezeit von elf Stunden ohne Arbeits- und Betriebsratsleistungen zu.[145] Dass in dieser Andersbehandlung gegenüber anderen ehrenamtlichen Tätigkeiten eine Verwischung des Ehrenamtscharakters gesehen wird,[146] kann nachvollzogen werden.

3. Fazit

Die Darstellung zeigt, dass das Betriebsratsamt im Grunde sämtliche für ein Ehrenamt charakteristischen Merkmale aufweist, die teilweise – wie die Unentgeltlichkeit der Amtsführung – sogar gesetzlich festgeschrieben sind. Das Amt des Betriebsrates ist damit jedenfalls im Grundsatz kein spezielles betriebsverfassungsrechtliches Amt, das sich von anderen Ehrenämtern grundlegend unterscheidet oder abhebt. Dennoch bleibt die in der Literatur nicht durchgehend

---

140 LAG Hamm BeckRS 1997, 31016657; vgl. auch BAG NZA 1992, 72 (Ausübung der Betriebsratstätigkeit in der Hauptverwaltung).
141 LAG Hamm BeckRS 1997, 31016657.
142 LAG Schleswig-Holstein BeckRS 2005, 43079; *Fitting*, § 37 Rn. 20; GK-BetrVG/*Weber*, § 37 Rn. 27; a. A. HWGNRH/*Glock*, § 37 Rn. 25, der eine solche Änderung der Arbeitspflicht für Betriebsräte ablehnt.
143 BAG AuR 1969, 246; LAG Düsseldorf AuR 1975, 91 (nur mit Einverständnis des Arbeitgebers und bei Notwendigkeit).
144 BAG NJW 1965, 886, 887 (zu BetrVG 1952); LAG Schleswig-Holstein DB 2005, 2415.
145 BAG NZA 2017, 791, 793.
146 So HWGNRH/*Glock*, § 37 Rn. 45.

einheitlich beantwortete Frage, ob das Amt als eigenständiger Beruf einzustufen ist.

Eine Anerkennung des Betriebsratsamtes als Beruf ist jedoch grundsätzlich abzulehnen. Bereits der Wortlaut der Vorschrift, der das Amt ausdrücklich als Ehrenamt festschreibt, steht einer solchen Auffassung entgegen.[147] Eine Ausgestaltung als Ehrenamt und die gleichzeitige Annahme eines Berufs lassen sich nicht nur schwer miteinander vereinbaren, sondern sind ein Widerspruch in sich. Denkt man – unabhängig von dem Betriebsratsamt – an die Kennzeichen und Merkmale eines Hauptberufs, vor allem im Hinblick auf Abgaben von Steuern und Beiträgen für Sozial- und Krankenversicherung, lässt sich das nicht mit einem typischen Charakter eines Ehrenamtes vereinbaren. Es können nicht gleichzeitig zwei (gleichwertige) Hauptberufe mit voller Arbeitszeit nebeneinander bestehen. Davon macht auch das Betriebsverfassungsgesetz für das Betriebsratsamt keine Ausnahme. Das Gesetz sieht nicht vor, dass das ursprüngliche Arbeitsverhältnis aufgegeben oder von dem Betriebsratsamt abgelöst wird. Das zeigen auch § 37 Abs. 2 und 4 BetrVG, welche die Betriebsratstätigkeit an das ursprüngliche arbeitsvertragliche Entgelt oder die betriebsübliche berufliche Tätigkeit anderer Arbeitnehmer knüpfen und eben nicht an eigenen Merkmalen des Amtes festmachen.[148]

Auf der anderen Seite lässt sich jedoch nicht abstreiten, dass eine gewisse „Verberuflichung" des Betriebsratsamtes – gerade bei dauerhaft freigestellten Mandatsträgern – hinsichtlich Art, Inhalt und Umfang ihrer Tätigkeit und vor allem in den großen Unternehmen tatsächlich stattgefunden hat. Immer häufiger lassen sich in den Betrieben auch besondere Betriebsratskarrieren feststellen, bei denen sich die Mandatsträger aufgrund häufiger Wiederwahlen in Extremfällen Jahrzehnte im Amt befinden und ihrer ursprünglichen Arbeitstätigkeit über lange Zeit nicht mehr nachgegangen sind oder diese insgesamt kaum ausgeübt haben.[149] Interessant ist in diesem Zusammenhang auch, dass in der Literatur schon im Jahr 1980 von dem Betriebsratsamt als Beruf gesprochen wurde und diese Annahme „nur" auf die Einführung der obligatorischen Freistellungen mit dem Betriebsverfassungsgesetz von 1972 zurückgeführt wurde.[150] Mehr als drei Jahrzehnte später haben sich diese dauerhaft freigestellten Betriebsräte wegen der anspruchsvollen Tätigkeit noch deutlich mehr zu einer Art „Berufsbetriebsräte" entwickelt, so dass eine Qualifizierung als Beruf zumindest heute nahe liegen würde.

Dennoch reichen diese Argumente für eine generelle Einstufung des Amtes als eigenständigen Beruf über den gesetzlichen Wortlaut hinaus nicht aus. Denn

---

147 So im Ergebnis auch *Lipp*, S. 5; *Weinspach*, FS Kreutz, 487.

148 Vgl. *Lipp*, S. 5.

149 Nach einer Statistik waren nach der Betriebsratswahl im Jahr 2014 84 Prozent der Betriebsräte wiedergewählte Betriebsratsmitglieder, vgl. *Greifenstein/Kißler/Lange*, Trendreport Betriebsratswahlen 2014, S. 18, abrufbar unter https://www.boeckler.de/11145.htm?projekt=2014-695-2 (zuletzt abgerufen am 18.2.2018).

150 *Aden*, RdA 1980, 256, 258; ablehnend *Happe*, S. 20 f.

die teils „verberuflichte" Amtsführung ließe sich schon nicht pauschal auf alle Betriebsräte übertragen. Die obligatorischen Freistellungen in § 38 BetrVG beginnen bereits bei einer Betriebsgröße von 200 Arbeitnehmern. An der unteren Grenze der Staffelung hat sich oft keine bzw. nur ein geringer Grad an „Verberuflichung" vollzogen, je nachdem wie umfangreich die Aufgaben sind, die in dem jeweiligen Betrieb anfallen. Bei nur teilweise für konkrete, erforderliche Tätigkeiten befreiten Betriebsratsmitgliedern wird sich ein solcher Wandel im Hinblick auf Art und Umfang ihrer Betriebsratstätigkeit überhaupt nicht oder nur selten je nach Arbeitsbefreiung zeigen. Eine allgemeingültige Annahme des Betriebsratsamtes als Beruf wäre daher schon wegen der betrieblichen Unterschiede in der Amtsführung verfehlt. Darüber hinaus lässt eine gewisse „Verberuflichung" nicht automatisch den Ehrenamtscharakter entfallen.

Unabhängig von dem eindeutig entgegenstehenden Wortlaut der Vorschrift würden mit der Anerkennung des Betriebsratsamtes als Beruf außerdem zahlreiche Folgeprobleme im Hinblick auf die Ausgestaltung in der Praxis entstehen: Zunächst müsste mit dem jeweiligen Betriebsrat ein neuer Arbeitsvertrag oder zumindest ein Änderungsvertrag hinsichtlich der Amtspflichten und einer entsprechenden Tätigkeitsbeschreibung geschlossen werden. Dem steht allerdings schon entgegen, dass der Arbeitgeber bei dem Betriebsratsamt hierauf keinen Einfluss nehmen darf und die Amtstätigkeit gerade nicht seinen Weisungen unterworfen ist. Aber auch potentielle Lösungen zu weiteren auftretenden Fragen, wie dem Schicksal des ursprünglichen Arbeitsverhältnisses sowie der Ausgestaltung und Bemessung der Bezahlung mit sämtlichen sozialversicherungsrechtlichen Abgaben und Steuern, werden sich so weit von den derzeit geltenden gesetzlichen Regelungen entfernen, dass sie selbst bei einer großzügigen Auslegung nicht mehr vertretbar wären.

Auch eine Variante, bei der die jeweils passendsten Eigenschaften von Ehrenamt und Beruf vermengt und auf das Betriebsratsamt übertragen werden, muss abgelehnt werden. Die Schaffung eines solchen Amtes „eigener Art" wäre ebenfalls mit der gesetzlichen Konzeption des Betriebsverfassungsgesetzes nicht vereinbar.

Trotz alledem darf die offensichtliche Entwicklung der Verberuflichung vieler Betriebsräte in Deutschland nicht vollkommen ungeachtet bleiben und muss bei den folgenden Ausführungen berücksichtigt werden. Der Wandel der Betriebsratstätigkeit hin zu einer berufsähnlichen Tätigkeit hat sich zumindest in vielen großen Unternehmen vollzogen. Auch wenn das nach derzeit geltendem Recht jedoch nicht für die Befürwortung des Betriebsratsamtes als Beruf ausreicht, als Argument oder Kriterium bei der Auslegung der Vorschriften kann die „Verberuflichung" der Betriebsräte aber durchaus Bedeutung erlangen.

B. Das Prinzip der Unentgeltlichkeit der Amtsführung

In § 37 Abs. 1 BetrVG ist ausdrücklich festgesetzt, dass die Betriebsratsmitglieder ihr Amt unentgeltlich zu führen haben. Damit wird jegliche Art von Vergütung allein wegen der Amtstätigkeit als Betriebsrat von vornherein ausgeschlossen. Inwieweit das Gebot anzuwenden ist und wo seine Grenzen liegen, ist genauer zu betrachten.

I. Inhalt und Reichweite der Regelung

1. Verbot der Vergütung

Unentgeltlichkeit bedeutet nach dem Wortlaut zunächst natürlich kein Entgelt bzw. keine Bezahlung für das Amt an sich oder die reine Amtsführung; die Wahrnehmung von Betriebsratsaufgaben stellt eben keine gesondert zu vergütende Tätigkeit dar.[151] Die Bezahlung der Betriebsratsmitglieder hat nach der Amtsübernahme grundsätzlich wie vorher in Höhe ihres regelmäßigen Arbeitsentgeltes zu erfolgen und zwar auf Grundlage des weiterhin bestehenden Arbeitsverhältnisses.[152] Jede darüber hinausgehende Entgeltzahlung ist unzulässig, wenn sie dem Betriebsratsmitglied nur wegen seines Amtes gewährt wird, außer eine solche Zahlung oder ein entsprechender Vorteil ist im Gesetz ausdrücklich vorgesehen.[153] Dabei darf nach allgemeiner Ansicht für das Betriebsratsamt und die Wahrnehmung der entsprechenden Aufgaben weder in unmittelbarer noch in mittelbarer oder versteckter Form irgendeine Art von Vergütung gezahlt oder ein sonstiger geldwerter Vorteil gewährt werden.[154]

In der Regel wird den Arbeitnehmern in dem Betrieb eine Vergütung in Form von Geldlohn gezahlt. Aber auch alle anderen Lohnformen, wie Zeit- oder Leistungslohn sowie Sachbezüge oder Provisionen sind gleichermaßen Bestandteile der Vergütung[155] und damit wegen des Unentgeltlichkeitsgrundsatzes ausgeschlossen. Ebenso umfasst das Entgeltverbot Lohn- bzw. Gehaltszulagen und -zuschläge, die typischerweise aus einem besonderen Grund von dem Arbeitgeber gezahlt werden.[156] Die Leistung solcher Zulagen ausschließlich an Betriebsratsmitglieder allein aufgrund des Amtes würde das Betriebsratsamt zu einem entgeltlichen Amt verkehren.[157] Sondervergütungen zu bestimmten Anlässen oder Terminen, wie beispielsweise Gratifikationen, haben ebenfalls Entgeltcharakter[158] und dürfen deshalb auch nicht gewährt werden, wenn sie nicht schon vorher den Betriebsräten gezahlt wurden oder sie entsprechend § 37 Abs. 4

---

151 BAG NZA 2015, 564, 566; NZA 2010, 1025, 1027; NZA 1997, 1242, 1244; ArbG Stuttgart NZA-RR 2013, 140, 142; *v. Steinau-Steinrück/Kuntzsch*, NJW-Spezial 2017, 754; *Röhrborn*, ArbRAktuell 2015, 573; *Weinspach*, FS Kreutz, S. 487.
152 MünchArbR/*Joost*, § 220 Rn. 3.
153 BAG NZA 1994, 278, 281; GK-BetrVG/*Weber*, § 37 Rn. 16; HWGNRH/*Glock*, § 37 Rn. 12; *Richardi/Thüsing*, § 37 Rn. 7; *Fahrtmann*, FS Stahlhacke, S. 119.
154 *Fitting*, § 37 Rn. 8; *Richardi/Thüsing*, § 37 Rn. 8; HWGNRH/*Glock*, § 37 Rn. 12; *Rieble*, NZA 2008, 276; *Franzen*, NZA 2008, 250, 251; vgl. auch BAG NZA 1997, 1242, 1244, das jegliche Vergütung wegen oder aufgrund des Amtes ausschließt.
155 Palandt/*Weidenkaff*, § 611 Rn. 55 ff.; ErfK/*Preis*, § 611a BGB Rn. 390 ff.; Bamberger/Roth/*Fuchs*, § 611 Rn. 68.
156 Palandt/*Weidenkaff*, § 611 Rn. 59.
157 *Rieble*, NZA 2008, 276.
158 ErfK/*Preis*, § 611a BGB Rn. 527.

S. 2 BetrVG[159] vergleichbaren Arbeitnehmern im Betrieb zugestanden werden. Erhalten solche Sonderzahlungen ausschließlich Mitglieder des Betriebsrates, wird zum Teil sogar eine tatsächliche Vermutung dafür angenommen, dass die Zuwendung allein wegen des Amtes gemacht wurde.[160] Eine solche Vermutung würde aber zu weit gehen, so dass vielmehr konkrete Anhaltspunkte für einen Verstoß gegen das Unentgeltlichkeitsgebot zu verlangen sind.

Konkrete Beispiele für Zahlungen, die im Schrifttum wegen Verstoßes gegen den Unentgeltlichkeitsgrundsatz überwiegend als unzulässig angesehen werden, sind unter anderem zusätzlich zu dem üblichen Entgelt gezahlte Gelder für die Teilnahme an Betriebsratssitzungen oder die Gewährung von Arbeitsentgelt trotz Arbeitsversäumnis, das weder erforderlich für Betriebsrattätigkeit war noch anderweitig gerechtfertigt ist.[161] Dazu sollen auch die Erstattung nicht notwendiger bzw. nicht tatsächlich angefallener[162] sowie deutlich überhöhter Auslagen oder Reisekosten gehören[163]. Pauschalabgeltungen für Überstunden[164] werden beispielsweise dann als nicht (mehr) zulässig angesehen, wenn diese bei vergleichbaren Arbeitnehmern der Abteilung eingestellt wurden[165] oder ausschließlich nur Betriebsratsmitgliedern zufließen[166]. Auch die Zuweisung einer besonders verbilligten Werkswohnung oder die Gewährung günstigerer Konditionen bei einem Firmendarlehen,[167] die Zuweisung eines für andere Arbeitnehmer kostenpflichtigen Firmenparkplatzes[168] oder das Gewähren zusätzlichen Urlaubes verstößt nach allgemeiner Ansicht gegen das Unentgeltlichkeitsprinzip.[169]

In der Literatur wird auf das Merkmal des Entgeltes oftmals keine große Bedeutung gelegt, sondern – wie die eben vorgenommene Aufzählung zeigt – unter das Verbot in § 37 Abs. 1 BetrVG verschiedenste einzelne Zuwendungen subsumiert. Dabei sind nicht sämtliche Vergünstigungen schon deshalb als Vergütung zu qualifizieren, nur weil sie einem Mandatsträger gewährt werden. Nicht jede Zuwendung an ein Betriebsratsmitglied fällt automatisch unter das Verbot nach § 37 Abs. 1 BetrVG. Es muss sich zum einen zwingend in irgendeiner Form um Entgelt – wenn auch in versteckter Form – oder einen Bestandteil davon handeln, weil das Verbot ausschließlich Zahlungen erfasst, die Entgeltcharakter aufweisen. Die Vorschrift des § 37 Abs. 1 BetrVG betrifft nur die Vergütung von

---

159 HWGNRH/*Glock*, § 37 Rn. 58; GK-BetrVG/*Weber*, § 37 Rn. 70, 145.
160 Richardi/*Thüsing*, § 37 Rn. 8.
161 HWGNRH/*Glock*, § 37 Rn. 15; GK-BetrVG/*Weber*, § 37 Rn. 18; WPK/*Kreft*, § 37 Rn. 6.
162 GK-BetrVG/*Weber*, § 37 Rn. 18; *Fitting*, § 37 Rn. 8.
163 BDDH/*Wolmerath*, § 37 BetrVG Rn. 7.
164 Siehe zur Möglichkeit einer pauschalen Überstundenabgeltung S. 292 f.
165 *Fitting*, § 37 Rn. 8.
166 ArbG Stuttgart NZA-RR 2013, 140, 142; BDDH/*Wolmerath*, § 37 BetrVG Rn. 7; kritisch auch *Bittmann/Mujan*, BB 2012, 637, 639.
167 WPK/*Kreft*, § 37 Rn. 6; GK-BetrVG/*Weber*, § 37 Rn. 18; *Fitting*, § 37 Rn. 8; HWGNRH/*Glock*, § 37 Rn. 15.
168 HWGNRH/*Glock*, § 37 Rn. 15; GK-BetrVG/*Weber*, § 37 Rn. 18.
169 *Fitting*, § 37 Rn. 8; Richardi/*Thüsing*, § 37 Rn. 8; HWGNRH/*Glock*, § 37 Rn. 15.

Betriebsratsmitgliedern. Abgrenzungsschwierigkeiten können sich beispielsweise bei Aufwandsentschädigungen ergeben.[170] Zum anderen ist bei einer Zuwendung genau zu prüfen, gegebenenfalls auch durch Auslegung, ob sie mit den Regelungen unter Umständen in Einklang stehen kann.

2. Keine ausnahmsweise Vergütung der Betriebsratsarbeit nach § 37 Abs. 3 BetrVG

Der Wortlaut des § 37 Abs. 1 BetrVG erlaubt eindeutig keinerlei Vergütung des Betriebsratsamtes oder der Amtsführung. In § 37 Abs. 3 S. 3 Hs. 2 BetrVG setzt das Gesetz – umso erstaunlicher – allerdings fest, dass für Betriebsratstätigkeit, die betriebsbedingt außerhalb der persönlichen Arbeitszeit durchgeführt wird und ein Freizeitausgleich hierfür (wiederum aus betriebsbedingten Gründen) nicht innerhalb eines Monats möglich ist, die dafür aufgewendete Zeit „wie Mehrarbeit zu vergüten" ist. Das ließe zunächst darauf schließen, dass sich das Betriebsverfassungsgesetz nicht in jeder Hinsicht einer Vergütung von Betriebsratsmitgliedern verschließt, sondern unter bestimmten Voraussetzungen sogar Ausnahmen von dem Grundsatz vorsieht.

Das BAG schließt dagegen jegliche Vergütung von Betriebsräten wegen oder aufgrund des Amtes aus und sieht auch in § 37 Abs. 3 S. 3 BetrVG keine Durchbrechung des uneingeschränkt geltenden Unentgeltlichkeitsgrundsatzes.[171] Nach Ansicht des BAG ist Betriebsratsarbeit grundsätzlich während der Arbeitszeit vorzunehmen. Der Freizeitausgleich stelle lediglich eine Folge der ausnahmsweisen Abweichung von diesem Grundsatz auf Betreiben des Arbeitgebers dar; die hier vorgesehene zusätzliche Vergütung sei im Ergebnis „zeitlich verschobenes Arbeitsentgelt für eine sonst in der persönlichen Arbeitszeit anfallende Betriebsratsarbeit, die nur infolge eines dem Arbeitgeber zurechenbaren Umstands in die Freizeit verlegt worden ist".[172] Hierin liege nach Ansicht des BAG kein anderer gesetzlicher Regelungsplan, der abweichend von dem unentgeltlichen Ehrenamt eine angemessene Vergütung für Freizeitopfer vorsehe.[173] Vielmehr sei der Anspruch auf zusätzliche Vergütung nur eine Kompensation für den eigentlich vorrangig durchzuführenden Freizeitausgleich, der nur aus arbeitgeberseitigen Gründen nicht zeitnah möglich ist.[174]

Auch in der Literatur wird eine Charakterisierung als Ausnahme von dem Ehrenamtsprinzip – konsequenterweise eigentlich von dem Unentgeltlichkeitsprinzip – abgelehnt und nur als Ausgleich für mögliche unzulässige Benachteiligungen verstanden.[175]

---

170 Siehe dazu S. 138 f., 311 ff.
171 BAG NZA 2015, 564, 566; NZA 2010, 1025, 1027; NZA 1997, 1242, 1244; so auch HWGN-RH/*Glock*, § 37 Rn. 74.
172 BAG NZA 2010, 1025, 1027; NZA 1997, 1242, 1244.
173 BAG NZA 2015, 564, 566; NZA 2010, 1025, 1027.
174 BAG NZA 2015, 564, 566; NZA 2010, 1025, 1027; HWGNRH/*Glock*, § 37 Rn. 74.
175 *Esser*, S. 29; *Wiese*, Anmerkung zu BAG AP BetrVG 1972 § 37 Nr. 147; WPK/*Kreft*, § 37 Rn. 26.

Tatsächlich darf hier nicht allein aufgrund des Wortlautes der Regelung, der den Begriff „vergüten" verwendet, losgelöst von dem Gesamtzusammenhang bereits auf eine (ausnahmsweise) Entgeltlichkeit des Betriebsratsamtes geschlossen werden. Wie das BAG zutreffend ausführt, kann es sich hier nicht um einen neuen Regelungskomplex handeln, der nur für den Fall, dass Betriebsratstätigkeit außerhalb der persönlichen Arbeitszeit durchgeführt werden muss, eine Vergütung vorsieht. Betrachtet man auch die Stellung der Regelung innerhalb des § 37 BetrVG, ist klar, dass das in Absatz 1 genannte Unentgeltlichkeitsprinzip damit nicht verdrängt werden soll. Die Regelung in Absatz 3 betrifft nur den Ausgleich für Freizeitopfer, der wiederum nur unter bestimmten Voraussetzungen und vor allem erst nach erfolglosem Freizeitausgleich, nachrangig einen entsprechenden Ausgleich in Geld vorsieht. Eine Entgeltlichkeit des Betriebsratsamtes vermag dies nicht zu begründen. Dennoch bleibt hier aber zumindest festzuhalten, dass das Betriebsverfassungsgesetz trotz der eindeutigen Regelung in § 37 Abs. 1 BetrVG es unter bestimmten Umständen zulässt bzw. sogar anordnet, dass (wirtschaftliche) Nachteile, die mit dem Amt verbunden sind, zu einem Ausgleich gebracht werden.

3. Immaterielle Vorteile

Nicht geldwerte, immaterielle Vorteile, die dem Betriebsratsmitglied wegen seines Amtes gewährt werden, sind schon wegen des Wortlautes von vornherein nicht von dem Unentgeltlichkeitsprinzip des § 37 Abs. 1 BetrVG erfasst.[176] Denkbar ist zwar, dass der Arbeitgeber einen Mandatsträger beispielsweise mit besonderen Titeln oder Positionen ausstattet, die für das jeweilige Betriebsratsmitglied einen lediglich immateriellen Wert haben. Die spezielle Regelung in § 37 Abs. 1 BetrVG bezieht sich aber ausschließlich auf geldwerte Besserstellungen[177] und zwar nur im Hinblick auf die Vergütung von Betriebsratsmitgliedern aufgrund ihres Amtes. Die Erstreckung des Grundsatzes auch auf nicht geldwerte Vorteile würde den Begriff der Unentgeltlichkeit zu weit ausdehnen.[178] Ein immaterieller Wert vermag es keinesfalls, das Betriebsratsamt in ein entgeltliches Amt zu verkehren. Auch besteht hier keine Regelungslücke, die eine andere Beurteilung rechtfertigen würde. Denn auch wenn die Gewährung immaterieller Vorteile an Betriebsratsmitglieder zwar nicht gegen den Unentgeltlichkeitsgrundsatz verstößt, können solche Vorteile aber nach dem Begünstigungsverbot des § 78 S. 2 BetrVG unzulässig sein.[179]

---

176 GK-BetrVG/*Weber*, § 37 Rn. 16; *Esser*, S. 28, S. 26; *Franzen*, ZAAR-Kongress, § 2 Rn. 4.
177 GK-BetrVG/*Weber*, § 37 Rn. 16.
178 So im Ergebnis auch *Esser*, S. 26 f.
179 *Esser*, S. 28, S. 26; *Franzen*, ZAAR-Kongress, § 2 Rn. 4; siehe dazu die Ausführungen auf S. 86 ff., 94 ff.

4. Versprechen und Vereinbarungen von Leistungen

Versprechen an Betriebsratsmitglieder, die zusätzliche Leistungen für diese vorsehen, werden in der Kommentarliteratur fast ausschließlich dem tatsächlichen Gewähren solcher Zuwendungen gleichgestellt bzw. wegen Verstoßes gegen das Unentgeltlichkeitsprinzip nach § 37 Abs. 1 BetrVG als unzulässig erachtet, ohne dass für diese Annahme eine Begründung genannt wird.[180]

Dieser Auffassung kann im Hinblick auf § 37 Abs. 1 BetrVG nicht zugestimmt werden. Gibt der Arbeitgeber einem gewählten Betriebsratsmitglied sein Versprechen, dass er ihm in Zukunft ein höheres Entgelt oder eine zusätzliche Pauschale gewähren wird, hat der Mandatsträger zu diesem Zeitpunkt weder eine konkrete Zahlung noch einen geldwerten Vorteil erhalten. Vielmehr hat das Betriebsratsmitglied lediglich die Aussicht, in absehbarer Zeit eine solche Leistung zu empfangen. Zwar könnte der Schutzzweck der Norm, insbesondere die Unabhängigkeit der Mandatsträger, bereits durch ein Inaussichtstellen von geldwerten Vorteilen durchaus gefährdet sein, weil auch schon die Erwartung bzw. die Hoffnung auf eine bestimmte Zahlung das Betriebsratsmitglied in seinem Handeln beeinflussen kann. Auf der anderen Seite ist aber fraglich, welche Verbindlichkeit einem solchen Versprechen zukommt; dies lässt sich nur schwer beurteilen und nicht allgemein festlegen, sondern hängt von verschiedenen Umständen, unter anderem der Person des Versprechenden, ab. Ein Verstoß gegen das Unentgeltlichkeitsprinzip müsste dann auf Mutmaßungen gestützt werden, ob ein Versprechen auf zusätzliche Leistungen hinreichend wahrscheinlich auch eingehalten und tatsächlich umgesetzt wird, anderenfalls würde man einen Verstoß schon bei noch unsicheren Ereignissen in der Zukunft bejahen. Allein der Schutzzweck der Vorschrift rechtfertigt daher noch nicht die Subsumtion eines bloßen Versprechens einer Leistung unter den Begriff Unentgeltlichkeit. Das wäre mit dem Wortlaut des § 37 Abs. 1 BetrVG nicht vereinbar und würde dessen Anwendungsbereich zu weit ausdehnen. Da es an einer tatsächlichen Leistung oder einem tatsächlich eingetretenen Vorteil und damit an einer Besserstellung fehlt, ist ein Versprechen auf eine zusätzliche Leistung nicht nach § 37 Abs. 1 BetrVG unzulässig. Solche Fälle können aber gegen das Begünstigungsverbot nach § 78 S. 2 BetrVG verstoßen und gegebenenfalls i.V.m. § 134 BGB nichtig sein.[181]

---

180 GK-BetrVG/*Weber*, § 37 Rn. 16; Richardi/*Thüsing*, § 37 Rn. 10; WPK/*Kreft*, § 37 Rn. 6; *Fitting*, § 37 Rn. 11; HWGNRH/*Glock*, § 37 Rn. 19; vgl. aber *Esser*, S. 18 ff., der eine ausführliche Beurteilung im Rahmen des § 78 S. 2 BetrVG vornimmt; so auch *Happe*, S. 17, nach dem auch ein Versprechen in ähnlicher Weise einen Betriebsrat beeinflussen könne.

181 Für die Nichtigkeit einer Vereinbarung bzw. eines Versprechens wegen Verstoßes gegen das Begünstigungsverbot gemäß § 78 S. 2 BetrVG i.V.m. § 134 BGB ArbG Stuttgart NZA-RR 2013, 140, 142; ArbG Bielefeld BeckRS 2011, 73560; *Fitting*, § 37 Rn. 11; HWGNRH/*Glock*, § 37 Rn. 19 BetrVG; ablehnend bei Androhen oder Versprechen GK-BetrVG/*Kreutz*, § 78 Rn. 60; *Purschwitz*, S. 76, die dagegen einen Verstoß gegen das Behinderungsverbot des § 78 S. 1 BetrVG für möglich erachten; siehe dazu auch S. 127 ff.

Ähnlich verhält es sich mit Vereinbarungen, beispielsweise in Tarifverträgen, Betriebsvereinbarungen sowie individuellen Abreden in Arbeitsverträgen, die Zuwendungen an Betriebsratsmitglieder zum Inhalt haben.

Trotz der vergleichbaren Konstellation sind solche Abreden nicht mit bloßen Versprechen gleichzusetzen, sondern getrennt zu betrachten und zu beurteilen. Es handelt sich bei dem Begriff des Versprechens entgegen einer Auffassung im Schrifttum nicht um eine mehrdeutige Bezeichnung, zu deren genaueren Bestimmung ein Rückgriff auf strafrechtliche Begrifflichkeiten der Bestechungsdelikte nach §§ 331 StGB erforderlich wäre und unter die auch vertragliche Vereinbarungen zu fassen sind.[182] Auch wenn die Fälle von Leistungsversprechen an Betriebsratsmitglieder in der Kommentarliteratur überwiegend in Zusammenhang mit entsprechenden Vereinbarungen bewertet werden,[183] bedeutet dies nicht, dass hier kein Unterschied zwischen den beiden Varianten zu machen ist.[184] Es ist vielmehr anzunehmen, dass die Fälle nur aufgrund der ähnlichen Sachlage gemeinsam genannt werden.

Zwischen den beiden Konstellationen besteht ein bedeutender Unterschied, der für die Beurteilung der Zulässigkeit entscheidend ist. Während ein Versprechen nur einseitig gegeben wird, sind bei Vereinbarungen dagegen zwei Parteien beteiligt, die sich über einen bestimmten Inhalt einig werden. Zwar ist es durchaus möglich, dass ein bislang unverbindliches Versprechen auch in einer vertraglichen Vereinbarung festgehalten wird, das ist aber nicht automatisch oder zwingend der Fall. Im Gegensatz zu bloßen Versprechen weisen Vereinbarungen durchaus einen verbindlichen Charakter auf. Zwar geben sie selbst noch keinen direkten geldwerten Vorteil, sie können aber einen Rechtsanspruch – zum Beispiel auf eine vereinbarte Zusatzleistung – begründen.

Daher stellt sich hier die Frage, ob eine solche Forderung bereits eine so gefestigte Aussicht auf eine zusätzliche Leistung darstellt, dass entsprechende Vereinbarungen unter das Unentgeltlichkeitsprinzip nach § 37 Abs. 1 BetrVG fallen und damit unzulässig sind. Denkt man auch hier zunächst an den Schutzzweck der Norm, liegt die Annahme nahe, dass die Unabhängigkeit eines Betriebsratsmitgliedes durch entsprechende vertragliche Abreden bereits gefährdet ist. Teilweise wird dies mit der Begründung vertreten, dass sich der Mandatsträger damit bereits auf die Besserstellung eingelassen hat.[185] Ob jedoch bei jeder Vereinbarung mit einer generalisierten Betrachtungsweise automatisch von dem Verlust bzw. der Gefährdung der Unabhängigkeit eines Betriebsratsmitgliedes auszugehen ist, bleibt zweifelhaft. § 37 Abs. 1 BetrVG betrifft ausschließlich die Unentgeltlichkeit der Amtsführung, verbietet also jede tatsächliche Vergütung. Dass es nicht darauf ankomme, ob die vereinbarte Zahlung letztlich auch

---

182 So *Esser*, S. 28, 18 ff.

183 *Fitting*, § 37 Rn. 11; Richardi/*Thüsing*, § 37 Rn. 10; WPK/*Kreft*, § 37 Rn. 6; HWGNRH/*Glock*, § 37 Rn. 19.

184 So aber wohl *Esser*, S. 28, 18 ff., der Vereinbarungen und Versprechen gleichzusetzen scheint.

185 *Esser*, S. 28, 20, bei der Beurteilung einer Begünstigung im Rahmen des § 78 S. 2 BetrVG.

tatsächlich gewährt wird,[186] dem ist nicht zu folgen. Es ist – gerade auch im Rahmen des § 37 Abs. 1 BetrVG – zwischen der schuldrechtlichen Verpflichtung auf zukünftige Leistungen einerseits und dem tatsächlichen Gewähren von Zuwendungen andererseits zu unterscheiden. Eine schuldrechtliche Vereinbarung auf eine künftige Leistung bedeutet per se nämlich nicht, dass eine Leistung auch wirklich erfolgt. Würde eine entsprechende Abrede zwar geschlossen, aber – aus vielerlei denkbaren Gründen – dann nicht erfüllt werden, wäre eine Unzulässigkeit der Vereinbarung zu Unrecht angenommen worden. Das könnte zwischenzeitlich weitere, nicht umkehrbare Rechtsfolgen ausgelöst haben. Da sich das Unentgeltlichkeitsprinzip ebenso gegen die Betriebsratsmitglieder selbst richtet und daher ein Verstoß dagegen auch eine Amtspflichtverletzung darstellen kann, wäre ein Ausschluss des Mandatsträgers aus dem Betriebsrat nach § 23 Abs. 1 BetrVG denkbar,[187] obwohl keine zusätzlichen Leistungen gewährt wurden. Natürlich lässt sich hier anführen, dass Sinn und Zweck der Regelung ist, bereits im Vorfeld mögliche Unabhängigkeitsgefährdungen von Betriebsratsmitgliedern auszuräumen. Der Anwendungsbereich des § 37 Abs. 1 BetrVG würde damit aber über seinen Wortlaut hinaus zu weit ausgedehnt, so dass im Ergebnis auch bei vertraglichen Vereinbarungen ein Verstoß jedenfalls gegen das Unentgeltlichkeitsprinzip nicht angenommen werden kann. Solche Vereinbarungen können gegebenenfalls jedoch gegen das Begünstigungsverbot des § 78 S. 2 BetrVG verstoßen.[188]

5. *Zahlungen durch Arbeitnehmer oder sonstige Dritte*

Bei dem Unentgeltlichkeitsprinzip des § 37 Abs. 1 BetrVG macht es keinen Unterschied, von wem ein geldwerter Vorteil gewährt wird. In der Praxis betrifft dies in erster Linie Zahlungen des Arbeitgebers an Betriebsratsmitglieder, aber auch Zuwendungen seitens der Arbeitnehmer oder sonstiger Dritter sind unzulässig. Die Regelung richtet sich nach einhelliger Meinung gegen jedermann.[189] Zwar ist der Gedanke grundsätzlich nicht abwegig, den Betriebsratsmitgliedern finanzielle Zuschüsse durch die Arbeitnehmer im Betrieb zukommen zu lassen – schließlich setzen diese sich überwiegend für die Interessen der Belegschaft ein. Denkbar wäre beispielsweise, dass Arbeitnehmer freiwillige Spenden abgeben oder regelmäßige Abgaben leisten und ihren Betriebsrat damit finanziell unterstützen. Solche Beiträge sind aber bereits wegen des Umlageverbotes des § 41 BetrVG unzulässig. Vorstellbar wäre auch eine Finanzierung des Betriebsrates und seiner Mitglieder von dritter Seite außerhalb des Betriebes, insbesondere durch die Gewerkschaften. Diese könnten einen Teil ihres eingenommenen

---

186 *Esser*, S. 28.
187 BDDH/*Wolmerath*, § 37 BetrVG Rn. 6; *Fitting*, § 37 Rn. 13; ErfK/*Koch*, § 37 BetrVG Rn. 1.
188 *Fitting*, § 37 Rn. 11; ErfK/*Koch*, § 37 BetrVG Rn. 1; BDDH/*Wolmerath*, § 37 BetrVG Rn. 7; Düwell/*Wolmerath*, § 37 Rn. 5; vgl. auch ArbG Stuttgart NZA-RR 2013, 140, 141 sowie die Ausführungen auf S. 96 f.
189 *Fitting*, § 37 Rn. 12; GK-BetrVG/*Weber*, § 37 Rn. 16; HWGNRH/*Glock*, § 37 Rn. 12; Düwell/*Wolmerath*, § 37 Rn. 4; *Esser*, S. 27 f.

Geldes den Betriebsräten in den jeweiligen Betrieben zur Verfügung stellen. Schließlich geht es bei dem Betriebsrat ebenso wie bei der Gewerkschaft um die Durchsetzung von Arbeitnehmerinteressen, bei ersterem auf Betriebsebene und bei letzterer für die jeweiligen Mitglieder. Die Interessenlage ist zumindest ähnlich und für die Gewerkschaften könnte es sogar Vorteile haben, wenn bestimmte Interessen bereits auf Betriebsebene durchgesetzt werden würden.

Allerdings widerspräche eine solche Unterstützung von außen, wenn sie Vergütungscharakter besitzt, dem Unentgeltlichkeitsprinzip. Denn das kann sich nicht ausschließlich auf Leistungen seitens des Arbeitgebers beschränken. Zwar lässt sich dem Wortlaut des § 37 Abs. 1 BetrVG oder der Gesetzesbegründung nicht entnehmen, dass das Verbot Zuwendungen an Betriebsratsmitglieder von jedermann betrifft, zugleich wurde es aber auch nicht auf einzelne Personen(-gruppen) beschränkt. Zieht man den Sinn und Zweck der Vorschrift heran, nämlich die Gewährleistung innerer Unabhängigkeit der Betriebsratsmitglieder sowie die Unbestechlichkeit zugunsten einer freien, unabhängigen Meinungsbildung, so muss das Unentgeltlichkeitsprinzip als ein generelles Verbot von Zuwendungen verstanden werden.[190] Denn eine Beeinflussung von Betriebsratsmitgliedern mit finanziellen Mitteln muss nicht zwingend durch den Arbeitgeber erfolgen. Auch andere Betriebsangehörige oder außenstehende Personen bzw. Verbände könnten durch entsprechende Zahlungen durchaus Einfluss auf die Mandatsträger nehmen.

Die Regelung wäre außerdem leicht zu umgehen,[191] würde man Zuwendungen von Dritten als zulässig erachten, beispielsweise durch eine Einflussnahme des Arbeitgebers über Tochtergesellschaften des Unternehmens. Im Falle von Zahlungen durch Gewerkschaften würden die Grenzen zwischen beiden Institutionen zu sehr verwischen. Dass die Gewerkschaften dadurch auch mehr Einfluss im Betrieb erlangen könnten, dürfte zum einen nicht im Sinne des Arbeitgebers sein und wäre zum anderen wohl auch im Hinblick auf das Arbeitskampfverbot der Betriebsratsmitglieder gemäß § 74 Abs. 2 S. 1 BetrVG kritisch zu sehen.

Leistungen mit Vergütungscharakter sind daher nicht nur von Arbeitgeberseite, sondern ebenso von Dritten von dem Unentgeltlichkeitsgrundsatz des § 37 Abs. 1 BetrVG erfasst und daher unzulässig.

II. Ergänzung durch Nachteilsverbot und Ersatz notwendiger Auslagen

Der Grundsatz in § 37 Abs. 1 BetrVG sieht vor, dass die Betriebsratsmitglieder aus ihrem Amt keinen geldwerten Vorteil ziehen sollen, der nicht ausdrücklich gesetzlich vorgesehen ist.[192] Die Kehrseite dazu stellt der Ausschluss sämtlicher Benachteiligungen dar. Die Mandatsträger sollen durch die Amtsübernahme ebenso wenig finanzielle Einbußen erleiden. Dem Unentgeltlichkeitsprin-

---

190 So auch *Esser*, S. 27 f.
191 Vgl. auch *Esser*, S. 27 f.
192 BAG NZA 1994, 278, 281; GK-BetrVG/*Weber*, § 37 Rn. 16; HWGNRH/*Glock*, § 37 Rn. 12; Richardi/*Thüsing*, § 37 Rn. 7; *Fahrtmann*, FS Stahlhacke, S. 119.

zip steht daher das Verbot jeglicher wirtschaftlicher Nachteile gegenüber. Dazu gehört auch, dass die notwendigen Auslagen, welche die Betriebsratstätigkeit mit sich bringt, ersetzt werden.[193] In Rechtsprechung und Literatur werden das Verbot von geldwerten Vorteilen wie auch das von finanziellen Nachteilen meist gemeinsam genannt und zusammen betrachtet.[194] Zwar ist ein Verbot von Nachteilen nicht ausdrücklich in der Vorschrift des § 37 Abs. 1 BetrVG angelegt, die beiden Grundsätze sollen sich aber jedenfalls ergänzen[195]. Obwohl er eigentlich nur jegliche materielle Besserstellung zu vermeiden versucht, wird in der Literatur anscheinend aus dem Unentgeltlichkeitsgrundsatz selbst häufig schon ein Verbot von Nachteilen abgeleitet und dabei nicht immer präzise differenziert. Als Folge der Unentgeltlichkeit, die finanzielle Vorteile zu verhindern versucht, sollen auf der anderen Seite die Mitglieder des Betriebsrates ebenso keine wirtschaftlichen Nachteile erfahren. Nicht zuletzt trägt auch das zur Stärkung des Vertrauens der Belegschaft in die Tätigkeit des sie vertretenden Betriebsrates bei, wenn dieser auch nicht durch den Entzug geldwerter Vorteile beeinflusst wurde.[196] Zwar wird in § 78 S. 2 BetrVG das Verbot sowohl der Begünstigung als auch der Benachteiligung von Betriebsratsmitgliedern allgemein festgesetzt, im Hinblick auf die Vergütung bestehen allerdings speziellere Vorschriften.[197] Konkret wird dem allgemeinen Benachteiligungsverbot in wirtschaftlicher Hinsicht und insbesondere im Hinblick auf die Vergütung durch die § 37 Abs. 2 bis 6[198] und § 40 BetrVG Rechnung getragen. Die Vorschriften stellen sicher, dass die Betriebsratstätigkeit auf Dauer nicht mit (finanziellen) Opfern verbunden ist und den Mandatsträgern keine Vermögensnachteile entstehen.[199] Allein auf das Unentgeltlichkeitsprinzip lässt sich das nicht stützen.

III. Maßstab für die Anwendung und Auslegung des Grundsatzes

Wo die Grenzen des Prinzips der Unentgeltlichkeit liegen und inwieweit Zahlungen an Betriebsräte im Einklang mit der Regelung des § 37 Abs. 1 BetrVG zulässig sind, hängt unter anderem wesentlich davon ab, wie streng der Grundsatz der Unentgeltlichkeit anzuwenden und auszulegen ist.

---

193 ArbG Stuttgart NZA-RR 2013, 140, 142; ArbG Bielefeld BeckRS 2011, 73560; DKKW/*Wedde*, § 37 Rn. 3; BDDH/*Wolmerath*, § 37 BetrVG Rn. 7; Düwell/*Wolmerath*, § 37 Rn. 5.

194 So ArbG Bielefeld BeckRS 2011, 73560; DKKW/*Wedde*, § 37 Rn. 3; BDDH/*Wolmerath*, § 37 BetrVG Rn. 7; Richardi/*Thüsing*, § 37 Rn. 7.

195 Richardi/*Thüsing*, § 37 Rn. 7.

196 Vgl. BAG NZA 2010, 1025, 1027; ArbG Bielefeld BeckRS 2011, 73560.

197 Vgl. dazu die Ausführungen zu dem Benachteiligungs- und Begünstigungsverbot des § 78 S. 2 BetrVG und dem Verhältnis der beiden Grundsätze zueinander auf S. 68 ff.

198 Vgl. BAG NZA 2010, 1025, 1027, das hier differenziert und § 37 Abs. 2 und 3 BetrVG als Schutz vor Vermögensnachteilen nennt.

199 GK-BetrVG/*Weber*, § 37 Rn. 12; BAG NZA 2010, 1025, 1027; vgl. auch LAG Hamburg BeckRS 2015, 73150 (zu § 37 Abs. 3 BetrVG).

1. Meinungsstand

a) Überwiegend strikte Anwendung des Grundsatzes

In Literatur und Rechtsprechung wird fast übereinstimmend eine strikte Anwendung und strenge Auslegung des Grundsatzes der Unentgeltlichkeit der Amtsführung verlangt.[200] Zurückgeführt wird dies auf die große Bedeutung des Schutzzwecks der Regelung, der in erster Linie darin besteht, die Unabhängigkeit und Unparteilichkeit der Betriebsratsmitglieder für eine freie und unbeeinflusste Amtsführung zu gewährleisten.[201] Die Funktionsfähigkeit des Betriebsrates als Repräsentant der Belegschaft und eine sachgerechte Durchführung und Erfüllung der Betriebsratsaufgaben sollen dadurch sichergestellt werden.[202] Auch wenn der Funktionswandel der Betriebsratsarbeit in der Literatur zwar häufig anerkannt wird,[203] wird dennoch überwiegend an der strikten Anwendung des Unentgeltlichkeitsprinzips – jedenfalls de lege lata – festgehalten.[204] Vor allem die Berücksichtigung verschiedener Kriterien wie u. a. Mehrbelastung, erhöhte Anforderungen an die Betriebsräte, besondere Leistungen oder Erfolge, Mehrbelastung, eine herausgehobene Stellung innerhalb des Gremiums sowie auch ein Vergleich mit anderen Betriebsratsmitgliedern wird meist kategorisch abgelehnt.[205] Für die Auslegung des Begriffes der Unentgeltlichkeit sollen daher nach allgemeiner Auffassung strenge Maßstäbe angelegt werden.[206]

Auch das BAG spricht sich gleichfalls für eine strikte Anwendung des Unentgeltlichkeitsgrundsatzes sowie für einen strengen Maßstab bei dessen Auslegung

---

200 BAG NZA 1994, 278, 281; ArbG Stuttgart NZA-RR 2013, 140, 142; ArbG Bielefeld BeckRS 2011, 73560; HWGNRH/*Glock*, § 37 Rn. 12; Richardi/*Thüsing*, § 37 Rn. 7; *Fitting*, § 37 Rn. 7; WPK/*Kreft*, § 37 Rn. 6; ErfK/*Koch*, § 37 BetrVG Rn. 1; MünchArbR/*Joost*, § 220 Rn. 3; *Happe*, S. 16 f.; *Benkert*, NJW-Spezial 2018, 50; *Joussen*, NZA 2018, 139, 140; *Jacobs/Frieling*, ZfA 2014, 241, 243; *Moll/Roebers*, NZA 2012, 57; *Rieble*, NZA 2008, 276; *Schweibert/Buse*, NZA 2007, 1080; a. A. *Gamillscheg*, § 40 S. 567.
201 GK-BetrVG/*Weber*, § 37 Rn. 12; ErfK/*Koch*, § 37 BetrVG Rn. 1; *Fitting*, § 37 Rn. 7; *Joussen*, NZA 2018, 139, 140; vgl. dazu die Ausführungen auf S. 19 ff.
202 Vgl. *Rieble*, NZA 2007, 276; BAG NZA 1997, 1242.
203 Ausführlich *Fahrtmann*, FS Stahlhacke, S. 123 ff.; *Franzen*, ZAAR-Kongress, § 2 Rn. 2, 13, 36; *Wendeling-Schröder*, Einl. S. 9; *Lipp*, S. 196 ff.; *Esser*, S. 210; GK-BetrVG/*Kreutz*, § 78 Rn. 81; *Rieble*, CCZ 2008, 32, 36; *Schweibert/Buse*, NZA 2007, 1080, 1081; *Klebe*, AiB 2006, 558 ff.; *Hunold*, AuA 2002, 451; jedenfalls in Großbetrieben auch *Löwisch*/Kaiser, § 37 Rn. 3; *Byers*, NZA 2014, 65, 70; wohl auch *Franke*, SPA 2014, 28, 29 für Betriebsratsvorsitzende großer Betriebe; *Happe*, S. 159, 16, 20, der professionelle Betriebsratskarrieren allerdings als Ausnahmefall ansieht.
204 U. a. *Happe*, S. 18 f., 162 ff.; *Jacobs/Frieling*, ZfA 2015, 241, 243, 265; *Byers*, NZA 2014, 65; *Bayreuther*, NZA 2014, 235, 236; *Rieble*, NZA 2008, 276, 280; *Schweibert/Buse*, NZA 2007, 1080, 1081; *Fischer*, NZA 2007, 484, 485; *Esser*, S. 210; *Lipp*, S. 196 ff.; *Weinspach*, FS Kreutz, S. 485 ff., 496; GK-BetrVG/*Kreutz*, § 78 Rn. 81; vgl. auch *Franke*, SPA 2014, 28, 29.
205 *Fischer*, NZA 2007, 484; NZA 2014, 71; ebenso *Bayreuther*, NZA 2014, 235, 236; *Rieble*, NZA 2008, 276; *Byers*, BB 2014, 2229 (keine hierarchischen Unterschiede); im Ergebnis auch *Lipp*, S. 204.
206 *Fitting*, § 37 Rn. 7; GK-BetrVG/*Weber*, § 37 Rn. 12; Richardi/*Thüsing*, § 37 Rn. 7.

aus und führt dabei ebenfalls die Zielsetzung der Vorschrift an, eine Beeinflussung der Betriebsratsmitglieder damit von vornherein zu verhindern.[207]
Nicht selten wird diese strenge Auslegung des Unentgeltlichkeitsgrundsatzes mit dem geschichtlichen Hintergrund und der früheren höchstrichterlichen Rechtsprechung zu der Regelung begründet. Das Ehrenamts- und Unentgeltlichkeitsprinzip war schon in dem Betriebsrätegesetz von 1920 fest verankert und hat somit eine lange Tradition in dem deutschen Betriebsverfassungsrecht.[208] Der dem heutigen § 37 Abs. 1 BetrVG entsprechende § 35 BRG sah ebenso vor, dass „die Mitglieder der Betriebsräte und ihre Stellvertreter ihr Amt unentgeltlich als Ehrenamt verwalten". Auch das Reichsarbeitsgericht war seinerzeit der Ansicht, dass das Entgeltverbot für Betriebsratsmitglieder einer „strenge[n] Handhabung" bedarf und bezog sich dabei ebenfalls auf den Regelungszweck der „Wahrung der Unabhängigkeit und Unparteilichkeit der Stellung der Betriebsratsmitglieder".[209]
Folgt man der überwiegend vertretenen Ansicht einer strengen Auslegung des Grundsatzes der Unentgeltlichkeit, wäre keinerlei Spielraum für eine Auslegung der Regelung eröffnet. Damit wären sehr enge Grenzen für Entgeltzahlungen an Betriebsratsmitglieder vorgegeben, unabhängig davon, ob bzw. welche Gründe vorliegen, die gegebenenfalls eine andere Beurteilung rechtfertigen würden.

b) Teils gelockerter Maßstab

Selten finden sich Stimmen in der Literatur, die eine strikte Anwendung des Grundsatzes ablehnen und stattdessen eine großzügigere Auslegung fordern. Eine Ansicht im Schrifttum verlangt, „jede Kleinlichkeit bei der Bemessung des Entgelts zu vermeiden"[210]. Häufiger gibt es Auffassungen, die das Ehrenamts- und Unentgeltlichkeitsprinzip jedenfalls für nicht mehr zeitgemäß, sondern für überholt und zumindest de lege ferenda für änderungsbedürftig erachten.[211] Gemeinsam ist diesen Ansichten, dass sie sich auf die gewandelten Aufgaben und Herausforderungen der Betriebsräte in den Unternehmen stützen. In diesem Zusammenhang taucht häufig das Stichwort der „Professionalisierung"[212] der Betriebsratstätigkeit auf. Gemeint ist damit die eingangs bereits dargestellte Re-

---

207 BAG NZA 1994, 278, 281.
208 *Beck*, S. 14, vgl. auch S. 4 ff.
209 *Rieble*, NZA 2008, 276 (mit Hinweis auf RAG Urt. v. 8.2.1928 – 66/27).
210 Vgl. *Gamillscheg*, § 40 S. 567.
211 *Byers*, NZA 2014, 65, 69; *Franzen*, ZAAR-Kongress, § 2 Rn. 13 ff.; *ders.*, NZA 2008, 250, 254; *Rieble*, NZA 2008, 276, 279; *Pflüger*, BB 2007, Editorial Heft 41; *Fahrtmann*, FS Stahlhacke, S. 123 ff.; *Knipper*, S. 87 ff.; *Peter*, FA 2010, 73, 76, für eine Änderung des § 37 Abs. 4 BetrVG; ebenfalls kritisch, aber im Ergebnis für eine Beibehaltung des Ehrenamts- und Unentgeltlichkeitsprinzips *Fischer*, NZA 2007, 484; NZA 2014, 71; *Weinspach*, FS Kreutz, S. 485 ff.
212 Vgl. dazu u. a. *Franzen*, ZAAR-Kongress, § 2 Rn. 36; *Esser*, S. 210 ff.; *Lipp*, S. 196 ff.; *Fahrtmann*, FS Stahlhacke, S. 125 ff.; *Weinspach*, FS Kreutz, S. 495.

alität überwiegend in Großbetrieben, die sich in den letzten Jahren stark verändert und zu gesteigerten Anforderungen an die Betriebsratsarbeit geführt hat.[213] Wie die Anwendung eines gegenüber der herrschenden Meinung gelockerten Maßstabes bei Auslegung der Vergütungsvorschriften für Betriebsratsmitglieder – bereits auch de lege lata – im Einzelnen aussehen könnte, wurde im Schrifttum bislang nicht näher ausgeführt.

2. Abkehr von dem strengen Maßstab wegen Wandels der Betriebsratsarbeit

Auch wenn sich ein fast einheitlich vertretener strenger Maßstab für die Auslegung und Anwendung des Unentgeltlichkeitsprinzips in Literatur und Rechtsprechung gefestigt hat, muss man sich – 46 Jahre nach der letzten grundlegenden Änderung der Vergütungsvorschriften – dennoch die Frage stellen, ob dies gerade in der heutigen Zeit (noch) zeitgemäß bzw. überzeugend und dem weiterhin uneingeschränkt zu folgen ist. Dabei ist vor allem besonderer Fokus auf den eingangs dargestellten Wandel der Betriebsratsarbeit[214] zu legen, der unter Umständen eine Abkehr von dem strengen Maßstab rechtfertigen könnte.

a) Lockerung aufgrund zunehmender Professionalisierung der Betriebsräte

Natürlich verbietet der eindeutige Wortlaut der Vorschrift jede Art von Entgelt für Betriebsratstätigkeit bzw. für das Amt.[215] Es ist außerdem unbestritten, dass der Schutzzweck der Norm hier eine sehr bedeutende Rolle einnimmt und eine strenge Auslegung des Grundsatzes nahelegt. Die Unabhängigkeit und Unparteilichkeit von Mitgliedern des Betriebsrates kann nicht hoch genug bewertet werden. Daneben muss außerdem stets der Gefahr begegnet werden, dass mögliche finanzielle Gesichtspunkte allein zur Motivation für eine Amtsübernahme werden. Das würde nicht nur dem Zweck der Vorschrift zuwiderlaufen, sondern es müsste ebenso im Interesse des Arbeitgebers sein, einen möglichst kompetenten Betriebsrat in seinem Unternehmen zu haben, der sich in seinem Amt engagiert, seine Aufgaben mit entsprechenden Sachkenntnissen bestmöglich erfüllt und sich nicht nur wegen möglicher finanzieller Anreize zur Wahl aufstellen lässt.[216] Eine strikte Anwendung der Grundsätze ist daher durchaus sinnvoll.

Bei der Bestimmung des Auslegungsmaßstabes des Unentgeltlichkeitsgrundsatzes kann aber nicht (mehr) nur allein der Schutzzweck der Regelung im Vordergrund stehen. Auch das Berufen auf geschichtliche Hintergründe durch Vertreter der strengen Auslegung, reicht heute nicht mehr aus, einen derart strikten Standpunkt zu vertreten.

---

213 *Franzen*, ZAAR-Kongress, § 2 Rn. 13 f., vgl. auch *Fischer*, NZA 2007, 484 ff.; *Schweibert/Buse*, NZA 2007, 1080, 1082; siehe auch S. 8 ff.

214 Vgl. dazu ausführlich S. 8 ff.

215 So *Fischer*, NZA 2014, 71, 72.

216 Vgl. dazu auch *Franke*, SPA 2012, 137, 138.

Denn bei genauerer Betrachtung lassen sich diese Argumente im Hinblick auf die Professionalisierung der Betriebsräte ebenso gut in ihr Gegenteil verkehren. Zum einen kann die Unabhängigkeit der Amtsträger gleichermaßen durch zu hohe Belastung ohne entsprechende Würdigung oder Ausgleich gefährdet bzw. ihre Tätigkeit negativ beeinflusst sein.[217] Das würde auch nicht zur Attraktivität des Amtes für potentielle Nachfolger beitragen. Zum anderen stützen sich Vertreter der strengen Ansichten mit historischen Argumenten zwar auf eine durchaus lange und gefestigte Tradition, zumal das Unentgeltlichkeitsprinzip schon in dem Betriebsrätegesetz von 1920 festgeschrieben war und sogar das RAG eine strenge Auslegung verlangte. Zugleich orientieren sie sich damit aber an Umständen, die beinahe 100 Jahre zurückliegen. Gerade wegen der enormen Veränderungen in Wirtschaft und Industrie nicht nur im letzten Jahrhundert, sondern vielmehr auch wegen der Entwicklungen in den letzten Jahren muss das Unentgeltlichkeitsprinzip umso dringender im Lichte der heutigen Umstände in den Unternehmen betrachtet werden. Betriebsratsarbeit ist zu einer unternehmerisch bedeutenden Tätigkeit, zunehmend in Form von Verwaltungsarbeit, geworden und spielt auch betriebswirtschaftlich eine wichtige Rolle.[218] Dass sich in manchen – überwiegend großen – Betrieben jedenfalls ein Wandel hin zu „professionellen" oder gar „beruflichen" Betriebsräten vollzogen hat, kann – unabhängig von ihrer Einordnung oder Bezeichnung als „Co-Manager" o. ä. – nicht mehr in Frage gestellt werden. Die Tätigkeit hat sich deutlich verändert und ist für einige Betriebsräte, gerade für Betriebsratsvorsitzende, in großen Betrieben anspruchsvoller geworden. Es ist mittlerweile sogar so, dass Betriebsratsmitglieder heute nach der Rechtsprechung des BGH auch einer weitergehenden Haftung als der grundsätzlich beschränkten Haftung eines normalen Arbeitnehmers unterliegen.[219] Auch wenn an dieser Stelle hierauf noch nicht näher einzugehen ist, bleibt die Tatsache im Hinblick auf den Professionalisierungs- und Verberuflichungsgedanken jedenfalls erwähnenswert. Dass diese Entwicklungen Auswirkung auf den anzuwendenden Maßstab haben (müssen), liegt auf der Hand.

b) Fazit für die Anwendung des Unentgeltlichkeitsgrundsatzes

Im Ergebnis darf wegen der genannten Gründe ein nicht allzu strenger Maßstab an das Unentgeltlichkeitsprinzip angesetzt werden. Die Entwicklungen in den Betrieben lassen ein uneingeschränktes Festhalten an der bislang herrschenden Meinung nicht mehr zu. Das bedeutet allerdings nicht, dass damit das Unentgeltlichkeitsprinzip auf sie nicht anzuwenden wäre und Zahlungen an „professionalisierte" Betriebsräte automatisch und uneingeschränkt möglich wären.

---

217 Vgl. *Knipper*, S. 88 f.; siehe auch *Happe*, S. 163 f.

218 Vgl. *Röhrborn*, ArbRAktuell, 2015, 573, 575; *Gamillscheg*, § 40 S. 567; *Löwisch/Rügenhagen*, DB 2008, 466.

219 BGH NZA 2012, 1382; sowie die Ausführungen auf S. 299 ff.; vgl. aber *Esser*, S. 212, der jegliche Vergütung der Betriebsräte u. a. noch mit dem Argument ablehnt, dass die Mandatsträger keiner besonderen Haftung unterliegen. Das hat sich mit dem Urteil des BGH allerdings geändert.

Das würde dem Schutzzweck der Regelung eindeutig zuwiderlaufen. Schließlich darf ein lediglich großzügigerer anzulegender Maßstab auch nicht zu einer Nichtanwendung von gesetzlichen Vorschriften führen. Denn auch weiterhin ist wegen der klaren Regelung in § 37 Abs. 1 BetrVG und der großen Bedeutung des Schutzzwecks der Norm hier Zurückhaltung geboten.

Mit der Abkehr von einer so strikten Anwendung des Grundsatzes ist vielmehr die Möglichkeit eröffnet, eine Auslegung des nach überwiegender Ansicht streng handzuhabenden Unentgeltlichkeitsgrundsatzes vorzunehmen. Erst im Rahmen einer solchen Auslegung wird sich zeigen, ob dadurch in solchen Fällen vielleicht eine großzügigere Beurteilung möglich, vielleicht sogar geboten ist, um dem Wandel der Betriebsratsarbeit gerecht zu werden.

IV. Auslegung des Unentgeltlichkeitsprinzips

Die Befürwortung eines großzügigeren Maßstabes wegen des Wandels der Betriebsratsarbeit führt zu der Frage, welche Auswirkungen diese Annahme auf das Unentgeltlichkeitsgebot des § 37 Abs. 1 BetrVG hat. Selbst Auffassungen, die einen solchen gelockerten Maßstab befürworten, gehen darauf nicht näher ein.

1. Notwendigkeit einer (objektivierten) zeitgemäßen Auslegung

Zunächst lässt die Vorschrift vermuten, dass sie schon wegen ihres klaren Wortlautes keine Ausnahme von dem Unentgeltlichkeitsgrundsatz zulässt. Die Auslegung eines zunächst eindeutigen Gesetzestextes kann aber ebenso wegen eines Wandels der Situation, die der Vorschrift zugrunde liegt, und vor allem wegen des Zeitfaktors erforderlich werden.[220] Das wäre insbesondere dann der Fall, wenn sich die tatsächlichen Verhältnisse, die sich der Gesetzgeber bei dem Entwurf der Vorschrift vorgestellt hatte, derart geändert haben, dass die neue Situation mit der jeweiligen Regelung nicht mehr in Einklang gebracht werden kann und (nachträglich) eine neue Bewertung erfordert.[221] Eine Anpassung ist allerdings nur dann notwendig, wenn die Schwäche des Gesetzes „evident" geworden ist.[222]

a) Neue Fallgruppe „professionalisierter" Betriebsräte

Die dargestellten Veränderungen in der betrieblichen Praxis haben zumindest in vielen großen Betrieben auch zu einem deutlichen Wandel der Betriebsräte und ihrer Tätigkeit geführt.[223] Dass es allein in der Hand des Arbeitgebers liegt, ob bzw. inwieweit sich ein Betriebsratsmitglied (professionell) entwickelt,[224] dem ist nicht zuzustimmen. Die Anforderungen an das Amt sind aufgrund unterschiedlicher externer und betrieblicher Einflussfaktoren zunehmend gestie-

---

220 Vgl. *Larenz*, S. 350.
221 *Larenz*, S. 350.
222 *Larenz*, S. 350.
223 Vgl. dazu ausführlich die Ausführungen auf S. 8 ff.
224 So *Däubler*, SR 2017, 85, 89.

gen. Teilweise finden sich in manchen Betrieben auch Mandatsträger, die über Jahr(zehnt)e im Amt sind und deren Tätigkeit für den Betriebsrat mit der ursprünglichen Idee der ehrenamtlichen Ausübung nicht mehr viel zu tun hat. Bei diesen Betriebsräten handelt es sich vielmehr um eine neue, nachträglich entstandene Fallgruppe, die daher als „professionalisierte" oder „verberuflichte" Betriebsräte bezeichnet werden können.

Da eine Änderung des Betriebsverfassungsgesetzes zu der Rechtsstellung von Betriebsratsmitgliedern über lange Zeit bislang nicht erfolgt ist, stellt sich aufgrund der Entwicklungen in der Betriebspraxis aber die Frage, ob vor allem die Regelung des § 37 Abs. 1 BetrVG noch uneingeschränkt zu dieser neuen Realität passt. Schließlich läge es nahe, solchen „professionellen" Betriebsräten für ihre anspruchsvollere Tätigkeit auch einen finanziellen Ausgleich zukommen zu lassen. Daher ist der Unentgeltlichkeitsgrundsatz zwingend in dem Lichte der heutigen Zeit zu betrachten und entsprechend der allgemeinen Methodenlehre – trotz des relativ eindeutigen Gesetzeswortlautes – auszulegen.

b) Auslegungsziel

Bei der Auslegung von Gesetzen werden hinsichtlich ihrer Art bzw. des Ziels in der Regel zwei verschiedene Richtungen verfolgt: Die subjektive Theorie stellt allein auf den historischen Willen des Gesetzgebers zur Zeit des Erlasses des Gesetzes ab.[225] Dagegen bezieht sich die objektive Theorie auf die Umstände der Gegenwart sowie den gesetzesimmanenten Sinn und ermöglicht damit, auf geänderte Verhältnisse, wie technische Entwicklungen, veränderte Wertvorstellungen oder die Entwicklung der Rechtsordnung, mit einer Anpassung reagieren zu können.[226] Bei einem eindeutigen Wandel der Situation, die sich der Gesetzgeber ursprünglich für die gesetzliche Regelung vorgestellt hat, ist eine genaue Prüfung des objektivierten Willens für die Frage der weiteren Anwendung der Vorschrift auf die neuen Begebenheiten notwendig, allein der Wille des Gesetzgebers bei Erlass des Gesetzes wäre zu rasch überholt.[227] Zugleich darf aber auch der historische Wille des Gesetzgebers, der sich nicht nur in dem Gesetz, sondern vor allem auch in sämtlichen dazugehörigen Erkenntnisquellen und Materialien, wie Gesetzesentwürfen, Kommissionsberichten oder Ausschussberichten, zeigt, nicht gänzlich unberücksichtigt bleiben.[228] Vorzunehmen ist vorliegend daher eine (geltungszeitlich) objektivierte Auslegung, die sich nicht nur am realen Willen des historischen Gesetzgebers orientiert, sondern sich ebenso mit der fall- und zeitgemäßen Bedeutung auseinandersetzt.[229]

---

225 *Bydlinski*, S. 428 f., 436; *Larenz*, S. 316; *Reimer*, S. 123 Rn. 247; Palandt/*Grüneberg*, Einl. Rn. 40; *Würdinger*, JuS 2016, 1, 2.

226 *Bydlinski*, S. 428 f., 436; *Larenz*, S. 316 ff.; vgl. auch *Reimer*, S. 123 Rn. 247; *Würdinger*, JuS 2016, 1, 3.

227 Vgl. Palandt/*Grüneberg*, Einl. Rn. 40; *Würdinger*, JuS 2016, 1, 5.

228 *Bydlinski*, S. 429 f.; *Larenz*, S. 318; MüKoBGB/*Säcker*, Einl. Rn. 125, 127; vgl. *Würdinger*, JuS 2016, 1, 5.

229 Vgl. MüKoBGB/*Säcker*, Einl. Rn. 127; *Würdinger*, JuS 2016, 1, 4, 6.

Ziel der vorliegend vorzunehmenden Auslegung ist es, zu erforschen, ob der Unentgeltlichkeitsgrundsatz für den Funktionswandel des Betriebsrates und die sich daraus neu entwickelten „professionalisierten" bzw. „verberuflichten" Betriebsräte – unter Berücksichtigung des historischen wie auch objektiven Willens des Gesetzgebers – ebenfalls uneingeschränkt gelten muss oder ob eine objektivierte Auslegung eine andere Beurteilung über den Wortlaut hinaus rechtfertigt.

2. Auslegungskanon

Für die Auslegung der Vorschrift des § 37 Abs. 1 BetrVG im Hinblick auf eine „verberuflichte Tätigkeit" mancher Betriebsräte sind die typischen methodischen Auslegungskriterien[230] heranzuziehen.

a) Auslegung nach dem Wortlaut

Die grammatikalische Auslegung nach dem Wortlaut bzw. -sinn der Vorschrift stellt den Ausgangspunkt jeder Auslegung dar.[231] Diese führt hier allerdings zu keinem Resultat, weil der Wortlaut der Regelung in § 37 Abs. 1 BetrVG eindeutig ist: „Die Mitglieder des Betriebsrats führen ihr Amt unentgeltlich als Ehrenamt." Die Formulierung ist dahingehend klar, dass keinerlei Entgelt für das Amt gewährt werden darf und lässt diesbezüglich keinen Spielraum. Das gilt nach der deutlichen sprachlichen Fassung für alle „Mitglieder des Betriebsrats", unabhängig von Aufwands- oder Leistungsgesichtspunkten Einzelner. Die Regelung macht keine Unterschiede weder zwischen anspruchsvolleren und einfacheren Betriebsratstätigkeiten noch zwischen verschiedenen Positionen innerhalb des Gremiums. Nach ihrer derzeitigen wörtlichen Ausgestaltung lässt die Vorschrift keine Zahlungen, auch nicht bei besonderen Umständen zu, so dass grundsätzlich auch die Fälle „professionalisierter Betriebsräte" unter das Verbot des Entgeltes fallen.

b) Systematische Auslegung

Auch eine systematische Auslegung[232] führt zu keinem anderslautenden Ergebnis. Bei dieser Auslegungsmethode ist die zu untersuchende Regelung im Gesamtzusammenhang mit der Rechtsordnung zu betrachten.[233] Die Vorschrift soll nicht – auch nicht im Hinblick auf die professionellen Betriebsräte – in Widerspruch zu dem gesetzlichen System stehen. Zu berücksichtigen sind nicht

---

230 *Larenz*, S. 318; *Bydlinski*, S. 436 ff.; *Reimer*, S. 136 ff. Rn. 269 ff.; Palandt/*Grüneberg*, Einl. Rn. 41 ff.

231 *Larenz*, S. 320, 343 (Auslegung nach dem „Wortsinn"); *Bydlinski*, S. 553 ff. („Wörtliche Auslegung"); *Reimer*, S. 142 Rn. 281; MüKoBGB/*Säcker*, Einl. Rn. 136 f. („Logisch-grammatische Interpretation"); Palandt/*Grüneberg*, Einl. Rn. 41 („sprachlich-grammatikalische Auslegung").

232 Vgl. dieselbe Reihenfolge der Auslegungskriterien bei *Bydlinski*, S. 442 ff.; *Reimer*, S. 136 Rn. 269; Palandt/*Grüneberg*, Einl. Rn. 42; *Larenz*, S. 324 ff., der sie als Auslegung nach dem Bedeutungszusammenhang bezeichnet.

233 Palandt/*Grüneberg*, Einl. Rn. 42; vgl. auch *Reimer*, S. 156 ff. Rn. 311 ff.

nur der über die Norm hinausgehende Inhalt sowie Wertungen des Gesetzes, sondern auch der Zusammenhang mit anderen Vorschriften.[234] Dazu gehören ebenso höherrangige Vorschriften, wobei insbesondere auch eine unionsrechts- bzw. richtlinien- und verfassungskonforme Auslegung vorzunehmen ist.[235] Insgesamt ist bei diesem Auslegungskriterium danach zu fragen, ob das Unentgeltlichkeitsprinzip mit einer uneingeschränkten Geltung auch für „verberuflichte" Betriebsräte in Einklang mit dem gesetzlichen System steht.

Als höherrangiges Unionsrecht ist hier die Richtlinie EU 2002/14/EG, insbesondere der Schutz der Arbeitnehmervertreter nach deren Artikel 7 heranzuziehen. Dieser verlangt allerdings nur als Mindestschutz allgemein eine Gewährleistung der sicheren Ausübung der Aufgaben von Arbeitnehmervertretern[236] und enthält keine speziellen Vorschriften für ihre Vergütung oder einen (finanziellen) Ausgleich für besondere Belastungen oder Anforderungen im Amt. Die deutschen Schutzvorschriften des Betriebsverfassungsgesetzes zur Entgeltbemessung von Betriebsratsmitgliedern gehen weiter als die europäischen Vorgaben und stehen diesen nicht entgegen. Darüber hinaus ergibt sich hier kein Widerspruch zu Normen, die eine Ungleichbehandlung oder Diskriminierung im Hinblick auf den Beruf zu verhindern versuchen – weder auf europäischer noch auf nationaler Ebene. Zwar könnte man an eine Unvereinbarkeit denken, schließlich kann es vorkommen, dass einzelne „professionalisierte" Mandatsträger bei strikter Anwendung des Unentgeltlichkeitsgrundsatzes aufgrund ihrer bisherigen beruflichen Tätigkeit deutlich geringer entlohnt werden als ihre Betriebsratskollegen, die früher eine höher bezahlte Tätigkeit ausgeübt haben. Bedenken wegen Verstoßes gegen mögliche Gleichbehandlungsgebote lassen sich aber bereits mit Gerechtigkeitserwägungen ausräumen, weil eine vollständige Gleichbehandlung bei deutlich unterschiedlichen Leistungen – gerade bei professionalisierten Betriebsräten – nicht sachgerecht wäre. Eine Diskriminierung wegen der „beruflichen Herkunft", wie sie in der Literatur bereits bezeichnet wurde,[237] ist weder einer der Grundfreiheiten des Europarechts oder der Berufsfreiheit des Grundgesetzes zuzuordnen noch gehört dies zu einem der Gründe einer verbotenen Diskriminierung des AGG. Davon abgesehen ließen sich zugleich auch Argumente für eine Rechtfertigung des Unentgeltlichkeitsprinzips anführen.

Innerhalb des Betriebsverfassungsgesetzes kann das Unentgeltlichkeitsprinzip im Kontext der Vorschrift des § 78 S. 2 BetrVG betrachtet werden, die allgemein jegliche Benachteiligung und Begünstigung von Betriebsratsmitgliedern verbietet. Die Regelung des § 37 Abs. 1 BetrVG wird teilweise als Konkretisierung dieses generellen Verbotes angesehen.[238] Unabhängig davon, wie man das

---

234 *Bydlinski*, S. 442 ff.; *Larenz*, S. 324 ff.; MüKoBGB/*Säcker*, Einl. Rn. 140 ff.
235 Palandt/*Grüneberg*, Einl. Rn. 42 f.; vgl. dazu ausführlich *Heinrich*, Formale Freiheit, S. 151.
236 Vgl. dazu auch *Fuchs*, Europäisches Arbeitsrecht, S. 414 f.
237 Vgl. *Rieble*, ZAAR-Kongress, § 1 Rn. 75.
238 GK-BetrVG/*Weber*, § 37 Rn. 10, 128; GK-BetrVG/*Kreutz*, § 78 Rn. 5; *Fitting*, § 37 Rn. 1; 114; Richardi/*Thüsing*, § 37 Rn. 1, § 78 Rn. 3, 21.

Verhältnis dieser allgemeinen Norm zu den speziellen Vergütungsvorschriften bewertet,[239] handelt es sich bei beiden Regelungen jedenfalls um Schutzvorschriften für Betriebsräte mit gleicher Schutzrichtung, so dass § 78 S. 2 BetrVG auch dem System zugeordnet werden kann, in dem das Unentgeltlichkeitsgebot zu betrachten ist. Allerdings lässt sich hier kein eindeutiger Widerspruch der Regelungen bei der neuen Fallgruppe feststellen. Grundsätzlich können Zahlungen für Betriebsratstätigkeit, die über das Entgeltverbot hinausgehen, auch bei gesteigerten Anforderungen im Lichte einer Begünstigung stehen. Eine strenge Anwendung des Unentgeltlichkeitsgrundsatzes auch auf professionelle Betriebsräte kann wegen zu hoher Belastungen ohne entsprechenden Ausgleich aber gleichzeitig ebenso eine Benachteiligung der jeweiligen Mandatsträger darstellen.

Zuletzt ist die Vereinbarkeit des Unentgeltlichkeitsgrundsatzes hinsichtlich seiner Anwendung auf „professionalisierte" Betriebsräte in Zusammenhang mit den weiteren speziellen Vergütungsregelungen der §§ 37 und 38 BetrVG zu bewerten. Mit dem Ehrenamtsprinzip des § 37 Abs. 1 BetrVG steht das Gebot der Unentgeltlichkeit jedenfalls nicht in Widerspruch, auch wenn allein die Einstufung als Ehrenamt noch nicht zwangsläufig bedeuten muss, dass hier keine Zuwendungen gewährt werden (dürfen). Meist handelt es sich dabei ohnehin um Aufwandsentschädigungen, die nicht unter das Entgeltverbot fallen – sofern sie keine (versteckte) Vergütung darstellen. Die Tatsache, dass Ehrenämter mit einer Professionalisierung und entsprechender Entschädigung oder Entlohnung grundsätzlich existieren – wie beispielsweise das Amt eines Bürgermeisters – bedeutet aber noch nicht, dass das Unentgeltlichkeitsgebot des § 37 Abs. 1 BetrVG systemwidrig wäre. Das derzeit geltende Betriebsverfassungsgesetz hat eine Ausgestaltung in der Form nicht vorgesehen. Darüber hinaus ergibt sich ebenfalls kein Widerspruch mit den weiteren, speziellen Entgeltvorschriften in § 37 BetrVG. Die Regelungen sehen in erster Linie einen Ausgleich wirtschaftlicher Nachteile vor und enthalten keine explizite Obergrenze für Zahlungen an Betriebsräte; dennoch oder gerade deshalb stehen sie mit dem Unentgeltlichkeitsgebot auch im Hinblick auf seine Geltung für professionalisierte Betriebsräte in Einklang. Betrachtet man zuletzt die Vorschrift des § 38 BetrVG, ließe diese aufgrund der Staffelung von Freistellungen sowie der scheinbar unbegrenzten Möglichkeit der Wiederwahl von Betriebsräten den Schluss zu, dass die Bildung von „Berufsbetriebsräten" gefördert wird.[240] Das spricht zwar gegen eine Unentgeltlichkeit des Amtes, kann alleine aber keinen derartigen System-Widerspruch begründen, der eine andere Beurteilung rechtfertigen würde.

Im Ergebnis bleiben verschiedene Deutungsmöglichkeiten offen, jedenfalls lässt sich ein klarer Widerspruch des Unentgeltlichkeitsgrundsatzes mit Geltung auch für verberuflichte Betriebsräte zu dem Vergütungssystem des Betriebsverfas-

---

239 Vgl. dazu die Ausführungen auf S. 68 ff.
240 Vgl. *Franzen*, ZAAR-Kongress, § 2 Rn. 13.

sungsgesetzes nicht feststellen. Daher führt auch eine systematische Auslegung zu keinem eindeutigen Ergebnis.

c) Auslegung nach dem Willen des Gesetzgebers

Die historische Auslegung zielt auf die Erforschung des Willens des Gesetzgebers, insbesondere seiner Absicht für die Einführung der gesetzlichen Regelung.[241] Weil aber nicht eine rein subjektive Auslegung vorgenommen wird, muss zugleich der objektivierte Wille, d.h. wie das Gesetz zu den aktuellen Gegebenheiten in den Betrieben im Hinblick auf die gewandelten Verhältnisse der Betriebsratsarbeit steht, gesucht werden. Daher ist hier nicht nur die Entstehungsgeschichte der Regelung sowie die entsprechenden Gesetzesmaterialien, sondern auch das Gesetz selbst mit seinen Änderungen und Reformen in Zusammenhang mit den tatsächlichen Umständen und Entwicklungen in den Betrieben zu betrachten.[242] Ziel ist es in diesem Fall, herauszufinden, wie der Gesetzgeber tatsächlich zu „professionellen" bzw. „verberuflichten" Betriebsräten und der Unentgeltlichkeit ihres Amtes steht.

Beschäftigt man sich zunächst mit dem historischen Willen des Gesetzgebers, ist auf die Zeit des Erlasses des Betriebsverfassungsgesetzes im Jahr 1972 zurückzublicken, auch wenn das Gesetz mehr eine konsequente Weiterentwicklung seines Vorgängers – dem Betriebsverfassungsgesetz von 1952 – als eine umfassende Neuregelung darstellte.[243] Obwohl es dennoch ausdrücklich als neue Kodifikation und nicht nur eine bloße Änderung einzelner bestehender Vorschriften verstanden wurde,[244] ist zudem das Gesetz von 1952 für die Betrachtung heranzuziehen, das als Grundlage für die Neufassung diente. Das Unentgeltlichkeitsprinzip war in beiden Fassungen beinahe wortgleich enthalten. Ausgangssituation für den Erlass der Regelung im Jahr 1952 bzw. auch der Fortführung im Jahr 1972 war jedoch eine grundlegend andere als sie sich heute in den Betrieben darstellt. Seinerzeit ist der Gesetzgeber von einem Betriebsrat ausgegangen, der die – im Vergleich zu heute noch deutlich geringeren – Rechte ehrenamtlich wahrnimmt. In der Zeit ab dem Jahr 1952 fanden in den Betrieben nur unregelmäßige, teils anonyme Wahlen statt. Es war damals eher zu befürchten, dass der Arbeitgeber die Bildung von Betriebsräten in seinem Unternehmen zu verhindern versucht, als den Amtsträgern ein zu hohes Entgelt zu gewähren. Auch für die Gewerkschaften waren die Betriebsräte mehr Gegner als Partner. Der Unentgeltlichkeitsgrundsatz sollte damals wie heute ohne Zweifel die Unabhängigkeit der Mandatsträger gewährleisten, er sollte dem Arbeitgeber aber auch nicht noch zusätzliche bzw. zu hohe (finanzielle) Belastungen aufbürden. Denn mit dem Gesetz im Jahr 1952 wurde erstmals nach dem Ersten Weltkrieg wieder eine bundeseinheitliche Mitbestimmung in Betrieben durch Betriebsräte

---

241 *Bydlinski*, S. 449 ff.; vgl. auch *Reimer*, S. 168 ff. Rn. 347 ff.
242 Vgl. *Reimer*, S. 168 f. Rn. 347 ff., S. 170 Rn. 350.
243 *v. Hoyningen-Huene*, Betriebsverfassungsrecht, § 2 Rn. 6.
244 BT-Drucks. VI/1786, S. 31.

festgeschrieben. Bei den Arbeitgebern ist das nicht von vornherein auf einheitliche Zustimmung gestoßen. Eine zusätzliche Vergütung für die Mandatsträger hätte vermutlich für noch mehr Ablehnung des ohnehin umstrittenen Gesetzes gesorgt. Darüber hinaus hatte man in dem Gesetz von 1952 eine dauerhafte Freistellung von Betriebsratsmitgliedern, wie sie heute in den großen Betrieben üblich ist und weswegen häufig ein eigenes Entgelt für das Amt gefordert wird, nicht vorgesehen. Betriebsratstätigkeit wurde ausschließlich bei Erforderlichkeit wahrgenommen, das Arbeitsentgelt durfte bei Arbeitsversäumnis nicht gemindert werden. Mehr sah das damalige Gesetz nicht vor. Der Unentgeltlichkeitsgrundsatz besagte zu dieser Zeit lediglich, dass für die Zeit der (vorübergehenden) Freistellung uneingeschränkt allen Betriebsräten keinerlei Entgelt für das Amt gewährt werden durfte. Auch die damals in den Betrieben vorherrschenden Umstände haben nichts anderes verlangt. Mit Einführung der Neufassung des Gesetzes im Jahr 1972 hatten sich die Verhältnisse zwar bereits etwas geändert. Mit dem heutigen Verständnis des Betriebsrates als „Sozialpartner" oder eines aktiven Mitgestalters im Sinne eines gemeinsamen Interessenmanagements war die damalige Situation aber nicht vergleichbar.

Betrachtet man allerdings die gesetzlichen Entwicklungen und Reformen insgesamt, lässt sich jedoch eine Tendenz des Gesetzgebers hin zu einer stetigen „Verberuflichung" der Betriebsräte feststellen, zumindest verwehrt er sich einer solchen Entwicklung nicht. Das heutige Betriebsverfassungsgesetz steht – anders als es zunächst wegen des Ehrenamtsprinzips in § 37 Abs. 1 BetrVG vermuten lässt – professionellen Betriebsratskarrieren nicht entgegen. Vielmehr begünstigt das derzeit geltende System, dass in großen deutschen Betrieben teilweise Ausprägungen von „Berufsbetriebsräten" bestehen.[245] Das lässt sich auf verschiedenste Faktoren und Umstände zurückführen.

Zunächst brachte bereits die Novellierung im Jahr 1972 mit einer Verstärkung der Arbeitsgrundlagen mehr Kontinuität sowie Professionalisierung der Betriebsratsarbeit mit sich. Nicht nur die Erhöhung der Amtszeit von zwei auf drei Jahre, sondern vor allem auch die Einführung der ersten generellen verpflichtenden Freistellungen mit der Staffelung nach Unternehmensgröße in § 38 BetrVG waren der Beginn einer solchen Entwicklung. Mit der erstmaligen Einführung eines geschäftsführenden Betriebsausschusses sowie einzelner Fachausschüsse für die laufende Arbeit des Betriebsrates und der Unterstützung durch Sachverständige oder auch der Möglichkeit von Schulungen brachte das neue Gesetz außerdem eine neuartige professionelle Arbeitsstruktur für das Gremium mit sich. Mit späteren Veränderungen, wie die in § 38 BetrVG vorgesehenen dauerhaften Freistellungen in Betrieben ab 200 Arbeitnehmern oder auch der Erhöhung der regelmäßigen Amtszeit auf mittlerweile vier Jahre, wird eine Entwicklung hin zu einer Verberuflichung weiter gefördert. Das Betriebsverfassungsgesetz verbietet außerdem eine erneute Wahl von Betriebsräten nicht, sondern geht offen-

---

245 Vgl. *Franzen*, ZAAR-Kongress, § 2 Rn. 13.

sichtlich von einer unbegrenzten Möglichkeit der Wiederwahl aus.[246] Zumindest hat es für den Fall mehrerer aufeinanderfolgender Amtszeiten eines Mandatsträgers in § 38 Abs. 4 S. 3 BetrVG den Zeitraum für das Nachholen einer wegen der Freistellung unterbliebenen beruflichen Entwicklung erhöht. Es kommt in der betrieblichen Praxis daher auch nicht selten vor, dass Mandatsträger aufgrund vielfacher Wiederwahl bereits Jahrzehnte im Amt sind, über viele Jahre voll freigestellt ausschließlich der Arbeit für den Betriebsrat nachgehen und ihr Amt quasi wie einen Hauptberuf professionell ausüben. Der Gesetzgeber steht solchen langen Betriebsratskarrieren offensichtlich nicht ablehnend gegenüber. Darüber hinaus hat die Reform des Betriebsverfassungsgesetzes im Jahr 2001 erheblich zu dieser Einschätzung und Entwicklung beigetragen. Der Gesetzgeber hat bei dieser Reform als Reaktion auf die „erheblich angewachsene Arbeitsbelastung" des Betriebsrates sowie „den Aufgabenzuwachs für Betriebsräte"[247] noch mehr Anreize im Hinblick auf eine Professionalisierung des Amtes geschaffen.[248] Wegen „Tiefgreifende[r] Veränderungen der Arbeits- und Wirtschaftswelt […]" wollte der Gesetzgeber einige Neuregelungen einführen, um „eine moderne und flexible Betriebsverfassung zu schaffen, die in der Lage ist, die bestehende Wirklichkeit in den Unternehmen und Betrieben einzufangen" und „Spielraum auch für die Zukunft zu geben".[249] Mit der Vergrößerung der Betriebsratsgremien, insbesondere den erweiterten Freistellungsmöglichkeiten von Betriebsratsmitgliedern nach § 38 Abs. 1 BetrVG,[250] als auch mit den neuen Regelungen in § 37 Abs. 3 und Abs. 6 BetrVG betreffend den Ausgleich für Freizeitopfer, gleichermaßen bei Teilnahme an Schulungen, wollte der Gesetzgeber dem Rechnung tragen.

Interessant ist dabei, dass er in seinem Gesetzesentwurf – und das bereits im Jahr 2001 – scheinbar nicht nur zugesteht, dass sich die Unternehmensstrukturen grundlegend verändert und sich neue Produktions- sowie Arbeitsmethoden entwickelt haben, die eine Anpassung der entsprechenden Vorschriften für moderne Betriebsratsarbeit notwendig machten.[251] Der Gesetzgeber erkennt ebenso ausdrücklich an, dass sich „die Anforderungen an die Betriebsräte grundlegend geändert" haben.[252] Die Arbeit ist nach Ansicht des Gesetzgebers „vielfältiger und umfassender", nicht zuletzt wegen neu hinzugekommener Themenbereiche geworden, die Betriebsräte erarbeiten im Gegensatz zu früher vermehrt eigene Alternativen und Vorschläge zur Lösung konkreter Probleme und das anhand „Moderne[r] Arbeitsmethoden des Managements".[253] Auch von einer rückläu-

---

246 Vgl. auch *Franzen*, ZAAR-Kongress, § 2 Rn. 8 und *Aden*, RdA 1980, 256, 258, der das Betriebsratsamt schon wegen Einführung der obligatorischen Freistellungen in § 38 BetrVG als Beruf ansieht.
247 BT-Drucks. 14/5741, S. 1.
248 Vgl. *Reichold*, NZA 2001, 857, 861.
249 BT-Drucks. 14/5741, S. 1 f.
250 Die Freistellungsgrenze wurde von 300 auf 200 Arbeitnehmer gesenkt.
251 BT-Drucks. 14/5741, S. 1.
252 BT-Drucks. 14/5741, S. 24.
253 BT-Drucks. 14/5741, S. 24.

figen Entwicklung der Betriebsräte ist in dem Entwurf die Rede, die der Gesetzgeber unter anderem auf die veränderten Strukturen zurückführt und der er auch mit der neuen Möglichkeit der Teilfreistellung nach § 38 Abs. 1 S. 3 und 4 BetrVG entgegenwirken wollte, indem er den Anreiz für die Übernahme des Betriebsratsamtes vergrößerte.[254] Darüber hinaus sollten die Mitwirkungs- und Mitbestimmungsrechte des Betriebsrates in bestimmten Bereichen gestärkt werden, was unter anderem durch die Übertragung zusätzlicher Aufgaben auf den Betriebsrat, beispielsweise mit §§ 80 Nr. 7, 89, 92a BetrVG umgesetzt wurde. Diese Beispiele zeigen, dass der Gesetzgeber wegen der komplexer gewordenen Aufgaben des Betriebsrates und der gesteigerten Anforderungen ein Regelungsbedürfnis gesehen und anerkannt hat.[255] Die außerdem mit der Reform teilweise ausgebauten, komplexen und hierarchischen Betriebsratsstrukturen, mit der Möglichkeit von Ausschussarbeit, und vor allem auch durch die Bildung unterschiedlicher Betriebsräte auf verschiedenen Ebenen, wie Gesamt-, Konzern- oder Europäischer Betriebsrat, treiben eine Professionalisierung der Betriebsratsarbeit ebenso weiter voran als ihr entgegenzuwirken.[256]

Im Ergebnis hat der Gesetzgeber schon sehr früh eine Tendenz zu einer „Verberuflichung" von Betriebsräten gezeigt. Er scheint damit die Absicht zu haben, professionelle Betriebsräte zu ermöglichen, zumindest steht er diesen nicht entgegen oder versucht sie zu verhindern. Gleichzeitig will er aber nach wie vor an dem Ehrenamts- und Unentgeltlichkeitsprinzip festhalten, das mit der Reform keine Anpassung erfahren hat. Die Vorschriften verhalten sich daher ambivalent.[257] Es ist nicht konsequent, das Gesetz wegen der – eindeutig auch von dem Gesetzgeber anerkannten – Entwicklung der Betriebsratsarbeit und den veränderten wirtschaftlichen Verhältnissen nur im Hinblick auf Freistellungen und Aufgabenbereich anzupassen und damit für eine Professionalisierung der Betriebsräte zu öffnen, die Rechtsstellung und insbesondere die Vergütung der Mandatsträger aber außer Acht zu lassen. Hier ergibt sich ein Wertungswiderspruch.

In der Gesetzesbegründung zu dem Entwurf des Betriebsverfassungsgesetzes im Jahr 1972 hat sich der Gesetzgeber ausdrücklich dafür ausgesprochen, nicht nur „den gewandelten Verhältnissen durch moderne Regelungen Rechnung zu tragen", sondern darüber hinaus „das Gesetz auch künftigen Entwicklungen offen zu halten".[258] Auch mit der Reform im Jahr 2001 wollte er mit den Änderungen ebenso einen Spielraum für künftige Entwicklungen ermöglichen.[259] Diese Aussagen zeigen, dass sein objektivierter Wille auch auf entsprechende Anpassungen in der Zukunft zielt, die sich ebenfalls auf die Vergütung erstrecken könnten oder zwangsläufig mit weiterer Professionalisierung der Betriebsräte

---

254 BT-Drucks. 14/5741, S. 1, 27.
255 Vgl. BT-Drucks. 14/5741, S. 24; *Franzen*, ZAAR-Kongress, § 2 Rn. 6.
256 *Behrens*, WSI-Mitteilungen 2005, 638, 644.
257 So auch *Franzen*, ZAAR-Kongress, § 2 Rn. 13.
258 BT-Drucks. VI/1786, S. 1.
259 BT-Drucks. 14/5741, S. 1 f.

auch irgendwann müssten. Dagegen spricht allerdings, dass er bei der Reform der Vorschriften im Jahr 2001 den Unentgeltlichkeitsgrundsatz in § 37 Abs. 1 BetrVG durchaus hätte anpassen können, anscheinend aber bewusst darauf verzichtet hat. Obwohl wegen der Ambivalenz der Vorschriften hier ein eindeutiger gesetzgeberischer Wille mehr in Richtung einer Professionalisierung und damit in Konsequenz auch einer entsprechend angemessenen Rechtsstellung der Betriebsratsmitglieder anzunehmen wäre, lässt sich dieses Ergebnis aber dennoch nicht eindeutig und zweifelsfrei – vor allem nicht hinsichtlich der Vergütung – feststellen. Schließlich könnte sich der Gesetzgeber auch bewusst über eine Berücksichtigung dieser neuen Entwicklungen, jedenfalls im Hinblick auf die Entgeltbemessung der Mandatsträger, hinweggesetzt haben.

Wegen weiterhin mehrerer unterschiedlicher Deutungsmöglichkeiten sowie der hier gebotenen Zurückhaltung aufgrund der grundlegenden Bedeutung der Vorschrift, führt daher auch die Auslegung nach dem gesetzgeberischen Willen noch zu keinem eindeutigen Ergebnis.

d) Teleologische Auslegung

Nach Auslegung anhand der bisher dargestellten Kriterien bleiben weiterhin verschiedene Deutungsmöglichkeiten offen. Es lässt sich noch nicht eindeutig beurteilen, ob der Unentgeltlichkeitsgrundsatz uneingeschränkt auch für die Gruppe „verberuflichter" Betriebsräte, die sich erst nach Erlass des Gesetzes entwickelt hat, Geltung erlangen muss. Zu untersuchen ist daher, welche der Auslegungsalternativen der gesetzgeberischen Regelungsabsicht oder der Normvorstellung am besten entspricht.[260] Es ist eine teleologische Auslegung nach dem Gesetzeszweck der Vorschrift, der ratio legis,[261] vorzunehmen, nicht zuletzt auch, weil diesem in Literatur und Rechtsprechung eine große Bedeutung beigemessen wird. Dabei sind nicht nur die konkret mit der Regelung verfolgten Zwecke, sondern auch Gerechtigkeits- und Zweckmäßigkeitserwägungen mit einzubeziehen.[262] Übertragen auf die hier betrachtete Fallgruppe ist nach diesem Auslegungskriterium also zu untersuchen, ob der Zweck des Unentgeltlichkeitsgebots bei Anwendung des Grundsatzes auf „professionalisierte" Betriebsräte noch verwirklicht wird und der Grundsatz daher auch weiter auf sie anzuwenden ist oder ob eine Subsumtion dieser Fälle unter das Entgeltverbot der ratio legis vielleicht sogar entgegensteht.[263]

---

260 *Larenz*, S. 328; *Bydlinski*, S. 453 f.
261 Palandt/*Grüneberg*, Einl. Rn. 46; *Bydlinski*, S. 454 ff.; *Reimer*, S. 173 Rn. 357.
262 Palandt/*Grüneberg*, Einl. Rn. 46.
263 Vgl. *Bydlinski*, S. 449 ff.; MüKoBGB/*Säcker*, Einl. Rn. 143 ff.

aa) Zweck des Unentgeltlichkeitsgrundsatzes

(1) Gewährleistung der Unabhängigkeit

In erster Linie besteht der Schutzzweck des Unentgeltlichkeitsgrundsatzes zunächst darin, die Unabhängigkeit und Unparteilichkeit der Betriebsratsmitglieder für eine freie Amtsausübung zu sichern.[264] Finanzielle Unabhängigkeit und Unbeeinflussbarkeit der Betriebsräte sind für die Aufgaben der Repräsentation und Interessenvertretung der Belegschaft unerlässlich. Würden hiervon Ausnahmen oder eine gelockerte Bewertung zugelassen, bestünde generell die Gefahr von Begünstigungen. Dadurch würden Möglichkeiten der Einflussnahme – vor allem für den Arbeitgeber – geschaffen.

Auf der anderen Seite ist es jedoch grundsätzlich abzulehnen, Arbeitgeber sowie Betriebsratsmitglieder von vornherein unter den Generalverdacht der Begünstigung bzw. Beeinflussbarkeit durch finanzielle Mittel zu stellen. Davon abgesehen muss mit einer großzügigen Auslegung des Unentgeltlichkeitsgrundsatzes nicht zwingend bereits der Verlust der Unabhängigkeit der Betriebsratsmitglieder einhergehen. Teilweise wird sogar bezweifelt, dass das Ehrenamts- bzw. Unentgeltlichkeitsprinzip überhaupt dazu im Stande ist, (allein) die Unabhängigkeit und Unparteilichkeit der Mandatsträger zu gewährleisten[265] wie es der Gesetzgeber mit der Regelung ursprünglich bezweckt hatte.

Zu hohe Anforderungen, eine größere Belastung und der teilweise enorme zeitliche Mehraufwand der Betriebsratsarbeit können ohne adäquaten Ausgleich ebenso Einfluss auf die Tätigkeit der Betriebsräte und ihr Handeln haben, wenn Mandatsträger nachteilige Konsequenzen wegen des Amtes, vor allem in wirtschaftlicher Hinsicht befürchten müssen.[266] Diese Gefahr zeigt sich vor allem bei Betriebsräten, die über lange Zeit im Amt sind oder auch bei den Betriebsrats- sowie Gesamtbetriebsratsvorsitzenden. Sie führen meist deutlich anspruchsvollere und umfangreichere Arbeiten aus, die mit denen anderer Betriebsratsmitglieder oder ihrer ursprünglichen Tätigkeit nicht mehr vergleichbar sind. Der mit dem Amt verbundene Mehraufwand sowie die zum Teil gestiegene Verantwortung müsste dann eigentlich entsprechend kompensiert und ausgeglichen werden. Wird die anspruchsvollere Tätigkeit, nur weil sie in der Eigenschaft als Betriebsrat ausgeführt wird, nicht angemessen entlohnt, könnte ein solcher finanzielle Nachteil ebenso ihre Amtstätigkeit negativ beeinflussen. Die derzeit geltenden Vorschriften zur Vergütung von Betriebsräten, insbesondere § 37 Abs. 2 bis 6 BetrVG, sehen einen Ausgleich für amtsbedingte Mehrarbeit und -belastung sowie erhöhte Anforderungen oder sonstige besondere (amtsbedingte) Leistungsgesichtspunkte allerdings nicht vor. Gerade bei den „verberuflichten" Betriebsräten, bei denen solche besonderen Belastungen und Anforderungen mit dem Amt zwangsläufig einhergehen, müssten diese aber entsprechend

---

264 Vgl. die Ausführungen auf S. 19 ff.
265 *Wiebauer*, BB 2011, 2104, 2107; *Knipper*, S. 88.
266 Vgl. dazu auch *Knipper*, S. 88.

berücksichtigt und honoriert werden. Anderenfalls wäre – je nach Ausprägung der Professionalisierung – das Erreichen des Schutzzwecks der Norm gefährdet.

(2) Sicherung des Fortbestandes des Amtes

Überdies ist es Sinn und Zweck des Unentgeltlichkeitsgrundsatzes nach § 37 Abs. 1 BetrVG, zu verhindern, dass bei den Arbeitnehmern lediglich finanzielle Anreize ausschlaggebend für die Aufstellung zur Wahl bzw. Übernahme des Betriebsratsamtes werden.[267] Dass diese Gefahr besteht, zeigt sich, wenn man die Fälle in der Praxis betrachtet, in denen sich auch schon jetzt Mandatsträger nur wegen des „Vorteils" des für sie bestehenden besonderen Kündigungsschutzes nach § 15 KSchG in den Betriebsrat wählen lassen. Allerdings dürften Betriebsratsmitglieder, die entsprechend ihrer tatsächlichen Tätigkeit vergütet werden, ihr Amt motivierter wahrnehmen, als wenn sie für ihre Arbeit keinen entsprechenden Ausgleich erlangen.[268] Zwar lässt sich hinsichtlich der möglicherweise mit dem Amt verbundenen Nachteile durchaus nachvollziehbar anführen, dass die Kandidaten, die sich in den Betriebsrat wählen lassen, grundsätzlich wissen, worauf sie sich einlassen – insbesondere, dass das Amt des Betriebsrates nicht mit finanziellen Vorteilen verbunden ist und ein objektivierter Maßstab hinsichtlich ihrer Vergütung gilt.[269] Auch lässt sich damit weitestgehend sichern, dass diejenigen, die das Amt dennoch bewusst übernehmen, dies aus ehrenwerten Gründen und besonderem Engagement und nicht allein wegen finanzieller Anreize tun.[270] Nur die Tatsache, dass ein Amtsanwärter die Hintergründe des Amtes kennt, darf allerdings nicht allein als Argument dafür gelten, dass amtsbedingte Nachteile aufgrund des Funktionswandels der Betriebsräte nicht zum Ausgleich gebracht werden dürfen.

In diesem Zusammenhang ist auch der weitere Zweck der Vergütungsregelungen zu nennen, wonach das Amt für eine potentielle Nachfolge attraktiv gehalten werden soll.[271] Die einzelnen Vorschriften sollen Nachteile für Betriebsräte verhindern und dadurch den Fortbestand des Amtes sichern. Anderenfalls ist zu befürchten, dass sich in naher Zukunft bei stetig steigenden Anforderungen und zunehmendem Aufwand qualifizierte Arbeitnehmer nicht mehr zur Wahl stellen. In manchen Betrieben gestaltet sich die Nachfolge bereits schwieriger.[272] Auch der Gesetzgeber hat schon bei der Reform des Betriebsverfassungsgesetzes im Jahr 2001 festgestellt, dass die Zahl der Betriebsräte rückläufig ist.[273] Im Interesse einer ordnungsgemäßen Durchsetzung der Belange der Arbeitnehmer sowie auch für eine reibungslose und konstruktive Zusammenarbeit mit dem Arbeit-

---

267 Vgl. *Fischer*, NZA 2014, 71.
268 Vgl. auch *Knipper*, S. 88 f.; *Liesenfeld*, S. 169; *Happe*, S. 163 f.; *Hunold*, AuA 2001, 451 ff.
269 Vgl. *Lipp*, S. 204; *Fischer*, NZA, 2014, 71, 72.
270 Vgl. *Lipp*, S. 204.
271 Vgl. BAG NZA 2016, 1212 1213 (zu § 37 Abs. 2 BetrVG); *Jacobs/Frieling*, NZA 2015, 513, 516; *Lipp*, S. 109; *Knipper*, S. 87, 89; *Weismann*, JuS 1987, 971, 974.
272 Vgl. *Beck*, S. 26; *Peter*, FA 2010, 73; vgl. auch *Happe*, S. 163.
273 BT-Drucks. 14/5741, S. 1.

geber wäre es aber gerade wichtig, dass sich in erster Linie qualifizierte und engagierte Arbeitnehmer um das Amt bemühen.[274] Nicht nur die zu befürchtende hohe Belastung ohne entsprechenden Ausgleich kann für potentielle Kandidaten aber eine abschreckende Wirkung entfalten. Teilweise werden Betriebsräte im Hinblick auf ihre Tätigkeit sogar als unterbezahlt angesehen.[275] Auch die stetige Abnahme der beruflichen Entwicklungschancen wird von besonders qualifizierten Arbeitnehmern häufig als Einwand gegen eine Aufstellung zur Wahl angeführt. Grund für die schlechteren Aufstiegschancen ist nicht nur, dass sich viele Mandatsträger trotz passender Qualifikationen von sich aus oft nicht mehr auf entsprechende Aufstiegspositionen bewerben.[276] Ein solcher Nachteil kann sich schon aus der ordnungsgemäßen Anwendung der derzeit geltenden gesetzlichen Vorschriften ergeben, wie sich in den folgenden Ausführungen noch deutlicher zeigen wird.

Auch dieser mit dem Gesetz verfolgte Zweck ist daher im Ergebnis bei der Gruppe der „verberuflichten" Betriebsräte gefährdet und kann in Fällen von besonders ausgeprägter Beanspruchung und Belastung einzelner Mandatsträger nicht mehr erreicht werden.

bb) Gerechtigkeits- und Gleichbehandlungserwägungen

Nicht zuletzt sind bei einer (objektiv) teleologischen Auslegung auch Gerechtigkeitserwägungen zu berücksichtigen, um Wertungswidersprüche zu vermeiden, die aufgrund unterschiedlicher Beurteilung gleichartiger Tatbestände entstehen könnten.[277] Dabei gilt es das Prinzip der „Gleichbehandlung des Gleichartigen" zu beachten.[278]

Bezogen auf die vorliegende Konstellation läge es zunächst nahe, das Unentgeltlichkeitsgebot des § 37 Abs. 1 BetrVG grundsätzlich für die darin ausdrücklich genannten „Mitglieder des Betriebsrats" gleichermaßen gelten zu lassen und keine Unterschiede hinsichtlich ihrer Leistung oder Qualifikation zu machen, um so Wertungswidersprüche zu vermeiden. Allerdings bedeutet die von der Vorschrift selbst vorgesehene gleiche Behandlung aller Betriebsräte innerhalb eines Gremiums nicht schon zwingend auch Gerechtigkeit durch Gleichbehandlung gleicher Sachverhalte. Wendet man nämlich die Regelung konsequent auf alle Mandatsträger unterschiedslos an, kann das – und zwar nicht selten – zu ungerechten Ergebnissen führen. Betriebsratsmitglieder untereinander werden aufgrund der früher von ihnen ausgeübten Arbeitstätigkeiten regelmäßig ein unterschiedliches Entgelt erhalten. Das kann dazu führen, dass sie zwar die gleiche Betriebsratsarbeit erledigen, aber unterschiedlich entlohnt werden. So sieht es die ausdrückliche gesetzliche Konzeption vor und kann im Grundsatz noch hingenommen werden. In extremen Fällen könnte das aber auch bedeuten, dass

---

274 Vgl. dazu *Hunold*, AuA 2002, 451 ff.; *Happe*, S. 163 f.
275 *Wiebauer*, BB 2011, 2104, 2107; *Gamillscheg*, § 40 S. 567.
276 *Peter*, FA 2010, 73.
277 *Larenz*, S. 334; *Bydlinski*, 454 f.
278 *Larenz*, S. 334; vgl. auch *Bydlinski*, 455 f.

beispielsweise ein dauerhaft freigestellter Betriebsratsvorsitzender mit deutlich erhöhten Anforderungen und Aufgaben gegenüber einem anderen Betriebsratskollegen, der nur an den Sitzungen teilnimmt und darüber hinaus nicht mit besonders anspruchsvollen Amtsaufgaben betraut ist, weniger verdient, nur weil er in seinem ursprünglichen Arbeitsverhältnis eine geringer bezahlte Tätigkeit ausgeübt hat.[279] Da es gerade gewünscht ist, dass sich höher qualifizierte Arbeitnehmer um das Betriebsratsamt bemühen, können solche gravierenden Unterschiede häufiger vorkommen. Damit würde derjenige, der objektiv weniger leistet, ein höheres Entgelt erhalten und das selbst dann, wenn beide das Amt schon über Jahre hinweg dauerhaft wie einen Beruf ausüben. Eine von dem Gesetz beabsichtigte Gleichbehandlung könnte dadurch zu einer deutlichen Ungleichbehandlung führen. Dabei wäre die unterschiedliche Behandlung verschiedener Angehöriger betriebsverfassungsrechtlicher Gremien nach ihrer Position bzw. Stellung dem Gesetz jedenfalls nicht fremd, schließlich unterscheidet es auch in § 76a BetrVG bei der Vergütung von Mitgliedern der Einigungsstelle ausdrücklich hinsichtlich des Vorsitzenden und anderer Beisitzer.

Das zu berücksichtigende Prinzip der Gleichbehandlung gleichartiger Sachverhalte zur Vermeidung von Wertungswidersprüchen, ist in diesem Fall daher wenig aussagekräftig und führt zu keinem anderen Ergebnis.

cc) Wahl einer von mehreren Auslegungsalternativen

Auf der einen Seite stehen hier die mit der Vorschrift des § 37 Abs. 1 BetrVG verfolgten Zwecke des Gesetzgebers, die im Sinne einer sach- und vor allem interessengerechten Vertretung der Belegschaft nicht hoch genug bewertet werden können. Auf der anderen Seite haben die Ausführungen jedoch gezeigt, dass im Falle „verberuflichter" bzw. „professionalisierter" Betriebsräte der Gesetzeszweck des Unentgeltlichkeitsgrundsatzes – auch im Hinblick auf das korrespondierende Nachteilsverbot – nicht nur gefährdet ist, sondern in besonders ausgeprägten Fällen nicht mehr erreicht werden wird. Auch wenn die teleologische Auslegung eindeutig zu dem Ergebnis führt, dass ein Festhalten an dem Unentgeltlichkeitsgebot für die Fallgruppe von Betriebsräten mit deutlich erhöhten Anforderungen und Belastungen aufgrund zunehmender Professionalisierung der ratio legis zuwiderläuft, sind aber auch die Argumente der strikten Auslegung und Anwendung des Grundsatzes durchaus überzeugend. Bei verbleibenden Zweifeln sind bei einer Gesetzesauslegung daher auch die praktischen Konsequenzen der dargestellten Auslegungsalternativen zu betrachten.[280] Von mehreren möglichen Varianten ist dann abzuwägen, welche nicht nur am zweckmäßigsten und gerechtesten ist, sondern sich auch „am besten in den Gesamtzusammenhang der Rechtsordnung einfügt".[281] Selbst wenn im Hinblick auf eine

---

279 Vgl. *Fischer*, NZA 2007, 484, 485; NZA 2014, 71, 72, der eine entsprechende Berücksichtigung dieses Falles jedoch ablehnt; *Georgi*, S. 84 ff.
280 Palandt/*Grüneberg*, Einl. Rn. 46.
281 Palandt/*Grüneberg*, Einl. Rn. 46.

strenge Auslegung des Grundsatzes eine ständige Rechtsprechung anzunehmen ist und diese aus Gesichtspunkten der Rechtssicherheit und des Vertrauensschutzes beizubehalten wäre, kann eine andere Annahme dennoch zulässig sein.[282] Würde man an einer strengen Anwendung des Unentgeltlichkeitsgebots festhalten, könnte damit die hohe Bedeutung des Grundsatzes sowie seines Zwecks der Amtsausführung ohne Beeinflussung durch finanzielle Mittel und des Verbleibs der Betriebsräte auf Ebene der Belegschaft gewahrt werden. Schließlich darf nicht unberücksichtigt bleiben, dass stets die Gefahr des Verlustes von Unabhängigkeit und Unparteilichkeit besteht, wenn man Zahlungen an Betriebsräte zulassen würde. Das geht aber auch mit großen Schwierigkeiten bei der Bemessung des Entgeltes einher. Denn dadurch besteht – nach weit verbreiteter Auffassung – keinerlei Spielraum bei der Entgeltbemessung.[283] Zum Teil wird sogar vertreten, dass es für den Arbeitgeber nur einen einzig zulässigen Weg gäbe, den er bei der Entgeltbemessung genau einhalten muss.[284] Bereits jede geringe Abweichung nach oben, d. h. jeder – auch unfreiwillig – zu hoch bemessener Entgeltbestandteil für den Mandatsträger würde damit ein zusätzliches Entgelt darstellen und wäre unzulässig. Das kann in der Praxis zu großen Problemen bei der Anwendung der Vergütungsvorschriften führen, wenn man stets einen Verstoß gegen den Unentgeltlichkeitsgrundsatz zu befürchten hätte. Denn das System der Vergütung von Betriebsratsmitgliedern ist komplex und beruht darüber hinaus nicht selten auf hypothetischen Betrachtungen, die gerade bei „verberuflichten" Betriebsräten, die schon über sehr lange Zeit im Amt sind, nur sehr schwer durchführbar sind.

Dagegen könnten mit einer nicht mehr uneingeschränkten Geltung des Gebots für „professionalisierte" Betriebsratsmitglieder die damit verbundenen – auch finanziellen – Nachteile angemessen zum Ausgleich gebracht werden, ohne dass dies automatisch eine grenzenlose Möglichkeit von (Entgelt-)Zahlungen an „verberuflichte" Betriebsratsmitglieder bedeuten muss. Hier wären vielmehr für konkrete Umstände und Belastungen Ausnahmen von dem Grundsatz zu machen, wenn diese begründet und notwendig sind. Darüber hinaus wäre nicht automatisch jede Abweichung bei der Entgeltbemessung als Verstoß gegen das Unentgeltlichkeitsgebot zu werten, wenn sich die Ermittlung des Entgeltes wegen langer Amtszeiten als schwierig erweist. Daher stellt sich diese Variante als zweckmäßige Lösung dar, die sämtlichen Umständen am besten gerecht werden kann. Der offensichtliche Wandel der Betriebsratsarbeit und auch die Schwierigkeiten der Entgeltbemessung in der Praxis erfordern eine weniger strenge Anwendung des Unentgeltlichkeitsgrundsatzes. Dieser kann für die neue Fallgruppe nicht mehr uneingeschränkt gelten, so dass in besonders deutlichen

---

282 Palandt/*Grüneberg*, Einl. Rn. 46.
283 So *Bittmann/Mujan*, BB 2012, 637; wohl auch *Jacobs/Frieling*, NZA 2015, 513; im Hinblick auf das Benachteiligungs- und Begünstigungsverbot nach § 78 S. 2 BetrVG *Esser*, S. 8 f.; nur ein „äußerst geringer Spielraum" nach *Fahrtmann*, FS Stahlhacke, S. 122.
284 *Esser*, S. 8 f. (hinsichtlich § 78 S. 2 BetrVG); vgl. auch *Liesenfeld*, S. 138.

Missverhältnissen von Vergütung und Leistungen im Amt[285] hierfür dann ein Ausgleich denkbar wäre.

e) Auslegungsergebnis: nachträgliche verdeckte Regelungslücke

Damit hat die teleologische Auslegung des Unentgeltlichkeitsgrundsatzes gezeigt, dass bei der Sachverhaltsgruppe „beruflicher" Betriebsräte, die wegen des eindeutigen Wortlautes der Vorschrift gleichermaßen unter die Regelung fallen würden, der Gesetzeszweck nicht ausreichend bzw. nicht mehr in jeder Konstellation realisiert werden kann.[286] Außerdem hat sich herausgestellt, dass der Gesetzgeber eine Tendenz dahingehend zeigt, die Entwicklung der Professionalisierung und Verberuflichung von Betriebsräten zu fördern, ihr jedenfalls nicht entgegenzustehen. Zwar hat das Gesetz in § 37 Abs. 1 BetrVG eine einheitliche Regelung grundsätzlich für alle Betriebsratsmitglieder gleich getroffen, und damit den Ausgangs- bzw. Normalfall für Betriebsräte mit geringen bzw. „normalen" Leistungsanforderungen, die ihr Amt über einen gewissen Zeitraum ausüben, festgeschrieben. Besonderheiten der Gruppe der „professionellen" Mandatsträger, wie lange Amtszeiten über Jahr(zehnt)e hinweg und hohe Leistungsanforderungen, lässt das Gesetz aber bei der Rechtsstellung und insbesondere der Vergütung der Betriebsräte gänzlich außer Acht.

Weil die Vorschrift auch auf diese spezielle Gruppe eine anwendbare Regel enthält, deren Besonderheiten aber nicht ausreichend berücksichtigt werden und sie deshalb den „verberuflichten" Betriebsräten wegen des Sinn und Zwecks der Vorschrift nicht entspricht, besteht hier eine sog. „verdeckte" Regelungslücke.[287] Kennzeichnend für eine verdeckte Regelungslücke ist, dass es zwar scheinbar an einer anzuwendenden Regel nicht mangelt, es aber an einer Einschränkung bzw. einer Ausnahmeregel für die besonderen Fälle fehlt.[288] Lücken in dem Gesetz müssen nicht offenkundig zutage treten. Sie können auch dadurch entstehen, dass trotz Vorhandenseins einer formellen Regelung, diese aufgrund einer „wesentlichen Veränderung der Verhältnisse aber offensichtlich nicht sachgerecht" ist.[289] So liegt es bei der uneingeschränkten Anwendung des Unentgeltlichkeitsgrundsatzes auf „professionalisierte" Betriebsräte. Die speziellen Fälle haben sich aufgrund des Funktionswandels der Betriebsratsarbeit aber erst in den letzten Jahren herausgebildet, was bei Erlass des Gesetzes im Jahr 1972 – jedenfalls in der Form – so nicht vorhersehbar war. Daher spricht man hier von einer nachträglichen (verdeckten) Regelungslücke.[290] Denn es haben sich erst nach längerem Bestehen des Unentgeltlichkeitsgrundsatzes neue Fragen gestellt, die

---

285 Die „Entkopplung von Lohn und Arbeit" bei Betriebsräten nimmt heute immer mehr zu und wird häufig kritisch betrachtet, so *Liesenfeld*, S. 167.

286 A.A. *Fischer*, NZA 2014, 71, 72, nach dem weder der Wortlaut noch die Teleologie des Gesetzes eine auf dem Amt basierende Betriebsratsvergütung zulassen.

287 *Larenz*, S. 377.

288 *Larenz*, S. 377; vgl. auch *Bydlinski*, S. 480.

289 Palandt/*Grüneberg*, Einl. Rn. 55.

290 *Larenz*, S. 377; Palandt/*Grüneberg*, Einl. Rn. 55.

auf technische oder wirtschaftliche Entwicklungen zurückzuführen sind und die dem Gesetzgeber bei Erlass der Vorschrift – entgegen seiner grundsätzlichen Regelungsabsicht – noch nicht präsent waren.[291] Eine solche Gesetzeslücke ist dann durch Hinzunehmen der fehlenden Einschränkung auszufüllen.[292]

3. Teleologische Reduktion des Unentgeltlichkeitsgrundsatzes

a) Einschränkung des Regelungsinhaltes

Eine planwidrige verdeckte Regelungslücke des Gesetzes, wie sie für die Fälle „verberuflichter" Betriebsräte besteht, wird durch Hinzufügen der fehlenden Einschränkung anhand einer teleologischen Reduktion der Vorschrift ausgefüllt.[293] Damit wird der Anwendungsbereich der grundsätzlich zu weit gefassten Regelung, deren Zweck bei einer bestimmten Sachverhaltsgruppe nicht mehr erreicht wird, entsprechend reduziert.[294] Es muss ein so deutlicher Unterschied zu der eigentlich von der Regelung erfassten Fallgruppe bestehen, dass eine gleiche Beurteilung beider Sachverhalte nicht mehr gerechtfertigt erscheint.[295] Erforderlich ist aber, dass es sich um eine abstrakt umschreibbare Fallgruppe handelt, die mit dem Gesetzeszweck und der gesetzlichen Grundkonzeption nicht mehr vereinbar ist.[296] Ziel ist es dann, den Anwendungsbereich der Vorschrift – entgegen ihrem Wortlaut – so einzuschränken, dass sie auf die Fälle, die zwar grundsätzlich unter ihren Regelungsbereich fallen würden, aber mit dem Normzweck nicht (mehr) vereinbar sind, keine Anwendung findet.[297]

Die dargestellte Auslegung hat ergeben, dass in besonderen Fällen „verberuflichter" Betriebsräte eine Gleichbehandlung mit den „normalen" Betriebsräten im Betrieb im Hinblick auf die Vergütung nicht mehr sachgerecht ist. Im Ergebnis ist daher das Unentgeltlichkeitsprinzip des § 37 Abs. 1 BetrVG dahingehend einzuschränken, dass es nicht mehr unterschiedslos für alle Mandatsträger gilt, sondern eine Ausnahme für die Gruppe von „professionalisierten" Betriebsratsmitgliedern zu machen ist. Das bedeutet aber nicht, dass das Betriebsratsamt in der Konstellation zu einem entgeltlichen Amt wird und diesen speziellen Mandatsträgern eine auf das Amt bezogene Vergütung zu gewähren wäre. Denn das auch weiterhin als Ehrenamt ausgestaltete Betriebsratsamt kann durch Auslegung nicht in einen Beruf gewandelt werden. Vielmehr darf nur dann, wenn die Auswirkungen auf diese speziellen Betriebsräte besonders groß sind, das bei der Entgeltbemessung grundsätzlich zu beachtende Unentgeltlichkeitsprinzip ausnahmsweise auf diese nicht angewendet werden. Das muss weiterhin Ausnahmecharakter behalten. Außerdem müssen dadurch im Grundsatz ermöglichte

---

291 *Larenz*, S. 379; Palandt/*Grüneberg*, Einl. Rn. 55.
292 *Larenz*, S. 377; 391 ff.
293 *Larenz*, S. 377, 391 ff.; vgl. auch Palandt/*Grüneberg*, Einl. Rn. 49.
294 *Larenz*, S. 391; MüKoBGB/*Säcker*, Einl. Rn. 144.
295 *Bydlinski*, S. 480.
296 *Bydlinski*, S. 480.
297 Palandt/*Grüneberg*, Einl. Rn. 49; *Larenz*, S. 391.

Zuwendungen noch an den weiteren Vergütungsvorschriften gemessen werden. Wie sich das auf die konkrete Vergütung eines Mandatsträgers auswirken kann, ist dann bei den jeweiligen einzelnen Vorschriften zur Festlegung der Vergütung zu prüfen. Denkbar wären unter anderem spezielle Ausgleichszahlungen, beispielsweise für besondere amtsbedingte Nachteile. Die Einschränkung einer Vorschrift kann aber auch mit der Erweiterung bzw. Ausdehnung des Anwendungsbereiches einer anderen Regelung einhergehen.[298] In dem Zusammenhang könnten gegebenenfalls Normen, welche einen Ausgleich von finanziellen Nachteilen für Betriebsratsmitglieder vorsehen, auch auf den Ausgleich besonderer Leistungen und speziellen Mehraufwands von „professionalisierten" Betriebsräten ausgedehnt werden.

Wichtig ist, dass es sich tatsächlich um einen solchen Ausnahmefall handelt. Dieser muss eindeutig festgestellt werden und nachvollziehbar sein. Zuletzt stellt sich deshalb die Frage, wann überhaupt von der Fallgruppe „verberuflichter" bzw. „professionalisierter" Betriebsräte ausgegangen werden kann und wie diese zu bestimmen ist.

b)   Bestimmung eines „professionalisierten" Betriebsratsmitgliedes

Problematisch ist, dass es sich bei den „professionellen" Betriebsräten nicht um eine klar definierbare Gruppe handelt, die sich pauschal beurteilen lässt und für die das Gesetz generell mittels einer teleologischen Reduktion anzupassen wäre. Eine pauschale Beurteilung und Öffnung von § 37 Abs. 1 BetrVG für Betriebsräte mit besonderen Leistungsanforderungen wäre ebensowenig sach- oder interessengerecht wie von vornherein bestimmte Zahlungen als unzulässig abzulehnen, ohne die besonderen Umstände der heutigen Zeit und den Wandel der letzten Jahre mit einzubeziehen.

Allerdings lassen sich diese besonderen Fälle nur schwer anhand verlässlicher Kriterien einheitlich bestimmen oder festlegen. Denn nicht nur von Betrieb zu Betrieb ist der „Professionalisierungsgrad" der jeweiligen Betriebsräte unterschiedlich fortgeschritten und verschieden stark ausgeprägt. Teilweise lassen sich auch große Unterschiede innerhalb des Gremiums, insbesondere hinsichtlich der verschiedenen Positionen einzelner Mandatsträger feststellen. Der Versuch einer Eingrenzung anhand vorgegebener Merkmale gestaltet sich schwierig. Allein beispielsweise die Eigenschaft eines großen Betriebes, etwa ab mehreren tausend Arbeitnehmern, bedeutet nicht, dass darin automatisch Betriebsräte überdurchschnittlich viel leisten (müssen) oder mehr Amtsaufgaben anfallen und somit „verberuflichte" Betriebsräte zwingend existieren. Auch kann nicht pauschal bei voll freigestellten Betriebsräten im Gegensatz zu nur vorübergehend befreiten oder teilweise freigestellten Mandatsträgern auf eine qualitativ höhere Betriebsratstätigkeit geschlossen werden.[299] Um nicht unangemessen über die gesetzliche Regelung hinauszugehen, müssen die Anforde-

---

298 *Larenz*, S. 395.
299 Vgl. auch BAG AP BetrVG 1972 § 38 Nr. 4.

rungen vielmehr in jedem konkreten Fall einzeln beurteilt werden. Schließlich besitzen solche Fälle nach wie vor Ausnahmecharakter. Am besten gerecht wird man dem daher, wenn man eine Auslegung ausschließlich bei hinreichenden Anhaltspunkten für eine solche Professionalisierung oder Verberuflichung und nur für den konkreten Einzelfall vornimmt. Im Rahmen der Auslegung kann danach festgestellt werden, ob in der speziellen Konstellation eine Regelungslücke besteht und nur dann kann eine ausnahmsweise Einschränkung des Unentgeltlichkeitsgrundsatzes vorgenommen werden.

Zunächst müssen daher konkrete Anhaltspunkte für das Vorliegen einer solchen Fallgruppe bestehen, die eine andere Beurteilung und damit eine Auslegung im Einzelfall notwendig macht. Dabei ist zu betrachten, inwieweit eine „Verberuflichung" bei dem jeweiligen Betriebsratsmitglied stattgefunden hat und wie weit der Professionalisierungsgrad bei ihm fortgeschritten ist. Anzeichen dafür können beispielsweise sein, dass ein Betriebsratsmitglied seit längerer Zeit für die Amtstätigkeit voll freigestellt ist und sich über Jahre hinweg ausschließlich anspruchsvollen Betriebsratsaufgaben widmet. Entscheidend ist, dass die Betriebsratsarbeit sich bei dem Einzelnen so weit entwickelt hat, dass sie mit einem eigenständigen Beruf vergleichbar ist und die Tätigkeit im Vergleich zu seiner früheren Arbeitstätigkeit sowie auch zu anderen Betriebsratsmitgliedern und vergleichbaren Arbeitnehmern im Betrieb deutlich anspruchsvoller zu bewerten und höher einzustufen ist. Relevant sind dabei vor allem besondere Qualifikations- und Leistungsgesichtspunkte und ob ein besonderer (Mehr-)Aufwand erforderlich ist. Dabei können auch sämtliche anderen Umstände, die für eine Professionalisierung des jeweiligen Betriebsratsmitgliedes sprechen, d. h. neben Tätigkeitsmerkmalen beispielsweise auch besondere persönliche und fachliche Kenntnisse und Fähigkeiten bis hin zu sonstigen Belastungen und Erschwernissen berücksichtigt werden, wenn sie bei dem einzelnen Betriebsratsmitglied offensichtlich besonders ins Gewicht fallen. Je weiter fortgeschritten die Professionalisierung und je höher die Anforderungen an das jeweilige Betriebsratsmitglied sind, umso eher ist ein besonderer Fall anzunehmen, der dann eine Auslegung und Anpassung des Gesetzes zugunsten der „professionellen" Betriebsräte erforderlich macht. Sind weder die Aufgaben noch die Tätigkeit in zeitlicher oder quantitativer Hinsicht für den Mandatsträger deutlich erhöht, rechtfertigt dies nicht eine andere Beurteilung des Unentgeltlichkeitsgrundsatzes. Es handelt sich hier um spezielle Ausnahmefälle aufgrund besonderer Umstände, die nicht zu leichtfertig angenommen werden dürfen.

Auch wenn es keine pauschale Beurteilung ermöglicht, kann als wichtiges Kriterium oder Indiz aber auch die Unternehmensgröße mit in die Beurteilung einbezogen werden. Es lässt sich nicht abstreiten, dass vornehmlich in den großen Unternehmen und Betrieben solche „verberuflichten" Betriebsräte bestehen.[300] In kleineren, aber natürlich auch in manchen großen Unternehmen, zeigen sich derartige Erscheinungen wie „Berufsbetriebsräte" nicht oder entwickeln sich

---

[300] Vgl. auch *Däubler*, SR 2017, 85, 89.

dort nur sehr selten. Es wäre verfehlt, die Professionalisierung von Betriebs-
räten allein an diesem Merkmal festzumachen. Dennoch kann bzw. muss das
Kriterium der Betriebsgröße im Hinblick auf die dort bestehenden komplexen
Strukturen, insbesondere die hierarchischen Interessenvertretungsorganisation,
Beachtung finden, weil dies ohne Zweifel Auswirkungen auf die Tätigkeit der
Betriebsräte haben kann. Aus den einzelnen Positionen innerhalb des Betriebsratsgremiums ließen sich vergleichbare Rückschlüsse ziehen. Auch wenn eine
solche Unterscheidung nach der Position innerhalb des Gremiums häufig abgelehnt wird,[301] kann sie dennoch Aufschluss auf den häufig damit einhergehenden
erhöhten zeitlichen und sachlichen Mehraufwand einzelner Mandatsträger – gerade im Fall eines Betriebsratsvorsitzenden – geben.

In diesem Zusammenhang könnte der durchgeführten Auslegung und Einschränkung des Unentgeltlichkeitsgrundsatzes auf Fälle „professionalisierter"
Betriebsräte entgegengehalten werden, dass diese auf teils „unsicheren" Kriterien basiert und ihre Aussagekraft daher in Frage gestellt werden. Schließlich
kann die Bestimmung der Ausnahme-Fallgruppe nicht generell erfolgen und sie
wird überdies noch einseitig von dem Arbeitgeber vorgenommen. Das Gegenteil
ist aber der Fall, weil nunmehr sämtliche Kriterien und Umstände bei der Vergütungsbemessung angemessen Berücksichtigung finden können. Es wird eine
Auslegung vorgenommen, welche auf die seit Jahren gewandelten und auch die
künftig sich weiter verändernden Umstände in der Praxis reagiert, indem sie
alle relevanten Punkte mit einbezieht und diesen dabei je nach Ausprägung entsprechend Gewicht beimessen kann. Davon abgesehen erfolgt die Feststellung,
ob ein solcher Ausnahmefall besteht, ausschließlich anhand von leistungs- oder
aufwandsbezogenen Kriterien, die objektiv festgestellt werden können, nachvollziehbar sind und nicht von dem subjektiven Empfinden des Arbeitgebers
oder Betriebsratsmitgliedes abhängen. Ein Anknüpfen an besondere Leistungsgesichtspunkte im Rahmen der Vergütung ist den Betrieben bei ihren Mitarbeitern ohnehin nicht fremd, sondern ein grundlegendes Prinzip. Daher müssen
auch hier besondere Leistungen von Mandatsträgern – gerade wegen des deutlichen Wandels der Betriebsräte – berücksichtigt werden können. Eine breitere
Akzeptanz könnte der Arbeitgeber mit der Einrichtung einer aus Vertretern der
Arbeitgeber- und Arbeitnehmerseite sowie Mitgliedern des Betriebsrates paritätisch besetzten Kommission erreichen, die das Vorliegen eines Ausnahmefalls
beurteilt. Eine solche Vorgehensweise ist zwar de lege lata nicht vorgesehen,
aber grundsätzlich möglich.[302]

Verbleiben bei der Beurteilung, ob es sich tatsächlich um einen Fall eines „verberuflichten" Betriebsrates handelt, letztendlich Unklarheiten bzw. Zweifel, ist
die Annahme eines solchen Ausnahmefalles abzulehnen.

---

301 *Fischer*, NZA 2014, 71, 72, wonach es für die Höhe der Vergütung auf diese Kriterien „in
keinerlei Hinsicht" ankommt.

302 So hat das LG Braunschweig eine solche Vorgehensweise in dem Fall zu hoher Zahlungen an
Betriebsräte durch die Volkswagen AG jedenfalls nicht beanstandet, vgl. LG Braunschweig
CCZ 2008, 32, 34, mit kritischer Anmerkung *Rieble*.

C. Zusammenfassung

Das Betriebsratsamt ist nach dem derzeit geltenden Betriebsverfassungsgesetz in Deutschland als typisches Ehrenamt ausgestaltet und stellt keinen eigenständigen Beruf dar, wenngleich sich in der heutigen betrieblichen Praxis die Tendenz zu einer Verberuflichung des Amtes feststellen lässt. Die Vorschrift des § 37 Abs. 1 BetrVG legt mit dem Unentgeltlichkeitsgrundsatz außerdem ausdrücklich fest, dass für das Betriebsratsamt oder die Amtsführung keinerlei Entgelt gezahlt werden darf, auch nicht in mittelbarer oder versteckter Form. Unzulässig sind demnach nur Zahlungen an Mandatsträger mit Entgeltcharakter. Dagegen werden weder immaterielle Vorteile noch bloße Versprechen sowie (vertragliche) Vereinbarungen oder Leistungen durch außenstehende Dritte von dem Verbot des Entgeltes erfasst, sie können aber einen Verstoß gegen das Benachteiligungs- und Begünstigungsverbot des § 78 S. 2 BetrVG darstellen.

Grundsätzlich ist eine strenge Auslegung und Anwendung des Unentgeltlichkeitsgrundsatzes bereits wegen seines bedeutenden Schutzzwecks geboten. Ausnahmen hiervon sieht das Gesetz de lege lata nicht vor. Der Funktionswandel der Betriebsratstätigkeit und die damit einhergehende Professionalisierung der Betriebsräte dürfen allerdings bei der Anwendung des Unentgeltlichkeitsprinzips nicht länger unberücksichtigt bleiben und erfordern, einen gelockerten Maßstab anzulegen. Für die aufgrund des Wandels der Betriebsratsarbeit nachträglich herausgebildete Fallgruppe „professionalisierter" bzw. „verberuflichter" Betriebsräte ist daher eine objektivierte Auslegung des Unentgeltlichkeitsgrundsatzes des § 37 Abs. 1 BetrVG vorzunehmen, die sich nicht nur an dem Willen des historischen Gesetzgebers, sondern auch an fall- und zeitgemäßen Umständen zu orientieren hat. Während systematische und historische Betrachtungen nach dem Willen des Gesetzgebers verschiedene Deutungsmöglichkeiten zu der uneingeschränkten Geltung des Unentgeltlichkeitsprinzips für „professionelle" Betriebsräte offen lassen, führt eine teleologische Auslegung zu dem Ergebnis, dass in besonders ausgeprägten Fällen der Verberuflichung von Mandatsträgern der Sinn und Zweck des Grundsatzes nicht mehr erreicht werden kann. In diesen Fällen liegt eine verdeckte Regelungslücke des Gesetzes vor, die anhand einer teleologischen Reduktion durch Einschränkung des Grundsatzes der Unentgeltlichkeit für die besonderen Fälle auszufüllen ist. Das lässt sich allerdings nicht pauschal beurteilen. Es ist vielmehr für den Einzelfall anhand einer Würdigung sämtlicher Tatsachen, wie u. a. Leistung, Qualifikation oder Aufgabenfülle eines Mandatsträgers festzustellen, ob die Ausnahme eines „professionalisierten" Betriebsratsmitgliedes besteht, wobei auch Kriterien wie die Betriebsgröße oder Position innerhalb des Betriebsratsgremiums Hinweise geben können. Nur dann ist für den jeweiligen konkreten Fall durch Auslegung zu ermitteln, ob er so ausgeprägt ist, dass eine Regelungslücke vorliegt und eine Einschränkung durch teleologische Reduktion vorzunehmen ist. Das kann zu einer ausnahmsweisen Nichtanwendung des Unentgeltlichkeitsgrundsatzes führen, wobei Zahlungen an Betriebsräte stets mit den weiteren Vergütungsvorschriften in Einklang stehen müssen.

§ 2 Das Benachteiligungs- und Begünstigungsverbot des § 78 S. 2 BetrVG

A. Anwendbarkeit neben den speziellen Vergütungsvorschriften

Die Vorschrift des § 78 S. 2 BetrVG legt fest, dass Mitglieder des Betriebsrates (sowie die in dem Satz 1 aufgezählten geschützten Funktionsträger) wegen ihrer Tätigkeit nicht benachteiligt oder begünstigt werden dürfen, auch nicht im Hinblick auf ihre berufliche Entwicklung. Es handelt sich dabei um eine allgemeine Schutzvorschrift für Betriebsräte, weshalb teilweise ihre Anwendung in der gesamten Mitbestimmungsordnung verlangt wird.[303] Das BAG versteht sie als eine der „grundlegenden Bestimmungen des Betriebsverfassungsrechts".[304] Für die Vergütung von Betriebsratsmitgliedern enthält das Betriebsverfassungsgesetz in § 37 BetrVG aber eigenständige und spezielle Regelungen. Daher ist zunächst entscheidend, ob die allgemeinen Verbote des § 78 S. 2 BetrVG gleichermaßen auf Vergütungssachverhalte anwendbar sind und sie bei der Entgeltbemessung Berücksichtigung finden müssen.

I. Überblick über die Einordnung in Literatur und Rechtsprechung

In Literatur und Rechtsprechung wird das Verhältnis der beiden Vorschriften nur selten näher beleuchtet. Wenn Aussagen dazu getroffen werden, erfolgen sie überwiegend ohne nähere Begründung. Die Terminologie, die zur Bezeichnung der Beziehung der Vorschriften zueinander verwendet wird, ist nicht einheitlich, sondern es werden unterschiedliche Begrifflichkeiten verwendet. Es scheint herrschende Meinung zu sein, die spezielle Vergütungsnorm des § 37 BetrVG als Konkretisierung der Regelung in § 78 S. 2 BetrVG anzusehen.[305] Sie wird auch als Ausprägung des allgemeinen Verbotes bezeichnet.[306] Teilweise wird § 78 S. 2 BetrVG als Ergänzung des § 37 BetrVG[307] sowie als Auffangvorschrift[308] verstanden. In einer sehr frühen Entscheidung bezeichnete das BAG den § 37 Abs. 3 BetrVG gegenüber dem allgemeinen Benachteiligungs- und Begünstigungsverbot – damals noch in § 53 BetrVG 1952 geregelt – als „Spezialvorschrift", die dem allgemeinen Verbot vorgehe und sie verdränge.[309] Dem entsprechend wird

---

303 Vgl. Richardi/*Thüsing*, § 78 Rn. 3; BeckOK-ArbR/*Werner*, vor § 78 BetrVG.

304 BAG AP BetrVG 1972 § 78 Nr. 1; *Oetker*, RdA 1990, S. 351.

305 BAG NZA 2016, 1339, 1342; GK-BetrVG/*Weber*, § 37 Rn. 10, 128; GK-BetrVG/*Kreutz*, § 78 Rn. 5, 66 f.; *Fitting*, § 37 Rn. 1; 114; Richardi/*Thüsing*, § 37 Rn. 1; § 78 Rn. 3, 21; DKKW/*Wedde*, § 37 Rn. 1; *Happe*, S. 17; nur zu § 37 Abs. 4 BetrVG: BAG NZA 2017, 935, 937; NZA 2006, 448, 449; ErfK/*Koch*, § 37 BetrVG Rn. 9; *Benkert*, NJW-Spezial 2018, 50; *Stück*, ArbRAktuell 2017, 512, 513; nur zu § 37 Abs. 2 BetrVG: BAG NZA 2015, 1328, 1329; NZA 2000, 1174; DKKW/*Buschmann*, § 78 Rn. 23; BDDH/*Waskow*, § 78 BetrVG Rn. 16.

306 BAG AP BetrVG 1972 § 37 Nr. 84; *Fitting*, § 37 Rn. 114; *Sturm*, S. 110 (jeweils zu § 37 Abs. 4 BetrVG).

307 WPK/*Kreft*, § 37 Rn. 1; so zu § 37 Abs. 1 BetrVG als Ergänzung nur des Begünstigungsverbotes BAG NZA 2016, 1212, 1214; WPK/*Preis*, § 78 Rn. 17.

308 HWGNRH/*Worzalla*, § 78 Rn. 2; DKKW/*Buschmann*, § 78 Rn. 14 („Auffangtatbestand").

309 BAG BAGE 22, 31, 34.

die Vorschrift des § 37 BetrVG auch als lex specialis gegenüber § 78 S. 2 BetrVG angesehen.[310]

Betrachtet man die unterschiedlich verwendete Terminologie, bleibt offen, welche Schlüsse sich aus der jeweiligen Bezeichnung für das Verhältnis von § 37 und § 78 S. 2 BetrVG ziehen lassen. In erster Linie geht es um die Beantwortung der Frage, ob die beiden Regelungen nebeneinander anzuwenden sind. Auch darüber besteht keine Einigkeit, sondern es werden unterschiedliche Ansätze verfolgt. So kommt es in der Literatur nicht selten vor, dass aus den genannten Begrifflichkeiten, aus denen genaue Konsequenzen für die Anwendbarkeit zweier Vorschriften folgen würden, diese kaum näher präzisiert, teilweise vermengt oder nicht angewendet werden. Zusammenfassend lässt sich folgender Überblick über die verschiedenen vertretenen Standpunkte darstellen:

Eine Richtung in Literatur und Rechtsprechung kommt zu dem Ergebnis, dass das allgemeine Benachteiligungs- und Begünstigungsverbot des § 78 S. 2 BetrVG auch neben den spezielleren Vergütungsvorschriften anwendbar bleibt.[311] Das wird teilweise ausdrücklich klargestellt, indem von den allgemeinen Verboten ebenso das Entgelt von Betriebsratsmitgliedern erfasst sein soll.[312] Aber auch die Ansicht, dass die Norm des § 37 BetrVG keine abschließende Regelung über die Höhe des Entgeltes von Betriebsratsmitgliedern enthalte, führt zu dem Ergebnis der gleichzeitigen Anwendbarkeit.[313] Demgegenüber wird aber auch vertreten, dass § 37 BetrVG als speziellere Regelung der allgemeineren Vorschrift des § 78 S. 2 BetrVG vorgeht[314] bzw. diese verdrängt[315] sowie dass diese gegenüber Sonderregelungen subsidiär[316] ist. Unabhängig von der Einordnung werden die allgemeinen Verbote des § 78 S. 2 BetrVG häufig auch als Auslegungskriterium bei den speziellen Vergütungsvorschriften herangezogen.[317]

---

310 HWGNRH/*Worzalla*, § 78 Rn. 15; GK-BetrVG/*Weber*, § 37 Rn. 10; *Misera*, Anmerkung zu BAG Urt. v. 29.7.1980 – 6 AZR 231/78, SAE 1982, 69, 74; differenzierend nach Benachteiligung oder Begünstigung *Happe*, S. 22 ff. (zu § 37 Abs. 4 BetrVG).

311 Ausdrücklich für eine Anwendbarkeit neben § 37 Abs. 4 BetrVG: BAG AP BetrVG 1972 § 37 Nr. 84; GK-BetrVG/*Weber*, § 37 Rn. 128; ErfK/*Koch*, § 37 BetrVG Rn. 9; *Fitting*, § 37 Rn. 114, § 78 Rn. 15; *Purschwitz*, S. 137 ff.; *Annuß*, NZA 2018, 134, 135; unklar z. B. *Keilich*, BB 2012, 2229, 2231 f.; *Dzida/Mehrens*, NZA 2013, 753, 755.

312 BAG NZA 2016, 1339, 1343; NZA 2006, 448, 450; *Fitting*, § 78 Rn. 15.

313 BAG NZA 1993, 909, 910; zu § 37 Abs. 4 BetrVG GK-BetrVG/*Weber*, § 37 Rn. 128; vgl. *Fitting*, § 37 Rn. 114; auch BAG NZA 2006, 448, 450; so nur für den Fall einer vergütungsmäßigen Begünstigung *Happe*, S. 24 f.

314 GK-BetrVG/*Kreutz*, § 78 Rn. 5; HWGNRH/*Worzalla*, § 78 Rn. 2; BAG BAGE 22, 31, 34 (zu § 37 Abs. 3 BetrVG); nur für vergütungsmäßige Benachteiligungen *Happe*, S. 23 f. (zu § 37 Abs. 4 BetrVG).

315 BAG BAGE 22, 31, 34 (zu § 37 Abs. 3 BetrVG und dem heutigen § 78 S. 2 BetrVG entsprechenden § 53 BetrVG 1952); *Hennecke*, BB 1986, 936, 939; ähnlich wohl auch HWGNRH/*Glock*, § 37 Rn. 106, der eine Anwendung des § 78 S. 2 BetrVG neben den § 37 Abs. 4 und 5 BetrVG ablehnt.

316 Richardi/*Thüsing*, § 78 Rn. 3; GK-BetrVG/*Kreutz*, § 78 Rn. 5; WPK/*Preis*, § 78 Rn. 4; BeckOK-ArbR/*Werner*, § 78 BetrVG Rn. 6; APS/*Künzl*, § 78 BetrVG Rn. 3.

317 So BAG BAGE 22, 31, 34 zu dem heutigen § 78 S. 2 BetrVG entsprechenden § 53 BetrVG 1952; *Fitting*, § 37 Rn. 1; DKKW/*Wedde*, § 37 Rn. 1; GK-BetrVG/*Weber*, § 37 Rn. 10; Richardi/

Der Überblick zeigt nicht nur, dass die in der Literatur und Rechtsprechung verwendete Terminologie sich teilweise stark unterscheidet. Erstaunlich ist auch, dass kaum eine der verschiedenen Meinungen näher darauf eingeht, welche Konsequenzen hinsichtlich der Anwendung beider Vorschriften im Rahmen der Vergütung daraus zu ziehen sind. Für die richtige Anwendung der Rechtssätze bei Vergütungssachverhalten ist daher eine genaue Betrachtung und Festlegung des Verhältnisses der beiden Normen erforderlich.

II. Das Verhältnis zwischen § 37 und § 78 S. 2 BetrVG

1. Einordnung des § 37 BetrVG als Ergänzung oder Konkretisierung des allgemeinen Verbotes

Zunächst sind die beiden Einordnungen der speziellen Vergütungsvorschrift als Ergänzung sowie Konkretisierung des § 78 S. 2 BetrVG zu betrachten. Die Annahme eines ergänzenden Charakters des § 37 BetrVG[318] würde bedeuten, dass beide Vorschriften uneingeschränkt nebeneinander anzuwenden wären oder sogar gemeinsam betrachtet werden müssten. Denn eine Einstufung als Ergänzung erweckt den Eindruck, dass § 37 BetrVG in einer Weise unvollständig sei, dass § 78 S. 2 BetrVG diesen „fehlenden" Teil regelt. Eine solche Einordnung lässt sich aus den Vorschriften allerdings nicht entnehmen und sollte in diesem Zusammenhang daher schon von vornherein abgelehnt werden.

Was dagegen genau unter dem Begriff der Konkretisierung zu verstehen ist bzw. welche Schlüsse daraus über die Beziehung zweier Vorschriften zueinander gezogen werden können, ist nicht eindeutig. Zwar wird die Bezeichnung für die Konstellation relativ häufig verwendet, eine genaue Definition oder Erklärung erfolgt jedoch nicht. Allein von der Bedeutung des Wortes her würde sich das Verhältnis so erklären lassen, dass eine allgemein gehaltene Norm durch eine konkretere Vorschrift für bestimmte Fälle näher bestimmt wird. Eine Ansicht im Schrifttum geht noch weiter und versteht eine Konkretisierung als eine Regelung, die sich aus dem Rechtsgedanken der zugrundeliegenden Generalklausel ableiten lässt und Rechtsfolgen für einen bestimmten Lebenssachverhalt bestimmt.[319] In der juristischen Methodenlehre wird der Gedanke der Konkretisierung dagegen häufig nur für die Ausfüllung sehr allgemein gefasster Regelungen oder einer Generalklausel im Sinne einer Rechtsfortbildung herangezogen.[320] Auch eine subsidiäre und damit nur nachrangige Anwendung der allgemeineren Vorschrift ließe sich aus einer solchen Einordnung ableiten.[321]

Thüsing, § 78 Rn. 22 (Heranziehen des § 78 S. 2 BetrVG nicht nur zur Auslegung, sondern auch Ergänzung).

318 WPK/*Kreft*, § 37 Rn. 1; zu § 37 Abs. 1 BAG NZA 2016, 1212, 1214; WPK/*Preis*, § 78 Rn. 17.

319 *Witt*, S. 74.

320 *Bydlinski*, S. 582 ff.; *Engisch*, Die Idee der Konkretisierung, S. 474 ff.

321 Vgl. Richardi/*Thüsing*, § 37 Rn. 1, § 78 Rn. 3; GK-BetrVG/*Kreutz*, § 78 Rn. 5, die sowohl eine Konkretisierung als auch Subsidiarität annehmen.

Es bleibt unklar, welche Folgerungen aus einer Konkretisierung für das Verhältnis und die Anwendbarkeit der beiden Vorschriften zu ziehen sind. Es handelt sich nicht um einen Begriff, der zur Bestimmung des Verhältnisses mehrerer Rechtssätze zueinander gebräuchlich wäre. Allerdings kommt eine Konkretisierung in dem dargestellten Sinne dem Verhältnis der Spezialität so nahe, dass beide Begriffe auch häufig gemeinsam in dem Zusammenhang – in der Methodenlehre sogar als Synonym –[322] verwendet werden. Auch wenn damit der Terminologie der Konkretisierung für das Verhältnis der beiden Vorschriften offensichtlich keine eigenständige Bedeutung beigemessen wird,[323] ist eine konkretisierende Eigenschaft des § 37 BetrVG gegenüber § 78 S. 2 BetrVG jedenfalls nicht passend und aufgrund der verbleibenden Unklarheiten im Ergebnis abzulehnen.

2. Gesetzeskonkurrenz

Die gezeigten Einordnungen als Ergänzung oder Konkretisierung helfen bei der Frage der Anwendbarkeit der beiden Rechtssätze nicht weiter. Vielmehr stellt sich in Fällen, bei denen grundsätzlich mehrere Vorschriften für einen Sachverhalt in Betracht kommen, die Frage der Konkurrenz dieser Normen.[324]

a) Beurteilung von Konkurrenzfragen im Privatrecht

Normenkonkurrenzen können ebenso im Privatrecht bestehen.[325] Sie treten dann auf, wenn ein Fall den Anwendungsbereich, d. h. die Tatbestände mehrerer Vorschriften erfüllt.[326] Ohne bereits näher auf einzelne Regelungen einzugehen, können bei der Entgeltbemessung eines Betriebsratsmitgliedes sowohl die Tatbestände des § 37 BetrVG als auch der des § 78 S. 2 BetrVG betroffen sein. Da die beiden Vorschriften damit in Konkurrenz stehen, muss diese entsprechend aufgelöst werden. Im Gegensatz zur Strafrechtslehre existieren auf dem Gebiet des Zivilrechts allerdings kaum Ausführungen zur Behandlung von Fällen der Gesetzeskonkurrenz und deren Folgen,[327] etwas häufiger noch zu dem Unterfall der Anspruchskonkurrenz. Die verwendete Terminologie ist sowohl innerhalb des Zivilrechts als auch rechtsgebietsübergreifend uneinheitlich.[328] Vor allem die Ausführungen zu § 37 und § 78 S. 2 BetrVG in betriebsverfassungsrechtlicher Literatur und Rechtsprechung lassen genauere Erläuterungen hierzu vermissen. Im Grundsatz lassen sich zwei Richtungen zur Auflösung der Konkurrenzfrage im privatrechtlichen Bereich feststellen: Zum einen können beide Regelungen auf denselben Sachverhalt Anwendung finden, dabei handelt es sich um kumula-

---

322 So *Engisch*, Die Idee der Konkretisierung, S. 78 ff.
323 *Witt*, S. 74.
324 *Ott*, § 6 S. 192; *Wank*, § 13 S. 99, 106.
325 Dabei wird im Privatrecht die Gesetzeskonkurrenz von der Anspruchskonkurrenz unterschieden, vgl. *Georgiades*, S. 1, 69 ff.; *Klocke*, JA 2013, 581.
326 *Ott*, § 6 S. 192, 194; *Georgiades*, § 1 S. 1, 69; *Larenz*, S. 266; *Wank*, § 13 S. 99, 106.
327 Vgl. auch *Georgiades*, § 1 S. 1 (zur Anspruchskonkurrenz).
328 *Wank*, § 13 S. 99.

tive Konkurrenz.[329] Diese wird teilweise auch als grundsätzliches Anwendungs-
verhältnis verstanden, sofern keine anderweitige gesetzliche Anordnung oder
ein besonderer Ausnahmefall für die Verdrängung einer Vorschrift besteht.[330]
Zum anderen kann eine Norm eine andere verdrängen, man spricht dann von
sog. verdrängender Konkurrenz.[331] Ob § 78 S. 2 BetrVG möglicherweise von
den Vergütungsvorschriften des § 37 BetrVG verdrängt wird, ist – ähnlich wie
im Strafrecht – nach den Fallgruppen der Subsidiarität oder Spezialität[332] zu
beurteilen.

b) Konkurrenzverhältnis der betriebsverfassungsrechtlichen
    Vergütungsvorschriften

Im Rahmen der Vergütung kann lediglich zwischen der Vorschrift des § 37 Abs. 5
BetrVG und dem § 78 S. 2 BetrVG von vornherein eine kumulative Konkurrenz
und damit eine gleichzeitige Anwendbarkeit beider Vorschriften angenommen
werden. Denn § 37 Abs. 5 BetrVG betrifft die tatsächliche berufliche Entwicklung von Betriebsratsmitgliedern, für die auch das allgemeine Benachteiligungsverbot aufgrund ausdrücklicher Anordnung in § 78 S. 2 Hs. 2 BetrVG gilt. Für
die anderen vergütungsrelevanten Regelungen, insbesondere der § 37 Abs. 1 bis
Abs. 4 BetrVG, ist zu untersuchen, ob ein bzw. welcher Fall der verdrängenden
Konkurrenz besteht.

aa) Verhältnis der Subsidiarität

Das Verhältnis der Subsidiarität, wie es für die zu betrachtenden Vorschriften in
Teilen der Literatur angenommen wird,[333] bedeutet, dass eine Norm zugunsten
einer anderen Regelung zurücktritt und das entweder auf einem ausdrücklichen
oder einem stillschweigenden Befehl des Gesetzes beruht.[334] Eine explizite Anordnung, dass § 78 S. 2 BetrVG hinter den konkreten Vergütungsvorschriften
zurückzutreten hat, existiert nicht. Stillschweigende Subsidiarität kann dann
angenommen werden, wenn mit Anwendung der einen Norm die Erreichung
des Zwecks der anderen nicht mehr möglich wäre.[335] Aus dem Zweck der Regelungen müsste sich ergeben, dass die eine von der anderen Vorschrift verdrängt wird.[336] Übertragen auf die vorliegende Konstellation, lässt sich eine

---

329 *Wank*, § 13 S. 99, 104 f.; *Ott*, § 6 S. 196 f.; MüKoBGB/*Bachmann*, § 241 Rn. 36 (zur Anspruchs-
     konkurrenz).
330 *Ott*, § 6 S. 196 f.
331 *Wank*, § 13 S. 99, 103 ff.
332 Vgl. dazu *Dietz*, S. 17, 21 ff., 40 ff.; siehe auch MüKoBGB/*Bachmann*, § 241 Rn. 37 (zur An-
     spruchskonkurrenz); *Klocke*, JA 2013, 581, 582.
333 Richardi/*Thüsing*, § 78 Rn. 3; GK-BetrVG/*Kreutz*, § 78 Rn. 5; WPK/*Preis*, § 78 Rn. 4; BeckOK-
     ArbR/*Werner*, § 78 BetrVG Rn. 6; APS/*Künzl*, § 78 BetrVG Rn. 3.
334 *Dietz*, S. 40 ff.
335 *Dietz*, S. 44 ff.
336 *Wank*, § 13 S. 102, der Subsidiarität als eine Form der Spezialität versteht und diese auch als
     „inhaltliche Spezialität" bezeichnet.

solche stillschweigende Anordnung allerdings nicht feststellen. Wendet man die verschiedenen Regelungen des § 37 BetrVG auf Vergütungsfälle von Betriebsratsmitgliedern an, führt das nicht dazu, dass der Gesetzeszweck des § 78 S. 2 BetrVG vereitelt würde. Vielmehr haben beide Normen im Grundsatz die gleiche Schutzrichtung und Zweckvorstellung, die mit Anwendung beider Vorschriften erreicht werden kann. Ein Fall der Subsidiarität ist im Verhältnis von § 37 BetrVG zu § 78 S. 2 BetrVG daher nicht anzunehmen.

bb) § 37 BetrVG als Spezialnorm gegenüber § 78 S. 2 BetrVG

Im Verhältnis der Spezialität stellt sich die Frage, ob eine speziellere Vorschrift exklusiv anzuwenden ist und sich einer anderen allgemeineren Norm „vordrängt". Für diese Annahme wird zwar teilweise gefordert, dass sich die Rechtsfolgen der beiden konkurrierenden Normen widersprechen müssen, um eine Verdrängung der allgemeineren Vorschrift annehmen zu können.[337] Allerdings ist eine solche Gesetzeskonkurrenz auch bereits begrifflich durch ein Deckungsverhältnis der Tatbestände möglich, man spricht in einem solchen Fall auch von formeller Spezialität.[338] Demnach ist Spezialität zwischen zwei Normen zu bejahen, wenn die konkrete Vorschrift sich in ihrem Anwendungsbereich auch in der anderen Norm findet; das ist anzunehmen, wenn ein Gesetz alle Merkmale des allgemeineren, zusätzlich aber noch mindestens ein weiteres enthält.[339] Besteht ein solches Spezialitätsverhältnis, gilt der Grundsatz „lex specialis derogat legi generali", d.h. die speziellere Regelung geht der allgemeinen Norm vor.[340]

Zur genauen Feststellung, ob der für die Vergütung relevante § 37 BetrVG tatsächlich in dem Verhältnis der formellen Spezialität zu dem allgemeinen Verbot in § 78 S. 2 BetrVG steht, sind die darin enthaltenen einzelnen Regelungen jeweils gesondert zu untersuchen.

Betrachtet man zunächst § 37 Abs. 1 BetrVG, zeigt sich, dass die Norm in dem Begünstigungsverbot des § 78 S. 2 BetrVG enthalten, in seinem Anwendungsbereich aber enger gefasst ist. Hinter der Ausgestaltung als Ehrenamt und Regelung der Unentgeltlichkeit des Betriebsratsamtes steht ebenso der Grundgedanke, dass ein Mandatsträger nicht durch Zahlung eines (zusätzlichen) Entgeltes begünstigt werden darf. Die Regelung bezieht sich allerdings nur auf den speziellen Bereich des Entgeltes, das allein für das Amt gezahlt wird. Die Anwendungsbereiche der Absätze 2 bis 4 des § 37 BetrVG liegen grundsätzlich ebenfalls innerhalb des Benachteiligungsverbotes nach § 78 S. 2 BetrVG, gehen aber jeweils in verschiedenen Punkten noch darüber hinaus. Nach Absatz 2 sollen Betriebsratsmitglieder keine Benachteiligung dadurch erfahren, dass ihnen während erforderlicher Betriebsratsarbeit kein oder weniger Entgelt gezahlt wird.

337 *Larenz*, S. 268; *Ott*, S. 206.
338 *Huber*, S. 208 f. (aber kritisch betrachtend); *Dietz*, S. 21 ff.; 31 ff.; vgl. auch *Wank*, § 13 S. 102.
339 *Bydlinski*, S. 465; *Dietz*, S. 21 ff., 31 ff.; *Wank*, § 13 S. 102; *Purschwitz*, S. 42.
340 *Bydlinski*, S. 465; *Engisch*, Einführung, S. 275; vgl. auch *Ott*, S. 207; *Klocke*, JA 2013, 581, 582; a. A. *Huber*, S. 216; *Purschwitz*, S. 42.

Absatz 3 sieht einen Ausgleich speziell für außerhalb der Arbeitszeit geleistete Betriebsratstätigkeit, in seinem Satz 3 unter zusätzlichen Voraussetzungen auch einen finanziellen Ausgleich vor und soll dadurch ebenfalls Nachteile verhindern. Absatz 4 betrifft Benachteiligungen hinsichtlich des Entgeltes vergleichbarer Arbeitnehmer und im Unterschied zu § 78 S. 2 BetrVG nur während eines bestimmten Zeitraumes.

Die für die Vergütung in erster Linie relevanten Regelungen haben gemeinsam, dass sie entweder der Verhinderung von Benachteiligungen oder Begünstigungen dienen und damit grundsätzlich in den Wirkungskreis des § 78 S. 2 BetrVG fallen würden. Sie unterscheiden sich aber in ihrem Anwendungsbereich, der bei den speziellen Vergütungsvorschriften deutlich kleiner ist. Denn sie gelten ausschließlich für Entgeltfälle und stellen hierfür besondere, enger gefasste Voraussetzungen auf. Vergütungsrelevante Sachverhalte, die durch § 37 BetrVG geregelt werden, können somit grundsätzlich auch § 78 S. 2 BetrVG zugeordnet werden. Umgekehrt fallen Sachverhalte, die sich unter das Benachteiligungs- oder Begünstigungsverbot subsumieren lassen, nicht auch automatisch unter eine Regelung des § 37 BetrVG.

Die einzelnen Vorschriften sind damit grundsätzlich als lex specialis gegenüber dem § 78 S. 2 BetrVG als lex generalis zu qualifizieren.[341]

III. Konsequenz der Nichtanwendung des § 78 S. 2 BetrVG auf Vergütungsfälle

Nimmt man zwischen zwei Normen ein Verhältnis der Spezialität an, ist konsequenterweise der Grundsatz „lex specialis derogat legi generali" anzuwenden. Das hat zur Folge, dass § 78 S. 2 BetrVG bei Fällen betreffend die Vergütung von Mitgliedern des Betriebsrates verdrängt wird.[342] Diese Folgerung ist grundsätzlich sachgerecht, weil eine speziellere Regelung mehr Sachnähe besitzt als die allgemeinere und den verschiedenen Sachverhalten hinsichtlich der Vergütung besser gerecht werden kann. Dennoch wird die Annahme eines Spezialitätsverhältnisses und damit der verdrängenden Eigenschaft des § 37 BetrVG gegenüber § 78 S. 2 BetrVG durchaus kritisch betrachtet. Ob die verschiedenen Argumente gegen diese Auffassung eine andere Beurteilung notwendig erscheinen lassen, ist genauer zu betrachten.

---

341 So auch HWGNRH/*Worzalla*, § 78 Rn. 15; GK-BetrVG/*Weber*, § 37 Rn. 10; *Misera*, Anmerkung zu BAG Urt. v. 29.7.1980 – 6 AZR 231/78, SAE 1982, 69, 74.

342 A.A. *Purschwitz*, S. 42, 140; *Huber*, S. 216; nach Richardi/*Thüsing*, § 78 Rn. 3 soll dagegen die allgemeine Vorschrift des § 78 S. 2 BetrVG nur subsidiär eingreifen, wenn keine vorrangige Sonderregelung existiert.

1. Kritik an der Annahme einer verdrängenden Eigenschaft des § 37 BetrVG

a) § 78 S. 2 BetrVG als stets zu beachtender Grundsatz

Eine Ansicht in der Literatur lehnt eine Verdrängung des § 78 S. 2 BetrVG aufgrund eines Spezialitätsverhältnisses deshalb ab, weil dem allgemeinen Benachteiligungs- und Begünstigungsverbot die Eigenschaft eines bedeutenden, betriebsverfassungsrechtlichen Grundsatzes als „eine Art Leitprinzip" zugesprochen wird.[343] Das Verbot sei für eine einheitliche Auslegung des Gesetzes und damit zur Vermeidung von Wertungswidersprüchen oder Lücken im Betriebsverfassungsgesetz notwendig.[344] Dieser Auffassung kann allerdings nicht gefolgt werden. Lediglich eine Einordnung nach ihrer Bedeutung kann nicht dazu führen, dass die Vorschrift des § 78 S. 2 BetrVG immer dann eingreifen muss, wenn die speziellen und vor allem engeren Voraussetzungen und Bedingungen in § 37 BetrVG nicht greifen. Das würde die relativ eindeutig gezogenen Grenzen des § 37 BetrVG verwischen. Zugleich wären jeglicher Spielraum bei der Bemessung des Entgeltes und damit mögliche zulässige Fälle auf ein Mindestmaß reduziert. Das muss aber nicht zugleich bedeuten, dass die Gedanken der Vorschrift außer Acht gelassen oder gänzlich verdrängt würden. Sie können auch weiterhin Einfluss, beispielsweise bei einer Auslegung, nehmen. Der Vorschrift kann damit auch der Charakter einer Art „Auffangvorschrift" zugewiesen werden: zwar nicht im Hinblick auf Vergütungsfragen, aber hinsichtlich der Vielzahl und Vielfalt denkbarer Fälle der Bevorzugung oder Benachteiligung von Betriebsratsmitgliedern, die jedoch nicht ausdrücklich gesetzlich geregelt werden konnten.

Darüber hinaus dienen die Spezialvorschriften – wie es von derselben Ansicht vertreten wird – nicht lediglich der gesetzlichen Festschreibung der allgemeinen Regelung des § 78 S. 2 BetrVG in besonderen Fällen (hier der Vergütung) nur aus Klarstellungsgründen.[345] § 37 BetrVG enthält eigenständige Bestimmungen, mit denen das Gesetz nicht nur in sachlicher, sondern auch persönlicher Hinsicht einen deutlich konkreteren und spezielleren Bereich regelt. Trotz gleicher Schutzrichtung stehen sie selbstständig neben § 78 S. 2 BetrVG.

b) Gefahr der Erleichterung von Begünstigungen

Gegen die Annahme eines Spezialitätsverhältnisses, das die allgemeine Vorschrift des § 78 S. 2 BetrVG bei Entgeltfragen verdrängt, wird zum Teil angeführt, dass dadurch Begünstigungen von Betriebsratsmitgliedern erleichtert werden könnten.[346] Als Beispiel nennt die Auffassung eine Entgeltzahlung an ein Betriebsratsmitglied, die gegenüber vergleichbaren Arbeitnehmern deut-

---

343 *Purschwitz*, S. 42.
344 *Purschwitz*, S. 42.
345 So *Purschwitz*, S. 42.
346 *Sturm*, S. 110 f.

lich höher ausfällt: Die Zahlung verstoße zunächst nicht gegen den § 37 Abs. 4 BetrVG, weil dieser nach dem Wortlaut nur eine Unter- und keine Obergrenze für das Arbeitsentgelt enthält, wohl aber gegen das Begünstigungsverbot nach § 78 S. 2 BetrVG.[347]

Nimmt man an, dass die allgemeinen Verbote von § 37 BetrVG verdrängt werden, würden sie in dem genannten Fall nicht greifen. Dennoch ist dieses Ergebnis sachgerecht, weil § 37 BetrVG hinsichtlich der Vergütung – zumindest in den Absätzen 1 bis 4 – abschließend[348] ist. Die Vergütungsvorschriften dürfen mit einer gleichzeitigen Anwendung weiterer Vorschriften nicht ohne weiteres ausgedehnt und das System der gesetzlichen Regelungen in Frage gestellt werden. Diese müssen vielmehr einen abgeschlossenen Regelungskomplex für Vergütungsfragen bilden, anderenfalls wäre es nicht möglich, dass die speziellen Normen eine klare Rechtslage herbeiführen.[349] Der Wortlaut des § 37 Abs. 4 BetrVG ist eindeutig gefasst, die Heranziehung zusätzlicher Normen ist deshalb nicht notwendig. Darüber hinaus zeigt sich in Spezialnormen der Wille des Gesetzgebers besonders deutlich. Dieser hätte hier ohne weiteres die Regelung anders formulieren und eine Obergrenze mit aufnehmen können, hat sich aber offensichtlich dagegen entschieden. Außerdem besteht über Absatz 1 bereits eine ausreichende Grenze mit dem Entgeltverbot. Würde einem Mandatsträger also ein über die vergleichbaren Arbeitnehmer nach § 37 Abs. 4 S. 1 BetrVG hinausgehendes Entgelt gezahlt werden und verstößt diese Zahlung nicht gegen den Unentgeltlichkeitsgrundsatz oder sonstige Entgeltvorschriften, ist sie zulässig. Ansonsten würden die spezielleren Vorschriften obsolet. Das Argument ließe sich zwar ebenso gut in sein Gegenteil verkehren, nämlich dass der Anwendungsbereich der allgemeinen Norm damit zu stark verkleinert oder sogar aufgehoben werden könnte. Dieser Ansicht, dass eine Generalklausel nicht grundsätzlich verdrängt werden darf,[350] kann aber entgegnet werden, dass die Gefahr nicht besteht, weil § 78 S. 2 BetrVG auch außerhalb von Vergütungsfällen noch ausreichend Anwendung findet. Daher führt die Nichtanwendung neben § 37 BetrVG auch nicht zu einer Benachteiligung, wie es eine Auffassung vertritt; sie stützt sich auf ein Urteil des BAG, in dem die Zahlung hypothetischer Trinkgelder einem Betriebsratsmitglied versagt wurden.[351] Doch gerade dieser Fall bestätigt das hier gefundene Ergebnis der Verdrängung der allgemeinen Norm: Da Trinkgelder grundsätzlich keinen Entgeltbestandteil darstellen, wären die speziellen Vergütungsvorschriften für die Frage deren Weitergewährung ohnehin nicht anzuwenden. Die Konstellation ist auch nach hier befürworteter Auffassung nach dem Verbot des § 78 S. 2 BetrVG zu beurteilen.

---

347 Vgl. *Sturm*, S. 110 f.

348 HWGNRH/*Glock*, § 37 Rn. 106 f. zu § 37 Abs. 4 und 5 BetrVG; a. A. BAG NZA 1993, 909, 910 sowie nur zu § 37 Abs. 4 BetrVG: BAG NZA 2006, 448, 450; GK-BetrVG/*Weber*, § 37 Rn. 128; *Fitting*, § 37 Rn. 114; nur für vergütungsmäßige Benachteiligungen auch *Happe*, S. 23 f.

349 Vgl. HWGNRH/*Glock*, § 37 Rn. 107.

350 *Purschwitz*, S. 42.

351 *Purschwitz*, S. 138 ff.

c) Parallel laufender Sinn und Zweck der Vorschriften

Der Annahme eines Spezialitätsverhältnisses steht auch nicht entgegen, dass Sinn und Zweck der Vorschriften des § 37 BetrVG und § 78 S. 2 BetrVG parallel laufen,[352] sondern bekräftigt sie. Als speziellere Vorschrift kann und muss die Norm auch ein gleichgerichtetes Ziel haben, allerdings nicht für einen so weit gefassten Anwendungsbereich wie die allgemeinere Regelung, sondern eben nur begrenzt, wie hier für die Vergütung von Betriebsratsmitgliedern. Dem Argument, dass ein Rückgriff auf die allgemeinere Norm deshalb geboten sei, um mit ihr wegen der zu erfüllenden Schutzfunktion Korrekturmaßnahmen vornehmen zu können,[353] ist ebenfalls nicht überzeugend. Mit Anwendung allein des § 37 BetrVG auf Vergütungsfragen wird für diesen abschließend geregelten Bereich der vom Gesetzgeber beabsichtigte Zweck mehr als ausreichend erfüllt. Dass eine verdrängende Eigenschaft des § 37 BetrVG für die Lösung der Gesetzeskonkurrenz „kontraproduktiv" sei,[354] dem kann nicht gefolgt werden. Es handelt sich um einen grundlegenden juristischen Rechtssatz, der in einem Verhältnis der Spezialität stets Anwendung finden muss. Dadurch entstehen weder Wertungswidersprüche noch Gesetzeslücken.[355] Es ist vielmehr nicht nachvollziehbar, dass in Rechtsprechung und Literatur häufig ebenfalls ein Verhältnis der Spezialität der beiden Rechtssätze angenommen, es dann aber nicht konsequent umgesetzt wird.

d) Gefahr von Schutzlücken in besonderen Einzelfällen

In der Literatur werden teilweise besondere Fälle aufgezeigt, die gegen eine verdrängende Eigenschaft des § 37 BetrVG sprechen sollen, weil ansonsten Schutzlücken entstehen würden. Das treffe beispielsweise auf die Situation zu, wenn ein einzelnes Betriebsratsmitglied eine besondere und einmalige, über die Vergleichsarbeitnehmer hinausgehende persönliche Entwicklung genommen hat. Weil diese spezielle Konstellation nach einer Auffassung nicht ausreichend mit den Regelungen des § 37 BetrVG berücksichtigt werden könnte, sei sie mit dem Benachteiligungsverbot des § 78 S. 2 BetrVG aufzufangen; das mache eine gleichzeitige Anwendung beider Normen erforderlich.[356] Richtig ist, dass in einem solchen Fall ein Mandatsträger zwar grundsätzlich nur das Entgelt entsprechend der betriebsüblichen beruflichen Entwicklung der vergleichbaren Arbeitnehmer erhalten darf, die darüber hinausgehende Entwicklung dürfte nach derzeitiger Gesetzeslage nicht berücksichtigt werden. Nach der genannten Ansicht wäre dieses Ergebnis aber wegen einer Benachteiligung und damit eines

---

352 A.A. *Purschwitz*, S. 108, die deshalb eine Konkretisierung des § 78 S. 2 BetrVG durch § 37 Abs. 1 BetrVG annimmt.
353 *Purschwitz*, S. 42.
354 *Purschwitz*, S. 42.
355 A.A. *Purschwitz*, S. 42.
356 *Sturm*, S. 111.

Verstoßes gegen § 78 S. 2 BetrVG nicht zulässig und könnte so zugunsten des Betriebsratsmitgliedes korrigiert werden.[357]

In Bezug auf die Bemessung des Arbeitsentgeltes, insbesondere auf § 37 Abs. 4 BetrVG, wäre eine solche Beurteilung mit der zusätzlichen Heranziehung des § 78 S. 2 BetrVG in der Praxis jedoch mit erheblichen Unsicherheiten verbunden. Schließlich könnte die Berücksichtigung eines besonderen beruflichen Werdegangs eines Mandatsträgers ebenso gut eine Begünstigung darstellen. Der Arbeitgeber würde sich hinsichtlich der Zulässigkeit des daraus resultierenden Entgeltes in einer Grauzone befinden und sich erheblichen Risiken aussetzen. Schon deshalb ist ein derartiger Sachverhalt allein an § 37 Abs. 4 BetrVG zu messen. Liegen die Voraussetzungen der Vorschrift nicht vor, ist eine entsprechende Entgelterhöhung in Konsequenz eben nicht zulässig. Auch deshalb ist der Auffassung nicht zu folgen, die § 37 Abs. 4 BetrVG zur Bemessung des Arbeitsentgeltes von Betriebsratsmitgliedern als nicht abschließend[358] erachtet. Es ist zwar zutreffend, dass sich die Bestimmung der Vergütung für Betriebsratsmitglieder aus einem Zusammenspiel mehrerer Vorschriften ergibt, § 78 S. 2 BetrVG gehört aber nicht dazu.[359] Erst recht kann sich daraus kein „unmittelbarer Anspruch des Betriebsratsmitgliedes auf eine bestimmte Vergütung ergeben"[360]. Das folgt nicht nur schon aus den soeben genannten Gründen, sondern bereits die Ausgestaltung als Verbotsnorm lässt keinen Schluss auf einen Anspruch auf Erfüllung zu.[361] Die Verbote in § 78 S. 2 BetrVG können nicht zur Umgehung der abschließenden Regelungen und damit zur Begründung eines höheren Entgeltes herangezogen werden, sondern allenfalls im Rahmen einer Auslegung Berücksichtigung finden.

Nach hier vertretener Auffassung gibt es auch durchaus andere Möglichkeiten, solche Fälle im Rahmen des § 37 Abs. 4 BetrVG selbst zu berücksichtigen.[362] Darauf basierende Zahlungen sind dann ausschließlich an dem Unentgeltlichkeitsgrundsatz zu messen, so dass bereits durch die speziellen Vergütungsvorschriften eine Benachteiligung und Begünstigung verhindert werden können.

2. Zusammenfassende Stellungnahme und Fazit

Die Annahme eines Verhältnisses der Spezialität zwischen den Vorschriften des § 37 BetrVG und des § 78 S. 2 BetrVG mit der Folge „lex specialis derogat legi generali" ist richtig. Anderenfalls bestünde das Risiko, dass § 37 BetrVG nicht ausreichend zur Anwendung kommt und die Regelung damit überflüssig wür-

---

357 *Sturm*, S. 111.
358 BAG NZA 1993, 909, 910; GK-BetrVG/*Weber*, § 37 Rn. 128.
359 HWGNRH/*Glock*, § 37 Rn. 106, der eine Anwendung des § 78 S. 2 BetrVG jedenfalls neben § 37 Abs. 4 und 5 BetrVG ablehnt.
360 BAG NZA 1993, 909, 910; vgl. zu einem Anspruch auf bessere Bezahlung wegen betriebsratsbedingt nicht erfolgter Beförderung *Jacobs/Frieling*, ZfA 2015, 241, 251; a. A. *Purschwitz*, S. 47; mit Bedenken auch GK-BetrVG/*Kreutz*, § 78 Rn. 98.
361 So auch *Purschwitz*, S. 44 ff.; GK-BetrVG/*Kreutz*, § 78 Rn. 98.
362 Vgl. dazu die Ausführungen auf S. 248 ff., 238 ff.

de. Die Annahme eines verdrängenden Verhältnisses ist nicht nur für eine klare Rechtslage erforderlich, sondern darüber hinaus in diesem Zusammenhang nicht unüblich. Es wird durchaus auch in anderen Fällen, zum Beispiel bei der gegenüber § 78 S. 2 BetrVG spezielleren Kündigungsschutzvorschrift des § 15 KSchG, gleichermaßen angenommen.[363] Weshalb für die Vergütung etwas anderes gelten soll, ist nicht nachvollziehbar. Daran ändert die dargestellte, in dem Zusammenhang teilweise geäußerte Kritik nichts.

Die verdrängende Eigenschaft eines Spezialitätsverhältnisses zweier Vorschriften ist daher konsequent umzusetzen. Das bedeutet, dass eine Benachteiligung nicht nach § 78 S. 2 BetrVG angenommen werden kann, wenn die speziellen Vergütungsvorschriften nicht beachtet werden, insbesondere wenn das Entgeltausfallprinzip des § 37 Abs. 2 BetrVG nicht eingehalten wird.[364] Diese Ansicht führt auch nicht zu Schwierigkeiten bei Konstellationen, welche die lex specialis möglicherweise nicht mit abdeckt. Handelt es sich um einen Fall aus dem Bereich der Vergütung und verstößt dieser nicht gegen § 37 BetrVG, ist folglich von einer zulässigen Zahlung auszugehen. Damit ist auch nicht zu befürchten, dass die allgemeine Vorschrift obsolet wird, wie die anschließenden Ausführungen zeigen werden. Sie deckt sämtliche vorstellbaren Fälle außerhalb des Bereiches von Vergütungen bzw. anderer spezialgesetzlicher Regelungen ab, die nicht gesetzlich festgeschrieben werden konnten. Nur insoweit kann von dem allgemeinen Verbot von einer Art „Auffangvorschrift" gesprochen werden: Die Regelung erfasst alle Konstellationen, die Mandatsträger grundsätzlich benachteiligen oder begünstigen können, die für den Gesetzgeber aber weder überschaubar noch absehbar waren, so dass er sie eigens hätte regeln können. Nimmt man ein Spezialitätsverhältnis zwischen beiden Vorschriften an – wie es teilweise auch vertreten wird –[365], lässt dies im Ergebnis keine andere Konsequenz als die der Verdrängung der Generalnorm zu.

Eine Ausnahme hiervon ließe sich allenfalls hinsichtlich der beruflichen Entwicklung der Betriebsratsmitglieder feststellen. Denn § 78 S. 2 Hs. 2 BetrVG bezieht das Benachteiligungs- und Begünstigungsverbot nach seinem Wortlaut auch auf die berufliche Entwicklung der Mandatsträger und erklärt damit das Verbot des § 78 S. 2 BetrVG neben anderen Vorschriften, insbesondere den Regelungen des § 37 BetrVG ausdrücklich für anwendbar. Allerdings ist damit lediglich die tatsächliche Entwicklung der Mandatsträger gemeint, d. h. ihr wirkliches berufliches Fortkommen und nicht bereits auch die in § 37 Abs. 4 BetrVG geregelte Entgeltentwicklung aufgrund des Aufstieges vergleichbarer Arbeitnehmer. Entgeltfälle werden auch dadurch von § 78 S. 2 BetrVG nicht erfasst. Hätte der Gesetzgeber dies gleichermaßen für die Vergütung der Betriebsratsmitglieder gewollt, hätte er einen entsprechenden Hinweis auf das Entgelt mit Einführung des Betriebsverfassungsgesetzes 1972 oder der Reform im

---

363 GK-BetrVG/*Kreutz*, § 78 Rn. 68; HWGNRH/*Worzalla*, § 78 Rn. 2.
364 A.A. GK-BetrVG/*Kreutz*, § 78 Rn. 66.
365 BAG BAGE 22, 31, 34; HWGNRH/*Worzalla*, § 78 Rn. 15; GK-BetrVG/*Weber*, § 37 Rn. 10; *Misera*, Anmerkung zu BAG Urt. v. 29.7.1980 – 6 AZR 231/78, SAE 1982, 69, 74.

Jahr 2001 ohne weiteres in die Vorschrift mit aufnehmen können. Er hat sich aber lediglich für eine Verdeutlichung hinsichtlich der beruflichen Entwicklung entschieden.[366] Das kann allenfalls indirekt Bedeutung für die Vergütung der Mandatsträger erlangen.

Dass Betriebsratsmitglieder allerdings auch hinsichtlich der Vergütung nicht benachteiligt oder begünstigt werden dürfen, wird mit den speziellen Normen bereits ausreichend gesichert, ohne dass ein Rückgriff auf das allgemeine Verbot notwendig ist. Zum einen gewährleisten das die Regelungen des § 37 BetrVG selbst, zum anderen besteht ein entsprechender Schutz über die Strafvorschrift des § 119 Abs. 1 Nr. 3 BetrVG. Die darin mit Strafe bewehrte Benachteiligung oder Begünstigung von Betriebsratsmitgliedern ist zwar dem § 78 S. 2 BetrVG ähnlich, es handelt sich aber nicht um identische Tatbestände.[367] Stellt sich eine konkrete Vergütung als Benachteiligung oder Begünstigung dar, bestehen somit keine Schutzlücken, da sie von dem Straftatbestand ebenso erfasst wird. Der Schutz der Betriebsratsmitglieder im Hinblick auf ihre Vergütung ist mit den eigenen Rechtsfolgen und Strafvorschriften ausreichend gesichert.

Vergütungsfragen bei Betriebsratsmitgliedern sind im Ergebnis daher ausschließlich an den speziellen Regelungen des § 37 BetrVG zu messen.

IV. Verbleibender Anwendungsbereich des § 78 S. 2 BetrVG

Mit der Annahme eines die allgemeine Norm verdrängenden Spezialitätsverhältnisses stellt sich die Frage, wann die Vorschrift des § 78 S. 2 BetrVG Anwendung findet und ob sie bei vergütungsrechtlichen Fragen noch Bedeutung erlangen kann.

1. Allgemeine Anwendungsfälle des § 78 S. 2 BetrVG

Das Benachteiligungs- und Begünstigungsverbot in § 78 S. 2 BetrVG ist immer dann einschlägig, wenn eine speziellere Vorschrift nicht greift. Das bedeutet in der hier betrachteten Konstellation, dass es sich für eine Anwendung des § 78 S. 2 BetrVG um keinen besonders geregelten Fall der Vergütung eines Betriebsratsmitgliedes handeln darf. Ausdrücklich angeordnet ist die Geltung der allgemeinen Verbote nach § 78 S. 2 Hs. 2 BetrVG aber auf die berufliche Entwicklung der Betriebsratsmitglieder, so dass eine gleichzeitige Anwendung jedenfalls neben § 37 Abs. 5 BetrVG aufgrund ausdrücklicher gesetzlicher Anordnung ausnahmsweise möglich ist.

Abgesehen davon verbleiben der Vorschrift weitere, eigenständige und von der Vergütung unabhängige Anwendungsbereiche. Das betrifft sämtliche Maßnahmen und Handlungen, die ein Betriebsratsmitglied benachteiligen oder begünstigen können. Auf die Art der Maßnahme kommt es dabei nicht an, solange es sich nicht um einen anderweitig gesetzlich geregelten Fall handelt, wie z. B. den

---

366 BT-Drucks. VI/1786, S. 47.
367 Vgl. auch *Esser*, S. 164 ff.

Kündigungsschutz nach § 15 KSchG. Die Möglichkeiten sind hier vielfältig und reichen von Zuweisung anderer unangenehmerer oder beliebterer Arbeiten über Versetzungen in größere bzw. kleinere Büros, eine ungerechtfertigte Versagung von Urlaub zum gewünschten Termin, die Erwähnung der Betriebsratstätigkeit im Arbeitszeugnis entgegen dem ausdrücklichen Willen des Mandatsträgers, und vieles mehr.[368] Die Verleihung eines Titels oder einer besonderen Ehrenposition fällt ebenfalls darunter. Auch ein Versprechen und bloßes Inaussichtstellen von Vor- oder Nachteilen kann sich bei einem Betriebsratsmitglied als Benachteiligung oder Begünstigung darstellen und nach der Vorschrift verboten sein.

Ein weiterer Anwendungsbereich des § 78 S. 2 BetrVG in Abgrenzung zu Vergütungsfällen betrifft Zahlungen, die Mitgliedern des Betriebsrates unabhängig von ihrem Entgelt und den dazugehörigen Zulagen oder Zuschlägen, z. B. einmalig und ohne besonderen Grund, gewährt werden. Sind solche Zuwendungen nicht als Entgelt zu qualifizieren, können sie nicht an den Vergütungsvorschriften des § 37 BetrVG, sondern müssen an dem allgemeinen Verbot gemessen werden. Anderenfalls könnte das Unentgeltlichkeitsprinzip ohne weiteres umgangen werden. Der Anwendungsbereich wird hier aber gering sein, da finanzielle Zuwendungen in der Regel als (verstecktes) Entgelt einzustufen sein werden. Nach § 78 S. 2 BetrVG zu bewerten wären beispielsweise Trinkgelder, für die der Arbeitgeber arbeitsvertraglich nicht einsteht. Aber auch bei Zahlungen eindeutig ohne Entgeltcharakter ist stets eine genaue Einordnung und Abgrenzung vorzunehmen. Schließlich können neben den speziellen Vergütungsvorschriften auch andere Sonderregelungen, wie beispielsweise für Aufwendungsersatz oder sonstige Kosten des Betriebsrates (vgl. § 40 BetrVG) einschlägig sein und die Regelung des § 78 S. 2 BetrVG in ihrer Anwendbarkeit möglicherweise verdrängen. Schwierigkeiten bei der Abgrenzung können sich in Grenzfällen, wie z. B. bei versteckten Entgeltzahlungen, ergeben, die als solche nicht gleich erkennbar sind. Jedenfalls besteht auch für solche Zahlungen keine Schutzlücke, sie können im Zweifel ausreichend über § 78 S. 2 BetrVG geregelt werden.

Darüber hinaus ist aber auch die Gewährung sonstiger ausgleichender Rechtspositionen, wie z. B. Zusatzurlaub, an § 78 S. 2 BetrVG zu messen.[369]

Im Bereich der Vergütung kann die Vorschrift zwar nicht für Betriebsratsmitglieder, aber unter Umständen für die Mandatsträger der anderen, in § 78 S. 1 BetrVG genannten Gremien relevant werden. Das ist immer der Fall, wenn für Mitglieder dieser Institutionen keine eigenen entsprechenden Vergütungsvorschriften vorhanden sind. Dann müsste das Benachteiligungs- und Begünstigungsverbot sicherstellen, dass sie auch keine finanziellen Vor- oder Nachteile erfahren. Zwar wird der Anwendungsbereich relativ gering sein, weil bei den meisten in § 78 S. 1 BetrVG genannten Gremien ohnehin eigene Regelungen oder ein Verweis auf die speziellen Vergütungsvorschriften für Betriebsratsmitglieder existieren.

---

368 Vgl. die Beispiele für Benachteiligungen und Begünstigungen bei HWGNRH/*Worzalla*, § 78 Rn. 17, 24.
369 Siehe auch S. 187 f.

Aber beispielsweise bei Angehörigen einer Einigungsstelle, die nach § 76 Abs. 3 BetrVG eine Vergütung erhalten, fehlt eine gesetzliche Regelung zu den Einzelheiten des Entgeltes. Die Vergütung ist durch Rechtsverordnung (vgl. § 76 Abs. 4 BetrVG) im Einzelnen festzulegen. Hier ist dann jedoch § 78 S. 2 BetrVG zu beachten.[370] Auch bei Angehörigen des Wirtschaftsausschusses, die nicht zugleich in dem Betriebsrat sind, fehlen ausdrücklich Regelungen zur Vergütung oder ein entsprechender Verweis. Für sie werden jedenfalls die § 37 Abs. 1 bis 3 BetrVG teilweise analog angewendet,[371] was sich aus dem allgemeinen Benachteiligungs- und Begünstigungsverbot ergeben soll.[372] Ob eine analoge Anwendung überhaupt notwendig ist, kann dahingestellt bleiben. Jedenfalls sind die Angehörigen der in § 78 S. 1 BetrVG aufgezählten Gremien, für die keine eigenen Entgeltregelungen bestehen, über § 78 S. 2 BetrVG auch in finanzieller Hinsicht entsprechend geschützt und dürfen im Hinblick auf ihr Entgelt weder benachteiligt noch begünstigt werden.

2. Anwendung im Bereich der Vergütung von Betriebsratsmitgliedern

Auch wenn das Verbot der Benachteiligung und Begünstigung nach § 78 S. 2 BetrVG nicht auf die nach § 37 BetrVG speziell geregelten Fälle anzuwenden ist, kann die Regelung dennoch in bestimmten Fällen – wenn auch nur mittelbar – Einfluss auf die Vergütung von Betriebsratsmitgliedern haben. Einer der Hauptanwendungsbereiche wird hier die Konstellation sein, bei der Entgeltzahlungen an Betriebsratsmitglieder zwar noch nicht tatsächlich geleistet wurden, sie aber zum Beispiel durch vertragliche Abreden in Aussicht gestellt werden.[373] Das betrifft das Betriebsratsentgelt im weiteren Sinne, § 37 BetrVG greift aber (noch) nicht. Ebenso kann sich eine tatsächliche Versetzung auf einen anderen Arbeitsplatz auf die Vergütung auswirken und nach § 78 S. 2 BetrVG zu beurteilen sein.[374]

Darüber hinaus ist es denkbar, dass § 78 S. 2 BetrVG für die Vergütung von Betriebsratsmitgliedern eine Rolle spielt, wenn die Regelungen des § 37 BetrVG noch nicht bzw. nicht mehr greifen. Die speziellen Vergütungsvorschriften sind – im Gegensatz zu § 78 S. 2 BetrVG – in ihrem Schutzzeitraum teilweise ausdrücklich eingeschränkt. Während dieser spezialgesetzlich geregelten Geltungszeiträume findet § 78 S. 2 BetrVG keine Anwendung. Da für die Geltung des allgemeinen Verbotes aber keine zeitliche Begrenzung angenommen wird,[375] könnten die Mandatsträger vor Übernahme ihres Amtes oder nach Beendigung

---

370 Vgl. LAG München BeckRS 1991, 30463966 zu einem Verstoß gegen § 78 S. 2 BetrVG wegen zu geringer Vergütung eines Beisitzers der Einigungsstelle.

371 Vgl. GK-BetrVG/*Oetker*, § 107 Rn. 38; *Fitting*, § 107 Rn. 24.

372 So DKKW/*Däubler*, § 107 Rn. 30.

373 *Fitting*, § 37 Rn. 11; ErfK/*Koch*, § 37 BetrVG Rn. 1; BDDH/*Wolmerath*, § 37 BetrVG Rn. 7; siehe auch S. 96 f.

374 Vgl. die Ausführungen auf S. 309 ff.

375 Vgl. GK-BetrVG/*Kreutz*, § 78 Rn. 62.

der Amtszeit über dieses noch einen weitergehenden Schutz auch in finanzieller Hinsicht erfahren.

Zu einer möglichen Vorwirkung enthält § 37 BetrVG keine spezielle Regelung, so dass § 78 S. 2 BetrVG für zur Betriebsratswahl stehende Arbeitnehmer grundsätzlich eingreifen könnte. Dennoch ist ein solcher vorwirkender Schutz vor der Wahl aber abzulehnen.[376] Das ergibt sich schon aus dem eindeutigen Wortlaut des § 78 S. 1 und S. 2 BetrVG „Mitglieder des Betriebsrats" und „wegen ihrer Tätigkeit". Beides trifft auf zur Wahl stehende Arbeitnehmer noch nicht zu. Außerdem besteht bereits mit der Strafvorschrift der unzulässigen Wahlbeeinflussung nach § 119 Abs. 1 Nr. 1 BetrVG ein ausreichender Schutz vor Amtsübernahme. In dem Zeitraum zwischen der Wahl und der tatsächlichen Amtsübernahme muss das Verbot allerdings greifen, um Schutzlücken zu vermeiden. Gewählte Arbeitnehmer gelten außerdem bereits als Betriebsratsmitglieder.[377]

Demgegenüber wird fast einheitlich vertreten, dass ein zeitlich unbegrenzter nachwirkender Schutz durch § 78 S. 2 BetrVG besteht.[378] Die wirtschaftliche Sicherung der Betriebsratsmitglieder nach § 37 Abs. 4 BetrVG erstreckt sich ausdrücklich auf ein Jahr nach Ende der Amtszeit, für über drei volle Amtszeiten hinweg freigestellte Betriebsräte erhöht § 38 Abs. 3 BetrVG diesen Zeitraum auf zwei Jahre. Über diese vorgegebenen Geltungszeiträume hinaus darf ein früheres Betriebsratsmitglied aber trotzdem nicht finanziell benachteiligt oder begünstigt werden.[379] Es wäre durchaus denkbar, dass ein Arbeitgeber auch Jahre später Zuwendungen an ehemalige Betriebsratsmitglieder macht oder diesen finanzielle Vorteile vorenthält.

Dagegen wird nicht einheitlich beurteilt, ob für Ersatzmitglieder ein Schutz über § 78 S. 2 BetrVG – auch hinsichtlich der Vergütung – besteht. Ohne Zweifel gelten sämtliche Schutzvorschriften bei Eintritt des Ersatzfalles wie für alle anderen Betriebsratsmitglieder, auch wenn nur eine vorübergehende Vertretung erfolgt.[380] Davor ist eine Geltung ebenfalls abzulehnen.[381] Im Vergleich zu bloßen Wahlbewerbern, bei denen die Anwendung des § 78 S. 2 BetrVG noch abgelehnt wird, sind Ersatzmitglieder zwar schon gewählt, es besteht aber keine hinreichende Wahrscheinlichkeit, dass sie jemals – auch nur zeitweise – das Amt übernehmen werden. Außerdem besteht für sie ein ausreichender Schutz über § 75 BetrVG sowie individualvertraglich nach den §§ 242, 612a BGB, § 106

---

376 So auch GK-BetrVG/*Kreutz*, § 78 Rn. 63; HWGNRH/*Worzalla*, § 78 Rn. 16; a. A. APS/*Künzl*, § 78 BetrVG Rn. 38; *Fitting*, § 78 Rn. 16; DKKW/*Buschmann*, § 78 Rn. 10.

377 GK-BetrVG/*Kreutz*, § 78 Rn. 12.

378 GK-BetrVG/*Kreutz*, § 78 Rn. 62; HWGNRH/*Worzalla*, § 78 Rn. 16; *Fitting*, § 78 Rn. 16; APS/*Künzl*, § 78 BetrVG Rn. 13, 38; DKKW/*Buschmann*, § 78 Rn. 10.

379 Vgl. APS/*Künzl*, § 78 Rn. 38.

380 BDDH/*Waskow*, § 78 BetrVG Rn. 7; GK-BetrVG/*Kreutz*, § 78 Rn. 13; vgl. auch BAG NZA 2013, 515, 521.

381 So auch HWGNRH/*Worzalla*, § 78 Rn. 16; a. A. APS/*Künzl*, § 78 BetrVG Rn. 38; GK-BetrVG/*Kreutz*, § 78 Rn. 13, 63 (aber analoge Anwendung des § 78 S. 2 BetrVG für Ersatzmitglieder, die noch nicht tätig wurden).

GewO und dem AGG.[382] Eine Nachwirkung des Verbotes nach § 78 S. 2 BetrVG für Ersatzmitglieder ist jedoch anzunehmen, wenn sie zumindest einige Zeit als Betriebsrat tätig waren.[383]

3. § 78 S. 2 BetrVG als Auslegungskriterium

Trotz unterschiedlichen Auffassungen zu dem Verhältnis von § 37 und § 78 S. 2 BetrVG sowie den daraus zu ziehenden Konsequenzen wird in der Literatur häufig vertreten, dass das Benachteiligungs- und Begünstigungsverbot zur Auslegung der speziellen Vergütungsvorschriften herangezogen werden kann bzw. muss.[384] Auch das BAG hat sich in einer frühen Entscheidung dahingehend geäußert, dass die allgemeinen Verbote bei Unklarheiten der speziellen Vorschrift angewendet werden müssten.[385] Eine Ansicht vertritt überdies, dass die Heranziehung dieser Verbote zur Auslegung und Ergänzung sämtlicher Normen des Betriebsverfassungsgesetzes nicht nur optional erfolgen könne, sondern bezeichnet es (tautologisch) sogar als eine „obligatorische Verpflichtung".[386] Für eine solche Annahme spricht, dass § 78 S. 2 BetrVG als eine Art „Leitprinzip" des Betriebsverfassungsgesetzes angesehen wird[387] und es schon wegen seiner großen Bedeutung und den darin enthaltenen wichtigen Grundsätzen eigentlich stets Beachtung finden müsste.

Zwar ist es in der Methodenlehre nicht zwingend vorgesehen, dass bei der Annahme eines Verhältnisses der Spezialität automatisch die allgemeinere Vorschrift als Auslegungshilfe heranzuziehen ist. Immerhin enthält die spezielle Vorschrift des § 37 BetrVG in den Absätzen 1 bis 4 eine eigenständige, abschließende Regelung. Sie steht dem aber auch nicht entgegen. Trotzdem und gerade weil hier wegen des Funktionswandels teilweise eine Auslegung im Einzelfall vorzunehmen ist, können bzw. müssen bei dieser wegen der Einheit der Rechtsordnung und der bedeutenden Grundsätze die Gedanken des § 78 S. 2 BetrVG Berücksichtigung finden. Nur so kann man zu einem angemessenen, den Grundprinzipien des Betriebsverfassungsgesetzes entsprechendem Ergebnis gelangen. Diese Annahme führt aber trotzdem zu keiner gleichzeitigen Anwendung der beiden Vorschriften, auch weiterhin sind die eigenständigen Regelungen des § 37 BetrVG zu respektieren. Die in § 78 S. 2 BetrVG enthaltenen Gedanken sind lediglich bei Zweifeln oder einer Auslegung heranzuziehen.

Die Ausführungen zeigen, dass das allgemeine Benachteiligungs- und Begünstigungsverbot nach § 78 S. 2 BetrVG durchaus auch Relevanz bei der Vergütung von Betriebsratsmitgliedern entfalten kann. Nicht nur im weiteren Sinne bei Ab-

---

382 HWGNRH/*Worzalla*, § 78 Rn. 16.

383 BDDH/*Waskow*, § 78 BetrVG Rn. 7; GK-BetrVG/*Kreutz*, § 78 Rn. 13.

384 *Fitting*, § 37 Rn. 1; DKKW/*Wedde*, § 37 Rn. 1; GK-BetrVG/*Weber*, § 37 Rn. 10; Richardi/*Thüsing*, § 78 Rn. 22 (Auslegung und Ergänzung).

385 BAG BeckRS 1959, 103354; vgl. auch BAG BAGE 22, 31, 34, beide zu § 53 BetrVG 1952, der dem heutigen § 78 S. 2 BetrVG entspricht.

386 *Purschwitz*, S. 107 mit Verweis auf BAG BeckRS 1959, 103354.

387 Vgl. *Purschwitz*, S. 42; DKKW/*Däubler*, Einl. Rn. 74, 77.

schluss entsprechender Vereinbarungen sowie in den Zeiträumen vor und nach der Amtsübernahme kann die Regelung Anwendung finden, sondern auch bei der Auslegung können die Grundgedanken der Vorschrift herangezogen werden. Daher ist der Grundsatz im Folgenden genauer zu betrachten.

B. Personeller und persönlicher Schutzbereich des § 78 S. 2 BetrVG

I. Adressaten des Verbotes

Die Regelung des § 78 S. 2 BetrVG ist als gesetzliches Verbot ausgestaltet, das sich in erster Linie an den Arbeitgeber sowie die für ihn handelnden Personen richtet. Es gilt nach allgemeiner Ansicht jedoch grundsätzlich für jedermann.[388] In § 78 BetrVG werden die Normadressaten nicht ausdrücklich genannt, dadurch aber auch nicht auf einen bestimmten Personenkreis beschränkt.

Zutreffend erscheint die Annahme eines weiten Adressatenkreises bereits wegen des Schutzzwecks der Norm und der anderenfalls bestehenden einfachen Möglichkeit der Umgehung der Regelung. Zwar werden sowohl benachteiligende als auch begünstigende Handlungen praktisch am häufigsten von Arbeitgebern ausgehen. Er kann die Tätigkeit der Betriebsratsmitglieder am einfachsten und mit den meisten Möglichkeiten zu seinem eigenen Vorteil beeinflussen und daraus den wohl größten Nutzen ziehen.[389] Es ist aber durchaus denkbar, dass auch andere Personen oder Personengruppen in irgendeiner Weise eigennützig auf Betriebsratsmitglieder Einfluss nehmen. Daher richtet sich auch das Unentgeltlichkeitsprinzip in § 37 Abs. 1 BetrVG nicht nur an den Arbeitgeber, sondern ebenso an Dritte.[390]

Das Verbot findet Anwendung auf alle im Betrieb tätigen Personen, d. h. sämtliche Arbeitnehmer, leitende Angestellte sowie andere Betriebsangehörige, die nicht zugleich Arbeitnehmer sind (vgl. § 5 Abs. 2 BetrVG).[391] Dasselbe gilt für Angehörige desselben Gremiums untereinander[392] sowie zwischen Mitgliedern verschiedener – beispielsweise in einem Konzern – bestehender Gremien,[393] sie sind gleichermaßen daran gebunden. Das betrifft beispielsweise die Beziehung zwischen dem Konzern- oder Gesamtbetriebsrat zu den Betriebsräten, unter einzelnen Betriebsratsmitgliedern oder zwischen einem Sprecherausschuss der leitenden Angestellten und dem Betriebsrat. Verbotsadressaten sind außerdem Arbeitgeber anderer Betriebe, ebenso Vertreter von Unternehmen, die zu dem-

---

388 BAG BeckRS 1959, 103354; Richardi/*Thüsing*, § 78 Rn. 20; GK-BetrVG/*Kreutz*, § 78 Rn. 23, 54; HWGNRH/*Worzalla*, § 78 Rn. 3, 14; *Fitting*, § 78 Rn. 14; DKKW/*Buschmann*, § 78 Rn. 11, 25; WPK/*Preis*, § 78 Rn. 10; ErfK/*Kania*, § 78 BetrVG Rn. 6; DFL/*Rieble*, § 78 BetrVG Rn. 2.

389 DKKW/*Buschmann*, § 78 Rn. 25.

390 Siehe dazu S. 38 f.

391 GK-BetrVG/*Kreutz*, § 78 Rn. 23; *Gamillscheg*, § 46 S. 709.

392 DFL/*Rieble*, § 78 BetrVG Rn. 2; DKKW/*Buschmann*, § 78 Rn. 11; GK-BetrVG/*Kreutz*, § 78 Rn. 19; a. A. HWGNRH/*Worzalla*, § 78 Rn. 3, der eine gremieninterne Geltung des Verbotes ablehnt.

393 GK-BetrVG/*Kreutz*, § 78 Rn. 23; HWGNRH/*Worzalla*, § 78 Rn. 3.

selben Konzern gehören, sowie diejenigen Stellen, die den Zugang von Betriebsratsbeauftragten zu dulden haben.[394] Für außerbetriebliche Personen und Einrichtungen gilt das Verbot ebenfalls uneingeschränkt. Damit sind nicht nur Gewerkschaften und ihre Funktionäre gemeint, unabhängig davon, ob sie in einem Betrieb repräsentiert sind, sondern auch Arbeitgeberverbände und darüber hinaus jeder beliebige außenstehende Dritte.[395] Sämtliche Einflüsse von außen sollen damit von einem Betrieb ferngehalten werden. Trotz dieses weiten Adressatenkreises betrifft das Verbot in der Praxis überwiegend Maßnahmen des Arbeitgebers.[396]

II. Geschützter Personenkreis

Bei dem Verbot der Benachteiligung und Begünstigung handelt es sich um eine Schutzvorschrift, die unter anderem den Mitgliedern des Betriebsrates eine freie und unabhängige Amtsausübung garantieren soll. Zu betrachten sind hier ausschließlich die Mitglieder des Betriebsrates bzw. des Gesamt- und Konzernbetriebsrates. Obwohl letztere zugleich Angehörige des Betriebsrates sind und das Verbot bereits deshalb für sie gelten würde, wird mit ihrer Nennung in § 78 S. 1 BetrVG ausdrücklich klargestellt, dass sich der Schutzkreis ebenso auf die Amtstätigkeit für das jeweilige Gremium erstreckt.[397]

Nicht immer einheitlich beurteilt wird, ob das Verbot des § 78 S. 2 BetrVG nur einen individuellen Charakter besitzt oder sich dessen Schutz darüber hinaus auch auf den Betriebsrat als Gremium erstreckt. Relevant werden kann diese Frage bei der Beurteilung eines möglichen Verstoßes gegen das Benachteiligungs- oder Begünstigungsverbotes immer dann, wenn bestimmte Maßnahmen nur für oder gegen den Betriebsrat als Institution wirken. Vor allem für den Arbeitgeber dürfte im Hinblick auf mögliche Konsequenzen interessant sein, ob er auch mit Maßnahmen, die den Betriebsrat als Ganzes betreffen, gegen das Verbot verstoßen kann.

Teilweise wird der Schutz des § 78 S. 2 BetrVG auch gremienbezogen und nicht nur auf einzelne Funktionsträger begrenzt angesehen.[398] Dagegen soll nach anderer Auffassung das Verbot gerade keinen Organschutz bieten, sondern lediglich die einzelnen Mandatsträger schützen.[399] Dem ist zuzustimmen. Der Schutzumfang des Benachteiligungs- und Begünstigungsverbotes nach § 78 S. 2

---

394 DKKW/*Buschmann*, § 78 Rn. 11.

395 GK-BetrVG/*Kreutz*, § 78 Rn. 23; DKKW/*Buschmann*, § 78 Rn. 11; *Gamillscheg*, § 46 S. 709; vgl. auch DFL/*Rieble*, § 78 BetrVG Rn. 2; BAG BeckRS 1959, 103354 zu Dritten als Adressaten des § 53 Abs. 2 BetrVG 1952, der dem heutigen § 78 S. 2 BetrVG entspricht.

396 WPK/*Preis*, § 78 Rn. 10; DKKW/*Buschmann*, § 78 Rn. 25.

397 Richardi/*Thüsing*, § 78 Rn. 5.

398 BAG NZA 2014, 1209, 1211 f.; DFL/*Rieble*, § 78 BetrVG, Rn. 1; Schaub/*Koch*, § 230 Rn. 22; *Purschwitz*, S. 50.

399 APS/*Künzl*, § 78 Rn. 14; Richardi/*Thüsing*, § 78 Rn. 20, nach dem sich das Benachteiligungs- und Begünstigungsverbot nur auf die persönliche Rechtsstellung der Funktionsträger bezieht; GK-BetrVG/*Kreutz*, § 78 Rn. 22, der aber wohl eine Begünstigung des Betriebsrates als Gremi-

BetrVG ist nur bezogen auf die Mitglieder des Betriebsrates zu verstehen. Eine entsprechende Handlung, die nur für oder gegen das Gremium wirkt, wird daher nicht von dem Verbot erfasst. Das hat keine Schutzlücke zur Folge, weil die Beeinträchtigung eines Organs in Form einer Benachteiligung oder Begünstigung – im Gegensatz zu einer Störung oder Behinderung nach § 78 S. 1 BetrVG – ohnehin nur über die das Gremium verkörpernden Personen erfolgen kann.[400] Dieser Unterschied zeigt sich deutlich darin, wie die nach § 78 S. 1 oder nach S. 2 BetrVG verbotenen Maßnahmen und Handlungen wirken. Störungs- oder Behinderungsmaßnahmen treffen zwar meist die hinter dem Organ stehenden Einzelpersonen, können aber ebenfalls die Arbeit der betriebsverfassungsrechtlichen Institution erschweren oder sogar verhindern.[401] Benachteiligende oder begünstigende Maßnahmen können sich dagegen grundsätzlich nur gegen die hinter dem Gremium stehenden Einzelpersonen und nicht gegen den Betriebsrat als Ganzes richten. Etwas anderes könnte allenfalls bei der Sachmittelausstattung des Betriebsrates angenommen werden. Hier wäre eine Benachteiligung oder Begünstigung des gesamten Gremiums zumindest denkbar, ist letztendlich aber ebenfalls abzulehnen.[402] Allein deren Feststellung, d. h. der Eintritt eines Vor- oder Nachteils bei dem Gremium, wäre nur schwer möglich. Eine Begünstigung könnte nur dann angenommen werden, wenn von der Maßnahme einzelne Mandatsträger direkt betroffen sind und sie sich bei ihnen als Vorteil auswirken. Darüber hinaus sind kaum entsprechende Szenarien vorstellbar. Gegen eine Annahme von „Organschutz" spricht bereits der mit der Neufassung des Gesetzes im Jahr 1972 neu eingefügte Halbsatz 2 in § 78 S. 2 BetrVG, nach dem sich das Verbot ausdrücklich auch auf „ihre berufliche Entwicklung" erstreckt. Dieser Hinweis würde sich nicht auf den Betriebsrat als Ganzes übertragen lassen. Eine Institution kann logischerweise keine berufliche Laufbahn durchlaufen und damit keine berufliche Entwicklung nehmen.

In Rechtsprechung und Literatur wird nicht immer genau zwischen dem Schutzbereich und dem Schutzzweck der Vorschrift differenziert.[403] Auch wenn sich der Schutzumfang des Verbotes in § 78 S. 2 BetrVG nicht auf den Betriebsrat als Gremium erstreckt, ist der Vorschrift jedenfalls ein gremienbezogener Schutzzweck nicht abzusprechen. Zwischen dem geschützten Kreis der Vorschrift und dem Zweck des Schutzes ist klar zu trennen. So kann das Verbot nach § 78 S. 2 BetrVG durch seine einzelnen Mitglieder indirekt gremienschützende Wirkung

---

um im Hinblick auf eine großzügige Sach- und Personalausstattung für möglich erachtet (mit Hinweis auf *Bayreuther*, NZA 2013, 758).

400 APS/*Künzl*, § 78 Rn. 14; so zu dem Verbot nach § 78 S. 1 BetrVG auch GK-BetrVG/*Kreutz*, § 78 Rn. 21.

401 GK-BetrVG/*Kreutz*, § 78 Rn. 21, 30; Richardi/*Thüsing*, § 78 Rn. 9.

402 A.A. *Bayreuther*, NZA 2013, 758, 759, 764, der allerdings eine Begünstigung annimmt, wenn sich die Leistung nicht mehr als geeignet darstellt, die Betriebsratsarbeit zu fördern oder eine versteckte Zuwendung an einzelne Mandatsträger anzunehmen ist; dem zustimmend auch GK-BetrVG/*Kreutz*, § 78 Rn. 22.

403 Vgl. BAG NZA 2014, 1209, 1211 f.; *Purschwitz*, S. 50, die beide ausschließlich auf Fundstellen zu § 78 S. 1 BetrVG verweisen.

entfalten. Denn selbst wenn bestimmte Maßnahmen lediglich die hinter einem Gremium stehenden Personen treffen, hat eine Benachteiligung oder Begünstigung eines Betriebsratsmitgliedes automatisch auch immer Auswirkungen auf die Institution.

C. Verbotsinhalt und Voraussetzungen

Die Regelung in § 78 S. 2 BetrVG stellt ein Maßregelungsverbot und zugleich ein Verbot der Gewährung von Vorteilen dar, das in erster Linie dem Schutz der freien Amtsausübung der Betriebsratsmitglieder dienen soll.[404] Das bedeutet aber nicht, dass jede Ungleichbehandlung von Betriebsratsmitgliedern automatisch entweder als Benachteiligung oder Begünstigung i. S. d. § 78 S. 2 BetrVG einzustufen wäre. Vielmehr muss in jedem Einzelfall geprüft werden, ob die Voraussetzungen der Vorschrift erfüllt sind.

I. Benachteiligung und Begünstigung im Sinne der Vorschrift

Das Betriebsverfassungsgesetz selbst enthält keine allgemeingültige Definition der beiden Begriffe. Nur selten findet man im Schrifttum weitergehende Ausführungen, die sich damit näher beschäftigen. Meist werden ausschließlich oder unterstützend Einzelfall-Beispiele aus der Rechtsprechung zur Darstellung und Abgrenzung der Begrifflichkeiten verwendet. Die wenigen Begriffserklärungen bzw. -definitionen, die in der Literatur verwendet werden, verfolgen unterschiedliche Ansätze.

1. Benachteiligung

a) Meinungsstand

Eine Benachteiligung i. S. d. § 78 S. 2 BetrVG kann per se zunächst als eine Schlechterstellung des Mandatsträgers definiert werden, die nicht aus sachlichen Gründen erfolgt – eine Begriffsbestimmung, die den wenig vorhandenen Definitionen zumindest im Kern gemeinsam ist.[405] Welchen Anknüpfungspunkt man für die genaue Bestimmung der Schlechterstellung heranzieht, ist nicht im Rahmen der Definition des Begriffes zu klären, sondern ist eine Frage des Vergleichsmaßstabes; in diesem Punkt unterscheiden sich die verschiedenen Begriffserläuterungen meistens. Vereinfacht dargestellt, unabhängig von dem Erfordernis weiterer Tatbestandsmerkmale, muss sich für eine Benachteiligung zunächst die Situation des Betriebsratsmitgliedes also verschlechtert haben, was an einem – noch festzulegenden – Vergleichsmaßstab zu beurteilen ist.

---

404 GK-BetrVG/*Kreutz*, § 78 Rn. 2, 57; APS/*Künzl*, § 78 BetrVG Rn. 35, 37.
405 Vgl. BAG NZA 2014, 1209, 1211; NZA 2013, 515, 521; NJW 2010, 2077, 2078; WPK/*Preis*, § 78 Rn. 13; APS/*Künzl*, § 78 Rn. 36; *Fitting*, § 78 Rn. 17; ErfK/*Kania*, § 78 BetrVG Rn. 7; MünchArbR/*Joost*, § 220 Rn. 130; *Kutsch*, S. 79.

Im Gegensatz zu der üblichen Definition als einfache Schlechterstellung sieht nur eine Ansicht im Schrifttum eine Benachteiligung bereits in jeder für das Betriebsratsmitglied nachteiligen Veränderung des status quo.[406] Diese Auffassung gelangt zumindest hinsichtlich aktiver benachteiligender Handlungen zu dem gleichen Ergebnis. Ein deutlicher Unterschied ergibt sich aber beispielsweise bei der Beurteilung von Maßnahmen durch ein Unterlassen. Für die Fälle der Nichtgewährung bestimmter Leistungen muss diese Auffassung auf die – eher umständliche – Konstruktion einer rechtlich verfestigten Anwartschaft auf den Eintritt eines Vorteils zurückgreifen, um auch ein Unterlassen unter die Vorschrift subsumieren zu können.[407] Diese Annahme hätte dann zur Folge, dass im Einzelfall immer sorgfältig zu prüfen wäre, ob ein vorenthaltener Vorteil dem jeweiligen Mandatsträger ebenfalls zustünde, weil er in dem gegenwärtigen Arbeitsverhältnis bereits angelegt war und die Nichtgewährung damit als Verschlechterung des status quo zu bewerten wäre.[408] In dem Fall, dass andere Arbeitnehmer in einem Betrieb Zuwendungen erhalten und nur ein Betriebsratsmitglied nicht, würde es nach dieser Ansicht ausschließlich darauf ankommen, ob diese Zuwendung in dem ursprünglichen Arbeitsverhältnis bereits angelegt war.

Eine weitere Auffassung zieht hier eine Parallele zum Allgemeinen Gleichbehandlungsgesetz und berücksichtigt bei der Bestimmung des Begriffes der Benachteiligung zusätzlich die Definitionen des AGG, insbesondere die des § 3 AGG zur unmittelbaren und mittelbaren Benachteiligung.[409] Die Heranziehung der darin enthaltenen Regeln sei nach dieser Ansicht aufgrund der gleichen Zweckrichtung des Betriebsverfassungsgesetzes und des Allgemeinen Gleichbehandlungsgesetzes hilfreich.[410] Beide Gesetze würden darauf abzielen, einen geschützten Personenkreis wegen eines bestimmten Merkmals nicht anders als vergleichbare Personen zu behandeln, dabei aber keine vollumfängliche Gleichbehandlung beabsichtigen.[411]

b) Stellungnahme

Für die Feststellung einer Benachteiligung ist der Auffassung, die hier eine nachteilige Veränderung des status quo verlangt, nicht zu folgen. Das wäre mit erheblichen Schwierigkeiten in der Praxis verbunden, nicht nur bei der Bestimmung, sondern auch bei der Beweisbarkeit. Im Falle der (Nicht-)Gewährung bestimmter Leistungen wäre stets zu prüfen, ob eine solche Zuwendung in dem Arbeitsverhältnis der einzelnen Betriebsratsmitglieder angelegt war. Gerade bei Mandatsträgern, die über einen sehr langen Zeitraum freigestellt sind, wäre es

---

406 *Oetker*, RdA 1990, 343, 351.
407 *Oetker*, RdA 1990, 343, 351; vgl. wegen dieser „Verrenkungen" ablehnend *Lipp*, S. 161.
408 *Oetker*, RdA 1990, 343, 351.
409 *Lipp*, S. 162 f.
410 *Lipp*, S. 162 f.
411 *Lipp*, S. 162 f.

beinahe unmöglich festzustellen, ob eine solche Anwartschaft schon bei Übernahme des Amtes bestanden hat oder ob er diese vielleicht in dem Zeitraum seiner Freistellung noch erworben hätte. Das würde wiederum Folgefragen aufwerfen. Zu klären wäre dann beispielsweise, ob ein relativ starkes Recht wie das Anwartschaftsrecht, das in der zivilrechtlichen Praxis als „wesensgleiches Minus" sogar als Vorstufe zum Vollrechtserwerb anerkannt wird, nur durch hypothetische Betrachtungen der beruflichen Entwicklung eines Mandatsträgers entstehen kann oder ob hier zusätzlich noch konkretere Anknüpfungspunkte erforderlich wären.

Trotz einer fehlenden, ausdrücklichen Definition in dem Betriebsverfassungsgesetz ist für die Bestimmung des Begriffes der Benachteiligung auch ein Rückgriff auf das Allgemeine Gleichbehandlungsgesetz weder erforderlich noch geboten. Eine Analogie scheidet schon wegen der nicht vergleichbaren Interessenlage aus.[412] Abgesehen davon, dass der Begriff ohne Heranziehung dieses Gesetzes einfach zu bestimmen ist, lässt der unterschiedliche Schutzzweck beider Gesetze einen Rückgriff auf die Vorschriften, insbesondere die Definitionen des § 3 AGG, nicht zu. Das Betriebsverfassungsgesetz sichert mit § 78 S. 2 BetrVG nicht nur die Unabhängigkeit der Mandatsträger, sondern zugleich auch die sachliche wie personelle Kontinuität des Betriebsrates als Gremium; es unterscheidet sich damit maßgeblich von der Schutzrichtung des Allgemeinen Gleichbehandlungsgesetzes mit allein personenbezogenen Benachteiligungsverboten.[413] Zwar ist eine vergleichende Heranziehung hinsichtlich der Begriffe der unmittelbaren und mittelbaren Benachteiligung nicht gänzlich undenkbar,[414] sie ist letztendlich aber nicht erforderlich.

Im Ergebnis gelangt man mit der Definition des Begriffes der Benachteiligung als Schlechterstellung zu sachgerechten Ergebnissen, auch wenn sie auf den ersten Blick eher weit gefasst erscheint. Sie wird jedoch durch weitere Voraussetzungen eingegrenzt, so dass eine Einstufung bereits jeder Maßnahme, die ein Betriebsratsmitglied in irgendeiner Weise schlechter stellt, als Benachteiligung i. S. d. § 78 S. 2 BetrVG nicht zu befürchten ist. In erster Linie soll ein größtmöglicher Schutz für die Betriebsratsmitglieder erreicht werden. Das darf auf der anderen Seite aber nicht dazu führen, dass der Arbeitgeber sich mit einer Maßnahme entweder im Bereich verbotener Benachteiligungen oder Begünstigungen befindet, wenn er nicht den (einzig) richtigen Mittelweg findet.[415]

---

412 Vgl. zur Analogie *Heinrich*, Beweislast, S. 209.
413 Vgl. BAG NZA 2014, 1209, 1212.
414 GK-BetrVG/*Kreutz*, § 78 Rn. 56, der hinsichtlich mittelbar wirkender Vor- oder Nachteile nur „insoweit" auf die Begriffsbestimmungen und Kommentarliteratur der § 3 Abs. 1 und 2 AGG verweist.
415 Vgl. aber *Esser*, S. 8 f.

2. Begünstigung

Auch der Begriff der Begünstigung i. S. d. § 78 S. 2 BetrVG ist im Betriebsverfassungsgesetz nicht ausdrücklich geregelt und findet in der Literatur noch weniger Beachtung als das Kriterium der Benachteiligung. Oft wird hier nur eine Erklärung durch Abgrenzung anhand anerkannter – zum Teil höchstrichterlich entschiedener – Einzelfälle vorgenommen. Das mag unter anderem auch daran liegen, dass zu der Zeit der Einführung des Betriebsverfassungsgesetzes sowie über einen langen Zeitraum danach überwiegend nur Benachteiligungen von Betriebsräten die Realität darstellten. Begünstigungen von Betriebsratsmitgliedern sind dagegen erst in den letzten Jahren zunehmend in den Fokus gerückt. Häufig wird der Begriff als Besserstellung wegen des Amtes bzw. der Amtstätigkeit verstanden.[416] Nach weiteren Definitionen liege eine Begünstigung vor, wenn einem Mandatsträger „Sondervorteile"[417] oder Zuwendungen gewährt werden, die nicht in dem Arbeitsverhältnis angelegt sind und ihm nicht schon deshalb zustehen[418]. Eine Begünstigung kann demnach nicht nur bei konkreten Handlungen und Leistungen angenommen werden, die in direktem Zusammenhang mit dem jeweiligen Arbeitsverhältnis stehen, sondern auch bei darüber hinausgehenden Zuwendungen.[419] Denkbar sind Vergünstigungen aller Art seitens des Arbeitgebers oder sonstigen Dritten, sofern es sich nicht um einen vorrangig spezialgesetzlich geregelten Fall handelt. Darüber hinaus muss eine mögliche Besserstellung ebenfalls in einem zweiten Schritt an einem festgelegten Vergleichsmaßstab gemessen werden.

Das betriebsverfassungsrechtliche Begünstigungsverbot ist nicht erst dann verletzt, wenn ein Mitglied des Betriebsrates aufgrund des gewährten Vorteils zu einer bestimmten aktiven oder passiven Handlung veranlasst wurde oder ein solches Verhalten nachträglich honoriert wird.[420] Eine nach § 78 S. 2 BetrVG verbotene Begünstigung stellen beispielsweise die Gewährung eines Darlehens mit besonders günstigen Konditionen oder Präsente für Familienangehörige dar.[421] Auch durch den Erlass von Verpflichtungen[422] oder den Ersatz für nicht getätigte oder nicht notwendige Aufwendungen[423] kann ein Mandatsträger besser gestellt werden und der Verbotstatbestand zunächst erfüllt sein.

3. Vergleichsmaßstab

Steht eine mögliche Besser- oder Schlechterstellung eines Betriebsratsmitgliedes im Raum, muss das per se noch keinen Verstoß gegen das Verbot in § 78 S. 2 BetrVG bedeuten. Es zeigt zunächst lediglich eine Veränderung der Position des

---

416 HWGNRH/*Worzalla*, § 78 Rn. 23; WPK/*Preis*, § 78 Rn. 17.
417 Vgl. DKKW/*Buschmann*, § 78 Rn. 33.
418 Richardi/*Thüsing*, § 78 Rn. 28; BeckOK-ArbR/*Werner*, § 78 BetrVG Rn. 11.
419 APS/*Künzl*, § 78 BetrVG Rn. 51; *Fitting*, § 78 Rn. 22; Düwell/*Lorenz*, § 78 Rn. 20.
420 GK-BetrVG/*Kreutz*, § 78 Rn. 83; BDDH/*Waskow*, § 78 BetrVG Rn. 18.
421 *Fitting*, § 78 Rn. 22; APS/*Künzl*, § 78 BetrVG Rn. 55, 52.
422 Richardi/*Thüsing*, § 78 Rn. 34; Beck-OK/*Werner*, § 78 Rn. 11.
423 Richardi/*Thüsing*, § 78 Rn. 33.

Mandatsträgers. Die verschiedenen Begriffsdefinitionen in Literatur und Rechtsprechung stellen überwiegend zur weiteren Bestimmung einer Benachteiligung oder Begünstigung einen Vergleich an. Uneinheitlich wird jedoch die Frage beantwortet, woran die verbesserte bzw. verschlechterte Position eines Betriebsratsmitgliedes zu messen und zu beurteilen ist, d. h. welcher Vergleichsmaßstab dem zugrunde zu legen ist.

a) Notwendigkeit eines Vergleichs

Nur eine Ansicht im Schrifttum erachtet einen solchen Vergleich für die Beurteilung einer Benachteiligung als nicht erforderlich.[424] Dass ein solcher Vergleich überhaupt keine Relevanz besitzt, dem kann jedoch nicht zugestimmt werden. Diese Ansicht würde für die Definition einer Benachteiligung – und entsprechend auch für eine Begünstigung – die oben bereits abgelehnte Konstruktion der Verschlechterung des status quo des Mandatsträgers erforderlich machen, weil anderenfalls deren Feststellung nur schwer möglich wäre. Das würde im Ergebnis jedoch wiederum selbst eine Art Vergleich nach sich ziehen: Für die Bestimmung einer Verschlechterung oder Verbesserung des status quo eines Betriebsratsmitgliedes müsste dieser selbst auch der neuen, veränderten Situation gegenüber gestellt werden, um überhaupt feststellen zu können, ob sich der bisherige Zustand tatsächlich verändert hat. Das BAG ist außerdem sogar der Auffassung, dass die Vorschrift des § 78 S. 2 BetrVG überflüssig würde, wenn man hier keinen Vergleich der Betriebsratstätigkeit mit der Nichtbetriebsratstätigkeit anstellen würde.[425] Darüber hinaus verlangen schon die Begriffe Benachteiligung und Begünstigung wie auch Vor- und Nachteil sowie die Komparation in den beiden Definitionen Besser- und Schlechterstellung geradezu einen solchen Vergleich für ihre endgültige Feststellung.

b) Wahl des Vergleichsmaßstabes

Hinsichtlich der Frage, welcher Vergleichsmaßstab zu der Bestimmung einer Benachteiligung oder Begünstigung heranzuziehen ist, gibt es verschiedene Auffassungen. Auf den ersten Blick scheinen sie sich inhaltlich nur geringfügig zu unterscheiden. Auf die damit verbundenen Konsequenzen wird in Literatur und Rechtsprechung kaum näher eingegangen. Jedoch sind bei genauer Betrachtung einige bedeutende Unterschiede festzustellen.

aa) *Überblick über die verwendeten Vergleichskriterien*

In Literatur und Rechtsprechung werden unterschiedliche Vergleichsmaßstäbe zur Beurteilung einer Benachteiligung oder Begünstigung eines Betriebsrates herangezogen. Häufig wird vertreten, dass eine Benachteiligung oder Begünstigung dann gegeben ist, wenn das Betriebsratsmitglied im Vergleich zu den

---

424 *Oetker*, RdA 1990, 343, 351.
425 BAG AP BetrVG 1972 § 40 Nr. 10.

anderen Arbeitnehmern im Betrieb[426] oder etwas allgemeiner im Vergleich zu Nicht-Betriebsratsmitgliedern[427] schlechter oder bessergestellt wird.

Im Gegensatz dazu wird teilweise auch eine entsprechend eingeschränkte Vergleichsgruppe herangezogen und eine Gegenüberstellung mit vergleichbaren Arbeitnehmergruppen verlangt.[428] Dabei wird in der Literatur in diesem Zusammenhang auch auf den Maßstab entsprechend der speziellen Vorschrift des § 37 Abs. 4 bzw. 5 BetrVG, d. h. auf vergleichbare Arbeitnehmer mit betriebsüblicher beruflicher Entwicklung, zurückgegriffen.[429]

Häufig ist in diesem Zusammenhang auch die Rede von einem Vergleich der Betriebsratstätigkeit mit der Nichtbetriebsratstätigkeit[430] oder auch zu anderen Mitgliedern desselben Betriebsrates[431].

bb) Stellungnahme

(1) Vergleich mit anderen Arbeitnehmern im Betrieb

Stellt man mit der häufig vertretenen Ansicht für die Bestimmung einer möglichen Benachteiligung oder Begünstigung eines Betriebsratsmitgliedes im Rahmen des § 78 S. 2 BetrVG auf andere Arbeitnehmer bzw. Nicht-Funktionsträger in dem Betrieb ab, würde der Anwendungsbereich der Vorschrift weit gefasst. Jede mit dem Amt in Zusammenhang stehende Andersbehandlung könnte damit per se schon eine Besser- oder Schlechterstellung gegenüber anderen Arbeitnehmern bedeuten. Das lässt diese Meinung außer Acht. Weil das Kriterium keine Einschränkung enthält, müsste für einen solchen Vergleich konsequenterweise der Großteil der Arbeitnehmer in einem Betrieb unabhängig von der jeweiligen Tätigkeit, Position und Stellung mit einbezogen werden. Das wäre weder praxistauglich noch sachgerecht. Vor allem in größeren Betrieben mit einer hohen Beschäftigtenzahl würde jede Maßnahme von vornherein dem Verdacht einer Begünstigung oder Benachteiligung unterliegen, weil es immer andere Arbeitnehmer geben wird, die unterschiedlich behandelt werden. Der Arbeitgeber müsste stets große Teile der Belegschaft im Blick behalten, anderenfalls würde er sich mit einer derart weit gefassten Vergleichsgruppe ständig dem Risiko

---

426 BAG NZA 2016, 1212, 1214; NZA 2014, 1209, 1211; AP BetrVG 1972 § 37 Nr. 146 (jeweils nur zu einer Benachteiligung); WPK/*Preis*, § 78 Rn. 10; BDDH/*Waskow*, § 78 BetrVG Rn. 16 f.; APS/*Künzl*, § 78 BetrVG Rn. 36; *Löwisch/Kaiser*, § 78 Rn. 13; *Fitting*, § 78 Rn. 14, 17.

427 So zu einer Benachteiligung: Richardi/*Thüsing*, § 78 Rn. 21; Düwell/*Lorenz*, § 78 Rn. 12; *Lipp*, S. 164; vgl. auch BAG AP BetrVG 1972 § 40 Nr. 10 sowie *Sturm*, S. 111, die dem aber einen Vergleich mit Nichtbetriebsratstätigkeit gleichsetzen. A.A. GK-BetrVG/*Kreutz*, § 78 Rn. 57, nach dem ein Vergleich mit Nicht-Funktionsträgern nicht stets vorzunehmen oder notwendig ist.

428 MünchArbR/*Joost*, § 220 Rn. 129; WPK/*Preis*, § 78 Rn. 13, 17; ErfK/*Kania*, § 78 BetrVG Rn. 7.

429 So *Esser*, S. 16; vgl. auch HWK/*Sittard*, § 78 Rn. 10, 12.

430 GK-BetrVG/*Kreutz*, § 78 Rn. 57 (der im Übrigen aber auf eine Besser- oder Schlechterbehandlung ohne das Amt abstellt); vgl. auch BAG AP BetrVG 1972 § 40 Nr. 10 sowie *Sturm*, S. 111, die dem einen Vergleich mit Nicht-Betriebsratsmitgliedern gleichsetzen.

431 DKKW/*Buschmann*, § 78 Rn. 23.

eines Verstoßes gegen das Verbot ausgesetzt sehen. Das ist in der Praxis kaum durchführbar und auch nicht zumutbar.

Darüber hinaus wäre der Vergleich im Hinblick auf Maßnahmen, die von dem Arbeitgeber ausschließlich gegenüber Betriebsratsmitgliedern vorgenommen werden können, problematisch. Beispielsweise bei Kürzung des Entgeltes eines Betriebsratsmitgliedes wegen nicht erforderlicher Betriebsratstätigkeit wäre ein direkter Vergleich nicht möglich.[432] Der Maßstab würde in solchen Fällen überflüssig werden. Denkbar wäre zwar, diese Konstellationen möglicherweise dann über den Weg der Rechtfertigung wegen Bestehens eines sachlichen, in dem Amt liegenden Grundes zu lösen. Damit würde aber nicht nur eine Benachteiligung oder Begünstigung trotzdem zunächst bejaht werden, sondern das Betriebsratsamt bzw. die -tätigkeit zu einem sachlichen Rechtfertigungsgrund erhoben. Das kann aber – unabhängig davon, dass es der überwiegenden Auffassung widersprechen würde, die eine solche Berücksichtigung ablehnt – zu Problemen und Widersprüchen in Zusammenhang mit dem Kausalitätserfordernis führen. Ein uneingeschränkter Vergleich mit Nicht-Funktionsträgern ist daher abzulehnen.

(2) Vergleichbare Arbeitnehmergruppen mit betriebsüblicher Entwicklung

Der Auffassung, als Vergleichsmaßstab vergleichbare Arbeitnehmer mit dem Kriterium der betriebsüblichen Entwicklung entsprechend dem § 37 Abs. 4 bzw. Abs. 5 BetrVG heranzuziehen, kann ebenfalls nicht gefolgt werden. Eine solche Interpretation ist von dem Wortlaut der Vorschrift schon nicht gedeckt. Es besteht keine Schutzlücke, die es mit § 37 Abs. 4 BetrVG zu schließen gilt. Daran ändert auch das Argument nichts, es handele sich bei § 78 S. 2 BetrVG um die „Mutter der Regelungen in § 37 BetrVG" und bereits deshalb sei die Anwendung desselben Maßstabes wie in § 37 Abs. 4 und 5 BetrVG sinnvoll.[433] Die Einschätzung, dass es zu Wertungswidersprüchen komme, wenn bei der Behandlung von Betriebsratsmitgliedern, insbesondere bei § 37 BetrVG und § 78 S. 2 BetrVG nicht die gleichen Vergleichsmaßstäbe angewandt würden,[434] kann ebenfalls nicht überzeugen. Schließlich geht es in § 37 BetrVG ausschließlich um konkrete Vergütungs- und Tätigkeitsfragen, die überwiegend abschließend geregelt sind. Dass bei dem weitaus allgemeineren Benachteiligungs- und Begünstigungsverbot in § 78 S. 2 BetrVG ein anderer Maßstab angesetzt wird, ist nicht nur möglich, sondern auch naheliegend, schließlich betrifft es einen unterschiedlichen, weitergehenden Bereich.

Davon abgesehen ist die Ausgangssituation bei § 37 Abs. 4 und auch 5 BetrVG eine andere. Hier an vergleichbare Arbeitnehmer wegen einer möglichen Erhöhung des Gehalts anzuknüpfen, ist im Grundsatz schon deshalb sinnvoll, weil das Betriebsratsamt auch weiterhin auf dem ursprünglichen Arbeitsverhältnis beruht und etwaige Nachteile in der beruflichen Entwicklung damit ausgegli-

---

432 Vgl. auch *Purschwitz*, S. 77 f.
433 *Lipp*, S. 164.
434 *Esser*, S. 16.

chen werden können. Das Verbot nach § 78 S. 2 BetrVG erstreckt sich – im Unterschied zu den Regelungen des § 37 Abs. 4 BetrVG sowie auch des § 78 S. 1 BetrVG – nicht nur auf innerhalb, sondern gleichermaßen auf außerhalb des Arbeitsverhältnisses liegende Maßnahmen; eine Benachteiligung oder Begünstigung muss nicht zwingend wie eine Störung oder Behinderung nach § 78 S. 1 BetrVG im Rahmen der betriebsverfassungsrechtlichen Tätigkeit erfolgen.[435] Für § 78 S. 2 BetrVG kann durchaus und muss auch ein anderer Maßstab herangezogen werden.

(3) Vergleich der Situation mit und ohne Amtsstellung

Es ist daher grundsätzlich vorzugswürdig, hier einen Maßstab zu wählen, der nicht ausschließlich an das frühere Arbeitsverhältnis und entsprechende vergleichbare Arbeitnehmer knüpft, sondern an das Betriebsratsamt bzw. die -tätigkeit selbst. Ein Vergleich nur mit Mitgliedern desselben Betriebsrates wäre allerdings zu eng gefasst und nicht sachgerecht. Schließlich können die einzelnen Betriebsratsmitglieder verschiedensten Berufsgruppen angehören und daher zwangsläufig unterschiedlich – und das teilweise nicht nur geringfügig – behandelt werden. Benachteiligungen oder Begünstigungen wären damit deutlich schwerer zu bestimmen.

Ein Vergleich der Position des Mandatsträgers mit und ohne das Amt stellt daher einen passenden Mittelweg dar. Demnach ist zu prüfen, ob der jeweilige Mandatsträger durch eine Handlung oder Maßnahme besser oder schlechter gestellt ist, als er ohne das Amt behandelt worden wäre.[436] Zwar kommt das dem weiteren Tatbestandsmerkmal der Kausalität bereits sehr nahe, das verliert damit aber keinesfalls an Bedeutung.[437] Es ist denkbar, dass eine Andersbehandlung im Vergleich zu der Situation vor der Amtsübernahme erfolgt ist, diese aber nicht wegen des Amtes vorgenommen wurde. Der Vergleich mit und ohne das Amt zeigt also zunächst eine besser- oder schlechterstellende Veränderung der Situation bei dem Betriebsratsmitglied. Ob es sich dann tatsächlich um eine Benachteiligung oder Begünstigung im Sinne der Vorschrift handelt, ist in einem weiteren Schritt mit dem Kausalitätserfordernis festzustellen. Das wird an dem Fall deutlich, wenn in dem Betrieb beispielsweise eine nachteilige Maßnahme angeordnet wird, die für ein Betriebsratsmitglied vor dem Amt noch keine Geltung hatte, sie aber allen Arbeitnehmern im Betrieb auferlegt wurde. Hier ist zwar eine Verschlechterung gegenüber der Situation vor der Amtsübernahme gegeben, der Kausalzusammenhang fehlt jedoch, weil sie nicht wegen des Amtes erfolgte. Ähnlich verhält es sich bei der Gewährung einer Vergünstigung, die eindeutig auf andere Umstände als das Betriebsratsamt zurückzuführen ist.[438] Diese Konstellationen sind aber ebenfalls mit der weiteren Tatbestandsvoraus-

---

435 DKKW/*Buschmann*, § 78 Rn. 23.
436 GK-BetrVG/*Kreutz*, § 78 Rn. 57; HWGNRH/*Worzalla*, § 78 Rn. 15; *Purschwitz*, S. 78.
437 So aber *Esser*, S. 16; *Lipp*, S. 164, die daher einen Vergleich mit/ohne das Betriebsratsamt ablehnen.
438 Vgl. mit Bedenken *Esser*, S. 16.

setzung des Kausalzusammenhangs, d. h. ob die Zuwendung gerade wegen der Betriebsratstätigkeit erfolgte, ausreichend zu lösen. Die Nähe zu dem kausalen Merkmal, spricht eher für diese Auffassung, weil sie dem Wortlaut des § 78 S. 2 BetrVG am besten gerecht wird. Das Verbot wegen der Amtstätigkeit lässt nicht auf einen Vergleich mit anderen Arbeitnehmern schließen, sondern legt den Vergleich der Situation mit und ohne das Amt nahe.

Darüber hinaus schränkt dieses Verständnis den Anwendungsbereich des § 78 S. 2 BetrVG auch nicht ein. Die Vorschrift ist nicht nur als Ausdruck des Allgemeinen Gleichbehandlungsgrundsatzes zu verstehen, sondern als ein eigenständiges Verbot mit eigenen Rechtswirkungen.[439] Eine völlige Gleichbehandlung von Arbeitnehmern und Betriebsratsmitgliedern ist abzulehnen.[440] Allein mit der Ausgestaltung der Schutznorm des § 78 S. 2 BetrVG als Verbot ist nicht anzunehmen, dass es zugleich ein allgemeines Gleichbehandlungsgebot enthält. Auch wenn die Betriebsratsmitglieder weder eine schlechtere noch eine bevorzugte Behandlung erfahren dürfen, bedeutet dies im Umkehrschluss nicht automatisch, dass sie genauso behandelt werden müssen, wie alle anderen Arbeitnehmer in dem Betrieb, sondern grundsätzlich so, wie sie ohne ihre Amtsstellung und ohne ihre Amtsausübung zu behandeln wären.[441]

cc) Fazit

Zur Feststellung einer Benachteiligung oder Begünstigung i. S. d. § 78 S. 2 BetrVG ist im Ergebnis ein Vergleich der Situation eines Betriebsratsmitgliedes vor und nach der Amtsübernahme anzustellen. Die Heranziehung einer begrenzten Gruppe vergleichbarer Arbeitnehmer im Betrieb, die kein Betriebsratsamt ausüben, ist abzulehnen. Es wäre allenfalls denkbar, dass eine besondere Behandlung dieser Arbeitnehmer als Indiz für eine Besser- oder Schlechterstellung der Betriebsratsmitglieder dient.[442]

4. Erscheinungsformen

a) Arten und Wirkungsweisen von Benachteiligungen und Begünstigungen

Ein verbotener Nachteil oder Vorteil kann auf verschiedene Weise hervorgerufen werden bzw. sich unterschiedlich bei einem Betriebsratsmitglied auswirken. Eine Benachteiligung oder Begünstigung i. S. d. § 78 S. 2 BetrVG muss nicht zwingend in Form eines aktiven Tuns vorgenommen werden, sie kann gleichermaßen durch ein Unterlassen – vornehmlich des Arbeitgebers – erfolgen.[443] Die Situation eines Betriebsratsmitgliedes kann ebenso dadurch verschlechtert werden, dass eine bestimmte Maßnahme bei ihm nicht durchgeführt wird. Ge-

---

439 GK-BetrVG/*Kreutz*, § 78 Rn. 54.
440 So aber wohl *Fitting*, § 78 Rn. 14; *Lipp*, S. 160, die das Verbot bereits als Gleichbehandlungsgebot bezeichnet.
441 Vgl. aber (etwas missverständlich) MünchArbR/*Joost*, § 220 Rn. 129.
442 *Purschwitz*, S. 78; ähnlich HWGNRH/*Worzalla*, § 78 Rn. 15.
443 BAG NJOZ 2016, 509, 515; NZA 2014, 1209, 1211; GK-BetrVG/*Kreutz*, § 78 Rn. 65.

währt der Arbeitgeber einzelnen Mandatsträgern bestimmte Vorteile nicht, die sie eigentlich erhalten müssten bzw. die er auch anderen (vergleichbaren) Arbeitnehmern gestattet hat, stellt das einen Nachteil dar.[444] Eher selten dürften entsprechende Fälle einer Begünstigung durch Nichttätigwerden vorkommen. Es wäre aber möglich, wenn der Arbeitgeber nachteilige Maßnahmen für die anderen Arbeitnehmer vorsieht – beispielsweise die Anordnung von Kurzarbeit – und diese nur auf Betriebsratsmitglieder nicht anwendet. Denkbar wäre auch die Konstellation, dass der Arbeitgeber bestehende Verbindlichkeiten des Betriebsratsmitgliedes nicht einfordert.[445] Eine Benachteiligung oder Begünstigung kann außerdem durch Gewährung bzw. Entzug entweder materieller, aber auch immaterieller Positionen erfolgen.[446] Bei materiellen Zuwendungen ist allerdings stets zu prüfen, ob der Anwendungsbereich des § 78 S. 2 BetrVG eröffnet ist oder ob es sich möglicherweise um einen vorrangig und speziell geregelten Fall handelt, wie z. B. Entgeltzahlungen nach § 37 BetrVG.[447]

Anders als bei dem Störungs- und Behinderungsverbot des § 78 S. 1 BetrVG ist es nicht erforderlich, dass sich die bevorzugende oder benachteiligende Maßnahme auf die Betriebsratstätigkeit bezieht. Sie kann den Mandatsträger inner- wie außerhalb des jeweiligen Arbeitsverhältnisses treffen.[448] Da viele Bereiche in Bezug auf das bisherige Arbeitsverhältnis meist ohnehin speziell geregelt sind, ist das Verbot gerade für darüberhinausgehende Fälle relevant. Eine gegen § 78 S. 2 BetrVG verstoßende, innerbetriebliche Maßnahme ist beispielsweise dann anzunehmen, wenn der Arbeitgeber ein teilzeitbeschäftigtes Betriebsratsmitglied wegen seiner Amtstätigkeit nicht in ein Vollzeit-Arbeitsverhältnis übernimmt.[449] Außerbetrieblich kann eine Schlechterstellung z. B. darin liegen, dass der Arbeitgeber die Betriebsratstätigkeit in dem Arbeitszeugnis des Mandatsträgers erwähnt.[450] Darüber hinaus kommt es für die Annahme einer Benachteiligung oder Begünstigung nicht darauf an, wie ein Vor- oder Nachteil das jeweilige Betriebsratsmitglied trifft. Dieser kann unmittelbar bei dem Mandatsträger selbst, aber auch mittelbar über sein persönliches Umfeld, insbesondere über nahe Angehörige Wirkung entfalten.[451]

Wie es der Wortlaut der Vorschrift ausdrücklich nennt, darf eine Benachteiligung oder Begünstigung auch nicht im Hinblick auf die berufliche Entwicklung der Mandatsträger erfolgen. Weigert sich der Arbeitgeber, einen befristet oder in Teilzeit beschäftigten Arbeitnehmer, der auch Betriebsratsmitglied ist, gerade

---

444 BAG NJOZ 2016, 509, 515; NZA 2014, 1209, 1211.

445 Vgl. auch Richardi/*Thüsing*, § 78 Rn. 34; *Purschwitz*, S. 75 f. zum Erlass von Pflichten.

446 HWGNRH/*Worzalla*, § 78 Rn. 15, 23; GK-BetrVG/*Kreutz*, § 78 Rn. 56; APS/*Künzl*, § 78 BetrVG Rn. 37.

447 Vgl. dazu S. 71 f.

448 DKKW/*Buschmann*, § 78 Rn. 23; APS/*Künzl*, § 78 BetrVG Rn. 47.

449 LAG Berlin-Brandenburg BeckRS 2016, 71352; LAG Düsseldorf BeckRS 2008, 50046; APS/*Künzl*, § 78 BetrVG Rn. 47.

450 GK-BetrVG/*Kreutz*, § 78 Rn. 73; Richardi/*Thüsing*, § 78 Rn. 27; vgl. auch LAG Frankfurt Main AuR 1984, 287.

451 GK-BetrVG/*Kreutz*, § 78 Rn. 56; *Purschwitz*, S. 76 f.

wegen der Amtsstellung unbefristet oder vollzeitig weiterzubeschäftigen, liegt ein Verstoß gegen das Verbot vor.[452]

b) Vereinbarungen, Versprechen und Androhungen von Vor- oder Nachteilen

Für eine Benachteiligung oder Begünstigung ist es nicht erheblich, ob sie nur einseitig erfolgt, beispielsweise durch den Arbeitgeber, sie kann ebenso in einer gegenseitigen vertraglichen Vereinbarung liegen.[453] Hier ist jedoch genau zu differenzieren: Wie oben bereits ausgeführt, verstoßen bloße Vereinbarungen über die Zahlung eines höheren Entgeltes noch nicht gegen das Unentgeltlichkeitsgebot des § 37 Abs. 1 BetrVG, weil hier tatsächlich noch kein Entgelt geflossen ist. Dagegen können solche Übereinkünfte aber von dem Benachteiligungs- und Begünstigungsverbot des § 78 S. 2 BetrVG erfasst sein. Ein Betriebsratsmitglied kann mit einer entsprechenden Abrede einen bestimmten Vor- oder Nachteil erfahren. Denn das allgemeine Verbot in § 78 S. 2 BetrVG greift schon bei einer einfachen Besser- oder Schlechterstellung und ist damit nicht so eng gefasst wie die spezielleren Vergütungsvorschriften. Eine Vereinbarung, die beispielsweise eine höhere Entgeltzahlung vorsieht, bedeutet für den Mandatsträger eine Besserstellung, weil er dadurch einen verbindlichen Rechtsanspruch auf die vereinbarte Leistung erhält, den er unter Umständen einklagen könnte. Das gilt entsprechend für schlechterstellende Abreden, die einen Anspruch für die Gegenseite begründen. Unter das Verbot fallen daher diejenigen Vereinbarungen, die einen solchen Rechtsanspruch zum Inhalt haben.[454] Aber auch sämtliche anderen Regelungen und Vereinbarungen, mit oder ohne Rechtsnormqualität, wie zum Beispiel Bestimmungen in Tarifverträgen oder Betriebsvereinbarungen, sind an § 78 S. 2 BetrVG zu messen.[455]

Etwas anderes kann dagegen für bloße unverbindliche Erklärungen gelten. Zwar ist es durchaus vorstellbar, dass bereits unverbindliche Äußerungen eines Arbeitgebers, die auf irgendeine Art einen Vor- oder Nachteil in Aussicht stellen, Einfluss auf Betriebsratsmitglieder haben können sowie deren Unabhängigkeit und Unparteilichkeit gefährden könnten. Das betrifft vor allem die Fälle des Versprechens oder Androhens bestimmter Vor- oder Nachteile. Es ist aber dennoch abzulehnen, dass solche Konstellationen ebenfalls von dem Verbot in § 78 S. 2 BetrVG erfasst werden.[456] Auch wenn eine entsprechende Wirkung bei den Mandatsträgern theoretisch möglich erscheint, wäre ein derart weites Verständnis mit der Regelung nicht vereinbar. Schließlich erfährt ein Betriebsratsmitglied durch

---

452 BAG NZA 2013, 515, 521; *Fitting*, § 78 Rn. 19; APS/*Künzl*, § 78 BetrVG Rn. 47; Richardi/ *Thüsing*, § 78 Rn. 24a.

453 Vgl. BAG NZA 2014, 1209, 1211; BAG NZA 2013, 515, 521.

454 Im Ergebnis auch *Fitting*, § 37 Rn. 11; BAG NZA-RR 2005, 556, 557 f. (zu den entsprechenden Vorschriften des BPersVG); vgl. auch ArbG Stuttgart NZA-RR 2013, 140, 142.

455 Vgl. auch ArbG Stuttgart NZA-RR 2013, 140, 142.

456 So auch GK-BetrVG/*Kreutz*, § 78 Rn. 60; *Purschwitz*, S. 76; *Kutsch*, S. 79, die damit aber einen Verstoß gegen das Störungs- und Behinderungsverbot in § 78 S. 1 BetrVG für möglich erachten; a. A. Richardi/*Thüsing*, § 78 Rn. 28.

bloße unverbindliche Äußerungen noch keine Besser- oder Schlechterstellung seiner Position, sondern lässt diese allenfalls für die Zukunft erwarten. Etwas anderes könnte nur gelten, wenn mit dem Inaussichtstellen bestimmter Vor- oder Nachteile der Mandatsträger unter Druck gesetzt würde. Mit dieser Auffassung entstehen auch keine Schutzlücken, weil § 119 Abs. 1 Nr. 1 BetrVG zumindest für die Wahl des Betriebsrates das Androhen von Nachteilen oder Versprechen von Vorteilen unter Strafe stellt. Während der Amtszeit ist das Betriebsratsmitglied ohnehin ausreichend geschützt. Das Betriebsratsmitglied kann das Androhen von Vor- oder Nachteilen selbst unbeachtet lassen, weil deren tatsächlicher Eintritt unzulässig wäre und er sich dann entsprechend dagegen wehren könnte. Einen darüberhinausgehenden Schutz für das bloße In-Aussicht-Stellen günstiger bzw. schlechterstellender Maßnahmen hat der Gesetzgeber offensichtlich nicht beabsichtigt – und ist auch nicht erforderlich.

II. Kausalzusammenhang

Das Benachteiligungs- und Begünstigungsverbot in § 78 S. 2 BetrVG stellt kein absolutes Verbot[457] in dem Sinne dar, dass jede andersartige Behandlung von Betriebsratsmitgliedern von vornherein verboten ist. Nicht alle vor- oder nachteiligen Maßnahmen des Arbeitgebers führen zwingend auch zu einer verbotenen Benachteiligung oder Begünstigung. Die Besser- oder Schlechterstellung muss gerade wegen der Betriebsratstätigkeit erfolgt sein,[458] es ist diesbezüglich ein objektiver Kausalzusammenhang[459] erforderlich. Das ergibt sich bereits eindeutig aus dem Wortlaut des § 78 S. 2 BetrVG „wegen ihrer Tätigkeit". Dadurch wird der Schutzbereich der Vorschrift aber nicht ausschließlich auf Benachteiligungen oder Begünstigungen im Hinblick auf die konkrete, ausgeübte Tätigkeit der Betriebsratsmitglieder beschränkt. Es genügt ein Bezug zur reinen Amtsstellung, d. h. nur zu der Mitgliedschaft in dem Betriebsrat.[460] Kein Kausalzusammenhang besteht allerdings, wenn die Amtstätigkeit des Betriebsratsmitgliedes nicht rechtmäßig war, weil der Schutz sich nur auf die ordnungsgemäße Ausübung des Amtes beziehen soll.[461] Ob ein Kausalzusammenhang besteht, ist in jedem Einzelfall festzustellen.[462]

---

457 Oetker, RdA 1990, 343, 351.
458 BAG NZA 2013, 515, 521; Fitting, § 78 Rn. 19; DKKW/Buschmann, § 78 Rn. 23; Richardi/Thüsing, § 78 Rn. 21a.
459 GK-BetrVG/Kreutz, § 78 Rn. 58; WPK/Preis, § 78 Rn. 12; HWK/Sittard, § 78 Rn. 10; Purschwitz, S. 80; Esser, S. 20; Lipp, S. 164; Oetker, RdA 1990, 343, 351.
460 BAG NZA 1991, 152, 153; Löwisch/Kaiser, § 78 Rn. 13; vgl. auch DKKW/Buschmann, § 78 Rn. 33 (zu einer Begünstigung).
461 Fitting, § 78 Rn. 14; WPK/Preis, § 78 Rn. 10.
462 ErfK/Kania, § 78 BetrVG Rn. 7; Kutsch, S. 78.

1. Bestimmung der Kausalität

Häufig wird für die Bestimmung eines solchen Zusammenhangs wie bei der Äquivalenztheorie die sog. conditio sine qua non-Formel herangezogen.[463] Danach sei Kausalität bereits gegeben, wenn die Besser- oder Schlechterstellung entfiele, würde man die Amtstätigkeit bzw. Amtsstellung hinwegdenken.[464] Diese Auffassung begegnet allerdings Bedenken.

Zum einen kommt sie dem Vergleichsmaßstab „mit und ohne das Amt" nahe, der zur Bestimmung einer Besser- bzw. Schlechterstellung verwendet wird. Zum anderen können hier Schwierigkeiten in den Fällen entstehen, bei denen mehrere bzw. auch andere Gründe als die Amtstätigkeit bzw. -stellung für den Vor- oder Nachteil (mitunter) ausschlaggebend waren.[465] Wie eine Ansicht in der Literatur zutreffend ausführt, können bei bestimmten Maßnahmen, wie beispielsweise der Versetzung eines Mandatsträgers, durchaus auch „arbeitsorganisatorische Erwägungen zumindest mitursächlich sein".[466] Teilweise wird daher auch vertreten, dass eine Begünstigung nicht gegeben sei, wenn mit der jeweiligen Maßnahme besondere Leistungen oder eine konkrete Situation eines Betriebsratsmitgliedes „in betriebsüblicher Weise" berücksichtigt werden.[467] Würde man zur Feststellung eines Kausalzusammenhangs allein auf den Gedanken der Äquivalenztheorie abstellen, wären bei sämtlichen Handlungen, unabhängig davon, aus welchem anderen Grund sie möglicherweise vorgenommen wurden, die Voraussetzungen des § 78 S. 2 BetrVG erfüllt. Damit könnten besondere Gründe allerdings nicht berücksichtigt und der Schutz der Vorschrift auch auf Maßnahmen erstreckt werden, die nicht (ausschließlich) mit der Betriebsratstätigkeit zu tun haben. Das wird dem mit der Regelung zu erreichenden Zweck widersprechen.

Im Bereich des Strafrechts, in dem diese Formel ihre größte Bedeutung und Anwendung findet, stößt sie ebenfalls nicht selten auf Kritik. Sie gilt auch dort nicht nur als endlos beim Erfassen kausaler Handlungen, sondern ihr Erkenntnisgewinn sei schon deshalb relativ gering, weil man bereits vorher wissen müsse, ob eine Handlung überhaupt kausal relevant sein kann.[468] Dem ähnlich wird auch in Zusammenhang mit dem vorliegenden betriebsverfassungsrechtlichen Verbot kritisch betrachtet, dass es für eine Anwendung und Beurteilung der conditio sine qua non-Formel bereits entscheidend sei, ob die Maßnahme tatsächlich nur wegen der Amtstätigkeit vorgenommen wurde.[469]

---

463 *Esser*, S. 20.
464 BAG NZA 1993, 909, 910; GK-BetrVG/*Kreutz*, § 78 Rn. 58; APS/*Künzl*, § 78 BetrVG Rn. 36; *Esser*, S. 20; *Lipp*, S. 164; *Kutsch*, S. 78.
465 Vgl. auch *Purschwitz*, S. 80 f.; *Oetker*, RdA 1990, 343, 352 f.
466 *Oetker*, RdA 1990, 343, 352.
467 LAG Düsseldorf BeckRS 2001, 41633; vgl. auch LAG München BeckRS 2012, 66167, wonach „plausible und einleuchtende Sachgründe für die Gewährung" des Vorteils eine Begünstigung entfallen lassen können.
468 *Fischer*, Vor § 13 Rn. 21 f.
469 Vgl. *Esser*, S. 20 f.

2. Einschränkung des Kausalitätskriteriums

Aufgrund der genannten Kritikpunkte ist dem zuzustimmen, dass das Merkmal der Kausalität bei dem betriebsverfassungsrechtlichen Benachteiligungs- und Begünstigungsverbot des § 78 S. 2 BetrVG nicht rein nach der sog. conditio sine qua non-Formel zu bestimmen ist, sondern es einer Einschränkung bedarf.[470] Zwar sind zur Feststellung der Kausalität grundsätzlich nur objektive Gegebenheiten maßgeblich.[471] Gerade in den Fällen, bei denen mehrere Ursachen für eine begünstigende oder benachteiligende Maßnahme in Betracht kommen, wird eine eindeutige Beurteilung eines objektiven Zusammenhangs schwierig. Bleibt daher die Frage, wie das Problem gelöst werden kann und ob möglicherweise auch hier die Heranziehung von subjektive(re)n Kriterien notwendig ist. Dazu werden unterschiedliche Auffassungen vertreten.

a) Überblick über die verschiedenen Lösungsansätze

aa) Literatur und Rechtsprechung

Im Strafrecht wie auch im Zivilrecht begegnet man dem Problem mit Zurechnungserwägungen.[472] Teilweise wird für das betriebsverfassungsrechtliche Verbot – ähnlich wie im Zivilrecht zur Begrenzung der Ersatzpflicht bei Schadensersatzansprüchen – zusätzlich ein Zurechnungszusammenhang unter Berücksichtigung des Schutzzwecks der Norm gesucht.[473] Eine andere Ansicht verlangt wegen des geringen Erkenntnisgewinns der conditio sine qua non-Formel, den objektiven Grund der Besser- bzw. Schlechterstellung erst genauer darzulegen, um dann die Formel anzuwenden; blieben dann noch Schwierigkeiten, den Zusammenhang zu bestimmen, könnten weitere Indizien wie die Behandlung vergleichbarer Arbeitnehmer herangezogen werden.[474] Nicht wegen der zu weiten Ausdehnung der Vorschrift, sondern bereits aufgrund einer „Diskrepanz zur höchstrichterlichen Rechtsprechung" verlangt eine weitere Ansicht in der Literatur, auch subjektive Umstände bei der Bestimmung der Kausalität mit einzubeziehen.[475] Schon das RAG habe eine Benachteiligung nur angenommen, wenn sie „zielgerichtet wegen der Betriebsratstätigkeit herbeigeführt wurde".[476] Daneben habe sich auch das BAG in zwei Entscheidungen für einen „willensmäßig ursächliche[n] Zusammenhang" ausgesprochen.[477] Kommen mehrere Ursachen für eine Besser- bzw. Schlechterstellung von Mandatsträgern in Betracht, setzt

---

470 So auch *Purschwitz*, S. 81; *Oetker*, RdA 1990, 343, 351 f.; wohl auch *Esser*, S. 20 f.; vgl. Palandt/*Grüneberg*, Vorb. v. § 249 Rn. 25, zu einer Einschränkung im Rahmen des Zurechnungszusammenhangs bei Schadensersatz.

471 HWGNRH/*Worzalla*, § 78 Rn. 15; GK-BetrVG/*Kreutz*, § 78 Rn. 58; APS/*Künzl*, § 78 Rn. 36; ErfK/*Kania*, § 78 BetrVG Rn. 6; *Rieble*, NZA 2008, 276, 277.

472 *Fischer*, Vor § 13 Rn. 22, 24 ff.; zum Zivilrecht Palandt/*Grüneberg*, Vorb. v. § 249 Rn. 26 ff.

473 So *Purschwitz*, S. 81.

474 *Esser*, S. 21.

475 *Oetker*, RdA 1990, 343, 351 f.

476 *Oetker*, RdA 1990, 343, 352 (mit Verweis auf des RAG ARS Bd. 8, S. 383, 385).

477 *Oetker*, RdA 1990, 343, 352 mit Verweis auf BAG BeckRS 9998, 151391.

diese Auffassung für eine Kausalität dann voraus, dass die Betriebsratstätigkeit „tragender Beweggrund" war und entspricht damit der Rechtsprechung zu § 613a Abs. 4 BGB bzw. § 612a BGB.[478] Teilweise werden auch Motive verlangt, die für die besser- oder schlechterstellende Maßnahme ausschlaggebend waren und sich auf die Amtstätigkeit zurückführen lassen.[479]

bb) Lösung ähnlicher arbeitsrechtlicher Konstellationen

Auch bei ähnlichen Konstellationen in anderen Bereichen bzw. Gesetzen stellen sich vergleichbare Kausalitätsfragen hinsichtlich Benachteiligungen, für die unterschiedliche Lösungsansätze gewählt werden. Beispielsweise im Rahmen der Bestimmung einer Benachteiligung i. S. d. § 3 Abs. 1 AGG muss eine schlechterstellende Behandlung auf einem Merkmal des § 1 AGG beruhen und ebenfalls ein kausaler Zusammenhang bestehen.[480] Dabei genügt hier nach ständiger Rechtsprechung für eine Annahme der Kausalität bereits, dass das unzulässige Merkmal die Maßnahme zumindest mit beeinflusst hat.[481] Mittlerweile wird teilweise aber verlangt, dass es das maßgebliche Motiv darstellt.[482]
Bei dem arbeitsrechtlichen Maßregelungsverbot des § 612a BGB lässt man eine bloße Mitursächlichkeit schon von vornherein nicht ausreichen, hier wird vielmehr vorausgesetzt, dass die Ausübung der Rechte des Arbeitnehmers der tragende Beweggrund für die Maßnahme des Arbeitgebers, also das wesentliche Motiv war.[483] Von den beiden genannten Beispielen kommt dem betriebsverfassungsrechtlichen Verbot des § 78 S. 2 BetrVG das Maßregelungsverbot des § 612a BGB am nächsten. Schließlich stellt das Benachteiligungs- und Begünstigungsverbot des § 78 S. 2 BetrVG in der Sache ebenfalls ein Maßregelungsverbot dar.[484] Zwar besteht hier keine Schutzlücke, die eine analoge Anwendung der Vorschrift notwendig machen würde. Die beiden Vorschriften sind sich aber nicht nur in ihrer Interessenlage ähnlich, sondern auch hinsichtlich der Konstellation der Kausalitätsfrage vergleichbar.

b) Einschränkung durch Einbeziehung subjektiver Elemente

Bevor man auch im Rahmen des Verbotes des § 78 S. 2 BetrVG die Heranziehung einschränkender, teils subjektiver Kriterien zur Bestimmung des grundsätzlich objektiven Kausalitätskriteriums möglicherweise befürwortet, dürfen zwei wichtige Aspekte nicht außer Acht bleiben: Zum einen muss der Schutzzweck der Norm, insbesondere die Unparteilichkeit und Unabhängigkeit der Amtsträger zwingend gewahrt werden; dieser kann bei grundsätzlich allen

---

478 *Oetker*, RdA 1990, 343, 352.
479 APS/*Künzl*, § 78 BetrVG Rn. 36; a. A. GK-BetrVG/*Kreutz*, § 78 Rn. 61.
480 BeckOK-ArbR/*Roloff*, § 3 AGG Rn. 12.
481 U. a. BAG NJOZ 2015, 1065, 1067; NJW 2004, 2112, 2115; ErfK/*Schlachter*, § 7 AGG Rn. 5; BeckOK-ArbR/*Roloff*, § 3 AGG Rn. 16.
482 BeckOK-ArbR/*Roloff*, § 3 AGG Rn. 16.
483 U. a. BAG NZA 2014, 264, 267; NZA 2013, 1003, 1007.
484 APS/*Künzl*, § 78 BetrVG Rn. 37.

Maßnahmen gefährdet sein, auch wenn die Amtstätigkeit dabei nur eine untergeordnete Rolle gespielt hat.[485] Auf der anderen Seite darf das Erfordernis der Kausalität – wie es auch der Wortlaut der Vorschrift des § 78 S. 2 BetrVG ausdrücklich verlangt – als eigenständige Voraussetzung nicht überflüssig werden und zu einem ausufernden Anwendungsbereich des Verbotes führen.[486] Die Gefahr bestünde allerdings, wenn der kausale Zusammenhang einer Maßnahme zu der Betriebsratstätigkeit bejaht wird, obwohl auch andere Gründe für die Durchführung der Maßnahme jedenfalls mit ausschlaggebend waren. Es wäre widersinnig, dass sich der Schutzzweck der Norm auch auf solche Handlungen bezieht, wenn die Unabhängigkeit und Unparteilichkeit der Betriebsratsmitglieder kaum berührt wird; das Verbot soll nur dann greifen, wenn Maßnahmen geeignet sind, diesen Schutzzweck auch zu gefährden.[487] Eine Einschränkung des Kausalitätskriteriums ist daher zwingend notwendig. Auch wenn es sich dabei grundsätzlich um ein rein objektives Merkmal handelt, liegt es nahe, subjektive Elemente heranzuziehen, um den Anwendungsbereich der Vorschrift einzugrenzen. Deshalb ist hier – ähnlich wie bei dem Maßregelungsverbot des § 612a BGB – zusätzlich zu verlangen, dass die Amtstätigkeit der tragende Beweggrund bzw. ausschlaggebendes Motiv für die jeweilige Maßnahme war. Ausreichend wäre für die Annahme einer Benachteiligung oder Begünstigung auch, dass die Betriebsratstätigkeit zwar nicht ausschließlich, aber zumindest überwiegend den Grund für die betreffende Handlung darstellt.[488] Die Amtstätigkeit darf nur nicht bloß mitursächlich oder lediglich der äußere Anlass für die Besser- oder Schlechterstellung gewesen sein.[489]

Gegen eine solche Annahme spricht auch nicht die Änderung des Wortlautes in § 78 S. 2 BetrVG, der gegenüber der Vorgänger-Vorschrift des § 53 Abs. 2 BetrVG 1952 nicht mehr eine Benachteiligung oder Begünstigung von Mandatsträgern „um ihrer Tätigkeit willen", sondern lediglich „wegen" der Betriebsratstätigkeit voraussetzt. Zwar würde die Änderung des Wortlautes eher dafür sprechen, dass subjektive Elemente ausgeschlossen sind. Aus der Gesetzesbegründung zu dem Entwurf des neuen Betriebsverfassungsgesetzes im Jahr 1972 lassen sich aber keine Anhaltspunkte finden, die auf eine gewollte Änderung des Anwendungsbereiches schließen lassen.[490] Darüber hinaus könnte der Wortlaut lediglich Bedeutung für die Frage erlangen, ob ein zusätzliches subjektives Tatbestandsmerkmal erforderlich ist, jedoch nicht, ob subjektivere Erwägungen bei der Kausalität mit einbezogen werden können. Denn hier sind reine Kausalitätserwägungen von etwaigen zusätzlichen und eigenständigen subjektiven Tatbestandsvoraussetzungen der Vorschrift zu trennen. Ein Anlass für besser-

---

485 So *Purschwitz*, S. 81.
486 So auch *Purschwitz*, S. 81.
487 So auch *Purschwitz*, S. 81.
488 *Fitting*, § 78 Rn. 14; so auch DKKW/*Buschmann*, § 78 Rn. 23.
489 Vgl. BAG NZA 2014, 264, 267; NZA 2013, 1003, 1007.
490 Vgl. BT-Drucks. VII/1786, S. 47; so auch *Oetker*, RdA 1990, 343, 351.

oder schlechterstellende Handlungen oder bloße Motive sind ausschließlich dem Merkmal der Kausalität zuzuordnen.[491] Ob darüber hinaus weitere subjektive Voraussetzungen erforderlich sind, beispielsweise eine Benachteiligungs- oder Begünstigungsabsicht, ist dagegen gesondert zu prüfen. Solche weiteren, rein tatbestandlichen Voraussetzungen haben mit der Frage der Kausalität grundsätzlich nichts zu tun. Sie betreffen nicht den direkten Zusammenhang zwischen dem Amt und der Maßnahme, sondern die innere Einstellung, die Absicht des Handelnden.

3. Zwischenergebnis

Das Kausalitätserfordernis ist eine eigenständige Voraussetzung, die für die Annahme einer Benachteiligung oder Begünstigung i. S. d. § 78 S. 2 BetrVG vorliegen muss. Eine Maßnahme muss wegen des Betriebsratsamtes oder der -tätigkeit vorgenommen worden sein. Zur Einschränkung des Kriteriums und eines sonst möglicherweise zu großen Anwendungsbereiches der Vorschrift müssen bei der Bestimmung des kausalen Zusammenhangs subjektive Erwägungen mit einbezogen werden. Es handelt sich dabei aber nicht um eine eigene Tatbestandsvoraussetzung, sondern um ein zusätzliches Kriterium im Rahmen der Kausalität. Werden bestimmte Handlungen aus anderen Gründen vorgenommen, die in der Person des Mandatsträgers oder in betrieblichen Erfordernissen liegen, würde das ohne Einbeziehung subjektiver Umstände unberücksichtigt bleiben. Die amtsbedingten Gründe müssen überwiegen und ausschlaggebendes Motiv für die Handlung gewesen sein. Anderenfalls fehlt der erforderliche Kausalzusammenhang.

III. Subjektive Voraussetzungen

Für die Beurteilung eines Verstoßes gegen das Verbot des § 78 S. 2 BetrVG sind grundsätzlich nur objektive Gegebenheiten und Tatsachen entscheidend.[492] Auch wenn das Kausalitätserfordernis – wie soeben dargestellt – zur Vermeidung einer zu weiten Ausdehnung der Vorschrift anhand subjektivierter Erwägungen einzugrenzen ist, sagt das nichts über ein darüberhinausgehendes Erfordernis zusätzlicher subjektiver Tatbestandsvoraussetzungen aus. Nur eine Ansicht in der Literatur scheint für eine Benachteiligung als echte eigenständige Voraussetzung tatsächlich Absicht des Handelnden vorauszusetzen.[493] Nach überwiegender Ansicht erfordert die Vorschrift des § 78 S. 2 BetrVG jedoch keinerlei subjektive Elemente: Der Benachteiligende oder Begünstigende muss weder mit

---

491 Vgl. auch *Esser*, S. 15.
492 HWGNRH/*Worzalla*, § 78 Rn. 15, 23; GK-BetrVG/*Kreutz*, § 78 Rn. 58; APS/*Künzl*, § 78 Rn. 36; Erfk/*Kania*, § 78 BetrVG Rn. 6; *Rieble*, NZA 2008, 276, 277.
493 *Gamillscheg*, § 46 S. 710.

einer entsprechenden Absicht[494] gehandelt haben, noch ist ein Verschulden[495] erforderlich. Darüber hinaus ist nicht entscheidend, ob der Handelnde mit einer Maßregelungsabsicht oder mit Blick auf ein bestimmtes Ziel auf den Mandatsträger Einfluss nehmen wollte.[496] Teilweise wird sogar vertreten, dass er sich nicht einmal bewusst gewesen sein muss, dass er mit einer Maßnahme ein Betriebsratsmitglied tatsächlich benachteiligt oder begünstigt hat.[497] Dem ist im Grundsatz zuzustimmen.

Problematisch können Fälle von Rechtsirrtümern des Handelnden sein. In dieser Konstellation zeigt sich die Bedeutung der Frage der Notwendigkeit subjektiver Voraussetzungen deutlich. Lehnt man das Erfordernis von schuldhaftem Handeln, insbesondere einer Absicht, von vornherein ab, würde auch eine besser- oder schlechterstellende Maßnahme, die der Handelnde irrtümlich für zulässig gehalten hat, automatisch unter das Verbot fallen.[498] Würde man dagegen eine Benachteiligungs- oder Begünstigungsabsicht voraussetzen, wäre ein Verstoß gegen das Verbot in § 78 S. 2 BetrVG abzulehnen, weil bei einem unverschuldeten Rechtsirrtum der Vorsatz fehlen würde. Allerdings lässt der Wortlaut der Vorschrift es bereits nicht zu, auch subjektive Voraussetzungen aufzustellen. Die Änderung des Wortlautes des früheren § 53 Abs. 2 BetrVG 1952, der noch eine Benachteiligung oder Begünstigung der Betriebsratsmitglieder „um ihrer Tätigkeit willen" forderte, hin zu der heute geltenden Fassung des § 78 S. 2 BetrVG, die das lediglich „wegen" der Amtstätigkeit verlangt, legt nahe, dass keine subjektiven Voraussetzungen (mehr) bestehen. Würde man dennoch eine entsprechende Absicht des Handelnden verlangen, würden sich nicht nur zahlreiche Probleme hinsichtlich der Beweisbarkeit ergeben. Der Anwendungsbereich und damit auch der Schutzzweck der Vorschrift würden stark eingeschränkt und die Vorschrift enorm an Bedeutung verlieren. Der Schutz der Betriebsratsmitglieder muss hier überwiegen, selbst in Fällen, in denen der Arbeitgeber sich unverschuldet im Irrtum befindet. Gerade auch im Hinblick auf eine dadurch entstehende einfache Missbrauchsmöglichkeit, ist es den Mandatsträgern nicht zuzumuten, das Risiko eines Irrtums des Arbeitgebers zu tragen. Dagegen ist es dem Arbeitgeber schon eher zumutbar, sich über die tatsächliche Rechtslage und neue Rechtsprechung ausreichend zu informieren und einen Irrtum zu vermeiden. Das Risiko hält sich für ihn demgegenüber auch in Grenzen, zumindest setzt die Strafvorschrift des § 119 Abs. 1 Nr. 3 BetrVG eine entsprechende Ab-

---

494 BAG NZA 2014, 1209, 1211; AP BetrVG 1972 § 40 Nr. 98; NZA 1998, 559, 560; Erfk/*Kania*, § 78 BetrVG Rn. 6; Richardi/*Thüsing*, § 78 Rn. 21; GK-BetrVG/*Kreutz*, § 78 Rn. 61; DKKW/ *Buschmann*, § 78 Rn. 23; BDDH/*Waskow*, § 78 BetrVG Rn. 16; *Purschwitz*, S. 78 ff.; *Esser*, S. 14 f.; *Lipp*, S. 165 ff.; *Kutsch*, S. 84 f.

495 BAG NZA 1998, 559, 560; HWGNRH/*Worzalla*, § 78 Rn. 15, 23; Richardi/*Thüsing*, § 78 Rn. 21a; GK-BetrVG/*Kreutz*, § 78 Rn. 61; APS/*Künzl*, § 78 BetrVG Rn. 37; DKKW/*Buschmann*, § 78 Rn. 23; *Purschwitz*, S. 78 ff.; *Esser*, S. 14 f.; *Lipp*, S. 165 ff.; *Kutsch*, S. 84 f.

496 APS/*Künzl*, § 78 Rn. 37; GK-BetrVG/*Kreutz*, § 78 Rn. 61; *Rieble*, NZA 2008, 276, 277.

497 APS/*Künzl*, § 78 Rn. 37; GK-BetrVG/*Kreutz*, § 78 Rn. 61.

498 So GK-BetrVG/*Kreutz*, § 78 Rn. 61; APS/*Künzl*, § 78 Rn. 37, wonach sich der Handelnde dem nicht bewusst gewesen sein muss.

sicht voraus.[499] Im Ergebnis sind daher zusätzliche subjektive Voraussetzungen als eigenes Tatbestandsmerkmal bei einer Benachteiligung oder Begünstigung i. S. d. § 78 S. 2 BetrVG abzulehnen.

IV. Ausnahmsweise Zulässigkeit bei besonderen Gründen

Sind die oben ausgeführten Voraussetzungen des Verbotes nach § 78 S. 2 BetrVG erfüllt, können verschiedene Umstände bestehen, die eine benachteiligende oder begünstigende Maßnahme dennoch rechtmäßig erscheinen lassen. Es sind zahlreiche Gründe denkbar, vor deren Hintergrund sich ein bestimmter Vor- oder Nachteil (nachträglich) nicht als eine verbotene Benachteiligung oder Begünstigung darstellt. Dass solche Umstände gegebenenfalls bei der Beurteilung auf irgendeine Art und Weise Berücksichtigung sollten, liegt nahe. Nur eine Ansicht in der Literatur deutet lediglich an, dass das Verbot ausnahmslos zu befolgen ist.[500] Grundsätzlich scheint das Verbot des § 78 S. 2 BetrVG aber nicht so verstanden zu werden, dass Betriebsratsmitglieder aus differenzierten, sachlichen Gründen in einzelnen Fällen nicht eine andere Behandlung erfahren dürfen.[501] Nur der Weg zu diesem Ergebnis, also die Einordnung und Prüfung solcher Gründe im Rahmen des § 78 S. 2 BetrVG erfolgt meist auf unterschiedliche Weise.

1. Rechtfertigung oder zusätzliche Tatbestandsvoraussetzung

Es ist dem zu folgen, dass bei Vorliegen bestimmter sachlicher Gründe bzw. Umstände das Verbot des § 78 S. 2 BetrVG nicht greifen soll. Einer ausnahmslosen, absoluten Geltung ist nicht zuzustimmen. Schließlich darf nicht jede ungleiche Behandlung von Betriebsratsmitgliedern verboten sein, die aus nachvollziehbaren sachlichen Gründen erfolgt – und die vielleicht sogar gesetzlich vorgesehen ist. Dieses Verständnis würde zu weit gehen und in der Praxis erhebliche Unsicherheiten und Schwierigkeiten verursachen. Dabei wären grundsätzlich zwei Möglichkeiten denkbar, wie besondere Umstände bei dem Verbot berücksichtigt werden können: Zum einen könnten sie als Rechtfertigung einer grundsätzlich bestehenden Benachteiligung bzw. Begünstigung dienen, zum anderen wäre ein Einfluss aber bereits auch auf Tatbestandsebene möglich.[502]

Teilweise wird für die Annahme einer verbotenen Benachteiligung oder Begünstigung verlangt, dass diese auch rechtswidrig ist.[503] Eine solche Rechtswidrig-

---

499 Vgl. GK-BetrVG/*Oetker*, § 119 Rn. 54 sowie Rn. 53, wonach ein schuldausschließender Verbotsirrtum im Rahmen des § 119 Abs. 1 Nr. 3 BetrVG bei einem Irrtum in Betracht kommen würde.

500 *Hennecke*, BB 1986, 936, 939.

501 Vgl. LAG Düsseldorf BeckRS 2001, 41633; siehe auch LAG München BeckRS 2012, 66167, wonach „plausible und einleuchtende Sachgründe für die Gewährung" des Vorteils eine Begünstigung entfallen lassen können.

502 Vgl. auch *Purschwitz*, S. 88 f.

503 GK-BetrVG/*Kreutz*, § 78 Rn. 64; HWGNRH/*Worzalla*, § 78 Rn. 23, 15; *Purschwitz*, S. 89; *Kutsch*, S. 85; vgl. auch die Formulierung bei ErfK/*Kania*, § 78 BetrVG Rn. 6 sowie *Löwisch/ Kaiser*, § 78 Rn. 13: „sachlich nicht gerechtfertigt".

keitsprüfung im Einzelfall soll als Korrelat notwendig sein, damit von der Vorschrift nicht alle Besser- oder Schlechterstellungen automatisch erfasst werden und dem Verbot damit keine absolute Geltung zukommt.[504] Bei Tatbestandsmäßigkeit soll die Rechtswidrigkeit sogar indiziert sein.[505] Liegen jedenfalls sachliche Gründe für eine ungleiche Behandlung vor[506] oder greifen besondere gesetzliche Regelungen bzw. andere Umstände, seien die Maßnahmen gerechtfertigt[507]. Nur eine Ansicht verlangt hier zusätzlich, dass die Unabhängigkeit des Mandatsträgers bei der Berücksichtigung solcher Gründe nicht gefährdet sein darf.[508] Nach dieser Meinungsrichtung kann bei Existenz eines bestimmten Grundes eine mögliche Rechtfertigung geprüft werden. Demgegenüber werden aber auch andere Ansichten vertreten, nach denen bereits tatbestandlich eine Benachteiligung oder Begünstigung ausscheiden soll, wenn sachliche Erwägungen für die Besser- oder Schlechterstellung angeführt werden können[509] bzw. diese aus sachlichen oder in der Person des Mandatsträgers liegenden Gründen erfolgt ist.[510] Demzufolge handelt es sich hier um eine negative Tatbestandsvoraussetzung, bei deren Vorliegen eine Benachteiligung oder Begünstigung von vornherein ausscheiden würde.

Den beiden Varianten ist im Ergebnis zumindest gemeinsam, dass ein Verstoß gegen das Verbot des § 78 S. 2 BetrVG bei Eingreifen besonderer sachlicher Gründe entfallen kann. Der Unterschied zwischen den beiden Einordnungen liegt darin, dass bei ersterem eine Benachteiligung grundsätzlich besteht, diese jedoch in einem bestimmten Fall gerechtfertigt sein kann. Bei der zweiten, tatbestandlichen Variante liegt diese von vornherein nicht vor. Schon aufgrund des Charakters eines „Verbotstatbestandes" ist hier auch Rechtswidrigkeit einer Benachteiligung oder Begünstigung zu verlangen. Denklogisch dürfen rechtmäßige bzw. gerechtfertigte Maßnahmen nicht unter das Verbot fallen. Liegen daher besondere Gründe vor, ist zu prüfen, ob sie eine Besser- bzw. Schlechterstellung im Einzelnen rechtfertigen können.

---

504 *Purschwitz*, S. 89.
505 GK-BetrVG/*Kreutz*, § 78 Rn. 64; so auch *Purschwitz*, S. 89; *Kutsch*, S. 85.
506 *Löwisch/Kaiser*, § 78 Rn. 13; HWGNRH/*Worzalla*, § 78 Rn. 15, 23; vgl. auch ErfK/*Kania*, § 78 BetrVG Rn. 6.
507 Fritz/*Thiele*, § 78 Rn. 24; GK-BetrVG/*Kreutz*, § 78 Rn. 64; HWGNRH/*Worzalla*, § 78 Rn. 15, 23; *Kutsch*, S. 85; vgl. auch Richardi/*Thüsing*, § 78 Rn. 32 sowie *Esser*, S. 17, wonach die Inanspruchnahme eines gesetzlich vorgesehenen Vorteils „keine unzulässige Bevorzugung" darstelle. Die Formulierung lässt auf fehlende Rechtswidrigkeit schließen.
508 HWGNRH/*Worzalla*, § 78 Rn. 15.
509 APS/*Künzl*, § 78 BetrVG Rn. 36; WPK/*Preis*, § 78 Rn. 13, 17; ErfK/*Kania*, § 78 BetrVG Rn. 7 (zur Benachteiligung); DKKW/*Buschmann*, § 78 Rn. 33 (zur Begünstigung); vgl. auch LAG München BeckRS 2012, 66167.
510 *Fitting*, § 78 Rn. 17 (zur Benachteiligung); vgl. zu einer Benachteiligung, die nicht auf sachlichen Gründen beruht BAG NZA 2014, 1209, 1211; NZA 2013, 515, 521; NJW 2010, 2077, 2078; LAG Düsseldorf BeckRS 2001, 41633.

2. *Mögliche Rechtfertigungsgründe*

Eine mögliche Rechtfertigung einer im Raum stehenden Benachteiligung oder Begünstigung von Betriebsratsmitgliedern kann auf verschiedene Gründe zurückgeführt werden. Auch hierzu gibt es unterschiedliche Auffassungen.

a) Rechtfertigung aufgrund gesetzlicher Regelungen

Zunächst kann sich ein Rechtfertigungsgrund natürlich aus einer gesetzlichen Regelung ergeben.[511] Ist eine Maßnahme gesetzlich zulässig bzw. vorgeschrieben, kann keine Benachteiligung oder Begünstigung vorliegen. Teilweise wird hier noch zusätzlich verlangt, um den Ausnahmecharakter einer gesetzlichen Rechtfertigung zu wahren und ein Aushebeln der Norm zu verhindern, die rechtfertigenden Normen auf die Intention des Gesetzgebers hin zu prüfen; dabei sei zu untersuchen, welche schützenswerten Interessen der Gesetzgeber mit der gesetzlichen Rechtfertigung verfolgt und ob diese in der konkreten Konstellation berührt sind, d. h. ob der gesetzlich vorgesehene Fall tatsächlich eingetreten ist.[512] Schon wegen der allgemein strengen Handhabung der Schutzvorschriften für Betriebsratsmitglieder wird die Rechtfertigung einer objektiven Benachteiligung oder Begünstigung von Betriebsratsmitgliedern nur in Ausnahmefällen und bei Bestehen besonderer Gründe für möglich erachtet werden. Dem ist auch zuzustimmen. Dennoch geht eine zusätzliche Prüfung von Vorschriften, die eine Andersbehandlung von Betriebsratsmitgliedern erlauben, zu weit. Schließlich muss das gesetzliche System nicht grundsätzlich hinterfragt werden. Für eine Einschränkung müssten schon erhebliche Zweifel bestehen oder es sich offensichtlich um zu sehr ausufernde Ausnahmetatbestände handeln. Erlaubt eine Vorschrift aber beispielsweise eine Besser- oder Schlechterstellung eines Betriebsratsmitgliedes für einen bestimmten Fall, muss dies nicht grundsätzlich im Hinblick auf die Intention des Gesetzgebers in Frage gestellt werden. So erfordert beispielsweise die bezahlte Freistellung für Schulungen der Betriebsräte nach § 37 Abs. 6 und 7 BetrVG, bei der mit Inanspruchnahme der Vorteile eine Begünstigung gerechtfertigt ist, grundsätzlich keine gesonderte Überprüfung, ob dies einen zulässigen Ausnahmetatbestand darstellt. Auch der besondere Kündigungsschutz in § 15 KSchG muss nicht in Frage gestellt werden. Die Regelungen greifen selbst nur bei Vorliegen der teilweise von ihnen aufgestellten Voraussetzungen. Nur dann darf auch eine Rechtfertigung greifen, die Voraussetzungen sind auch überprüfbar. Weitergehende Anforderungen sind daran nicht zu stellen. Eine Inanspruchnahme von gesetzlich vorgesehenen Vorteilen stellt dann keine Begünstigung dar bzw. ist sie wegen der Regelung gerechtfertigt.

---

511 GK-BetrVG/*Kreutz*, § 78 Rn. 64; *Purschwitz*, S. 89 f.; *Kutsch*, S. 85; vgl. auch Richardi/*Thüsing*, § 78 Rn. 32; HWGNRH/*Worzalla*, § 78 Rn. 15, 23; *Esser*, S. 17.

512 *Purschwitz*, S. 89 f.

b) Rechtfertigung aufgrund betrieblicher Gepflogenheiten

Teilweise wird vertreten, dass schon ein allgemeiner Brauch im Betrieb ausreichend sei, um eine Benachteiligung oder Begünstigung als gerechtfertigt und damit zulässig anzusehen.[513] Davon sollen vor allem auch begünstigende Maßnahmen erfasst sein, die zur Erleichterung der Tätigkeit der Mandatsträger vorgenommen werden, wie beispielsweise die Versorgung während einer Betriebsratssitzung durch den Arbeitgeber oder die Überlassung eines Dienstfahrzeuges im Einzelfall.[514]

Es ist durchaus nachvollziehbar, dass ein solcher Rechtfertigungsgrund schon mit dem Argument abgelehnt wird, dass das Verbot in § 78 S. 2 BetrVG nicht allein durch eine im Betrieb gebräuchliche, freiwillige Leistung aufgehoben werden kann, weil die zwingende Vorschrift einer einvernehmlichen Einigung zwischen Arbeitgeber und Betriebsräten entgegensteht.[515] Auf der anderen Seite sollten Gepflogenheiten im Betrieb aber auch nicht gänzlich unberücksichtigt bleiben. Schließlich sollen die Betriebsräte gerade wegen ihres Amtes nicht besser oder schlechter behandelt werden. Wird es in dem Betrieb üblicherweise so gehandhabt, dass z. B. bei Sitzungen – wenn auch von anderen Gremien, die nach Art und Größe aber ähnlich sind – eine Bewirtung auf Kosten des Arbeitgebers erfolgt, spricht nichts dagegen, dies auch bei Betriebsratssitzungen so fortzuführen. Weshalb für Betriebsräte ein anderer Maßstab gelten soll, ist nicht einleuchtend. Eine Begünstigung stellt das nicht dar, die im Hinblick auf das Gremium ohnehin nur schwer anzunehmen bzw. kaum möglich ist. Mit der Bewirtung des Betriebsrates bei einer Sitzung wird in der Regel keine Besserstellung festzustellen sein. Eine großzügigere Versorgung des Betriebsrates wird sich außerdem bei einem einzelnen Mandatsträger nicht als derart großer Vorteil auswirken, dass damit eine Begünstigung anzunehmen wäre. Schließlich handelt es sich auch nicht um eine tägliche Versorgung einzelner Mandatsträger, die gegebenenfalls zu einer anderen Beurteilung führen könnte. Es wäre vielmehr eine Benachteiligung, wenn man den betrieblichen Brauch nur auf Mandatsträger nicht anwenden würde.

Auch bei der Bereitstellung von Dienstfahrzeugen kann im Einzelfall auf die Gebräuchlichkeit im Betrieb abzustellen sein. Auch hier könnte gleichermaßen eine Benachteiligung oder Begünstigung anzunehmen sein, wenn ein Dienstwagen nur Betriebsräten vorenthalten würde, der anderen Arbeitnehmern in vergleichbarer Situation üblicherweise gewährt wird. Erhalten Arbeitnehmer beispielsweise einen Dienstwagen für Fahrten zu anderen Betrieben, muss das auch für Mandatsträger gelten, wenn bei ihnen vergleichbare Fahrten anfallen. Theoretisch wäre das sogar im Hinblick auf eine Privatnutzung denkbar, da die-

---

513 Fritz/*Thiele*, § 78 Rn. 24; GK-BetrVG/*Kreutz*, § 78 Rn. 64; *Kutsch*, S. 85; a. A. *Purschwitz*, S. 90.

514 Fritz/*Thiele*, § 78 Rn. 24; GK-BetrVG/*Kreutz*, § 78 Rn. 64; HWGNRH/*Worzalla*, § 37 Rn. 23; *Kutsch*, S. 85; a. A. *Purschwitz*, S. 90.

515 So *Purschwitz*, S. 90.

se aber als Entgelt zu qualifizieren ist, müssten hier auch die speziellen Vergütungsvorschriften beachtet werden.

Ein solcher Rechtfertigungsgrund darf dennoch nicht vorschnell anerkannt werden, er muss weiterhin absoluten Ausnahmecharakter behalten. Da die Vorschrift des § 78 S. 2 BetrVG nicht zur Disposition steht, ist dem durchaus zuzustimmen, dass eine betriebliche Gewohnheit nicht ohne Weiteres Einfluss auf die Rechtmäßigkeit einer Benachteiligung oder Begünstigung haben darf. Der Arbeitgeber hätte dadurch eine einseitige Einflussmöglichkeit und könnte leicht neue Gepflogenheiten in dem Betrieb schaffen. Daher muss sich ein rechtfertigender Brauch in dem Unternehmen bereits eine gewisse Zeit etabliert haben. Wurden bestimmte Praktiken erst neu eingeführt, könnte dies ein Indiz dafür darstellen, dass der Arbeitgeber mit Einführung einer neuen betrieblichen Gewohnheit versucht, die Regelung des Betriebsverfassungsgesetzes zu umgehen. Für eine betriebsübliche Verfahrensweise in dem Betrieb können gegebenenfalls auch bestimmte Richt- und Leitlinien als Hinweis dienen, die in dem Betrieb aufgestellt wurden.

Darüber hinaus soll bereits eine betriebliche Übung ausreichen, dass eine Andersbehandlung von Betriebsratsmitgliedern doch ausnahmsweise zulässig ist – jedenfalls wird das zum Teil aus einem Urteil des Arbeitsgerichts Darmstadt gefolgert.[516] Der Wortlaut dieses Urteils[517] lässt allerdings mehr auf die Anerkennung eines betrieblichen Brauches schließen als auf eine betriebliche Übung. Der Unterschied besteht darin, dass die betriebliche Übung einen Anspruch auf die üblich gewährten Leistungen begründet.[518] Bei dreimaliger vorbehaltsloser Gewährung einer Leistung wird von einer konkludenten Vertragsbindung ausgegangen.[519] Der dem genannten Urteil zugrunde liegende Sachverhalt scheint allerdings nicht dem arbeitsrechtlichen „Instrument" einer betrieblichen Übung zu entsprechen, sondern eher eine allgemeine Vorgehensweise in einem Betrieb zu betreffen. Denn der Fall der Überlassung von Firmenfahrzeugen für Dienstreisen dürfte kaum einen persönlichen Anspruch des Arbeitnehmers auf eine Leistung begründen. Nicht zuletzt deshalb ist eine betriebliche Übung als Rechtfertigungsgrund grundsätzlich abzulehnen. Auch der Charakter der konkludenten Vertragsbindung widerspricht dem Grundsatz, dass die Regelung des § 78 S. 2 BetrVG nicht zur Disposition der Beteiligten steht.[520] Die Situation stellt sich hier anders dar als bei einem rechtfertigenden betrieblichen Brauch. Bei letzterem handelt es sich um „unverbindlichere" Sachverhalte, die weder einen vertraglichen Charakter haben, noch einen Rechtsanspruch begründen. Darüber hinaus betreffen solche Bräuche im Gegensatz zu einer betrieblichen Übung in

---

516 So *Purschwitz*, S. 91 mit Hinweis auf ArbG Darmstadt AiB 1988, 285, die eine betriebliche Übung im Ergebnis aber ablehnt.

517 Vgl. den Leitsatz bei ArbG Darmstadt AiB 1988, 285: „Stellt der Unternehmer üblicherweise für Dienstreisen [...] Firmenfahrzeuge aus einem Pool zur Verfügung [...]".

518 ErfK/*Preis*, § 611a BGB Rn. 220a; Bamberger/Roth/*Fuchs*, § 611 Rn. 70.

519 ErfK/*Preis*, § 611a BGB Rn. 220a.

520 Vgl. auch *Purschwitz*, S. 91.

der Regel keine für die persönliche Rechtsstellung von Arbeitnehmern bedeutenden Bereiche, wie z. B. das Entgelt.

c) Rechtfertigung aufgrund persönlicher oder amtsbezogener Gründe

Grundsätzlich wäre auch ein besonderer Grund in der Person des Betriebsratsmitgliedes als Rechtfertigungsgrund denkbar. Das ist weniger problematisch bei Maßnahmen, die nicht auf das Amt zurückzuführen sind. Denn nicht jede Leistungs- bzw. Vorteilsgewährung ist schon deshalb als rechtswidrig anzusehen, nur weil der Empfänger auch Betriebsratsmitglied ist.[521] Allein die Amtsstellung des Betriebsratsmitgliedes wird dagegen für eine Rechtfertigung in der Regel nicht ausreichend sein.[522] Nach einem Urteil des Landesarbeitsgerichts Düsseldorf soll es sich allerdings nicht um eine Begünstigung handeln, wenn mit der Maßnahme „die Arbeitsleistung oder die soziale Lage des Betriebsratsmitglieds in betriebsüblicher Weise berücksichtigt" wird.[523] Das legt nahe, dass doch auch betriebsratsbezogene Gründe eine Benachteiligung oder Begünstigung entfallen lassen können.

Gegen eine Berücksichtigung amtsbedingter Gründe als Rechtfertigung spricht, dass damit eine Abgrenzung zu dem Erfordernis der Kausalität nur schwer möglich wäre. Nimmt man an, dass eine Benachteiligung oder Begünstigung, die wegen des Amtes erfolgt sein muss, gleichzeitig auch aus Gründen, die in der Amtsstellung liegen, gerechtfertigt sein kann, klingt das beinahe widersprüchlich. Jedenfalls ließen sich beide Punkte nur schwer unterscheiden. Außerdem könnte die Vorschrift obsolet werden, wenn sich eine Benachteiligung oder Begünstigung bereits mit der Amtsstellung rechtfertigen ließe.

Auch wenn diesen Argumenten im Grundsatz zuzustimmen ist, kann diese Annahme nicht uneingeschränkt gelten. Es ist richtig, dass die Amtsstellung als Betriebsrat und die damit verbundene „normale" Tätigkeit pauschal nicht als Rechtfertigungsgrund für eine Benachteiligung oder Begünstigung herangezogen werden darf. Einzelne konkrete Umstände, die in dem Betriebsratsamt begründet liegen, können aber ausnahmsweise einen solchen Rechtfertigungsgrund darstellen. Zu denken ist dabei vor allem an Gründe, die sich auf die gewandelte Betriebsratsarbeit und insbesondere die Tätigkeit „professionalisierter" Betriebsräte zurückführen lassen.[524] Denn diese Ausprägungen können im Einzelnen eine andere Behandlung eines Mandatsträgers notwendig machen, die dann wegen der besonderen Belastungen und Anforderungen gerechtfertigt ist. Aber auch hier darf es sich nur um besondere Ausnahmefälle handeln, die nicht ohne weiteres, sondern nur bei Bestehen deutlicher Anhaltspunkte angenommen werden können.

---

521 DKKW/*Buschmann*, § 78 Rn. 33.
522 Vgl. DKKW/*Buschmann*, § 78 Rn. 33.
523 LAG Düsseldorf BeckRS 2001, 41633 (zur Begünstigung).
524 Vgl. dazu ausführlich S. 11 ff.

D. Fazit für die Vergütung

Das Benachteiligungs- und Begünstigungsverbot des § 78 S. 2 BetrVG stellt ein wichtiges Schutzprinzip für Betriebsratsmitglieder dar. Im Rahmen der Vergütung von Betriebsräten wird es allerdings von den speziellen Vergütungsvorschriften verdrängt. Die Grundsätze des Verbotes können nur bei Auslegung und Anwendung der speziellen Vorschriften Beachtung finden. Darüber hinaus entfaltet es hinsichtlich des Entgeltes von Betriebsräten Relevanz über den Geltungszeitraum der speziellen Regelungen hinaus und gewährt einen umfassenden nachwirkenden Schutz. Auch bei Vergütungssachverhalten im weiteren Sinne ist eine Anwendung möglich, wie z. B. bei Abschluss entsprechender Vereinbarungen. Liegen die Voraussetzungen des Verbotes vor, kann unter Umständen eine Rechtfertigung greifen, entweder in den gesetzlich vorgesehenen Fällen, aber ausnahmsweise auch aufgrund betrieblicher Gepflogenheiten oder besonderer persönlicher wie amtsbezogener Gründe.

§ 3 Grundsätze und Vorschriften außerhalb des Betriebsverfassungsgesetzes

Nicht nur im Betriebsverfassungsgesetz, sondern auch darüber hinaus bestehen zahlreiche Grundsätze und (höherrangige) Rechtsvorschriften, die bei der Vergütung von Betriebsräten Bedeutung erlangen können. Es ist daher zu prüfen, ob bestimmte Rechtssätze für eine ordnungsgemäße Bemessung der Betriebsratsentgelte Berücksichtigung finden müssen.

A. Allgemeiner Gleichbehandlungsgrundsatz

Grundsätzlich können bei der Vergütung von Mitgliedern des Betriebsrates auch Fragen der Gleichberechtigung aufkommen. Schließlich handelt es sich um eine Gruppe von Arbeitnehmern, der möglicherweise eine andere Behandlung zuteilwerden kann. Die Heranziehung von Grundsätzen der Gleichbehandlung erscheint zumindest nicht abwegig. Zuerst ist daher zu betrachten, ob eine solche Prüfung bei einzelnen Sachverhalten der Vergütung von Betriebsratsmitgliedern überhaupt passt und notwendig ist. Dabei sind drei verschiedene Konstellationen aufgrund unterschiedlicher Anknüpfungs- bzw. Bezugspunkte zu betrachten und voneinander abzugrenzen.

Eine Gleichbehandlung kann zunächst im Hinblick auf das frühere Arbeitsverhältnis eines Betriebsratsmitgliedes erforderlich sein, d. h. dass es nach der Amtsübernahme entsprechend seinem bisherigen Arbeitsverhältnis behandelt werden muss. Hierfür sind aber nicht Gleichbehandlungsgrundsätze maßgeblich, die sich nur auf die gleiche Behandlung anderer Personen und nicht wie hier lediglich auf das eigene Arbeitsverhältnis beziehen. In dieser Beziehung sind ausschließlich die spezielleren Vorschriften, wie die zur Vergütung, relevant, die insgesamt selbst eine Benachteiligung und Begünstigung verhindern.

Außerdem ist hier nicht ein dauerhaft gleicher Bestand des früheren Arbeitsverhältnisses zwingend vorgeschrieben. Das Gesetz sieht durchaus Entwicklungsmöglichkeiten vor, wie beispielsweise nach § 37 Abs. 4 BetrVG.

Des Weiteren kann im Verhältnis innerhalb des Betriebsratsgremiums, d. h. der einzelnen Betriebsräte zueinander, die Frage der Gleichbehandlung interessant werden. Das BAG geht von dem Grundsatz der Gleichwertigkeit und Gleichrangigkeit des Betriebsratsamtes aus, jedenfalls hinsichtlich voll freigestellter und nur vorübergehend von der Arbeit befreiter bzw. teilweise freigestellter Mandatsträger.[525] Eine Privilegierung aufgrund einer vollen Freistellung lehnt es ab.[526] Auch wenn das die Anwendung von Gleichbehandlungsgrundsätzen nahelegen würde, bedeutet es nicht, dass sämtliche Betriebsratsmitglieder vollkommen gleichzustellen sind.[527] Eine unterschiedliche Behandlung ist von dem Betriebsverfassungsgesetz vielmehr schon selbst vorgesehen. Denn die einzelnen Mitglieder des Betriebsrates erhalten aufgrund ihrer bisherigen Tätigkeiten ohnehin ein unterschiedliches Gehalt. Eine Gleichbehandlung innerhalb des Gremiums ist daher als eine gleiche Behandlung i. S. e. gleichen Anwendung der Vergütungsvorschriften auf die einzelnen Mandatsträger zu verstehen. Eine identische Vergütung wegen gleicher Verantwortung aller Betriebsratsmitglieder ist abzulehnen, zumal – trotz gleicher Stimmrechte – durchaus Unterschiede innerhalb des Gremiums feststellbar sind.[528] Das zeigt auch das Ergebnis der Auslegung für „professionalisierte" Betriebsräte. Denn die hat ergeben, dass wegen der gewandelten Verhältnisse der Gesetzeszweck des § 37 Abs. 1 BetrVG für diese Gruppe nicht mehr vollumfänglich erreicht werden konnte und die Vorschriften deshalb auf sie nicht mehr uneingeschränkt anzuwenden sind. Unterschiedliche Behandlungen der Betriebsratsmitglieder sind daher vorgesehen und notwendig, so dass im Ergebnis Gleichbehandlungsgrundsätze auch auf diese Konstellation keine Anwendung finden.

Zuletzt kann das Verhältnis zwischen Betriebsräten und den anderen Arbeitnehmern im Betrieb eine Gleichbehandlung erfordern.[529] Zu denken wäre hier an die Heranziehung des arbeitsrechtlichen Gleichbehandlungsgrundsatzes. Danach muss der Arbeitgeber bestimmte Arbeitnehmer bzw. Arbeitnehmergruppen in vergleichbarer Lage bei Anwendung einer selbstgesetzten Regel gleichbehandeln.[530] Eine willkürliche Schlechterstellung von einzelnen Angehörigen einer Gruppe wie auch die sachfremde Bildung einer Gruppe ist damit verboten.[531] Daran wäre bei einer Andersbehandlung von Betriebsräten grundsätzlich zu denken, weil sie auch mit Amtsübernahme Arbeitnehmer bleiben. Im Bereich von

---

525 BAG AP BetrVG 1972 § 38 Nr. 4.
526 BAG AP BetrVG 1972 § 38 Nr. 4.
527 Im Ergebnis auch *Georgi*, S. 86 f.
528 Vgl. aber *Röhrborn*, ArbRAktuell 2015, 573, 575.
529 Vgl. auch *Lipp*, S. 5 f.
530 BAG AP TVG § 1 Auslegung Nr. 221; vgl. Küttner/*Kania*, Gleichbehandlung, Rn. 4 ff.
531 BAG AP TVG § 1 Auslegung Nr. 221; vgl. Küttner/*Kania*, Gleichbehandlung, Rn. 4 ff.

Vergütungsfragen ist anerkannt, dass der Arbeitgeber trotz Vertragsfreiheit bei genereller Verwendung von betrieblichen Einheitsregelungen in dem gesamten Betrieb bzw. auf einzelne Teile oder Arbeitnehmergruppen, den Gleichbehandlungsgrundsatz zu beachten hat.[532] Sobald sich der Arbeitgeber also selbst eine Regel auferlegt hat, muss er nach dieser sämtliche davon erfassten Arbeitnehmer gleich behandeln; dagegen kommt der Grundsatz nicht zur Anwendung, wenn es um individuelle Entgeltvereinbarungen geht.[533] Einzelne Arbeitnehmer können durchaus eine Besserstellung erfahren, auf die andere keinen Anspruch haben.[534] Davon abgesehen, dass bei Betriebsratsmitgliedern grundsätzlich zuerst die speziellen Vergütungsvorschriften greifen, dürfte innerhalb deren Anwendung aber wohl häufig von einer solchen Sonderbehandlung im Einzelfall auszugehen sein. Denn der Arbeitgeber wird nicht allen Mandatsträgern als Gruppe pauschal zusätzliche Leistungen gewähren, die aufgrund des Gleichbehandlungsgrundsatzes dann auch andere Arbeitnehmer erhalten müssten. Solche pauschalen Leistungen wären ohnehin bereits nach den speziellen Vergütungsvorschriften unzulässig oder gegebenenfalls gerechtfertigt. Werden lediglich einzelne Betriebsräte bessergestellt, erlaubt das noch nicht den Schluss einer – für die Anwendung des Gleichbehandlungsgrundsatzes notwendigen – von dem Arbeitgeber gebildeten Gruppe.[535] Eine solche Annahme lassen auch nicht die besonderen Fälle „professionalisierter" Betriebsräte zu. Zwar handelt es sich dabei um eine spezielle, aufgrund gewandelter Verhältnisse herausgebildete Gruppe. Allerdings stellt sie einen besonderen Ausnahmefall dar, deren Bestehen im Einzelnen festzustellen und zu bewerten ist. Auch hier wird keine Pauschalisierung vorgenommen, sondern immer nur eine Beurteilung im konkreten Einzelfall. Darüber hinaus ist es nicht nur möglich, sondern durchaus wahrscheinlich, dass in den Betrieben beispielsweise nur ein bzw. sehr wenige solcher „verberuflichten" Betriebsräte und gegebenenfalls in unterschiedlicher Ausprägung existieren. Daher werden lediglich einzelne Betriebsräte eine andere Behandlung erfahren und diese nicht als Gruppe bewertet. In der Regel kann daher auch hier keine Gruppenbildung i. S. d. arbeitsrechtlichen Gleichbehandlungsgrundsatzes angenommen werden. Andersherum haben die Betriebsratsmitglieder nur einen Anspruch auf Gleichbehandlung mit anderen Arbeitnehmern, wenn die Voraussetzungen des § 37 Abs. 4 BetrVG vorliegen. Schließlich kann der Arbeitgeber unterschiedliche Einzelverträge mit verschieden hoher Vergütung schließen.

B. Unionsrecht

Das nationale Recht muss mit höherrangigem europäischem Recht in Einklang stehen. Wie bereits bei der systematischen Auslegung des Unentgeltlichkeitsgrundsatzes kurz erwähnt, kommt hier nur der EU-Richtlinie 2002/14/EG Be-

---

532 BAG AP TVG § 1 Auslegung Nr. 221; Küttner/*Kania*, Gleichbehandlung, Rn. 4.
533 MüKoBGB/*Müller-Glöge*, § 611 Rn. 1128; Küttner/*Kania*, Gleichbehandlung, Rn. 4.
534 MüKoBGB/*Müller-Glöge*, § 611 Rn. 1128; vgl. auch LAG Düsseldorf BeckRS 2001, 41633.
535 Vgl. MüKoBGB/*Müller-Glöge*, § 611 Rn. 1128.

deutung zu. Der Art. 7 der Richtlinie enthält einen Mindestschutz für Arbeitnehmervertreter. Darin heißt es: „Die Mitgliedstaaten tragen dafür Sorge, dass die Arbeitnehmervertreter bei der Ausübung ihrer Funktion einen ausreichenden Schutz und ausreichende Sicherheiten genießen, die es ihnen ermöglichen, die ihnen übertragenen Aufgaben in angemessener Weise wahrzunehmen." Damit müssen die Mitgliedstaaten nicht nur dafür sorgen, dass die Funktionsträger für die Ausübung der in der Richtlinie vorgesehenen Rechte, insbesondere auf Anhörung und Unterrichtung, geschützt werden; nach Art. 8 der Richtlinie müssen sie auch die Durchsetzung dieser Rechte mit geeigneten Maßnahmen und ausreichenden Rechtsschutzmöglichkeiten gewährleisten sowie angemessene und abschreckende Sanktionen für Verstöße durch den Arbeitgeber oder auch der Arbeitnehmervertreter vorsehen.[536] Weitere spezielle Schutzvorschriften, insbesondere eine Regelung zur Vergütung von Arbeitnehmervertretern lassen sich der Richtlinie nicht entnehmen.

Die nationalen Regelungen erfüllen die europarechtlichen Mindestvorgaben zum Schutz der Arbeitnehmervertreter und gehen sogar weit darüber hinaus. Bei der Bemessung des Entgeltes von Betriebsräten sind daher keine weitergehenden unionsrechtlichen Vorgaben zu beachten. Eine Einschränkung der betriebsverfassungsrechtlichen Vorschriften oder eine richtlinienkonforme Auslegung ist nicht erforderlich, ein Umsetzungsgesetz muss lediglich das in Art. 7 der Richtlinie vorgesehene Mindestmaß sicherstellen.[537]

---

536 Vgl. auch *Fuchs*, Europäisches Arbeitsrecht, S. 414 f.
537 EuGH EuZW 2010, 258, 260 (zu einem verstärkten Kündigungsschutz für Arbeitnehmervertreter); vgl. auch *Fuchs*, Europäisches Arbeitsrecht, S. 415.

Kapitel 3
Bemessung des Entgeltes von Betriebsräten anhand der betriebsverfassungsrechtlichen Vorschriften

§ 1 Systematik und Anwendung der speziellen Vergütungsregelungen

Für die Vergütung von Mitgliedern des Betriebsrates stellt das Betriebsverfassungsgesetz – neben den dargestellten allgemeinen Grundsätzen – in § 37 BetrVG Vorschriften zur konkreten Bemessung des Entgeltes zur Verfügung. Wie schon das Ehrenamts- und Unentgeltlichkeitsprinzip in § 37 Abs. 1 BetrVG gezeigt haben, handelt es sich bei dem Betriebsratsamt nicht um einen eigenständigen Beruf. Eine eigene Vergütung wird für das Amt nicht gezahlt. Betriebsratsmitglieder bleiben Arbeitnehmer, ihre Rechte und Pflichten aus dem Arbeitsverhältnis bestehen auch während der Amtszeit grundsätzlich fort.[538] Die speziellen Vergütungsvorschriften sichern das Entgelt trotz Betriebsratstätigkeit und versuchen – wegen der häufig relativ langen Freistellungen –, auch etwaige (finanzielle) Nachteile im beruflichen Werdegang auszugleichen.

Bei den Ausführungen in der Literatur fällt auf, dass die einzelnen relevanten Vorschriften nicht immer genau voneinander getrennt und bei der Anwendung auf vergütungsrelevante Sachverhalte häufig einzelne Kriterien und Voraussetzungen vermengt werden.[539] Dabei ist das System des Gesetzes eigentlich eindeutig: § 37 Abs. 2 BetrVG regelt die Arbeitsbefreiung für erforderliche Betriebsratstätigkeit und verbietet für diese Zeit die Minderung der Vergütung. Die Vorschrift regelt die grundsätzliche (Weiter-)Zahlung des ursprünglichen Entgeltes. Das basiert auf dem individuellen bisherigen Arbeitsverhältnis des jeweiligen Mandatsträgers und ist anhand einer hypothetischen Betrachtung zu ermitteln. Dagegen bezieht sich § 37 Abs. 4 BetrVG auf das – wegen des Amtes teilweise erschwerte – berufliche Fortkommen der Betriebsräte und sieht eine Anpassung des Entgeltes an die Entwicklung vergleichbarer Arbeitnehmer vor.[540] Hier erfolgt eine objektive Betrachtungsweise. Vereinfacht lässt sich das Zusammenspiel der beiden Vorschriften wie folgt beschreiben: § 37 Abs. 2 BetrVG stellt die bisher gezahlte Vergütung, die sich an individuellen arbeitsvertraglichen Gegebenheiten des Mandatsträgers orientiert, während der Ausübung von Betriebsratstätigkeit weiterhin als ein Minimum sicher. Anhand von § 37 Abs. 4 BetrVG kann dieses „Mindestgehalt" dann gegebenenfalls in der Höhe

---

538 Vgl. die Ausführungen auf S. 25 ff.
539 So auch *Esser*, S. 30.
540 Vgl. dazu u. a. BAG NZA 2016, 1212, 1214; NZA 2015, 1328, 1329 f.; so auch deutlich *Blattner*, NZA 2018, 129, 130.

anzupassen sein, wofür die Entwicklung vergleichbarer Arbeitnehmer als Maßstab dient. Es handelt sich um zwei völlig unterschiedliche Bereiche, die stets getrennt voneinander zu beurteilen sind.[541] Neben diesen speziellen Vorschriften zur Bemessung enthält § 37 Abs. 3 BetrVG darüber hinaus für Betriebsratstätigkeit, die ausnahmsweise außerhalb der üblichen Arbeitszeit stattfindet, unter besonderen Voraussetzungen einen entsprechenden Ausgleich.

Davon abgesehen bestehen zum Teil uneinheitliche Ansichten bei der Anwendung der Vergütungsvorschriften hinsichtlich der auf unterschiedliche Weise und Dauer befreiten bzw. freigestellten Betriebsräte.[542] Auch wenn die Ausgangssituation – die Befreiung von der Arbeit für Betriebsratstätigkeit – grundsätzlich die gleiche ist, lässt sich der gesetzlichen Konzeption nicht immer eine uneingeschränkte Anwendbarkeit der Regelungen auf alle Fälle entnehmen. Teilweise ist für dauerhaft freigestellte Betriebsräte in § 38 BetrVG ein Verweis oder zumindest Hinweis auf einzelne Regelungen des § 37 BetrVG enthalten. Die Frage der Anwendbarkeit von Vergütungsregelungen auch auf die dauerhaft freigestellten Mandatsträger stellt sich daher vor allem bei § 37 Abs. 2 und Abs. 3 BetrVG, die es für eine genaue Entgeltbemessung von Betriebsräten dann im Einzelnen zu klären gilt.

In der Praxis lässt sich feststellen, dass bei der Anwendung der Regelungen immer wieder enorme Schwierigkeiten auftreten. Nicht nur die uneinheitliche Verwendung der Vorschriften, auch deren Anwendbarkeit im Hinblick auf nur vorübergehend befreite oder dauerhaft freigestellte Betriebsratsmitglieder führen zu Unsicherheiten bei den Verantwortlichen. Darüber hinaus verursachen bestimmte Konstellationen häufig Probleme, vor allem die konkrete Bemessung des Entgeltes anhand der Regelungen bei über lange Zeit freigestellten Betriebsräten. Auch stellen sich zahlreiche Fragen, wie z. B. welche Bestandteile der Vergütung in unveränderter Höhe weiterzuzahlen sind und welche nicht weiter gewährt werden dürfen. Entscheidend ist daher, die Bemessungsvorschriften zunächst eingehend nach ihren einzelnen Voraussetzungen zu betrachten, präzise voneinander abzugrenzen sowie deren Anwendbarkeit und Verhältnis untereinander zu klären, um eine rechtssichere Handhabung für die Praxis zu ermöglichen.

§ 2 Entgeltfortzahlung trotz Arbeitsversäumnis wegen Betriebsratstätigkeit nach § 37 Abs. 2 BetrVG

Nach § 37 Abs. 2 BetrVG sind Mitglieder des Betriebsrates von ihrer beruflichen Tätigkeit ohne Minderung des Arbeitsentgeltes zu befreien, wenn und soweit es nach Umfang und Art des Betriebes zur ordnungsgemäßen Durchführung ih-

---

541 Vgl. auch *Liesenfeld*, S. 141.
542 Vgl. dazu den Überblick auf S. 17 ff.

rer Aufgaben erforderlich ist. Auch wenn es zunächst so scheint, als würde die Vorschrift in erster Linie die vorübergehende Befreiung von der beruflichen Tätigkeit für erforderliche Betriebsratsarbeit regeln, ordnet sie aber auch an, dass das vertraglich vereinbarte Arbeitsentgelt während dieser Zeit nicht gemindert werden darf.[543] Die Vorschrift enthält neben der Arbeitsbefreiung für konkrete Betriebsratsarbeit damit den für die Vergütung entscheidenden Grundsatz der Entgeltfortzahlung trotz Arbeitsversäumnis wegen Betriebsratstätigkeit.

A. Ordnungsgemäße Arbeitsbefreiung als Grundlage der Entgeltfortzahlung

Zwar mag die Arbeitsbefreiung für Betriebsratstätigkeit auf den ersten Blick für die Bemessung der Vergütung von Betriebsräten keine allzu große Rolle spielen, sie ist aber notwendiger Anknüpfungspunkt für die Fortzahlung des Entgeltes nach § 37 Abs. 2 BetrVG. Nur bei einer ordnungsgemäßen Arbeitsbefreiung nach den Voraussetzungen der Vorschrift ist dem Mandatsträger das bisherige Entgelt ohne Minderung, in unveränderter Höhe, mit sämtlichen Entgeltbestandteilen wie zuvor weiterzuzahlen. Daher sind die Anforderungen an eine wirksame Arbeitsbefreiung auch im Rahmen der Entgeltbemessung von Betriebsratsmitgliedern genauer zu betrachten. Deren richtige Beurteilung ist entscheidend für die Fortzahlung des Entgeltes. Sind einzelne Anforderungen nicht erfüllt, könnte sich das auf den Entgeltanspruch auswirken.

I. Voraussetzungen der Arbeitsbefreiung nach § 37 Abs. 2 BetrVG

1. Wahrnehmung von Betriebsratsaufgaben

Für eine Befreiung von der Arbeit ist nach dem Wortlaut des § 37 Abs. 2 BetrVG zunächst erforderlich, dass sie der Durchführung von Betriebsratsaufgaben dient. Es muss sich um Amtsobliegenheiten des Betriebsratsmitgliedes handeln.[544] Diese bestimmen sich nach dem Aufgabenbereich des Betriebsrates,[545] der sich aber nicht allgemein anhand einer abstrakten Definition festlegen lässt und in der Literatur meist anhand von Fallbeispielen dargestellt wird.[546] Es kommt maßgeblich darauf an, ob dem Betriebsrat die Aufgabe – durch Gesetz – übertragen wird.[547] Überwiegend finden sich solche Aufgabenzuweisungen in dem Betriebsverfassungsgesetz und darüber hinaus teilweise in anderen Gesetzen, wie beispielsweise dem Sozialgesetzbuch (z. B. § 193 Abs. 5 SGB VII) oder dem Kündigungsschutzgesetz (z. B. § 17 KSchG).[548] Aber auch in Tarifverträgen oder Betriebsvereinbarungen können – nach überwiegender Ansicht – Aufgaben und

---

543 Richardi/*Thüsing*, § 37 Rn. 15.
544 *Fitting*, § 37 Rn. 23; Richardi/*Thüsing*, § 37 Rn. 16.
545 HWGNRH/*Glock*, § 37 Rn. 28.
546 Vgl. *Gutzeit*, S. 71.
547 *Gutzeit*, S. 71; HWGNRH/*Glock*, § 37 Rn. 28; vgl. auch BAG SAE 1963, 207, 209.
548 HWGNRH/*Glock*, § 37 Rn. 28; ErfK/*Koch*, § 37 BetrVG Rn. 2.

damit Amtsobliegenheiten für Betriebsratsmitglieder festgeschrieben sein.[549] Im Hinblick auf eine Erweiterung oder Beschränkung der Beteiligungsrechte des Betriebsrates ist diese Möglichkeit allerdings umstritten.[550] Daneben hat der Betriebsrat außerdem Verwaltungs- und Organisationsaufgaben zu erledigen, wie z. B. die Vorbereitung von Sitzungen oder das Verfassen von Berichten und Protokollen.[551] Entscheidend für die Beurteilung, ob die Arbeitsbefreiung der Durchführung von Betriebsratsaufgaben dient, sind allein objektive Kriterien.[552] Ob die jeweilige Aufgabe von dem Mandatsträger, der konkret von der Arbeit befreit werden soll, zu erfüllen ist, richtet sich entweder nach den gesetzlichen Vorschriften oder der Zuweisung durch den Betriebsrat selbst, entsprechend seiner eigenverantwortlich bestimmten Arbeitseinteilung.[553] Inwieweit und in welchem Umfang das Betriebsratsmitglied für die Amtstätigkeit befreit werden kann, ist dagegen mehr eine Frage der Erforderlichkeit und damit der zweiten notwendigen Voraussetzung der Arbeitsbefreiung.

2. Erforderlichkeit

Dass die Arbeitsbefreiung für die Ausübung der Betriebsratstätigkeit notwendig sein muss, ist maßgebliches Kriterium der Regelung des § 37 Abs. 2 BetrVG. Nach dem Wortlaut ist die Befreiung nur dann vorzunehmen, wenn und soweit sie nach Umfang und Art des Betriebes zur ordnungsgemäßen Durchführung der Betriebsratsaufgaben erforderlich ist.

Zu bestimmen ist die Voraussetzung der Erforderlichkeit ausschließlich nach den konkreten Verhältnissen des Betriebes.[554] Dabei ist grundsätzlich für die Beurteilung auf den jeweiligen Einzelfall abzustellen. Weder Erfahrungswerte noch spezielle Richtwerte – beispielsweise angelehnt an die Freistellungsstaffeln des § 38 Abs. 1 BetrVG – dürfen hier mit einbezogen werden.[555] Vor allem lässt sich mit der Regelung des § 38 Abs. 1 BetrVG auch keine Obergrenze für eine erforderliche Arbeitsbefreiung nach § 37 Abs. 2 BetrVG herleiten; die Regelung schreibt lediglich Mindestzahlen an Freistellungen, ausgehend von dem Normalfall der Arbeitsbelastung, fest.[556] Wie die Erforderlichkeit der Arbeitsbefreiung – vor allem im Hinblick auf Dauer und Umfang – im Einzelnen

---

549 Erfk/*Koch*, § 37 BetrVG Rn. 2; DKKW/*Wedde*, § 37 Rn. 16; *Fitting*, § 37 Rn. 24; *Lipp*, S. 48; vgl. auch BAG BeckRS 2006, 134732; zur Erweiterung der Beteiligungsrechte des Betriebsrates BAG NZA 1988, 699.

550 Vgl. auch den Überblick bei HWGNRH/*Rose*, Einl. BetrVG Rn. 291 ff.; GK-BetrVG/*Wiese*, § 87 Rn. 5 ff.; ablehnend Richardi/*Thüsing*, § 37 Rn. 21.

551 BAG SAE 1963, 207, 209.

552 BAG NZA 1995, 225, 227; GK-BetrVG/*Weber*, § 37 Rn. 29; HWGNRH/*Glock*, § 37 Rn. 33.

553 GK-BetrVG/*Weber*, § 37 Rn. 30; das ist jedenfalls dann abzulehnen, wenn für die Tätigkeit nach einem Betriebsratsbeschluss ein anderes Betriebsratsmitglied zuständig ist, vgl. ArbG Kiel v. 13.11.1978 – 4a BV 23/78 (Leitsatz juris).

554 HWGNRH/*Glock*, § 37 Rn. 34.

555 BAG NZA 1995, 961; BB 1979, 627; ErfK/*Koch*, § 37 BetrVG Rn. 3; HWGNRH/*Glock*, § 37 Rn. 34.

556 BAG BB 1979, 627.

festgestellt werden kann, lässt sich nicht pauschal beurteilen, sondern richtet sich nach verschiedenen Gesichtspunkten und den Begebenheiten des jeweiligen Einzelfalles. Bei der Bestimmung dürfen nicht nur rein objektive Kriterien ausschlaggebend sein ebensowenig wie ausschließlich subjektive Erwägungen einzelner Betriebsratsmitglieder.[557] Vielmehr ist ein objektivierter Maßstab aus der Sicht ex ante anzulegen.[558] Anderenfalls würde bei einer nur objektiven ex post Betrachtung allein den Mandatsträgern das Risiko einer Fehleinschätzung aufgebürdet, das sie in ihrer Handlungsfreiheit einschränken könnte.[559] Demgegenüber würde das Abstellen auf eine nur subjektive Sichtweise des Betriebsratsmitgliedes jedoch die Voraussetzung der Erforderlichkeit beinahe überflüssig werden lassen und der Arbeitgeber wäre allein von dessen persönlicher Einschätzung abhängig. Im Hinblick auf sein Interesse an einem ungestörten Arbeitsablauf sowie der besseren Planbarkeit seiner Arbeitskräfte wäre das nicht sachgerecht.[560] Entscheidend ist daher – als eine Art Mittelweg –, dass das jeweilige Betriebsratsmitglied bei gewissenhafter Überlegung sowie ruhiger und vernünftiger Würdigung sämtlicher Umstände die Versäumnis von Arbeitszeit für notwendig halten durfte, um die anfallenden Aufgaben wahrzunehmen.[561] Wegen der sich hier gegenüberstehenden Interessen des Arbeitgebers und des Betriebsrates ist für die Bestimmung der Erforderlichkeit daher eine Abwägung sämtlicher Umstände vorzunehmen, mit der die Belange des Betriebes als auch die Interessen des Betriebsrates und der Belegschaft angemessen berücksichtigt werden.[562] Eine Rolle bei der Abwägung spielen auch Aspekte wie die Größe und Art des Betriebes – worauf schon der Wortlaut des § 37 Abs. 2 BetrVG hinweist –, die Zahl der Arbeitnehmer sowie die Art der Betriebsratstätigkeit in dem jeweiligen Betrieb, die Bandbreite der Betriebsratsaufgaben, aber auch persönliche Fähigkeiten oder individuelle Arbeitsweise.[563] Außerdem ist hier der Grundsatz der Verhältnismäßigkeit zu beachten.[564]

Da es sich bei dem Merkmal der Erforderlichkeit um einen unbestimmten Rechtsbegriff und damit teilweise um Ermessensfragen handelt, wird den Amtsträgern ein gewisser Beurteilungsspielraum zugebilligt.[565] Es kommt darauf an,

---

557 DKKW/*Wedde*, § 37 Rn. 26; *Fitting*, § 37 Rn. 38; HWGNRH/*Glock*, § 37 Rn. 34; GK-BetrVG/ *Weber*, § 37 Rn. 43.
558 MünchArbR/*Joost*, § 220 Rn. 13; *Gutzeit*, S. 71.
559 *Gutzeit*, S. 71; GK-BetrVG/*Weber*, § 37 Rn. 43.
560 Vgl. zum Zweck des Merkmals der Erforderlichkeit *Gutzeit*, S. 71; MünchArbR/*Joost*, § 220 Rn. 11.
561 BAG AP BetrVG 1972 § 37 Nr. 39; NZA 1995, 225, 227; BB 1962, 1243 (zu BetrVG 1952); GK-BetrVG/*Weber*, § 37 Rn. 43; *Fitting*, § 37 Rn. 38; *Richardi/Thüsing*, § 37 Rn. 25.
562 BAG BeckRS 2006, 134732; NZA 1995, 961, 963; DKKW/*Wedde*, § 37 Rn. 26; GK-BetrVG/ *Weber*, § 37 Rn. 43; HWGNRH/*Glock*, § 37 Rn. 34.
563 *Fitting*, § 37 Rn. 38; MünchArbR/*Joost*, § 220 Rn. 10.
564 *Blomeyer*, FS 25 Jahre BAG, S. 33; *Richardi/Thüsing*, § 37 Rn. 22; HWGNRH/*Glock*, § 37 Rn. 34; GK-BetrVG/*Weber*, § 37 Rn. 42.
565 Std. Rspr., u. a. BAG NZA 1995, 225, 227; NZA 1994, 500; NZA 1990, 149 (zur Erforderlichkeit einer Schulungsveranstaltung nach § 37 Abs. 6 BetrVG); GK-BetrVG/*Weber*, § 37 Rn. 44; *Fitting*, § 37 Rn. 38; ausführlich *Purschwitz*, S. 110 ff.; a. A. ErfK/*Koch*, § 37 BetrVG Rn. 3.

ob ein vernünftiger Dritter unter gleichen Umständen zu demselben Ergebnis gekommen wäre und die Arbeitsbefreiung ebenfalls für erforderlich gehalten hätte.[566] In diesem Rahmen kann das Betriebsratsmitglied sämtliche gesetzlich vorgesehenen Möglichkeiten seiner Beteiligungsrechte voll ausschöpfen, ohne dass es damit die Grenzen der Erforderlichkeit überschreitet.[567] Die konkrete Einteilung der Arbeit innerhalb des Gremiums sowie die Entscheidung darüber, welches Betriebsratsmitglied welche Aufgabe zu erledigen hat, ist allein Sache des Betriebsrates.[568] Der Umfang der Arbeitsbefreiung richtet sich daher auch nach den jeweiligen Aufgaben, die einem Mandatsträger zugewiesen werden.[569] Dagegen muss der Betriebsrat seine Tätigkeit im Hinblick auf den zeitlichen wie personellen Aufwand so rationell wie möglich gestalten.[570] Liegt ein Beschluss des Betriebsrates zur Erledigung bestimmter Aufgaben durch ein spezielles Betriebsratsmitglied vor, kann dieser – auch wenn in der Regel für die Tätigkeit des Betriebsrates ein entsprechender Beschluss des Gremiums Voraussetzung ist – alleine für sich aber noch nicht das Merkmal der Erforderlichkeit begründen und eine Arbeitsbefreiung bewirken.[571] Das jeweilige Betriebsratsmitglied muss stets selbstständig prüfen, ob dies tatsächlich zutrifft.[572]

II. Durchführung der Arbeitsbefreiung

Liegen die Voraussetzungen vor, hat das Betriebsratsmitglied zur Erledigung der notwendigen Betriebsratsaufgaben einen Anspruch auf Arbeitsbefreiung in entsprechendem Umfang.[573] Das bedeutet jedoch nicht, dass hierfür eine formelle Befreiung in Form eines Gestaltungsakts durch den Arbeitgeber erforderlich ist, diese bedarf insbesondere nicht seiner Zustimmung bzw. Genehmigung.[574] Das Erfordernis eines arbeitgeberseitigen Einverständnisses könnte eine unabhängige Amtsausführung erheblich beeinträchtigen.[575] Das Betriebsratsmitglied kann sich vielmehr nach Prüfung der Anforderungen selbstständig von der Arbeit befreien bzw. entfernen. Allerdings muss es sich vor Verlassen des Arbeitsplatzes, ebenso wie alle anderen Arbeitnehmer bei Nichterbringung von Arbeitsleistung

---

566 BAG NZA 1995, 961, 963; GK-BetrVG/*Weber*, § 37 Rn. 44.
567 GK-BetrVG/*Weber*, § 37 Rn. 45; *Fitting*, § 37 Rn. 38, 45.
568 BAG SAE 1963, 207, 209; ErfK/*Koch*, § 37 BetrVG Rn. 4; GK-BetrVG/*Weber*, § 37 Rn. 47; *Fitting*, § 37 Rn. 45; MünchArbR/*Joost*, § 220 Rn. 11.
569 *Fitting*, § 37 Rn. 45.
570 BAG SAE 1963, 207, 209; HWGNRH/*Glock*, § 37 Rn. 36 f.; GK-BetrVG/*Weber*, § 37 Rn. 46; das gilt auch für den einzelnen Mandatsträger, GK-BetrVG/*Weber*, § 37 Rn. 50.
571 BAG NZA 1995, 225, 227; *Fitting*, § 37 Rn. 39; DKKW/*Wedde*, § 37 Rn. 30.
572 BAG BeckRS 2006, 134732; NZA 1995, 225, 227; AP BetrVG 1972 § 37 Nr. 39; DKKW/*Wedde*, § 37 Rn. 30.
573 DKKW/*Wedde*, § 37 Rn. 44; BDDH/*Wolmerath*, § 37 BetrVG Rn. 9; *Gutzeit*, S. 70.
574 BAG NZA 2017, 1014, 1015; NZA 2012, 47, 48; AP BetrVG 1972 § 37 Nr. 39; DKKW/*Wedde*, § 37 Rn. 44; WPK/*Kreft*, § 37 Rn. 16; *Fitting*, § 37 Rn. 49.
575 GK-BetrVG/*Weber*, § 37 Rn. 56.

während der Arbeitszeit, bei seinem Vorgesetzten ordnungsgemäß abmelden.[576] Die Meldepflicht besteht auch dann, wenn der Mandatsträger seine Betriebsratstätigkeit an seinem üblichen Arbeitsplatz ausführt; nur bei besonderen Umständen des Einzelfalles kann diese Pflicht ausnahmsweise entfallen.[577] Für die Abmeldung ist weder eine feste, einzuhaltende Frist noch eine besondere Form oder Begründung vorgesehen.[578] Der Arbeitgeber ist jedoch rechtzeitig bzw. so früh wie möglich zu informieren. Das ergibt sich bereits aus dem Gebot der vertrauensvollen Zusammenarbeit nach § 2 Abs. 1 BetrVG; schließlich muss der Arbeitgeber auch für einen geregelten Betriebsablauf mit seinen Arbeitskräften vernünftig disponieren und den Arbeitsausfall kompensieren können.[579] Es genügen Angaben zu Ort und voraussichtlicher Dauer, dagegen sind Art und Inhalt der geplanten Betriebsratsarbeit nicht mitzuteilen.[580] Bei begründeten Zweifeln des Arbeitgebers an der Erforderlichkeit der Betriebsratstätigkeit wegen der konkreten Situation in seinem Betrieb und des beanspruchten Zeitaufwands muss der Mandatsträger anhand stichwortartiger Angaben dem Arbeitgeber zumindest (rückwirkend) eine Plausibilitätskontrolle ermöglichen, ohne dass er dabei detaillierte Ausführungen zum Inhalt der Betriebsratstätigkeit macht.[581] Mit diesen Kurzangaben wird dem Interesse des Arbeitgebers, das Entgelt nur für notwendige Betriebsratsarbeit weiterzuzahlen sowie dem Interesse des Betriebsrates, ungestört seine Tätigkeit ohne Einfluss des Arbeitgebers verrichten zu können, Rechnung getragen.[582] Macht das Betriebsratsmitglied daraufhin nicht die notwendigen Angaben, kann der Entgeltanspruch solange entfallen bzw. gekürzt werden.[583]

Kommt das Betriebsratsmitglied seiner Meldepflicht insgesamt nicht nach, handelt es sich um eine Verletzung einer individualvertraglichen Nebenpflicht, die auf dem Arbeitsvertrag[584] beruht – und nicht ausschließlich um die Verletzung seiner Pflichten als Amtsträger, die lediglich zu einem Ausschluss aus dem Gremium führen könnte (vgl. § 23 Abs. 1 BetrVG); sie berechtigt den Arbeitgeber

---

576 St. Rspr., u. a. BAG NZA 2012, 47, 48; NZA 1997, 1062, 1063; NZA 1995, 961; NZA 1993, 220, 221; GK-BetrVG/*Weber*, § 37 Rn. 56.

577 BAG NZA 2012, 47, 49; ErfK/*Koch*, § 37 BetrVG Rn. 5.

578 DKKW/*Wedde*, § 37 Rn. 44 f.; a. A. HWGNRH/*Glock*, § 37 Rn. 48.

579 BAG NZA 1997, 1062, 1063; MünchArbR/*Joost*, § 220 Rn. 16; GK-BetrVG/*Weber*, § 37 Rn. 59; ErfK/*Koch*, § 37 BetrVG Rn. 5.

580 BAG NZA 2012, 47, 48; NZA 1995, 961; ErfK/*Koch*, § 37 BetrVG Rn. 5; DKKW/*Wedde*, § 37 Rn. 45 f.; wohl a. A. HWGNRH/*Glock*, § 37 Rn. 47 f.

581 BAG NZA 1995, 961, 962; ErfK/*Koch*, § 37 BetrVG Rn. 5; ablehnend wohl *Fitting*, § 37 Rn. 50 f.

582 BAG NZA 1995, 961, 962.

583 ErfK/*Koch*, § 37 BetrVG Rn. 5, vgl. auch BAG NZA 1995, 961, 962 f.; ablehnend HWGNRH/*Glock*, § 37 Rn. 69, der eine Entgeltkürzung nur bei Rücknahme der Arbeitsbefreiung durch den Arbeitgeber und Nichtleistung des Betriebsratsmitgliedes anerkennt.

584 Vgl. *Heinrich*, JuS 1998, 97, 99.

daher, eine Abmahnung auszusprechen.[585] Unter Umständen kann er sogar aus wichtigem Grund kündigen,[586] der Mandatsträger kann darüber hinaus zum Schadensersatz verpflichtet sein.[587] Denkbar wäre auch, ihm wegen der nicht erforderlichen Arbeitsversäumnis nach dem Grundsatz „ohne Arbeit kein Lohn" das Entgelt entsprechend zu kürzen, soweit nicht zugleich ein anderer Grund zur Entgelterhaltung greift. Nach Erledigung der amtsbezogenen Aufgaben hat sich das Betriebsratsmitglied wieder an seinem Arbeitsplatz zurückzumelden,[588] anderenfalls könnte sein Entgeltanspruch wegen fehlendem Angebot der Arbeitsleistung entfallen.[589]

III. Umfang und Formen der Befreiung

1. Anlassbezogene Arbeitsbefreiung

Die Arbeitsbefreiung nach § 37 Abs. 2 BetrVG erfolgt aus konkretem Anlass und ist grundsätzlich nicht an eine bestimmte Dauer gebunden, solange sie den erforderlichen Betriebsratsaufgaben entspricht. Sie ist in der Regel für die Zeit der konkreten Betriebsratstätigkeit vorzunehmen. Dazu zählen auch die aufgewendeten Wege- und Reisezeiten.[590]

Eine Arbeitsbefreiung kommt ebenso in Betracht, wenn das Betriebsratsmitglied seine Amtstätigkeit nicht während seiner üblichen Arbeitszeit wahrnimmt, sondern z.B. an einer Betriebsratssitzung teilnimmt, die im Anschluss an seine normale Arbeit stattfindet. In diesem Fall kann nicht nur ein Anspruch auf Ausgleich für Betriebsratsarbeit außerhalb der Arbeitszeit nach § 37 Abs. 3 BetrVG[591] bestehen. Zusätzlich kann unter Umständen sogar eine Befreiung von der gewöhnlichen Arbeitstätigkeit erforderlich sein, wenn sie vor oder nach der Betriebsratsarbeit unzumutbar ist; häufig ist das der Fall, wenn der Mandatsträger beispielsweise im Schichtdienst arbeitet.[592] Schließt sich an die übliche Schicht eine längere Betriebsratstätigkeit an, könnte das zu einem Verlust der vorgeschriebenen Ruhezeiten führen. Hier kommt es dann auf die Umstände des Einzelfalles an und dem Mandatsträger muss gegebenenfalls durch Arbeitsbefreiung eine ausreichende Ruhezeit ermöglicht werden. Auch wenn die Anwendung des Arbeitszeitgesetzes auf Betriebsratsarbeit umstritten ist, sind

---

585 BAG NZA 1993, 220, 221 f.; GK-BetrVG/*Weber*, § 37 Rn. 62 (bei Wiederholungsgefahr); *Fitting*, § 37 Rn. 56; ErfK/*Koch*, § 37 BetrVG Rn. 5; WPK/*Kreft*, § 37 Rn. 19; a. A. DKKW/*Wedde*, § 37 Rn. 32.
586 LAG Hamm BeckRS 2007, 46752; GK-BetrVG/*Weber*, § 37 Rn. 62.
587 ErfK/*Koch*, § 37 BetrVG Rn. 5; GK-BetrVG/*Weber*, § 37 Rn. 62.
588 St. Rspr., u. a. BAG NZA 2012, 47, 48; NZA 1997, 1062, 1063.
589 HWGNRH/*Glock*, § 37 Rn. 51.
590 *Fitting*, § 37 Rn. 42; Richardi/*Thüsing*, § 37 Rn. 23; vgl. auch BAG AP BetrVG 1972 § 37 Nr. 57.
591 Vgl. dazu die Ausführungen auf S. 283 ff.
592 BAG NZA 2017, 791, 792; NZA 1990, 531; 532; DKKW/*Wedde*, § 37 Rn. 15; *Fitting*, § 37 Rn. 44.

in diesem Zusammenhang jedenfalls die Wertungen des § 5 Abs. 1 ArbZG zu berücksichtigen.[593]

Denkbar ist auch eine generelle Befreiung für einen bestimmten Teil der Arbeitszeit eines Betriebsratsmitgliedes, zum Beispiel regelmäßig an bestimmten Tagen in der Woche bzw. im Monat oder zu bestimmten Zeiten am Tag – immer vorausgesetzt, dass dies für die Wahrnehmung von Betriebsratsaufgaben auch notwendig ist.[594] Dies gilt gleichermaßen auch für Betriebsratsmitglieder, die eigentlich schon nach § 38 Abs. 1 S. 3 BetrVG dauerhaft von ihrer beruflichen Tätigkeit freigestellt wurden, allerdings nur teilweise und nicht für ihre gesamte Arbeitszeit. Für sie kann außerhalb der Freistellungszeiten zusätzlich eine Arbeitsbefreiung nach § 37 Abs. 2 BetrVG aus konkretem Anlass bzw. bei Erforderlichkeit erfolgen.[595]

2. Möglichkeiten dauerhafter Befreiung

Neben den üblichen anlassbezogenen Arbeitsbefreiungen nach § 37 Abs. 2 BetrVG werden in bestimmten Fällen auch dauerhafte Befreiungen ähnlich einer generellen Freistellung gemäß § 38 BetrVG anerkannt.

Relativ einheitlich bejaht wird in diesem Zusammenhang die Möglichkeit, Betriebsratsmitglieder nach § 37 Abs. 2 BetrVG über die Mindestfreistellungsstaffel des § 38 Abs. 1 S. 1 BetrVG hinaus dauerhaft von der Arbeit zu befreien.[596] Vorausgesetzt wird hierfür aber, dass dies zur ordnungsgemäßen Durchführung der Aufgaben des Betriebsrates erforderlich ist und regelmäßig Betriebsratstätigkeit in einem bestimmten Umfang anfällt, für die eine Pauschalierung möglich und sinnvoll ist.[597] Das sei dann anzunehmen, wenn der Anfall von Betriebsratsaufgaben derart hoch ist, dass selbst bei optimaler Aufgabenverteilung die bislang voll freigestellten Betriebsratsmitglieder sie nicht mehr innerhalb ihrer gewöhnlichen Arbeitszeit verrichten können.[598] Der Auffassung ist zuzustimmen. Bei den Werten der Freistellungen in § 38 Abs. 1 BetrVG handelt es sich lediglich um Mindestzahlen, die von einem normalen Arbeitsanfall ausgehen, wie

---

593 BAG NZA 2017, 791, 793; *Fitting*, § 37 Rn. 44; nach BAG NZA 1990, 531; 532 keine ausreichende Ruhezeit bei einer ganztägigen Betriebsratssitzung und einer vorhergehenden wie auch nachfolgenden Nachtschicht, bejaht allerdings von ArbG Lübeck, NZA-RR 2000, 427 bei einer siebenstündigen Ruhezeit zwischen Arbeitstätigkeit und einer vierstündigen Betriebsratssitzung. *Bengelsdorf*, AuA 2001, 71, 72, zieht dagegen die Regelruhezeit des § 7 Abs. 1 Nr. 3 ArbZG heran. A.A. HWGNRH/*Glock*, § 37 Rn. 45, nach dem hierdurch der Charakter der Betriebsratsarbeit als Ehrenamt verwischt wird.

594 *Fitting*, § 37 Rn. 19; DKKW/*Wedde*, § 37 Rn. 11; a.A. HWGNRH/*Glock*, § 37 Rn. 24.

595 DKKW/*Wedde*, § 37 Rn. 11; GK-BetrVG/*Weber*, § 37 Rn. 25, § 38 Rn. 29 ff.; HWGNRH/*Glock*, § 37 Rn. 23.

596 BAG AP BetrVG 1972 § 38 Nr. 2; GK-BetrVG/*Weber*, § 37 Rn. 25, § 38 Rn. 29 ff.; DKKW/*Wedde*, § 37 Rn. 11; *Sturm*, S. 46 f.; a.A. *Purschwitz*, S. 297 ff., 301 f.

597 BAG AP BetrVG 1972 § 38 Nr. 2; NZA 1990, 621, 622; vgl. auch BAG NZA 1997, 58, 59 f. zur Teilfreistellung mehrerer Betriebsratsmitglieder anstelle einer staffelgemäßen vollen Freistellung.

598 BAG NZA 1990, 621, 622.

schon der Wortlaut der Vorschrift „mindestens" nahelegt.[599] Ein Rückgriff auf § 37 Abs. 2 BetrVG über die Freistellungsstaffeln hinaus ist daher möglich.[600] Dem § 37 Abs. 2 BetrVG selbst ist außerdem keine zeitliche Begrenzung der Arbeitsbefreiung zu entnehmen. Für die Dauer der Befreiung kommt es auf die konkreten Umstände in dem jeweiligen Einzelfall an.[601] Diese können sich entweder derart darstellen, dass lediglich kurzzeitige, anlassbezogene Arbeitsbefreiungen zur Erledigung der Betriebsratsaufgaben ausreichen. Sie können sich demgegenüber aber ebenfalls als regelmäßig wiederkehrende, sehr zeitintensive Aufgaben erweisen, welche die Kapazitäten der bereits freigestellten Betriebsratsmitglieder bei weitem übersteigen. Angepasst an die Verhältnisse in dem Betrieb sind daher die Befreiungen nach § 37 Abs. 2 BetrVG für kurze oder lange Dauer vorzunehmen.

Darüber hinaus wird auch die Möglichkeit der (teilweisen) dauerhaften Arbeitsbefreiung über § 37 Abs. 2 BetrVG unterhalb der in § 38 Abs. 1 S. 1 BetrVG festgesetzten Freistellungsgrenze von 200 Arbeitnehmern überwiegend anerkannt.[602] Als Voraussetzung wird – neben der stets zu prüfenden Erforderlichkeit – ebenfalls verlangt, dass die anlassbezogene Befreiung für eine ordnungsgemäße Erfüllung der anfallenden Betriebsratsaufgaben nicht mehr ausreicht, sondern sie eine pauschale Arbeitsbefreiung erforderlich macht.[603] Für eine solche Pauschalierung muss Betriebsratstätigkeit daher in einem gewissen Mindestumfang regelmäßig anfallen.[604] Ebenso wird im Falle der Verhinderung von Betriebsratsmitgliedern vertreten, dass zusätzliche Befreiungen über § 37 Abs. 2 BetrVG vorgenommen werden können – jedenfalls wenn ein oder mehrere freigestellte Mandatsträger über längere Zeit für die Wahrnehmung von Amtsaufgaben nicht zur Verfügung stehen.[605] Wegen der fehlenden zeitlichen Begrenzung oder sonstigen Einschränkungen in § 37 Abs. 2 BetrVG ist auch diesen Ansichten zu folgen.

Damit ist die in § 38 Abs. 1 S. 5 BetrVG gesetzlich festgeschriebene Möglichkeit einer entsprechenden tarifvertraglichen oder betrieblichen Vereinbarung nicht

---

599 Vgl. auch BAG BB 1979, 627; NJW 1974, 1724; AP BetrVG 1972 § 38 Nr. 2; *Sturm*, S. 46 f.

600 A. A. BAG AP BetrVG 1972 § 38 Nr. 1; AP BetrVG 1972 § 38 Nr. 2 (m. Anm. *Richardi*), das als Rechtsgrundlage des Freistellungsanspruches wohl § 38 Abs. 1 i. V. m. § 37 Abs. 2 BetrVG (analog) ansehen; *Boemke*, Anmerkung zu BAG Beschl. v. 13.11.1991 – 7 ABR 5/91, AP BetrVG 1972 § 37 Nr. 80; *Purschwitz*, S. 297 ff., 301 f.

601 Vgl. auch BAG NZA 1992, 414, 415.

602 BAG NZA 1992, 414, 415; NJW 1974, 1724 (beide zur damaligen Freistellungsgrenze von 300 Arbeitnehmern); LAG Köln AuR 1989, 150; DKKW/*Wedde*, § 37 Rn. 11; WPK/*Kreft*, § 37 Rn. 8; GK-BetrVG/*Weber*, § 37 Rn. 26; *Fitting*, § 37 Rn. 19; *Sturm*, S. 46 f.; *Lipp*, S. 45; a. A. HWGNRH/*Glock*, § 38 Rn. 18 ff.; *Boemke*, Anmerkung zu BAG AP BetrVG 1972 § 37 Nr. 80.

603 BAG NZA 1992, 414, 415; DKKW/*Wedde*, § 37 Rn. 11; Richardi/*Thüsing*, § 38 Rn. 16.

604 BAG NJW 1974, 1724; DKKW/*Wedde*, § 37 Rn. 11.

605 BAG AP BetrVG 1972 § 38 Nr. 1, das es von den jeweiligen Umständen des Einzelfalles abhängig macht, ob eine stunden- oder tageweise Arbeitsbefreiung nach § 37 Abs. 2 BetrVG ausreicht oder eine zusätzliche vollständige Freistellung nach dieser Vorschrift in Verbindung mit § 38 Abs. 1 BetrVG erforderlich ist. Vgl. auch BAG AP BetrVG 1972 § 37 Nr. 2; AP BetrVG 1972 § 38 Nr. 2 (m. Anm. *Richardi*).

der einzig mögliche Weg für zusätzliche Freistellungen.[606] Das führt auch nicht zu einer unbegrenzten Möglichkeit von Arbeitsbefreiungen im Betrieb. Schließlich ist eine dauerhafte Befreiung nach § 37 Abs. 2 BetrVG an bestimmte Voraussetzungen gebunden und kann nicht ohne weiteres vorgenommen werden.

3. Befreiung von bestimmten Tätigkeitsarten

Die Arbeitsbefreiung nach § 37 Abs. 2 BetrVG betrifft allerdings nicht nur die Frage, ob Betriebsratsmitglieder aus konkretem Anlass oder generell, ganz oder teilweise von ihrer beruflichen Tätigkeit zu entbinden sind. Denn nach überwiegender Ansicht können Betriebsratsmitglieder nach § 37 Abs. 2 BetrVG neben der Befreiung von der gewöhnlich geschuldeten Arbeitszeit unter Umständen auch von einer ganz bestimmten Art ihrer Arbeit befreit und gleichzeitig mit einer anderen Tätigkeit betraut werden.[607] Im Rahmen der Vorschrift können dann andere Maßnahmen als eine Arbeitsbefreiung geboten sein, wenn anderenfalls eine sachgemäße Erfüllung der anfallenden Betriebsaufgaben nicht mehr gewährleistet werden kann, eine andere Art der Arbeit damit aber ohne weiteres vereinbar wäre.[608] Typische Beispiele für derartige Befreiungen sind die Versetzung eines im Außendienst tätigen Betriebsratsmitgliedes in den Innendienst[609] oder eine entsprechende Umstellung von Nacht- in Tagschicht[610] bzw. von Wechsel- in Normalschicht[611]. Unter Umständen könnte der Arbeitgeber sogar zu einer entsprechenden Verschiebung der Arbeitszeit verpflichtet sein, weil er wegen des Gebots der vertrauensvollen Zusammenarbeit nach § 2 Abs. 1 BetrVG grundsätzlich dafür zu sorgen hat, dass Betriebsratsmitglieder ihr Amt in der Regel nur während der Arbeitszeit ausüben.[612]

B. Weitere Anwendungsbereiche des § 37 Abs. 2 BetrVG

Die Vorschrift des § 37 Abs. 2 BetrVG regelt nicht nur die Arbeitsbefreiung von Betriebsratsmitgliedern für konkret anfallende Amtstätigkeiten, sondern auch

---

606 BAG NZA 1997, 58, 59.

607 BAG NZA 1991, 430; NJW 1965, 886, 887 (zu BetrVG 1952); GK-BetrVG/*Weber*, § 37 Rn. 27; *Fitting*, § 37 Rn. 20; DKKW/*Wedde*, § 37 Rn. 12; a. A. HWGNRH/*Glock*, § 37 Rn. 25; *Purschwitz*, S. 116 ff., die hier nur eine einvernehmliche Vereinbarung zwischen Arbeitgeber und Arbeitnehmer für möglich hält.

608 BAG NZA 1991, 430, 431; NJW 1965, 886, 887 (zu BetrVG 1952); LAG Schleswig-Holstein DB 2005, 2415.

609 LAG Schleswig-Holstein BeckRS 2005, 43079; vgl. auch ArbG Wuppertal BeckRS 1987, 30724100, dessen Urteil zwar mit einer erfolgreichen Beschwerde abgeändert wurde, siehe LAG Düsseldorf BeckRS 1988, 3072697, das Beschwerdegericht, die Möglichkeit einer Versetzung aber nicht grundsätzlich auszuschließen scheint; zustimmend auch *Fitting*, § 37 Rn. 20; GK-BetrVG/*Weber*, § 37 Rn. 27; ablehnend HWGNRH/*Glock*, § 37 Rn. 25.

610 BAG AuR 1969, 246; LAG Düsseldorf AuR 1975, 91 (nur mit Einverständnis des Arbeitgebers und bei Notwendigkeit).

611 BAG NJW 1965, 886, 887 (zu BetrVG 1952); LAG Schleswig-Holstein DB 2005, 2415; GK-BetrVG/*Weber*, § 37 Rn. 27; *Fitting*, § 37 Rn. 20; DKKW/*Wedde*, § 37 Rn. 12.

612 Vgl. LAG Köln BeckRS 2014, 65952.

die Fortzahlung des Entgeltes während dieser Zeit. Damit macht sie die wirksame Arbeitsbefreiung zur Voraussetzung der Weitergewährung des Entgeltes und scheint sich zunächst nur auf die vorübergehend zu befreienden Mandatsträger zu beziehen. Es existieren daneben aber auch andere Anlässe für betriebsratsbedingte Arbeitsversäumnis sowie die nach § 38 BetrVG dauerhaft freigestellten Betriebsräte, die weiterhin ein Entgelt erhalten müssen. Unklar ist allerdings, ob hier ebenfalls die Vorschrift des § 37 Abs. 2 BetrVG Anwendung findet oder ob die Entgeltfortzahlung in diesen Fällen auf anderen Maßstäben basiert.

I. Verweis auf Entgeltfortzahlung bei Teilnahme an einer Schulungs- und Bildungsveranstaltung

Für die Fälle der Teilnahme von Betriebsratsmitgliedern an Schulungen stellt sich die Frage der Anwendbarkeit der Regelung nicht. Denn § 37 Abs. 6 BetrVG bestimmt ausdrücklich die Geltung des § 37 Abs. 2 BetrVG und damit die Entgeltfortzahlung auch für die Teilnahme von Mandatsträgern an einer Schulungs- oder Bildungsveranstaltung. Voraussetzung ist nach dem Wortlaut der Vorschrift, dass die Veranstaltung Kenntnisse vermittelt, die für die Arbeit des Betriebsrates erforderlich sind. Der Verweis bezieht sich nicht nur auf die Rechtsfolgen, sondern auch auf den Tatbestand des § 37 Abs. 2 BetrVG, so dass neben den speziellen Schulungsvoraussetzungen auch eine zum Erwerb dieser Kenntnisse erforderliche Arbeitsbefreiung erfolgt sein muss.[613] Das hat zur Folge, dass hier eine doppelte Erforderlichkeitsprüfung vorgenommen werden muss: einerseits hinsichtlich der Wissensvermittlung der jeweiligen Schulung, zum anderen im Hinblick auf die konkrete Arbeitsbefreiung des teilnehmenden Betriebsratsmitgliedes.[614]

Vor allem bei der erstgenannten Erforderlichkeitsprüfung existieren in der Praxis häufig noch Unsicherheiten. Zwar hat das BAG entschieden, dass die in der Schulung vermittelten Kenntnisse erforderlich sind, wenn sie nach Art und Umfang in der konkreten Situation des Betriebes vom Betriebsrat benötigt werden, um seine derzeitigen bzw. voraussichtlich in der Amtszeit anfallenden Aufgaben erfüllen zu können.[615] Die Beurteilung eines konkreten Einzelfalles kann sich jedoch durchaus als schwierig erweisen. Verschiedene Themen und Inhalte von Schulungen hat die Rechtsprechung aber bereits anerkannt.[616]

---

613 GK-BetrVG/*Weber*, § 37 Rn. 165.
614 HWGNRH/*Glock*, § 37 Rn. 141.
615 U. a. BAG NZA 1997, 781, 782; HWGNRH/*Glock*, § 37 Rn. 147.
616 Vgl. den Überblick bei HWGNRH/*Glock*, § 37 Rn. 168 sowie GK-BetrVG/*Weber*, § 37 Rn. 197.

II. Anwendbarkeit des § 37 Abs. 2 BetrVG auch auf nach § 38 BetrVG freigestellte Betriebsratsmitglieder

1. Ausgangssituation

Nach dem Betriebsverfassungsgesetz bestehen im Grundsatz zwei Möglichkeiten, wie Betriebsratsmitglieder von ihrer Arbeit entbunden werden können, um Amtsaufgaben zu erfüllen. Zu unterscheiden sind die nur vorübergehende, aus konkretem Anlass erfolgende Befreiung von der Arbeit nach § 37 Abs. 2 BetrVG und die dauerhafte, generelle Freistellung gemäß § 38 BetrVG. Charakteristisch für die nach § 37 Abs. 2 BetrVG befreiten Betriebsräte ist, dass sie zeitweise immer noch ihre ursprüngliche Tätigkeit ausüben können und zwar zu den Bedingungen, die gerade in dem Betrieb vorherrschen. Diese Arbeitsleistungen können dann der Entgeltbemessung zugrunde gelegt werden. Schwieriger wird es bei dieser Gruppe erst, wenn auch nach § 37 Abs. 2 BetrVG eine Arbeitsbefreiung über einen längeren Zeitraum – ähnlich einer dauerhaften Freistellung – erfolgen würde.[617] Die nach § 38 BetrVG dauerhaft freigestellten Betriebsratsmitglieder nehmen dagegen ausschließlich nur noch Betriebsratsarbeit wahr. Ihre bisherige Arbeitstätigkeit üben sie während der Freistellung zu keiner Zeit mehr aus. Die Erforderlichkeit, die § 37 Abs. 2 BetrVG für die Arbeitsbefreiung zur Amtsausübung verlangt, muss hier nicht festgestellt werden, sondern wird vermutet; denn in Betrieben ab einer bestimmten Größe geht der Gesetzgeber davon aus, dass Betriebsratsaufgaben in einem entsprechenden Umfang auftreten.[618] Auf tatsächlich anfallende Arbeiten für den Betriebsrat kommt es für die Freistellung daher nicht mehr an.

Damit dürfte die Frage der Anwendbarkeit des § 37 Abs. 2 BetrVG auf dauerhaft freigestellte Betriebsräte jedenfalls für die konkrete Regelung der Arbeitsbefreiung keine Relevanz mehr haben, weil für sie eine Arbeitspflicht von vornherein schon nicht mehr besteht.[619] Es versteht sich allerdings von selbst, dass auch den ständig freigestellten Betriebsratsmitgliedern trotz der dauerhaften Arbeitsversäumnis weiterhin ein Entgelt gezahlt werden muss. Hinsichtlich der Entgeltfortzahlung ist die Interessenlage bei beiden Gruppen im Grundsatz gleich. Die Mandatsträger werden zur Erledigung von Betriebsratsarbeit von ihrer Arbeit mehr oder weniger lange befreit und sollen dafür das entsprechende Entgelt erhalten. Aufgrund der zugleich verschiedenartigen Konstellation und getrennten Regelung sind beide Freistellungsarten für die Frage der Anwendbarkeit der Entgeltregelung des § 37 Abs. 2 BetrVG aber getrennt voneinander zu betrachten und zu beurteilen. Während für die an Schulungen teilnehmenden Betriebsratsmitglieder die Entgeltfortzahlung nämlich kraft Verweisung gilt, fehlt ein sol-

---

617 Eine dauerhafte Arbeitsbefreiung ist auch nach § 37 Abs. 2 BetrVG grundsätzlich möglich, vgl. u.a. BAG NZA 1997, 58, 59f.; NZA 1992, 414, 415; DKKW/*Wedde*, § 37 Rn. 11 sowie die Ausführungen auf S. 123 ff.

618 Vgl. u.a. BAG NZA 1997, 58, 59f.; NZA 1990, 313; NZA 1990, 621, 622; NZA 1990, 313; GK-BetrVG/*Weber*, § 38 Rn. 8; vgl. auch *Fitting*, § 38 Rn. 7.

619 *Natzel*, NZA 2000, 77; *Esser*, S. 32.

cher Hinweis in § 38 BetrVG für die generell freizustellenden Mandatsträger. Lediglich in § 38 Abs. 3 BetrVG erfolgt ein Verweis nur auf § 37 Abs. 4 BetrVG, indem der nachwirkende Geltungszeitraum dieser Regelung für über drei volle Amtszeiten freigestellte Mandatsträger erhöht wird, nicht allerdings auch auf den Absatz 2. Damit gilt zumindest diese Vorschrift, die eine Entgeltanpassung an die Entwicklung vergleichbarer Arbeitnehmer vorsieht, explizit auch für nach § 38 BetrVG freigestellte Betriebsratsmitglieder. Letztendlich bleibt jedoch fraglich, worauf sich der Entgeltanspruch nach § 38 BetrVG freigestellter Mandatsträger stützt und ob der in § 37 Abs. 2 BetrVG enthaltene Grundsatz der ungeminderten Entgeltfortzahlung ebenfalls auf sie anzuwenden ist. Würde man eine Anwendung des § 37 Abs. 2 BetrVG bejahen, führt das zu der Folgefrage, ob auch bei freigestellten Mandatsträgern Voraussetzungen an ihre Tätigkeit – entsprechend der Erforderlichkeit bei vorübergehender Arbeitsbefreiung – zu stellen sind.

2. Überblick über die verschiedenen Lösungsansätze

Ob § 37 Abs. 2 BetrVG im Hinblick auf die Entgeltfortzahlung auch bei freigestellten Betriebsratsmitgliedern anwendbar ist, wird von Rechtsprechung und Literatur nicht einheitlich beurteilt. Dazu existieren zahlreiche unterschiedliche Ansichten, wobei das Problem nur selten explizit benannt oder näher erläutert wird. Meistens lässt sich eine Auffassung nur aus der konkreten (Nicht-)Anwendung der Vorschrift schließen.

Eine Richtung in der Literatur wendet für die Entgeltfortzahlung für dauerhaft freigestellte Mandatsträger den § 37 Abs. 2 BetrVG nicht an und stützt sich vor allem auf § 38 Abs. 3 BetrVG, der lediglich auf eine Anwendung des § 37 Abs. 4 BetrVG hinweist. Dabei soll nach einer Ansicht schon wegen der Stellung des § 38 BetrVG gegenüber § 37 BetrVG als ausschließende Spezialnorm die Vorschrift des § 37 Abs. 2 BetrVG nicht auf generell freigestellte Betriebsräte übertragbar sein; der weiter fortgeltende bisherige Arbeitsvertrag erfahre durch den Hinweis in § 38 Abs. 3 BetrVG auf den § 37 Abs. 4 BetrVG lediglich eine Ergänzung und Anpassung.[620] Demnach sei es bei freigestellten Betriebsräten nahezu unmöglich, einen hypothetischen Lohn anhand ungewisser Kriterien zu bestimmen, wie es nach der Regelung zur Entgeltfortzahlung aber erforderlich wäre. Eine weitere Auffassung nimmt zwar die Geltung der Entgeltfortzahlung an, allerdings nicht über den § 37 Abs. 2 BetrVG, sondern ebenfalls nur über § 38 Abs. 3 BetrVG. Das führt die Ansicht auf den Wortlaut der Vorschrift zurück, in dem von der „Weiterzahlung" des nach § 37 Abs. 4 BetrVG anzupassenden Entgeltes die Rede ist.[621] Sie wendet für die Entgeltbemessung freigestellter Betriebsräte daher ausschließlich § 37 Abs. 4 BetrVG an und begründet das mit

---

620 *Aden*, RdA 1980, 256, 258; so auch *Chen*, S. 76; ähnlich *Kehrmann*, FS Wlotzke, S. 362, der ausschließlich § 37 Abs. 4 BetrVG als eigene Bemessungsgrundlage für freigestellte Betriebsräte ansieht.

621 *Knipper*, S. 23.

weiteren Argumenten. Unter anderem könne § 37 Abs. 2 BetrVG schon deshalb keine Geltung erlangen, weil die Regelung eine Erforderlichkeit der Betriebsratstätigkeit verlange, die aber bei generellen Freistellungen nach § 38 BetrVG bereits vermutet wird.[622]

Eine andere Meinung lehnt eine unmittelbare Geltung des § 37 Abs. 2 BetrVG bereits mit der Begründung ab, dass bei freigestellten Betriebsratsmitgliedern von vornherein keine Arbeitspflicht mehr bestehe, sie wendet die Regelung aber zumindest entsprechend an.[623]

Demgegenüber wird die Anwendbarkeit der Regelung der Entgeltfortzahlung größtenteils auch auf freigestellte Betriebsräte anerkannt. In Rechtsprechung und Literatur wird die Vorschrift des § 37 Abs. 2 BetrVG sowohl auf vorübergehend befreite als auch freigestellte Betriebsratsmitglieder bei der Entgeltbemessung gleichermaßen angewendet.[624] Das BAG hat die Vorschrift sogar schon als „Grundregel" bezeichnet.[625] Auch eine Auffassung im Schrifttum ordnet die Regelung als „Grundnorm jeder Befreiung von der beruflichen Tätigkeit" ein.[626] Obwohl in der Literatur eine explizite Aussage zu einer direkten Anwendung des § 37 Abs. 2 BetrVG auf dauerhaft freigestellte Mandatsträger häufig vermieden wird, erfolgt meist ohne Begründung ein Verweis auf die Vorschrift oder sie wird ohne nähere Erläuterung auch auf freigestellte Betriebsräte angewandt.[627] Damit ist ebenfalls die Befürwortung der Geltung des Entgeltausfallprinzips bei Freistellungen nach § 38 BetrVG anzunehmen. Dass dadurch vor allem bei über lange Zeiträume freigestellten Betriebsräten Probleme bei der Bestimmung des individuellen Entgeltes entstehen können, versuchen diese Ansichten oft mit der zusätzlichen Heranziehung der Vorschrift des § 37 Abs. 4 BetrVG zu begegnen.[628]

Nur eine andere Auffassung scheint einen von den Vergütungsvorschriften gänzlich unabhängigen Entgeltanspruch zu sehen, der sich alleine auf die im Zeitpunkt der Freistellung bestehenden individual- und kollektivrechtlichen Verein-

---

622 *Knipper*, S. 29 f. (mit weit. Arg.).

623 *Lipp*, S. 45.

624 BAG NZA 2015, 1328, 1329 f.; BeckRS 2014, 68286. Meist geht das BAG jedoch nicht genauer auf die Anwendbarkeit der Vorschrift ein, sondern wendet sie gleichermaßen auf freigestellte Betriebsratsmitglieder an und geht von einer uneingeschränkten und abschließenden Geltung des Entgeltausfallprinzips aus, vgl. BAG NZA 1992, 936; NZA 1997, 1242, 1244; NZA 2000, 1174; eindeutiger, jedoch zu § 46 BPersVG BAG NZA 2012, 626, 627 f.; für eine Anwendung auch WPK/*Kreft*, § 37 Rn. 41; GK-BetrVG/*Weber*, § 38 Rn. 97; Richardi/*Thüsing*, § 38 Rn. 56; *Happe*, S. 27, 30 ff.; *Sturm*, S. 57 f.; *Esser*, S. 33; *Natzel*, NZA 2000, 77, 78; wohl auch *Blattner*, NZA 2018, 129, 130; *Hennecke*, BB 1986, 936.

625 So ausdrücklich BAG BB 1984, 532.

626 GK-BetrVG/*Weber*, § 38 Rn. 97.

627 So ErfK/*Koch*, § 38 BetrVG Rn. 10; DKKW/*Wedde*, § 38 Rn. 73; *Fitting*, § 38 Rn. 85.

628 GK-BetrVG/*Weber*, § 38 Rn. 97; Richardi/*Thüsing*, § 38 Rn. 56; DKKW/*Wedde*, § 38 Rn. 73; *Fitting*, § 38 Rn. 86 (jedenfalls Rückgriff auf vergleichbare Arbeitnehmer für Fälle wie Leistungslohn oder bei ersatzlosem Wegfall des Arbeitsplatzes des Betriebsratsmitgliedes). Vgl. auch *Schneider*, NZA 1984, 21, 22.

barungen stützt.[629] Demnach sei es eine fälschliche Annahme der herrschenden Meinung, dass § 38 BetrVG einen Unterfall von § 37 Abs. 2 BetrVG darstelle, noch sei eine Lösung durch einen Rückgriff auf § 37 Abs. 4 BetrVG möglich.[630]

3. Kritische Würdigung

Der relativ ausführliche Überblick über die existierenden Meinungen zu der Frage der Anwendung des Entgeltausfallprinzips des § 37 Abs. 2 BetrVG zeigt deutlich die Vielzahl unterschiedlicher Auffassungen zu dem Thema. Meist fehlen auch hier eindeutige Aussagen oder eine klare Systematik. Daher werden die verschiedenen Vorschriften oft nicht nach ihrem Regelungsinhalt getrennt und bei der Beurteilung der Vergütung vermengt. Wegen der ohnehin auftretenden Schwierigkeiten bei der konkreten Bemessung des Entgeltes von Betriebsratsmitgliedern ist es für die richtige Anwendung der Regelungen deshalb umso wichtiger, sich das System der Vorschriften zu verdeutlichen und damit Unsicherheiten von vornherein zu vermeiden.

Es kann auch nicht behauptet werden, dass die Frage keinerlei Auswirkungen auf das Entgelt hat. Es macht nämlich durchaus einen Unterschied, auf welcher Grundlage man den freigestellten Betriebsräten ihre Vergütung gewährt. Die verschiedenen vertretenen Ansichten können zu unterschiedlichen Ergebnissen führen. Würde man sich allein nach dem bestehenden Arbeitsvertrag des Mandatsträgers richten, könnten besondere, in dem Betrieb vorherrschende Umstände, welche die Höhe des Entgeltes beeinflussen, keinerlei Berücksichtigung finden. Stellt man dagegen auf das Entgeltausfallprinzip nach § 37 Abs. 2 BetrVG ab, würden mit der danach vorzunehmenden Ermittlung des hypothetisch verdienten Arbeitsentgeltes solche Besonderheiten durchaus Beachtung finden. Allein die Anwendung des § 37 Abs. 4 BetrVG würde wegen der ausschließlichen Orientierung an der Entwicklung anderer vergleichbarer Arbeitnehmer wiederum zu einem anderen Ergebnis führen. Die Frage der Berechnungsgrundlage muss daher zwingend entschieden werden.

Vorzugswürdig ist es, das Entgeltausfallprinzip des § 37 Abs. 2 BetrVG auch auf dauerhaft freigestellte Betriebsratsmitglieder anzuwenden. Das ergibt sich schon aus der Systematik des Gesetzes. § 37 BetrVG ist als Vorschrift zu verstehen, die für die Vergütung von Betriebsräten einen allgemeinen Grundsatz enthält und sich nicht auf eine Art der Arbeitsbefreiung beschränkt, sondern auch für freigestellte Betriebsratsmitglieder Geltung erlangt. Im Hinblick auf das Unentgeltlichkeitsgebot (Absatz 1), den Ausgleich für Betriebsratstätigkeit außerhalb der Arbeitszeit (Absatz 3) oder die Teilnahme an Schulungen (Absätze 6 und 7) wird das – soweit ersichtlich – ohnehin nicht in Frage gestellt. Im Rahmen der Teilnahme an Schulungsveranstaltungen hat das BAG sogar ausdrücklich entschieden, dass sowohl freigestellte als auch nur vorübergehend

---

629 HWGNRH/*Glock*, § 38 Rn. 65.

630 HWGNRH/*Glock*, § 38 Rn. 65.

befreite Betriebsratsmitglieder den gleichen rechtlichen Maßstäben unterliegen, da schließlich beide Arten der Arbeitsbefreiung bzw. Freistellung die sachgerechte Wahrnehmung von Betriebsratsaufgaben sichern wollen.[631] Warum für den Grundsatz in § 37 Abs. 2 BetrVG etwas anderes gelten soll, ist nicht nachvollziehbar. Vielmehr stellt die Vorschrift tatsächlich eine Art Grundnorm bzw. Grundtatbestand dar, demgegenüber § 38 BetrVG lediglich für eine besondere Art der Freistellung eine Sonderregelung enthält. Das bedeutet allerdings nicht, dass die beiden Vorschriften in einem Verhältnis stehen, in dem § 38 den § 37 Abs. 2 BetrVG verdrängen würde. § 38 BetrVG regelt die Freistellung von der Arbeit für Betriebsratstätigkeit, und zwar generell und unabhängig von tatsächlich anfallenden Arbeiten; ein Freistellungsanspruch besteht hier quasi pauschaliert mit einer Vermutung der Erforderlichkeit.[632] Die dahinter stehende Absicht des Gesetzgebers ist lediglich, dauerhafte Freistellungen ab einer bestimmten Betriebsgröße verbindlich zu regeln, um mögliche Streitigkeiten zwischen Arbeitgeber und Arbeitnehmern im Hinblick auf den Umfang von Arbeitsbefreiungen von vornherein zu vermeiden.[633]

Die Argumente der teilweise vertretenen Gegenansichten vermögen außerdem nicht zu überzeugen. Insbesondere ist der teilweise angewandte Lösungsweg ausschließlich über die Vorschrift des § 37 Abs. 4 BetrVG abzulehnen. Eine klare Unterscheidung zwischen den beiden Vorschriften ist wegen der Regelungssystematik unerlässlich. Während § 37 Abs. 2 BetrVG die Entgeltfortzahlung an sich betrifft, bezieht sich § 37 Abs. 4 BetrVG nur auf die Entwicklung vergleichbarer Arbeitnehmer und die entsprechende nachträgliche Anpassung des Entgeltes von Betriebsratsmitgliedern.[634] Die Vorschriften dürfen daher nicht vermengt werden.[635] Es wäre nicht richtig, das Entgelt ausschließlich anhand einer objektiven Entwicklung vergleichbarer Arbeitnehmer zu bestimmen, das sieht das Gesetz nicht vor. Vielmehr ist zuerst das individuelle (hypothetische) Grundentgelt festzulegen und erst dann in einem weiteren Schritt gegebenenfalls noch in der Höhe anzupassen. Auch der Hinweis in § 38 Abs. 3 nur auf den § 37 Abs. 4 BetrVG bedeutet nicht, dass § 37 Abs. 2 BetrVG im Umkehrschluss wegen Fehlen eines Verweises nicht zur Anwendung kommt. Denn § 38 Abs. 3 BetrVG sagt nichts zur grundsätzlichen Anwendbarkeit einzelner Vorschriften aus, sondern erweitert lediglich die Zeiträume der § 37 Abs. 4 und 5 BetrVG für freigestellte Amtsträger. Hintergrund dafür ist lediglich, die in Zusammenhang mit der Amtsführung bei über viele Amtszeiten freigestellten Betriebsräten häufiger eintretenden Nachteile auszugleichen.

Allein auf den ursprünglichen Arbeitsvertrag abzustellen, weil die Arbeitspflicht bei Freistellungen ohnehin von Anfang an suspendiert ist, dem ist ebenfalls nicht zuzustimmen. Dadurch könnten bestimmte Umstände in dem Betrieb oder

---

631 BAG BB 1979, 782; vgl. auch BAG BB 1984, 532.
632 Vgl. BAG BB 1984, 532; NZA 1992, 414, 415.
633 Vgl. dazu BT-Drucks. VI/1786 S. 41; BAG BB 1984, 532.
634 Vgl. dazu u. a. BAG NZA 2016, 1212, 1214; NZA 2015, 1328, 1329 f.
635 So auch *Esser*, S. 34 mit Hinweis auf HWGNRH/*Glock*, § 37 Rn. 65.

der Person des Mandatsträgers überhaupt nicht berücksichtigt werden. Gerade schwierige Fragen bei der Entgeltbemessung wie Überstunden oder Kurzarbeit blieben hier unbeantwortet.

Würde man die Regelung des § 37 Abs. 2 BetrVG auf dauerhaft freigestellte Betriebsratsmitglieder nicht anwenden, könnten außerdem widersprüchliche Ergebnisse entstehen. Betrachtet man zum Beispiel die – nicht unübliche – Konstellation der nur teilweisen Freistellung eines Mandatsträgers nach § 38 Abs. 1 S. 3 BetrVG: Für die Zeit, in der er nicht freigestellt wurde, sondern seiner ursprünglichen Arbeitstätigkeit weiter nachgeht, bleibt § 37 Abs. 2 BetrVG weiter anwendbar. In dieser Zeit kann für zusätzlich anfallende Betriebsratsaufgaben eine weitere Arbeitsbefreiung aus konkretem Anlass erfolgen. Solche „Mischformen" der Betriebsratsfreistellung aus § 38 Abs. 1 S. 3 und § 37 Abs. 2 BetrVG sind durchaus anerkannt.[636] Würde man von unterschiedlichen Bemessungsgrundlagen für vorübergehend befreite und dauerhaft freigestellte Betriebsratsmitglieder ausgehen, hätte das zur Folge, dass das Entgelt eines Betriebsratsmitgliedes nach zwei verschiedenen Methoden zu berechnen wäre. Das könnte unter Umständen zu unterschiedlich hohen Gehaltsteilen für dieselbe Tätigkeit an einem Tag bei ein und derselben Person führen. Auch im Hinblick auf die bestehende Möglichkeit, Mandatsträger über § 37 Abs. 2 BetrVG dauerhaft von der Arbeit zu befreien, würde zu einer unterschiedlichen Behandlung von Betriebsräten führen, die in gleichem Umfang Amtsaufgaben wahrnehmen. Eine einheitliche Beurteilung ist schon deshalb zwingend notwendig. Denn auch die Rechtsprechung geht von dem Grundsatz der Gleichwertigkeit und Gleichrangigkeit des Betriebsratsamtes aus und betont, dass die dauerhafte Freistellung von der Arbeit keinerlei Privilegierung bedeute.[637] Nach Ansicht des BAG üben freigestellte Betriebsratsmitglieder keine höherwertigere Arbeit aus, ein Unterschied bestehe lediglich in quantitativer Hinsicht.[638]

Sicherlich sind auch die Bedenken bezüglich der Bemessungsschwierigkeiten bei Anwendung des Entgeltfortzahlungsprinzips auf über lange Zeit freigestellte Betriebsräte durchaus nachvollziehbar. Bei Amtsübernahme wird die Beurteilung noch vergleichsweise einfach vorzunehmen sein. Doch bei mehreren aufeinander folgenden Amtszeiten könnte sich das als äußerst schwierig erweisen, weil das Betriebsratsmitglied nicht mehr in den Arbeitsprozess eingegliedert ist. Gerade bei besonderen Entgeltformen, die sich an Leistung oder Erfolg der Arbeitnehmer orientieren, kann die hypothetische Entgeltbestimmung dann problematisch werden.

Dennoch muss es im Ergebnis grundsätzlich bei der gesetzlich vorgesehenen Bestimmung verbleiben und die Geltung des Entgeltausfallprinzips sowohl für vorübergehend als auch für dauerhaft freigestellte Betriebsräte bejaht werden. Wie

---

636 Vgl. *Happe*, S. 32; *Fitting*, § 37 Rn. 17; DKKW/*Wedde*, § 37 Rn. 11; GK-BetrVG/*Weber*, § 37 Rn. 26.
637 BAG BB 1979, 782.
638 BAG BB 1979, 782.

man mit den Schwierigkeiten bei ständig freigestellten Amtsträgern am besten umgeht, ist dann eine Frage des jeweiligen Falles. Darauf ist bei der konkreten Vergütungsbemessung und den einzelnen Entgeltbestandteilen im Folgenden näher einzugehen. Ein Rückgriff auf § 37 Abs. 4 BetrVG wäre in solchen Fällen allenfalls denkbar, wenn vorab alle Möglichkeiten der Berechnung ausgeschöpft wurden und kein anderer Weg mehr zu einem vernünftigen Ergebnis führt.

4. Besondere Anforderungen an die Freistellung für die Anwendbarkeit des Entgeltausfallprinzips

Da eine Anwendbarkeit des § 37 Abs. 2 BetrVG auch auf dauerhaft freigestellte Betriebsratsmitglieder bejaht wurde, ist fraglich, ob hier noch Voraussetzungen ähnlich wie bei der vorübergehenden Arbeitsbefreiung zu verlangen sind. Diese Frage ist entscheidend, weil die Entgeltfortzahlung in § 37 Abs. 2 BetrVG eine wirksame Arbeitsbefreiung voraussetzt. Zwar wird bei der Freistellung nach § 38 BetrVG die Erforderlichkeit bereits vermutet und ist daher nicht mehr zu prüfen. Rechtsprechung und Literatur haben aber gewissermaßen als Äquivalent entsprechende Anforderungen auch an die dauerhafte Freistellung gestellt: Die Betriebsratsmitglieder müssen während ihrer Freistellung in dem Betrieb, in dem der Betriebsrat seinen Sitz hat, zumindest anwesend sein und sich für mögliche anfallende Betriebsratsaufgaben bereithalten.[639] Dabei dürfen sie während ihrer Freistellung ausschließlich Betriebsratsaufgaben ausüben.[640] Allerdings besteht hier auch eine Vermutung dafür, dass ein ständig freigestelltes Betriebsratsmitglied diesen Pflichten nachkommt, es muss also keinen Nachweis hierüber erbringen.[641] Maßgeblich für die Dauer der Präsenzzeit im Betrieb sowie die Erledigung der Betriebsratsaufgaben ist der Umfang der bisherigen vertraglichen Arbeitszeit.[642] Ihre Lage ist dagegen nicht festgelegt und richtet sich nach dem Maßstab der Betriebsratstätigkeit. Jedoch ist grundsätzlich die betriebsübliche Arbeitszeit einzuhalten, bei der sowohl der Arbeitgeber als auch ein Großteil der Belegschaft anwesend sind.[643]
Entsprechende Nachweispflichten oder Kontrollmöglichkeiten über diese Pflichten sind stark eingeschränkt und können ausnahmsweise nur unter besonderen Umständen entstehen, beispielsweise wenn begründete Zweifel an der Ausübung von Betriebsratstätigkeit bestehen oder das Betriebsratsmitglied außerhalb des Betriebes Tätigkeiten nachgeht.[644]

---

639 U. a. BAG NZA 2017, 335, 337; AP BetrVG 1972 § 38 Nr. 31; NZA 1992, 72, 74: WPK/*Kreft*, § 38 Rn. 40; ErfK/*Koch*, § 38 BetrVG Rn. 9; *Fitting*, § 38 Rn. 78.
640 BAG NZA 1991, 432, 433; AP BetrVG 1972 § 37 Nr. 44; *Fitting*, § 38 Rn. 79; ErfK/*Koch*, § 38 BetrVG Rn. 10; GK-BetrVG/*Weber*, § 38 Rn. 95; MünchArbR/*Joost*, § 220 Rn. 66.
641 BAG AP BetrVG, 1972 § 37 Nr. 44; GK-BetrVG/*Weber*, § 38 Rn. 95.
642 BAG NZA 2017, 335, 337; NZA 1990, 313; Richardi/*Thüsing*, § 38 Rn. 52.
643 GK-BetrVG/*Weber*, § 37 Rn. 91; Richardi/*Thüsing*, § 38 Rn. 52; DKKW/*Wedde*, § 38 Rn. 66.
644 Richardi/*Thüsing*, § 38 Rn. 52 f.; WPK/*Kreft*, § 38 Rn. 36; *Fitting*, § 38 Rn. 82; ArbG Nienburg BeckRS 1999, 30824683; ablehnend HWGNRH/*Glock*, § 38 Rn. 61; ebenso wohl a. A. DKKW/*Wedde*, § 38 Rn. 70; offen lassend BAG BB 1979, 782.

C. Verbot der Minderung des Arbeitsentgeltes

I. Entgeltausfallprinzip

Im Arbeitsrecht gilt der Grundsatz „ohne Arbeit kein Lohn", sofern keine spezielle Sonderregelung greift, die bei Arbeitsversäumnis ausnahmsweise den Entgeltanspruch erhält.[645] Eine eigene Amtsvergütung ist für das ehrenamtliche Betriebsratsamt nicht vorgesehen. Dem Mandatsträger stünde damit bei der Wahrnehmung von Betriebsratsaufgaben während der Arbeitszeit kein Entgelt zu. Nach den allgemeinen Regeln des gegenseitigen Vertrages wäre der Arbeitgeber nach § 326 Abs. 1 S. 1 BGB von seiner Pflicht zur Gegenleistung hier in Form der Vergütung frei, wenn der Arbeitnehmer seine Arbeitsleistung nicht erbringt.[646] Daher bedarf es einer Regelung, die dem Betriebsratsmitglied den arbeitsvertraglich geschuldeten Lohn trotz der betriebsratsbedingten Arbeitsversäumnis sichert. Dem hat der Gesetzgeber ähnlich wie bei Entgeltfortzahlung im Krankheitsfall mit § 37 Abs. 2 BetrVG Rechnung getragen. Liegen die Voraussetzungen der Arbeitsbefreiung vor, verbietet die Vorschrift ausdrücklich, das Entgelt des Betriebsratsmitgliedes für die Zeit der Befreiung zu mindern. Es gilt das Lohn- bzw. Entgeltausfallprinzip.[647] Betriebsratstätigkeit führt somit nicht zu einem Verlust des bisherigen Entgeltanspruches, die Weitergewährung bedeutet allerdings nicht eine Vergütung der Betriebsratstätigkeit.[648]

1. Anspruchsgrundlage und Anspruchsinhalt

§ 37 Abs. 2 BetrVG stellt selbst keine eigenständige Anspruchsgrundlage dar, aufgrund derer ein Betriebsratsmitglied seinen Entgeltanspruch geltend machen könnte; die Vorschrift nimmt dem Arbeitgeber den Einwand des nicht erfüllten Vertrages und hält den arbeitsvertraglichen Vergütungsanspruch ungemindert aufrecht.[649] Dieser wandelt sich nicht in einen Ersatzanspruch um, sondern die versäumte Arbeitszeit ist wie geleistete Arbeit zu vergüten.[650] Anspruchsgrundlage bleibt auch weiterhin der ursprünglich geschlossene Arbeitsvertrag i.V.m.

---

645 MükoBGB/*Müller-Glöge*, § 611 Rn. 12; Schaub/*Linck*, § 51 Rn. 8; MAHArbR/*Eisenbeis*, § 17 Rn. 35.

646 Vgl. MükoBGB/*Müller-Glöge*, § 611 Rn. 12; ErfK/*Reinhard*, § 2 EFZG Rn. 1; *Happe*, S. 28 f.

647 U. a. BAG NZA 2016, 1212 1213; NZA 1328, 1329; NZA 2004, 1287, 1288; NZA 1987, 528; *Fitting*, § 37 Rn. 57, 59; GK-BetrVG/*Weber*, § 37 Rn. 64; Richardi/*Thüsing*, § 37 Rn. 34; vgl. ausführlich in Abgrenzung zu der Variante der sog. Bezugsmethode *Beule*, S. 66 ff.; *Georgi*, S. 40 ff. Aufgrund der Aufgabe der Unterscheidung von Lohn und Gehalt wird hier nur allgemein die Bezeichnung Entgeltausfallprinzip verwendet, so z. B. auch LAG Hamm. BeckRS 2014, 70520; HWGNRH/*Glock*, § 37 Rn. 65; *Rieble*, NZA 2008, 276; *Bayreuther*, NZA 2014, 235.

648 *Esser*, S. 32 f.; vgl. u. a. auch *Annuß*, NZA 2018, 134; *v. Steinau-Steinrück/Kuntzsch*, NJW-Spezial 2017, 754; a. A. *Kehrmann*, FS Wlotzke, S. 357, 359; kritisch auch *Knipper*, S. 87 ff.

649 Std. Rspr., BAG NZA 2016, 1212, 1213; NZA 2015, 1328, 1329; NZA 2011, 159, 160; *Blattner*, NZA 2018, 129, 130; Schaub/*Koch*, § 221 Rn. 13; *Gutzeit*, S. 83.

650 *Fitting*, § 37 Rn. 58; Schaub/*Koch*, § 221 Rn. 13; *Esser*, S. 32 f.

§ 611a Abs. 2 BGB.[651] Darauf deuten nicht zuletzt schon der Wortlaut des § 37 Abs. 2 BetrVG sowie auch der Ehrenamtscharakter und die Tatsache einer fehlenden Amtsvergütung hin.[652]

Der Arbeitgeber darf das arbeitsvertragliche Entgelt nicht wegen der betriebsratsbedingten Arbeitsbefreiung mindern. Er ist aufgrund des Entgeltausfallprinzips verpflichtet, dem Betriebsratsmitglied die Vergütung zu zahlen, die er ohne die Leistung von Betriebsratsarbeit verdient hätte.[653] Es ist eine hypothetische Betrachtung anzustellen, d. h. es muss danach gefragt werden, was der Mandatsträger bei normaler Arbeitstätigkeit verdient hätte.[654] Darin unterscheidet sich diese Möglichkeit von der zweiten möglichen Variante der Entgeltberechnung bei Arbeitsversäumnis: Nach der sog. Bezugs- bzw. Referenzmethode, die der Gesetzgeber beispielsweise im Urlaubsrecht in § 11 Abs. 1 BUrlG (in gemischter Form) vorgesehen hat, wird das Entgelt anhand bestimmter Kriterien vergangenheitsbezogen bestimmt.[655]

§ 37 Abs. 2 BetrVG sichert damit dem Betriebsratsmitglied nicht nur das Entgelt dem Grunde nach, sondern legt zugleich eine Untergrenze in Höhe des ursprünglich arbeitsvertraglich vereinbarten Gehalts fest. Damit soll verhindert werden, dass Betriebsratsmitglieder Nachteile durch Einbußen im Einkommen erleiden, die sich auf die unabhängige Amtsführung oder sogar die Bereitschaft zur Übernahme des Amtes negativ auswirken könnten.[656] Greift das Entgeltausfallprinzip, ist dem Mandatsträger das arbeitsvertraglich vereinbarte Entgelt zu gewähren, wobei Entgelt im weiten Sinne zu verstehen ist.[657] Das umfasst sämtliche Leistungen mit Vergütungscharakter einschließlich aller Zulagen und Zuschläge sowie sonstiger Nebenbezüge; nicht dazu gehören jedoch Zahlungen, die lediglich als Ersatz für konkrete Aufwendungen geleistet werden.[658] Zuwendungen, die nicht mehr als Entgeltbestandteil zu qualifizieren sind, müssen hin-

---

651 Std. Rspr. zur alten Rechtslage des § 611 BGB u. a. BAG NZA 2016, 1212 1213; NZA 2011, 159, 160; GK-BetrVG/*Weber*, § 37 Rn. 66; vgl. WPK/*Kreft*, § 37 Rn. 20; *Fitting*, § 37 Rn. 58; Richardi/*Thüsing*, § 37 Rn. 32; ausführlich zum Meinungsstand *Lipp*, S. 7 ff. sowie *Georgi*, S. 37 ff.

652 Vgl. *Lipp*, S. 7 ff.

653 Allg. Meinung, vgl. BAG NZA 2016, 1212, 1213; NZA 1328, 1329; NZA 2004, 1287, 1288; Düwell/*Wolmerath*, § 37 Rn. 13; *Fitting*, § 37 Rn. 57; *Sturm*, S. 64; *Esser*, S. 32; *Joussen*, NZA 2018, 139, 140; *Jacobs/Frieling*, ZfA 2015, 241, 244; *Byers*, NZA 2014, 65; *Rieble*, NZA 2008, 276.

654 BAG NZA 1328, 1329; LAG Köln NZA-RR 2016, 486, 487; GK-BetrVG/*Weber*, § 37 Rn. 64; *Rieble*, NZA 2008, 276; ähnlich *Sturm*, S. 64 („Prognose"). Ausführlich zu verschiedenen Varianten des Entgeltausfallprinzips *Belling/Hartmann*, ZfA 1994, 519, 531 ff., wobei die genannte Alternative der Vergütung, so als wäre das Leistungshindernis nicht eingetreten, abzulehnen ist; damit würden andere Umstände, die zur Nichtleistung führen könnten, nicht berücksichtigt, sondern unwiderleglich vermutet, dass der Arbeitnehmer bzw. Betriebsrat gearbeitet hätte.

655 *Gutzeit*, S. 84, 85 ff.; ErfK/*Gallner*, § 11 BUrlG Rn. 2a.

656 Vgl. BAG NZA 2016, 1212 1213; *Rieble*, NZA 2008, 276.

657 Vgl. BAG NJW 1956, 158 (zu BetrVG 1952).

658 Std. Rspr., u. a. BAG NZA 2016, 1212, 1213; NZA 1328, 1329; Düwell/*Wolmerath*, § 37 Rn. 13; Richardi/*Thüsing*, § 37 Rn. 37; Schaub/*Koch*, § 221 Rn. 12, 15.

sichtlich ihrer Zulässigkeit gegebenenfalls an anderen Vorschriften gemessen werden, beispielsweise der Ausgleich für tatsächlich angefallene Mehraufwendungen.[659] Diese zukunftsorientierte Betrachtung des hypothetisch verdienten Entgeltes bedeutet bei konsequenter Anwendung dann aber auch, dass ein Betriebsratsmitglied grundsätzlich sämtliche Entgeltverschlechterungen hinnehmen muss, die während der eigentlichen Arbeitszeit auch ohne Amtsausübung eingetreten wären.[660]

2. Entgeltberechnung allgemein

Die Vorschrift des § 37 Abs. 2 BetrVG sichert dem Betriebsratsmitglied seine arbeitsvertraglich festgelegte Grundvergütung. Die konkrete Berechnung erweist sich allerdings wegen der erforderlichen hypothetischen Betrachtung – gerade bei Arbeitsbefreiungen über einen längeren Zeitraum – häufig als schwierig. Viele Gehaltsformen hängen von unterschiedlichen Umständen ab, die ohne tatsächlich erbrachte Arbeitsleistung nicht leicht zu bestimmen sind. Beispielsweise lässt sich nur schwer eine Aussage dazu treffen, ob das jeweilige Betriebsratsmitglied in dem Zeitraum der Amtsausübung normalerweise Überstunden geleistet hätte oder nicht. Ähnlich verhält es sich mit Entgeltformen, die anhand von Leistungs- oder Erfolgsgesichtspunkten festgelegt werden. Vor allem für die Praxis ist die Frage von großer Bedeutung, wie das Entgelt im Einzelfall zu bestimmen ist und welche Kriterien hierfür herangezogen werden können. Dabei hat die Bemessung stets so zu erfolgen, wie sie dem Entgeltausfallprinzip am besten gerecht wird, wobei die Besonderheiten des jeweiligen konkreten Vergütungsbestandteils zu berücksichtigen sind.[661] Ist eine angemessene Berechnung bei schwankenden Bezügen nicht oder nur schwer durchführbar, kann unter Umständen sogar eine Schätzung nach § 287 Abs. 2 ZPO vorgenommen werden.[662]

Den Ausgangspunkt der Berechnung des Entgeltes stellt der Arbeitsvertrag zwischen dem Betriebsratsmitglied und dem Arbeitgeber mit der darin vereinbarten Vergütung dar. Eine der wohl einfachsten Konstellationen für die Weitergewährung des Entgeltes ist, dass der Amtsträger z. B. ein monatliches Fixgehalt in Form von Zeitlohn erhält und nur anlassbezogen gelegentlich von seiner Arbeit befreit wird. Insgesamt wird sich die Bestimmung bei nur vorübergehend befreiten Betriebsräten auch bei anderen Entgeltformen als deutlich einfacher erweisen: Wegen der nur kurzzeitigen, wenn auch häufigeren Arbeitsbefreiungen können bei der Entgeltbemessung konkrete Leistungen und Umstände in dem Betrieb bzw. in der Person, die für die Berechnung eines Entgeltbestandteils

---

659 Vgl. dazu S. 311 ff.

660 So die überwiegende Meinung, vgl. Düwell/*Wolmerath*, § 37 Rn. 6; GK-BetrVG/*Weber*, § 37 Rn. 19; HWGNRH/*Glock*, § 37 Rn. 17; Richardi/*Thüsing*, § 37 Rn. 12. Vgl. dazu auch S. 189 ff.

661 BAG NZA 1328, 1329; BB 1981, 1467 (zu dem früheren § 2 LohnFG mit entsprechendem Lohnausfallprinzip bei Arbeitsunfähigkeit wegen Krankheit); LAG Köln NZA-RR 2016, 486, 487; GK-BetrVG/*Weber*, § 37 Rn. 70.

662 BAG NZA 1328, 1329; LAG Köln NZA-RR 2016, 486, 487.

wichtig sind, aufgrund der (zeitlichen) Nähe zur normalen Arbeitstätigkeit noch berücksichtigt und entsprechend beurteilt werden. Wesentlich schwieriger stellt es sich jedoch dar, wenn das Betriebsratsmitglied über längere Zeit hinweg von der Arbeit befreit wird und sich von seiner ursprünglichen Tätigkeit immer weiter entfernt.

In solchen Fällen hängt die Berechnung vor allem von der jeweiligen Form der Bezüge ab, eine pauschale, allgemeingültige Aussage dazu lässt sich kaum treffen. Anerkannt ist jedenfalls, dass bei der Festlegung eines hypothetischen Sachverhaltes Hilfstatsachen zusammen mit Erfahrungsregeln zumindest einen „indiziellen Schluss auf einen bestimmten Geschehensablauf" ermöglichen können.[663] Daher werden im Rahmen der Entgeltbemessung auch unterschiedliche Kriterien und Indizien herangezogen. Insbesondere Durchschnittswerte oder vergleichbare Arbeitnehmer sollen dabei als Indiz dienen.[664] Welche konkreten Kriterien im einzelnen Fall herangezogen werden können, ist für jeden Vergütungsbestandteil entsprechend seiner Besonderheiten gesondert zu beurteilen. Dass bestimmten Faktoren, wie z. B. der Situation vergleichbarer Arbeitnehmer, nur eine indizielle Wirkung zukommen darf, liegt vor allem daran, dass es sich bei dem Entgeltausfallprinzip um eine Regelung handelt, die allein das Entgelt dem Grunde nach und – in Abgrenzung zu § 37 Abs. 4 BetrVG – individuell für das jeweilige Betriebsratsmitglied sichert.[665] Die Voraussetzungen der beiden unterschiedlichen Regelungen dürfen dadurch nicht vermengt werden. Das wird in manchen Fällen dennoch mit verbleibenden Unsicherheiten verbunden sein, die allerdings nicht zu Lasten des Arbeitgebers gehen dürfen. Dass das hypothetische Entgelt voll freigestellter Betriebsratsmitglieder letztendlich aber nicht mit der gleichen Sicherheit wie bei vorübergehend befreiten Betriebsratsmitgliedern bestimmt werden kann, nimmt das Betriebsverfassungsgesetz offenbar in Kauf. Bestimmt der Arbeitgeber das Entgelt durch hypothetische Betrachtung anhand nachvollziehbarer, sachlicher Kriterien, darf daher nicht ein allzu strenger Maßstab angelegt werden. Es muss ihm wegen der Schwierigkeiten bei der Berechnung ein gewisser Spielraum und ein eigenes Ermessen bei der Festlegung zugestanden werden. Das führt auch nicht zu einer Benachteiligung oder Begünstigung der Betriebsratsmitglieder. Die entsprechende Verbotsvorschrift des § 78 S. 2 BetrVG ist ohnehin den speziellen Vergütungsvorschriften nachrangig.[666] Ob die Vergütung darüber hinaus noch in der Höhe – aufgrund einer möglichen Weiterentwicklung des Betriebsratsmitgliedes – weiter anzupassen ist, bestimmt sich dann ausschließlich nach § 37 Abs. 4 BetrVG.

---

663 BAG NZA 1328, 1330; NZA 1998, 558, 559 (zu Teilnahme an einer erforderlichen Schulungsveranstaltung); GK-BetrVG/*Weber*, § 37 Rn. 72 (zu Leistungslohn).
664 BAG NZA 1328, 1330; *Sturm*, S. 66 f.
665 Vgl. auch BAG NZA 1328, 1330; *Sturm*, S. 66 f.
666 Vgl. dazu ausführlich S. 66 ff.

II. Einzelne Bestandteile des nach § 37 Abs. 2 BetrVG fortzuzahlenden Entgeltes

Grundsätzlich besteht zwischen dem Arbeitgeber und den Arbeitnehmern hinsichtlich der Vereinbarung verschiedener Vergütungsformen Vertragsfreiheit, was dazu führt, dass in den Betrieben zahlreiche unterschiedliche Entgeltleistungen existieren.[667] Wegen zahlreicher Unterschiede und möglicher Schwierigkeiten bei der Berechnung der Höhe von Betriebsratsentgelten sind die verschiedenen Vergütungsbestandteile im Folgenden genauer zu betrachten.

1. Entgeltformen und Abgrenzung von Aufwandsentschädigungen

Der Arbeitgeber kann seiner Vergütungspflicht nach § 611a BGB auf verschiedenste Weise nachkommen. Für die Zusammensetzung der Vergütung steht ihm dabei eine Bandbreite an Möglichkeiten zur Verfügung.[668] Vergütungsarten wie Geldlohn oder teilweise Sachbezüge sowie zeitbasierte oder leistungs- bzw. erfolgsabhängige Entgeltformen[669] und Mischformen sind ebenso denkbar wie auch diverse Lohnzuschläge oder bestimmte Sondervergütungen für eine spezielle Tätigkeit oder aus einem bestimmten Anlass. Welche Form der Entlohnung gewählt wird, bestimmt sich nach der arbeits- sowie gegebenenfalls tarifvertraglichen Vereinbarung und ist nicht zuletzt auch stark branchenabhängig. Dabei bestehen vor allem auch innerhalb der Belegschaft je nach Arbeitsplatz, -leistung und Position große Unterschiede. Das führt dazu, dass in den Betrieben heutzutage sehr vielfältige, unterschiedliche Vergütungssysteme existieren,[670] was sich zwangsläufig auf die Betriebsratsvergütung auswirkt.

Wichtig ist in diesem Zusammenhang immer die Frage, ob es sich tatsächlich um Bezüge mit eigenständiger Vergütungsfunktion und nicht nur um eine Leistung handelt, die nach ihrem Zweck lediglich einen konkreten Mehraufwand kompensieren soll.[671] Solche reinen Aufwandsentschädigungen haben keinen Entgeltcharakter und dürfen einem Betriebsratsmitglied nach der Amtsübernahme nicht mehr weitergewährt werden, auch wenn sie ohne die Arbeitsbefreiung angefallen wären.[672] Gemeint sind damit Entschädigungen für einen Mehraufwand im Rahmen der ursprünglichen Arbeitstätigkeit und nicht aufgrund von Betriebsratsarbeit. Für Aufwendungen, die in Zusammenhang mit dem Betriebsratsamt entstehen, kann ein gesonderter Ausgleich außerhalb des § 37 Abs. 2 BetrVG erfolgen. Da nach § 37 Abs. 2 BetrVG aber ausschließlich

---

667 MüKoBGB/*Müller-Glöge*, § 611 BGB Rn. 805.

668 HK-ArbR/*Boemke*, §§ 611, 611a BGB Rn. 278.

669 Vgl. Küttner/*Griese*, Arbeitsentgelt, Rn. 3 ff.; HK-ArbR/*Boemke*, §§ 611, 611a BGB Rn. 280 ff., 283 f., der von leistungsbezogenem/-orientiertem Lohn spricht und dazu sowohl arbeits- als auch erfolgsabhängige Vergütung zählt.

670 Vgl. auch HK-ArbR/*Boemke*, §§ 611, 611a BGB Rn. 278.

671 *Rieble*, NZA 2008, 276, 277; vgl. auch *Sturm*, S. 65; *Beule*, S. 75.

672 GK-BetrVG/*Weber*, § 37 Rn. 77; *Sturm*, S. 65; ausführlich *Lipp*, S. 104 ff.; *Beule*, S. 75 ff.; vgl. auch BAG NZA 2000, 1174.

das Entgelt weiter zu gewähren ist, muss bei der Berechnung der hypothetischen Vergütung für Mandatsträger zwingend eine entsprechende Abgrenzung vorgenommen werden. Liegt eine Ersatzleistung für Aufwendungen vor, greift das Entgeltausfallprinzip nicht.[673] Entscheidend für die Einordnung als Entgelt oder als Aufwandsentschädigung ist neben der inhaltlichen Ausgestaltung der mit der Leistung objektiv verfolgte Zweck.[674] Für die Annahme eines reinen Aufwendungsersatzes ist erforderlich, dass in dem Fall tatsächlich Aufwendungen anfallen und zwar in der Höhe, die dem gewährten Ersatz ungefähr entspricht; allerdings sind auch Pauschalierungen möglich und sprechen noch nicht gegen einen Aufwendungscharakter.[675] Dagegen handelt es sich nicht um einen bloßen, von dem Entgeltausfallprinzip ausgenommenen Aufwendungsersatz, sondern um einen Teil des Entgeltes, wenn die Leistung nicht nur der Abgeltung eines erhöhten Aufwandes, sondern zumindest auch dem Ausgleich besonderer Belastungen dient.[676] Anerkannt wurde in diesem Zusammenhang beispielsweise der Ausgleich von besonderen körperlichen oder nervlichen Beanspruchungen, die Gewährung einer Aufwandsentschädigung für Lokomotivführer und Zugbegleiter[677], ebenso die Zahlung einer Schmutzzulage, die nicht nur einen zusätzlichen Bedarf an Reinigungsmitteln abdeckt, sondern als Entgelt für besonders schmutzige Arbeitstätigkeit gezahlt wird[678]. Abgelehnt wurde die Entgelteigenschaft bei einem Mitglied des Personalrates[679] jedoch zum Beispiel für die Streckenzulage von Wasserbauarbeitern sowie das einem Monteur von dem Arbeitgeber gezahlte Kilometergeld für Fahrten von dessen Wohnung zur Montagestelle[680]. Um Entgelt kann es sich in diesem Zusammenhang aber handeln, wenn mit einem gezahlten Aufwendungsersatz eine Verbesserung des Lebensstandards einhergeht, ohne dass dem tatsächlich entstehende Aufwendungen gegenüberstehen, beispielsweise wenn der Arbeitnehmer nicht zwingend Mehraufwendungen zu tätigen hat und er die Leistung nach Belieben verwenden kann.[681] Ist nur ein Teil entgeltlich, ist dieser gleichermaßen – auch wenn er schwierig zu bestimmen ist – den Betriebsräten zu gewähren.[682]

---

673 Vgl. *Aden*, RdA 1980, 256, 257, der eine solche Negativabgrenzung für einfacher hält.
674 BAG NZA 2000, 1174; *Fitting*, § 37 Rn. 67; *Sturm*, S. 66; *Lipp*, S. 105.
675 *Fitting*, § 37 Rn. 67.
676 GK-BetrVG/*Weber*, § 37 Rn. 77; *Fitting*, § 37 Rn. 67.
677 BAG NZA 2000, 1174, 1175; GK-BetrVG/*Weber*, § 37 Rn. 77.
678 Richardi/*Thüsing*, § 37 Rn. 34; *Fitting*, § 37 Rn. 67; GK-BetrVG/*Weber*, § 37 Rn. 71.
679 BAG NZA 1992, 709; GK-BetrVG/*Weber*, § 37 Rn. 77.
680 BAG NZA 1989, 856 f.
681 BAG NZA 1995, 588, 589; NZA 1989, 112, 113; LAG Köln NZA-RR 2016, 486, 488; GK-BetrVG/*Weber*, § 37 Rn. 78; *Lipp*, S. 105 f.; ausführlich auch *Beule*, S. 78 f.
682 *Sturm*, S. 66; *Lipp*, S. 106; *Beule*, S. 78 ff.

2. Geld- oder Naturalvergütung

a) Grundentgelt üblicherweise in Form von Geldlohn

In der Regel wird das arbeitsvertraglich festgelegte Grundentgelt in Geld gewährt. Schon § 107 Abs. 1 GewO bestimmt, dass das Arbeitsentgelt in Euro zu berechnen und auszuzahlen ist. Üblich bzw. am gebräuchlichsten ist die Vergütung durch Zeitlohn, bei der ausschließlich die Dauer der erbrachten Arbeit maßgeblich ist. Die Höhe der Bezüge richtet sich dabei nach bestimmten festgelegten Zeitabschnitten, beispielsweise Stunden- oder Monatsvergütung.[683] Der Arbeitgeber hat sie unabhängig von quantitativen oder qualitativen Gesichtspunkten und bestimmten Ergebnissen oder Erfolgen zu leisten.[684] Ein reiner Zeitlohn lässt sich unproblematisch auch für die Zeit der Betriebsratstätigkeit bestimmen. Er ist für den jeweiligen Zeitabschnitt in unveränderter Höhe weiterzuzahlen, wobei Häufigkeit und Dauer der Arbeitsbefreiung hier keine Rolle spielen. Anknüpfungspunkt ist die Arbeitszeit der hypothetischen beruflichen Tätigkeit des Betriebsratsmitgliedes, es muss auf den Umfang der Arbeitszeit abgestellt werden, den ein Betriebsrat auch bei normaler Tätigkeit ohne die Freistellung einzuhalten hätte.[685] Der Mandatsträger ist so zu behandeln, als wäre er seiner üblichen Tätigkeit ohne Arbeitsversäumnis nachgegangen. Fällt beispielsweise wegen der Teilnahme an einer Betriebsratssitzung die komplette Arbeitsschicht eines Betriebsratsmitgliedes aus, steht ihm die Vergütung für die volle Schicht zu.[686] Bei Gleitzeitarbeit ist eine entsprechende Zeitgutschrift nicht nur während der Kern- und Normalarbeitszeit, sondern ebenso für die Gleitzeit zu gewähren.[687] Für den Fall, dass das Betriebsratsmitglied früher häufiger – auf das Angebot des Arbeitgebers hin – auch während der Zeit, zu der eigentlich keine Arbeitspflicht bestand, zusätzliche Arbeitsleistungen erbracht hat, muss ihm auch das Entgelt für diese zusätzlichen freiwilligen Einsätze gewährt werden, wenn er diese Einsätze nur wegen notwendiger, betriebsratsbedingter Arbeitsversäumnis, z. B. der Teilnahme an einer Schulung, nicht mehr übernehmen kann.[688] Anderenfalls wäre ihm diese Verdienstmöglichkeit allein wegen der Betriebsratstätigkeit verwehrt.

Ausgehend von dem einfachen Standardfall des Grundentgeltes in Form von Geld- sowie Zeitlohn können dann noch weitere Entgeltkomponenten hinzukommen, die an bestimmte Kriterien oder Voraussetzungen geknüpft sind. Teile des Grundeinkommens können – allerdings nur wenn entsprechend § 107 Abs. 2 GewO vereinbart – teilweise auch in Form von geldwerten Naturalleistungen, d. h. in Sachbezügen, geleistet werden. Wegen des Grundsatzes der Unentgelt-

---

683 BeckOK-ArbR/*Joussen*, § 611 BGB Rn. 158.
684 MüKoBGB/*Müller-Glöge*, § 611 Rn. 711; HK-ArbR/*Boemke*, §§ 611, 611a BGB Rn. 281.
685 Vgl. BAG NZA 2018, 538, 540 f. sowie die Anmerkung zu dem Urteil *Haußmann*, ArbRAktuell 2018, 189.
686 Vgl. LAG Düsseldorf EzA § 37 BetrVG 1972 Nr. 56; GK-BetrVG/*Weber*, § 37 Rn. 70.
687 *Fitting*, § 37 Rn. 60; nur für die Normalarbeitszeit HWGNRH/*Glock*, § 37 Rn. 52.
688 BAG NZA 1998, 558; *Fitting*, § 37 Rn. 59.

lichkeit in § 37 Abs. 1 BetrVG, der bei einer Falschanwendung berührt sein könnte, sowie der häufig strengen Handhabung der Regelung und nicht zuletzt der möglichen (strafrechtlichen) Konsequenzen ist bei der Entgeltbemessung Sorgfalt geboten. Daher sind die einzelnen Bestandteile neben der einfachen Grundvergütung – wie im Folgenden – stets einzeln und getrennt voneinander zu betrachten.

b) Sachbezüge

aa) Allgemein

Um eine Naturalvergütung handelt es sich, wenn der Arbeitgeber seine Gegenleistung für die Arbeitsleistung des Arbeitnehmers nicht in Geld, sondern in anderer Form erbringt.[689] Zwar herrscht im deutschen Arbeitsrecht hinsichtlich des Arbeitsentgeltes ein sog. „Truck-" bzw. Tauschverbot, d. h. ein Tausch von Waren anstelle des Entgeltes, ist grundsätzlich nicht möglich.[690] Es besteht aber unter den Voraussetzungen und Grenzen des § 107 Abs. 2 GewO die Möglichkeit, nach entsprechender Vereinbarung Teile der Vergütung auch als Sachbezüge zu gewähren. Solche Sachbezüge können in verschiedenster Gestalt auftreten, wie beispielsweise Kost und Logis, die Gewährung von Personalrabatten oder Warengutscheinen sowie auch von Dienstleistungen.[691] Einer der häufigsten Fälle von Sachbezügen stellt außerdem die Überlassung eines Dienstfahrzeuges zur privaten Nutzung dar.

Für die Frage, ob diese Bezüge auch einem Betriebsratsmitglied nach Amtsübernahme zustehen, sind zwei Punkte maßgeblich: Hat der Arbeitgeber mit dem Arbeitnehmer zuvor bereits eine entsprechende Vereinbarung über die Gewährung bestimmter Sachbezüge getroffen, muss er diese aufgrund des Entgeltausfallprinzips auch nach der Wahl zum Betriebsrat trotz Arbeitsversäumnis in gleicher Höhe weiterhin erbringen. Besteht eine solche Abrede nicht, würde es sich bei der Gewährung um eine Zuwendung an das Betriebsratsmitglied handeln. In der Regel ergeben sich hier keine Probleme, die vereinbarten Bezüge auch in gleicher Weise Mandatsträgern nach Amtsübernahme zur Verfügung zu stellen. Entscheidend ist für die Gewährung aber auch, dass es sich tatsächlich um eine Naturalvergütung und damit um Entgelt handelt. Sie dürfen nicht lediglich als bloße Arbeitsmittel zu qualifizieren sein, die der Arbeitgeber in überwiegend eigenbetrieblichem Interesse dem Arbeitnehmer zur ordnungsgemäßen Erfüllung seiner arbeitsvertraglichen Pflichten zur Verfügung stellt; diese würden dann nicht mehr in unmittelbarem Gegenseitigkeitsverhältnis zu den Arbeitsleistungen stehen und nicht zum Entgelt gehören.[692] Typisches Beispiel dafür ist die Bereitstellung eines Firmenhandys oder -laptops zu einer rein dienstlichen

---

689 BAG NZA 2009, 861, 862; Schaub/*Linck*, § 68 Rn. 1.
690 BAG NZA 2009, 861, 862; Schaub/*Linck*, § 68 Rn. 3.
691 Schaub/*Linck*, § 68 Rn. 1; MüKoBGB/*Müller-Glöge*, § 611 Rn. 701.
692 *Lipp*, S. 107; *Sturm*, S. 85; vgl. auch BAG NZA 2009, 861, 862.

Nutzung.[693] Während das Entgeltausfallprinzip bei Sachleistungen greift, kann es allerdings – wie auch schon bei bloßen Aufwandsentschädigungen – nicht auch für das Zurverfügungstellen von Arbeitsmitteln gelten. Mangels Entgeltcharakter wäre ihre Gewährung gegebenenfalls an anderen Vorschriften, wie beispielsweise dem Kostenerstattungsanspruch des § 40 BetrVG zu messen.[694] Ist dagegen auch die Privatnutzung solcher Mittel erlaubt, sind sie Bestandteil des Arbeitsentgeltes und nach dem Entgeltausfallprinzip auch einem Betriebsratsmitglied weiter zu gewähren.[695]

bb) Gewährung von Dienstfahrzeugen

Der in Zusammenhang mit der Vergütung von Betriebsratsmitgliedern am meisten diskutierte Sachbezug ist die Überlassung eines Dienstwagens. Auch in der Praxis wird Betriebsräten häufig ein Dienstfahrzeug zur Verfügung gestellt. Im Rahmen ihrer Vergütung und damit des Entgeltausfallprinzips sind ebenfalls die oben bereits genannten Punkte entscheidend: Zunächst ist danach zu fragen, ob dem Mandatsträger bereits vor Amtsübernahme ein Dienstwagen gewährt wurde und wenn ja, ob es sich dabei um Entgelt handelt oder ob von einem reinen Arbeitsmittel auszugehen ist. Ausschlaggebend ist dabei die Möglichkeit der privaten Nutzung des Fahrzeuges, denn nur dann liegt auch ein Entgeltbestandteil in Form eines Sachbezuges vor. Berücksichtigt werden muss bei der Beurteilung dabei auch, in welchem Umfang der Mandatsträger von seiner ursprünglichen Tätigkeit befreit war, weil sich hier Unterschiede bei der Beurteilung ergeben können.

(1) Einordnung in Literatur und Rechtsprechung

Für die Frage der weiteren Überlassung eines Dienstwagens für Betriebsratsmitglieder wird auch in Rechtsprechung und Literatur grundsätzlich auf die Nutzungsmöglichkeit vor Amtsübernahme abgestellt.[696] Wohl unstreitig ist einem Betriebsratsmitglied die private Verwendung eines Dienstwagens auch weiterhin zu gestatten, wenn eine private Nutzung bereits vor der Amtsübernahme erlaubt war; dann handelt es sich um eine Gegenleistung für erbrachte Arbeitsleistung und somit um Arbeitsentgelt in Form eines Sachbezuges.[697] Dagegen wird eine weitere Zurverfügungstellung allgemein abgelehnt, wenn der Dienstwagen nur

---

693 *Lipp*, S. 107.

694 Vgl. auch BAG BeckRS 2010, 71852; *Sturm*, S. 85.

695 Vgl. BAG NZA 2004, 1287, 1288 (Dienstwagen); LAG Hamm BeckRS 2012, 68192 (Netzkarte).

696 Vgl. BAG BeckRS 2010, 71852; *Fitting*, § 37 Rn. 67a; GK-BetrVG/*Weber*, § 37 Rn. 75; *Purschwitz*, S. 258 ff.; *Lipp*, S. 107 f.; *Bittman/Mujan*, BB 2012, 637, 638 f.; vgl. auch *Joussen*, NZA 2018, 139, 140, der hier nach vier verschiedenen Fallgruppen differenziert.

697 BAG NZA 2004, 1287, 1288; *Fitting*, § 37 Rn. 67a; GK-BetrVG/*Weber*, § 37 Rn. 75; *Lipp*, S. 108; *Joussen*, NZA 2018, 139, 142; *Keilich*, BB 2014, 2229, 2230; *Bittman/Mujan*, BB 2012, 637, 638 f.; *Rieble*, NZA 2008, 276.

zur Durchführung der Arbeitstätigkeit und damit ausschließlich zu dienstlichen Zwecken überlassen wurde.[698] Eine Ansicht geht noch weiter und will trotz vorheriger privater Nutzungserlaubnis den Wagen nach der Amtsübernahme dem Mandatsträger nicht mehr gewähren, weil es dadurch von einem dienstlichen Fahrzeug in ein reines Privatfahrzeug gewandelt würde.[699] Schließlich würden Dienstfahrten mit dem Amt – vor allem bei dauerhafter Freistellung – nicht mehr bzw. nicht in gleichem Umfang wie zuvor anfallen. Vorzugswürdig sei nach dieser Auffassung, eine Klausel über eine finanzielle Abgeltung bei Arbeitsbefreiung oder über eine rein am betrieblichen Bedarf orientierte Zurverfügungstellung des Dienstwagens, wodurch das Betriebsratsmitglied ähnlich wie bei einer Versetzung in den Innendienst gestellt würde.[700]

(2) Beurteilung bei nur vorübergehend befreiten Betriebsratsmitgliedern

Betrachtet man zunächst die Konstellation bei einem nur vorübergehend befreiten Mandatsträger, lässt sich dies ohne größere Schwierigkeiten beurteilen. Wurde diesem vor Amtsübernahme ein Dienstfahrzeug gewährt, wäre es in diesem Fall ohnehin nur denkbar, die Bereitstellung des Fahrzeuges lediglich während der Betriebsratsarbeit zu kürzen oder vorübergehend einzustellen. Denn ein nur zeitweise befreiter Betriebsrat übt auch weiterhin seine ursprüngliche Arbeitstätigkeit aus, für die er den Dienstwagen braucht. Ob ihm das Fahrzeug dann hier auch zu dienstlichen Zwecken in gleichem Umfang zu gewähren ist, wird zwar ebenfalls unterschiedlich beurteilt, spielt im Rahmen der Vergütung aber keine Rolle. Denn bei der rein dienstlichen Verwendung während Betriebsratsarbeit handelt es sich nicht um einen Entgeltbestandteil. Hier müsste ausschließlich eine Beurteilung nach den Regelungen zu Aufwandsentschädigungen und Sachmittelausstattung des Betriebsrates erfolgen. Jedenfalls für den Teil der privaten Nutzung verbietet aber bereits das Entgeltausfallprinzip eine Kürzung: Danach muss der Dienstwagen im Hinblick auf die private Nutzungsmöglichkeit in genau gleichem Umfang wie vor der Wahl zum Betriebsrat überlassen werden, unabhängig von Häufigkeit oder Dauer der Arbeitsversäumnis. Denn zum einen lässt sich anlassbezogene Betriebsratsarbeit zeitlich schon nicht so genau planen bzw. im Voraus festlegen – wenn sie nicht an festen Zeiten erfolgt. Eine kurzzeitige Einschränkung der Nutzungsmöglichkeit wäre in der Praxis kaum durchführbar oder unsinnig, wenn beispielsweise das Betriebsratsmitglied den Autoschlüssel vor Wahrnehmung von Betriebsratsaufgaben abgeben müsste. Zum anderen bestünde die Gefahr, dass auch die private Nutzungsmöglichkeit eingeschränkt würde, was einer verbotenen Entgeltkürzung gleichkäme. Denn hat ein Mandatsträger beispielsweise

---

698 BAG BeckRS 2010, 71852; *Fitting*, § 37 Rn. 67a; GK-BetrVG/*Weber*, § 37 Rn. 75; *Lipp*, S. 107 f.; a. A. DKKW/*Wedde*, § 37 Rn. 57.
699 Richardi/*Thüsing*, § 37 Rn. 33.
700 Richardi/*Thüsing*, § 37 Rn. 33.

flexible Arbeitszeiten oder kann er sich auch während der Arbeitszeit privat von der Arbeitsstelle entfernen, muss ihm in dieser Zeit ebenfalls der Dienstwagen zur Verfügung stehen.

(3) Bewertung bei dauerhaft befreiten und freigestellten Betriebsräten

Ist ein Betriebsratsmitglied überwiegend oder dauerhaft von seiner Arbeit befreit, kommt es ebenfalls entscheidend darauf an, ob der Dienstwagen ein Entgelt darstellt, damit § 37 Abs. 2 BetrVG greifen kann. Das ist der Fall, wenn das Fahrzeug zumindest auch privat genutzt werden kann, unabhängig davon, ob hierfür Beschränkungen bestehen oder eine gemischte Nutzung vorgesehen ist.[701] Wurde dem Betriebsratsmitglied vor der Amtsübernahme in irgendeiner Form ein Dienstfahrzeug mit der Möglichkeit zur privaten Nutzung bereitgestellt, ist dieser als Entgeltbestandteil in Form eines Sachbezuges nach § 37 Abs. 2 BetrVG weiterhin zu erbringen.[702] Das gilt auch dann, wenn der Wagen während der Freistellung nicht mehr in gleicher Weise wie früher dienstlich eingesetzt werden kann.[703] Das Argument, dass der Mandatsträger damit das Fahrzeug aber ausschließlich privat verwenden könnte, weil eine dienstliche Nutzung bereits wegen der fehlenden Ausübung der bisherigen Arbeitstätigkeit ausscheidet[704] – ändert hieran nichts. Denn die private Nutzung ist dadurch nicht in einem höheren Umfang, sondern gleichermaßen wie zuvor möglich. Auch wenn die früheren dienstlichen Fahrten nicht mehr vorgenommen werden, bedeutet das nicht, dass ein Betriebsratsmitglied zahlreiche zusätzliche Privatfahrten unternehmen kann. Schließlich nehmen die Betriebsräte ihre amtsbezogenen Aufgaben in der Regel während der üblichen Arbeitszeit wahr, so dass das Fahrzeug, selbst wenn es ihm dauerhaft zur Verfügung steht, zu der Zeit ohnehin nicht privat genutzt werden kann.[705] Ein Vorteil für den Mandatsträger kann daraus kaum entstehen. Außerdem verbietet § 37 Abs. 2 BetrVG nur eine Minderung des Arbeitsentgeltes, so dass eine geringfügige Mehrverwendung zu privaten Zwecken hier keinen Verstoß gegen die Vorschrift bedeutet, wenn sie insoweit mit anderen Vergütungsvorschriften in Einklang steht. Handelt es sich nur um eine geringfügig erhöhte private Nutzungsmöglichkeit, verstößt sie auch nicht gegen das Unentgeltlichkeitsgebot des § 37 Abs. 1 BetrVG. Der Maßstab kann hier sogar geringer sein, wenn es sich um einen besonderen Ausnahmefall „professionalisierter" Betriebsräte handelt.

Zwar wäre es durchaus denkbar, statt dieser gegebenenfalls etwas erhöhten Nutzungsmöglichkeit nur eine rein finanzielle Abgeltung oder nur eine bedarfsorientierte Nutzung vorzusehen.[706] Es ist grundsätzlich auch zulässig oder unter

---

701 Vgl. BAG NZA 2004, 1287, 1288.

702 BAG NZA 2004, 1287, 1288; *Joussen*, NZA 2018, 139, 142.

703 BAG NZA 2004, 1287, 1288; *Rieble*, NZA 2008, 276; *Purschwitz*, S. 258 f.; 262.

704 So Richardi/*Thüsing*, § 37 Rn. 33.

705 Vgl. auch *Lipp*, S. 108, der aus diesem Grund keine Begünstigung des Betriebsratsmitgliedes nach § 78 S. 2 BetrVG annimmt.

706 So Richardi/*Thüsing*, § 37 Rn. 33.

Umständen sogar geboten, eine finanzielle Abgeltung von Naturalleistungen vorzunehmen, wenn wegen der Arbeitsversäumnis die Entgegennahme eines bisher erlangten Sachbezuges nicht möglich oder zumutbar ist.[707] Das ist hier aber nicht der Fall, weil das Betriebsratsmitglied trotz Amtsausübung den Wagen ohne weiteres privat verwenden kann und eine Abgeltung daher weder von dem Betriebsverfassungsgesetz vorgesehen noch notwendig ist. Das wäre allenfalls vorstellbar, wenn eine derart zeitintensive Betriebsratsarbeit zu leisten ist, die dazu führt, dass das Betriebsratsmitglied auf lange Zeit an einer Inanspruchnahme der privaten Nutzung eines Dienstwagens gehindert wird. Das ist aber höchst unwahrscheinlich. Zu denken wäre hier ebenfalls nur an eine „ersatzweise" Nutzung des Fahrzeuges während der Zeiten der Betriebsratsarbeit, d. h. als „Betriebsrats-Dienstwagen", weil die ursprünglichen dienstlichen Fahrten in dem Fall nicht mehr stattfinden. Das ist aber keine Frage des Entgeltausfallprinzips, sondern muss an anderen Vorschriften zur Ausstattung und Bedarf des Betriebsrates gemessen werden.[708]

(4) Private Nutzungsmöglichkeit erst nach Übernahme des Betriebsratsamtes

Zuletzt bleibt zu klären, ob ein Dienstfahrzeug einem Betriebsratsmitglied auch privat zur Verfügung gestellt werden kann, wenn vor Amtsübernahme ausschließlich eine dienstliche Nutzung stattgefunden hat. Das wirft zunächst die Frage auf, wofür ein zuvor rein zu dienstlichen Zwecken überlassenes Fahrzeug von dem Betriebsratsmitglied überhaupt genutzt werden dürfte, wenn man eine Weitergewährung bejahen würde. Denn die ursprüngliche dienstliche Verwendung kommt allenfalls nur noch teilweise bei vorübergehend befreiten Mandatsträgern in Betracht, wohingegen bei einer dauerhaften Arbeitsbefreiung nur noch eine Verwendung für Betriebsratsarbeit erfolgen kann. Wie schon soeben festgestellt, ist aber eine Nutzung für Betriebsratsarbeit grundsätzlich keine Frage des Entgeltausfallprinzips, sondern der Sachmittelausstattung oder des Aufwendungsersatzes. Ein zuvor nur zu dienstlichen Zwecken gewährter Dienstwagen ist aber mangels Entgeltcharakter nicht von dem Entgeltausfallprinzip erfasst und muss einem Betriebsratsmitglied daher nicht gewährt werden.[709] Das entspricht auch dem Fall, dass dem Betriebsratsmitglied vor Amtsübernahme überhaupt kein Dienstwagen zur Verfügung gestellt wurde. Die Ermöglichung einer privaten Nutzung erst ab Amtsübernahme stünde dann der Gewährung eines zusätzlichen Entgeltes gleich und wird deshalb für nicht zulässig erachtet.[710] Zwar wäre das allein nach § 37 Abs. 2 BetrVG durchaus möglich, weil die Vorschrift nach ihrem Wortlaut zunächst nur eine Minderung des Arbeitsentgeltes, nicht aber dessen Erhöhung verbietet. Das bedeutet aber nicht, dass eine zusätzliche Privatnutzung ohne weiteres angenommen werden darf. Das wäre auch

---

707 Schaub/*Linck*, § 68 Rn. 21 mit Hinweis auf BAG BeckRS 1960, 103665.
708 Vgl. dazu S. 320 f.
709 So auch *Joussen*, NZA 2018, 139, 142.
710 *Joussen*, NZA 2018, 139, 141; *Rieble*, NZA 2008, 276, 277; *Bittman/Mujan*, BB 2012, 637, 638 f.

hier nur zulässig, wenn sie mit den anderen vergütungsrelevanten Vorschriften in Einklang stehen würde.[711]

Das könnte der Fall sein, wenn die dem Betriebsratsmitglied vergleichbare Arbeitnehmer eine solche berufliche Entwicklung nehmen, nach der ihnen ein Dienstwagen zur persönlichen Nutzung zusteht. Über die Vorschrift zur Entgeltanpassung nach § 37 Abs. 4 BetrVG muss dann auch dem Mandatsträger ein Dienstwagen gewährt werden, selbst wenn es sich um eine erstmalige Überlassung handelt.[712] In anderen Fällen steht der Überlassung eines Fahrzeuges aber grundsätzlich schon das Unentgeltlichkeitsgebot des § 37 Abs. 1 BetrVG im Wege. Davon kann nur ausnahmsweise – wie soeben schon erwähnt – allenfalls bei den Fällen „verberuflichter" Betriebsräte eine Ausnahme gemacht werden. Eine Auslegung hat ergeben, dass das Unentgeltlichkeitsgebot für sie nicht mehr uneingeschränkt Geltung entfaltet.[713] Damit kann in besonderen Ausnahmefällen eine Privatnutzung möglich sein, auch wenn sie einem Betriebsratsmitglied bislang noch nicht gewährt wurde. Diese Möglichkeit ist jedoch nicht mit dem Entgeltausfallprinzip zu lösen. Denn danach steht jedenfalls fest, dass ein zuvor nur zu dienstlichen Zwecken überlassenes Dienstfahrzeug nach Amtsübernahme nicht auch privat zu gewähren ist. Eine neue private Nutzungsmöglichkeit für „professionalisierte" Betriebsräte könnte aber auf verschiedene Weise begründet werden: Denkbar wäre eine Gestattung aufgrund betrieblicher Gepflogenheiten und Bräuche, die sogar eine Begünstigung nach § 78 S. 2 BetrVG rechtfertigen können. Davon abgesehen wäre die Gewährung eines Dienstwagens zur privaten Nutzung als Ausgleich für die mit dem „verberuflichten" Amt verbundenen Nachteile vorstellbar.[714] Wird die Privatnutzung eines Dienstwagens nach Amtsübernahme ausschließlich für die Fahrten von und zur Arbeitsstätte erlaubt, kann es sich lediglich um eine Sachmittelausstattung des Betriebsrates handeln, weil diese Nutzung lediglich einen „mittelbaren Nebenzweck" darstellt und der Zweck der funktionsgemäßen Ausübung der Pflichten weiter im Vordergrund steht.[715]

3. Variable Vergütungssysteme

Variable Vergütungssysteme sind heutzutage häufig Bestandteil von Arbeitnehmergehältern und das nicht mehr nur für Führungskräfte in großen Unternehmen. Variable Entgeltbestandteile verbreiten sich zunehmend und machen je nach Branche einen immer größeren Teil der Gehälter aus. In den Betrieben finden sich kaum Entgeltmodelle, die nicht zumindest einen kleinen variablen Vergütungsanteil beinhalten und das nicht nur in sämtlichen Arbeitsbereichen, sondern auch in jeglichen Betriebsgrößen, unabhängig ob mittelständisch oder konzernangehörig, und mittlerweile auch im öffentlichen Dienst. Meist werden

---

711 Vgl. auch die Differenzierung bei *Joussen*, NZA 2018, 139 141.
712 *Bittman/Mujan*, BB 2012, 637, 638 f.; Kritisch *Joussen*, NZA 2018, 139, 142.
713 Siehe die Ausführungen auf S. 45 ff., 61 ff.
714 Vgl. dazu S. 296 ff., 306 f.
715 So *Beule*, S. 92; vgl. auch die Ausführungen auf S. 320 f.

sie zusätzlich zu einem fixen Grundentgelt gewährt. Maßgeblich für die Berechnung solcher Bezüge ist nicht wie bei dem Zeitlohn die festgelegte Arbeitszeit, sondern allein die Arbeitsleistung.[716] Zu unterscheiden ist bei leistungsbezogenem Einkommen noch einmal zwischen arbeitsabhängiger Vergütung sowie rein erfolgsbezogenen Entgelten.

Es sind gerade diese variablen Entgeltformen, die bei der Bemessung der Vergütung von Mandatsträgern erhebliche Schwierigkeiten bereiten können. Wenn – je nach Umfang der Arbeitsbefreiung – weder die Arbeitsleistung selbst erbracht noch ein entsprechender Erfolg persönlich erreicht werden kann, stellt sich die Festlegung des konkreten Entgeltes ohne entsprechende Bemessungsgrundlage anhand der hypothetischen Betrachtung nach § 37 Abs. 2 BetrVG als äußerst schwierig oder nahezu unmöglich dar. Trotzdem darf auch hier wegen des Entgeltausfallprinzips keine Entgeltminderung eintreten. Wurde ein solcher Entgeltbestandteil vor der Amtsübernahme gezahlt, muss das auch nach Amtsübernahme weiter erfolgen. Wie die genaue Bemessung dann zu erfolgen hat, ist für jede Fallgestaltung getrennt nach arbeits- oder erfolgsbezogenem Modell zu untersuchen, auch wenn in der Literatur die verschiedenen Formen in diesem Zusammenhang häufig gemeinsam betrachtet und beurteilt werden.

a) Arbeitsabhängige Vergütung

Leistungsorientierte Entgelte vergüten die individuelle Arbeitsleistung, die meist anhand der Qualität der erbrachten Arbeit oder dem geleisteten Arbeitsumfang berechnet wird.[717] Typische Formen sind neben dem Akkordlohn, der in deutschen Betrieben wegen der Modernisierung der Arbeitsabläufe kaum noch eine bedeutende Rolle einnimmt, auch der Prämienlohn. Beim Akkordlohn wird die erreichte Arbeitsmenge, beispielsweise gemessen an Stückzahlen oder Gewicht entlohnt, während Prämienlohn entweder für das persönliche Leistungsergebnis anhand von Bezugsgrößen wie Arbeitsqualität sowie Kundenzufriedenheit gezahlt oder damit ein bestimmtes Verhalten bzw. eine Leistung honoriert wird.[718] Bleibt die Frage, wie dieses leistungsabhängige Entgelt zu bestimmen ist, wenn keine oder nur teilweise Arbeitsleistung erbracht wird. Das Gesetz äußert sich dazu nicht. Grundsätzlich ist auch hier der hypothetische Arbeitslohn, den das Betriebsratsmitglied bei normaler Tätigkeit ohne Arbeitsbefreiung erlangt hätte, zu ermitteln. In der Literatur werden dazu verschiedene Methoden angewandt.

aa) Überblick über die verschiedenen Ansätze zur Berechnung

Nach der überwiegenden Ansicht im Schrifttum soll arbeitsabhängiges Entgelt für ein Betriebsratsmitglied nach dessen Durchschnittslohn aus seiner bishe-

---

716 HK-ArbR/*Boemke*, §§ 611, 611a BGB Rn. 283; ErfK/*Preis*, § 611a BGB Rn. 391.
717 HK-ArbR/*Boemke*, §§ 611, 611a BGB Rn. 283, der hier von arbeitsabhängiger Entlohnung spricht.
718 MünchArbR/*Krause*, § 57 BGB Rn. 31; MüKoBGB/*Müller-Glöge*, § 611 Rn. 723, 738.

rigen Arbeitstätigkeit bemessen und weitergezahlt werden.[719] Zur Begründung werden zum Teil auch Parallelen zur Entgeltfortzahlung im Krankheitsfall[720] bzw. zur Berechnung des Urlaubsentgeltes[721] gezogen. Während bei der Entgeltfortzahlung im Krankheitsfall ebenfalls das Entgeltausfallprinzip gilt, wird im Urlaubsrecht ein gemischtes System aus Entgeltausfall- und Referenzmethode angewandt.[722] Teilweise wird nicht vorrangig auf den persönlichen Durchschnitt, sondern auf das von dem Mandatsträger zuletzt in einem vergleichbaren Zeitraum erzielte Entgelt abgestellt.[723] Nach beiden Ansichten soll erst, wenn dieser individuelle Lohn nicht zu ermitteln ist, hilfsweise das von vergleichbaren Arbeitnehmern in dem Zeitraum der Arbeitsversäumnis durchschnittlich erzielte Gehalt gewährt werden.[724]

Demgegenüber wird nach einer anderen Ansicht in der Literatur – zumindest für dauerhaft freigestellte Betriebsratsmitglieder – allein auf das Einkommen von vergleichbaren Arbeitnehmern abgestellt.[725] Da eine Vermengung von § 37 Abs. 2 und Abs. 4 BetrVG bei der Berechnung des hypothetischen Entgeltes nicht mit der gesetzlichen Konzeption vereinbar sei, könne nach einer weiteren Ansicht entsprechend dem Entgeltausfallprinzip aber allein auf die fiktive Eigenleistung des Mandatsträgers abgestellt werden.[726]

Nach einer weiteren Meinung gebe es in den Fällen aber nur einen Weg, dem tatsächlichen Verdienstausfall am nächsten zu kommen: Das Entgelt des Betriebsratsmitgliedes müsse zu dem Gehalt, das von allen anderen Arbeitnehmern mit Leistungsvergütung während der Arbeitsbefreiung im Durchschnitt erzielt wurde, im gleichen Verhältnis stehen, wie sich der letzte verdiente individuelle Leistungslohn in einem gleichen Zeitraum zu dem damaligen Durchschnittsentgelt der gleichen Arbeitnehmergruppe verhält.[727] Die Ansicht lehnt die An-

---

719 DKKW/*Wedde*, § 37 Rn. 52; so insbesondere zum Akkordlohn HWGNRH/*Glock*, § 37 Rn. 57; *Fitting*, § 37 Rn. 65; ErfK/*Koch*, § 37 BetrVG Rn. 6; HWK/*Reichold*, § 37 Rn. 15; *Happe*, S. 67; *Georgi*, S. 58; *Esser*, S. 75 f.; *Lipp*, S. 113; *Beule*, S. 70 ff.; *Natzel*, NZA 2000, 77, 79; *Schweibert/Buse*, NZA 2007, 1080, 1082; *Rieble*, NZA 2008, 276; nur bei monatlichen Zuwendungen *Gaul*, BB 1998, 101, 105.

720 HWGNRH/*Glock*, § 37 Rn. 57; *Lipp*, S. 113; *Esser*, S. 75 f.; *Gaul*, BB 1998, 101, 105 (nur für monatliche Zuwendungen).

721 HWGNRH/*Glock*, § 37 Rn. 57.

722 Vgl. ErfK/*Gallner*, § 11 BUrlG Rn. 2a.

723 Richardi/*Thüsing*, § 37 Rn. 34; GK-BetrVG/*Weber*, § 37 Rn. 72 (zum Akkordlohn).

724 *Happe*, S. 67; so zu Akkordlohn: HWGNRH/*Glock*, § 37 Rn. 57; ErfK/*Koch*, § 37 BetrVG Rn. 6; HWK/*Reichold*, § 37 Rn. 15; *Göpfert/Fellenberg/Klarmann*, DB 2009, 2041; *Schweibert/Buse*, NZA 2007, 1080, 1082; wohl unterschiedlich hinsichtlich vorübergehend befreiten und dauerhaft freigestellten Betriebsratsmitgliedern DKKW/*Wedde*, § 37 Rn. 52, § 38 Rn. 74; *Fitting*, § 37 Rn. 65, § 38 Rn. 74; umgekehrt erst bei Fehlen von geeigneten Vergleichsarbeitnehmern auf den persönlichen bisherigen Durchschnittsverdienst abstellend *Kappenhagen*, S. 133 f.

725 So *Jacobs/Frieling*, NZA 2015, 513; nur für nach § 38 BetrVG freigestellte Betriebsratsmitglieder *Knipper*, S. 46 f.; *Fitting*, § 38 Rn. 86; DKKW/*Wedde*, § 38 Rn. 74; vgl. auch *Rieble*, NZA 2008, 276, der eine Übertragung des objektiven Vergleichsmaßstabes des § 37 Abs. 4 BetrVG auf die Fälle erwägt.

726 *Liesenfeld*, S. 141 ff., der hierfür verschiedene Berechnungsmodelle vorschlägt.

727 So Richardi/*Thüsing*, § 37 Rn. 34; *Sturm*, S. 70.

wendung dieser Lösungsvariante aber – zutreffend – bereits selbst ab. Denn hier wären Beurteilungen und Berechnungen vorzunehmen, die in der Praxis kaum mehr durchführbar wären.[728]

bb) Stellungnahme und Festlegung der Berechnungsmethode

(1) Keine ausschließliche Orientierung an vergleichbaren Arbeitnehmern

Die Vorschrift des § 37 Abs. 2 BetrVG bezweckt mit dem Entgeltausfallprinzip den Erhalt des individuellen Entgeltes eines Betriebsratsmitgliedes und zwar so, als hätte es normal weitergearbeitet. Nach dem Prinzip soll das persönliche – wenn auch hypothetische – Entgelt eines Mandatsträgers bestimmt werden. Das basiert grundsätzlich aber auf seinem ursprünglichen Gehalt bzw. Arbeitsvertrag und nicht auf dem Einkommen anderer Arbeitnehmer. Es ist daher abzulehnen, bei der Bestimmung arbeitsabhängigen Entgeltes sich von vornherein ausschließlich an Gehalt und Leistung anderer vergleichbarer Arbeitnehmer zu orientieren.[729] Das würde nicht nur der gesetzlichen Konzeption widersprechen, sondern auch individuelle, persönliche Gesichtspunkte blieben damit gänzlich außer Betracht. Ein „Rosinenpicken" bei Anwendung der einzelnen Bemessungsvorschriften je nach verfügbaren Fakten kann nicht befürwortet werden.[730] Außerdem würde es die Beurteilung einer Entgeltentwicklung nach § 37 Abs. 4 BetrVG überflüssig werden lassen.

(2) Berechnung fiktiven Entgeltes anhand des Durchschnittseinkommens vor Amtsübernahme

Es ist dem zuzustimmen, dass § 37 Abs. 2 BetrVG nur auf das hypothetische Entgelt eines Amtsträgers abstellt. Da sich die Berechnung allerdings in der Praxis nur schwer durchführen lassen wird, erst recht nicht bei langen Betriebsratskarrieren, wendet der Vertreter dieser Ansicht verschiedene Berechnungsmodelle an, um das fiktive Entgelt zu bestimmen und unterwirft diese in ihrer Anwendung je nach konkreter Situation einer entsprechenden Rangfolge.[731] Die Festlegung eines fiktiven Entgeltes bei arbeitsabhängiger Vergütung ist zu befürworten, wobei wegen der Schwierigkeiten der Bemessung zunächst ein Anhaltspunkt zu bestimmen ist.

Hierfür bietet es sich an, den bislang erzielten Verdienst eines Betriebsratsmitgliedes zu betrachten. Diese Vorgehensweise stellt eine praktikable Lösung dar, die auch weitestgehend dem Entgeltausfallprinzip entspricht. Innerhalb dieses Ansatzes erscheint es für die genaue Berechnung dabei sachgerechter, den Durchschnitt der erreichten Vergütung des Mandatsträgers in der Vergangenheit heranzuziehen. Allein das zuletzt verdiente Entgelt, auf das eine Ansicht abstellt,

---

728 Auch Richardi/*Thüsing*, § 37 Rn. 34.
729 So aber *Knipper*, S. 47 (zur Akkordarbeit), die ohnehin bei der Entgeltbemessung allgemein nur auf vergleichbare Arbeitnehmer abstellt; vgl. auch S. 17 ff.
730 *Liesenfeld*, S. 141.
731 *Liesenfeld*, S. 143 ff.

wäre wenig aussagekräftig. Es könnte aus vielerlei Gründen zu diesem Zeitpunkt ausnahmsweise besonders hoch oder niedrig ausgefallen sein. Die Heranziehung eines Mittels wird einer leistungsorientierten Vergütung, der überschaubare, meist monatliche Bezugszeiträume zugrunde liegen, am besten gerecht.[732] Gerade im Leistungsbereich ist mit Schwankungen, die nicht zwingend allein in der Person des Leistenden begründet liegen müssen, zu rechnen. Das nur zuletzt erzielte Gehalt würde als Grundlage für das weiterzuzahlende Entgelt dem Entgeltausfallprinzip nicht angemessen gerecht werden. Dagegen können mit einer Durchschnittsberechnung diese Schwankungen zumindest berücksichtigt werden. Für die Bestimmung des fiktiven Entgeltes, ist dann allerdings nicht starr auf die Werte aus der Vergangenheit abzustellen, sondern hierauf sind die aktuell geltenden betrieblichen Grundsätze und Richtlinien zur Vergütung anzuwenden.[733]

Dem steht auch nicht entgegen, dass durch die Vorgehensweise das nach § 37 Abs. 2 BetrVG anzuwendende Entgeltausfallprinzip damit um Elemente der sog. Bezugsmethode ergänzt wird.[734] Diese weitere Art der Entgeltberechnung bei Arbeitsversäumnis zeichnet sich dadurch aus, dass von vornherein das Durchschnittseinkommen während eines fixen Bezugszeitraumes aus der Vergangenheit, der meist drei Monate beträgt, berechnet wird.[735] Die beiden Berechnungsarten werden dadurch aber nicht unsachgemäß vermengt, weil das bisherige Durchschnittseinkommen als Basis für das fiktive Entgelt herangezogen wird, das sich mit aktuellen Vergütungspraktiken im Betrieb durchaus noch ändern kann. Darüber hinaus würde es sich nicht um eine unübliche Vorgehensweise handeln. So wird es beispielsweise auch in dem Entgeltfortzahlungsgesetz bei Arbeitsversäumnis wegen Krankheit oder an Feiertagen gehandhabt. Auch wenn die Heranziehung der vergleichbaren Regelungen des Gesetzes für die Lösung nicht zwingend notwendig ist, können die Gedanken jedenfalls zur Begründung bzw. Bestätigung der Auffassung herangezogen werden – zumal das Entgeltfortzahlungsgesetz ebenfalls das Entgeltausfallprinzip anwendet.[736]

Die Methode der fiktiven Entgeltberechnung auf Grundlage von Durchschnittswerten lässt sich sowohl auf nur vorübergehend als auch auf dauerhaft von der Arbeit befreite bzw. freigestellte Betriebsratsmitglieder anwenden. Mit diesem Lösungsweg ergeben sich auch bei der Entgeltberechnung für nur kurzzeitig befreite Betriebsratsmitglieder, die nach wie vor noch Arbeitsleistung erbringen, keine Probleme. Ihr Entgelt ist anteilig entsprechend der Arbeitsversäumnis zu berechnen. Nach Bestimmung der Durchschnittsleistung des Mandatsträgers ist davon ein Prozentsatz entsprechend den betriebsratsbedingten Fehlzeiten zu bestimmen und als hypothetischer Entgeltteil, aktualisiert nach den aktuellen Ver-

---

732 So im Ergebnis auch *Esser*, S. 75 f.; *Lipp*, S. 113; vgl. auch *Gaul*, BB 1998, 101.
733 So auch das Referenzmodell von *Liesenfeld*, S. 144.
734 Vgl. auch *Kappenhagen*, S. 132; *Esser*, S. 73.
735 *Gutzeit*, S. 83 ff.; vgl. auch *Lipp*, S. 113.
736 *Lipp*, S. 113; vgl. auch *Esser*, S. 74 f.; *Gaul*, BB 1998, 101; *Göpfert/Fellenberg/Klarmann*, DB 2009, 2041, 2042 f.; a. A. *Jacobs/Frieling*, NZA 2015, 513 f.

gütungsrichtlinien, neben dem für die tatsächlich erbrachten Leistungen auszuzahlen.[737] Gibt es allerdings Anhaltspunkte dafür, dass das Betriebsratsmitglied wegen seiner Amtstätigkeit seine tatsächliche Arbeitsleistung nicht mehr wie zuvor erbringen kann, beispielsweise weil ihm wegen der Fehlzeiten nur noch andere, z. b. administrative Arbeiten übertragen werden, sind solche Nachteile hier zusätzlich entsprechend auszugleichen. Denn dadurch könnte das Amt negativ Einfluss auf die Höhe des Arbeitserfolges nehmen.

Die Berechnungsmethode, die sowohl Werte aus der Vergangenheit als auch aktuelle Grundsätze berücksichtigt, stellt nicht nur eine praktikablere Lösung wegen tatsächlicher Anhaltspunkte dar, sondern entspricht auch der gesetzlichen Konzeption, weil ein individualisiertes Entgelt ermittelt wird. Für über lange Zeit freigestellte Betriebsräte können allerdings noch zusätzliche Lösungsansätze erforderlich werden, weil bei ihnen vergangene Leistungen weit zurückliegen oder nicht vorhanden sein können.

(3) Bestimmung des Berechnungszeitraumes

Entscheidet man sich für das Heranziehen eines Durchschnittsverdienstes als Basis fiktiven Entgeltes, spielt eine entscheidende Rolle, welcher Zeitraum für die vergangenheitsbezogenen Werte heranzuziehen ist. Von den Vertretern der Ansicht, die allein auf den Durchschnitt abstellen, werden hierfür unterschiedlich lange Zeitspannen betrachtet oder keine Aussage dazu getroffen. Dabei kommen verschiedene Zeiträume in Betracht.

Bei der Bezugsmethode ist eine Dauer von drei Monaten üblich. Dieser kurze Zeitraum ist in dem Bereich des Urlaubsrechts, in dem die Methode Anwendung findet, durchaus angemessen. Denn bei urlaubsbedingter Abwesenheit handelt es sich nur um kurze Arbeitsunterbrechungen. Der Arbeitnehmer bleibt weitestgehend in den Arbeitsprozess eingegliedert und die Nähe zu der üblichen Arbeitstätigkeit geht durch die kurzfristige Abwesenheit nicht verloren. Erholungsurlaub wird in der Regel verteilt auf das ganze Jahr genommen und könnte selbst mit Freizeitausgleich für Mehrarbeit nicht auf übermäßig lange Zeiträume anwachsen. Kurzzeitige Leistungsschwankungen können hier durchaus hingenommen werden, weil die Nähe zur Arbeit bestehen bleibt und bei der darauf folgenden Urlaubsgewährung die Grundlage neu berechnet wird. Für den Bereich ist ein Zeitraum von drei Monaten allerdings nur als absolutes Minimum zu verstehen.

Die Situation stellt sich bei betriebsratsbedingter Arbeitsversäumnis je nach Dauer der Arbeitsbefreiung bzw. Freistellung von Betriebsratsmitgliedern allerdings anders dar. Daher ist hier nach Art und Umfang der Arbeitsversäumnis zu unterscheiden: Wird ein Betriebsratsmitglied nur gelegentlich für Amtstätigkeiten von der Arbeit befreit und kehrt es immer wieder zu seiner ursprünglichen Tätigkeit zurück, ist ein Referenzzeitraum von drei Monaten angemessen. Schließlich

---

737 Vgl. auch das Hochrechnungsmodell bei *Liesenfeld*, S. 144.

bleibt die Nähe zu der Arbeitsleistung bestehen. Ist es dagegen für eine längere Dauer von der Arbeit befreit bzw. freigestellt, muss ein längerer Zeitraum für die Berechnung des Durchschnittseinkommens herangezogen werden, um einen repräsentativen Wert der bisher erbrachten Leistungen zu erhalten. Eine kurze Zeitspanne würde wenig Aussagekraft besitzen und könnte Leistungsschwankungen in beide Richtungen nicht angemessen berücksichtigen. Vor allem bei dauerhaften Freistellungen ist kein Bezug zur Arbeitsleistung mehr gegeben. In diesen Fällen wäre ein Bezugszeitraum von drei Monaten wenig repräsentativ und daher zu kurz bemessen. Allerdings sollte auch keine längere Zeitspanne als 18 Monate für die Berechnung betrachtet werden, um die Aktualität des Ergebnisses einigermaßen erhalten zu können. Angemessen scheint es, auch bei dauerhaften Befreiungen bzw. Freistellungen das letzte Jahr als Bezugszeitraum heranzuziehen.[738] Die Zeitspanne kann bei vorübergehend befreiten Betriebsräten zwischen drei und zwölf Monaten variieren und ist entsprechend dem Umfang der Arbeitsbefreiung festzulegen. Bei über mehrere Amtszeiten freigestellten Betriebsräten liegt hier das größte Problem. Ihr arbeitsbezogenes Entgelt wird auch nach vielen Jahren am Durchschnitt ihrer letzten Arbeitsleistung bemessen. So sieht es aber das derzeit geltende Gesetz vor. Es besteht allenfalls die Möglichkeit, in dem Fall eine Anpassung entsprechend der Leistungen vergleichbarer Arbeitnehmer über § 37 Abs. 4 S. 1 BetrVG vorzunehmen. Hierfür müssten aber vergleichbare Arbeitnehmer eine entsprechende Entwicklung nehmen, und zwar in dem Sinne, dass eine allgemeine Leistungssteigerung eingetreten ist, die auch für den Mandatsträger gelten muss. Das wird jedoch seltener der Fall sein.

(4) Rückgriff auf weitere Leistungskriterien bei dauerhaft freigestellten Betriebsräten

Die hier befürwortete Berechnungsmethode kann sich in manchen Konstellationen noch als schwierig erweisen. Wird beispielsweise das variable leistungsabhängige Entgeltsystem für den Mandatsträger erst nach Amtsübernahme neu eingeführt oder ist er selbst erst kurze Zeit in dem Betrieb, gibt es keine früheren Arbeitsleistungen, die schon einmal ähnlich bewertet und entlohnt wurden. Ob für solche Fälle, in denen sich ein Durchschnittswert nicht ermitteln lässt, der in dem Zeitraum der Arbeitsbefreiung erzielte Wert von vergleichbaren Arbeitnehmern heranzuziehen ist, bleibt aber fraglich. Denn auch hier muss der rein individuelle Charakter des § 37 Abs. 2 BetrVG zwingend beachtet werden. Ein objektiver, kollektiver Maßstab der Durchschnittsleistung vergleichbarer Arbeitnehmer ist schon deshalb grundsätzlich abzulehnen. Vielmehr ist zu versuchen, selbst in solchen Konstellationen für die Bemessung Anhaltspunkte heranzuziehen, die darüber Auskunft geben könnten, wie der Mandatsträger die Leistungsanforderungen erfüllt hätte und damit eine entsprechende Prognose

---

738 Vgl. *Esser*, S. 75 f.; *Gaul*, BB 1998, 101; a. A. *Lipp*, S. 113, die mit einem Bezugszeitraum von drei Monaten nur tägliche Schwankungen der Arbeitsleistung berücksichtigt.

vorzunehmen.[739] Um ein individualisiertes fiktives Entgelt zu bestimmen, ist dabei auf tatsächlich vorhandene Leistungsgesichtspunkte zurückzugreifen. Denn genau das entspräche einer hypothetischen Lohnermittlung – wie sie das Entgeltausfallprinzip vorsieht. Unter Umständen könnte im Fall der Neueinführung einer arbeitsabhängigen Vergütung die bisherige Leistung des Mandatsträgers auch auf das neue System angewandt werden.[740] Selbst wenn diese Faktoren bei der Bemessung noch nicht zu einem Ergebnis führen, können gegebenenfalls zusätzliche Bewertungskriterien, wie beispielsweise die Qualifikation des jeweiligen Mandatsträgers oder seine allgemeine Leistungsfähigkeit und -entwicklung Aufschluss geben; dabei kann im Einzelfall auch sein Leistungsverhalten als Betriebsrat – jedenfalls als Indiz – Aufschluss geben.[741] Kann in einem konkreten Fall jedoch mit keinem der möglichen individuellen Leistungskriterien ein Rückschluss auf das hypothetische persönliche Leistungsentgelt gezogen werden und ist keine andere Bewertung möglich, ist in solchen Ausnahmefällen und nur hilfsweise – angelehnt an die Grundsätze des § 37 Abs. 4 S. 1 BetrVG – der Durschnitt des von vergleichbaren Arbeitnehmern erreichten Leistungsentgeltes heranzuziehen.[742]

b) Erfolgsabhängige Entgeltbestandteile

aa) Überblick

Eine Erfolgsvergütung gewährt dem Arbeitnehmer ein Entgelt, das auf individuellen oder betriebsbezogenen Erfolgsfaktoren basiert und sich nicht an der Qualität der Arbeitsleistung oder der hierfür aufgewendeten Zeit orientiert.[743] Möglich sind Bezüge, die sich auf den speziellen Erfolg der Arbeitsleistung eines Arbeitnehmers beziehen. Daneben kann sich das Entgelt ebenso an dem geschäftlichen Erfolg des Arbeitgebers bzw. Unternehmens, beispielsweise an dessen Umsatz oder Gewinn orientieren. Die Intention erfolgsabhängiger Vergütungssysteme besteht darin, die Motivation des Arbeitnehmers zu fördern und damit Anreize für Leistungssteigerungen zu geben.[744]
Allein der Zweck, den der Arbeitgeber mit der Zahlung verfolgt, ist maßgeblich dafür, ob sie fester Bestandteil des Arbeitsentgeltes ist. Da der erfolgsbezogene Verdienst im Austausch für die Arbeitsleistung – also Lohn gegen Arbeit – gezahlt wird, handelt es sich nicht lediglich um eine Sonderzuwendung zu einem

---

739 So zunächst *Natzel*, NZA 2000, 77, 79, jedoch einschränkend, wenn sich hierfür keine aussagekräftigen Anhaltspunkte ermitteln lassen; *Esser*, S. 74; ähnlich *Liesenfeld*, S. 144 (Indizmodell); vgl. auch *Schweibert/Buse*, NZA 2007, 1080, 1082.
740 *Esser*, S. 74.
741 Vgl. auch *Liesenfeld*, S. 145.
742 *Natzel*, NZA 2000, 77, 79; *Esser*, S. 74; *Lipp*, S. 113 f.; a. A. *Jacobs/Frieling*, NZA 2015, 513 und *Knipper*, S. 47, 23 ff., die von vornherein nur auf die Prinzipien des § 37 Abs. 4 BetrVG zurückgreifen.
743 HK-ArbR/*Boemke*, §§ 611, 611a BGB Rn. 283.
744 BAG NZA 2011, 989, 991; NZA 2008, 409, 412.

besonderen Anlass oder Stichtag.[745] Unabhängig davon, ob die Zahlungen monatlich, quartalsweise oder jährlich erfolgen, wird damit nur die in dem Bezugszeitraum erbrachte Leistung, in dem Fall ein bestimmter Erfolg, vergütet. Das lässt sich der vertraglichen Vereinbarung entnehmen, wobei diese Zahlungen häufig an bestimmte Zielvereinbarungen oder -vorgaben geknüpft werden. Auch wenn die Höhe der variablen Erfolgsvergütung nicht von dem persönlichen Ergebnis eines Arbeitnehmers, sondern von einem Unternehmenserfolg abhängig gemacht wird, ist nicht die für die Einordnung als Entgelt relevante synallagmatische Verbindung in Frage zu stellen; auch derartige Bezüge werden zusätzlich zu dem Grundentgelt für eine in dem Bezugszeitraum erbrachte Leistung bzw. ein erzieltes Ergebnis des Arbeitnehmers gewährt.[746] Als leistungsbezogene Entgeltbestandteile sind sie dem Betriebsratsmitglied daher auch bei Arbeitsbefreiung weiter fortzuzahlen. Erfolgt hingegen eine Vergütung ohne Bezug zur Arbeitsleistung ausschließlich zu anderen Zwecken, wie z.B. der Honorierung von Betriebstreue oder Bindung an das Unternehmen, muss sich das eindeutig aus der jeweiligen Vereinbarung ergeben. Erfolgsorientierte Entgelte gibt es in zahlreichen verschiedenen Varianten, häufig verwendete bekannte Formen stellen Provisionen, Gewinnbeteiligungen bzw. Tantiemen oder Aktienoptionen dar. Unterschiede zeigen sich hier vor allem hinsichtlich des Kriteriums, an das die Zahlung anknüpft.[747] Die verschiedenen Arten lassen sich nicht immer klar voneinander trennen. Teilweise bestehen auch Mischformen, wie zum Beispiel eine Umsatzbeteiligung, die als Zwischenform zwischen Provision und Tantieme angesehen wird.[748] Dabei kommt es für deren Einordnung nicht unbedingt auf die verwendete Bezeichnung der Vergütungsform an, entscheidend ist immer die jeweils getroffene Vereinbarung.[749]

Gleichermaßen stellt sich hier das Problem der Weitergewährung dieser erfolgsabhängigen Vergütungsbestandteile für ganz oder teilweise von der Arbeit befreite bzw. freigestellte Betriebsratsmitglieder. Nimmt man die Fortzahlung dieser Bezüge auch nach Amtsübernahme an, bleibt fraglich, in welcher Höhe sie zu gewähren und wie sie im Einzelnen zu berechnen sind. Schließlich hängen sie von nicht feststehenden Faktoren ab. Außerdem erbringen die Mandatsträger selbst kaum mehr Arbeitsleistungen. Auch wenn damit durchaus Ähnlichkeiten zu den soeben dargestellten arbeitsabhängigen Entgelten bestehen und diese beiden Formen in der Literatur häufig gemeinsam betrachtet werden, sind sie dennoch getrennt voneinander zu untersuchen. Schließlich können aufgrund der verschiedenen Konstellationen gegebenenfalls unterschiedliche Berechnungsmethoden erforderlich werden. Ob das notwendig ist, kann nur mit einer getrennten Betrachtung festgestellt werden. Schon innerhalb der einzelnen er-

---

745 Vgl. BAG NZA 2011, 989, 991; MüKoBGB/*Müller-Glöge*, §611 Rn.767; ErfK/*Preis*, §611a BGB Rn.494.

746 BAG NZA 2011, 989, 991; MüKoBGB/*Müller-Glöge*, §611 Rn.767.

747 Vgl. dazu MünchArbR/*Krause*, §58 BGB Rn.43.

748 Vgl. MünchArbR/*Krause*, §58 BGB Rn.44.

749 Vgl. MünchArbR/*Krause*, §58 BGB Rn.44; ErfK/*Preis*, §611a BGB Rn.494.

folgsabhängigen Vergütungsmodelle ist interessant, ob bzw. welche Unterschiede bei der Berechnung zu machen sind. Diese Frage stellt sich vor allem bei Zahlungen, die an individuellem Erfolg gemessen werden, im Gegensatz zu den am Unternehmenserfolg orientierten Bezügen. Die Berechnung der wichtigsten erfolgsabhängigen Entgelte trotz Arbeitsversäumnis wegen Betriebsratstätigkeit wird nachfolgend exemplarisch dargestellt.

bb) Provisionen

Mit einer Provision kann ein Arbeitnehmer mit einem bestimmten Prozentsatz an dem Wert von Geschäften beteiligt werden, deren Zustandekommen oder Vermittlung auf seine Tätigkeit zurückzuführen ist.[750] Dabei sind verschiedene Formen gebräuchlich, dem Standardfall der Vermittlungsprovision liegt die Vermittlung einer Absatzvereinbarung mit einem Dritten zugrunde, während sich beispielsweise eine sog. Bezirksprovision auf Geschäfte mit bestimmten Kunden eines Bezirkes bezieht.[751] Stand einem Betriebsratsmitglied vor der Amtsübernahme ein Teil seines Entgeltes in Form von Provisionen zu, sind – nach allgemeiner Ansicht – auch diese dem Mandatsträger weiterhin zu gewähren.[752] Das folgt schon daraus, dass es sich um eine Vergütung handelt, die an den individuellen Erfolg des Arbeitnehmers anknüpft.

Hinsichtlich der Höhe der Zahlungen stellt sich auch hier wie bei anderen (leistungsbezogenen) Vergütungsformen die Frage, inwieweit bzw. in welchem Umfang das Betriebsratsmitglied bei normaler Arbeitstätigkeit hypothetisch Geschäfte abgeschlossen hätte, die zur Zahlung einer Provision geführt hätten. Auch wenn es hier auf die Bezugsgröße des Erfolges der Arbeitsleistung ankommt, lassen sich doch Ähnlichkeiten zu den rein arbeitsbezogenen Entgeltformen feststellen. Für die Zahlung einer Provision sind individuelle Geschäftsabschlüsse erforderlich, die auf die persönliche Leistung des Arbeitnehmers zurückgehen. Der Bezugs- bzw. Berechnungszeitraum, der hier zugrunde gelegt wird, ist relativ kurz, meist ein Monat. Daher sind dabei die gleichen Grundsätze wie schon bei der arbeitsorientierten Vergütung anzuwenden und es ist auf Grundlage des Durchschnitts der bisherigen Tätigkeit des Mandatsträgers ein aktualisiertes fiktives Entgelt zu bestimmen; für die Berechnung ist ebenfalls ein Referenzzeitraum von in der Regel zwölf Monaten zu betrachten.[753] Nur wenn keine Möglichkeit zur Feststellung eines Durchschnitts besteht und auch ein Rückgriff auf individuelle Leistungsgesichtspunkte bei der Berechnung nicht weiterführt, kann hilfsweise auf vergleichbare Arbeitnehmer entsprechend dem

---

750 ErfK/*Preis*, § 611a BGB Rn. 493; Bamberger/Roth/*Fuchs*, § 611 Rn. 68.

751 MünchArbR/*Krause*, § 58 BGB Rn. 1; MüKoBGB/*Müller-Glöge*, § 611 Rn. 742.

752 DKKW/*Wedde*, § 37 Rn. 52; *Fitting*, § 37 Rn. 65; *Gaul*, BB 1998, 101.

753 So u.a. auch DKKW/*Wedde*, § 37 Rn. 52; *Happe*, S. 67; *Lipp*, S. 114; *Esser*, S. 74 ff.; vgl. dazu auch die Ausführungen auf S. 151 f.; a. A. *Jacobs/Frieling*, NZA 2015, 513, der zur Berechnung arbeitszeitunabhängiger Provision allein auf die Grundsätze des § 37 Abs. 4 BetrVG zurückgreift.

Prinzip des § 37 Abs. 4 S. 1 BetrVG abgestellt werden.[754] Bei nur vorübergehend befreiten Betriebsratsmitgliedern kann jedoch der Zeitraum zur Berechnung des Durchschnitts deutlich kürzer ausfallen, da sie weiterhin für die Provision relevante Tätigkeiten ausüben. Das Minimum beträgt aber auch hier drei Monate.

cc) Aktienoptionen

Eine weitere Form der Erfolgsvergütung stellen Aktienoptionen dar. Hintergrund ist, die Arbeitnehmer langfristig an dem Unternehmenswert zu beteiligen und dadurch Anreizwirkung, Mitarbeiterbindung oder einen Belohnungseffekt zu bewirken.[755] Mit einer Aktienoption wird dem Arbeitnehmer das Recht gewährt, nach Ablauf einer Wartefrist und bei Erreichen im Vorfeld festgelegter Erfolgsziele – z. B. die Entwicklung des eigenen Aktienkurses oder eines Aktienindexes – zu einem vorher festgelegten Kaufpreis Aktien des Unternehmens, gegebenenfalls auch des Mutterkonzerns, zu erwerben.[756] Der geldwerte Vorteil besteht in der Differenz zwischen dem verbilligten Börsenpreis der erworbenen Aktien und dem Börsenkurs am Verschaffungstag, den sich die Arbeitnehmer zunutze machen können; der Gewinn besteht also in der Differenz zwischen Kauf- und Verkaufspreis der Aktien.[757] Trotz der eher spekulativen Natur sind Aktienoptionen ebenfalls als erfolgsbezogenes Arbeitsentgelt einzustufen.[758] Zwar werden Ansprüche eines Arbeitnehmers aus Aktienoptionen, die von dem Arbeitgeber gewährt wurden, grundsätzlich als Sachbezüge und damit als Arbeitsentgelt im weiteren Sinne eingeordnet; das gilt allerdings nicht, wenn diese (teilweise) an die Stelle eines geschuldeten Barlohns treten sollen.[759]

Von dem Arbeitgeber gewährte Aktienoptionen müssen aufgrund des Entgeltausfallprinzips grundsätzlich auch einem Betriebsratsmitglied nach Amtsübernahme weiter erteilt werden.[760] Allerdings kann das in bestimmten Konstellationen anders zu beurteilen sein, wenn es sich z. B. um einen mit der Konzerngesellschaft geschlossenen Optionsvertrag handelt. Hier besteht ein rechtlich selbstständiger Vertrag, der nicht Bestandteil des Arbeitsverhältnisses wird, so dass Ansprüche daraus nur gegen die Konzernmutter geltend gemacht werden können.[761] Handelt es sich um einen solchen Fall, müssen die Aktienoptionen dem Betriebsratsmitglied während der Arbeitsbefreiung bzw. Freistellung nicht gewährt werden, es sei denn der Arbeitgeber und der Arbeitnehmer haben die Teilnahme an einem anderen Aktienoptionsprogramm ausdrücklich oder konkludent

---

754 DKKW/*Wedde*, § 37 Rn. 52; vgl. auch *Rieble*, NZA 2008, 276.
755 MünchArbR/*Krause*, § 58 BGB Rn. 52.
756 Küttner/*Röller*, Aktienoptionen, Rn. 1; MünchArbR/*Krause*, § 58 BGB Rn. 53.
757 MünchArbR/*Krause*, § 58 BGB Rn. 53; Küttner/*Röller*, Aktienoptionen, Rn. 1; MüKoBGB/*Müller-Glöge*, § 611 Rn. 805.
758 Küttner/*Röller*, Aktienoptionen, Rn. 5.
759 MüKoBGB/*Müller-Glöge*, § 611 Rn. 520.
760 So auch *Sturm*, S. 81.
761 BAG NZA 2008, 836, 837 f.; NJW 2003, 1755, 1757; Küttner/*Röller*, Aktienoptionen, Rn. 6.

vereinbart bzw. der Arbeitgeber hat hierüber eine vertragliche Zusage erteilt.[762] Außerdem kann der Arbeitgeber auch hier ausnahmsweise selbst Verpflichteter sein, wenn sich aus dem Arbeitsvertrag ein entsprechender Rechtsbindungswille ergibt; das wäre beispielsweise anzunehmen, wenn er nur deswegen auf einen Teil der Vergütung verzichtet, weil der Arbeitnehmer von dem Konzern einen solchen Optionsvertrag erhält.[763] Dann wäre die Aktienoption des Konzerns dem Betriebsratsmitglied nach Amtsübernahme dennoch weiter zu gewähren.

dd) Beteiligungen an dem geschäftlichen Erfolg des Arbeitgebers

Typische Vergütungsformen, die sich auf den Geschäftserfolg des Unternehmens beziehen, stellen Gewinnbeteiligungen bzw. Tantiemen dar. Sie werden häufig Angestellten in höheren Positionen, meist zusätzlich zu einem Grundentgelt, gezahlt. Mit ihnen sollen besondere Leistungen des Arbeitnehmers für den wirtschaftlichen Ertrag des Arbeitgebers honoriert werden; außerdem soll er dadurch an dem Geschäftserfolg interessiert sein und ihm Motivation gegeben werden, sich für das Unternehmen weiter einzusetzen.[764] In der Regel werden Tantiemen, je nach Vereinbarung, prozentual nach dem erzielten Reingewinn eines Jahres des gesamten Unternehmens oder eines Unternehmensteils berechnet.[765] Daneben gibt es zahlreiche andere Ausgestaltungsmöglichkeiten, die nach Bezugsgröße variieren und sich beispielsweise an Umsatz oder anderen vereinbarten Ergebnissen orientieren können. Auch Mischformen mit verschiedenen Elementen sind denkbar. Davon abzugrenzen sind Zahlungen, wie beispielsweise sog. Jahresabschlussvergütungen, die allen bzw. einem Großteil der Arbeitnehmer zur Anerkennung für geleistete und weitere Dienste oder Betriebstreue gewährt werden. Diese orientieren sich weder an dem Gewinn noch an dem Verlust des Unternehmens und stellen damit eine typische Gratifikation dar.[766]

Hinsichtlich der Berechnung eines solchen Entgeltbestandteils für Betriebsratsmitglieder dürfte sich bei der einfachsten Konstellation einer reinen Gewinn- oder Umsatzbeteiligung, die nicht an besondere Voraussetzungen geknüpft ist, kein Problem bei der Berechnung ergeben. Grundsätzlich lässt sich bei Beteiligungen an dem Unternehmenserfolg die Bezugsgröße, wie beispielsweise Jahresgewinn oder Umsatz, ohne weiteres feststellen. Meist wird hier ohnehin die Zahlung eines Prozentsatzes von der Bezugsgröße vereinbart, der dann unverändert auch einem Mandatsträger weitergezahlt werden kann. Dabei kann lediglich die Bezugsgröße je nach Ergebnis im Bezugszeitraum variieren, nicht aber der festgelegte Anteil. Dass das Betriebsratsmitglied ganz oder teilweise

---

762 BAG NZA 2008, 836, 837 f.; NJW 2003, 1755, 1757; *Sturm*, S. 82 f.; ausführlich dazu *Annuß/ Lembke*, BB 2003, 2230, 2232.

763 *Annuß/Lembke*, BB 2003, 2230, 2232 f.; *Küttner/Röller*, Aktienoptionen, Rn. 6.

764 MüKoBGB/*Müller-Glöge*, § 611 Rn. 758; ErfK/*Preis*, § 611a BGB Rn. 494; BAG NZA 1999, 824.

765 MüKoBGB/*Müller-Glöge*, § 611 Rn. 742; ErfK/*Preis*, § 611a BGB Rn. 497.

766 ErfK/*Preis*, § 611a BGB Rn. 495.

keine Leistung erbracht hat und daher nicht voll am Gewinn oder Umsatz mitgewirkt hat, spielt wegen des Entgeltausfallprinzips keine Rolle. Hypothetisch betrachtet wäre es daran beteiligt gewesen. Bei der Zahlung des Grundentgeltes in Form von Zeitlohn wird ebenfalls das volle vereinbarte Entgelt trotz Nichterbringung der Arbeitsleistung gewährt. Hier ist kein Unterschied zwischen den Vergütungsformen zu machen.

Anders liegt es jedoch, wenn sich der vereinbarte Entgeltbestandteil, z. B. in Form eines Bonus, zwar auch an dem Gewinn oder Umsatz des Arbeitgebers orientiert, für dessen Gewährung aber die Erreichung eines bestimmten Ziels vorausgesetzt wurde. Die Entgelthöhe unterliegt bei diesem Beispiel damit nicht nur den Schwankungen der Bezugsgröße wie Umsatz oder Gewinn, sondern hängt zusätzlich noch von der unbeständigen Größe der Zielerreichung ab. Wie solche Zielvereinbarungen zu beurteilen sind, ist im Folgenden genauer zu betrachten.

c) Vergütung nach vereinbarten Zielen

aa) *Überblick und Problemstellung*

Zielabhängige Vergütungsformen finden – überwiegend in Form von Zielvereinbarungen – in den Unternehmen immer häufiger Verwendung. Zwar beziehen sie sich ebenfalls auf eine Arbeitsleistung oder einen bestimmten Erfolg, sie lassen sich aber dennoch nicht immer eindeutig arbeits- oder erfolgsbezogenen Vergütungssystemen zuordnen.[767] Daher sind sie in dem Zusammenhang als eigene leistungsbezogene Form unabhängig von einer genaueren Einordnung zu betrachten.

Zielvereinbarungen bedeuten Absprachen mit dem Arbeitgeber über die Erreichung festgelegter betrieblicher Leistungsziele. Diese werden entweder für einen Einzelnen oder eine Gruppe innerhalb eines bestimmten abgrenzbaren Zeitraumes festgelegt und sind, wenn auch nicht zwingend, meist an die Zahlung eines Entgeltes gebunden.[768] Dem steht eine reine Zielvorgabe des Arbeitgebers gegenüber, welche dieser einseitig aufgrund seines Direktionsrechts festlegen kann.[769] Zielvereinbarungen sind häufig auch Gegenstand variabler, erfolgsabhängiger Vergütungssysteme und können sich dabei sowohl auf das Erreichen individueller Ziele als auch auf allgemeine Unternehmensergebnisse beziehen.[770] Die Ausgestaltungsmöglichkeiten sind vielfältig, es können neben eindeutig festgelegten bzw. festlegbaren „harten" Kriterien ebenso sog. „weiche" Bedingungen, die von einer subjektiven Einschätzung abhängen, verwen-

---

767 Vgl. auch MünchArbR/*Krause*, § 57 BGB Rn. 2.

768 Küttner/*Griese*, Zielvereinbarung, Rn. 1. Zielvereinbarungen lassen sich oft nicht eindeutig zuordnen und existieren im gesamten Bereich leistungsbezogener wie auch erfolgsorientierter Entgelte, vgl. MünchArbR/*Krause*, § 57 BGB Rn. 2. Hier werden nur entgelt- und erfolgsbezogene Zielvereinbarungen beleuchtet.

769 Küttner/*Griese*, Zielvereinbarung, Rn. 3; MüKoBGB/*Müller-Glöge*, § 611 Rn. 767.

770 MünchArbR/*Krause*, § 57 BGB Rn. 2.

det werden.[771] Feste Leistungsziele, bei deren Erreichen der Arbeitgeber einen festgelegten Bonus oder eine Tantieme bzw. eine prozentuale Beteiligung an Gewinn oder Umsatz gewährt, werden oft für ein Geschäftsjahr vereinbart.[772] Werden die Ziele nicht oder nicht in dem festgelegten Umfang erreicht, fällt die Vergütung weg oder wird je nach Vereinbarung entsprechend gekürzt. Die Höhe des Entgeltes wird daher häufig nach dem Grad der Erreichung des vereinbarten Ziels gestaffelt.[773]

Dass auch vor Amtsübernahme mit dem Arbeitgeber geschlossene, an ein Entgelt geknüpfte Zielvereinbarungen einem Betriebsratsmitglied gleichermaßen weiter zu gewähren sind, wird nicht in Frage gestellt, sondern einheitlich bejaht.[774] Das Problem bei der Berechnung für Betriebsratsmitglieder liegt allerdings darin, dass der Mandatsträger zu den festgelegten Zielen wegen der Arbeitsbefreiung nicht den gleichen Beitrag leisten kann, wie wenn er normal weitergearbeitet hätte. Das kann dazu führen, dass er – je nach Umfang der Arbeitsbefreiung – vorgegebene Ziele überhaupt nicht oder nur einen geringeren Teil erreicht. Da nach § 37 Abs. 2 BetrVG das Entgelt während der Betriebsratstätigkeit jedoch nicht gemindert werden darf, muss wegen des Entgeltausfallprinzips die hypothetische Zielerreichung mit dem entsprechenden Entgelt ermittelt werden. Wie das im Einzelnen bemessen werden kann, hängt von verschiedenen Umständen und Faktoren ab, vor allem auch von der Ausgestaltung der jeweiligen Zielvereinbarung.

bb) Gruppenzielvereinbarung

Bei Gruppenzielvereinbarungen kann das Betriebsratsmitglied an dem Erfolg der Gruppe teilhaben,[775] auch wenn im Rahmen des § 37 Abs. 2 BetrVG objektive Kriterien keine Rolle spielen. Die Situation ist aber ähnlich der einer Gewinn- oder Umsatzbeteiligung ohne Zielvereinbarung. Hier darf das Betriebsratsmitglied ebenfalls an dem Erfolg des gesamten Unternehmens teilhaben, der auf die Leistung der ganzen Belegschaft zurückzuführen ist, obwohl es selbst keinen oder nur einen geringen Beitrag geleistet hat. Damit wird auch nicht der individuelle Charakter des § 37 Abs. 2 BetrVG durchbrochen oder eine Anlehnung an § 37 Abs. 4 S. 1 BetrVG vorgenommen.[776] Denn das kollektive Ziel wurde bereits vorher individuell mit dem Arbeitgeber vereinbart, so dass es hier nach wie vor um die Zahlung des persönlichen Entgeltes geht.[777] Dieses Ergebnis ist auch deshalb sachgerecht, weil es eine angemessene Kompensation schafft. Zwar darf

---

771 MüKoBGB/*Müller-Glöge*, § 611 Rn. 767; *Sturm*, S. 76.
772 Vgl. MüKoBGB/*Müller-Glöge*, § 611 Rn. 767.
773 Küttner/*Griese*, Zielvereinbarung, Rn. 2.
774 DKKW/*Wedde*, § 37 Rn. 51; *Fitting*, § 37 Rn. 64; *Esser*, S. 76 ff.; *Sturm*, S. 76.
775 So auch *Sturm*, S. 76.
776 Vgl. aber *Göpfert/Fellenberg/Klarmann*, DB 2009, 2041, der bei der Berechnung zwischen Einzel- und Gruppenzielvereinbarungen unterscheidet und nur für letztere § 37 Abs. 4 BetrVG anwendet.
777 So auch *Sturm*, S. 76.

das Betriebsratsmitglied auf der einen Seite an dem Gruppenerfolg teilhaben, an dem es selbst womöglich überhaupt nicht beteiligt war. Auf der anderen Seite ist damit aber auch „abgegolten", dass die Leistung des Betriebsratsmitgliedes möglicherweise zu einer höheren Zielerreichung geführt hätte, wenn es voll weitergearbeitet hätte.

cc) Einzelzielvereinbarung

Handelt es sich jedoch um ein für den Arbeitnehmer individuell festgelegtes Ziel, wird die Beurteilung schwieriger. Wegen des Entgeltausfallprinzips muss einem Betriebsratsmitglied auch die hypothetische Erreichung eines Ziels zugestanden werden. Allerdings wird sich nur schwer hypothetisch feststellen lassen, ob der Mandatsträger das vereinbarte Ziel bzw. welchen Grad er bei einer Staffelung der Ziele ohne die Übernahme des Betriebsratsamtes erreicht hätte. Zu diesem Problem diskutieren Literatur und Rechtsprechung verschiedene Lösungsvorschläge.

(1) Möglichkeiten der Entgeltbestimmung

Im Grundsatz gibt es zwei Möglichkeiten, wie sich ein an Zielvorgaben orientiertes Entgelt bei Betriebsratsmitgliedern, die ganz oder teilweise ihrer Arbeit nicht mehr nachkommen, berechnen lässt: Entweder zieht man als Anknüpfungspunkt die Leistung bzw. den Erfolg heran und bestimmt den hypothetisch erreichten Umfang der vereinbarten Ziele oder man setzt bereits an den festgelegten Zielen an und korrigiert diese entsprechend, weil sie wegen der Arbeitsbefreiung von dem Mandatsträger nicht mehr in gleicher Weise erreicht werden können.

Nach der ersten Variante wird die Höhe des Entgeltes durch Festlegung einer fiktiven Zielerreichung bestimmt, und zwar anhand hypothetischer Leistungen bzw. Erfolge.[778] Letzteres lässt sich wiederum durch Zugrundelegung von Vergleichszahlen aus dem vorherigen Geschäftsjahr oder eines bisher erreichten Durchschnitts ermitteln. Für nur vorübergehend befreite Betriebsratsmitglieder, die noch Arbeitsleistung erbringen, wäre die Zielerreichung lediglich anteilig für die Zeit der Arbeitsversäumnis hypothetisch zu bestimmen. Zu den tatsächlich erarbeiteten können dann die fiktiv während der Arbeitsversäumnis erreichten Ziele hinzuaddiert und das real erzielte Ergebnis nach oben korrigiert werden.[779] Außerdem müssen bei den tatsächlich erreichten Zielen gegebenenfalls Korrekturen vorgenommen werden. Zu berücksichtigen ist nämlich, dass diese Mandatsträger oft nicht mehr die gleiche Leistung erbringen können, weil ihnen beispielsweise nur noch Verwaltungsarbeiten übertragen werden.[780] Bei dauer-

---

778 Etwas anders *Happe*, S. 67, der die bisherigen Leistungen des Betriebsratsmitgliedes fiktiv fortschreiben will; dem ähnlich auch *Liesenfeld*, S. 143, 144 nach einem Referenzmodell.

779 Vgl. *Butz/Preedy*, AuA 2010, 578, 579, allgemein zur Entgeltfortzahlung eines Bonus bei Fehlzeiten.

780 Vgl. auch *Göpfert/Fellenberg/Klarmann*, DB 2009, 2041, 2044.

haft von der Arbeit befreiten bzw. freigestellten Betriebsratsmitgliedern wäre dagegen ein rein hypothetischer Grad der Zielerreichung zu bestimmen. Demgegenüber werden nach der zweiten Berechnungsmöglichkeit die festgelegten Ziele, welche für die Zahlung der Erfolgsvergütung entscheidend sind, von vornherein entsprechend dem Umfang der Arbeitsversäumnis herabgesetzt.[781]

(2) Notwendigkeit der Differenzierung nach Art der Arbeitsbefreiung

Legt man die beiden genannten Möglichkeiten der Lösung des Problems zugrunde, wird schnell deutlich, dass es hier einen entscheidenden Unterschied machen wird, ob das Betriebsratsmitglied nur gelegentlich von der Arbeit befreit war und weiterhin seiner ursprünglichen Arbeit nachgegangen ist oder ob es vollständig von seiner Arbeitspflicht entbunden wurde.

Dabei ist zunächst festzuhalten, dass bei dauerhaft von der Arbeit befreiten Betriebsratsmitgliedern die Methode des Absenkens der vereinbarten Ziele ohnehin nicht in Betracht kommt. Da sie keine Arbeitstätigkeit mehr leisten, können sie auch keine der festgelegten Ziele mehr erreichen. Eine bloße Minderung des Zielerreichungsgrades wäre hier sinnlos und würde dazu führen, dass dem Mandatsträger entgegen dem Entgeltausfallprinzip überhaupt kein zielabhängiges Entgelt mehr gezahlt werden könnte. Dagegen üben nur gelegentlich befreite Amtsträger ihre Arbeit weiter aus und können je nach Umfang der Arbeitsbefreiung mehr oder weniger an der Zielerreichung mitwirken. Auf diese Betriebsratsmitglieder wäre die Anwendung beider Möglichkeiten der Berechnung denkbar. Bei ihnen könnte entweder die Bestimmung einer fiktiven Zielerreichung für betriebsratsbedingte Fehlzeiten oder aber das Absenken der Ziele erfolgen. Eine entsprechende Differenzierung nach Art bzw. Umfang der Arbeitsbefreiung ist daher zwingend erforderlich.

(3) Festlegung einer hypothetischen Zielerreichung bei dauerhafter Arbeitsbefreiung

Für dauerhaft von der Arbeit befreite Betriebsratsmitglieder kann eine zielabhängige Vergütung nur über die Bestimmung einer fiktiven Zielerreichung erfolgen. Wurde mit Betriebsräten vor ihrer Amtsübernahme eine Zielvereinbarung getroffen, ist ihr hypothetisch erzielter Erfolg in dem vereinbarten Bezugszeitraum zu ermitteln. Das kann wiederum anhand verschiedener Methoden erfolgen: Eine Möglichkeit wäre auch hier, die fiktive Zielerreichung des Betriebsratsmitgliedes rein an den durchschnittlich erzielten Erfolgen anderer vergleichbarer Arbeitnehmer entsprechend § 37 Abs. 4 S. 1 BetrVG zu messen.[782] Diese Vorge-

---

781 *Butz/Preedy*, AuA 2010, 578, 579, allgemein zur Entgeltfortzahlung eines Bonus bei Fehlzeiten.

782 Erwägt zumindest *Rieble*, NZA 2008, 277; vgl. auch LAG München BeckRS 2015, 71893, das den Maßstab vergleichbarer Arbeitnehmer des § 37 Abs. 4 BetrVG auch bei dem Entgeltausfallprinzip zur Bestimmung des Leistungslohns heranzieht (das Urteil ist allerdings nicht rechtskräftig, der Anspruch wurde in nächster Instanz abgelehnt, vgl. BAG NZA 2015, 1328).

hensweise ist jedoch – wie schon bei den anderen leistungsbezogenen Entgeltformen – von vornherein abzulehnen. Das Ergebnis wäre ebenso im Hinblick auf das Entgeltausfallprinzip, das im Gegensatz zu der objektiven Entgeltentwicklung nach § 37 Abs. 4 BetrVG den individuellen Lohn gewährleisten will, nicht sachgerecht. Mit einer Berechnung ausschließlich anhand einer Vergleichsgruppe bliebe außerdem unberücksichtigt, dass die Höhe der Zielerreichung sich vor allem nach der persönlichen Leistung des Betriebsratsmitgliedes richtet.[783]

Naheliegend ist es daher, auch hier die Vorgehensweise wie bei den anderen leistungsbezogenen Vergütungsformen oder Provisionen anzuwenden und den hypothetischen Erfolg ebenfalls auf Grundlage der bisherigen persönlichen Leistung des Mandatsträgers zu bestimmen.[784] Das hat sich bei arbeitsabhängigem Entgelt sowie bei Provisionen als sachgerechte Methode erwiesen. In der Literatur wird dieser Lösung bei Zielvereinbarungen zwar begegnet, dass der Rückgriff auf den persönlichen Durchschnitt kein repräsentatives Ergebnis liefere, weil damit die konjunkturellen Unterschiede der einzelnen vergangenen Jahre unberücksichtigt blieben.[785] Dass sowohl persönliche Leistungen als auch Unternehmenserfolge gewissen Schwankungen von Jahr zu Jahr unterliegen, ist nicht in Frage zu stellen. Sicherlich mag auch ein vergleichsweise kurzer Referenzzeitraum für die Bildung eines Durchschnitts gerade bei Erfolgsentgelten, die sich auf ein ganzes Geschäftsjahr beziehen, wenig aussagekräftig sein. Diesen Bedenken ließe sich aber relativ einfach mit der Anpassung des heranzuziehenden Durchschnittszeitraumes begegnen. Eine Verlängerung der zu betrachtenden Zeitspanne könnte dann ein repräsentativeres Leistungsbild geben.[786] Um sowohl eine mangelnde Berücksichtigung von konjunkturellen Schwankungen der einzelnen Geschäftsjahre zu vermeiden, gleichzeitig aber auch nicht die Nähe zu der Leistung zu verlieren, ist deshalb ein angemessener Mittelweg zu finden. Die Bestimmung des Durchschnittszeitraumes hängt außerdem von dem in der Zielvereinbarung festgelegten Bezugszeitraum ab. Bei den meist über ein Jahr festgelegten Zielvereinbarungen scheint ein Durchschnittszeitraum von drei Jahren als angemessen.[787]

Darüber hinaus wäre eine Vorgehensweise entsprechend einer weiteren Ansicht denkbar: Demnach ist zunächst anhand einer Prognose zu ermitteln, welchen Grad der Zielerreichung das Betriebsratsmitglied bei normaler Tätigkeit erreicht hätte.[788] Dabei könnten Kriterien wie beispielsweise in der Vergangenheit erreichte Ziele oder eine Betrachtung der Entwicklung der bisher erlangten Zieler-

---

783 Vgl. BAG NZA 2015, 1328, 1330.

784 *Liesenfeld*, S. 143 ff.; vgl. auch *Rieble*, NZA 2008, 276; vgl. auch *Natzel*, NZA 2000, 77, 79; *Esser*, S. 76 f., die bei voll freigestellten Betriebsratsmitgliedern auf deren bisherige Durchschnittsleistung abstellen.

785 So *Gaul*, BB 1998, 101, 102.

786 Vgl. bereits die Ausführungen zur arbeitsabhängigen Vergütung und den unterschiedlichen heranzuziehenden Durchschnittszeiträumen auf S. 147 ff., 151 f., 155 f. (zur Provision). So auch *Esser*, S. 76 f.

787 So auch *Sturm*, S. 79, der aber nur nachrangig eine Durchschnittsberechnung durchführt.

788 *Sturm*, S. 78, angelehnt an BAG NZA 2015, 1328, 1330 f.

reichungsgrade mit einbezogen werden und auf die hypothetische Zielerreichung Rückschluss geben.[789] Nur wenn das nicht möglich ist, könne dann auch auf die durchschnittlich erreichten Ziele in einem Referenzzeitraum von zwölf Monaten bis zu drei Jahren zurückgegriffen werden.[790] Führe das immer noch zu keinem Ergebnis, beispielsweise weil das System erst nach Amtsübernahme neu eingeführt wurde, könne auf sonstige Indizien zurückgegriffen werden, die Aufschluss über den Grad der Zielerreichung geben könnten.[791]

Bei einer Zielvereinbarung ist es sachgerecht, mit einer vorrangigen Prognose den hypothetischen Erfolg des Betriebsratsmitgliedes zu ermitteln. Die Methode ermöglicht, eine persönliche Erfolgskurve des Mandatsträgers zu zeichnen und dadurch individualisiertes Entgelt zu zahlen, was im Sinne der Regelung des § 37 Abs. 2 BetrVG ist. Allerdings werden sich die in die Prognose einzubeziehenden Faktoren teilweise als sehr abstrakt und für die tatsächliche Bemessung oft nur wenig hilfreich darstellen. Daher wird es in der Praxis wohl unvermeidbar sein, für die Berechnung den Durchschnitt der bisherigen Leistungen und Erfolge des Mandatsträgers heranzuziehen.

(4) Berechnung bei teilweise von der Arbeit befreiten Betriebsratsmitgliedern

Im Unterschied zu dauerhaft freigestellten Betriebsräten muss bei nur vorübergehend befreiten Mandatsträgern bei der Bestimmung eines zielabhängigen Entgeltes berücksichtigt werden, dass diese nach wie vor ihrer ursprünglichen Tätigkeit nachgehen und weiterhin Arbeitsleistung erbringen. Eine rein fiktive Bestimmung der Zielerreichung darf hier deshalb nicht erfolgen, sondern die tatsächlichen Leistungen müssen mit eingebracht werden. Für die Bemessung entsprechend dem Entgeltausfallprinzip sind zwei Wege denkbar.

(a) Fiktive Bestimmung für die Zeit der Arbeitsbefreiung

Grundsätzlich kann auch bei nur zeitweise von der Arbeit befreiten Betriebsräten das Entgelt über eine hypothetische Zielerreichung bestimmt werden. Wegen der tatsächlichen Arbeitsleistung ist der fiktive Erfolg aber nur für die entsprechenden Fehlzeiten aufgrund Betriebsratsarbeit zu berechnen. Im Falle der Berechnung durch Ermittlung des Durchschnitts bisheriger Leistungen – wie oben bereits dargestellt – ist dazu von dem Wert ein der betriebsratsbedingten Arbeitsversäumnis entsprechender Prozentsatz zu ermitteln. Diese fiktive Zielerreichung ist dann dem tatsächlich erzielten Erfolg während der üblichen Arbeitszeit hinzuzurechnen. Das entspricht der Berechnung bei arbeitsabhängiger Vergütung. Ähnlich wäre es bei der zweiten Alternative der Berechnung anhand einer Prognose; diese müsste sich jedoch konkret auf den erreichten Er-

---

789 *Sturm*, S. 78, angelehnt an BAG NZA 2015, 1328, 1330 f., das ebenfalls Hilfstatsachen zur Feststellung des hypothetischen Sachverhaltes heranzieht.

790 *Sturm*, S. 78 f.

791 *Sturm*, S. 79.; ein ähnliches System verwendet *Liesenfeld*, S. 143 ff.

folg in dem Zeitraum beziehen, in dem der Mandatsträger Betriebsratsaufgaben wahrnimmt.

Die Methode der hypothetischen Zielfestsetzung kann bei nur vorübergehend befreiten Mandatsträgern die Berechnung damit nicht nur relativ aufwendig oder kompliziert machen. Sie stößt auch häufig auf Kritik. Vor allem wird der Vorgehensweise entgegengehalten, dass zwischen dem Zeitaufwand für Betriebsratsarbeit und der Zielgröße, beispielsweise dem Umsatz oder Gewinn, nicht zwingend Proportionalität bestehen muss und das von der Methode nicht ausreichend berücksichtigt wird.[792] Ein Zusammenhang zwischen der betriebsratsbedingten Arbeitsversäumnis und einer nur verminderten Zielerreichung liegt zwar auf der Hand, bedeutet aber nicht zwingend, dass nur allein deshalb ein geringerer Erfolg erreicht wurde. Nur weil der Amtsträger zum Beispiel einmal in der Woche für drei Stunden seiner Betriebsratsarbeit nachgegangen ist, muss das nicht automatisch bedeuten, dass er nur wegen dieser kurzen Fehlzeit ein Ziel nicht in gleichem Umfang erreichen konnte. Das Betriebsratsmitglied könnte den gleichen Erfolg nämlich auch während einer geringeren Arbeitszeit erreichen. Schließlich können auch andere Faktoren, wie z. B. Bemühungen des Arbeitgebers oder die Tätigkeit anderer Arbeitnehmer das Ergebnis ebenfalls positiv beeinflussen.[793] Hat das Betriebsratsmitglied seine Arbeit effizient gestaltet und organisiert, müsse die Arbeitsversäumnis ebenfalls nicht zwingend Auswirkung auf die Höhe der – zumindest 100-prozentigen – Zielerreichung haben.[794] Teilweise wird eine Kausalität der gelegentlichen Betriebsratsarbeit für eine geringere Zielerreichung grundsätzlich angezweifelt, zumindest für schwer feststellbar erachtet.[795] Auf der anderen Seite kann aber nicht mit Sicherheit ausgeschlossen werden, dass der Erfolg vielleicht größer ausgefallen wäre, wenn der Mandatsträger nicht mehrmals die Woche seinen Arbeitsplatz verlassen hätte, um Betriebsratsaufgaben zu erledigen.

Berücksichtigt man diesen Kritikpunkt macht die hypothetische Feststellung einer Zielerreichung bei teilweise von der Arbeit befreiten Betriebsratsmitgliedern nur Sinn, wenn ausgeschlossen ist, dass andere, arbeitnehmerunabhängige Faktoren die Zielerreichung mitbestimmt haben.[796] Das gilt auch für den Fall, dass die Arbeitsbefreiungen in einem solchen Umfang bzw. einer solchen Häufigkeit stattfinden, dass das Betriebsratsmitglied nicht mehr sinnvoll seiner ursprünglichen Arbeit nachgehen kann. Dann könnte es grundsätzlich in das Ermessen des Arbeitgebers gestellt werden, auch hier eine fiktive Erfolgsvergütung anhand einer Durchschnittsberechnung zu bemessen. Schließlich wird eine solche Berechnung auch bei der arbeitsorientierten Vergütung vorgenommen, ohne dass

---

792 Vgl. LAG Berlin NZA 1997, 224; davon scheint aber *Butz/Preedy*, AuA 2010, 578, 579 allgemein bei Entgeltfortzahlung eines Bonus bei Fehlzeiten auszugehen.

793 Vgl. LAG Berlin NZA 1997, 224, das einen Einfluss von weiteren Marketingaktivitäten des Arbeitgebers auf den Umsatz annimmt; *Liesenfeld*, S. 147.

794 Vgl. *Gaul*, BB 1998, 101, 102.

795 Vgl. *Gaul*, BB 1998, 101, 102.

796 Vgl. *Gaul*, BB 1998, 101, 105, der eine anteilige Reduzierung der Zielvorgaben zulässt, wenn diese allein durch den Arbeitnehmer beeinflusst werden.

hier die Vorgehensweise aus ähnlichen Gründen in Zweifel gezogen wird; die Kritikpunkte könnten auch dort angeführt werden. Im Gegensatz zu der hier betrachteten Konstellation gibt es für die arbeitsabhängigen Entgelte allerdings keine Alternative zur Berechnung, die dem Entgeltausfallprinzip gerecht wird. Bereits auch wegen der relativ komplizierten und umständlichen Berechnung ist für nur vorübergehend befreite Betriebsratsmitglieder zu prüfen, ob zur Bestimmung einzelzielabhängiger Entgelte die zweite Möglichkeit der Anpassung der Zielvorgaben möglicherweise die bessere Alternative darstellt.

(b) Anpassung der Zielvorgaben

Bei zeitweise von der Arbeit befreiten Betriebsräten ist es vorstellbar, für die Ermittlung eines zielabhängigen Entgeltes mit Amtsübernahme eine Anpassung der Zielvereinbarung vorzunehmen. Diese Variante kommt bei dauerhaft befreiten bzw. freigestellten Mandatsträgern – wie bereits festgestellt – nicht in Betracht.

Anhand dieser Vorgehensweise könnten die vereinbarten Ziele zunächst einfach entsprechend dem Umfang der Arbeitsbefreiung abgesenkt werden. Mit einer prozentualen Reduzierung im entsprechenden Verhältnis zu dem Umfang der Arbeitsbefreiung ginge man jedoch von einer dauerhaft konstanten Arbeitsleistung aus und würde ebenso die fehlende Proportionalität zwischen Betriebsratsarbeit und verminderte Zielerreichung unberücksichtigt lassen.[797] Dies wäre daher ebenfalls nur möglich, wenn feststeht, dass allein die Arbeitsleistung und nicht andere Faktoren Einfluss auf die Zielerreichung haben.

Das Landesarbeitsgericht Berlin hat deshalb in einer Entscheidung einen eigenen Lösungsweg entwickelt, bei dem eine Minderung der vereinbarten Ziele entsprechend der Arbeitsbefreiung für Betriebsratsarbeit nur insoweit erfolgt, als die Arbeitsleistung Einfluss auf die Zielvorgaben hat.[798] Denn es ist jedenfalls in dem zu entscheidenden konkreten Fall eines Pharmavertreters davon ausgegangen, dass auch andere, von dem Arbeitnehmer unabhängige Faktoren, wie z. B. Marketingmaßnahmen des Arbeitgebers, Einfluss auf die Zielgröße nehmen können. Zugleich wollte es den zeitlichen Aufwand für Betriebsratstätigkeit aber auch nicht unberücksichtigt lassen. Daher hat es eine Schätzung nach § 287 ZPO vorgenommen, die allerdings nicht auf dem Verhältnis der Tätigkeit des Pharmavertreters zu den arbeitgeberseitigen, mitbeeinflussenden Faktoren, sondern wegen deren unterschiedlicher Qualität auf dem Kostenaufwand der jeweiligen Maßnahmen beruht.[799] Unter Einbeziehung dieser Werte hat das Gericht eine Formel zur Berechnung entwickelt und kommt im Ergebnis zu einer geminderten Zielvorgabe. Basierend darauf hat eine Ansicht in der Literatur noch eine erweiterte Berechnungsmethode entwickelt, welche zusätzlich berücksichtigt,

---

797 So allerdings *Gaul*, BB 1998, 101, 103 nur für den Fall, dass das Ziel, dort der Umsatz, ausschließlich durch die Arbeitsleistung beeinflusst wird.
798 LAG Berlin NZA 1997, 224, dem schließen sich *Göpfert/Fellenberg/Klarmann*, DB 2009, 2041, 2044 an.
799 LAG Berlin NZA 1997, 224.

dass auch „Leerläufe" während der Arbeitszeit des Betriebsratsmitgliedes aufgrund einer geschickten Arbeitsorganisation möglich sind, die auf das vereinbarte Ziel keinen Einfluss nehmen und deswegen ebenfalls nicht berücksichtigt werden dürfen.[800]
Bedenken werden hiergegen jedoch zu Recht schon hinsichtlich der Bestimmbarkeit solcher „Leerläufe" und überhaupt der Relevanz bzw. Notwendigkeit der Berücksichtigung einer höchst individuellen Arbeitsorganisation angebracht.[801]
Ob die beiden Methoden allerdings in der Praxis durchführbar sind, muss stark bezweifelt werden.

(c) Stellungnahme und Fazit

Der entscheidende Punkt bei der Bestimmung zielabhängigen Entgeltes von nur vorübergehend befreiten Betriebsratsmitgliedern ist damit, dass auch andere, vor allem mit der Arbeitsbefreiung einhergehende Faktoren auf die Zielerreichung Einfluss haben können. Die Frage kann Auswirkungen auf die Höhe des Entgeltes haben und die mitbeeinflussenden Faktoren müssten Berücksichtigung bei der Berechnung finden. Bei dauerhaft befreiten bzw. freigestellten Betriebsräten stellt sich diese Frage wegen der fehlenden Nähe zur bisherigen Arbeitstätigkeit nicht. Zu der Frage existiert ebenso wenig eine gesetzliche Vorgabe wie eine klärende höchstrichterliche Rechtsprechung. Das hat zur Folge, dass teilweise sogar von einer bestehenden Gesetzeslücke gesprochen wird.[802] Der Problemkreis wirft nach wie vor viele Fragen auf. Für die Praxis ist vor allem eine Lösung erforderlich, die nachvollziehbar und auch leicht umsetzbar ist.

Zunächst erscheint das Absenken der Zielvorgaben bei nur kurzzeitig befreiten Betriebsratsmitgliedern genauer und damit sachgerechter. Denn bei der Bestimmung bliebe die Nähe zur erbrachten Leistung erhalten und gleichzeitig könnten auch andere Umstände, die auf die Zielerreichung Einfluss haben, ausreichend berücksichtigt werden. Auf den zweiten Blick zeigt sich aber, dass sich eine Berechnung ebenfalls als schwierig darstellt, zwar nicht im Hinblick auf die fiktive Zielerreichung, aber hinsichtlich des Umfanges der Herabsetzung von Zielen. Auch wenn die Formel des LAG Berlin inhaltlich richtig sein mag, kann ihre Anwendung in der Praxis zu unnötig komplizierten Berechnungen führen, die dem Arbeitgeber kaum zumutbar sind. Nicht nur wegen der Schwierigkeit der Ermittlung von sämtlichen für die Berechnung erforderlichen Größen, sondern vor allem im Hinblick auf den zu betreibenden Aufwand sowie die trotzdem hohe Fehleranfälligkeit stößt die Anwendung der Formel auf sehr große Bedenken.[803] Die weiterführende Ansicht, welche hier noch „Leerlaufzeiten" von Arbeitnehmern, die ihre Arbeit gut strukturiert und organisiert haben, mit berücksichtigt, ist wegen der genannten Bedenken ebenfalls in Zweifel zu ziehen.

---

800 Vgl. *Gaul*, BB 1998, 101, 104 f.
801 *Esser*, S. 79; *Lipp*, S. 115 f.
802 *Jacobs/Frieling*, NZA 2015, 513, 514.
803 Vgl. *Liesenfeld*, S. 147 ff.; a. A. *Esser*, S. 78 f.

Die tatsächliche Bestimmung der Effizienz einzelner Arbeitnehmer, die im Falle von Betriebsratsmitgliedern noch hypothetisch erfolgen müsste, ließe sich in der Praxis nicht durchführen und könnte allenfalls erfolgen, wenn zufällig entsprechende Tatsachen bekannt sind. Letztendlich stellt sich aber die Frage der Notwendigkeit. Bei jedem Arbeitnehmer im Betrieb können solche Leerläufe vorkommen, die aber weder eine Gehaltskürzung noch eine Herabsetzung von Zielvereinbarungen zur Folge haben. Wieso bei Betriebsräten hier strengere Maßstäbe angesetzt werden sollen, ist nicht nachvollziehbar. Darüber hinaus werden bei dauerhaft freigestellten Betriebsräten solche Überlegungen überhaupt nicht angestellt. Ähnliches gilt im Hinblick auf andere Faktoren, welche eine Zielvereinbarung beeinflussen können. Bei freigestellten Betriebsräten bleiben sie ebenfalls unberücksichtigt. Bei nur vorübergehend befreiten Mandatsträgern ist daher zu differenzieren: Handelt es sich um Umstände, die auf die Betriebsratstätigkeit zurückzuführen sind, dürfen sie ebenfalls keinen Einfluss auf ihr zielabhängiges Entgelt haben. Denn diese wären ohne das Amt nicht aufgetreten. Es würde dem Entgeltausfallprinzip widersprechen, solche Faktoren in die Berechnung mit einfließen zu lassen, da es den Mandatsträger gerade so stellen will, wie er ohne das Amt stünde. In dem Beispiel, dass Betriebsräten wegen der häufigen Abwesenheit von ihrem Arbeitsplatz nur noch Verwaltungsarbeiten übertragen werden, die dann zu einer geringeren Zielerreichung führen, müsste das entsprechend ausgeglichen werden.[804] Handelt es sich um Faktoren, die beispielsweise von dem Arbeitgeber herrühren, wie z. B. eigene Marketingmaßnahmen, dürfen sie bei der Bestimmung der Zielerreichung nur Berücksichtigung finden, wenn das bereits auch vor der Amtsübernahme erfolgte. Ansonsten wäre wiederum das Amt der Auslöser für die Einbeziehung dieser Faktoren.

Hinsichtlich der Art der anzuwendenden Methoden könnte es grundsätzlich in das Ermessen des Arbeitgebers gestellt werden, welche er im konkreten Einzelfall auf das Betriebsratsmitglied anwenden will, weil sie beide zu sachgerechten Ergebnissen führen. Vorzugswürdig ist aber dennoch auch hier die Bestimmung der hypothetischen Zielerreichung anhand einer Prognose, die verschiedene Hilfstatsachen heranzieht, gegebenenfalls auch auf Grundlage von Durchschnittswerten aus der Vergangenheit.[805] Aufgrund der schwierigen und ungeklärten Materie darf aber keine allzu starre Betrachtung oder der Versuch erfolgen, sämtliche Konstellationen in ein streng vorgegebenes Schema zu bringen. Gerade für den Arbeitgeber kann es von Vorteil sein, eine gewisse Flexibilität zu erhalten, um die einzelnen Fälle konkret beurteilen zu können. In eine Prognose können dann auch bestimmte Faktoren – wenn sie zu berücksichtigen bzw. auszugleichen sind – mit einbezogen werden. In diesem Rahmen könnte zum Beispiel auch ohne weiteres zusätzlich die Zielerreichung nach Erfahrungs-

---

804 Vgl. auch *Göpfert/Fellenberg/Klarmann*, DB 2009, 2041, 2044.
805 So auch BAG NZA 2015, 1328, 1330 f.; GK-BetrVG/*Weber*, § 37 Rn. 72; *Sturm*, S. 78 für dauerhaft von der Arbeit befreite Betriebsratsmitglieder.

werten aus der Vergangenheit erhöht werden, wenn das Betriebsratsmitglied nur noch Verwaltungsarbeiten ausübt. Auch arbeitgeberseitige Maßnahmen lassen sich hier am besten beachten. Vor dem Hintergrund, dass § 37 Abs. 2 BetrVG im Grunde nur eine Minderung des Arbeitsentgeltes bei Arbeitsbefreiung verbietet, darf hier auch kein allzu strenger Maßstab angewandt werden. Auf der anderen Seite muss dem Entgeltausfallprinzip bestmöglich entsprochen werden. Überhöhte Zahlungen wären schließlich an dem Unentgeltlichkeitsgebot des § 37 Abs. 1 BetrVG zu messen.

Durchaus Sinn macht es bei der konkreten Berechnung, hier noch einmal Unterschiede nach dem Umfang der Arbeitsbefreiung bzw. dem Grad der Freistellung zu machen. Je näher das Betriebsratsmitglied noch in das Arbeitsgeschehen eingebunden ist, also je geringer der Umfang der Arbeitsbefreiung ist, desto mehr sind Hilfstatsachen und Leistungen aus der Gegenwart bzw. den erst kurz zurückliegenden Leistungen heranzuziehen. Ist der Mandatsträger dagegen weiter von dem üblichen Arbeitsprozess entfernt, können mehr Tatsachen in Bezug auf die deutlich weiter vergangene Tätigkeit und Entwicklung ausschlaggebend sein. Für ein repräsentatives Ergebnis ist dann eine deutlich größere Zeitspanne zu betrachten. Bei größerer Entfernung von der ursprünglichen Arbeit oder bei fehlenden Hilfstatsachen können dann auch Durchschnittswerte aus der Vergangenheit herangezogen werden. Nur in den äußersten Ausnahmefällen, wenn eine andere Bestimmung nicht mehr möglich erscheint, kann dann auch der Durchschnitt vergleichbarer Arbeitnehmer herangezogen werden. Vorrangig ist aber immer zu versuchen, das individuelle bzw. ein individualisiertes Entgelt zu bestimmen.

Dieser Auffassung der Berechnung kann auch nicht vorgeworfen werden, dass sie nur von ungenauen Kriterien abhinge, die einseitig von dem Arbeitgeber bestimmt werden, zumindest bedeutet das keinen Nachteil für die Betriebsratsmitglieder. Durch Zugestehen kleinerer Freiheiten kann ein auf Einzelfälle angepasstes, individuelles Ergebnis erzielt werden. Dass die Beurteilung auch teilweise in dem Ermessen des Arbeitgebers steht, liegt in der Natur der Sache und ist durchaus hinnehmbar, schließlich liegen sämtliche relevanten Informationen auch nur ihm vor.

d) Ermessensbezogenes Entgelt

Ebenfalls nicht eindeutig lassen sich rein ermessensbezogene Zahlungen zuordnen, wie z. B. ein Ermessensbonus, den der Arbeitgeber einem Arbeitnehmer gewährt. Allgemein bedeutet ein Bonus in der Regel ein variables, zusätzlich gezahltes Entgelt, das meist in einem bestimmten Bezugszeitraum für die Erreichung – häufig in Zielvereinbarungen festgelegter – persönlicher oder unternehmerischer Ziele gezahlt wird.[806] Ein Ermessensbonus ist jedoch von solchen zielabhängigen Vergütungsarten abzugrenzen. Bei einem Ermessensbonus hat

---

806 MüKoBGB/*Müller-Glöge*, § 611 Rn. 767.

der Arbeitgeber zwar eine entsprechende variable Zahlung zugesagt, feste zu erreichende Ziele wurden aber nicht vertraglich festgelegt. Trotzdem handelt es sich um eine leistungs- oder erfolgsbezogene Vergütung, weil für den Bonus rückblickend auch die persönliche Arbeitsleistung betrachtet wird und ausschlaggebend für die Höhe des Entgeltes ist; diese bestimmt der Arbeitgeber jedoch ausschließlich nach billigem Ermessen.[807] Hierzu wird in der Regel ein bestimmter „Bonuspool", d.h. ein Gesamtvolumen an Geld zur Verfügung gestellt; das kann der Arbeitgeber dann aufgrund seines einseitigen Leistungsbestimmungsrechtes i.S.v. § 315 BGB unter Berücksichtigung seiner persönlichen Beurteilung der Arbeitsleistung nach seinem Ermessen auf die Arbeitnehmer verteilen.[808]

Allein die Tatsache, dass diese Vergütung nicht an bestimmte Kriterien gebunden ist, macht eine hypothetische Bestimmung für Betriebsratsmitglieder fast unmöglich. Die Höhe des Bonus beruht hier auf zwei selbstständigen Ermessensentscheidungen: Der konkreten Bonusverteilung geht die Entscheidung über die Höhe des verteilbaren Gesamtvolumens voraus.[809] Selbst wenn daher bestimmte Zielvorgaben vereinbart worden wären, kann der hypothetischen Beurteilung nicht z.B. ein durchschnittlich verwendeter Bonuspool zugrunde gelegt werden. Dadurch würde eine Bindung des Arbeitgebers erfolgen, die der Natur einer Ermessensentscheidung zuwiderlaufen würde.[810] Eine hypothetische Festlegung des zu verteilenden Gesamtvolumens wird bei der Entgeltberechnung von Betriebsratsmitgliedern aber nicht notwendig werden.[811] Denn das legt der Arbeitgeber nicht nur für ein einziges konkretes Betriebsratsmitglied fest, sondern für eine Gruppe von Arbeitnehmern. Die allgemein bestimmte Bonussumme kann er dann entsprechend den Leistungen nach eigenem Ermessen auf einzelne Arbeitnehmer verteilen. An dem Gesamtvolumen ändert daher auch die Arbeitsbefreiung bzw. Freistellung eines Betriebsratsmitgliedes nichts. Der „Bonuspool" bleibt der Gleiche. Es stellt sich dann nur die Frage, in welcher Höhe aus dieser Gesamtmenge dem Betriebsratsmitglied, das nicht die gleiche Arbeitsleistung wie ohne das Amt erbringen konnte, ein solcher Bonus zu zahlen ist. Auch hier kann der Arbeitgeber verschiedene Hilfstatsachen zur Bewertung heranziehen, insbesondere auch die durchschnittlichen Leistungen des Mandatsträgers in der Vergangenheit.[812] In diesem Fall ist dem Arbeitgeber erst recht ein großzügiger Ermessensspielraum zuzugestehen. Nur bei offensichtlichen Zuviel- oder Zuwenigzahlungen bzw. bei der Heranziehung nicht nachvollziehbarer oder amtsbedingter Kriterien bei der Festlegung der Höhe des Bonus ist ein Verstoß gegen das Entgeltausfallprinzip anzunehmen. Ebenso darf nicht unberücksichtigt blei-

---

807 MAHArbR/*Hexel*, § 20 Rn. 44; vgl. auch BAG NZA 2012, 450, 452.
808 Vgl. BAG NZA 2012, 450, 452.
809 Vgl. auch *Esser*, S. 80.
810 Ähnlich *Esser*, S. 80.
811 Anders *Esser*, S. 80, der die Höhe des Gesamtvolumens als Frage der betriebsüblichen Entwicklung nach § 37 Abs. 4 BetrVG ansieht.
812 So dann zu der Höhe des Bonus ebenso *Esser*, S. 80.

ben, dass § 37 Abs. 2 BetrVG ohnehin nur eine Untergrenze festlegt und einem höheren Entgelt zunächst nicht entgegensteht. Für die Rechtmäßigkeit einer Zuvielzahlung – wenn sie nicht bereits offensichtlich aus den soeben genannten Gründen unzulässig ist – kommt es dann auf andere Vorschriften, insbesondere § 37 Abs. 1 BetrVG an.

e) Problem der Neueinführung oder Abschaffung einer variablen Vergütung

Weitere Schwierigkeiten bei der Bemessung des Entgeltes von Betriebsräten nach dem Entgeltausfallprinzip können sich ergeben, wenn bestimmte Vergütungssysteme erst nachträglich eingeführt oder abgeschafft werden.

aa) Entgeltberechnung bei Einführung nach Amtsübernahme

(1) Ausgangslage

Schwierig zu beurteilen ist die Berechnung eines leistungsbezogenen Entgeltes aufgrund eines variablen Vergütungssystems, das erst nach Amtsübernahme eingeführt wird. Das wäre beispielsweise der Fall, wenn der Arbeitgeber in dem bisherigen Arbeitsbereich des Mandatsträgers, ein neues Vergütungssystem einführt, die Möglichkeit bei einem einzelnen Betriebsrat bereits vertraglich vorgesehen war und jetzt wahrgenommen wird oder eine bestimmte Entwicklung anderer Arbeitnehmer es verlangt. Letzteres ist jedoch allein an der Regelung des § 37 Abs. 4 BetrVG zu messen. Davon abgesehen würde es nicht dem Entgeltausfallprinzip entsprechen, trotz der Änderung nur für die Mandatsträger das bisherige Vergütungssystem beizubehalten, wenn die Einführung des variablen Systems auch ohne die Amtsübernahme erfolgt wäre.

Für die Berechnung des fiktiv erzielten Entgeltes ist in diesen Fällen ein Rückgriff auf vergangene Leistungen nicht möglich. Der nach dem Entgeltausfallprinzip notwendig individualisierten, hypothetischen Betrachtung fehlt damit die Grundlage. Es können keine persönlichen (Durchschnitts-)Erfolge oder bisherige Zielerreichungsgrade des Mandatsträgers vor seiner Amtsübernahme oder sonstige Indizien, die darauf Rückschlüsse zulassen würden, herangezogen werden. Zwar wurde auch hier in der Vergangenheit Arbeitsleistung erbracht; rückwirkend zu beurteilen, wie diese sich in dem variablen System ausgewirkt oder zu welchem Zielerreichungsgrad sie geführt hätte, wird kaum möglich sein. Dieses Problem wirkt sich vor allem bei dauerhaft von der Arbeit befreiten bzw. freigestellten Betriebsratsmitgliedern aus. Denn nur vorübergehend befreite Betriebsratsmitglieder kehren immer wieder an ihren Arbeitsplatz zurück, so dass – jedenfalls in der Theorie – für die Entgeltberechnung an die tatsächlich erbrachten Leistungen angeknüpft werden kann. Etwas anderes gilt hier nur, wenn die Umstände der Betriebsratsarbeit dazu führen, dass dem Mandatsträger beispielsweise wegen der schlechten Planbarkeit oder der häufigen Schwankungen bei der Amtstätigkeit vermehrt nur noch administrative Aufgaben übertragen werden. Dann müsste das entsprechend berücksichtigt und kompensiert werden. Auch wenn der Umfang der Arbeitsbefreiung so groß ist, dass eine sinnvolle

Leistungserbringung nicht mehr möglich ist, kann eine entsprechende Beurteilung erforderlich sein.

Die Konstellation ist für den Arbeitgeber daher mit Unsicherheiten verbunden und birgt das Risiko einer nicht rechtmäßigen Entgeltbemessung.

(2) Kritische Betrachtung der verschiedenen Lösungsansätze

Für eine sachgerechte Entgeltbemessung bei Neueinführung variabler Vergütungssysteme nach Übernahme des Betriebsratsamtes kommen verschiedene Lösungswege in Betracht.

Eine Option wäre in diesem Zusammenhang, direkt auf die Leistung und Erfolge abzustellen, die vergleichbare Arbeitnehmer erzielt haben.[813] Dieser Lösungsweg wurde in den vorangegangenen Konstellationen stets wegen der fehlenden Individualität bei der Berechnung abgelehnt. Allerdings dient er bei den anderen leistungs- und erfolgsbezogenen Entgelten als ultima ratio, wenn eine Prognose oder ein Rückgriff auf persönliche Durchschnittswerte aus der Vergangenheit nicht zu ausreichenden Ergebnissen geführt haben. Das wäre vorliegend der Fall, weil keine entsprechenden Kriterien für die Beurteilung des hypothetisch erzielten leistungs- bzw. erfolgsabhängigen Entgeltes zur Verfügung stehen. Ein Rückgriff auf eine Vergleichsgruppe erscheint vor diesem Hintergrund daher sinnvoll. Dieser Weg ist dennoch auch hier nur als letztmögliche Variante heranzuziehen und vorrangig nach anderen Berechnungsmöglichkeiten zu suchen. Denn die Methode kommt der Entgeltentwicklung nach § 37 Abs. 4 S. 1 BetrVG mit einer objektiven Betrachtung sehr nahe. Dadurch ließen sich die beiden Regelungen kaum mehr unterscheiden und es fehlt an der nach § 37 Abs. 2 BetrVG erforderlichen Berücksichtigung individueller Leistungen und Entwicklungen.[814]

Eine andere Berechnungsmöglichkeit, die in solchen Fällen auch vorgebracht wird, ist das Abstellen auf das durchschnittlich erreichbare Ziel.[815] In Durchschnittswerten hätten leistungsabhängige Entgeltsysteme regelmäßig sogar ihre Grundlage.[816] Diese Möglichkeit unterscheidet sich zwar von der objektiven Regelung zur Entgeltentwicklung, hat aber dennoch Nachteile. Zum einen kann es durchaus schwierig werden, den erreichbaren Durchschnitt festzulegen. Zum anderen orientiert sich die Methode ebenfalls nicht an dem von dem Entgeltausfallprinzip bezweckten – individuellen Lohn, sondern an objektiven Umständen. Außerdem wäre es durchaus denkbar, dass der Mandatsträger aufgrund besonderer Qualifikation und Leistungen auch ein höheres Entgelt als der Durchschnitt erreichen könnte.

---

813 So *Denecke*, AuA 2006, 24, 26.
814 Vgl. auch *Lipp*, S. 116 f.
815 *Denecke*, AuA 2006, 24, 26; zumindest hilfsweise auch *Natzel*, NZA 2000, 77, 79.
816 *Natzel*, NZA 2000, 77, 79.

Eine weitere Auffassung in der Literatur will auch hier an das bisherige Leistungsverhalten des Betriebsratsmitgliedes anknüpfen. Liefere das aussagekräftige Anhaltspunkte darüber, wie das Betriebsratsmitglied den Leistungsanforderungen gerecht geworden wäre, sei eine Berechnung anhand dieser Hinweise sowie einer darauf beruhenden Prognose der Leistungen vorzunehmen.[817] Nur wenn eine Beurteilung darüber, wie die Leistung in dem neuen Vergütungssystem ausgefallen wäre, mangels solcher Anhaltspunkte nicht möglich ist, seien auch andere Kriterien zur beruflichen Qualifizierung heranzuziehen. Dabei sei zu untersuchen, ob und wie erfolgreich das Betriebsratsmitglied Möglichkeiten zur beruflichen Qualifizierung wahrgenommen hat, wenn daraus der Schluss gezogen werden kann, dass sich diese Qualifikation auch positiv auf den Arbeitsprozess ausgewirkt hat.[818] Nur wenn dies nicht möglich ist, soll hilfsweise als widerlegbare Vermutung auf das durchschnittlich erzielbare Leistungsentgelt zurückgegriffen werden.[819]

Diese Berechnungsmethode wird dem Entgeltausfallprinzip am besten gerecht. Auch hier kann es schwierig werden, das genaue Entgelt zu bemessen. Die Vorgehensweise bedeutet aber nicht nur gewisse Freiheiten für den Arbeitgeber, das Gehalt anhand subjektiver Kriterien bezüglich des Betriebsratsmitgliedes einigermaßen flexibel zu bestimmen. Dadurch wird vor allem auch der individuelle Bezug zu dem Entgelt des Mandatsträgers gewahrt.

(3) Fazit: Entgeltberechnung nach bisherigem Leistungsverhalten der Betriebsräte

Im Ergebnis ist bei Neueinführung eines variablen Vergütungssystems nach Amtsübernahme daher der Auffassung zuzustimmen, die an das bisherige Leistungsverhalten des Betriebsratsmitgliedes anknüpft. Dabei ist dem Arbeitgeber bei der Bemessung ein großzügiger Beurteilungsspielraum zu gewähren, zumal – wie schon häufiger erwähnt – § 37 Abs. 2 BetrVG nur eine Untergrenze für das Entgelt vorschreibt und aufgrund der Schwierigkeiten bei der Berechnung kein allzu strenger Maßstab angelegt werden darf. Dass bei dieser Bemessungsart aber dennoch auch hilfsweise auf den erzielbaren Durchschnitt abgestellt werden muss, könnte vor allem dann relevant werden, wenn das Betriebsratsmitglied noch nicht lange dem Betrieb angehört – was eher selten der Fall sein wird – oder erst kurz vor Amtsübernahme in den jeweiligen Arbeitsbereich bzw. die Abteilung gewechselt ist und deshalb die Vergütung zuvor auf andere Weise erfolgte.

bb) Vorgehen bei Abschaffung eines Vergütungssystems

Ähnlich schwierig ist auch der Fall, dass ein variables Vergütungssystem zwar bei Amtsübernahme schon bestand, es aber während der Betriebsratstätigkeit

817 *Natzel*, NZA 2000, 77, 79; *Denecke*, AuA 2006, 24, 26.
818 *Natzel*, NZA 2000, 77, 79 mit Hinweis auf *Hennecke*, RdA 1986, 241, 244; ebenso *Lipp*, S. 117.
819 *Natzel*, NZA 2000, 77, 79; *Lipp*, S. 117.

abgeschafft wird. Wäre die Abschaffung des variablen Vergütungssystems auch ohne die Amtsübernahme erfolgt, müsste das grundsätzlich auch für die Mandatsträger gelten. Das kann jedoch nur angenommen werden, wenn der Arbeitgeber allgemein das System für den gesamten Bereich, dem das Betriebsratsmitglied angehört, abschafft. Denn anderenfalls wäre zu prüfen, ob es nur eine (negative) Entwicklung vergleichbarer Arbeitnehmer darstellt, deren Berücksichtigung allein eine Frage des § 37 Abs. 4 S. 1 BetrVG wäre. Handelt es sich um eine allgemeine Abschaffung, ist zu ermitteln, welches hypothetische Entgelt das Betriebsratsmitglied nach der Änderung individuell verdient hätte. Der Mandatsträger muss in das neue System eingefügt werden.[820] Hierfür sind bei Unklarheiten ebenfalls die individuellen bisherigen Leistungen und Entwicklungen heranzuziehen und auf das neue System zu übertragen. So wie andere Arbeitnehmer in das neue System eingeordnet werden, so ist – ohne hier einen Vergleich zu diesen anzustellen – auf Basis der gleichen Erwägungen und Kriterien auch das Betriebsratsmitglied fiktiv einzufügen, auch wenn das eine Änderung des Entgeltes mit sich bringt.

4. Mehrarbeitsvergütung

Ein Bereich, der bei Festlegung der Vergütung von Betriebsratsmitgliedern häufig auch Schwierigkeiten bereitet, ist die Vergütung von Mehrarbeit. Gemeint ist die Bezahlung, die Arbeitnehmer für ihre Leistung über die regelmäßige Arbeitszeit hinaus erhalten, wenn eine arbeitsvertragliche oder betriebliche Vereinbarung die Vergütung solcher Überstunden vorsieht. Davon klar zu trennen sind Überstunden, die ein Mandatsträger im Rahmen seiner Betriebsratstätigkeit, also für den Betriebsrat erbringt, diese sind allein nach § 37 Abs. 3 BetrVG zu bewerten.[821] Hier geht es ausschließlich um den Fall, dass ein Mandatsträger wegen der Amtsübernahme nicht in gleichem Umfang oder überhaupt keine Überstunden mehr leisten kann, die zuvor aber angefallen wären. Es stellt sich daher die Frage, inwieweit eine solche (hypothetische) Mehrarbeit dem Mandatsträger aufgrund des Entgeltausfallprinzips zu vergüten ist. Dabei ist – unabhängig von einem möglicherweise vorrangigen Freizeitausgleich – nur die konkrete Bezahlung, die an die tatsächliche Leistung von Überstunden anknüpft, zu betrachten. Eine pauschalisierte Mehrarbeitsvergütung wäre grundsätzlich möglich, dabei handelt es sich dann aber um besondere Zulagen bzw. Zuschläge, deren Weitergewährung für Betriebsratsmitglieder gesondert zu beurteilen ist.[822]

a) Berechnung hypothetischer Mehrarbeit

Aufgrund des Entgeltausfallprinzips ist dem Mandatsträger das Entgelt fortzuzahlen, das er verdient hätte, wenn er seiner bisherigen Tätigkeit normal nachgegangen wäre. Entgeltcharakter hat auch die Vergütung für Mehrarbeit und sie

---

820 So auch *Denecke*, AuA 2006, 24, 26.
821 Siehe dazu die Ausführungen auf S. 283 ff.
822 Vgl. die Ausführungen auf S. 292 f.

gehört daher zu dem individuellen Lohn, wenn die Überstunden bei der üblichen Arbeitstätigkeit angefallen wären.[823] Daher sind ebenso Überstunden, die nur wegen des Amtes nicht mehr geleistet werden können, den Betriebsratsmitgliedern mit dem entsprechenden speziellen Entgelt zu vergüten.[824] Es kommt jedoch nicht darauf an, ob Überstunden regelmäßig anfallen oder nur gelegentlich geleistet werden, die Vorschrift des § 37 Abs. 2 BetrVG setzt für die Annahme einer Weitergewährung keine Regelmäßigkeit von Mehrarbeit voraus.[825] Eine ausdrückliche Regelung wie in § 4 Abs. 1 EFZG, die für die Entgeltfortzahlung im Krankheitsfall explizit von regelmäßiger Arbeitszeit spricht, scheint der Gesetzgeber nicht vorgesehen zu haben. Dafür spricht außerdem der Zweck der Regelung, die versucht, das Betriebsratsamt attraktiv zu halten, um die Bereitschaft qualifizierter Arbeitnehmer zur Amtsübernahme zu fördern.[826] Würde die Amtsübernahme finanzielle Einbußen mit sich bringen – in dem Fall, weil die Überstunden nicht mehr geleistet werden können und deshalb ein Teil des vorher verdienten Entgeltes wegfällt – würden sich viele Arbeitnehmer nicht mehr für das Amt zur Verfügung stellen. Die Vergütungsvorschriften versuchen zu verhindern, dass Betriebsräte durch Einkommensschmälerungen Nachteile erleiden. Es wäre daher nicht nachvollziehbar, Mandatsträger nur an regelmäßig auftretender Mehrarbeit teilhaben zu lassen.

Auch wenn die Fortzahlung der Mehrarbeitsvergütung anerkannt ist,[827] bleibt dennoch das Problem der Feststellung ihrer hypothetischen Höhe. Hierfür ist zu ermitteln, in welchem Umfang das Betriebsratsmitglied Überstunden geleistet hätte. Nur rein auf vergleichbare Arbeitnehmer in dem Betrieb abzustellen, wäre, wie auch schon bei den variablen Vergütungssystemen, verfehlt.[828] Vielmehr ist die Vergütung ähnlich wie bei den variablen Entgelten anhand einer Prognose durch Heranziehung von Hilfstatsachen zu bestimmen.[829] Dabei ist auch hier zwischen lediglich vorübergehend und dauerhaft von der Arbeit befreiten Amtsträgern zu unterscheiden.[830] Denn bei nur gelegentlicher Arbeitsversäumnis kehrt der Mandatsträger immer wieder zu seiner Tätigkeit zurück, so dass er auch noch Überstunden ableisten könnte oder noch genügend Anknüpfungspunkte zu seiner konkreten Leistung bestehen. Zwar mag man hier anführen können, dass die Betriebsräte für die Zahlung von Mehrarbeitsentgelt diese dann auch tatsächlich ableisten müssen, weil sie im Gegensatz zu dauer-

823 LAG Hamburg BB 1977, 695; *Esser*, S. 87; *Georgi*, S. 62 f.
824 Richardi/*Thüsing*, § 37 Rn. 34; vgl. auch BAG AP BPersVG § 46 Nr. 3 zum BPersVG.
825 *Esser*, S. 87; *Lipp*, S. 109; ausführlich *Knipper*, S. 41 ff.; vgl. auch zum BPersVG BAG AP BPersVG § 24 Nr. 1.
826 Vgl. BAG NZA 2016, 1212 1213; *Jacobs/Frieling*, NZA 2015, 513, 516; *Lipp*, S. 109; *Knipper*, S. 87, 89; *Weismann*, JuS 1987, 971, 974; siehe dazu S. 21 f.
827 Richardi/*Thüsing*, § 37 Rn. 34; WPK/*Kreft*, § 37 Rn. 21; HWGNRH/*Glock*, § 37 Rn. 58; *Esser*, S. 86 ff.; *Lipp*, S. 108 ff.
828 So auch *Esser*, S. 87, a. A. *Knipper*, S. 41 ff., 23 ff.; vgl. auch *Lipp*, S. 110, die hier § 37 Abs. 4 BetrVG als „Korrektiv" zur Bestimmung heranzieht.
829 Vgl. dazu die Ausführungen auf S. 161 ff.
830 So auch *Lipp*, S. 108 ff.; vgl. auch *Knipper*, S. 43.

haft befreiten Betriebsratsmitgliedern noch in den Arbeitsprozess eingegliedert sind.[831] Das lässt sich aber pauschal so nicht beurteilen, schließlich kommt es auf die Häufigkeit, Dauer und zeitliche Lage der Arbeitsbefreiung an. Wäre es dem Amtsträger ohne weiteres möglich gewesen, die Überstunden tatsächlich zu leisten, darf die Mehrarbeitsvergütung nur gewährt werden, wenn sie auch wirklich stattgefunden hat. Dabei ist nicht allein auf die zeitliche Möglichkeit, sondern den Gesamtzusammenhang abzustellen, ob Mehrarbeit in dem konkreten Fall auch noch sinnvoll ist. Hat das Betriebsratsmitglied während der kompletten Arbeitszeit Betriebsratsarbeit erledigt, wäre eine Rückkehr an den Arbeitsplatz allein für die Erledigung von Überstunden – je nach Arbeitsgebiet – wohl nicht angebracht. Gab es keine sinnvolle Möglichkeit, Mehrarbeit tatsächlich auszuüben, ist sie auch ohne Leistung zu vergüten.[832]

Der Unterschied zwischen nur zeitweiser und dauerhafter Arbeitsbefreiung wirkt sich vor allem bei der Art der heranzuziehenden Hilfstatsachen für die Berechnung aus. Während hier noch deutlich arbeitsleistungsbezogenere Kriterien Einfluss nehmen können, wird die Bestimmung bei dauerhaft freigestellten Betriebsratsmitgliedern mehr an vorherigen Leistungen oder Durchschnittswerten – notfalls sogar von vergleichbaren Arbeitnehmern – geprägt sein. Das bedeutet aber nicht, dass § 37 Abs. 2 BetrVG auf voll freigestellte Betriebsratsmitglieder in Zusammenhang mit Mehrarbeitsvergütung nicht anzuwenden ist.[833] Im Gegenteil ist auch hier bestmöglich zu versuchen, dem Entgeltausfallprinzip gerecht zu werden und ein individuelles Mehrarbeitsentgelt zu bestimmen, ohne von vornherein nur auf objektiv vergleichbare Arbeitnehmer zurückzugreifen. Wie bereits zuvor ist wegen der anzustellenden Prognose und den Schwierigkeiten bei der Bemessung ebenfalls kein zu strenger Maßstab anzulegen und dem Arbeitgeber ein gewisses Ermessen zuzugestehen, wenn er die Festlegung anhand nachvollziehbarer vernünftiger Erwägungen vornimmt.[834]

b) Problem freistellungsbedingter Mehrarbeit

Einen speziellen Fall stellen Überstunden dar, die wegen der Betriebsratstätigkeit vorgenommen werden. Es handelt sich also nicht um Arbeiten für den Betriebsrat, die außerhalb der Arbeitszeit durchgeführt werden, sondern um Mehrarbeit, die aus betriebsratsbedingten Gründen anfällt. Eine Konstellation wäre beispielsweise, dass ein vorübergehend befreites Betriebsratsmitglied die Überstunden nur vornimmt, weil besonders dringende Arbeit wegen der Betriebsratstätigkeit nicht erledigt werden konnte. Die Amtstätigkeit ist also der alleinige Grund, dass der Mandatsträger Mehrarbeit leistet. In dem Fall ist Mehrarbeit normal zu vergüten, weil sie auch tatsächlich geleistet wird. Dass amtsbedingte Gründe erst dazu geführt haben, darf hier keine Rolle spielen und zu einem an-

---

831 *Knipper*, S. 43.
832 Vgl. auch *Georgi*, S. 63.
833 So aber *Aden*, RdA 1980, 256, 257 ff.; *Knipper*, S. 41 ff., 23 ff.; siehe dazu auch S. 127 ff.
834 Wohl a. A. *Esser*, S. 87, nach dem bei großzügiger Bemessung der Mehrarbeitsvergütung eine Begünstigung des Betriebsratsmitgliedes drohe.

deren Ergebnis führen. Schließlich soll das Betriebsratsmitglied nicht schlechter stehen als ohne das Amt. Sein Einsatz darf nicht zu unbezahlten Überstunden führen. Etwas anderes kann allenfalls gelten, wenn Mehrarbeit offensichtlich nicht notwendig war.

Anders könnte es auch liegen, wenn vergleichbare Arbeitnehmer nur wegen der Freistellung eines Betriebsratsmitgliedes Überstunden leisten müssen. Dieser Fall ist aber allein an § 37 Abs. 4 BetrVG zu messen,[835] weil er nicht das ursprüngliche individuelle Entgelt des Mandatsträgers betrifft, sondern gegebenenfalls eine objektive Entwicklung von Vergleichsarbeitnehmern. Denn die zusätzlichen Überstunden von vergleichbaren Arbeitnehmern, die erst nach Amtsübernahme aus betriebsbezogenen Gründen entstehen, waren in der ursprünglichen Arbeitstätigkeit des Betriebsratsmitgliedes in dieser Höhe bislang noch nicht angelegt; eine andere Beurteilung wäre möglich, wenn man davon ausgeht, dass anstelle des Mandatsträgers ein anderer vergleichbarer das Amt übernommen hätte und die Überstunden ohnehin anfallen würden. Das käme aber reinen Spekulationen gleich. Stellt man hier jedenfalls die für das Entgeltausfallprinzip erforderliche hypothetische Betrachtung an, kommt man zu dem Ergebnis, dass dem Betriebsratsmitglied diese Überstunden nicht zu vergüten sind, weil sie ohne die Betriebsratsarbeit nicht angefallen wären.

5. *Vergütung besonderer Arbeitsformen*

Neben den bislang genannten typischen Arbeitsformen und entsprechenden Entgeltarten finden sich in der betrieblichen Praxis zahlreiche weitere besondere Arbeitsmodelle, bei denen sich hinsichtlich der Entgeltbemessung für Betriebsräte nach Amtsübernahme ebenfalls Schwierigkeiten ergeben können. Zwar lassen sich sämtliche Entgeltvarianten nicht abschließend darstellen, zumal aufgrund der zahlreichen Kombinationsmöglichkeiten und neuartigen Entwicklungen verschiedenste Arbeits- und Vergütungssysteme entstehen können. Dabei lassen sich die verschiedenen Entgelte nicht immer eindeutig einer Kategorie zuordnen. Allerdings können die bereits gezeigten wie auch nachfolgenden Lösungswege gegebenenfalls exemplarisch für andere, auch neu entstehende Formen herangezogen werden. Wichtig ist dabei stets, dass das gewählte Ergebnis dem Entgeltausfallprinzip bestmöglich gerecht wird.

a) Heimarbeit

In Heimarbeit Beschäftigte sind persönlich selbstständige, arbeitnehmerähnliche Personen, die ihre Tätigkeit in einer selbst gewählten Arbeitsstätte verrichten.[836] Sie sind an keine feste Arbeitszeit gebunden und werden meist nach ihrer erbrachten Arbeitsleistung vergütet.[837] Auch in Heimarbeit Beschäftigte können

---

835 Vgl. *Georgi*, S. 63, die den Anspruch ohne nähere Begründung bejaht; siehe zu den Voraussetzungen des § 37 Abs. 4 BetrVG S. 212 ff.

836 Küttner/*Röller*, Heimarbeit, Rn. 6.

837 *Fitting*, § 37 Rn. 70.

nach § 8 Abs. 1 S. 1 BetrVG in den Betriebsrat gewählt werden. Bei der Bemessung des Entgeltes nach Amtsübernahme können sich bei diesen aber besondere Probleme ergeben. Der durch Wahrnehmung von Amtstätigkeit versäumte Umfang der Arbeitsleistung kann bei in Heimarbeit beschäftigten Betriebsräten nicht genau ermittelt werden. Das Entgeltausfallprinzip lässt sich darauf nur schwer anwenden, weil sich die Bestimmung der hypothetischen Arbeit in dem Fall als schwierig erweist. Auch hierzu werden in der Literatur verschiedene Lösungen vorgebracht.

Nach einer Ansicht soll zur Vermeidung der schwierigen hypothetischen Betrachtung und einer möglichen Ungleichbehandlung von Heimarbeitern der Mindeststundenlohn angesetzt werden.[838] Das ist aber schon deshalb abzulehnen, weil damit der Charakter der Heimarbeit und die Tatsache, dass das jeweilige Betriebsratsmitglied auch ein höheres Entgelt hätte erreichen können, vollkommen ignoriert würden.[839] Die Regelung des § 37 Abs. 2 BetrVG bezweckt die Ermittlung des subjektiven Entgeltes und verbietet selbst nach ihrem Wortlaut außerdem nur dessen Minderung. Eine an der untersten Grenze des Zulässigen orientierte Lösung anzuwenden, obwohl die Erreichung einer höheren Vergütung nicht nur möglich, sondern auch nicht unwahrscheinlich ist, wird dem Entgeltausfallprinzip nicht am besten gerecht.

Eine andere Ansicht nimmt die Berechnung entsprechend § 11 Abs. 2 EFZG, d. h. der Feiertagszahlung für Heimarbeit, vor und rechnet diese auf die Stunde um.[840] Als Faktor zur Umrechnung des Tagessatzes auf den Stundensatz dient dabei die tarifliche Arbeitszeit der Arbeiter im Betrieb.[841] Der Gesetzgeber hat damit für den schwierigen Fall der Entgeltfortzahlung trotz Nichtleistung – hier wegen eines Feiertages – bei in Heimarbeit Beschäftigen zwar eine Berechnungsmethode festgesetzt und dadurch eine wirtschaftliche Bewertung vorgenommen. Das bedeutet aber nicht, dass diese Vorgehensweise auf alle Bereiche anzuwenden ist – oder man sich aus Gründen der Einheitlichkeit daran orientieren sollte.[842] Dem Charakter des Entgeltausfallprinzips, der eine subjektive Entgeltbestimmung vorsieht, entspricht das ebenfalls nur in geringem Maße.

Daneben will eine weitere Ansicht in der Literatur zur Entgeltberechnung ein Referenzeinkommen heranziehen.[843] Das könne sich auf den Durchschnitt vergleichbarer Heimarbeiter beziehen oder sich an dem bisher individuell erreichten Durchschnittseinkommen des Betriebsratsmitgliedes selbst orientieren; für letztere Variante sei der Erfahrungswert zugrunde zu legen, dass Mandatsträger zu einem Drittel Arbeitszeit für Betriebsratsarbeit aufwenden.[844] Außerdem stellt die Auffassung zugleich infrage, ob ein Betriebsratsmitglied mit Amts-

---

838 *Fitting*, § 37 Rn. 70; ErfK/*Koch*, § 37 BetrVG Rn. 6.
839 So im Ergebnis auch DKKW/*Wedde*, § 37 Rn. 55, der sich auf eine sonst mögliche Benachteiligung nach § 78 S. 2 BetrVG stützt.
840 GK-BetrVG/*Weber*, § 37 Rn. 71; HWGNRH/*Glock*, § 37 Rn. 67; *Sturm*, S. 71 f.
841 HWGNRH/*Glock*, § 37 Rn. 67.
842 Vgl. aber *Sturm*, S. 71 f.
843 DKKW/*Wedde*, § 37 Rn. 55; *Purschwitz*, S. 134.
844 DKKW/*Wedde*, § 37 Rn. 55.

übernahme dann noch die Heimarbeitereigenschaft nach § 2 HAG besitzt. Wegen der zeitlichen und organisatorischen Bindung durch Betriebsratsarbeit, z. B. aufgrund von Sitzungen oder anderer zeitlich festgelegter Tätigkeiten, befindet sich der früher selbstständige Heimarbeiter in einer persönlich abhängigen Position, die einem Arbeitnehmer gleicht. Daher sei bei dem Mandatsträger auch eine partielle Umwandlung der Heimarbeit in ein befristetes Arbeitsverhältnis denkbar.[845] Das ist jedoch grundsätzlich abzulehnen, zumal das als Ehrenamt ausgestaltete Betriebsratsamt keinerlei Weisungsgebundenheit unterliegt. Auch wenn bestimmte zeitliche Vorgaben, beispielsweise für Sitzungen oder Sprechstunden, bestehen, hat das keine Unselbstständigkeit oder gar eine Umwandlung in ein Arbeitsverhältnis zur Folge. Nimmt irgendein selbstständig Tätiger an regelmäßigen Besprechungen teil, verliert er dadurch nicht seine Unabhängigkeit. Es handelt sich lediglich um festgesetzte Termine – vorrangig sicher auch aus Gründen der besseren Planbarkeit.

Unabhängig davon ist die Heranziehung eines Referenzeinkommens aber durchaus nachvollziehbar und sachgerecht. Diese Berechnungsmethode ist daher auch auf Heimarbeiter anzuwenden. Wegen des individuellen Charakters des Entgeltausfallprinzips muss sich das Einkommen dabei aber an der persönlichen Durchschnittsleistung orientieren und nicht an anderen vergleichbaren Heimarbeitern. Der Bezugszeitraum ist – wie schon bei den arbeitsabhängigen Entgelten – umso länger zu bestimmen, je größer der Umfang der Arbeitsbefreiung ist bzw. je länger die Freistellung bereits dauert. Bei nur vorübergehend befreiten Betriebsräten sind die bisherigen Leistungen weiterhin zu berücksichtigen. Dass hier besondere Umstände zu berücksichtigen wären, wird wohl nicht der Fall sein. Denn aufgrund der eigenständigen Tätigkeit kann das Betriebsratsmitglied seine bisherige Arbeit außerhalb der Zeiten für die Betriebsratstätigkeit frei gestalten. Nachteile sind dadurch nicht zu befürchten.

b) Home Office

Fraglich ist, ob auch bei neuen modernen Arbeits- und Vergütungsformen Schwierigkeiten bei der Bemessung des Arbeitsentgeltes für Betriebsratsmitglieder auftreten können. Beispielsweise bei Arbeit im Home Office könnten ähnliche Probleme wie bei Heimarbeitern entstehen. Schließlich ist die Arbeitszeit bzw. tatsächliche Leistung nicht voll überprüf- und nachvollziehbar. Das könnte sich vor allem bei der Beurteilung von Mehrarbeit auswirken, die häufig im Home Office geleistet wird. Allerdings treten diese Probleme nicht erst bei der Bestimmung des Entgeltes von Betriebsratsmitgliedern wegen der Arbeitsversäumnis auf, sondern bereits bei der regelmäßigen „normalen" Vergütung. Mangels einer gesetzlichen Regelung wie bei der Heimarbeit ist es hier sinnvoll, Durchschnittsleistungen aus der Vergangenheit zur Beurteilung heranzuziehen. Das kann aber dann noch einmal deutlich schwieriger werden, wenn der Mandatsträger früher nur sporadisch und stundenweise – z. B. je nach Arbeitsanfall

---

845 DKKW/*Wedde*, § 37 Rn. 56.

oder persönlicher Umstände – im Home Office gearbeitet hat. In solchen Fällen wird deshalb eine Prognose anzustellen sein, die sämtliche Umstände und Faktoren mit einbezieht.

c) Rufbereitschaft

Rufbereitschaft ist eine nur in bestimmten Berufssparten verbreitete Form der Arbeit. Sie tritt sehr häufig im medizinischen Bereich auf. Die Arbeitnehmer gehen an bestimmten Tagen der Woche normal ihrer Arbeit nach und übernehmen zusätzlich außerhalb der gewöhnlichen Arbeitszeit oder den üblichen Arbeitstagen – meist nachts oder an Wochenenden – abwechselnd mit anderen Arbeitnehmern eine Rufbereitschaft. Das bedeutet, dass sie zwar nicht am Arbeitsort anwesend, aber jederzeit erreichbar sein müssen oder sich an einem – gegebenenfalls von dem Arbeitgeber – bestimmten, inner- oder außerbetrieblichen Ort aufzuhalten haben, um im Bedarfsfall auf Abruf ihre beruflichen Aufgaben sofort wahrnehmen zu können.[846] Für diese Abrufarbeit wird dann meist ein spezielles Entgelt als Ausgleich gewährt, wobei die konkrete vertragliche Ausgestaltung entscheidend ist.[847] Es kann als zusätzliches Entgelt oder auch in Form einer Zulage gezahlt werden, entweder für die Zeit der Bereitschaft, in der Beeinträchtigungen bei der Freizeitgestaltung durch die ständige Erreichbarkeit ausgeglichen werden sollen oder auch für die Zeiten der tatsächlichen Inanspruchnahme bzw. Leistung; unter Umständen kann zudem ein höheres Entgelt zum Ausgleich von z. B. Sonntags- oder Nachtarbeit vorgesehen sein.[848]

Das Problem bei der Vergütung für Betriebsratsmitglieder zeigt sich bei der Bestimmung, ob und inwieweit der Mandatsträger Rufbereitschaft übernommen hätte und, falls ein besonderer, z. B. an den Arbeitseinsätzen orientierter Ausgleich vereinbart wurde, woran dieser hypothetisch zu messen ist. Vor allem bei Entgelten für die tatsächliche Inanspruchnahme kann das nur auf reine Mutmaßungen gestützt werden, weil die Einsätze in unterschiedlicher Häufigkeit auftreten und kaum an Erfahrungssätzen festgemacht werden können. Bei nur vorübergehend von der Arbeit befreiten Betriebsratsmitgliedern dürften sich zumindest insoweit keine Schwierigkeiten ergeben, als sie Rufbereitschaft tatsächlich noch wahrnehmen (können) und auch werden. Etwas anderes würde nur gelten, wenn die Betriebsratsarbeit zeitlich so gelegen ist, dass sie mit einer anschließenden Rufbereitschaft beispielsweise aufgrund zu kurzer Ruhezeiten nicht ausgeübt werden darf.[849] Dann greift jedoch das Entgeltausfallprinzip und das zusätzliche Entgelt ist dem Mandatsträger zu gewähren, auch wenn er den Bereitschaftsdienst nicht tatsächlich leistet.

Bei dauerhaft befreiten und freigestellten Betriebsratsmitgliedern muss allerdings eine Berechnungsmethode gefunden werden, die wiederum dem Entgelt-

---

846 Schaub/*Linck*, § 45 Rn. 52; Bamberger/Roth/*Fuchs*, § 611 Rn. 66.
847 Küttner/*Poeche*, Rufbereitschaft, Rn. 5.
848 Vgl. Schaub/*Linck*, § 69 Rn. 20.
849 Vgl. zu den Ruhezeiten BAG NZA 2017, 791, 793.

ausfallprinzip am nächsten kommt. Allein die Heranziehung eines persönlichen Durchschnitts wird wenig repräsentativ sein, jedenfalls im Hinblick auf die tatsächlich erfolgten Einsätze. Diese können in deutlich unterschiedlicher Häufigkeit auftreten und lassen sich nicht an festen Erfahrungswerten festmachen. Eine Orientierung könnte zumindest geben, dass die Übernahme von Rufbereitschaft turnusmäßig erfolgte. Auch wenn eine Entgeltbestimmung nach objektiven Kriterien im Rahmen des § 37 Abs. 2 BetrVG nach der hier vertretenen Ansicht grundsätzlich abzulehnen ist, wird es in diesem Fall die sachgerechtere Lösung darstellen, auf den Durchschnitt eines gesamten Jahres aller vergleichbaren Arbeitnehmer, die genau diese Rufbereitschaft abwechselnd mit ausüben, heranzuziehen. Nur so kann ein repräsentatives Ergebnis erzielt werden. Alles andere käme reinen Mutmaßungen nahe.

6. Entgeltzulagen und -zuschläge

Zusätzlich zu dem Grundentgelt werden häufig auch Zulagen oder Zuschläge für unterschiedlichste Tatbestände gezahlt. Hintergrund ist der Ausgleich spezieller Umstände bei der Arbeit oder Anpassung an bestimmte Verhältnisse. Meist sollen damit gezielt durch die Arbeit hervorgerufene Defizite oder besondere Belastungen ausgeglichen werden.[850] Diese zusätzlichen Leistungen lassen sich daher nach dem mit ihnen verfolgten Zweck grob in verschiedene Gruppen einteilen: in Zuschläge für besonderen Arbeitsumfang oder für ungünstig gelegene Arbeitszeit, in Erschwerniszulagen als Ausgleich für mit der Tätigkeit verbundene Belastungen sowie in Sozialzulagen, die an die Verhältnisse des Arbeitnehmers anknüpfen.[851] Zulagen für besonderen Umfang der Arbeitszeit sind z. B. Überstundenpauschalen oder Leistungszulagen, während Zuschläge, die an die Arbeitszeit anknüpfen, häufig für Wechselschichten, Nachtarbeit oder Feiertags- und Sonntagsarbeit sowie für die Tätigkeit an Tagen wie Heiligabend oder Silvester gezahlt werden; Erschwerniszulagen werden meist in Form von Schmutzzulagen oder als Zuschläge für besonders gefährliche oder gesundheitsschädliche Arbeit sowie für Tätigkeiten mit besonderen psychischen Belastungen gewährt.[852] Sozialzulagen sind meist Zahlungen für Verheiratete, Kinder- oder Wohn- bzw. Ortszuschläge. Wichtig ist im Rahmen des § 37 Abs. 2 BetrVG die Unterscheidung, dass es zunächst nur um Zulagen zu dem Entgelt bezogen auf die frühere Arbeitstätigkeit geht. Ob auch ein Ausgleich in Form von Zuschlägen für Betriebsratstätigkeit denkbar ist, ist gesondert zu untersuchen.[853]

a) Grundsätzliche Weitergewährung trotz Betriebsratstätigkeit

Sämtliche vor Amtsübernahme gewährten Zulagen und Zuschläge sind Betriebsratsmitgliedern als Teil des Entgeltes wegen des Entgeltausfallprinzips auch

---

850 MüKoBGB/*Müller-Glöge*, § 611 Rn. 788; MünchArbR/*Krause*, § 57 BGB Rn. 50.
851 Schaub/*Linck*, § 69 Rn. 27 ff.; ErfK/*Preis*, § 611a BGB Rn. 480 ff.
852 Vgl. Überblick bei Schaub/*Linck*, § 69 Rn. 28, 35; ErfK/*Preis*, § 611a BGB Rn. 480 ff.
853 Siehe dazu die Ausführungen auf S. 293 ff.

weiterhin zu gewähren, wenn sie diese für die während der Arbeitsbefreiung hypothetisch erbrachte Leistung auch erhalten hätten.[854]

aa) Abgrenzung

Zwar dürften sich bei der Bemessung der Höhe der Zulagen und Zuschläge für Betriebsräte grundsätzlich keine Probleme ergeben, es ist aber zwingend zunächst eine Abgrenzung zu Aufwandsentschädigungen vorzunehmen. Denn bestimmte Zulagen können Zahlungen zum Ausgleich eines besonderen Mehraufwands oftmals ähnlich sein. Reine Aufwandsentschädigungen sind mangels Entgeltcharakter den Mandatsträgern grundsätzlich nicht fortzuzahlen, es sei denn, sie sind auch bei dem Mandatsträger gleichermaßen entstanden. Es liegt in der Natur des Aufwendungsersatzes, dass er nur für tatsächlich entstehende Mehraufwendungen gewährt werden darf. Anderenfalls würde er der Verbesserung des Lebensstandards dienen und dann einen Entgeltbestandteil darstellen.[855] Es muss bei der Gewährung von Zulagen und Zuschlägen daher immer danach gefragt werden, ob sie den Ersatz tatsächlich anfallender Kosten bezwecken oder ein spezielles Entgelt für besondere Umstände hinsichtlich der Arbeitszeit, dem Arbeitsumfang oder sonstiger persönlicher Gründe darstellen.[856] Dabei hängt es nicht von der – in der Praxis meist uneinheitlich verwendeten – konkreten Bezeichnung der Zulagen ab, ob sie Entgeltcharakter besitzen, sondern lediglich von ihrer Funktion.[857] Soweit sie an die Erbringung der Arbeitsleistung anknüpfen, sind sie daher auch dem Betriebsratsmitglied zu zahlen.[858] Betrachtet man das in diesem Zusammenhang häufig zitierte Beispiel einer sog. Schmutzzulage, die in der Literatur nicht nur als Aufwandsentschädigung, sondern oft auch unter dem Stichwort Zulage geführt wird, zeigt sich deutlich, wie zwei auf den ersten Blick gleiche Zahlungen, unterschiedlich eingeordnet werden können oder unter Umständen sogar müssen; damit wird gleichzeitig die Notwendigkeit der Abgrenzung sowie die Reichweite des Entgeltausfallprinzips in § 37 Abs. 2 BetrVG deutlich.[859] Hat die Zahlung einer Schmutzzulage den Zweck, die mit der Arbeitstätigkeit einhergehenden zusätzlichen Kosten für Reinigung oder Reinigungsmittel zu decken, stellt sie eine reine Aufwandsentschädigung dar. Wird sie allerdings allgemein als Ausgleich für eine mit besonderem Schmutz verbundene Arbeit gewährt, handelt es sich um Entgelt, das dann auch Betriebsratsmitgliedern zu gewähren ist, obwohl sie diese unangenehme Tätig-

---

854 BAG NZA 1996, 552, 553; *Fitting*, § 37 Rn. 63; GK-BetrVG/*Weber*, § 37 Rn. 73; WPK/*Kreft*, § 37 Rn. 21; *Esser*, S. 56 f.; *Georgi*, S. 71 f.

855 BAG NZA 1995, 588, 589; NZA 1989, 112, 113; GK-BetrVG/*Weber*, § 37 Rn. 78; *Lipp*, S. 105 f.; *Knipper*, S. 37.

856 Vgl. BAG NZA 1996, 552, 553; NZA 1995, 588, 589; *Esser*, S. 58; *Purschwitz*, S. 120 ff.; *Lipp*, S. 106.

857 MünchArbR/*Schlachter*, § 67 Rn. 8 (zu § 4 EFZG).

858 Richardi/*Thüsing*, § 37 Rn. 34.

859 Vgl. auch *Esser*, S. 59.

keit nicht mehr verrichten.[860] Auch wenn es Zulagen gibt, die z. B. allein an die Person oder andere besondere Umstände geknüpft sind und vielleicht auf den ersten Blick nicht direkt als Gegenleistung für geleistete Arbeit gezahlt werden, sind diese dennoch als Bestandteil des Entgeltes zu qualifizieren.[861] Deswegen sind auch sie dem Mandatsträger nach Amtsübernahme fortzuzahlen, wenn er sie auch schon vorher erhalten hat.[862] Zu den Zahlungen, die als für die von der Arbeit befreiten Betriebsratsmitglieder fortzuzahlende Zulagen, Zuschläge und sonstige Nebenbezüge bereits anerkannt wurden, gehören unter anderem Erschwerniszulagen, Mehrflugprämien und -vergütungen sowie Zuschläge für Mehr-, Schicht, Nacht- oder Sonntagsarbeit.[863]

bb) Auswirkungen betriebsratsbedingter Änderungen der Arbeitszeit oder Versetzungen

Speziell bei den nur vorübergehend befreiten Betriebsratsmitgliedern ist in diesem Zusammenhang fraglich, ob sich Verschiebungen in der Arbeitszeit oder Versetzungen auf weniger belastende Tätigkeiten, die nur wegen der Betriebsratstätigkeit erfolgen, auch auf die Fortzahlung der Zulagen und Zuschläge auswirken können. Denn es kommt nicht selten vor, dass ein Betriebsratsmitglied in seiner früheren Tätigkeit beispielsweise an verschiedenen Tagen in der Woche in Nachtschicht gearbeitet hat, die Arbeitszeit dann aber weiter in den Tag verschoben wurde, um die Erledigung der Betriebsratsaufgaben besser gewährleisten zu können; Hintergrund dafür kann z. B. im Hinblick auf Sprechstunden sein, für den überwiegend tagsüber arbeitenden Belegschaftsteil besser ansprechbar zu sein.[864]

Grundsätzlich darf das aber keine Auswirkung auf die Fortzahlung der entsprechenden Zulage haben. Erfolgte die Versetzung wie im genannten Beispiel ausschließlich zur besseren Wahrnehmung der Betriebsratsaufgaben, muss der Betriebsrat bei konsequenter Anwendung des Entgeltausfallprinzips trotz Arbeitsversäumnis die volle Zulage erhalten; das gilt auch, obwohl der Mandatsträger nur noch kurz oder überhaupt nicht mehr zu Nachtstunden in dem Betrieb tätig ist.[865] Anderenfalls würde das Betriebsratsamt dazu führen, dass er finanziell schlechter gestellt wird, als wenn er seine ursprüngliche Tätigkeit weiter ausgeübt hätte – auch wenn das zu dem paradoxen Ergebnis führt, dass er Nachtarbeitszuschläge erhält, obwohl er tatsächlich nur tagsüber gearbeitet

---

860 Vgl. auch *Esser*, S. 59.
861 ErfK/*Preis*, § 611a BGB Rn. 484; MüKoBGB/*Müller-Glöge*, § 4 EFZG Rn. 12.
862 Dazu kritisch *Knipper*, S. 38 f., die Zahlungen aber ausschließlich an § 37 Abs. 4 BetrVG misst.
863 Vgl. hierzu den Überblick bei DKKW/*Wedde*, § 37 Rn. 50; GK-BetrVG/*Weber*, § 37 Rn. 73 m. weit. Nachw.; vgl. zu dem unveränderten Lohnanspruch mit einem Mehrverdienst auch für hypothetisch geleistete Sonntagsarbeit BAG BeckRS 1967, 103267 (zu BetrVG 1952).
864 Vgl. u. a. BAG NZA 1991, 430; AuR 1969, 246; LAG Köln BeckRS 2014, 65952; vgl. auch *Blattner*, NZA 2018, 129, 132; a.A. HWGNRH/*Glock*, § 37 Rn. 25, der aber nur eine einvernehmliche Vereinbarung zwischen Arbeitgeber und Arbeitnehmer für möglich hält.
865 LAG Köln BeckRS 2014, 65952; GK-BetrVG/*Weber*, § 37 Rn. 73; *Blattner*, NZA 2018, 129, 132 f.

hat. Für die Fortgewährung einer Zulage ist es darüber hinaus nicht notwendig, dass sie an vergleichbare Arbeitnehmer geknüpft wird, die in dem maßgeblichen Zeitraum ebenfalls die Zuschläge erhalten haben.[866] Denn hier lässt sich der Unterschied zwischen § 37 Abs. 2 und Abs. 4 BetrVG noch einmal verdeutlichen: § 37 Abs. 2 sichert mit dem Entgeltausfallprinzip den bisherigen Lohn trotz der Arbeitsversäumnis für Betriebsratsarbeit und zwar in der Höhe, die ohne Betriebsratstätigkeit erzielt worden wäre. Es wird eine individuelle, hypothetische Betrachtung angestellt. § 37 Abs. 4 BetrVG will dagegen Nachteile in dem beruflichen Fortkommen des Betriebsratsmitgliedes verhindern. Haben sich vergleichbare Arbeitnehmer über die Zeit der Freistellung eines Mandatsträgers beruflich weiterentwickelt und daher ein höheres Entgelt verdient, muss das für das Betriebsratsmitglied entsprechend angepasst werden, weil es nicht die gleichen Möglichkeiten und Chancen dazu hatte. Die Weitergewährung von auch vor Amtsübernahme gezahlten Zulagen hat nichts mit der beruflichen Entwicklung, sondern ausschließlich mit dem subjektiven Grundentgelt zu tun. Anders läge es, wenn solche Zulagen bislang nicht in dem Arbeitsverhältnis angelegt waren und sie erst durch eine berufliche Entwicklung vergleichbarer Arbeitnehmer relevant werden. Das kann der Fall sein, wenn sie z.B. erst in einer anderen Tätigkeits- bzw. Vergütungsebene erscheinen, das Betriebsratsmitglied diese Stufe allerdings bei Amtsübernahme noch nicht erreicht hatte. Dann wäre die Zahlung der Zulage für das Betriebsratsmitglied nach § 37 Abs. 4 BetrVG zu prüfen.[867]

Eine andere Beurteilung wäre gegebenenfalls anzunehmen, wenn die Änderung der Arbeitszeit bzw. Versetzung einvernehmlich erfolgt ist.[868] Doch auch dem sind Bedenken entgegenzusetzen, jedenfalls wenn die Betriebsratsarbeit Grund für die Änderung war. Handelt es sich z.B. um eine Versetzung, die erforderlich war – weil eine ordnungsgemäße Wahrnehmung der Betriebsratsarbeit sonst nicht möglich gewesen wäre[869] – hätte der Mandatsträger bei hypothetischer Betrachtung dennoch die spezielle Arbeit erbracht und die Zulagen damit erhalten.[870] Denkbar wäre daher die Fortzahlung der Zuschläge nur abzulehnen, wenn eine Versetzung oder Arbeitszeitverschiebung nicht auch auf betriebsratsbedingte Gründe zurückzuführen ist und bei hypothetischer Betrachtung der Mandatsträger die Zuschläge ebenfalls nicht erhalten hätte, was aber selten der Fall sein wird. War der Wechsel in eine andere Schicht jedoch nicht notwendig, ist die Weitergewährung der Zulage jedenfalls abzulehnen.[871]

---

866 So aber LAG Köln BeckRS 2014, 65952, das die Zahlung zusätzlich an die Regelung des § 37 Abs. 4 BetrVG knüpft und hier nicht klar zwischen Absatz 2 und Absatz 4 trennt.
867 Vgl. zu den Voraussetzungen des § 37 Abs. 4 BetrVG S. 212 ff.
868 So BAG NZA 2016, 1212; LAG Hamm BeckRS 2012, 66739; GK-BetrVG/*Weber*, § 37 Rn. 73; HWGNRH/*Glock*, § 37 Rn. 59; vgl. auch *Blattner*, NZA 2018, 129, 132 f.
869 Vgl. LAG Schleswig-Holstein DB 2005, 2415.
870 Ebenso mit Bedenken LAG Köln BeckRS 2014, 65952.
871 LAG Düsseldorf AuR 1975, 91; GK-BetrVG/*Weber*, § 37 Rn. 73.

b) Pauschalierungen

Besondere Zulagen oder Zuschläge können auch in Form von Pauschalzahlungen auftreten. So werden Arbeitnehmern häufig beispielsweise Überstunden- oder Aufwendungspauschalen gezahlt, mit denen nicht die tatsächlichen Belastungen oder Leistungen nach konkretem Anfall vergütet werden, sondern die den gesamten Bedarf in einem Bezugszeitraum mit einer Zahlung pauschal abdecken. Wichtig ist auch hier die Unterscheidung: Es geht zum einen nicht um konkrete Vergütung, wie z. B. für eine hypothetisch geleistete Mehrarbeit, wenn das Betriebsratsmitglied normal weitergearbeitet hätte.[872] Zum anderen sind auch nicht Pauschalen zum Ausgleich von besonderen Belastungen aufgrund der Ausübung des Betriebsratsamtes gemeint, diese wären nicht nach dem Entgeltausfallprinzip des § 37 Abs. 2 BetrVG zu beurteilen, sondern an anderen Vorschriften zur Aufwandsentschädigung des Betriebsrates zu messen.[873] Es sind zunächst nur bereits früher gewährte Pauschalzahlungen und deren Fortzahlung nach Amtsübernahme zu beurteilen, die einen besonderen Aufwand, Arbeitszeit oder -leistung der ursprünglichen Tätigkeit abdecken. Üblich und in der betrieblichen Praxis verbreitet sind häufig Überstunden- und Aufwendungspauschalen.

Für den Fall der weiteren Gewährung von Überstundenpauschalen ergeben sich in der Regel keine Probleme, wenn diese dem Betriebsratsmitglied bereits vor der Amtsübernahme gezahlt wurden. Denn – wie bereits festgestellt – sind auch hypothetisch geleistete Überstunden dem Betriebsratsmitglied zu vergüten. Der Arbeitgeber ist hinsichtlich der Vergütungsform weitestgehend frei; hat er sich hierfür entschieden, ist die Vergütung in gleicher Art – es sei denn deren Entgegennahme wäre z. B. bei Sachbezügen nicht möglich – sowie in gleicher Höhe ebenso den Mandatsträgern fortzuzahlen. Dazu gehören auch Überstundenpauschalen, selbst wenn die tariflichen Voraussetzungen für deren Gewährung wegen der betriebsratsbedingten Arbeitsbefreiung nicht mehr vorliegen.[874]

Bleibt zuletzt die Frage, ob der Arbeitgeber eine hypothetische Mehrarbeit – ohne vorherige Gewährung einer Überstundenpauschale – nach Amtsübernahme dem Betriebsratsmitglied pauschaliert vergüten darf. Dadurch könnte er einer komplizierten, aufwendigen Bestimmung fiktiv geleisteter Mehrarbeit und der entsprechenden Berechnung einer Mehrarbeitsvergütung entgehen, aber zugleich dem Entgeltausfallprinzip gerecht werden.
Diese Möglichkeit wird teilweise sehr kritisch betrachtet. Eine Ansicht in der Literatur lehnt sie mit Hinweis auf die Unvereinbarkeit mit dem Benachteiligungs- und Begünstigungsverbot des § 78 S. 2 BetrVG gänzlich ab, es sei denn, die pauschale Überstundenabgeltung würde als eine Art Vorschuss gewährt, der dann nach Feststellung der hypothetisch geleisteten Mehrarbeit exakt abgerech-

---

872 Vgl. dazu die Ausführungen auf S. 173 ff.

873 Siehe dazu auch S. 312 ff.

874 LAG Berlin-Brandenburg Urt. v. 22.2.2012 – 17 Sa 2212/12 (juris); Düwell/*Wolmerath*, § 37 Rn. 13; *ders*, in: BDDH/*Wolmerath*, § 37 BetrVG Rn. 15; GK-BetrVG/*Weber*, § 37 Rn. 74.

net wird.[875] Zur Begründung wird angeführt, dass zwar sowohl die Festsetzung einer Pauschale als auch die Ermittlung der hypothetischen Mehrarbeit mit dem entsprechenden Entgelt gleichermaßen auf einer Schätzung beruhen, und daher beides zulässig sein müsste; bei einer Pauschalierung sei dagegen eine gegenüber der hypothetischen Betrachtung ungenauere und damit weniger richtige ex ante Betrachtung vorzunehmen, weshalb diese Möglichkeit im Ergebnis abzulehnen sei.[876]
Sicherlich ist dem zuzustimmen, dass eine Pauschalierung es notwendig macht, den Umfang der Mehrarbeit bereits im Voraus zu schätzen, während die Bestimmung der hypothetisch geleisteten Überstunden orientiert an den vorangegangenen Umständen ex post erfolgen kann. Doch dass eine Pauschalierung dadurch eine niedrigere „Richtigkeitsgewähr" hat, lässt sich daraus nicht ableiten. Schließlich beruht auch eine Pauschalierung auf bestimmten Erfahrungswerten und kann nicht „ins Blaue hinein" für die Zukunft festgesetzt werden. Das kann dazu führen, dass dem Betriebsratsmitglied mit der Zulage teilweise mehr Entgelt gewährt wird, als es ohne das Amt für tatsächliche Mehrarbeit erhalten hätte. Auf der anderen Seite hätte es aber auch mehr Überstunden erbringen können, als mit der Pauschale abgedeckt wird. Dabei handelt es sich aber um ein grundsätzliches, für Pauschalisierungen typisches Risiko, wobei diese in der Regel so festgesetzt werden, dass sie auch Ausschläge in beide Richtungen kompensieren und einen angemessenen Mittelweg darstellen. Diese Gefahr kann ebenso bei der Fortzahlung von Überstundenpauschalen für Betriebsratsmitglieder hingenommen werden.[877] Das bedeutet nicht, dass der Arbeitgeber nach Belieben hypothetisch zu leistende Mehrarbeit der Mandatsträger pauschalisieren kann. Sie ist für jeden Einzelnen gesondert entsprechend seiner ursprünglichen Tätigkeit und den Umständen im Betrieb so zu bemessen, dass sie weitgehend den tatsächlichen Verhältnissen entspricht und nicht eine versteckte Entgeltzahlung darstellt.[878] Dabei darf jedoch kein allzu strenger Maßstab angewendet werden.

Etwas schwieriger wird die Beurteilung der Weitergewährung von Aufwendungspauschalen, auch wenn sie bereits vor der Amtsübernahme gewährt wurden. Hier stellt sich das Problem, dass Aufwendungsersatz Betriebsratsmitgliedern nur zu gewähren ist, wenn der Mehraufwand bei ihnen auch tatsächlich noch vorhanden ist. Anderenfalls darf ihnen der Ausgleich nicht gezahlt werden.[879] Wie bereits festgestellt, würde etwas anderes nur gelten, wenn die Aufwendungen auch der Verbesserung des Lebensstandards der Arbeitnehmer dienen; dann sind sie wegen der Qualifizierung als Entgeltbestandteil den Betriebsratsmitgliedern gleichermaßen auch in pauschalierter Form fortzuzahlen.[880] Zwar

---

875 *Esser*, S. 89.
876 *Esser*, S. 89.
877 Vgl. BAG NJW 1956, 158, 159 (BetrVG 1952), zu pauschalisiertem Aufwendungsersatz.
878 Vgl. BAG NJW 1956, 158, 159 (BetrVG 1952), zu pauschalisiertem Aufwendungsersatz.
879 Vgl. GK-BetrVG/*Weber*, § 37 Rn. 77; Richardi/*Thüsing*, § 37 Rn. 37 f.
880 Vgl. BAG NZA 1995, 588, 589; NZA 1989, 112, 113; GK-BetrVG/*Weber*, § 37 Rn. 78; *Lipp*, S. 105 f.

müsste streng genommen eine Pauschale, bei der sich ein Teil rein auf tatsächliche Aufwendungen bezieht und über einen anderen Teil frei verfügt werden kann, bei der Weitergewährung für Betriebsräte getrennt werden. Das kann aber nur gelten, wenn sich zweifelsfrei feststellen lässt, in welcher Höhe tatsächlich Aufwendungen anfallen und welcher Teil allein für die persönliche Lebensführung bestimmt ist.[881] Daraus folgt, dass z.B. Reisekosten und Spesen, die ein Betriebsratsmitglied zuvor erhalten hatte, auch nach Amtsübernahme weiterzugewähren sind, wenn sie ohne Rücksicht darauf gezahlt wurden, ob und wie sie der Arbeitnehmer ausgibt. Das gilt allerdings nicht, wenn sie konkret erstattet werden und dem Betriebsratsmitglied als Amtsträger so nicht mehr entstehen.

7. Sondervergütungen

Häufig werden Arbeitnehmern Sonderzahlungen von dem Arbeitgeber gewährt, die nicht direkt als Gegenleistung für die Arbeit und regelmäßig mit dem üblichen Entgelt gezahlt werden, sondern zusätzlich meist zu einem bestimmten Anlass oder Termin.[882] Typische Sonderleistungen stellen zum Beispiel Gratifikationen, ein zusätzliches 13. Monatsgehalt, Weihnachts- und Urlaubsgeld oder Jubiläumszahlungen dar, die – auch wenn sie freiwillig oder unter Widerrufsvorbehalt geleistet werden – grundsätzlich Entgeltcharakter, zumindest in weitem Sinne haben; wegen des Entgeltausfallprinzips in § 37 Abs. 2 sind sie daher auch Betriebsratsmitgliedern fortzuzahlen.[883] Ebenso müssen Mandatsträgern z.B. Leistungen zur betrieblichen Altersversorgung[884] sowie vermögenswirksame Leistungen[885] weitergewährt werden, weil sie ebenfalls Entgelt darstellen.[886] Die Bemessung der Höhe der Zuwendung wird in allen Varianten in der Regel unproblematisch sein.

Entgegen mancher Darstellungen in der Literatur[887] beruht die Weitergewährung allerdings nicht von vornherein auf der Regelung des § 37 Abs. 4 S. 2 BetrVG.[888] Diese Vorschrift ist von § 37 Abs. 2 BetrVG zu trennen. Übernimmt ein Arbeitnehmer das Betriebsratsamt und wird dann teilweise oder dauerhaft von der Arbeit befreit, erhält § 37 Abs. 2 BetrVG ihm für diese Zeit sein bislang verdientes Arbeitsentgelt. Da die Amtszeit eines Betriebsrates grundsätzlich vier Jahre beträgt (vgl. § 21 S. 1 BetrVG) und auch mehrere Amtszeiten hintereinander möglich sind, hat ein Betriebsratsmitglied sowohl bei dauerhafter als auch vorübergehender Arbeitsversäumnis nicht die gleichen beruflichen Entwick-

---

881 Vgl. *Lipp*, S. 106.
882 ErfK/Preis, § 611a BGB Rn. 527.
883 Allg. Meinung, *Fitting*, § 37 Rn. 64; GK-BetrVG/*Weber*, § 37 Rn. 76; vgl. auch HWGNRH/ *Glock*, § 37 Rn. 58 sowie BAG BB 1983, 1853, allerdings gestützt auf § 37 Abs. 4 BetrVG; vgl. zum Entgeltcharakter ErfK/*Preis*, § 611a BGB Rn. 527.
884 Schaub/*Koch*, § 221 Rn. 56; vgl. auch BAG NJOZ 2016, 509, allerdings zu § 37 Abs. 4 S. 2 BetrVG.
885 WPK/*Kreft*, § 37 Rn. 21; *Beule*, S. 88.
886 Zum Entgeltcharakter MAHArbR/*Hexel*, § 19 Rn. 3.
887 HWGNRH/*Glock*, § 37 Rn. 58; *Knipper*, S. 38 f.
888 Vgl. auch *Esser*, S. 56.

lungschancen wie andere Arbeitnehmer, die normal weitergearbeitet haben. Aus diesem Grund gibt § 37 Abs. 4 BetrVG den Mandatsträgern die Möglichkeit der Anpassung ihres Gehalts an das vergleichbarer Arbeitnehmer, die sich im Laufe der Zeit beruflich weiterentwickelt haben, wobei sich die Regelung auch explizit auf allgemeine Zuwendungen des Arbeitgebers erstreckt. Dass diese nicht auch in § 37 Abs. 2 BetrVG ausdrücklich genannt werden, bedeutet im Umkehrschluss nicht, dass sie nicht mit dem Grundentgelt fortzugewähren sind. Das Entgeltausfallprinzip erfasst alle Bestandteile, die zu dem Entgelt im weiteren Sinne zählen, das ist dem Prinzip an sich bereits immanent.

Betriebsratsmitglieder sollen durch das Amt keine finanziellen Einbußen erleiden. Das lässt sich aber nicht bereits aus der Regelung des § 37 Abs. 4 BetrVG lesen, vor allem, wenn man den Hintergrund der Vorschrift betrachtet. Der Gedanke des § 37 Abs. 4 BetrVG wurde erstmals im Betriebsverfassungsgesetz von 1972 aufgenommen, denn nicht zuletzt hatten nach dem Bericht des Ausschusses für Arbeit und Sozialordnung die Erfahrungen mit dem Vorgängergesetz von 1952 gezeigt, dass trotz des statuierten Benachteiligungsverbotes die freigestellten Betriebsratsmitglieder im Hinblick auf das berufliche Fortkommen und das Einkommen nicht die gleiche Entwicklung wie vergleichbare Arbeitnehmer durchlaufen haben.[889] Der Gesetzgeber hat mit der Einführung der Vorschrift zur Gehaltsanpassung an vergleichbare Arbeitnehmer die Regelung allein zur Klarstellung in § 37 Abs. 4 S. 2 BetrVG auch auf allgemeine Zuwendungen erstreckt. Nur wenn eine Zuwendung des Arbeitgebers nicht bereits zu dem hypothetisch verdienten Entgelt des Betriebsratsmitgliedes gehört – weil sie beispielsweise erst nach Amtsübernahme eingeführt wurde – oder sie später höher ausfällt, kann deren Weitergewährung bzw. Erhöhung an § 37 Abs. 4 BetrVG gemessen werden.[890] Für die Fortzahlung einer bereits vor Amtsübernahme gewährten Sonderzahlung ist jedoch allein § 37 Abs. 2 BetrVG maßgeblich.

8. Gewährung anderer ausgleichender Rechtspositionen

Im Zusammenhang mit der Vergütung von Betriebsratsmitgliedern werden auch häufig Ansprüche auf Rechtspositionen zur Sprache gebracht, die als Ausgleich für besondere Erschwernis der Arbeit oder belastende Tätigkeiten gewährt werden, wie z. B. Zusatzurlaub oder Altersfreizeit. Erörtert wird dann auch hier, ob solche unentgeltlichen Rechtspositionen ebenfalls von dem Entgeltausfallprinzip des § 37 Abs. 2 BetrVG erfasst werden und daher auch Mandatsträgern trotz der Nichterbringung dieser erschwerten Tätigkeiten zugestanden werden müssen.

Dabei ließe sich diese Frage schon direkt mit dem Wortlaut beantworten. Da es sich bei diesen Rechtspositionen eindeutig nicht um Entgelt handelt, können sie von dem Entgeltausfallprinzip auch nicht erfasst sein. Bestätigen lässt sich die-

---

889 Vgl. den schriftlichen Bericht des Ausschusses für Arbeit und Sozialordnung, BT-Drucks. VI/2729, S. 15.
890 So auch *Esser*, S. 56.

ses Ergebnis auch aus gesetzessystematischen Gründen.[891] § 37 BetrVG betrifft ausschließlich die Arbeitsbefreiung und Vergütung von Betriebsratsmitgliedern. Zusätzliche Urlaubs- oder Freizeitansprüche sind hiervon nicht erfasst. Die Ausnahmeregelung des § 37 Abs. 3 S. 1 BetrVG, die einen Ausgleich für Betriebsratstätigkeit außerhalb der Arbeitszeit vorsieht, lässt auch keinen anderen Schluss zu, weil sie sich ausschließlich auf die mit der Arbeit für den Betriebsrat verbundenen Nachteile bezieht und nicht die hypothetisch bei der Erbringung der üblichen Arbeitsleistung entstehenden Belastungen ausgleicht – letzteres aber gerade Hintergrund von Zusatzurlaub ist.

Auch dass von der Rechtsprechung ein solcher Anspruch bereits bejaht wurde,[892] reicht zur Begründung für eine Subsumtion unentgeltlicher Leistungen unter das Entgeltausfallprinzip nicht aus. Denn das BAG hat diesen Ansprüchen in einer späteren Entscheidung den Entgeltcharakter selbst abgesprochen und deren Inhalt nur auf eine Befreiung von der Arbeitspflicht gerichtet angesehen.[893] Darüber hinaus sind die Ausführungen der Gerichte, die einen solchen Anspruch bejaht haben, nicht nachvollziehbar. Es ist abzulehnen, dass die Gewährung von Urlaub zugleich eine geldwerte Leistung für die Arbeitnehmer bedeutet. Selbst mit der früher von der Rechtsprechung vertretenen Auffassung, dass der Urlaubsanspruch ein Einheitsanspruch ist, der sich aus Freizeitgewährung und der Zahlung eines eigenständigen Urlaubsentgeltes zusammensetzt,[894] ließe sich nur schwer eine solche Beurteilung rechtfertigen. Das gilt erst recht seit Aufgabe dieser Rechtsprechung, weil der Urlaubsanspruch nunmehr nur noch auf die Freistellung gerichtet ist, bei dem der Arbeitnehmer seinen vertraglichen Entgeltanspruch nach § 611a BGB behält.[895] Auch deshalb hat das BAG in seiner Entscheidung den Zusatzurlaub nicht als Entgelt qualifiziert, mit Hinweis auf die mittlerweile ständige Rechtsprechung zum Urlaubsrecht, nach der Ansprüche auf Arbeitsbefreiung die Entgeltzahlungspflicht des Arbeitgebers nicht berühren.[896]

Aus sämtlichen Blickwinkeln ist die Gewährung von unentgeltlichen Rechtspositionen, auch wenn sie als Ausgleich für besondere Belastungen oder Leistungen erbracht werden, zumindest auf Grundlage des § 37 Abs. 2 BetrVG nicht nachvollziehbar und daher abzulehnen.[897] Denn es handelt sich nicht um eine Frage der Vergütung der Betriebsratsmitglieder. Ob sie dennoch zulässig sein können, ist an der Vorschrift des § 78 S. 2 BetrVG zu messen.[898]

---

891 Vgl. auch *Natzel*, NZA 2000, 77, 80.
892 BAG NJW 1982, 1348, allerdings zu § 49 BAT; vgl. auch LAG Rheinland-Pfalz NZA-RR 1998, 503 (allerdings nicht rechtskräftig, der Anspruch wurde in nächster Instanz durch das BAG abgelehnt, vgl. BAG BeckRS 2000, 41180).
893 BAG BeckRS 2000, 41180.
894 ErfK/*Gallner*, § 1 BUrlG Rn. 7; DFL/*Gutzeit*, § 1 BUrlG Rn. 4.
895 Noch zu § 611 BGB u. a. BAG NZA 2012, 326, 327; DFL/*Gutzeit*, § 1 BUrlG Rn. 4; vgl. zum Ganzen auch *Lipp*, S. 102.
896 BAG BeckRS 2000, 41180.
897 Im Ergebnis so auch *Natzel*, NZA 2000, 77, 80; a. A. GK-BetrVG/*Weber*, § 37 Rn. 74.
898 BAG BeckRS 2000, 41180; so auch *Lipp*, S. 102 ff.

III. Nachträgliche Änderungen des Entgeltanspruches

Den Betriebsratsmitgliedern steht aufgrund der Regelung des § 37 Abs. 2 BetrVG – wie soeben dargestellt – auch während ihrer Tätigkeit als Betriebsrat ein ungeschmälerter Entgeltanspruch zu. Jedoch sind einige Konstellationen denkbar, die nach der Amtsübernahme zu einer Änderung der Höhe dieses Anspruches führen könnten. Im Rahmen des § 37 Abs. 2 BetrVG werden dabei in erster Linie Entgeltverschlechterungen eine Rolle spielen. Erhöhungen des Vergütungsanspruches nach Amtsübernahme werden dagegen meist an anderen Vorschriften zu messen sein. Ob und wie sich bestimmte Umstände auf das Entgelt von Betriebsratsmitgliedern auswirken können und bereits bei dem Entgeltausfallprinzip berücksichtigt werden müssen, soll im Folgenden genauer betrachtet werden.

1. Betriebsbedingte Entgeltverschlechterungen

Eine bereits vor Amtsübernahme erfolgte und weiter andauernde Veränderung in der Arbeitsstruktur, die sich auf das Entgelt auswirkt, ist auch bei der Vergütung eines Betriebsratsmitgliedes zu berücksichtigen. Daran bestehen keine Zweifel. Problematisch wird es dann, wenn sich eine Entgeltverschlechterung erst nach der Wahl zum Betriebsrat ergibt. Wäre sie bei hypothetischer Betrachtung ebenfalls eingetreten, wenn das Betriebsratsmitglied normal weitergearbeitet hätte, müsste sie nach dem Entgeltausfallprinzip auch bei der Entlohnung des Mandatsträgers Berücksichtigung finden. Nach dem Wortlaut des § 37 Abs. 2 BetrVG „ohne Minderung des Arbeitsentgeltes" wären Umstände, die nachträglich zu einer Verschlechterung des Entgeltes von Betriebsratsmitgliedern führen, bei der Berechnung aber nicht mit einzubeziehen. In der Literatur wird dennoch überwiegend gefordert, dass Entgeltminderungen gleichermaßen von Betriebsratsmitgliedern hinzunehmen sind; anderenfalls würde das nicht nur einen Verstoß gegen das Unentgeltlichkeitsprinzip, sondern auch eine Begünstigung der Mandatsträger darstellen.[899] Demnach dürften bei der hypothetischen Ermittlung des Entgeltes für Betriebsräte Umstände, die in dem jeweiligen Betrieb zu einem verminderten Gehalt führen, nicht unberücksichtigt bleiben.[900]

Es sind zahlreiche betriebliche Maßnahmen oder Faktoren denkbar, die – wenn auch nur indirekt – negativ Einfluss auf das Entgelt nehmen können, wie z. B. eine Verkürzung der Arbeitszeit. Die wichtigsten betriebsbedingten Fälle, die eine Entgeltverkürzung nach Amtsübernahme nach sich ziehen könnten, werden nachfolgend genauer beleuchtet.

---

899 GK-BetrVG/*Weber*, § 37 Rn. 19; Richardi/*Thüsing*, § 37 Rn. 12, § 78 Rn. 28; HWGNRH/*Glock*, § 37 Rn. 17; Düwell/*Wolmerath*, § 37 Rn. 6.

900 Vgl. GK-BetrVG/*Weber*, § 37 Rn. 68; *Esser*, S. 57.

a) Arbeitsausfall oder Verkürzung der Arbeitszeit

Auf betriebliche Umstände zurückzuführen Minderungen des Entgeltes können bei Verkürzungen der Arbeitszeit oder einem kompletten Ausfall der Arbeit eintreten. Ein in diesem Zusammenhang häufig genanntes Beispiel ist der im Baugewerbe witterungsbedingte oder aufgrund wirtschaftlicher Ursachen erfolgte Arbeitsausfall während der Schlechtwetterzeit. Nach überwiegender Ansicht soll in solchen Fällen einem Betriebsratsmitglied nur ein Anspruch auf das Saisonkurzarbeitergeld zustehen.[901] Dem ähnlich soll auch bei wirksam eingeführter Kurzarbeit der Entgeltanspruch gegen den Arbeitgeber der Höhe nach nur entsprechend der verkürzten Arbeitszeit (und auch ein Anspruch auf Kurzarbeitergeld) bestehen.[902] In diesen speziellen Fällen, stellt sich dann nicht nur die Frage, ob der Ausfall bzw. die Verkürzung der Arbeitszeit Auswirkungen auf die Entgeltzahlung bei Betriebsratsmitgliedern hat, sondern auch – falls dies bejaht wird – ob diesen dann ebenso das sog. Saison-/Kurzarbeitergeld von der Bundesagentur für Arbeit zusteht. Auf letzteres ist in diesem Rahmen aber nicht einzugehen.

aa) Problemstellung

Grundsätzlich müssten betriebsbedingte Umstände, die erst nach Amtsübernahme entstehen und eine Verkürzung des Entgeltes zur Folge haben, wegen des anzuwendenden Entgeltausfallprinzips auch auf die Vergütung von Betriebsratsmitgliedern Einfluss haben. Betrachtet man andere Vorschriften, die ebenfalls eine Entgeltfortzahlung bei Arbeitsverhinderung – z. B. wegen persönlicher Verhinderung nach § 616 BGB – vorsehen, wird in solchen Fällen vertreten, dass entgeltmindernde Umstände bei der Entgeltfortzahlung berücksichtigt werden müssen, wenn sie auch bei normaler Tätigkeit des Arbeitnehmers eingetreten wären.[903] Das ist konsequent, weil der Arbeitnehmer anderenfalls für die Nichterbringung der Leistung ein höheres Entgelt erhalten würde, als wenn er seiner Tätigkeit weiter nachgegangen wäre.

Allerdings können sich die Konstellationen bei Betriebsräten, vor allem bei Änderung ihrer ursprünglichen Arbeitszeit, teilweise anders darstellen. Im Gegensatz zu den aus anderen Gründen an der Arbeit verhinderten Arbeitnehmern sind Betriebsratsmitglieder trotz Arbeitsausfall oder Arbeitszeitverkürzung oft weiterhin noch während der bisher üblichen Arbeitszeit tätig – wenn auch ausschließlich für den Betriebsrat. Das kann der Fall sein, wenn beispielsweise nur in der Abteilung eine kürzere Arbeitszeit eingeführt wurde, welcher ein Man-

---

901 ErfK/*Koch*, § 37 BetrVG Rn. 6; HWGNRH/*Glock*, § 37 Rn. 60; GK-BetrVG/*Weber*, § 37 Rn. 68; vgl. zur alten Rechtslage zum Schlechtwettergeld BAG NZA 1987, 528; *Beule*, S. 120 ff.; sowie BAG AP BetrVG 1972 § 37 Nr. 11 zum Schlechtwettergeld auch bei Teilnahme an einer Schulung; a. A. DKKW/*Wedde*, § 37 Rn. 53.

902 BAG NZA 1995, 641, 642; GK-BetrVG/*Weber*, § 37 Rn. 68; ErfK/*Koch*, § 37 BetrVG Rn. 6; *Fitting*, § 37 Rn. 69; HWGNRH/*Glock*, § 37 Rn. 60; *Beule*, S. 123 ff.; *Kappenhagen*, S. 135.

903 BeckOK-ArbR/*Joussen*, § 616 Rn. 59; MünchArbR/*Boewer*, § 70 Rn. 22.

datsträger angehört hat. Häufig kommt es aber auch vor, dass gerade die Änderung der Arbeitszeit eine umfangreiche Betriebsratsarbeit, z. B. die Ausübung von Mitbestimmungsrechten oder intensive Verhandlungen mit dem Arbeitgeber erfordert. Diese Szenarien führen zu der Situation, dass diese Betriebsratsmitglieder Leistungen – wenn auch nur in Form von Betriebsratsarbeit – erbringen, für die sie keinerlei Entlohnung erhalten. Das mag wegen des Unentgeltlichkeitsgebots in § 37 Abs. 1 BetrVG richtig sein und dem ehrenamtlichen Charakter des Betriebsratsamtes entsprechen. Dennoch führt es in gewissem Maße zu einer Benachteiligung gegenüber der übrigen Belegschaft. Zwar hätte das Betriebsratsmitglied auch ohne das Amt die Folgen einer Arbeitszeitverkürzung hinnehmen müssen, allerdings hätte es dann wie alle anderen Arbeitnehmer auch nur verkürzt gearbeitet. Ob außerdem nur wegen des Ehrenamtscharakters auch eine Verkürzung des Entgeltes hinzunehmen ist, scheint fraglich. Darüber hinaus kann das zu ungleichen Behandlungen innerhalb des Betriebsrates führen: Betriebsratsmitglieder, die in einer Abteilung tätig waren, in der beispielsweise keine verminderte Arbeitszeit eingeführt wurde, würden weiterhin ihr normales Entgelt erhalten, während andere, von der Änderung betroffene Mandatsträger ein verkürztes Gehalt bei gleicher oder vielleicht sogar höherer Betriebsratstätigkeit hinnehmen müssten. Dieses Ergebnis ist im Hinblick auf den Sinn und Zweck des Entgeltausfallprinzips erstaunlich. Vor allem in der Literatur wird immer wieder die große Bedeutung der Verhinderung von Nachteilen für Betriebsratsmitglieder und die damit bezweckte Gewährleistung ihrer Unabhängigkeit und Unparteilichkeit betont. Ob das Amt für potentiellen Nachwuchs attraktiv erscheint, wenn ein verkürzter Lohn bei gleichbleibender Arbeitszeit zu befürchten ist, bleibt – auch wenn es sich hier nur um betriebliche Ausnahmesituationen handeln dürfte – fraglich. Doch gerade das versucht das Entgeltausfallprinzip eigentlich zu gewährleisten.

bb) Beurteilung der verschiedenen Lösungsansätze

In Literatur und Rechtsprechung existieren zu diesem Problem verschiedene Lösungsansätze. Zum einen wird vertreten, dass zumindest dauerhaft freigestellten Betriebsratsmitgliedern das volle Entgelt zu zahlen sei, auch wenn die Arbeit während der Betriebsratstätigkeit ausfällt oder nur verkürzt gearbeitet wird. So soll nach einer Ansicht in der Literatur die Einführung von Kurzarbeit nicht automatisch schon ein vermindertes Entgelt bedeuten, weil sie eben nicht zwangsläufig eine Minderung der Betriebsratsaufgaben zur Folge habe und bei voll freigestellten Mandatsträgern der Gesetzgeber eine gewisse Mehr- oder Mindertätigkeit in Kauf genommen habe.[904] Demnach sollen Entgeltminderungen, wie aufgrund der Einführung von Kurzarbeit, nur dann auch Betriebsratsmitglieder treffen, wenn sich ihre Betriebsratsarbeit zugleich verringert; ist das nicht der

---

904 *Schneider*, NZA 1984, 21, 23 mit Hinweis auf BAG AP BetrVG § 37 Nr. 14; ähnlich *Fitting*, § 38 Rn. 88, der bei Kurzarbeit im Betrieb eine Entgeltminderung nur annimmt, wenn sich zugleich auch die Betriebsratsarbeit verringert.

Fall, sei das volle Gehalt weiterzugewähren.[905] So hat auch das LAG Hamm in einem früheren Fall entschieden: Demnach sollte einem voll freigestellten Betriebsratsmitglied trotz Bestehen einer arbeitsvertraglichen Vereinbarung, nach der in Schulferienzeiten mangels Beschäftigung kein Entgeltanspruch bestand, das ursprüngliche Gehalt in dieser Zeit in voller Höhe fortgezahlt werden – allerdings nur, wenn es Betriebsratsaufgaben nachgeht und seine An- und Abmeldepflichten erfüllt.[906] Als Begründung wurde angeführt, dass eine Änderung des Leistungsortes stattgefunden habe und die Tätigkeit eines freigestellten Betriebsratsmitgliedes als Verwaltungsarbeit anzusehen sei.[907] Teilweise wird in der Literatur dieses Ergebnis auch über die Vorschrift des § 37 Abs. 4 BetrVG zu erreichen versucht und die Weiterzahlung des vollen Gehalts damit begründet, dass es sich bei dem vorübergehenden Arbeitsausfall bzw. der Kurzarbeit gerade nicht um eine betriebsübliche Entwicklung handele, an die das Gehalt des Mandatsträgers anzupassen wäre.[908]

Das Ergebnis erscheint insgesamt durchaus nachvollziehbar. Betriebsratsarbeit kann sich – wie das LAG Hamm richtigerweise erklärte – tatsächlich als Verwaltungsarbeit darstellen. Das wird gerade an solchen Fällen besonders deutlich, wie z. B. in dem Fall einer Reinigungskraft, die trotz Schulferien Betriebsratstätigkeit wahrnimmt; ähnlich verhält es sich in der Situation z. B. eines Maurers, der für den Betriebsrat tätig wird, obwohl seine Kollegen witterungsbedingt nicht arbeiten. Dass hier eine verminderte oder keinerlei Bezahlung kein sachgerechtes Ergebnis darstellt, liegt nahe. Schon der Wortlaut des § 37 Abs. 2 BetrVG gibt keinen Hinweis darauf, dass Entgeltverschlechterungen von Betriebsratsmitgliedern hinzunehmen sind. Es ist vielmehr so, dass ein Vergleich mit weiteren Entgeltfortzahlungsvorschriften aus anderen Bereichen, deutliche sprachliche Unterschiede aufzeigt, obwohl diese Regelungen ebenfalls die Anwendung des Entgeltausfallprinzips anordnen. Während letztere allesamt von der Weitergewährung des ursprünglichen Gehalts sprechen, verbietet § 37 Abs. 2 BetrVG lediglich eine Minderung des Arbeitsentgeltes. Das würde den Schluss nahelegen, dass Entgeltminderungen für Betriebsratsmitglieder überhaupt nicht in Betracht kommen.

Dennoch muss diese Ansicht abgelehnt werden, da sie sowohl die Anwendung des Entgeltausfallprinzips als auch den unentgeltlichen und ehrenamtlichen Charakter des Betriebsratsamtes gänzlich außer Acht lässt. Schließlich darf Betriebsratsmitgliedern nicht ohne weiteres ein höheres Entgelt gewährt werden, weil es sie entgegen dem Zweck der Vergütungsvorschriften besserstellen und damit begünstigen könnte – das gilt erst recht, wenn dem kein Gegenwert gegenübersteht und sie z. B. nur geringfügig Tätigkeiten über die verkürzte Arbeitszeit

---

905 *Schneider*, NZA 1984, 21, 23; DKKW/*Wedde*, § 37 Rn. 53; *Fitting*, § 38 Rn. 88 (nur für voll freigestellte Betriebsratsmitglieder).

906 LAG Hamm BeckRS 1997, 31016657; vgl. auch *Löwisch*/Kaiser, § 38 Rn. 35, der in dem Fall einen Anspruch auf Freizeitausgleich nach § 37 Abs. 3 S. 1, 2 BetrVG gewähren will.

907 LAG Hamm BeckRS 1997, 31016657.

908 *Aden*, RdA 1980, 256, 260.

hinaus ausüben. Ihnen das volle Entgelt weiterzuzahlen würde einer Vergütung des Betriebsratsamtes nahekommen. Auch ist in diesem Zusammenhang bei der Lösung kein Unterschied zwischen nur vorübergehend und voll freigestellten Betriebsratsmitgliedern zu machen, weil das Entgeltausfallprinzip für beide unterschiedslos gelten muss. Anderenfalls bestünde die Gefahr, nur gelegentlich befreite Betriebsratsmitglieder gegenüber den dauerhaft freigestellten zu benachteiligen.

Auf der anderen Seite wird die Meinung vertreten, dass dem Betriebsratsmitglied in solchen Fällen kein Anspruch auf das volle Gehalt zusteht.[909] Eine Auffassung zieht hier eine Parallele zur Entgeltfortzahlung bei Krankheit und stützt sich darauf, dass auch bei dem Amt des Betriebsrates gewisse Belastungen oder Freizeitopfer hinzunehmen wären, so dass es nicht schade, dass die Mandatsträger während der verkürzten Arbeitszeit im Gegensatz zu den anderen Arbeitnehmern Betriebsratsarbeit erledigen.[910] Häufig wird die Annahme aber nicht mit dem Entgeltausfallprinzip, sondern vor allem bei dauerhaft freigestellten Betriebsratsmitgliedern allein mit der Regelung des § 37 Abs. 4 BetrVG gerechtfertigt.[911] Damit werden vergleichbare Arbeitnehmer zur Begründung der Fortzahlung eines nur verminderten Entgeltes herangezogen, wenn die Verschlechterung für alle Arbeitnehmer in dem Betrieb gilt.

Diese Lösung stößt jedoch auf Bedenken, weil sie weder mit dem Wortlaut der Vorschrift noch mit der Systematik des Gesetzes in Einklang steht. Es handelt sich hier nicht um Entgeltverschlechterungen aufgrund einer beruflichen Entwicklung, sondern um eine allgemeine Veränderung in der Arbeits- bzw. Entgeltstruktur. Ein Rückgriff auf § 37 Abs. 4 BetrVG wäre schon deshalb nicht sachgemäß. Auch mit dem Wortlaut ließe sich das begründen, da die Regelung eine Entgeltanpassung ebenso nur nach oben, nicht jedoch auch hinsichtlich Verschlechterungen verlangt. Das stimmt auch mit dem Sinn und Zweck der Vorschrift überein, schließlich sollen mit ihr Nachteile im Hinblick auf das berufliche Fortkommen und die möglicherweise versäumte Karriere des Mandatsträgers ausgeglichen werden, nicht aber betriebsbedingte Gehaltskürzungen damit gerechtfertigt werden. Eine betriebsbedingte Verschlechterung des Gehalts muss an dem Entgeltausfallprinzip des § 37 Abs. 2 BetrVG gemessen werden, sie betrifft das Gehalt an sich und nicht das Durchlaufen einer bestimmten individuellen Entwicklung. So hat für den Fall des schlechtwetterbedingten Ausfalles das BAG ebenso zur alten (bis 31.12.1995 geltenden) Rechtslage – zumindest für vorübergehend von der Arbeit befreite Betriebsratsmitglieder – entschieden, dass den Mandatsträgern in dieser Zeit wegen § 37 Abs. 2 BetrVG nicht das ur-

---

909 Richardi/*Thüsing*, § 37 Rn. 36; HWGNRH/*Glock*, § 37 Rn. 60; *Fitting*, § 37 Rn. 69, aber differenzierend für voll freigestellte Betriebsratsmitglieder, bei denen sich das Entgelt wegen Kurzarbeit nur verringern soll, wenn sich auch die Betriebsratstätigkeit entsprechend verkürzt, vgl. *Fitting*, § 38 Rn. 88.

910 *Beule*, S. 122 f. (zum Schlechtwettergeld und m. weit. Nachw.).

911 So z. B. *Knipper*, S. 57 ff., die bei voll freigestellten Betriebsratsmitgliedern ausschließlich auf vergleichbare Arbeitnehmer nach § 37 Abs. 4 BetrVG bei der Entgeltberechnung abstellt.

sprüngliche volle Gehalt zustehe.[912] In dem Urteil stützt sich das BAG auf zwei frühere Entscheidungen, in denen die Anwendung des Entgeltausfallprinzips für vergleichbare Fälle angenommen wurde, allerdings bei der Teilnahme an Schulungsveranstaltungen und nicht bei Ausübung von Betriebsratstätigkeit.[913] Es nimmt jedoch an, dass die beiden Fälle einheitlich beurteilt werden müssen und es daher gleichermaßen für die Konstellation gilt, dass die Arbeit in dem Betrieb während der Betriebsratstätigkeit ausfällt.[914] Dem ist zuzustimmen, weil § 37 Abs. 6 BetrVG selbst auf die Regelung des § 37 Abs. 2 BetrVG verweist und spätestens seit der Aufnahme des Verweises auf Abs. 3 Schulungsveranstaltungen ebenfalls zur Betriebsratstätigkeit gehören.[915]

cc) Stellungnahme und Fazit

Die gezeigten Lösungsansätze haben jeweils überzeugende Argumente, gleichzeitig aber auch einige Schwächen. Für die Lösung der Frage, ob eine Entgeltverschlechterung wegen Arbeitsausfalles oder Verkürzung der Arbeitszeit auch für Betriebsratsmitglieder gelten muss, erst recht, wenn sie in dieser Zeit Betriebsratstätigkeit wahrnehmen, sind verschiedene Aspekte zu berücksichtigen. Zunächst darf bei der Beurteilung der Umfang der Arbeitsbefreiung bzw. Freistellung nicht von Bedeutung sein. Eine unterschiedliche Behandlung von nur vorübergehend befreiten Betriebsratsmitgliedern könnte zu nicht gerechtfertigten Ungleichbehandlungen und zu Ungerechtigkeiten führen. Schließlich werden z.B. teilzeitbeschäftigte Betriebsratsmitglieder ebenfalls nicht anders behandelt. Zudem darf es keinen Unterschied machen, ob das Betriebsratsmitglied während der Zeit des Arbeitsausfalles echte Betriebsratsaufgaben wahrnimmt oder lediglich an einer Schulung teilnimmt. Darüber hinaus steht fest, dass hier eine Beurteilung ausschließlich anhand des Entgeltausfallprinzips des § 37 Abs. 2 BetrVG und nicht nach anderen Regelungen erfolgen muss. Davon abgesehen, dass es sich in betriebsbedingten Fällen des Arbeitsausfalles bzw. der Arbeitszeitverkürzung nicht um eine berufliche Entwicklung handelt, verlangen das bereits der Wortlaut sowie das System der betriebsverfassungsrechtlichen Vergütungsvorschriften. Die Mandatsträger sind daher so zu stellen, als wären sie ihrer ursprünglichen Tätigkeit im Betrieb weiter nachgegangen und nicht so, als wäre die Betriebsratstätigkeit bzw. Teilnahme an einer Schulung eine zu vergütende Arbeit.[916] Damit bleibt jedoch immer noch fraglich, ob Entgeltverschlechterungen von dem Entgeltausfallprinzip gleichermaßen erfasst werden und damit auch Betriebsratsmitglieder treffen.

Zur Beantwortung dieser Frage sind verschiedene Anknüpfungspunkte denkbar. Zunächst könnte man daran denken, bei der Entgeltbemessung nach § 37

---

912 BAG NZA 1987, 528, 529; vgl. auch BAG NZA 1990, 492, 493.
913 Vgl. BAG AP BetrVG 1972 Nr. 11 (auch bei witterungsbedingtem Ausfall der Arbeitsleistung); NJW 1974, 335 (zur Anwendung bei Überstundenvergütung).
914 BAG NZA 1987, 528, 529.
915 Siehe dazu BAG NJW 1973, 822 (Leitsätze).
916 BAG AP BetrVG 1972 § 37 Nr. 11; NJW 1974, 335.

Abs. 2 BetrVG auf einen festen Zeitpunkt abzustellen, zu dem man das Grundentgelt des Betriebsrates (einmalig) festlegt. Denkbar wäre beispielsweise der Tag der Amtsübernahme. Betriebliche Veränderungen wären damit nicht mehr zu beachten, wenn sie zu dem Zeitpunkt nicht vorlagen. Dadurch würden allerdings keinerlei entgeltbeeinflussende Umstände mit einbezogen werden können. Das Ergebnis wäre wenig repräsentativ. Schließlich könnten zu dem Bestimmungszeitpunkt gerade kurzzeitige Beeinträchtigungen bestehen, die dann der Vergütung des Mandatsträgers während der gesamten Amtszeit zugrunde liegen würden.

Für die Lösung des Problems ist wegen der zwingenden Anwendung des Entgeltausfallprinzips hier vielmehr die Frage entscheidend, welchen Zweck der Grundsatz verfolgt: Ist demnach das Betriebsratsmitglied exakt in die Situation zu versetzen, in der es sich ohne Übernahme des Amtes befinden würde oder soll ausschließlich eine Fiktion der Arbeitsleistung erreicht werden. Ersterem ist zuzustimmen, weil Betriebsratsmitglieder gegenüber anderen Arbeitnehmern anderenfalls begünstigt würden, wenn sie betriebsbedingte Entgeltverschlechterungen nicht gleichermaßen treffen würden. Fällt daher die Arbeit z. B. witterungsbedingt aus oder wird in dem Betrieb Kurzarbeit eingeführt, muss das dieselben Auswirkungen auf das Entgelt der Mandatsträger haben wie auch bei den Arbeitnehmern. Gleichzeitig ist aber zu berücksichtigen, dass sie gegenüber anderen Arbeitnehmern im Betrieb deutlich schlechter gestellt sein können, wenn sie trotz Arbeitsausfall oder über die verkürzte Arbeitszeit hinaus und entsprechend vermindertem Entgelt Betriebsratsaufgaben wahrnehmen, während die anderen Arbeitnehmer hier keine bzw. nur noch verkürzte Arbeitsleistungen erbringen. Dieses Problem bleibt damit immer noch ungeklärt und lässt sich mit dem Entgeltausfallprinzip auch nicht ausreichend lösen. In solchen Fällen muss den Betriebsratsmitgliedern daher gegebenenfalls ein Ausgleich gewährt werden, der sich dann aber nicht nach § 37 Abs. 2 BetrVG bestimmt, sondern an § 37 Abs. 3 BetrVG zu messen ist.[917] Denn dabei handelt es sich nicht mehr um die Entgeltzahlung aufgrund der früheren Tätigkeit, sondern um einen Ausgleich für Betriebsratsarbeit außerhalb der üblichen Arbeitszeit,[918] die in diesen Fällen mit der betrieblichen Maßnahme herabgesetzt wurde. Hier ergibt sich auch keine Lücke, wenn ein Betriebsratsmitglied in der Zeit an einer Schulung teilnimmt; seit der Reform im Jahr 2001 verweist die Regelung des § 37 Abs. 6 BetrVG nun auch explizit auf die Ausgleichsvorschrift des § 37 Abs. 3 BetrVG.[919] Zu berücksichtigen ist hierbei allerdings, ob das Betriebsratsmitglied wegen des Arbeitsausfalls bzw. der Arbeitszeitverkürzung von der Bundesagentur für Arbeit

---

917 Ähnlich *Fitting*, § 37 Rn. 69, der hier aber zwischen nur vorübergehend und voll freigestellten Betriebsratsmitgliedern zu differenzieren scheint und für letztere einen Entgeltanspruch bei Kurzarbeit und gleichzeitiger Betriebsratstätigkeit annimmt, vgl. *Fitting*, § 38 Rn. 88; wohl auch *Georgi*, S. 66 f.

918 Vgl. dazu die Ausführungen auf S. 283 ff.

919 A. A. noch zur alten Rechtslage BAG AP BetrVG 1972 § 37 Rn. 11; NJW 1974, 335, worin lediglich auf § 37 Abs. 2 BetrVG und noch nicht auf dessen Abs. 3 verwiesen wurde.

Saison-/Kurzarbeitergeld erhält. Grundsätzlich ist die Zahlung für Betriebsrats-mitglieder ebenfalls anerkannt, wenn die Voraussetzungen nach §§ 95 ff. SGB III bzw. § 101 SGB III auch bei ihnen vorliegen.[920] Dass sie dabei Betriebsratstätig-keit ausgeübt haben, ändert daran grundsätzlich nichts.[921]

b) Streik, Aussperrung

Auch ein Streik oder eine Aussperrung durch den Arbeitgeber können Verän-derungen des Entgeltes von Arbeitnehmern zur Folge haben und sich deshalb gegebenenfalls auf das Gehalt von Betriebsratsmitgliedern auswirken. Zwar un-terliegt der Betriebsrat grundsätzlich einem Arbeitskampfverbot (vgl. § 74 Abs. 2 S. 1 BetrVG), dennoch können seine Mitglieder in ihrer Eigenschaft als Arbeit-nehmer an einem Streik in ihrem Betrieb beteiligt und damit auch von einer Aussperrung des Arbeitgebers betroffen sein.[922] Auswirkungen auf ihr Amt oder ihre Rechtsstellung als Betriebsratsmitglied hat das nicht.[923]

Wird ein Betrieb bestreikt, ruhen in dieser Zeit die Pflichten aus dem Arbeitsver-hältnis und damit auch die Pflicht zur Entgeltzahlung. Da in solchen Fällen die Vergütung entfällt, müsste wegen des Entgeltausfallprinzips grundsätzlich auch gleiches für Betriebsratsmitglieder gelten. Das kann hier ebenso zu dem Prob-lem führen, dass die Mandatsträger in dieser Zeit weiterhin Betriebsratstätigkeit ausüben, auf ihr Entgelt aber verzichten müssen.

Die Ansichten zu der Frage, ob Betriebsratsmitglieder während eines Streiks im Betrieb weiterhin ihr ursprüngliches Entgelt erhalten, sind nicht immer einheit-lich.[924] Eine Meinung in der Literatur lehnt jeglichen Anspruch eines Betriebs-ratsmitgliedes bei Streik und Aussperrung ohne Ausnahmen ab.[925] Überwiegend wird vertreten, dass jedenfalls bei fehlender Arbeit wegen einer Aussperrung kein Entgelt fortzuzahlen ist.[926] Allerdings werden in bestimmten Fällen teilwei-se Durchbrechungen zugelassen. So soll bei einem wilden Streik, bei dem die Betriebsratsmitglieder schlichtend im Einsatz sind, wenn der Arbeitgeber sie als Verhandlungspartner akzeptiert hat, trotzdem ein Entgeltanspruch bestehen.[927] Die Frage, ob dasselbe auch allgemein während eines normalen Streiks oder einer Aussperrung gilt, wenn Mandatsträger in der Zeit Betriebsratstätigkeit aus-

---

920 GK-BetrVG/*Weber*, § 37 Rn. 68; vgl. auch HWGNRH/*Glock*, § 37 Rn. 60.

921 Vgl. ausführlich zu der alten Regelung des Kurzarbeitergeldes in § 65 AFG *Knipper*, S. 61 ff.

922 Richardi/*Maschmann*, § 74 Rn. 26; GK-BetrVG/*Kreutz*, § 74 Rn. 38; *Lipp*, S. 118; weitergehend wohl *Brox/Rüthers*, S. 387 Rn. 621.

923 H.M., vgl. u. a. BAG NZA 1989, 353, 354; ErfK/*Kania*, § 74 BetrVG Rn. 13; *Fitting*, § 74 Rn. 17; *Kutsch*, S. 179 f.

924 Vgl. ausführlich zum Meinungsstand *Lipp*, S. 117 ff.; *Kutsch*, S. 179 ff.

925 HWGNRH/*Glock*, § 37 Rn. 64; vgl. auch ausführlich *Beule*, S. 129 ff.; 134 ff.

926 BAG NZA 1989, 353, 354; GK-BetrVG/*Weber*, § 37 Rn. 69; *Fitting*, § 37 Rn. 61; ErfK/*Koch*, § 37 BetrVG Rn. 6; vgl. auch *Brox/Rüthers*, S. 389 Rn. 624.

927 BAG Urt. v. 5.12.1978 – 6 AZR 485/76 (juris); a. A. BAG NZA 1989, 353, 354, allerdings zu einem nicht organisierten Streik; GK-BetrVG/*Weber*, § 37 Rn. 69; *Fitting*, § 37 Rn. 62; DKKW/*Wedde*, § 37 Rn. 61; HWGNRH/*Glock*, § 37 Rn. 64.

üben, wird dann ebenfalls uneinheitlich beantwortet. Betriebsratstätigkeit während einer Aussperrung soll nach der Rechtsprechung des BAG keine Entgeltfortzahlung begründen, weil die Arbeitsverhältnisse zu dieser Zeit suspendiert sind.[928] Dagegen wird das in manchen Fällen durchaus bejaht. Nach einer Auffassung soll das Gehalt bei der Wahrnehmung von Beteiligungsrechten nur zu Angelegenheiten, die keinen Bezug zu dem Streik haben, normal weitergewährt werden; dabei soll der Anspruch jedoch nicht auf dem Entgeltausfallprinzip beruhen, sondern auf der Ausgleichsvorschrift des § 37 Abs. 3 BetrVG, weil die Betriebsratstätigkeit wegen des Arbeitskampfes betriebsbedingt außerhalb der Arbeitszeit durchgeführt wurde.[929] Nach einer weiteren Ansicht sollen Betriebsratsmitglieder, die während eines Arbeitskampfes Amtsaufgaben ausüben, ebenso ihr übliches Entgelt erhalten, auch wenn Sie selbst als Arbeitnehmer daran beteiligt sind.[930] Der Rechtsprechung des BAG zum fehlenden Entgeltanspruch bei einer Aussperrung hält die Ansicht entgegen, dass bei einer Aussperrung nicht die gesetzlich verankerten Tätigkeiten und Aufgaben der Betriebsratsmitglieder, sondern ausschließlich die Pflichten aus dem Arbeitsvertrag suspendiert werden.[931] Grundsätzlich stützt diese den Entgeltanspruch auf § 37 Abs. 2 BetrVG; im Falle einer nur teilweisen Aussperrung von bestimmten Arbeitnehmergruppen sollen Mandatsträger, die nicht dieser Gruppe angehören, allerdings einen Anspruch aufgrund des Gleichbehandlungsgrundsatzes und § 37 Abs. 3 BetrVG herleiten können.[932] Aber auch das BAG hat aber durchaus auch schon einen Entgeltanspruch beispielsweise für die Teilnahme eines Betriebsratsmitgliedes an einer Betriebsversammlung oder an einer Schulungsveranstaltung während eines Streiks bejaht.[933] Dabei hat es das BAG in letzterem Fall als entscheidend angesehen, ob sich der Mandatsträger an dem Streik beteiligt hätte, wenn er nicht an einer Schulungsveranstaltung teilgenommen hätte.[934] Danach sollte der Entgeltanspruch jedenfalls dann nicht entfallen, wenn der Arbeitnehmer schon vor Beginn des Arbeitskampfes von der Arbeit mit Entgeltfortzahlung befreit war, es sei denn, er erklärt trotz der Befreiung von der Arbeit ausdrücklich oder konkludent seine Streikteilnahme bzw. nimmt daran tatsächlich teil.[935]

Die Frage der Entgeltzahlung für Betriebsratsmitglieder während eines Arbeitskampfes verdeutlicht einmal mehr die Schwierigkeiten bei der Anwendung der betriebsverfassungsrechtlichen Vergütungsvorschriften. Geht man zur Lösung des Problems rein systematisch vor, muss auch hier ein Mandatsträger wegen des Entgeltausfallprinzips zunächst so gestellt werden, wie wenn er normal weitergearbeitet hätte, d. h. der Ausfall des Entgeltanspruches muss ihn gleicherma-

---

928 Vgl. BAG NZA 1989, 353, 354; siehe auch *Brox/Rüthers*, S. 387 Rn. 622.
929 *Fitting*, § 37 Rn. 61.
930 DKKW/*Wedde*, § 37 Rn. 61.
931 DKKW/*Wedde*, § 37 Rn. 61.
932 DKKW/*Wedde*, § 37 Rn. 61.
933 BAG NZA 1991, 604; NZA 1987, 853 allerdings zu § 44 Abs. 1 S. 2 u. 3 BetrVG.
934 BAG NZA 1991, 604, 605.
935 BAG NZA 1991, 604, 605; GK-BetrVG/*Weber*, § 37 Rn. 69; *Löwisch*/Kaiser, § 37 Rn. 45.

ßen treffen. Ob er sich tatsächlich an dem Streik beteiligt hätte, lässt sich nur schwer feststellen. Dass das BAG dabei auf eine reale Teilnahme an dem Streik bzw. auf eine entsprechend gerichtete Erklärung abzustellen scheint, dem ist zuzustimmen. Die Feststellung der hypothetischen Beteiligung an einem Streik würde anderenfalls einer reinen Spekulation gleichkommen.[936]

Wird während der Zeit des Arbeitskampfes dann tatsächlich Betriebsratstätigkeit ausgeübt, ändert jedenfalls das Entgeltausfallprinzip daran nichts. Es wäre auch nicht sachgerecht, die während eines Streiks bzw. einer Aussperrung tätigen Betriebsratsmitglieder mit solchen Arbeitnehmern gleichzustellen, die Erhaltungs- bzw. Notstandsarbeiten erledigen.[937] Das würde zu widersprüchlichen Ergebnissen führen, so dass eine alleinige Lösung mit § 37 Abs. 2 BetrVG nicht ausreichend wäre. Denn die Ausübung von Amtsaufgaben während des streik- bzw. aussperrungsbedingten Arbeitsausfalls bedeutet nichts anderes als Betriebsratstätigkeit außerhalb der eigentlichen Arbeitszeit. Gilt der Entgeltausfall ebenso für Betriebsratsmitglieder, muss konsequenterweise auch der damit verbundene Ausfall der arbeitsvertraglichen Pflichten gelten. Werden Betriebsratsaufgaben dennoch während dieser Zeit wahrgenommen, ist den Amtsträgern im Ergebnis hierfür jedenfalls ein Ausgleich nach § 37 Abs. 3 BetrVG zu gewähren und zwar unabhängig davon, ob es sich um streikbezogene oder andere Angelegenheiten betreffende Betriebsratstätigkeiten handelt.[938]

c) Versetzung auf geringer entlohnten Arbeitsplatz

Eine Entgeltverkürzung ist auch in Fällen der Versetzung auf einen geringer entlohnten Arbeitsplatz möglich. In erster Linie bei nur vorübergehend von der Arbeit befreiten Betriebsratsmitgliedern besteht die Möglichkeit, diese während ihrer Amtszeit auf einen anderen Arbeitsplatz zu versetzen. Das gilt vor allem dann, wenn es die Betriebsratstätigkeit nach Umfang und zeitlicher Lage erfordert oder es für die Einteilung und Planung des Arbeitgebers mit seinen Arbeitskräften unerlässlich ist.[939] Denkbar wäre das ebenso bei dauerhaft befreiten bzw. freigestellten Mandatsträgern, wenn der Arbeitgeber beispielsweise die Stellen intern anders besetzen muss, um die fehlende Arbeitskraft des für den Betriebsrat Tätigen aufzufangen oder zu ersetzen. Nicht selten geht auch mit Übernahme des Betriebsratsamtes ein Wechsel des Leistungsortes einher, wenn die Mandatsträger vorher ihre Arbeitsleistung nicht in dem Betrieb erbracht haben, wie beispielsweise im Außendienst, nun aber die Betriebsratstätigkeit dort ausüben (müssen).[940]

---

936 Vgl. sehr ausführlich und im Ergebnis zustimmend *Lipp*, S. 120 ff.
937 So aber *Brox/Rüthers*, S. 389 Rn. 624.
938 Vgl. dazu die Ausführungen auf S. 283 ff.
939 Vgl. u. a. BAG NZA 1991, 430; AuR 1969, 246; LAG Köln BeckRS 2014, 65952; *Beule*, S. 72; a. A. HWGNRH/*Glock*, § 37 Rn. 25, der hierfür nur eine einvernehmliche Vereinbarung zwischen Arbeitgeber und Arbeitnehmer für möglich hält.
940 Vgl. z. B. BAG AP BetrVG 1972 § 38 Nr. 31; NZA 1992, 72, 74; GK-BetrVG/*Weber*, § 38 Rn. 90; *Fitting*, § 38 Rn. 78, 85.

Wird das Betriebsratsmitglied auf einen Arbeitsplatz mit geringerem Gehalt als vorher versetzt, muss ihm trotzdem das frühere Entgelt weiter gewährt werden, ohne dass es sich dabei um einen Verstoß gegen den Unentgeltlichkeitsgrundsatz des § 37 Abs. 1 BetrVG handelt.[941] Wegen des Entgeltausfallprinzips darf ihm nicht der geminderte Lohn gezahlt werden, wenn die Betriebsratstätigkeit Grund für die Versetzung war, denn der Mandatsträger hätte bei normaler Tätigkeit ebenfalls kein geringeres Entgelt erhalten.[942] In dieser Konstellation ist die Lösung dann auch nicht über die Vorschrift zur Entgeltanpassung des § 37 Abs. 4 BetrVG zu suchen.[943]

Etwas anderes kann gegebenenfalls gelten, wenn die Versetzung auf Gründen basiert, die nichts mit der Betriebsratstätigkeit zu tun haben, sondern allein in der Person des Mandatsträgers liegen; dann wäre eine Fortzahlung in bisheriger Höhe nur möglich, wenn eine entsprechende vertragliche Vereinbarung im Tarif- oder Arbeitsvertrag besteht[944] bzw. vergleichbare Arbeitnehmer weiterhin das ursprüngliche oder ein anderes Entgelt erhalten; in letzterem Fall wäre dann eine Entgeltanpassung nach § 37 Abs. 4 BetrVG vorzunehmen.

2. Fehlende Voraussetzungen der Entgeltfortzahlung bei Betriebsratstätigkeit

Neben den soeben dargestellten betrieblichen Maßnahmen und Umständen, die zu einer Verkürzung des Entgeltes auch von Betriebsräten führen können, ist danach zu fragen, welche Auswirkungen fehlende Voraussetzungen der Entgeltfortzahlung auf den Vergütungsanspruch haben können.

a) Keine wirksame Arbeitsbefreiung

Wie oben bereits festgestellt, besteht der Entgeltanspruch für vorübergehend von der Arbeitspflicht entbundene Betriebsratsmitglieder nur, wenn eine wirksame Arbeitsbefreiung erfolgt ist. Fehlen die Voraussetzungen oder nimmt sie das Betriebsratsmitglied fälschlicherweise an, folgen daraus Konsequenzen für den Vergütungsanspruch.

aa) Nichtbestehen oder Wegfall der Voraussetzungen

Liegen die Voraussetzungen zum Zeitpunkt der tatsächlichen Arbeitsbefreiung eindeutig nicht vor, ist die Konsequenz einfach: der Arbeitgeber wird von seiner Pflicht zur Entgeltzahlung frei, wenn der Mandatsträger seiner arbeitsvertraglich festgelegten Tätigkeit nicht nachkommt oder nicht eine andere Vorschrift zur Entgeltfortzahlung greift.[945] Gleiches gilt, wenn der Mandatsträger nicht

---

941 HWGNRH/*Glock*, § 37 Rn. 16; Richardi/*Thüsing*, § 37 Rn. 8; *Fitting*, § 37 Rn. 72; *Beule*, S. 72 ff.
942 Vgl. *Fitting*, § 37 Rn. 72.
943 So aber u. a. GK-BetrVG/*Weber*, § 37 Rn. 143; *Lipp*, S. 88 ff.; wohl auch *Beule*, S. 73 f.
944 Richardi/*Thüsing*, § 37 Rn. 8; HWGNRH/*Glock*, § 37 Rn. 16 f.
945 Vgl. auch GK-BetrVG/*Weber*, § 37 Rn. 65.

ordnungsgemäß seiner Pflicht zur Ab- bzw. Rückmeldung nachkommt.[946] Dann wäre der Arbeitgeber jedenfalls zu einer Kürzung des Entgeltes berechtigt. Schwierigkeiten können für das Betriebsratsmitglied allerdings bei der Beurteilung, ob die Voraussetzungen überhaupt vorliegen, entstehen. Schließlich prüft ein vorübergehend nach § 37 Abs. 2 BetrVG befreites bzw. zu befreiendes Betriebsratsmitglied das Bestehen der Voraussetzungen selbstständig und ist nicht von einer Prüfung oder Zustimmung des Arbeitgebers abhängig. Auch wenn sowohl hinsichtlich der Annahme von Betriebsratsaufgaben als auch der Erforderlichkeit der Betriebsratstätigkeit keine rein subjektive Einschätzung, sondern eine objektive Beurteilung von dem Standpunkt eines Dritten aus entscheidend ist, steht den Mandatsträgern – wie oben bereits dargestellt – gerade wegen der häufig schwierigen Sachlage ein gewisser Beurteilungsspielraum zu.[947] Das bedeutet, dass erst, wenn dieser überschritten wurde, keine wirksame Arbeitsbefreiung erfolgt ist.[948] Der Arbeitgeber kann dann den Entgeltanspruch entsprechend – auch sogar bis auf null – reduzieren, wenn der Mandatsträger nicht zu seiner ursprünglichen Tätigkeit zurückkehrt.

Fallen die Voraussetzungen einer Arbeitsbefreiung für Betriebsratstätigkeit erst nach wirksam erfolgter Arbeitsbefreiung weg, kann das ebenfalls zu einer Kürzung des Entgeltes des Mandatsträgers bis hin zu einem kompletten Verlust des Anspruches führen. Das wäre beispielsweise dann der Fall, wenn bei einer Befreiung aus konkretem Anlass nach § 37 Abs. 2 BetrVG das Betriebsratsmitglied trotz erforderlicher Betriebsratsaufgaben diese tatsächlich nicht wahrnimmt. Stellt ein Betriebsratsmitglied z. B. bei Beginn der Amtstätigkeit fest, dass eine Erforderlichkeit der Aufgaben nicht (mehr) gegeben ist, hat es die Arbeit zu beenden und an seinen ursprünglichen Arbeitsplatz zurückzukehren.

bb) *Fehlerhafte Annahme der Voraussetzungen*

Eine andere Beurteilung könnte erforderlich sein, wenn das Betriebsratsmitglied fälschlicherweise davon ausgegangen ist, dass die Voraussetzungen für eine wirksame Arbeitsbefreiung vorliegen und es nur deswegen nicht seinen arbeitsvertraglichen Pflichten nachgekommen ist. Im Hinblick auf die Erforderlichkeit wird dabei überwiegend angenommen, dass der Entgeltanspruch nicht entfällt, wenn das Betriebsratsmitglied gewissenhaft die Arbeitsbefreiung geprüft hat und sich erst im Nachhinein herausstellt, dass sie nicht notwendig war.[949] Auch für die Voraussetzung der Wahrnehmung von Betriebsratsaufgaben wird teilweise vertreten, dass der Entgeltanspruch ausnahmsweise nicht entfallen soll, wenn der Mandatsträger bei der Prüfung einem entschuldbaren Irrtum unterlag; das wäre der Fall, wenn er bei einer sehr schwierigen oder ungeklärten Rechts-

---

946 HWGNRH/*Glock*, § 37 Rn. 51 (bei fehlender Rückmeldung); vgl. auch S. 122 ff.

947 GK-BetrVG/*Weber*, § 37 Rn. 29, 44; Richardi/*Thüsing*, § 37 Rn. 16, 26; MünchArbR/*Joost*, § 220 Rn. 13.

948 MünchArbR/*Joost*, § 220 Rn. 13.

949 DKKW/*Wedde*, § 37 Rn. 31; *Fitting*, § 37 Rn. 40; GK-BetrVG/*Weber*, § 37 Rn. 45; HWGNRH/*Glock*, § 37 Rn. 34; vgl. auch ErfK/*Koch*, § 37 BetrVG Rn. 3.

lage davon ausgehen durfte, dass Betriebsratsaufgaben zu erledigen sind.[950] Das BAG hat zwar die Möglichkeit der Annahme eines entschuldbaren Irrtums bereits abgelehnt, im Hinblick auf das Bestehen eines Beurteilungsspielraumes des Mandatsträgers aber nicht einheitlich entschieden.[951] Während es in einer Entscheidung einen Beurteilungsspielraum für die Frage der Wahrnehmung von Betriebsratsaufgaben anerkannt hat,[952] lehnte es in einem anderen Urteil jeglichen Beurteilungsspielraum ab und erachtete das Vorliegen der Voraussetzung als überprüfbare Rechtsfrage.[953] Allerdings hat es in beiden Entscheidungen ausgeführt, dass wegen der Eigenverantwortlichkeit der Betriebsratsmitglieder bei der Beurteilung nicht jede Verkennung der objektiven Rechtslage, vor allem bei schwierigen und noch nicht geklärten Rechtsfragen, einen Nachteil für das Betriebsratsmitglied zur Folge haben kann; entscheidend sei, ob bei verständiger Würdigung, wie bereits bei der Beurteilung der Erforderlichkeit, aus Sicht eines sorgfältig prüfenden objektiven Dritten erkennbar ist, dass es sich nicht (mehr) um die Wahrnehmung gesetzlich vorgesehener Betriebsratsaufgaben handelt.[954] Dem ist grundsätzlich zuzustimmen, wobei vor allem bei der Frage einer Entgeltkürzung nicht allzu strenge Maßstäbe angelegt werden dürfen. Darüber hinaus darf nicht außer Acht bleiben, dass ein Betriebsratsmitglied die Voraussetzungen für eine Arbeitsbefreiung nur aus einer, und zwar seiner eigenen Perspektive beurteilt und diese sich bei der Betrachtung der Voraussetzung der Wahrnehmung von Betriebsratsaufgaben einerseits und der Erforderlichkeit andererseits nicht ändert.[955] Daher ist zumindest in besonders komplizierten und nicht eindeutigen Fällen das Entgelt weiter zu gewähren, wenn das Betriebsratsmitglied nach sorgfältiger Prüfung einem entschuldbaren Irrtum unterlag. Ein solcher Irrtum kann z.B. dann angenommen werden, wenn der Arbeitgeber schon vorher das betreffende Verhalten akzeptiert hatte.[956]

b) Entsprechende Voraussetzungen bei dauerhafter Freistellung

Das Entgeltfortzahlungsprinzip des § 37 Abs. 2 BetrVG ist auf nach § 38 BetrVG dauerhaft freigestellte Betriebsratsmitglieder ebenso anzuwenden. Es ist zu betrachten, ob sich hier im Hinblick auf Anforderungen und Voraussetzungen ebenfalls Auswirkungen auf die Höhe des Entgeltanspruches ergeben können.

aa) Bestehende Freistellung

Betriebsratsmitglieder werden entsprechend den Vorgaben in § 38 BetrVG für die Amtstätigkeit dauerhaft freigestellt. Das erfolgt – im Gegensatz zu der Ar-

---

950 Vgl. *Fitting*, § 37 Rn. 33; DKKW/*Wedde*, § 37 Rn. 25; a.A. HWGNRH/*Glock*, § 37 Rn. 33; Richardi/*Thüsing*, § 37 Rn. 16; a.A. ErfK/*Koch*, § 37 BetrVG Rn. 3.
951 BAG NZA 1995, 225, 227 (zu einer Abmahnung); BeckRS 2006, 134732.
952 BAG NZA 1995, 225, 227.
953 BAG BeckRS 2006, 134732.
954 BAG NZA 1995, 225, 227; BeckRS 2006, 134732.
955 Vgl. Richardi/*Thüsing*, § 37 Rn. 16.
956 *Fitting*, § 37 Rn. 33.

beitsbefreiung des § 37 Abs. 2 BetrVG – durch den Arbeitgeber mit einer ausdrücklichen oder konkludenten Einverständniserklärung und in der Regel für die Dauer der Amtszeit des Betriebsrates, wenn keine zeitliche Begrenzung durch den Betriebsrat erfolgt ist.[957] Bis zu der wirksamen Freistellung durch den Arbeitgeber bleibt die Arbeitspflicht des Mandatsträgers allerdings bestehen; ist sie noch nicht erfolgt, entfällt der Entgeltanspruch, wenn das Betriebsratsmitglied bis dahin seiner ursprünglichen Tätigkeit nicht weiter nachkommt, es sei denn, es liegen zugleich die Voraussetzungen des § 37 Abs. 2 BetrVG vor.[958] Während der Amtszeit kann ein Betriebsratsmitglied entweder selbst jederzeit sein Einverständnis zu der Freistellung widerrufen oder auch von dem Betriebsrat abberufen oder bei grober Pflichtverletzung nach § 23 BetrVG aus dem Gremium ausgeschlossen werden.[959] In allen Fällen verliert es seine Funktion als freigestelltes Betriebsratsmitglied und damit, wenn es nicht seine ursprüngliche Arbeitstätigkeit wieder aufnimmt, auch seinen Entgeltanspruch. Abzulehnen ist jedoch die Möglichkeit eines einseitigen Widerrufs der Freistellung durch den Arbeitgeber.[960]

bb) Anforderungen während der Freistellung

Für dauerhaft nach § 38 BetrVG freigestellte Betriebsratsmitglieder haben die Voraussetzungen der Arbeitsbefreiung nach § 37 Abs. 2 BetrVG, insbesondere die der Erforderlichkeit der Betriebsratsarbeit, keine Relevanz, weil sie ohnehin nach der Freistellungsstaffel generell von der Arbeitspflicht entbunden werden. Dennoch werden in der Regel entsprechende Anforderungen an die Tätigkeit während ihrer Freistellung gestellt.[961] Ob es sich dabei um zwingende Voraussetzungen handelt, bei deren Fehlen eine Minderung oder sogar der Verlust des Entgeltanspruches eintreten kann, wird dagegen nicht immer einheitlich beurteilt.

(1) Rechtsprechung und Literatur

Nach überwiegender Ansicht in Rechtsprechung und Literatur sollen Betriebsratsmitglieder während ihrer Freistellung zumindest in dem Betrieb, in dem der Betriebsrat seinen Sitz hat, anwesend sein und sich für mögliche anfallende Aufgaben bereithalten.[962] Während ihrer Freistellung sollen sie ausschließlich Betriebsratsaufgaben ausüben.[963] Dabei besteht aber bereits eine Vermutung, dass

---

957 GK-BetrVG/*Weber*, § 38 Rn. 64 ff., 72; ErfK/*Koch*, § 38 BetrVG Rn. 7.
958 Vgl. GK-BetrVG/*Weber*, § 38 Rn. 65; ErfK/*Koch*, § 38 BetrVG Rn. 7; vgl. auch *Fitting*, § 38 Rn. 57.
959 *Fitting*, § 38 Rn. 70 ff.; Richardi/*Thüsing*, § 38 Rn. 45 ff.; ErfK/*Koch*, § 38 BetrVG Rn. 8.
960 So aber wohl *Sturm*, S. 60.
961 Vgl. dazu auch S. 133.
962 U. a. BAG NZA 2017, 335, 337; AP BetrVG 1972 § 38 Nr. 31; NZA 1992, 72, 74; WPK/*Kreft*, § 38 Rn. 40; ErfK/*Koch*, § 38 BetrVG Rn. 9; *Fitting*, § 38 Rn. 78; *Purschwitz*, S. 232.
963 BAG NZA 1991, 432, 433; BB 1984, 532; *Fitting*, § 38 Rn. 79; ErfK/*Koch*, § 38 BetrVG Rn. 10; GK-BetrVG/*Weber*, § 38 Rn. 95; MünchArbR/*Joost*, § 220 Rn. 66.

ein ständig freigestelltes Betriebsratsmitglied diesen Pflichten nachkommt, es muss also Nachweis hierüber nicht erbringen.[964]
Nach herrschender Meinung soll einem Mandatsträger kein bzw. nur ein gemindertes Entgelt zustehen, wenn er keine Betriebsratsaufgaben wahrnimmt, sondern sich anderen Tätigkeiten widmet.[965] Teilweise wird das noch ein wenig eingeschränkt. So soll der Entgeltanspruch zumindest nur dann entfallen, wenn in der Zeit auch tatsächlich Betriebsratsaufgaben zu erledigen gewesen wären.[966] Oder es wird verlangt, dass der Mandatsträger die Freistellung jedenfalls „zweckwidrig missbraucht" hat, er also gänzlich betriebsratsfremden Tätigkeiten nachging; denn die Ansicht betont, dass im Gegensatz zu den vorübergehend befreiten Betriebsratsmitgliedern der Entgeltanspruch hier nicht erst begründet werden muss, sondern bereits von vornherein besteht und deshalb nur dessen Wegfall begründungsbedürftig sei.[967] Nach einer Auffassung soll auch bereits die Verletzung der Anwesenheitspflicht in dem Betrieb den Entgeltanspruch des Betriebsratsmitgliedes entfallen lassen.[968]

An Tätigkeiten für den Betriebsrat außerhalb des Betriebes werden – im Gegensatz zu innerbetrieblichen Arbeiten – teilweise noch strengere Anforderungen gestellt. Demnach soll geprüft werden, ob die Abwesenheit von dem Betrieb zur Wahrnehmung der Betriebsratsaufgaben auch erforderlich war; nur dann wäre das freigestellte Betriebsratsmitglied von seiner grundsätzlichen Anwesenheitspflicht befreit.[969] Fehlt die Erforderlichkeit der außerhalb des Betriebsgeländes durchgeführten Betriebsratstätigkeit, sei diese nicht zu vergüten.[970] Demgegenüber wird eine Minderungsmöglichkeit des Entgeltes teilweise aber mit der Begründung abgelehnt, dass wegen der generellen Entbindung von der Arbeitspflicht nur noch Amtspflichten bestünden und daher allenfalls eine Amtspflichtverletzung mit entsprechenden Folgen nach § 23 Abs. 1 BetrVG in Betracht käme.[971]

(2) Kritische Würdigung

Grundsätzlich ist dem zuzustimmen, dass der Entgeltanspruch eines nach § 38 BetrVG freigestellten Betriebsratsmitgliedes gekürzt oder auch komplett entfallen kann, wenn es sich nicht für anfallende Betriebsratsaufgaben in dem jeweiligen Betrieb bereithält oder keine Betriebsratstätigkeit ausübt. Schließlich

---

964 BAG BB 1984, 532; GK-BetrVG/*Weber*, § 38 Rn. 95.
965 BAG NZA 2017, 335, 337; AP BetrVG 1972 § 37 Nr. 44 (mit abl. Anm. *Weiss*); BB 1979, 782; *Fitting*, § 38 Rn. 79; ErfK/*Koch*, § 38 BetrVG Rn. 10; GK-BetrVG/*Weber*, § 38 Rn. 92; Münch-ArbR/*Joost*, § 220 Rn. 66; *Sturm*, S. 63 f.; *Purschwitz*, S. 232 ff.; ablehnend HWGNRH/*Glock*, § 38 Rn. 60, wohl auch DKKW/*Wedde*, § 38 Rn. 69.
966 WPK/*Kreft*, § 38 Rn. 40.
967 *Weiss*, Anmerkung zu BAG Urt. v. 19.5.1983 – 6 AZR 290/81, AP BetrVG 1972 § 37 Nr. 44.
968 BAG AP BetrVG 1972 § 103 Nr. 1; GK-BetrVG/*Weber*, § 38 Rn. 92; *Sturm*, S. 63.
969 BAG NZA 1992, 72, 73; NZA 1990, 313.
970 ErfK/*Koch*, § 38 BetrVG Rn. 10; WPK/*Kreft*, § 38 Rn. 36.
971 HWGNRH/*Glock*, § 38 Rn. 62; zweifelnd wohl auch DKKW/*Wedde*, § 38 Rn. 70.

soll der Amtsträger die Zeit der Freistellung nicht für andere Tätigkeiten nutzen. Würde man ihm eine solche Möglichkeit zugestehen, könnte das dazu führen, dass Betriebsratsmitglieder nicht mehr vorrangig Betriebsratsaufgaben wahrnehmen, sondern anderen Tätigkeiten nachgehen. Eine bestimmte Zulässigkeitsgrenze, bis zu der andere Beschäftigungen während der Freistellung erlaubt wären, ließe sich nur schwer ziehen. Denn der Arbeitgeber darf weder Einfluss auf die Betriebsratstätigkeit, insbesondere deren zeitliche Lage oder den Umfang der Erledigung einzelner Aufgaben nehmen, noch obliegt ihm eine entsprechende Kontrolle. Darüber hinaus stünde eine solche Erlaubnis nicht mit dem Sinn und Zweck der Freistellung in Einklang. Denn sowohl die vorübergehende Arbeitsbefreiung nach § 37 Abs. 2 BetrVG als auch die ständige Freistellung nach § 38 BetrVG sollen in erster Linie die sachgerechte Ausübung der anfallenden Betriebsratsarbeit sicherstellen.[972] Würde man betriebsratsfremde Beschäftigungen erlauben, müssten gegebenenfalls andere Betriebsratsmitglieder zur Aufgabenerfüllung herangezogen werden oder in Extremfällen zusätzlich nach § 37 Abs. 2 BetrVG von der Arbeit befreit werden.[973]

Auf der anderen Seite muss die Lösung allerdings auch den Betriebsräten angemessen gerecht werden. Dabei spielen vor allem deren Autonomie sowie auch der Grundsatz der vertrauensvollen Zusammenarbeit (§ 2 BetrVG) eine wichtige Rolle. Schließlich kann es auch vorkommen, dass während der Freistellung Zeiten mit deutlich geringerem Anfall von Betriebsratsaufgaben auftreten. Hier wären die Mandatsträger dauerhaft dem Risiko einer Gehaltskürzung ausgesetzt, wenn sie trotz zeitweise fehlender Aufgaben keine Betriebsratsarbeit erledigen. Für die Beurteilung der Möglichkeit einer Entgeltkürzung müssen daher beide Seiten angemessen berücksichtigt werden.

Um dem gerecht zu werden, wird in solchen Fällen teilweise verlangt, dass die Betriebsratsmitglieder „Leerläufe" für eine Weiterbildung nutzen, indem sie sich weitere Kenntnisse im Betriebsverfassungsrecht durch Eigenstudium aneignen.[974] Dem wird jedoch begegnet, dass ein Eigenstudium kaum als erforderliche Betriebsratstätigkeit nach § 37 Abs. 2 BetrVG verstanden werden kann.[975] Die Lösung dann allerdings darin zu sehen, dass unter Aufgaben freigestellter Betriebsratsmitglieder alles zu fassen sei, was in einem engen Zusammenhang mit der Amtstätigkeit steht und den Entgeltanspruch daher nur entfallen zu lassen, wenn Tätigkeiten nachgegangen wird, die offensichtlich nichts mehr mit dem Amt zu tun haben,[976] ist jedoch kritisch zu sehen. Der Versuch, beide Seiten in Einklang zu bringen, darf im Ergebnis nicht dazu führen, dass nach § 37 Abs. 2 BetrVG vorübergehend befreite Betriebsratsmitglieder anders behandelt werden als nach § 38 BetrVG dauerhaft freigestellte. Das scheint diese Ansicht jedoch

---

972 Vgl. u.a. BAG NZA 1991, 432, 433; BB 1984, 532; BB 1979, 782.

973 Vgl. BAG NZA 1992, 72, 73; NZA 1990, 313.

974 So GK-BetrVG/*Weber*, § 38 Rn. 95; kritisch *Gamillscheg*, § 40 S. 565; ablehnend *Weiss*, Anmerkung zu BAG Urt. v. 19.5.1983 – 6 AZR 290/81, AP BetrVG 1972 § 37 Nr. 44.

975 *Weiss*, Anmerkung zu BAG Urt. v. 19.5.1983 – 6 AZR 290/81, AP BetrVG 1972 § 37 Nr. 44.

976 *Weiss*, Anmerkung zu BAG Urt. v. 19.5.1983 – 6 AZR 290/81, AP BetrVG 1972 § 37 Nr. 44.

bewusst hinzunehmen.[977] Denkt man an nur teilweise freigestellte Betriebsratsmitglieder nach § 38 Abs. 1 S. 3 BetrVG und die Möglichkeit, diese darüber hinaus zusätzlich nach § 37 Abs. 2 BetrVG von der Arbeit für konkret anfallende Betriebsratsarbeit zu befreien, kann das zu folgender Situation führen: Für die Wahrnehmung der Betriebsratsaufgaben in Teilfreistellung, die der Mandatsträger beispielsweise immer vormittags ausübt, würden andere Maßstäbe gelten als für die zusätzliche, dann z. B. nachmittags ausgeübte Betriebsratstätigkeit aus konkretem Anlass. Das könnte zu Unklarheiten und Unsicherheiten bei den Mandatsträgern führen, welche Aufgaben sie im Rahmen ihrer Teilfreistellung ausüben dürfen und wann sie zusätzlich erforderliche Betriebsratsarbeit vornehmen dürfen. Zwar wäre das noch vertretbar, weil man argumentieren könnte, dass gerade für zusätzliche, vorübergehende Befreiungen die Schwelle relativ hoch liegen müsste und daher sowohl eine unterschiedliche Beurteilung gerechtfertigt erscheint als auch eine entsprechende Bewertung von den Betriebsratsmitgliedern erwartet werden kann. Allerdings könnte das Betriebsratsmitglied die Befreiungsmöglichkeit dann selbst beeinflussen. Nimmt es während seiner festen Teilfreistellung nur die in weiterem Zusammenhang mit den Betriebsratsaufgaben stehende Tätigkeiten wahr und ließe die notwendigen Aufgaben erstmal außen vor, könnte es dadurch eine zusätzliche Arbeitsbefreiung nach § 37 Abs. 2 BetrVG selbst herbeiführen.

(3) Fazit

Um einen Missbrauch der Freistellungszeit zu vermeiden und sicherzustellen, dass die Betriebsratsarbeit sachgerecht ausgeführt wird, ist für den Erhalt des Entgeltanspruches daher – entsprechend der überwiegenden Ansicht – ein Bereithalten des Betriebsratsmitgliedes in dem jeweiligen Betrieb als zwingende Voraussetzung zu verlangen. Außerdem ist dem zu folgen, dass die Mandatsträger nur Betriebsratsaufgaben während der Freistellung erledigen dürfen. Anderenfalls könnte das Entgelt entsprechend gemindert werden. Die Auffassung bedarf allerdings einer kleinen Einschränkung: An das Erfordernis der Wahrnehmung von Betriebsratstätigkeiten ist – nur ausnahmsweise – kein allzu strenger Maßstab anzulegen, wenn gerade keine konkreten Aufgaben anfallen. Hier sollten die Mandatsträger versuchen, nachdem alle erforderlichen Tätigkeiten abgearbeitet wurden, zunächst sämtliche betriebsratsbezogene organisatorische Arbeiten oder Aufgaben allgemeiner Art zu erledigen sowie beispielsweise auch Besprechungen mit anderen Mitgliedern über vergangene oder künftige Fälle und Projekte abzuhalten oder sich auch durch Eigenstudium weiterzubilden. Ist das ausgeschöpft, entfällt der Entgeltanspruch nicht automatisch, wenn das Betriebsratsmitglied in solchen Zeiten kurz von den Betriebsratsaufgaben entferntere Tätigkeiten ausübt. Haben diese allerdings mit dem Betriebsrat offensichtlich nichts mehr zu tun, muss die dafür aufgewendete Zeit nicht vergütet werden.

---

977 Vgl. *Weiss*, Anmerkung zu BAG Urt. v. 19.5.1983 – 6 AZR 290/81, AP BetrVG 1972 § 37 Nr. 44.

Darüber hinaus ist der Auffassung zuzustimmen, die eine Erforderlichkeit für Tätigkeiten außerhalb des Betriebes verlangt. Anderenfalls bestünde das Risiko, dass sich Mandatsträger zu leichtfertig von dem Betrieb entfernen und kein bzw. zu wenige Betriebsräte vor Ort für konkrete Tätigkeiten zur Verfügung stehen. Das ist gerade vor dem Hintergrund gerechtfertigt, dass der Arbeitgeber darauf keinerlei Einfluss- oder Kontrollmöglichkeiten hat.

c) Keine ordnungsgemäße Schulungsteilnahme

Nimmt ein Betriebsratsmitglied an einer Schulung teil, ist ihm auch in dieser Zeit das Entgelt wegen dem Verweis in § 37 Abs. 6 BetrVG auf das Entgeltfortzahlungsprinzip weiter zu gewähren. Bei dem Verweis handelt es sich sowohl um eine Tatbestands- als auch Rechtsfolgenverweisung, so dass neben den besonderen Anforderungen, die an die Teilnahme an einer Schulung gestellt werden, auch die Voraussetzungen zur Arbeitsbefreiung nach § 37 Abs. 2 BetrVG vorliegen müssen.[978] Das bedeutet, dass die jeweilige Schulung nach Art und Umfang des Betriebes zur ordnungsgemäßen Durchführung der Aufgaben des Betriebsrates und seiner Mitglieder erforderlich sein muss; darüber hinaus muss die zur Teilnahme erfolgende Befreiung von der Arbeit zum Erwerb dieser Kenntnisse erforderlich sein.[979] Sind die Voraussetzungen nicht erfüllt, kann das Entgelt gekürzt werden oder der Anspruch entfallen. Das gilt sowohl für nach § 37 Abs. 2 BetrVG vorübergehend befreite als auch für gemäß § 38 BetrVG ständig freigestellte Betriebsratsmitglieder. Denn auch Schulungsteilnahmen sind für beide Freistellungsarten nach den gleichen Maßstäben zu beurteilen, so dass auch bei einem freigestellten Betriebsratsmitglied die Voraussetzungen gleichermaßen vorliegen müssen.[980] Betriebsratsmitglieder dürfen nicht besser gestellt werden, indem bei Schulungsteilnahmen niedrigere Maßstäbe angesetzt werden, nur weil sie dauerhaft von der Arbeit freigestellt sind.[981]

3. Entgeltkürzung aufgrund vertraglicher Vereinbarung

Grundsätzlich kann man sich fragen, ob eine Entgeltverschlechterung bei Betriebsratsmitgliedern auch durch eine vertragliche Vereinbarung eintreten kann. Diese Möglichkeit besteht, wenn die Verkürzung der Arbeitszeit oder direkt des Entgeltes in einem Tarifvertrag oder einer Betriebsvereinbarung vorgesehen ist, es sei denn hierfür ist eine Änderungskündigung vorausgesetzt, in dem Fall würde der besondere Kündigungsschutz des § 15 KSchG greifen.[982]
Davon abgesehen ist fraglich, ob hier auch eine Vereinbarung über die Kürzung von bestimmten Leistungen ähnlich wie bei Entgeltfortzahlung im Krank-

---

978 GK-BetrVG/*Weber*, § 37 Rn. 165.
979 GK-BetrVG/*Weber*, § 37 Rn. 165.
980 BAG BB 1979, 782; DKKW/*Wedde*, § 38 Rn. 71; HWGNRH/*Glock*, § 38 Rn. 64.
981 Vgl. BAG BB 1979, 782.
982 Richardi/*Thüsing*, § 37 Rn. 12; DKKW/*Wedde*, § 37 Rn. 6; vgl. auch GK-BetrVG/*Weber*, § 37 Rn. 19.

heitsfall denkbar ist. Denn nach § 4a EFZG kann eine Vereinbarung getroffen werden, die während der krankheitsbedingten Arbeitsunfähigkeit eine Minderung solcher Sondervergütungen zulässt, die der Arbeitgeber zusätzlich zu dem laufenden Arbeitsentgelt erbringt. Damit würde dem Betriebsratsmitglied das Grundentgelt weiter zustehen, nur lediglich Sonderleistungen, wie beispielsweise eine zuvor gewährte Anwesenheitsprämie könnten damit ausgeschlossen werden. Gerade bei diesem Beispiel wäre es einleuchtend, den Betriebsratsmitgliedern eine Prämie, die allein für die Anwesenheit am Arbeitsplatz zum Zwecke der Reduzierung von Fehlzeiten meist jährlich gezahlt wird, zumindest im Falle einer dauerhaften Freistellung von der Arbeit nicht zu gewähren, weil sie überhaupt nicht mehr an ihren Arbeitsplatz zurückkehren.

Diese Möglichkeit ist in dem Zusammenhang jedoch abzulehnen, weil sie sich nicht auf die Situation der Arbeitsbefreiung für Betriebsratstätigkeit übertragen lässt. Der Unterschied zur Entgeltfortzahlung im Krankheitsfall besteht vor allem darin, dass Betriebsratsmitglieder nach wie vor – wenn auch nicht im Rahmen ihrer ursprünglichen Tätigkeit – Leistungen erbringen. Zwar darf ihnen diese Betriebsratstätigkeit wegen dem Unentgeltlichkeitsgebot in keiner Weise gesondert vergütet werden. Dennoch üben sie aber Tätigkeiten aus, für die ihre Unabhängigkeit durch Aufrechterhaltung ihres gesamten früheren Gehalts gesichert werden soll. Dazu gehört – wie oben festgestellt –, dass das gesamte Entgelt, einschließlich sämtlicher Zulagen und Zuschläge fortgezahlt wird.

4. Möglichkeiten einer Entgelterhöhung im Rahmen des Entgeltausfallprinzips

Umstände, die zu einer Erhöhung des eigentlich zu zahlenden Entgeltes führen können, sind in zahlreicher Form denkbar. Dass sie allerdings bereits bei der Berechnung nach § 37 Abs. 2 BetrVG mit einzubeziehen sind, wird äußerst selten vorkommen. Normalerweise basieren – vor allem nachträgliche – Entgelterhöhungen allein auf der Vorschrift der beruflichen Entwicklung nach § 37 Abs. 4 BetrVG. Nach dem Entgeltausfallprinzip muss ein Betriebsratsmitglied so gestellt werden, wie wenn es normal weitergearbeitet hätte. Während der Arbeitsbefreiung darf sein Entgelt nicht gemindert werden. Das würde bedeuten, dass nur bei besonderen Umständen, die das Entgelt auch bei normaler Weiterarbeit erhöht hätten, dies auch den Betriebsratsmitgliedern nach § 37 Abs. 2 BetrVG gewährt werden muss. Das kann aber nur gelten, wenn es sich nicht um einen Fall einer hypothetischen beruflichen Entwicklung handelt, der ausschließlich nach § 37 Abs. 4 BetrVG beurteilt wird. Die möglichen Anwendungsfälle in der Praxis sind daher eher gering.

Denkbar wäre eine Entgelterhöhung aus betriebsbedingten Gründen bei Neueinführung eines anderen Vergütungssystems, das zu einer höheren Entlohnung bei dem Betriebsratsmitglied führt. Eine Beurteilung nach § 37 Abs. 2 BetrVG hat aber nur dann zu erfolgen, wenn das neue Vergütungssystem generell für eine Vielzahl von Arbeitnehmern eingeführt wurde. Ansonsten handelt es sich um eine Entgeltentwicklung, für die allein die Vorschrift des § 37 Abs. 4 BetrVG

einschlägig ist. Dass mit einer generellen Neueinführung eines Entgeltsystems tatsächlich eine Erhöhung der Vergütung einhergeht, wird aber ohnehin selten der Fall sein. Darüber hinaus wäre eine Erhöhung des Entgeltanspruches aufgrund einer Versetzung auf einen höher bezahlten Arbeitsplatz vorstellbar. Das wird aber regelmäßig einen Verstoß gegen andere Vorschriften, insbesondere das Unentgeltlichkeitsgebot des § 37 Abs. 1 BetrVG oder ggf. auch das Begünstigungsverbot des § 78 S. 2 BetrVG bedeuten. Ist eine Versetzung nicht aus zwingenden Gründen notwendig, beispielsweise weil es für eine ordnungsgemäße Wahrnehmung von Betriebsratsaufgaben unerlässlich ist, wird eine solche Maßnahme meist wegen § 78 S. 2 BetrVG unzulässig sein.[983]
Zuletzt kann sich das Entgelt eines Mandatsträgers nachträglich aus persönlichen Gründen erhöhen. Das wird zwar ebenfalls nur selten der Fall sein, könnte aber eintreten, wenn sich das Betriebsratsmitglied kurz vor Amtsübernahme bereits erfolgreich auf eine höher bezahlte Stelle beworben, diese jedoch noch nicht angetreten hatte. Hier ist allerdings zu fordern, dass die Bewerbung bereits vor der Wahl erfolgt ist, sonst wäre eine Umgehung der Vergütungsvorschriften möglich.

D. Bewertung der Vergütungsbemessung nach § 37 Abs. 2 BetrVG

Betriebsratsmitglieder erhalten nach § 37 Abs. 2 BetrVG während der Amtszeit auch weiterhin ihr ursprüngliches Entgelt. Die Vorschrift bezieht sich sowohl auf nur vorübergehend befreite als auch auf dauerhaft bzw. teilweise nach § 38 BetrVG freigestellte Betriebsratsmitglieder. Das demnach anzuwendende Entgeltausfallprinzip gilt – gegenüber der zweiten Variante der Bezugsmethode[984] – als die gerechteste Berechnungsmethode bei Entgeltfortzahlung trotz Arbeitsversäumnis.[985] Grundsätzlich ist es als positiv zu bewerten, dass den Betriebsräten während ihrer Amtstätigkeit auch weiterhin ein möglichst subjektives, an ihren persönlichen Umständen orientiertes Entgelt gezahlt werden soll. Im Hinblick auf ihre Unabhängigkeit und Unparteilichkeit macht das auch Sinn. In der Theorie wäre das Entgeltausfallprinzip durchaus geeignet, diesen gesetzgeberischen Zweck zu erreichen.
Dennoch haben die Ausführungen gezeigt, dass die Vorgehensweise mit dem Abstellen auf das hypothetisch verdiente Entgelt eines Betriebsratsmitgliedes in zahlreichen Fällen große Schwächen aufweist. Bei vielen Entgeltformen, die heutzutage in den Betrieben häufig Anwendung finden, sind schwierige Prognosen und zum Teil beinahe schon Mutmaßungen notwendig, um das hypothetische Entgelt ermitteln zu können. Vor allem bei variablen Entgeltbestandteilen, die auf leistungs- oder erfolgsbasierten Faktoren beruhen, erweisen sich die Berechnungen entsprechend den gesetzlichen Anforderungen des Entgeltaus-

---

983 Vgl. aber die Ausführungen zu der Möglichkeit der Übertragung einer höherwertigen, anders vergüteten Arbeitsstelle auf S. 309 ff.
984 Vgl. dazu auch *Beule*, S. 66 f.
985 *Gutzeit*, S. 83 ff.

fallprinzips als äußerst schwierig. Teilweise wird es hier sogar als „fast unmöglich" erachtet, hypothetische Leistungen und entsprechende fiktive Entgelte zu bestimmen.[986] Aber auch bei anderen Entgeltformen ergeben sich immer wieder Probleme bei der Weitergewährung nach Amtsübernahme. Nicht selten werden daher in Literatur und Rechtsprechung in einzelnen Fällen angemessene Lösungswege und Ergebnisse über eine objektivere Betrachtung gesucht, obwohl das der gesetzlichen Idee einer rein subjektiven Ermittlung des Entgeltes in § 37 Abs. 2 BetrVG entgegensteht. Häufig wird versucht, die hypothetische Bestimmung anhand objektiver Elemente oder mithilfe der objektiven Regelung des § 37 Abs. 4 BetrVG zu erleichtern. Das entspricht allerdings nicht der derzeit geltenden gesetzlichen Konzeption.

Freistellungen über viele Amtszeiten hinweg erschweren die Entgeltbestimmung zusätzlich. Betriebsräte, die teils über Jahr(zehnt)e das Amt bekleiden, sind keine Seltenheit mehr. In den großen Betrieben stellen Bemessungsschwierigkeiten bei der Vergütung von Betriebsratsmitgliedern keinen Ausnahmefall, sondern die Regel dar. Auch der eingangs gezeigte Wandel der Betriebsratätigkeit trägt dazu bei. Bei Betriebsräten, die ihr Amt beinahe wie einen Hauptberuf über viele Jahre hinweg ausüben, wird eine Berechnung des hypothetischen Entgeltes nicht nur besonders schwierig sein, sondern kann sich im Ergebnis bei konsequenter Anwendung des Gesetzes als nicht gerecht zeigen.

Der Arbeitgeber steht hier vor großen Herausforderungen. Die Regelung ist für eine Anwendung in der Praxis nicht nur starr und unflexibel, sondern wegen der hypothetischen Betrachtungen meist auch mit großen Unsicherheiten verbunden. Die überwiegend vertretene strenge Auslegung und Anwendung der Vergütungsvorschriften würde ihm dabei keinerlei Spielraum bei der Bemessung zugestehen. Gleichzeitig ist der Arbeitgeber aber zahlreichen Risiken bei einer Fehlbemessung ausgesetzt. Er ist gezwungen, um angemessene Berechnungen durchführen zu können, das frühere Gehalt vor allem eines dauerhaft freigestellten Betriebsratsmitgliedes bei dessen Amtsübernahme festzuhalten, um es notfalls für Durchschnittsberechnungen heranziehen zu können. Außerdem ist es ratsam, die bisherigen Leistungen des Mandatsträgers im Hinblick auf Überstunden, Leistungsziele etc. zu dokumentieren, um hieraus gegebenenfalls Ableitungen für eine hypothetische Bewertung treffen zu können. Bedeutung kann das vor allem für die Betriebsräte erlangen, die über mehrere Amtszeiten hinweg freigestellt sind und bei denen deswegen keine Anknüpfungspunkte an die ursprüngliche Tätigkeit und Leistungen mehr bestehen. Allerdings würde das wiederum voraussetzen, dass diese Informationen in der Vergangenheit bereits vor der Amtsübernahme dokumentiert wurden. Der Arbeitgeber müsste ein umfassendes und ausführliches Profil für alle Arbeitnehmer anlegen, weil sich nicht abschätzen lässt, wer später einmal in den Betriebsrat gewählt wird. Ob sich das in der Praxis umsetzen lässt, mag bezweifelt werden, jedenfalls wäre der Umfang solcher Dokumentationen enorm. Nur zu dem Zweck, in der Zukunft

---

986 *Liesenfeld*, S. 165.

für eine eventuell durchzuführende, ordnungsgemäße Betriebsratsvergütung gerüstet zu sein, steht der Aufwand in keinem Verhältnis. Aufgrund der genannten Schwierigkeiten muss dem Arbeitgeber bei der Beurteilung des hypothetischen Entgeltes im Ergebnis daher jedenfalls ein gewisser Beurteilungsspielraum zugestanden werden.

Davon abgesehen führt die Methode bei der Vergütung von Betriebsräten nicht zwangsläufig zu gerechten Ergebnissen. Vor allem innerhalb des Gremiums kann sich die korrekte Anwendung des Entgeltausfallprinzips als ungerecht für einzelne Mandatsträger darstellen. Denn das System kann mit seiner individuellen Gehaltsermittlung dazu führen, dass die einzelnen Betriebsräte sehr unterschiedlich vergütet werden, obwohl möglicherweise deutliche Unterschiede bei der Ausübung der Betriebsratsarbeiten hinsichtlich Art und Umfang bestehen. Das liegt in erster Linie daran, dass die Mandatsträger vor der Amtsübernahme verschiedene Berufe ausgeübt bzw. unterschiedliche Positionen innehatten. Zwar wird das von der Vorschrift hingenommen bzw. auch so beabsichtigt. Es lassen sich aber durchaus Bedenken anbringen, ob diese Regelung insgesamt noch zeitgemäß ist. Die Frage stellt sich vor allem bei den eingangs dargestellten „professionalisierten" Betriebsräten, bei denen das Amt einem eigenständigen Beruf nahekommt, der mit der ursprünglichen Tätigkeit nicht mehr vergleichbar ist. Bei solchen Amtsträgern deutliche Ungleichbehandlungen in der Vergütung untereinander sowie zugleich enorme Schwierigkeiten bei der Entgeltberechnung hinzunehmen, erscheint nicht mehr passend. Zumindest für besonders leistungsstarke Betriebsräte müsste daher ein entsprechender Ausgleich bzw. eine angemessene Vergütung möglich sein.

§ 3 Entgeltanpassung nach § 37 Abs. 4 BetrVG

A. Regelung eines Arbeitsentgeltschutzes für versäumte berufliche Entwicklung

Wurde das dem jeweiligen Betriebsratsmitglied weiter zu gewährende Entgelt nach § 37 Abs. 2 BetrVG bestimmt, bedeutet das nicht, dass es zwingend auch in der Höhe bestehen bleiben muss, sondern es kann durchaus eine Anpassung nach oben erfahren. Die Vorschrift des § 37 Abs. 4 BetrVG enthält nämlich einen weitergehenden Arbeitsentgeltschutz für die Amtsträger, um mögliche, mit der Amtsübernahme einhergehende wirtschaftliche Nachteile hinsichtlich des beruflichen Fortkommens auszugleichen.[987] Hintergrund der Regelung ist, dass Betriebsratsmitglieder meist nicht die gleiche berufliche Entwicklung durchlaufen können, die sie ohne das Amt erzielt hätten. Das gilt in erster Linie natürlich für die über längere Zeit freigestellten Mandatsträger, die dauerhaft aus dem Arbeitsprozess ausgegliedert sind. Das kann gleichermaßen aber auch nur vorübergehend von der Arbeit befreite Betriebsräte betreffen, die in der Regel wegen

---

987 Vgl. BT-Drucks. VI/2729, S. 23; BAG AP BetrVG 1972 § 37 Nr. 61.

der immer wiederkehrenden Betriebsratstätigkeit ebenfalls nicht die gleichen Karrierechancen haben werden.[988] Das liegt in der Natur der Sache: Wer sich wegen Übernahme eines (betrieblichen) Ehrenamtes nicht mehr voll seiner Arbeitstätigkeit widmen kann, wird nur schwer den gleichen Zugang zu Aufstiegsmöglichkeiten finden wie voll weiterarbeitende Arbeitnehmer in dem Betrieb. Aus diesem Grund sieht § 37 Abs. 4 BetrVG hierfür einen Ausgleich vor. Die Regelung gilt in gleicher Weise für alle Arten von Arbeitsbefreiung und Freistellung, es gibt keinen Hinweis darauf, dass hier unterschiedliche Maßstäbe zu verwenden wären.[989]

Dabei handelt es sich aber nicht um eine Zahlung für oder aufgrund des Betriebsratsamtes, sondern das bisherige Gehalt ist anzupassen an das Entgelt vergleichbarer Arbeitnehmer mit betriebsüblicher Entwicklung. Dieser Schutz besteht ein Jahr über die Amtszeit hinaus. Aufgrund des Verweises in § 38 Abs. 3 BetrVG ist die Anwendbarkeit der Vorschrift auf dauerhaft freigestellte Betriebsratsmitglieder unproblematisch; der nachwirkende Schutz wird bei Mandatsträgern mit drei vollen aufeinanderfolgenden Amtszeiten darin sogar auf zwei Jahre erhöht.

Wichtig ist, die beiden Vorschriften des § 37 Abs. 2 BetrVG und § 37 Abs. 4 BetrVG weiterhin klar voneinander zu trennen, denn sie betreffen zwei grundsätzlich verschiedene Bereiche. Relativ deutlich zeigen die Bezeichnungen „Grundstufe" und „Entwicklungsstufe" die unterschiedlichen Regelungsinhalte der Vorschrift.[990] § 37 Abs. 2 BetrVG sieht eine Fortzahlung des individuellen (hypothetischen) Entgeltes nach dem Entgeltausfallprinzip vor, auch wenn der Mandatsträger nicht seiner Arbeit nachgeht, sondern stattdessen Betriebsratsaufgaben wahrnimmt.

Erst in einem zweiten Schritt kann eine Anpassung nach § 37 Abs. 4 BetrVG an die Entwicklung vergleichbarer Arbeitnehmer erfolgen.[991] Nicht zuletzt weil die Nachzeichnung einer individuellen und hypothetischen beruflichen Karriere eines Betriebsratsmitgliedes über viele Jahre hinweg unmöglich wäre, wird hier ein objektivierter Vergleichsmaßstab, in Form der Entgeltentwicklung vergleichbarer Arbeitnehmer, angelegt.[992] Auf das jeweilige Betriebsratsmitglied selbst, wie bei dem Entgeltausfallprinzip, und allein auf seine hypothetische Gehaltsentwicklung kommt es nicht an.[993] Für eine Anpassung des Entgeltes ist hier allein die berufliche Laufbahn anderer Arbeitnehmer mit betriebsüblicher beruflicher Entwicklung maßgeblich.[994] Der Gesetzgeber hat sich in dem Fall von

---

988 Vgl. auch *Rid/Triemel*, AuA 2011, 482, 483; *Esser*, S. 35.
989 *Weinspach*, FS Kreutz, S. 490; *Esser*, S. 35.
990 So *Peter*, FA 2010, 73, 74.
991 Vgl. dazu u. a. BAG NZA 2016, 1212, 1214; NZA 2015, 1328, 1329 f. sowie die Ausführungen auf S. 115 f.
992 BAG NZA 2006, 448, 449; LAG Baden-Württemberg BeckRS 2011, 65863; HWGNRH/*Glock*, § 37 Rn. 109; *Fahrtmann*, FS Stahlhacke, S. 119; *Hennecke*, RdA 1986, 241 f.; *Rieble*, NZA 2008, 276, 277.
993 Vgl. BAG NZA 2008, 836, 837; NZA 2006, 448, 449; WPK/*Kreft*, § 37 Rn. 38.
994 HWGNRH/*Glock*, § 37 Rn. 109.

einer subjektiven Betrachtung entfernt. Der objektive Maßstab soll eine Nähe zur Realität schaffen und zugleich in jedem konkreten Fall für alle Beteiligten die Entwicklung bzw. das Ergebnis nicht nur nachvollziehbar, sondern auch überprüfbar machen.[995]

B. Voraussetzungen der Entgeltentwicklung

Nach § 37 Abs. 4 S. 1 BetrVG darf das Entgelt von Betriebsratsmitgliedern nicht geringer bemessen werden als das vergleichbarer Arbeitnehmer mit betriebsüblicher beruflicher Entwicklung. Der Arbeitgeber muss demnach eine Gehaltsanpassung für den Mandatsträger immer dann prüfen, wenn ein solcher vergleichbarer Arbeitnehmer eine Entgelterhöhung erhält. Es handelt sich um eine dynamische Anpassung der Vergütung.[996] Für den dazu laufend vorzunehmenden Vergleich ist zunächst eine Vergleichsgruppe für jedes Betriebsratsmitglied individuell festzulegen, sodann eine entsprechende berufliche Entwicklung zu ermitteln und auf dieser Grundlage das Entgelt des Mandatsträgers gegebenenfalls anzupassen.[997]

I. Vergleichbare Arbeitnehmer

Die Vorschrift des § 37 Abs. 4 BetrVG legt nicht fest, wie vergleichbare Arbeitnehmer zu ermitteln sind. Die Suche nach den Vergleichspersonen erweist sich häufig als schwierig und ist für den Arbeitgeber meist mit einem erheblichen Aufwand verbunden. Teilweise wird sogar vom „Phantom"[998] oder „Mythos"[999] des vergleichbaren Arbeitnehmers gesprochen.

Nach der Rechtsprechung sind mit dem Betriebsratsmitglied im Grundsatz diejenigen Arbeitnehmer vergleichbar, die im Wesentlichen eine gleich qualifizierte Tätigkeit ausüben,[1000] wobei sie zudem eine dem Betriebsratsmitglied ähnliche persönliche wie fachliche Qualifizierung aufweisen sollen.[1001] Die Definition entspricht im Kern auch der herrschenden Meinung in der Literatur.[1002] Trotz dieser relativ einheitlichen Bestimmung bestehen im Einzelnen dennoch Unsicherheiten hinsichtlich der genauen Anforderungen und Kriterien. Darüber hinaus ergeben sich hier nicht selten diverse Probleme und Besonderheiten, welche eine Festlegung zusätzlich erschweren.

---

995 *Hennecke*, RdA 1986, 241, 242.
996 ErfK/*Koch*, § 37 BetrVG Rn. 9; *Byers*, NZA 2014, 65, 66.
997 *Keilich*, BB 2014, 2229, 2231.
998 *Peter*, FA 2010, 73, 74.
999 *Denecke*, AuA 2006, 24.
1000 So BAG DB 1993, 1379; BeckRS 1981, 31165197; AP BetrVG 1972 § 37 Nr. 28, ohne jedoch genauer auf die fachliche und persönliche Qualifikation einzugehen.
1001 U. a. BAG NZA 2017, 935, 937; NZA 2016, 1339, 1342; BeckRS 2005, 30349201; NZA 1993, 909, 910; AP BetrVG 1972 § 37 Nr. 61.
1002 U. a. *Fitting*, § 37 Rn. 119; GK-BetrVG/*Weber*, § 37 Rn. 131; WPK/*Kreft*, § 37 Rn. 39; *Esser*, S. 35; *Peter*, FA 2010, 73, 74; *Keilich*, BB 2014, 2229, 2231.

1. Auswahl der Vergleichspersonen

a) Anzahl der Vergleichsarbeitnehmer

Für den Vergleich nach § 37 Abs. 4 S. 1 BetrVG ist grundsätzlich keine bestimmte Anzahl von Arbeitnehmern vorgeschrieben. Es ist anerkannt, dass es sich nicht zwingend um eine Vergleichsgruppe mit mehreren Arbeitnehmern handeln muss, sondern für die Bestimmung der Entgeltentwicklung auch nur eine Person ausreicht, zumindest wenn nur ein vergleichbarer Arbeitnehmer in dem Betrieb vorhanden ist.[1003] Das kann aber auch dann gelten, wenn mehrere Arbeitnehmer existieren, die mit dem Betriebsratsmitglied vergleichbar sind.[1004] Weder der Wortlaut der Vorschrift noch sonstige sachliche Gründe verlangen zwingend einen Vergleich mit mehreren Personen. Der in § 37 Abs. 4 S. 1 BetrVG verwendete Plural „vergleichbarer Arbeitnehmer" bezieht sich lediglich auf die eingangs in diesem Satz ebenfalls in der Mehrzahl genannten „Mitglieder des Betriebsrats".[1005] Gegen eine Pflicht zur Heranziehung mehrerer Arbeitnehmer werden nachvollziehbare Bedenken angebracht, denn dadurch würde die Bemessung des Entgeltes deutlich erschwert. Im Streitfall müsste nicht nur für jeden gesondert die entsprechende Qualifikation dargelegt werden.[1006] Der Arbeitgeber wäre außerdem verpflichtet, wenn er bereits eine Vergleichsperson gefunden und bestimmt hat, in dem gesamten Betrieb oder gegebenenfalls darüber hinaus nach zusätzlichen vergleichbaren Arbeitnehmern zu suchen. Konsequenterweise müsste man dann jedenfalls Mindest- und womöglich auch Maximalzahlen festlegen. Wo die Grenzen dann aber zu ziehen wären, ließe sich allerdings nur schwer bestimmen und zugleich müssten aber für Fälle, in denen nur ein oder zwei Vergleichspersonen verfügbar sind, Ausnahmen kreiert werden. Hätte der Gesetzgeber bestimmte Grenzen beabsichtigt, hätte er sie auch entsprechend definieren müssen, da sich allein aus dem Wortlaut dazu nichts entnehmen lässt. Deshalb ist davon auszugehen, dass in der Regel auch nur ein Arbeitnehmer für den Vergleich ausreichend ist. Um Missbrauchsgefahren zu verhindern, kann das allerdings nur mit einer Einschränkung gelten: Existieren offensichtlich mehrere Vergleichspersonen und lassen sich diese ohne größeren Aufwand bestimmen, so sind auch sämtliche passenden Arbeitnehmer heranzuziehen.

1003 BAG AP BetrVG 1972 § 37 Nr. 43; ErfK/*Koch*, § 37 BetrVG Rn. 9; WPK/*Kreft*, § 37 Rn. 39; *Fitting*, § 37 Rn. 118; *Annuß*, NZA 2018, 134, 135; weitergehend GK-BetrVG/*Weber*, § 37 Rn. 132; HWGNRH/*Glock*, § 37 Rn. 111; *Däubler*, SR 2017, 85, 89.

1004 HWGNRH/*Glock*, § 37 Rn. 111; GK-BetrVG/*Weber*, § 37 Rn. 132; wohl auch *Esser*, S. 37; ausdrücklich offen gelassen in BAG AP BetrVG 1972 § 37 Nr. 61 mit Hinweis auf die in dem Urteil zu entscheidende unterschiedliche Ausgangssituation des beruflichen Aufstieges im Gegensatz zu der Gewährung einer Zulage (BAG AP BetrVG 1972 § 37 Nr. 43).

1005 HWGNRH/*Glock*, § 37 Rn. 111; a. A. wohl *Happe*, S. 47, der dennoch zu dem gleichen Ergebnis gelangt.

1006 So HWGNRH/*Glock*, § 37 Rn. 111.

b) Bezugsrahmen

Grundsätzlich wird vertreten, dass die Arbeitnehmer für die Vergleichsgruppe ausschließlich in demselben Betrieb, dem das Betriebsratsmitglied angehört, zu suchen sind.[1007] Das wird meist schon auf das in der Vorschrift genannte Merkmal der Betriebsüblichkeit der Entwicklung zurückgeführt.[1008] Es fällt allerdings auf, dass in der Literatur auf die Frage der Betriebsbezogenheit der Auswahl von Vergleichsarbeitnehmern meist nur in Zusammenhang mit der besonderen Konstellation eingegangen wird, dass in dem jeweiligen Betrieb kein vergleichbarer Arbeitnehmer (mehr) vorhanden ist. Erst unter diesen Umständen wird dann zum Teil auch auf andere Betriebe zurückgegriffen.[1009] Ob das nur für diesen speziellen Fall gelten soll oder ob vergleichbare Arbeitnehmer auch generell betriebsübergreifend gesucht werden dürfen, bleibt dabei fraglich.[1010]

Allein aus dem Wortlaut der Vorschrift der „betriebsüblichen Entwicklung" zu folgern, vergleichbare Arbeitnehmer seien nur in dem jeweiligen Betrieb des Mandatsträgers zu bestimmen, kann nicht überzeugen. Das Wort „betriebsüblich" könnte gleichermaßen auch alle Betriebe eines Unternehmens umfassen. Auch die sich gegenüberstehende Nennung von Arbeitnehmer in § 37 Abs. 4 S. 1 BetrVG und Arbeitgeber in § 37 Abs. 4 S. 2 BetrVG lässt keine Rückschlüsse auf nur einen Betrieb als Bezugspunkt zu.[1011] Schließlich ist auch ein nicht demselben Betrieb angehörender Arbeitnehmer dem gleichen Unternehmen als Arbeitgeber unterworfen und ist für einen objektiven Vergleich tauglich.[1012]

Wichtig ist bei der Beantwortung der Frage, die Situation in den heutigen Betrieben und den darin vorherrschenden modernen Arbeitsstrukturen nicht völlig unberücksichtigt zu lassen. Denn dort finden sich kaum mehr starre Arbeits- bzw. Qualifikationsstufen, in denen eine einheitliche Vergütungsstruktur zur Anwendung kommt. Vielmehr ist heute in zahlreichen Bereichen eine hohe Differenzierung der beruflichen Qualifikation mit einem entsprechenden individuellen Verdienstniveau üblich und gängige Praxis.[1013] Das erschwert die Suche nach vergleichbaren Arbeitnehmern zusätzlich, weil sich der Kreis möglicher Vergleichspersonen wegen dieses Trends der Individualisierung deutlich verringert. Eine Ausweitung auf andere Betriebe wäre daher hilfreich. Außerdem wird es in der Regel – zum Beispiel wegen geltender Tarifverträge oder auch

---

1007 Wohl h. M., jedenfalls wird in Rechtsprechung und Literatur bislang nur auf Arbeitnehmer desselben Betriebes abgestellt, vgl. u. a. BAG NZA 2016, 1339; NZA 2006, 448 sowie GK-BetrVG/*Weber*, § 37 Rn. 131; *Fitting*, § 37 Rn. 116, 118; *Bittmann/Mujan*, BB 2012, 637, 638; *Hennecke*, RdA 1986, 241, 242.

1008 Vgl. *Lipp*, S. 69.

1009 Vgl. *Lipp*, S. 69 ff.; *Däubler*, SR 2017, 85, 99; anders HWGNRH/*Glock*, § 37 Rn. 112, der allerdings nur die Schwäche der Betriebsbezogenheit bei fehlendem vergleichbaren Arbeitnehmer aufzeigt, den Fall dann aber über eine abstrakt-hypothetische Betrachtung löst.

1010 Zweifelnd, aber ausdrücklich offen gelassen LAG Hamm BeckRS 2006, 42351.

1011 Vgl. LAG Hamm BeckRS 2006, 42351.

1012 Vgl. *Lipp*, S. 70, allerdings nur für den Fall des Fehlens eines Vergleichsarbeitnehmers in dem Betrieb.

1013 Vgl. HWGNRH/*Glock*, § 37 Rn. 112.

Gesamtbetriebsvereinbarungen – so sein, dass die Rahmenbedingungen für die Vergütung sowie den beruflichen Aufstieg in allen Betrieben im Wesentlichen gleich sind. Diesbezügliche Unterschiede zwischen einzelnen Betrieben eines Unternehmens sind in der Regel nicht so gravierend, dass sie bedeutende Auswirkungen auf die Entgelt- und Beförderungspraxis hätten. Außerdem bezieht sich mittlerweile auch der allgemeine Gleichbehandlungsgrundsatz auf das gesamte Unternehmen.[1014] Nur wenn bei der Festlegung der Vergleichspersonen deutliche Unterschiede in dem anderen Betrieb evident wären, müsste man auf eine unternehmensweite Auswahl verzichten. Das wäre beispielsweise der Fall, wenn nur in einem Betrieb bestimmte Zulagen gezahlt würden.

Im Ergebnis bestehen keine Bedenken, für den Vergleich nach § 37 Abs. 4 S. 1 BetrVG auch Arbeitnehmer anderer Betriebe desselben Unternehmens heranzuziehen. Das kann allerdings nur gelten, wenn es sich um passende Vergleichspersonen handelt und dort im Wesentlichen die gleichen Bedingungen vorherrschen wie in dem Betrieb, dem der Mandatsträger angehört. Außerdem ist ein solcher Rückgriff nicht von vornherein vorzunehmen. Vorrangig sind zuerst Arbeitnehmer desselben Betriebes zu vergleichen; nur wenn keine passenden Personen vorhanden sind oder lediglich zur Ergänzung, können auch andere Betriebe betrachtet werden. Abzulehnen ist dagegen eine Ausweitung auf den gesamten Konzern. Dies würde zu weit führen, da es sich um verschiedene, rechtlich selbstständige Unternehmen und damit um verschiedene Arbeitgeber handelt, bei denen in der Regel unterschiedliche Bedingungen vorherrschen.[1015] Dagegen spricht außerdem nicht zuletzt auch der enorme Aufwand für eine unternehmensübergreifende Auswahl innerhalb eines Konzerns.

c) Maßgeblicher Zeitpunkt für den Vergleich

Auch wenn die Entgeltanpassung nach § 37 Abs. 4 BetrVG dynamisch vorzunehmen ist, wird die Auswahl der Vergleichspersonen in der Regel nicht laufend fortgeschrieben. Zu welchem Zeitpunkt die Auswahl bzw. ein Vergleich zu erfolgen hat, dazu existieren unterschiedliche Ansätze. Die Vorschrift selbst enthält hierzu keinerlei Anhaltspunkte, die Meinungen in der Literatur gehen zum Teil weit auseinander und auch die Rechtsprechung hat in dieser Frage nicht immer einheitlich entschieden. In dem Zeitraum zwischen dem Moment der Wahlaufstellung bis zu dem tatsächlichen Tätigwerden als Betriebsrat wird dabei auf verschiedenste Vergleichszeitpunkte abgestellt,[1016] beispielsweise auf den Zeitpunkt der Wahl[1017] oder der Amtsübernahme[1018]. Deutlich präziser da-

---

1014 Vgl. BAG NZA 2009, 367; *Däubler*, SR 2017, 85, 100.
1015 So *Lipp*, S. 70 f. bei Fehlen eines vergleichbaren Arbeitnehmers im Betrieb.
1016 Vgl. den ausführlichen Überblick bei *Esser*, S. 36 sowie *Lipp*, S. 55 f.
1017 BAG AP BetrVG 1972 § 37 Nr. 28; *Kehrmann*, FS Wlotzke, S. 363; *Schneider*, NZA 1984, 21, 22, allerdings einschränkend, wenn zwischen Betriebsratswahl und Freistellung ein längerer Zeitraum liegt, dann sei auf die Freistellung abzustellen.
1018 U. a. BAG NZA 2017, 935, 937; BeckRS 2005, 30349201; Richardi/*Thüsing*, § 37 Rn. 71; *Happe*, S. 35 ff.; *Knipper*, S. 27.

gegen wird in der Literatur auch der Zeitpunkt, an dem der Mandatsträger noch seiner beruflichen Tätigkeit nachgehen konnte bzw. der letzte Tag vor seiner Amtsübernahme[1019] oder der Moment, in dem er zum ersten Mal seine ursprüngliche Arbeitstätigkeit zurückstellt[1020] genannt.

Die Bestimmung eines Zeitpunktes ist für den Vergleich notwendig, nicht zuletzt, damit sich der Arbeitgeber auf ein rechtssicheres, zulässiges Auswahlverfahren stützen kann. Die Unterschiede, welche die einzelnen Zeitpunkte für die Bemessung der Vergütung ausmachen, werden in der Regel aber nicht sehr groß sein; letztlich geht es um terminologische Feinheiten.[1021] Die verschiedenen Ansichten können sich z. B. nur dann merklich auswirken, wenn Änderungen in der Tätigkeit bei dem Betriebsratsmitglied oder der früh bestimmten Vergleichspersonen genau in dem kurzen Zeitraum eintreten würden, der vor dem festgelegten Vergleichszeitpunkt liegt. Aber selbst dann ergeben sich keine gravierenden Folgen: Ändert sich die berufliche Tätigkeit und entsprechend das Entgelt des Mandatsträgers nicht aufgrund des Amtes in dem Zeitraum zwischen der Wahl und dem festgelegten Vergleichszeitpunkt, kommt § 37 Abs. 2 BetrVG zur Anwendung und das Grundentgelt wird bereits entsprechend höher ausfallen. Für den Fall, dass grundsätzlich vergleichbare Arbeitnehmer gerade in diesem Zeitrahmen eine berufliche Entwicklung nehmen, die sich auch auf das Gehalt auswirken würde, besteht ein ausreichender Schutz über § 78 S. 2 BetrVG. Das allgemeine Benachteiligungs- und Begünstigungsverbot gilt nämlich dann, wenn die speziellen Vergütungsvorschriften (noch) nicht greifen.[1022] Ein Ausgleich könnte in dem Zeitraum daher auch über § 78 S. 2 BetrVG erfolgen. Dennoch muss die Festlegung des Vergleichszeitpunktes der gesetzlichen Regelung gerecht werden. Wie in der Literatur meist zutreffend und ausführlich beschrieben wird, spielt dabei die Intention des § 37 Abs. 4 BetrVG eine große Rolle und ist ausreichend zu berücksichtigen.[1023] Die Regelung will verhindern, dass ein Betriebsratsmitglied wegen der Amtsausübung eine berufliche Entwicklung versäumt, die andere vergleichbare Arbeitnehmer in dem Betrieb aber nehmen konnten, und dadurch Nachteile erleidet.[1024] Die Gefahr einer solchen Abkoppelung besteht, weil die Mandatsträger ihrer ursprünglichen Tätigkeit nicht mehr oder nur in geringerem Umfang nachgehen.

Sinnvoll ist es daher, für die Vergleichspersonen den Zeitpunkt heranzuziehen, an dem das Betriebsratsmitglied seine ursprüngliche Tätigkeit noch voll ausübt, aber bereits kurz vor der Aufnahme der Tätigkeit als Betriebsrat steht.[1025] Das

---

1019 *Hennecke*, RdA 1986, 241, 242; *Liesenfeld*, S. 137; *Georgi*, S. 46; ähnlich auch *Schneider*, NZA 1984, 21, 22; differenzierend *Lipp*, S. 56 ff.

1020 *Esser*, S. 37.

1021 *Esser*, S. 37; a. A. wohl *Hennecke*, RdA 1986, 241, 242.

1022 Vgl. die Ausführungen auf S. 80 ff.

1023 Vgl. *Esser*, S. 36 f.; *Lipp*, S. 55 f.; *Sturm*, S. 92 f.

1024 Vgl. BT-Drucks. VI/2729, S. 23; BAG AP BetrVG 1972 § 37 Nr. 61; u. a. BAG NZA 2017, 935, 936; siehe auch *Esser*, S. 36.

1025 So wohl auch GK-BetrVG/*Weber*, § 37 Rn. 139; HWGNRH/*Glock*, § 37 Rn. 113; Düwell/*Wolmerath*, § 37 Rn. 25; *Rieble*, NZA 2008, 276, 277.

stimmt auch mit der allgemein anerkannten Ansicht überein, dass bei Ersatzmitgliedern der Zeitpunkt des Nachrückens in den Betriebsrat für den Vergleich mit anderen Arbeitnehmern relevant ist.[1026] Berufliche Veränderungen oder Entwicklungen der Mandatsträger werden bis dahin ausreichend von § 37 Abs. 2 BetrVG erfasst.

Häufig kommt es in der Praxis vor, dass Betriebsratsmitglieder für weitere Amtszeiten wiedergewählt werden. Vor allem nur vorübergehend befreite Mandatsträger können sich in einer Amtszeit aber beruflich weiterentwickeln, weil sie auch weiterhin noch teilweise ihrer ursprünglichen Arbeitstätigkeit nachgehen. Daher ist zumindest bei einer Wiederwahl vor der nächsten Amtszeit zu prüfen, ob sie sich von den Vergleichspersonen in ihrer Qualifikation offensichtlich abgehoben haben.[1027] Ist eine eindeutige Veränderung festzustellen, müssen die vergleichbaren Arbeitnehmer entsprechend angepasst und neu festgelegt werden. Das gleiche muss auch für dauerhaft von der Arbeit freigestellte Betriebsratsmitglieder gelten, zumindest wenn neu erworbene Kenntnisse und Fähigkeiten hinzukommen, die sie nicht aufgrund des Amtes erlangt haben.[1028]

d) Festlegung der Vergleichsarbeitnehmer ex ante oder ex post

Nachdem der maßgebliche Vergleichszeitpunkt definiert wurde, ist noch ungeklärt, ob die Bestimmung vergleichbarer Arbeitnehmer dann tatsächlich bei Amtsübernahme ex ante zu erfolgen hat oder ob es auch zulässig wäre, diese ex post bereits während einer laufenden Amtszeit rückwirkend festzulegen. Rechtsprechung hierzu existiert bislang nicht, die Frage wird von dem BAG vielmehr offengelassen.[1029]

Es ist nicht nur naheliegend, sondern auch sachgerecht, die Vergleichspersonen direkt während des maßgeblichen Vergleichszeitpunktes festzulegen. Eine ex ante Auswahl – bestenfalls transparent – wird gegenüber einer vergleichsweise eher problematisch betrachteten Bestimmung ex post zudem als weniger angreifbar angesehen.[1030]

Dennoch muss ausnahmsweise aber auch die Möglichkeit einer rückwirkenden Festlegung zugelassen werden. Denn die Bestimmung der Vergleichsarbeitnehmer ex ante bedeutet, dass diese kurz vor der Amtsübernahme, solange das Betriebsratsmitglied noch seine ursprüngliche Tätigkeit ausübt, ermittelt wer-

---

1026 BAG AP BetrVG 1972 § 37 Nr. 84; *Kehrmann*, FS Wlotzke, S. 363; GK-BetrVG/*Weber*, § 37 Rn. 139; DKKW/*Wedde*, § 37 Rn. 88; HWGNRH/*Glock*, § 37 Rn. 113; *Happe*, S. 38.

1027 So auch *Jacobs/Frieling*, ZfA 2015, 241, 249.

1028 A.A. *Jacobs/Frieling*, ZfA 2015, 241, 249, der hier eine Modifikation vornimmt und ab der vollständigen Freistellung eines Betriebsratsmitgliedes auf genau diesen Zeitpunkt zur Ermittlung der Freistellung abstellt. Vgl. aber *Nebeling/Hey*, BB 2018, Die erste Seite, Nr. 9, die allgemein eine nachträgliche Konkretisierung der Vergleichsgruppe zulassen; befürwortend auch *Annuß*, NZA 2018, 134, 135 f.

1029 Vgl. z.B. BAG NZA 2017, 935, 938; *Stück*, ArbRAktuell 2017, 521, 513; a.A. wohl *Blattner*, NZA 2018, 129, 133, die hier Rechtssicherheit mit der Entscheidung des BAG annimmt.

1030 *Rieble*, NZA 2008, 276, 277.

den müssen. Das wird in der Praxis wegen des teilweise enormen Aufwands sowie der Schwierigkeiten bei der Suche nach Vergleichspersonen allerdings nicht immer einfach sein. Dazu kommt, dass gerade in großen Betrieben vergleichbare Arbeitnehmer für eine Vielzahl von Betriebsräten zu suchen sind, die vorher aber unterschiedliche Berufe in verschiedenen Positionen ausgeübt haben. Selbst wenn sich darunter einige wiedergewählte Mandatsträger befinden oder nicht alle zu derselben Zeit das Amt aufnehmen, wird dadurch die Auswahl sämtlicher Vergleichspersonen zu dem Zeitpunkt nicht besonders erleichtert. Denn für jedes andere Betriebsratsmitglied muss dennoch einzeln ein Arbeitnehmer mit vergleichbaren Tätigkeiten, Qualifikationen etc. gesucht werden. Auch bei wiedergewählten Betriebsräten müssen die bereits festgelegten Personen gegebenenfalls noch einmal überprüft und bestätigt oder ausnahmsweise vielleicht sogar ausgetauscht werden. Mit welchem Arbeits- und Zeitaufwand das verbunden sein wird, braucht keine nähere Erläuterung. Würde man dem Arbeitgeber hier nicht einen gewissen zeitlichen Spielraum gewähren, wäre eine ordnungsgemäße Auswahl für alle Mandatsträger kaum möglich. Zwar darf der Zeitraum für die Festlegung auch nicht zu lange sein, weil mit zunehmendem Abstand zu der bisherigen Arbeitstätigkeit das Ergebnis verfälscht sein könnte. Da es aber gerade um den Schutz der Betriebsratsmitglieder geht, für die eine ordentliche Bestimmung der Vergleichspersonen unerlässlich ist, müssen die Vergleichspersonen deshalb nicht zwingend ex ante bestimmt werden.

Auch wenn man einer ausnahmsweisen Bestimmung ex ante zustimmt, ändert das allerdings nichts daran, dass grundsätzlich der Vergleichszeitpunkt der Amtsübernahme und nicht der tatsächlichen Durchführung des Vergleiches maßgeblich bleibt; Arbeitnehmer, die zu dem Zeitpunkt noch gar nicht in dem Betrieb angestellt waren, können somit nicht herangezogen werden.[1031] Daher ist es ratsam, jedenfalls den Status des Betriebsratsmitgliedes bereits zu diesem Zeitpunkt exakt festzulegen, um später eine ordnungsgemäße Auswahl treffen zu können.

e) Sonderfall: Fehlen oder Wegfall vergleichbarer Arbeitnehmer

Die richtige Auswahl der vergleichbaren Arbeitnehmer führt zu der weitergehenden Frage, wie in den Fällen vorzugehen ist, bei denen keine Vergleichsperson (mehr) vorhanden ist, wenn also sowohl in dem Betrieb des Mandatsträgers als auch in den anderen Betrieben des Unternehmens kein passender Arbeitnehmer zu finden ist. Das darf schließlich nicht dazu führen, dass das Betriebsratsmitglied keine Möglichkeit der Entgeltentwicklung während des Amtes hat. Ist kein vergleichbarer Arbeitnehmer mehr vorhanden – sei es von Anfang an oder weil er nachträglich weggefallen ist – muss für diese Fälle ein Ersatzmaßstab bestimmt und herangezogen werden.

1031 Vgl. LAG Rheinland-Pfalz BeckRS 2014, 65483; *Blattner*, NZA 2018, 129, 133.

In der Literatur gibt es dazu verschiedene Auffassungen. Zum Teil wird stattdessen auf den „am ehesten vergleichbaren Arbeitnehmer" zurückgegriffen.[1032] Dieser Lösungsweg stelle nach anderer Ansicht jedoch einen Widerspruch dar, stattdessen soll eine abstrakt-hypothetische Betrachtung genügen, wie sich ein gedachter Arbeitnehmer entwickelt hätte, um so auch den differenzierten Qualifikationsstufen in den Betrieben gerecht zu werden.[1033] Eine Ansicht in der Literatur nimmt hier sogar eine Regelungslücke an, die sie in analoger Anwendung der „Grundregel", d. h. der hypothetischen Ermittlung des persönlichen Entgeltes eines Mandatsträgers zu schließen versucht.[1034] Nach anderer Auffassung soll eine Vergleichsperson zunächst betriebsübergreifend gesucht werden und nur wenn das ohne Erfolg verläuft, sei hilfsweise auf eine durchschnittliche Entwicklung der Arbeitnehmer abzustellen, die zwar nicht persönlich vergleichbar sind, aber eine vergleichbare Tätigkeit ausüben.[1035]

Da vorliegend ohnehin von der Möglichkeit einer betriebsübergreifenden Festlegung vergleichbarer Arbeitnehmer ausgegangen wird, ist lediglich der Maßstab zu klären, der heranzuziehen ist, wenn in dem gesamten Unternehmen keine Vergleichspersonen zu finden sind. Eine rein abstrakt-hypothetische Betrachtung ist abzulehnen, weil damit die Bemessung nicht nur schwieriger, sondern vor allem ungenauer und realitätsferner wird. Die hypothetische Entwicklung eines fiktiven Arbeitnehmers festzulegen, würde – wenn nicht gerade in dem Betrieb ein bestimmter Aufstieg nach abstrakten Kriterien vorgesehen ist – reinen Mutmaßungen nahekommen. Schließlich wäre sie ausschließlich auf hypothetische Komponenten gestützt. Dadurch würde sich der Arbeitgeber schon mangels nachvollziehbarer Anhaltspunkte auf unsicherem Gebiet befinden, wobei ihm rasch eine Zuwenig- bzw. Zuvielzahlung vorgeworfen werden könnte. Außerdem würde diese Vorgehensweise mehr in die Richtung einer subjektiv hypothetischen Betrachtung gehen, die von dem Gesetz – im Gegensatz zu § 37 Abs. 2 BetrVG – bewusst nicht gewollt ist. Gerade eine Erleichterung bei der Ermittlung, Realitätsnähe sowie Nachvollziehbarkeit sollen mit dem anzuwendenden objektiven Maßstab erreicht werden. Daher ist es sinnvoll, einen Bezugspunkt zu wählen, der sowohl für den Arbeitgeber als auch für das Betriebsratsmitglied wenigstens im Ansatz nachzuvollziehen ist. Das Heranziehen eines mit dem Betriebsratsmitglied am ehesten vergleichbaren Arbeitnehmers ist sachgerecht und

---

1032 *Fitting*, § 37 Rn. 118; ErfK/*Koch*, § 37 BetrVG Rn. 9; DKKW/*Wedde*, § 37 Rn. 88 (Orientierung an der allgemeinen Entwicklung im Betrieb); *Sturm*, S. 94; *Esser*, S. 39; *Greßlin*, S. 121; *Blattner*, NZA 2018, 129, 131; neuerdings zustimmend als „gangbarer Weg" auch GK-BetrVG/*Weber*, § 37 Rn. 132.

1033 So noch in der Vorauflage GK-BetrVG/*Weber*, 10. Auflage 2014, § 37 Rn. 122; ähnlich HWG-NRH/*Glock*, § 37 Rn. 112 („gedachte[r] vergleichbare[r] Arbeitnehmer"); *Happe*, S. 47 f., differenzierend nach Fehlen und Wegfall der Vergleichsperson; *v. Steinau-Steinrück/Kuntzsch*, NJW-Spezial 2017, 754 („Karriereverlauf eines abstrakt hypothetischen Mitarbeiters"); vgl. auch *Annuß*, NZA 2018, 134, 135 (Abstellen allein auf die „hypothetische Vergütungsentwicklung").

1034 *Hennecke*, RdA 1986, 241, 244; differenzierend, aber unklar *Georgi*, S. 51 f.

1035 *Lipp*, S. 67 ff.; *Jacobs/Frieling*, ZfA 2015, 241, 250; *Däubler*, SR 2017, 85, 100.

entspricht dem am meisten, ohne dabei den Kreis der Vergleichspersonen unzulässigerweise auszudehnen.[1036] Der Auffassung ist daher zuzustimmen. So wird auch die von § 37 Abs. 4 S. 1 BetrVG bezweckte objektivierte Sichtweise beibehalten. Ungenauer als eine rein hypothetische Betrachtung kann dieser Maßstab kaum sein. Auch das Abstellen auf die durchschnittliche berufliche Entwicklung aller Arbeitnehmer mit vergleichbaren Tätigkeiten würde wegen der komplett fehlenden Berücksichtigung von Besonderheiten in der Person des Betriebsratsmitgliedes zu unpassenden Ergebnissen führen.

Ist ein bereits zuvor bestimmter vergleichbarer Arbeitnehmer z. B. wegen Ausscheidens aus dem Betrieb nachträglich weggefallen, gilt nichts anderes. Der dem Mandatsträger ähnlichste Arbeitnehmer rückt dann an die Stelle der ursprünglich festgelegten Vergleichsperson. Insoweit ist dann auch die Wahl der Vergleichsperson dynamisch.

2. Anforderungen an die Vergleichsperson

Nachdem der genaue zeitliche wie örtliche Rahmen bestimmt wurde, aus dem die vergleichbaren Arbeitnehmer auszuwählen sind, muss hinreichend geklärt sein, welche Anforderungen an die Personen zu stellen sind, also inwieweit sie mit dem Betriebsratsmitglied vergleichbar sein müssen. Dabei spielt nicht nur die konkrete Tätigkeit des Mandatsträgers eine Rolle, sondern zugleich müssen – entsprechend der allgemein anerkannten Definition in Rechtsprechung und Literatur[1037] – auch die fachliche wie persönliche Qualifikation übereinstimmen oder jedenfalls ähnlich sein. Für eine Vergleichbarkeit müssen die beiden Komponenten Tätigkeit und Qualifikation bei dem Betriebsratsmitglied und der Vergleichsperson kumulativ vorhanden sein.[1038] Weisen beide Personen nur ein Merkmal, beispielsweise die gleiche Tätigkeit auf, reicht das für den Vergleich nicht aus.

a) Tätigkeitsvergleich

aa) Allgemeine Anforderungen

Das Betriebsratsmitglied und die Vergleichsperson müssen zunächst eine im Wesentlichen gleich qualifizierte Tätigkeit ausüben.[1039] Das ist rein objektiv zu beurteilen.[1040] Für den Vergleich kann die Bezeichnung der Tätigkeit zwar hilfreich sein, sie ist aber nicht zwangsläufig entscheidend. Es kommt nicht nur auf die konkrete Benennung, sondern auf die tatsächlich ausgeführten Arbeiten

---

1036 So aber *Jacobs/Frieling*, ZfA 2015, 241, 249 f.
1037 U. a. BAG NZA 2017, 935, 937; dagegen hat das BAG in wenigen früheren Urteilen lediglich eine „gleich qualifizierte Tätigkeit" verlangt, ohne genauer auf die fachliche und persönliche Qualifikation einzugehen, so u. a. BAG AP BetrVG 1972 § 37 Nr. 28.
1038 *Lipp*, S. 60.
1039 U. a. BAG NZA 2017, 935, 937; NZA 2016, 1339, 1342; DB 1993, 1379; GK-BetrVG/*Weber*, § 37 Rn. 131; WPK/*Kreft*, § 37 Rn. 39.
1040 GK-BetrVG/*Weber*, § 37 Rn. 131; *Lipp*, S. 58 ff.

sowie die Merkmale der Tätigkeit an. Schließlich kann es auch vorkommen, dass unter gleicher oder ähnlicher Bezeichnung dennoch unterschiedlich zu bewertende Arbeiten ausgeführt werden. Teilweise existiert für bestimmte Tätigkeiten außerdem nicht immer ein genauer, allgemein anerkannter Begriff, so dass auf die tatsächlichen Arbeiten abzustellen ist.[1041] Es wäre sogar denkbar, dass der ermittelte vergleichbare Arbeitnehmer allein nach der Stellenbezeichnung eine vermeintlich andere Tätigkeit als das Betriebsratsmitglied hat, jedoch dieselbe Arbeit verrichtet. Stellenbeschreibungen, welche die genauen Anforderungen und Tätigkeiten der jeweiligen Position aufführen, sind daher allenfalls als Hilfsmittel tauglich, dürfen aber nicht allein ausschlaggebend sein.[1042] Da die Definition nur eine im Wesentlichen ähnliche Tätigkeit erfordert, müssen die Arbeiten im Einzelnen nicht in jedem Punkt identisch, aber zumindest im Großen und Ganzen gleich gelagert sein.[1043]

Bei nur teilzeitbeschäftigten Betriebsratsmitgliedern kann nicht pauschal entweder nur ein Vergleich mit ebenfalls in Teilzeit tätigen Arbeitnehmern oder ausschließlich mit Vollzeitbeschäftigten gefordert werden. Hier kommt es auf die jeweiligen Umstände in dem Betrieb sowie des konkreten Falles an.[1044] Sind beispielsweise bei einem typischen, betriebsüblichen beruflichen Werdegang zwischen Voll- und Teilzeitbeschäftigten deutliche Unterschiede feststellbar, die mit dem Verbot der Diskriminierung gemäß § 4 TzBfG in Einklang stehen, dürfen Betriebsratsmitglieder in Teilzeit nicht mit diesen in Vollzeit tätigen Arbeitnehmern verglichen werden; in dem Fall sind dann nur entsprechend teilzeitbeschäftigte Vergleichspersonen zu bestimmen.[1045]

bb) Sonderfall: Wegfall des früheren Arbeitsplatzes des Betriebsratsmitgliedes

Problematisch wird es dagegen, wenn der ursprüngliche Arbeitsplatz des Betriebsratsmitgliedes wegfällt. Dann wäre keine Arbeitstätigkeit des Mandatsträgers mehr als Anknüpfungspunkt für einen Vergleich vorhanden. Zwar muss der Grundsatz des § 37 Abs. 4 S. 1 BetrVG weiterhin gelten, auch wenn der entfallene Arbeitsplatz nicht mehr gleichwertig ersetzt wird.[1046] Es stellt sich aber die Frage, wie solche Fälle zu beurteilen sind bzw. welcher Maßstab auf diese anzuwenden ist.

Die Rechtsprechung sowie die ihr folgenden Ansichten in der Literatur stellen auf vergleichbare Tätigkeiten von Arbeitnehmern ab, die das Betriebsratsmitglied dann ebenfalls ausgeübt hätte, wenn es nicht freigestellt worden wäre; neuer Anknüpfungspunkt sei also die Tätigkeit, die ihm ohne das Amt bei Weg-

---

1041 *Lipp*, S. 58; *Esser*, S. 37.
1042 *Schneider*, NZA 1984, 21, 22; vgl. auch *Esser*, S. 37, der auf die tatsächliche Vertragsdurchführung und nicht auf die vertragliche Tätigkeitsbeschreibung abstellt.
1043 Vgl. ähnlich *Sturm*, S. 90, der verlangt, dass die Tätigkeiten „ihren wesentlichen Inhalten nach gleichartig" sind.
1044 Vgl. ausführlich *Lipp*, S. 65 ff.; *Fitting*, § 37 Rn. 118; vgl. auch *Happe*, S. 48 f.
1045 *Fitting*, § 37 Rn. 118; *Lipp*, S. 67; a. A. *Greßlin*, S. 120.
1046 So auch BAG AP BetrVG 1972 § 37 Nr. 28.

fall des Arbeitsplatzes nach dem Arbeitsvertrag übertragen worden wäre.[1047] Die berufliche Entwicklung wäre demnach anhand der Arbeitnehmer zu beurteilen, welche die neue Tätigkeit ebenfalls ausüben.[1048]

Richtigerweise muss für die Beurteilung aber noch differenziert werden, was zugleich mit den Arbeitsplätzen der bislang vergleichbaren Arbeitnehmer geschehen ist.[1049] Dadurch können genauere und passendere Lösungen für die einzelnen unterschiedlichen Konstellationen erreicht werden. Entfällt nämlich nur die Tätigkeit des Betriebsratsmitgliedes, während die der bisher vergleichbaren Arbeitnehmer bestehen bleiben, kann eine mögliche Entgeltanpassung nach wie vor an diesen Vergleichspersonen und deren beruflicher Entwicklung gemessen werden.[1050] Ist der Arbeitsplatz eines vergleichbaren Arbeitnehmers jedoch ebenfalls weggefallen, kann man sich daran orientieren, auf welche Stelle dieser versetzt wurde und wie seine weitere Entwicklung verlaufen ist; das gilt nur dann nicht, wenn der ursprüngliche Arbeitsvertrag des Mandatsträgers das in der Form nicht vorsieht bzw. nicht zulässt.[1051] Schwieriger wird es allerdings, wenn mehrere Vergleichspersonen vorhanden waren, bei denen allesamt der Arbeitsplatz weggefallen ist und diese danach auf unterschiedliche Positionen gesetzt wurden. Zutreffend ließe sich hier von einem „Wegfall der Vergleichsgrundlage" sprechen.[1052] Deshalb die gleiche Lösung wie für das Fehlen bzw. den Wegfall eines Vergleichsarbeitnehmers heranzuziehen, führt allerdings nicht zu sachgerechten Ergebnissen. Hier darf nicht hauptsächlich auf das Fehlen der Vergleichspersonen abgestellt werden. Denn das Problem besteht in dieser Konstellation in erster Linie darin, dass mit dem Wegfall des Arbeitsplatzes des Betriebsratsmitgliedes bereits der Anknüpfungspunkt für den anzustellenden Vergleich fehlt. Die Lösung der Rechtsprechung, in dem Fall die Tätigkeit zu betrachten, die dem Mandatsträger ohne das Amt übertragen worden wäre,[1053] steht jedoch nicht mit der Intention der Vorschrift des § 37 Abs. 4 BetrVG in Einklang. Diese versucht mit der Ermittlung der beruflichen Entwicklung anhand einer objektivierten Betrachtungsweise nicht nur ein realitätsnahes, sondern auch nachvollziehbares Ergebnis zu erreichen. Nach der Vorgehensweise der Rechtsprechung würden bei der Beurteilung aber keinerlei objektive Kriterien mehr eine Rolle spielen. Der Vergleich würde auf rein fiktiven Erwägungen basieren, wodurch auch die Entgeltentwicklung insgesamt

---

1047 BAG AP BetrVG 1972 § 37 Nr. 28; LAG Rheinland-Pfalz BeckRS 2007, 42372; dem folgend auch GK-BetrVG/*Weber*, § 37 Rn. 135; DKKW/*Wedde*, § 37 Rn. 89; *Happe*, S. 46; *Kehrmann*, FS Wlotzke, S. 363, der diesen Maßstab als einen individuellen ansieht.

1048 GK-BetrVG/*Weber*, § 37 Rn. 135; DKKW/*Wedde*, § 37 Rn. 89.

1049 Vgl. ausführlich *Lipp*, S. 84 ff.

1050 So im Ergebnis auch *Lipp*, S. 86.

1051 Vgl. *Lipp*, S. 84; *Hennecke*, RdA 1986, 241, 244.

1052 So *Lipp*, S. 85.

1053 BAG AP BetrVG 1972 § 37 Nr. 28; LAG Rheinland-Pfalz BeckRS 2007, 42372; für diese spezielle Konstellation ebenso *Lipp*, S. 85; allgemein wohl auch *Georgi*, S. 57, nach der dann sogar Entgeltminderungen möglich sind, wenn sie von anderen Arbeitnehmern ebenfalls hingenommen werden müssen.

allein hypothetisch individuell bestimmt werden würde – wie auch nach § 37 Abs. 2 BetrVG. Allerdings kann eine hypothetische Festlegung der nach dem Arbeitsvertrag zu übertragenden neuen Tätigkeit nur schwer möglich sein und reinen Spekulationen gleichkommen.

Deshalb wäre eine Lösung vorzugswürdig, die weiterhin anhand objektiver Komponenten vorgenommen wird, aber gleichzeitig für den Arbeitgeber praktikabel bleibt. Denkbar wäre zum Beispiel den Durchschnitt der Entgeltentwicklung der ebenfalls versetzten, bislang vergleichbaren Arbeitnehmer heranzuziehen und das Gehalt des Mandatsträgers daran entsprechend anzupassen. So würde eine objektive Betrachtung, angelehnt an die früheren Vergleichspersonen, die nun auf den neuen Arbeitsplätzen tätig sind, vorgenommen. Der Verlust der Tätigkeit des Betriebsratsmitgliedes selbst sowie dessen potentielle Entwicklung werden damit aber nicht ausreichend kompensiert. Daher ist ein Mittelweg anzuwenden, der den beiden Gesichtspunkten gerecht wird. Es ist zunächst eine neue Tätigkeit für das Betriebsratsmitglied zu bestimmen, die seiner bisherigen Arbeit nahekommt und die ihm aller Wahrscheinlichkeit nach ersatzweise übertragen worden wäre. Die Bestimmung hat anhand möglichst vieler objektiver Kriterien zu erfolgen. Dabei können auch die neuen Tätigkeiten der bisherigen Vergleichspersonen mit zur Beurteilung herangezogen werden. Auf Grundlage dieser veränderten Tätigkeit kann dann ein neuer, tatsächlich existierender vergleichbarer Arbeitnehmer (bzw. eine Vergleichsgruppe) gesucht werden. Entsprechend seiner beruflichen Entwicklung ist dann das Entgelt des Amtsträgers anzupassen. Damit wird auch der gesetzlich vorgesehenen Vorgehensweise bestmöglich entsprochen.

b) Fachliche und persönliche Qualifikation

aa) Konkretisierung fachlicher und persönlicher Vergleichsmerkmale

Neben der im Wesentlichen gleichen Tätigkeit müssen Betriebsratsmitglied und Vergleichsperson(en) auch eine entsprechende persönliche und fachliche Qualifikation aufweisen.[1054] Die Rechtsprechung gibt kaum Anhaltspunkte dafür, welche Merkmale und Eigenschaften zu der Qualifikation in diesem Zusammenhang gehören. In der Literatur werden gelegentlich nur einzelne konkrete Kenntnisse und Fähigkeiten als Kriterien aufgezählt. Eine allgemeine Bestimmung oder Definition genauer Anforderungen fehlt dagegen.

Für den Vergleich der fachlichen Qualifikation werden überwiegend formale Voraussetzungen wie Abschlüsse,[1055] Examina,[1056] Berufsausbildung und der bisherige berufliche Werdegang herangezogen.[1057] Dabei handelt es sich um objektive Kriterien, die anhand von Zeugnissen, Zertifikaten oder Teilnahme-

---

1054 U. a. BAG NZA 2017, 935, 937; NZA 2016, 1339, 1342; ErfK/*Koch*, § 37 BetrVG Rn. 9; *Jacobs/Frieling*, ZfA 2015, 241, 247; *Byers*, NZA 2014, 65, 66.
1055 *Sturm*, S. 91.
1056 *Keilich*, BB 2014, 2229, 2231.
1057 *Weismann*, JuS 1987, 971, 973; *Lipp*, S. 59; *Esser*, S. 38; *Knipper*, S. 24.

bescheinigungen einfach feststell- und nachprüfbar und damit einem Vergleich leicht zugänglich sind.[1058] Dazu gehören beispielsweise auch einfach nachprüfbare Kenntnisse wie Fremdsprachen.[1059] Als persönliche Qualifikationsmerkmale werden für die Bestimmung der Vergleichsperson(en) unterschiedliche Eigenschaften für maßgeblich erachtet. Genannt werden in dem Zusammenhang unter anderem Bildungsstand, Fachkenntnisse sowie deren praktische Umsetzung, Denk- und Urteilsvermögen, Belastbarkeit, Arbeitsergebnisse und -erfolge, Entwicklungspotential[1060] sowie berufliche wie betriebliche Erfahrung und Einsatzbereitschaft[1061] oder auch Vorgesetztenqualifikation.[1062] Denkbar ist als Kriterium ebenso eine besondere wissenschaftliche Reputation oder Eignung.[1063] Auch der Charakter[1064] eines Betriebsratsmitgliedes, insbesondere entsprechende Eigenschaften wie Mut, Standfestigkeit oder Widerspruchsfähigkeit,[1065] ebenso wie Überzeugungskraft, Durchsetzungsfähigkeit und Teamfähigkeit[1066] sollen dazu gehören. Sogar der Gesundheitszustand wird hier erwähnt.[1067] Eine rein objektive Prüfung wird dabei aber kaum möglich sein, sondern es wird teilweise auch eine subjektive Einschätzung durch wertende Betrachtung zugrunde zu legen sein. Um sie auch in den Vergleich mit einbeziehen zu können, müssen diese Merkmale jedoch nachvollziehbar sein, z. B. durch die Beurteilung mehrerer Personen oder durch Dokumentation beispielsweise in der Personalakte.[1068] Bei dem Vergleich können darüber hinaus auch neutrale Kriterien, wie die Betriebszugehörigkeit, berücksichtigt werden.[1069] Schwieriger wird es dagegen bei der Heranziehung von im Rahmen des § 7 i. V. m. § 1 AGG verbotenen Merkmalen,[1070] wobei jedenfalls das Alter unter Umständen durchaus ein Vergleichskriterium sein kann. Denn nicht selten wird in den Betrieben eine berufliche Entwicklung, z. B. das Erreichen einer neuen Beförderungs- oder Entgeltstufe, auch an das Alter geknüpft.

Als weiterer Punkt wird neben der fachlichen Eignung und der Persönlichkeit teilweise auch die bisherige Leistung des Amtsträgers als relevant für den Vergleich angesehen.[1071] Hierzu existieren weder in Rechtsprechung noch Litera-

---

1058 Vgl. *Jacobs/Frieling*, ZfA 2015, 241, 247; *Peter*, FA 2010, 73, 75.
1059 Vgl. *Jacobs/Frieling*, ZfA 2015, 241, 247.
1060 Dazu fast übereinstimmend *Hennecke*, RdA 1986, 241, 242; *Esser*, S. 38; *Lipp*, S. 59; *Knipper*, S. 24; *Keilich*, BB 2014, 2229, 2231; *Schweibert/Buse*, NZA 2007, 1080.
1061 BAG AP BetrVG 1972 § 37 Nr. 43.
1062 *Hennecke*, RdA 1986, 241, 242.
1063 LAG Baden-Württemberg BeckRS 2011, 65863.
1064 *Lipp*, S. 58.
1065 *Cox*, AiB 2010, 452, 454; *Esser*, S. 38.
1066 *Sturm*, S. 91.
1067 *Hennecke*, RdA 1986, 241, 242; *Lipp*, S. 58.
1068 Vgl. *Jacobs/Frieling*, ZfA 2015, 241, 247.
1069 *Jacobs/Frieling*, ZfA 2015, 241, 247.
1070 Vgl. *Jacobs/Frieling*, ZfA 2015, 241, 247.
1071 BAG NZA 1988, 403, 404; GK-BetrVG/*Weber*, § 37 Rn. 131, 133; BDDH/*Wolmerath*, § 37 BetrVG Rn. 27; *Annuß*, NZA 2018, 134, 135; *Keilich*, BB 2014, 2229, 2231; *Hennecke*, RdA 1986, 241, 242; auch *Schweibert/Buse*, NZA 2007, 1080 („Arbeitserfolge").

tur genauere Ausführungen, in den üblichen Definitionen ist davon kaum eine Rede. Die Leistung als Arbeitnehmer vor der Amtsübernahme ist aber gerade als Resultat der persönlichen und fachlichen Qualifikation des Mandatsträgers anzusehen und kann daher auch als Merkmal bei dem Vergleich herangezogen werden.[1072]

Es ist darüber hinaus allgemein anerkannt, dass aus dem Kreis von Arbeitnehmern, die eine ähnliche Tätigkeit wie das Betriebsratsmitglied ausüben, nicht lediglich der durchschnittliche Mitarbeiter als Vergleichsperson, sondern der tatsächlich konkret vergleichbare Arbeitnehmer mit seinen persönlichen Stärken und Schwächen heranzuziehen ist.[1073] Weist das Betriebsratsmitglied besondere, individuelle Leistungs- und Qualifikationsmerkmale auf, ist eine Vergleichsperson mit genau diesen bzw. ähnlichen Qualifikationen auszuwählen.[1074] Dabei sind sowohl eine bisherige überdurchschnittliche Leistungsfähigkeit als auch gleichermaßen unterdurchschnittliche Leistungen und Fähigkeiten zu berücksichtigen.[1075] Nur insoweit kann hier dann auch von einem subjektiven Vergleich bzw. Maßstab[1076] bei der nach § 37 Abs. 4 S. 1 BetrVG grundsätzlich objektiven Prüfung gesprochen werden.

bb) Einschränkung der Vergleichskriterien

Die Darstellung hat gezeigt, dass zahlreiche und vielfältige Vergleichskriterien für die Auswahl der Vergleichspersonen nach § 37 Abs. 4 S. 1 BetrVG herangezogen werden können. Teilweise werden hier aber Einschränkungen vorgenommen und zusätzlich zu der Nennung der einzelnen Kriterien noch Voraussetzungen oder Erfordernisse aufgestellt, welche die Vergleichsmerkmale – gerade, wenn es sich um spezielle Qualifikationen des Betriebsratsmitgliedes handelt – zu erfüllen haben. So dürfen nach einer Auffassung Qualifikationen nur dann Berücksichtigung bei dem Vergleich nach § 37 Abs. 4 S. 1 BetrVG finden, wenn sie die Position des Arbeitnehmers innerhalb der betrieblichen Organisation, d. h. sein Tätigkeitsfeld, bestimmen.[1077] Bei besonderen Fähigkeiten und Eigenschaften reiche es nach einer weiteren Ansicht für die Vergleichbarkeit außerdem nicht aus, dass solche Merkmale lediglich vorhanden sind, sondern sie müssen auf die Entgeltbemessung tatsächlich Einfluss genommen haben.[1078] Demnach sei eine Vergleichbarkeit nur gegeben, wenn die Vergleichsperson wenigstens zum

---

1072 Vgl. auch *Jacobs/Frieling*, ZfA 2015, 241, 248.
1073 *Esser*, S. 38; *Lipp*, S. 59 f.; *Fitting*, § 37 Rn. 120.
1074 BAG AP BetrVG 1972 § 37 Nr. 43; AP BetrVG 1972 § 37 Nr. 61; *Fitting*, § 37 Rn. 120; *Richardi/Thüsing*, § 37 Rn. 71; DKKW/*Wedde*, § 37 Rn. 90; *Happe*, S. 39.
1075 BAG AP BetrVG 1972 § 37 Nr. 61; AP BetrVG 1972 § 37 Nr. 43 (allerdings nur zu überdurchschnittlichen Leistungen); ErfK/*Koch*, § 37 BetrVG Rn. 9; HWGNRH/*Glock*, § 37 Rn. 114; *Sturm*, S. 91; *Esser*, S. 38; *Lipp*, S. 59; *Annuß*, NZA 2018, 134, 135.
1076 So *Fitting*, § 37 Rn. 120; DKKW/*Wedde*, § 37 Rn. 90; *Sturm*, S. 91.
1077 *Richardi/Thüsing*, § 37 Rn. 72; so auch BAG AP BetrVG 1972 § 37 Nr. 43 für besondere überdurchschnittliche Qualifikationen; vgl. auch *Liesenfeld*, S. 150.
1078 Vgl. BAG AP BetrVG 1972 § 37 Nr. 61; *Frahm/Koch*, ArbRAktuell 2010, 468; unklar, ob allgemein oder nur für Fälle von besonderen Qualifikationen: Richardi/*Thüsing*, § 37 Rn. 72;

Zeitpunkt der Amtsübernahme die gleiche, insbesondere keine höher bezahlte Tätigkeit ausübt.[1079] Eine weitere Auffassung will nur „für die Bestimmung der Vergütungshöhe bedeutsam[e]" Merkmale mit „regelbildende[r] Kraft hinsichtlich der weiteren Vergütungsentwicklung" heranziehen; dabei soll eine Berücksichtigung dann ausscheiden, wenn sich nicht belegen lässt, dass die Gruppe mit diesen Merkmalen typischerweise bzw. regelhaft eine entsprechende Vergütungsentwicklung nehme.[1080] In Zusammenhang mit den persönlichen Qualifikationsmerkmalen wird zum Teil auch zusätzlich verlangt, dass nur solche Kriterien heranzuziehen sind, die das Tätigkeitsbild wesentlich prägen können.[1081] Diese teilweise aufgestellten Erfordernisse verdeutlichen die Unsicherheit – aufgrund mangelnder Definition oder Festlegung –, welche Merkmale letztendlich in den Vergleich mit einbezogen werden dürfen oder ob hier Grenzen zu ziehen sind. Denn abgesehen von den – eher seltenen – einzelnen Nennungen verschiedener Qualifikationsmerkmale fehlt eine allgemeine Konkretisierung oder sogar Typisierung der einem Vergleich zugänglichen Eigenschaften. Inwieweit aber den gezeigten Erfordernissen zuzustimmen ist, bleibt fraglich.

(1) Einfluss der Qualifikation auf das Tätigkeitsfeld oder Entgelt

Zu verlangen, dass die jeweilige Qualifikation sich tatsächlich auf die Tätigkeit oder das Entgelt niederschlagen muss, kann kein zwingendes Kriterium in der Form darstellen, dass nur bei dessen Vorhandensein auch Vergleichbarkeit angenommen werden darf. Der Gedanke hinter dieser Einschränkung ist grundsätzlich nachvollziehbar: Nicht jede Qualifikation, die zwar positiv hervortritt, aber für die Ausübung der Tätigkeit selbst nicht zwingend notwendig ist und die auch keinerlei Auswirkung auf das Gehalt hat, soll im Rahmen des Vergleichs zur Entgeltanpassung Berücksichtigung finden.

Nach einer Ansicht kann dieses Erfordernis bereits damit erfüllt werden, indem man auf die Ähnlichkeit der Arbeitsverträge abstellt, weil deren Wesenselement neben der Tätigkeitsbeschreibung auch das Entgelt ist.[1082] Die Auffassung kann jedoch nicht überzeugen. Die Ausübung gleichartiger Tätigkeiten aufgrund ähnlicher Vergütung bzw. Arbeitsverträge mit sich entsprechendem Inhalt kann durchaus ein Indiz für die Vergleichbarkeit darstellen.[1083] Das ist aber nicht im Sinne einer zwingenden Voraussetzung zu fordern. Die Qualifikation richtet sich insgesamt nicht allein nach rein formalen Merkmalen wie dem Entgelt,

---

HWGNRH/*Glock*, § 37 Rn. 114; wohl allgemein *Hennecke*, RdA 1986, 241, 242; *Happe*, S. 39, der einen Entgeltbezug verlangt.

1079 Richardi/*Thüsing*, § 37 Rn. 72; GK-BetrVG/*Weber*, § 37 Rn. 133, der aber eine spätere Änderung der Tätigkeit des vergleichbaren Arbeitnehmers aufgrund seiner besonderen Qualifikation und eine entsprechende Anpassung bei dem Betriebsratsmitglied nicht ausschließt; a.A. *Galperin/Löwisch*, § 37 Rn. 57.

1080 *Annuß*, NZA 2018, 134, 135.

1081 *Schneider*, NZA 1984, 21, 22; *Denecke*, AuA 2006, 24.

1082 So *Knipper*, S. 24.

1083 Vgl. *Peter*, FA 2010, 73, 75.

gleichen Abschlüssen oder Positionen.[1084] Gerade individuelle Leistungs- und Qualifikationsmerkmale müssen hier ebenfalls betrachtet werden.[1085] Verlangt man eine solche Einschränkung des Vergleichskriteriums, könnten aber besondere Qualifikationen nicht berücksichtigt werden. Das wäre zum Beispiel der Fall bei Eigenschaften, die zwar vielleicht nicht sofort oder direkt Niederschlag in der Vergütung finden, aber dennoch Aufschluss über besondere Fähigkeiten geben und unter Umständen eine andere Einstufung zulassen. Vor allem bei persönlichen, charakterlichen Eigenschaften wird es häufig der Fall sein, dass sie zwar ursprünglich nicht ausschlaggebend für die Vergütung sind, aber bei einem beruflichen Aufstieg oder für bestimmte Positionen in der Zukunft maßgebend sein können. Als Beispiel kann die in manchen größeren Unternehmen teilweise vorkommende Position eines Koordinators genannt werden. Dieser weist eine ähnliche Qualifikation wie die anderen Arbeitnehmer in der jeweiligen Gruppe auf, ist für die Kollegen – unter anderem auch wegen besonderer persönlicher Eignung – leitend und koordinierend verantwortlich, ohne hierfür aber eine gesonderte oder erhöhte Vergütung zu erhalten. Dennoch ist diese Position im Vergleich zu seinen Kollegen für den beruflichen Aufstieg in der Regel vorteilhafter und kann zu höheren Karrierechancen führen. Es wäre verfehlt, bei offensichtlich zu Tage tretenden, speziellen Fähigkeiten und einer besonderen Eignung diese nicht in den Vergleich mit einzubeziehen.

Es ist daher grundsätzlich zu befürworten, dass ein besonders qualifiziertes Betriebsratsmitglied unter Umständen mit einem Arbeitnehmer verglichen wird, der mit entsprechender Qualifikation eine höhere Tätigkeit ausübt.[1086] Die Eröffnung dieser Möglichkeit bedeutet nicht, dass das Vorgehen die Regel darstellen soll, die auf alle Betriebsräte automatisch anzuwenden ist. Es handelt sich um spezielle Konstellationen. Für diese müssen Arbeitnehmer aus anderen Abteilungen oder Hierarchieebenen für den Vergleich herangezogen werden können, auch wenn sie eine höher bezahlte Tätigkeit ausüben.[1087] Es ist die konkret am besten passende Vergleichsperson auszuwählen, und zwar anhand einer Gesamtschau unter Einbeziehung sämtlicher, ebenso persönlicher Eigenschaften, auch wenn es sich um besondere, herausragende Merkmale handelt.

(2) Wesentliche Prägung des Tätigkeitsbildes

Darüber hinaus ist ebenso wenig – gerade im Bereich persönlicher Qualifikationen – die Voraussetzung einer wesentlichen Prägung des Tätigkeitsbildes durch das Vergleichsmerkmal zu verlangen. Auch sollen die (besonderen) Qualifikationen nicht nur berücksichtigt werden dürfen, wenn sie sich innerhalb des je-

---

1084 Vgl. *Peter*, FA 2010, 73, 75.
1085 Vgl. BAG AP BetrVG 1972 § 37 Nr. 61, das aber dennoch bei gleicher Leistung und Qualifikation eine Auswirkung auf das Entgelt verlangt.
1086 So auch *Galperin/Löwisch*, § 37 Rn. 57.
1087 Vgl. *Peter*, FA 2010, 73, 75; a.A. Richardi/*Thüsing*, § 37 Rn. 72; GK-BetrVG/*Weber*, § 37 Rn. 133.

weiligen Tätigkeitsfeldes auswirken. Zwar gehen diese Anforderungen nicht so weit wie das Erfordernis der Auswirkung auf die Entgeltbemessung. Sie sollen den Kreis vergleichbarer Arbeitnehmer aber dennoch eindämmen. Außerdem soll damit das Risiko verringert werden, allein durch schwer nachvollziehbare persönliche Merkmale einen beliebigen, vermeintlich passenden vergleichbaren Arbeitnehmer zu bestimmen und dadurch Einfluss auf z. B. eine deutlich höhere Vergütung nehmen zu können.

Diese Gefahr besteht tatsächlich. Betrachtet man im Gegensatz dazu den Bereich der fachlichen Kompetenzen, handelt es sich dabei um formale Fähigkeiten und Eigenschaften, die sich objektiv anhand bestimmter Zeugnisse und Nachweise einfach nachprüfen und nachweisen lassen. Aber auch andere Begabungen, Talente und Kenntnisse lassen sich meist mit einem entsprechenden Nachweis belegen, wie z. B. besondere Zeugnisse über bestimmte Computerkenntnisse, die Bedienung spezieller Geräte oder Fahrzeuge sowie beispielsweise auch der Nachweis durch anerkannte Sprachtests über ein bestimmtes Niveau der Beherrschung einer Fremdsprache. Diese stellen taugliche Vergleichskriterien dar. Dagegen lassen sich die genannten besonderen persönlichen Merkmale und Charaktereigenschaften nur schwer objektiv feststellen. Vor allem die Beurteilung des Charakters einer Person beruht auf rein subjektiven Wahrnehmungen. Hier kann ein entsprechender Nachweis nur schwer verlangt werden. Denn selbst wenn persönliche Eigenschaften beispielsweise von dem Vorgesetzten oder Mitarbeitern der Personalabteilung in der Personalakte vermerkt wurden, liegt dem Eintrag eine grundsätzlich subjektive Einschätzung der bewertenden Person zugrunde. Bei konsequenter Anwendung der Vorschrift darf die Suche nach dem objektiv vergleichbaren Arbeitnehmer jedoch nicht versubjektiviert und die Bestimmung der Vergleichspersonen nur von subjektiven Einschätzungen abhängig gemacht werden. Dem Mandatsträger dürfen nicht allein besondere Qualifikationen zugesprochen werden, um ihm einen besser qualifizierten und höher entlohnten Vergleichsarbeitnehmer zur Seite zu stellen. Daher ist zu fordern, dass es sich zumindest um Merkmale handelt, die erkennbar und charakteristisch für das Betriebsratsmitglied während seiner bisherigen Tätigkeit waren. Sie müssen in irgendeiner Weise nach außen zum Ausdruck gekommen sein und sich bei seiner Tätigkeit niedergeschlagen haben. Eine wesentliche Prägung ist dabei jedoch nicht zwingend zu verlangen.

II. Betriebsübliche berufliche Entwicklung

Der Entgeltschutz in § 37 Abs. 4 BetrVG, der aufgrund eines möglicherweise versäumten beruflichen Aufstieges wegen des Amtes einem Betriebsratsmitglied in Form einer Entgeltanpassung gewährt wird, orientiert sich an dem Karriereweg der vergleichbaren Arbeitnehmer. Hat ein soeben festgestellter Vergleichsarbeitnehmer eine neue Stufe in seiner beruflichen Entwicklung erreicht, ist jedoch immer zu prüfen, ob diese auch betriebsüblich war, da sie anderenfalls nicht als Maßstab für die Karriere des Mandatsträgers herangezogen werden darf.

1. Allgemeine Definition

In Rechtsprechung wie auch Literatur werden für die Bestimmung der betriebsüblichen Entwicklung Definitionen verwendet, die sich inhaltlich im Wesentlichen entsprechen. Demnach wird – jedenfalls im Kern – übereinstimmend eine Entwicklung für üblich erachtet, die vergleichbare Arbeitnehmer unter Berücksichtigung der normalen betrieblichen und personellen Entwicklung in beruflicher Hinsicht erreicht haben.[1088]

Manche Auffassungen gehen bei der Bestimmung der betriebsüblichen beruflichen Entwicklung auch noch einmal genauer auf die vergleichbare Tätigkeit sowie die fachliche und persönliche Qualifikation der Arbeitnehmer ein, jedenfalls nennen sie die Kriterien erneut im Rahmen ihrer Definition.[1089] Das führt aber zu keinem bedeutenden Unterschied bei der Begriffsbestimmung. Zum einen enthält das implizit auch jede andere Definition mit dem Ausdruck „vergleichbare Arbeitnehmer", nur dass hier nicht noch einmal die Vergleichsmerkmale ausdrücklich erwähnt werden. Zum anderen ist die Nennung außerdem nicht so zu verstehen, dass hier noch einmal zusätzlich die Vergleichbarkeit von Betriebsratsmitglied und entsprechendem Arbeitnehmer auf die einzelnen Qualifikationsmerkmale hin zu prüfen wäre[1090] oder in dem Zusammenhang andere Anforderungen gelten. Es handelt sich dabei auch nicht um eine unsachgemäße Vermengung der Merkmale der vergleichbaren Arbeitnehmer mit den Kriterien der Betriebsüblichkeit.[1091] Es wird damit lediglich zum Ausdruck gebracht, dass die Betriebsüblichkeit ebenso bezogen auf die vergleichbaren Arbeitnehmer zu beurteilen ist und die – bereits bei Amtsübernahme zu bestimmende – Vergleichbarkeit zwischen Betriebsratsmitglied und Vergleichsperson(en) auch bei der Bestimmung deren betriebsüblicher Entwicklung noch vorhanden sein muss. Insoweit werden die Voraussetzungen nur wiederholt. Das ist nicht zu hinterfragen oder kritisch zu betrachten, weil die beiden Anforderungen gerade nicht komplett isoliert zu betrachten sind.[1092] Die Vergleichbarkeit wird in der Regel auch zeitlich früher festgelegt als die betriebsübliche berufliche Entwicklung, weil ein Karrieresprung nur selten mit der Amtsübernahme zusammenfallen wird. Eine einmal festgestellte Vergleichbarkeit könnte aus verschiedenen Gründen durchaus später wieder fortfallen. Sie muss aber auch im Zeitpunkt des beruflichen Aufstieges noch gegeben sein, damit eine Entgeltanpassung vorgenommen werden darf.

Davon abgesehen reicht es für die Heranziehung einer Entwicklung eines vergleichbaren Arbeitnehmers auch nicht aus, dass das Betriebsratsmitglied früher

---

1088 U.a. BAG NZA 2017, 935, 937; NZA 2016, 1339, 1342; ErfK/*Koch*, § 37 BetrVG Rn. 9; *Fitting*, § 37 Rn. 121; GK-BetrVG/*Weber*, § 37 Rn. 136.
1089 Vgl. u. a. BAG NZA 2006, 448, 449; AP BetrVG 1972 § 37 Nr. 84; AP BetrVG 1972 § 37 Nr. 61; HWGNRH/*Glock*, § 37 Rn. 117.
1090 Vgl. aber *Lipp*, S. 73, die das daraus zu schließen scheint.
1091 So die Kritik von *Lipp*, S. 73.
1092 Vgl. aber *Lipp*, S. 73, die hier die Wiederholung anstelle einer tatsächlichen Definition kritisiert.

die gleichen beruflichen Aufstiege wie dieser durchlaufen hat.[1093] Auch wenn z. B. nur ein vergleichbarer Arbeitnehmer zur Beurteilung vorhanden ist, bedeutet das nicht, dass eine betriebsübliche berufliche Entwicklung nicht festgestellt werden muss und allein auf den einzelnen Arbeitnehmer abgestellt werden darf.[1094]

2. Konkretisierende Merkmale

Zusätzlich zu der genannten Definition werden in Rechtsprechung und Literatur zum Teil weitere, umfassendere Konkretisierungen einer betriebsüblichen Entwicklung vorgenommen. Demnach soll ein gleichförmiges Verhalten des Arbeitgebers und eine von ihm aufgestellte Regel die Betriebsüblichkeit ausmachen.[1095] Für die Annahme eines üblichen Karriereweges wird dabei auch ein typischer Verlauf verlangt, für den kennzeichnend ist, dass eine entsprechende Entwicklung nach den Umständen und Gepflogenheiten in dem Betrieb bei der Mehrzahl der vergleichbaren Arbeitnehmer erwartet werden kann.[1096] Teilweise wird das als eine generelle, betrieblich „vorprogrammierte" Karriere verstanden.[1097] Eine typische Entwicklung soll auch bedeuten, dass sie generalisierbar und objektivierbar ist.[1098]

Die Rechtsprechung setzt für die Annahme von Betriebsüblichkeit bislang einen relativ hohen Maßstab an und beurteilt die Fälle meist streng.[1099] Auf der anderen Seite wird in der Literatur teilweise nur auf relevante Einzelfälle und Besonderheiten, wie außergewöhnliche Karrieren oder Beförderungen näher eingegangen und damit – positiv wie negativ – eine genauere Erklärung und Abgrenzung vorgenommen, ohne den Begriff weiter abstrakt zu definieren.[1100] Letztendlich führen diese allesamt zu der Ansicht, dass Betriebsüblichkeit nur den Regel- bzw. Normalfall beruflichen Aufstieges, der typischerweise in dem Betrieb erzielt wird, erfassen soll; unberücksichtigt bleiben soll bei dem Vergleichsmaßstab damit ein außergewöhnlicher, atypischer betrieblicher bzw. personeller Verlauf.[1101] Insoweit besteht hinsichtlich der einzelnen Auffassungen

---

1093 BAG NZA 2006, 448, 449 f.
1094 BAG NZA 2006, 448, 449 f.; AP BetrVG 1972 § 37 Nr. 61.
1095 U. a. BAG NZA 2017, 935, 937; NZA 2016, 1339, 1342; AP BetrVG 1972 § 37 Nr. 84; GK-BetrVG/*Weber*, § 37 Rn. 136; Richardi/*Thüsing*, § 37 Rn. 73; *Neef*, FS Wendeling-Schröder, S. 98.
1096 U. a. BAG NZA 2017, 935, 937; NZA 2016, 1339, 1342; AP BetrVG 1972 § 37 Nr. 84; GK-BetrVG/*Weber*, § 37 Rn. 137 (zu Beförderungen); ErfK/*Koch*, § 37 BetrVG Rn. 9; HWGNRH/*Glock*, § 37 Rn. 117; *Benkert*, NJW-Spezial 2018, 50; vgl. auch *Annuß*, NZA 2018, 134, 136.
1097 *Neef*, FS Wendeling-Schröder, S. 98.
1098 *Jacobs/Frieling*, ZfA 2015, 241, 251; *Knipper*, S. 25.
1099 Vgl. auch *Bayreuther*, NZA 2014, 235.
1100 Vgl. z. B. *Fitting*, § 37 Rn. 121; *Sturm*, S. 95 ff.
1101 Vgl. dazu BAG NZA 2006, 448, 449; DB 1993, 1379; AP BetrVG 1972 § 37 Nr. 61; ErfK/*Koch*, § 37 BetrVG Rn. 9; WPK/*Kreft*, § 37 Rn. 40; DKKW/*Wedde*, § 37 Rn. 91; HWGNRH/*Glock*, § 37 Rn. 117; *Jacobs/Frieling*, ZfA 2015, 241, 251; *Esser*, S. 40; *Knipper*, S. 25; a. A. *Annuß*, NZA 2018, 134, 136; vgl. auch *Bayreuther*, NZA 2014, 235, 236, zur Einbeziehung von Leistungsgesichtspunkten bei Beförderungen.

Einigkeit, sie werden lediglich unterschiedlich dargestellt bzw. beschrieben.[1102] Dem ist im Grundsatz zuzustimmen, wobei zu untersuchen bleibt, ob dieses Verständnis ausnahmslos auf alle Fälle zu übertragen ist oder es auf besondere Konstellationen nicht (mehr) passt.

Weiter konkretisieren lässt sich das Merkmal der Betriebsüblichkeit aber noch in Zusammenhang mit einer Umstrukturierung oder Neuorganisation in dem Betrieb. Dadurch könnte es dazu kommen, dass ein beruflicher Aufstieg – weil z. B. bestimmte Posten oder sogar ganze Ebenen entfallen – nicht mehr erkennbar ist und ein Normalfall sich (noch) nicht bestimmen lässt.[1103] Die Betriebsüblichkeit wäre damit ab dem Zeitpunkt der Änderung nicht mehr feststellbar. Da es hier aber nicht auf eine allgemeine Üblichkeit ankommt, sondern auf die Verhältnisse in dem jeweiligen Betrieb, kann auch eine Entwicklung der Vergleichsperson aufgrund der Umorganisation für die Entgeltanpassung herangezogen werden.[1104] Denn das Gesetz verlangt nicht, dass die Betriebsüblichkeit über einen bestimmten Zeitraum bereits existiert haben muss.[1105]

C. Herausforderungen und Grenzen bei der Anwendung des § 37 Abs. 4 BetrVG

Die Bestimmung einer betriebsüblichen beruflichen Entwicklung vergleichbarer Arbeitnehmer nach den genannten Anforderungen kann sich schon bei einfach gelagerten Sachverhalten, vor allem in großen Betrieben als schwierig erweisen. Häufig liegt es daran, dass die Anwendung der Vorschrift auf bestimmte Situationen nicht (mehr) passt. Nicht selten treten noch besondere Umstände und Faktoren auf, die zwar grundsätzlich geeignet wären, auf eine berufliche Karriere und damit auch auf die Vergütung – positiv wie negativ – Einfluss zu nehmen. Ob bzw. wie sie im Rahmen des § 37 Abs. 4 S. 1 BetrVG berücksichtigt werden können ist aber meist unklar. Bei Anwendung der Vorschrift auf die Konstellationen werden dann häufig ihre Grenzen deutlich. Wie mit solchen Fällen im Rahmen des § 37 Abs. 4 BetrVG richtig umzugehen ist, wird – wenn näher darauf eingegangen wird – selten einheitlich beurteilt und ist im Folgenden genauer zu betrachten.

I. Berücksichtigung nur des Normalfalles der beruflichen Entwicklung

Betriebsratsmitglieder sollen nicht an einer über das Normalmaß hinausgehenden günstigeren Entwicklung teilhaben. Nach überwiegender Ansicht sind im Rahmen des § 37 Abs. 4 BetrVG Sonderkarrieren bzw. rein individuelle, aus persönlichen Gründen oder wegen ganz besonderer Qualifikationen nur auf andere

---

1102 Vgl. so im Ergebnis auch *Esser*, S. 41.
1103 Vgl. *Hennecke*, RdA 1986, 241, 243; *Lipp*, S. 83.
1104 HWGNRH/*Glock*, § 37 Rn. 117; im Ergebnis auch *Lipp*, S. 83; ablehnend dagegen *Hennecke*, RdA 1986, 241, 243.
1105 *Lipp*, S. 83.

Arbeitnehmer zugeschnittene Entwicklungen außer Acht zu lassen.[1106] Außergewöhnliche, atypische Karriereverläufe seien nicht in den Vergleichsmaßstab mit einzubeziehen.[1107] Mit dieser Auffassung wird die Möglichkeit für Mandatsträger, bei der Vergütung das Niveau einer Führungskraft auf Basis der Entwicklung vergleichbarer Arbeitnehmer zu erreichen, beinahe ausgeschlossen.[1108] So hat auch das BAG entschieden, dass die Steigerung auf eine Vergütung außerhalb des tariflichen Systems für Betriebsräte nur möglich ist, wenn sich das Erreichen eines außertariflichen Niveaus für den bei Amtsübernahme festgelegten Kreis der vergleichbaren Arbeitnehmer als betriebsüblich darstellt.[1109]

Zurückgeführt wird die Berücksichtigung nur eines Normalfalles oft darauf, dass § 37 Abs. 4 BetrVG eine Ausprägung[1110] bzw. Konkretisierung[1111] des Benachteiligungs- und Begünstigungsverbotes des § 78 S. 2 BetrVG darstelle oder dieses jedenfalls als allgemein gültiger Grundsatz zu beachten ist[1112]. Demnach diene auch die Vorschrift zur Entgeltanpassung lediglich der Beweiserleichterung und soll nicht zugleich eine Begünstigung fördern.[1113]

Es ist dem zuzustimmen, dass § 37 Abs. 4 BetrVG auch vor dem Hintergrund seines Zwecks auszulegen ist.[1114] Daher ist auch die Auffassung nachvollziehbar, dass wegen der Nähe zu § 78 S. 2 BetrVG das Betriebsratsmitglied nicht durch Annahme einer besonders außergewöhnlichen Karriere finanzielle Vorteile erfahren und damit begünstigt werden darf. Konsequenterweise muss das auf der anderen Seite dann aber auch für mögliche Benachteiligungen gelten. Darin liegt aber gerade die Schwierigkeit: Grundsätzlich kann nie mit an Sicherheit grenzender Wahrscheinlichkeit ausgeschlossen werden, dass der Mandatsträger ohne die Übernahme des Betriebsratsamtes nicht vielleicht doch eine besondere Karriere erzielt hätte. Das trifft gleichermaßen auf nur vorübergehend befreite Mandatsträger zu. Nur weil sie ihre ursprüngliche Tätigkeit weiter ausüben und sich hier keine Anhaltspunkte für einen besonderen beruflichen Aufstieg zeigen, heißt das noch nicht, dass ein solcher automatisch ausgeschlossen werden

---

1106 BAG NZA 2017, 935, 937; AP BetrVG 1972 § 37 Nr. 61; *Hennecke*, RdA 1986, 241, 243; *Rieble*, NZA 2008, 276, 277; *Frahm/Koch*, ArbRAktuell 2010, 468; *Byers*, NZA 2014, 65, 66; HWGNRH/*Glock*, § 37 Rn. 117; GK-BetrVG/*Weber*, § 37 Rn. 137; *Knipper*, S. 25; a. A. *Annuß*, NZA 2018, 134, 135 f., basierend auf § 78 S. 2 BetrVG; vgl. auch *Bayreuther*, NZA 2014, 235, 236, zur Einbeziehung von Leistungsgesichtspunkten bei Beförderungen.

1107 Vgl. dazu u. a. BAG NZA 2006, 448, 449; DB 1993, 1379; AP BetrVG 1972 § 37 Nr. 61; WPK/*Kreft*, § 37 Rn. 40; DKKW/*Wedde*, § 37 Rn. 91; HWGNRH/*Glock*, § 37 Rn. 117; *Jacobs/ Frieling*, ZfA 2015, 241, 251; *Bayreuther*, NZA 2014, 235; *Esser*, S. 40; *Knipper*, S. 25; a. A. *Annuß*, NZA 2018, 134, 135 f., basierend auf § 78 S. 2 BetrVG.

1108 Vgl. *Schweibert/Buse*, NZA 2007, 1080, 1081; *Byers*, NZA 2014, 65, 66.

1109 BAG NZA 2017, 935, 938; *Benkert*, NJW-Spezial 2018, 50 f.; *Blattner*, NZA 2018, 129, 131; Bedenken gegen die Übernahme eines Betriebsratsvorsitzenden eines großen Betriebes in ein außertarifliches Arbeitsverhältnis auch *Franke*, SPA 2014, 28, 29; vgl. ähnlich *Annuß*, NZA 2018, 134, 136 zur Möglichkeit des Aufstieges zum Abteilungsleiter.

1110 BAG DB 1993, 1379.

1111 BAG NZA 2017, 935, 937.

1112 *Lipp*, S. 74.

1113 BAG DB 1993, 1379.

1114 BAG DB 1993, 1379; AP BetrVG 1972 § 37 Nr. 61.

kann. Ohne die zahlreichen Abwesenheiten für Betriebsratsarbeit könnten sie möglicherweise eine höhere oder auch außergewöhnliche Karriere durchlaufen haben. Gleichzeitig ist eine besondere Entwicklung aber auch nie zu 100 Prozent vorhersehbar. Deswegen scheint es zunächst die bestmögliche Lösung zu sein, grundsätzlich nur eine durchschnittliche, übliche Entwicklung heranzuziehen. Schließlich stellt diese auch den häufigsten und wahrscheinlichsten Fall dar, während es sich bei besonderen Karrieren eher um Ausnahmefälle handelt. Dem Betriebsratsmitglied wird dann aber von vornherein jeder außergewöhnliche Karriereweg versagt.

Nicht unberücksichtigt bleiben darf in diesem Zusammenhang aber, dass sich heutzutage in den Betrieben ein beruflicher Aufstieg meist nur noch als individuelle Entwicklung aufgrund ganz persönlicher Entscheidungen zeigt. Starre, vorgezeichnete Aufstiegswege sind – vor allem in höheren Positionen – eher eine Seltenheit geworden. Das hat zur Folge, dass sich selbst ein typischer Normalfall häufig nur mehr schwer feststellen lassen wird. Außerdem kann es durchaus vorkommen, dass sich bei einzelnen Amtsträgern tatsächlich Hinweise ergeben, die auf eine spezielle Karriere hindeuten. Hier stößt die Vorschrift der Entgeltanpassung des § 37 Abs. 4 BetrVG an ihre Grenzen. In solchen Fällen kann es daher notwendig werden, ausnahmsweise auch eine besondere Entwicklung als Vergleichsmaßstab heranzuziehen. Da dies allerdings nicht pauschal von vornherein zuzulassen ist, müssen die genauen Umstände in jedem Einzelfall genau betrachtet und gegebenenfalls ein der Situation gerecht werdender, gelockerter Maßstab bei der Beurteilung angesetzt werden. Damit wäre in besonderen Einzelfällen dann auch eine Entgeltentwicklung bis hin zu der einer Führungskraft denkbar.

Vor allem für die nachfolgend dargestellten Konstellationen, die oft nur noch schwer mit den Vorgaben der Regelung in Einklang zu bringen oder die in der Praxis oft mit großen Schwierigkeiten bei der Beurteilung verbunden sind, ist daher zu prüfen, inwieweit die gesetzlichen Regelungen ausreichen und ob gegebenenfalls eine Modifikation notwendig ist.

II. Die Beurteilung von Beförderungen im Rahmen der Entgeltanpassung

Beförderungen gehören zu einer beruflichen Entwicklung, die Arbeitnehmer im Laufe ihres Arbeitslebens erfahren. Daher entfalten sie auch im Rahmen der Entgeltanpassung des § 37 Abs. 4 BetrVG Relevanz. Das gilt aber nicht uneingeschränkt für sämtliche Beförderungsfälle. Hier ist zwischen verschiedenen Konstellationen zu differenzieren, die unterschiedlich, teilweise auch nach anderen Vorschriften, beurteilt werden müssen. Entscheidend für die Beurteilung ist, dass es im Zusammenhang mit der Vorschrift des § 37 Abs. 4 S. 1 BetrVG ausschließlich um die Anpassung des Entgeltes aufgrund einer beruflichen Entwicklung, und damit auch aufgrund einer Beförderung geht, die das Betriebsratsmitglied selbst wegen des Amtes nicht erreichen konnte. Der Maßstab hierfür ist eigentlich ein rein objektiver, und zwar die Entwicklung vergleichbarer Arbeitnehmer.

Das bedeutet, dass tatsächliche Beförderungen auf andere Positionen nicht an § 37 Abs. 4 BetrVG zu messen sind, erfasst werden davon lediglich die einer Entgeltentwicklung zugrunde liegenden Änderungen der Arbeitstätigkeit. Die Versetzung auf einen anderen Arbeitsplatz ist anhand anderer Vorschriften, insbesondere dem § 37 Abs. 5 BetrVG zu beurteilen.[1115]

Ein weiterer Fall, bei dem hier zu differenzieren ist, liegt in der Möglichkeit, dass der Arbeitgeber dem Betriebsratsmitglied die Beförderung auf einen anderen Posten lediglich anbietet. Nur das Angebot hat mit der Vergütung an sich zunächst nichts zu tun. Das ist nicht an § 37 BetrVG zu messen, sondern allenfalls an § 78 S. 2 BetrVG. Allerdings kann ein Beförderungsangebot bei § 37 Abs. 4 BetrVG dann Bedeutung erlangen, wenn es Ausdruck einer besonderen Entwicklung ist und sich die Frage stellt, ob es als persönlicher Umstand bei der Entgeltanpassung Berücksichtigung finden darf.[1116] Keine Unterschiede sind hier zwischen nur vorübergehend und dauerhaft befreiten bzw. freigestellten Mandatsträgern zu machen. Die Maßstäbe gelten für sämtliche verschiedenen Arten der Befreiung gleichermaßen und verlangen keine Differenzierung. Auch wenn nur zeitweise befreite Betriebsräte noch ihrer bisherigen Tätigkeit nachkommen, kann sich das Amt bei ihnen ebenso negativ auf die Beförderungschancen auswirken.

Bei der Frage, wann eine Beförderung im Einzelnen zu einer Entgeltanpassung bei einem Betriebsratsmitglied führt und wie das zu berücksichtigen ist, zeigen sich die Anwendungsschwierigkeiten und Grenzen der Vorschrift des § 37 Abs. 4 BetrVG, insbesondere im Hinblick auf das Merkmal der Betriebsüblichkeit, deutlich.

1. Schwächen des Merkmals der Betriebsüblichkeit bei Beförderungen

Grundsätzlich gilt für Beförderungen wie für alle anderen beruflichen Entwicklungen gleichermaßen, dass sie einem Betriebsratsmitglied im Rahmen der Entgeltanpassung nach § 37 Abs. 4 BetrVG nur zugutekommen dürfen, wenn sie betriebsüblich sind. Nach der Rechtsprechung und sich dem anschließend Teilen der Literatur wird eine Beförderung dann als betriebsüblich angesehen, wenn das jeweilige Betriebsratsmitglied nach den betrieblichen Gepflogenheiten hätte befördert werden müssen oder wenn zumindest die überwiegende Mehrheit der Vergleichsarbeitnehmer in dem Betrieb einen derartigen Aufstieg erreicht hat.[1117] Teilweise wird bei der Beurteilung einer für den Betrieb typischen Beförderung dagegen nur (oder auch) auf den Aspekt eingegangen, dass wenigstens bei der Mehrzahl der vergleichbaren Arbeitnehmer damit gerechnet werden

---

1115 Siehe dazu auch S. 309 ff.

1116 Vgl. dazu die Ausführungen auf S. 263 f.

1117 BAG DB 1993, 1379; NZA 2006, 448, 449; GK-BetrVG/*Weber*, § 37 Rn. 137; Richardi/*Thüsing*, § 37 Rn. 74; HWGNRH/*Glock*, § 37 Rn. 116; ausführlich *Happe*, S. 58 ff.; vgl. auch *Blattner*, NZA 2018, 129, 131.

kann.[1118] Jedenfalls soll auch hier übereinstimmend der für den Betrieb übliche Normalfall und nicht etwaige Sonderkarrieren maßgebend sein.[1119] Bei Anwendung dieser im Kern übereinstimmenden gängigen Definitionen zur Beurteilung von Beförderungen im Rahmen des § 37 Abs. 4 BetrVG stößt man allerdings schnell auf Probleme.

a) Beurteilungsschwierigkeiten aufgrund des Wandels der Beförderungspraxis

Betriebsüblichkeit ist bei gleichförmigem Verhalten des Arbeitgebers und bei einer Mehrzahl von Beförderungen vergleichbarer Arbeitnehmer anzunehmen. Allein darauf abzustellen, kann für die Beurteilung einer Beförderung allerdings nicht mehr ausreichen. Denn dass mehreren Arbeitnehmern, die sich in Qualifikation und Tätigkeit ähnlich sind, auch automatisch eine gleiche Beförderungspraxis zuteilwird oder diese anderenfalls nicht typisch für den Betrieb ist, davon kann generell nicht (mehr) ausgegangen werden. Es stellt sich vielmehr das Gegenteil dar. In der heutigen Zeit ist in den meisten Betrieben eine solche Üblichkeit eher unwahrscheinlich und die Anforderungen an die Betriebsüblichkeit von Beförderungen entsprechen daher kaum mehr der betrieblichen Realität. Das hat verschiedene Gründe. Betrachtet man die Situation heute gegenüber der Zeit, zu der das Betriebsverfassungsgesetz entstanden ist, zeigen sich deutliche Unterschiede: Während früher in den Betrieben meist klare Hierarchieebenen vorhanden waren, die vor allem in den unteren Stufen von einer großen Gruppe von Arbeitnehmern nach eindeutigen Vorgaben und einem bestimmten Schema durchlaufen werden konnten, sind solche Beförderungsverläufe heute eher untypisch und damit auch nicht leicht nachvollziehbar.[1120] Ein derart gleichförmiges Verhalten des Arbeitgebers lässt sich eher noch im öffentlichen Dienst finden.[1121] Dagegen kommt es heute nur noch selten vor, dass Beförderungen automatisch nach einigen Jahren oder nach dem Prinzip der Seniorität, d. h. bei Erreichen eines bestimmten Alters automatisch vorgenommen werden. Vielmehr hängt der berufliche Aufstieg – erst recht in höheren Positionen – von vielen verschiedenen Faktoren und Einflüssen ab. Dabei können betriebliche oder unternehmerische Umstände eine Rolle spielen, aber vor allem führen auch Qualifikation, Leistung oder die Bewährung über eine bestimmte Zeit zu einer Beförderungsentscheidung zugeschnitten auf den jeweiligen Einzelfall.[1122] Starre Systeme sind eine Seltenheit geworden. Wegen der flachen Hierarchien

---

1118 BAG DB 1993, 1379; ErfK/*Koch*, § 37 BetrVG Rn. 9; *Fitting*, § 37 Rn. 123; DKKW/*Wedde*, § 37 Rn. 91; HWGNRH/*Glock*, § 37 Rn. 117.

1119 Vgl. u. a. BAG NZA 2006, 448, 449; DB 1993, 1379; ErfK/*Koch*, § 37 BetrVG Rn. 9; DKKW/*Wedde*, § 37 Rn. 91; *Jacobs/Frieling*, ZfA 2015, 241, 251; *Bayreuther*, NZA 2014, 235; *Esser*, S. 40.

1120 Vgl. *Bayreuther*, NZA 2014, 235; *v. Steinau-Steinrück/Kuntzsch*, NJW-Spezial 2017, 754, 755; *Liesenfeld*, S. 152.

1121 *Peter*, FA 2010, 73, 75; *Happe*, S. 58.

1122 Vgl. HWK/*Reichold*, § 37 Rn. 26; *Bayreuther*, NZA 2014, 235; ähnlich *Annuß*, NZA 2018, 134, 137: „Beförderung als personalpolitischer[r] Entscheidung[en] auf Grundlage unternehmerischer Beurteilungen".

gibt es darüber hinaus oft nur noch wenige Beförderungsmöglichkeiten.[1123] Die Beförderungschancen stellen sich dadurch noch individueller dar. Wendet man bei der Beurteilung von Beförderungen im Rahmen des § 37 Abs. 4 BetrVG nur die gängige Definition der Betriebsüblichkeit an, ohne die gewandelte Situation in den Betrieben zu berücksichtigen, würde Betriebsräten kaum mehr eine solche berufliche Entwicklung zugutekommen können. Eine Modifikation für solche Fälle wäre daher notwendig.

b) Besonderheiten bei Vorhandensein nur einer Beförderungsstelle oder weniger Vergleichspersonen

Die Feststellung der Betriebsüblichkeit von Beförderungen nach den genannten Kriterien wird außerdem in Konstellationen problematisch, bei denen für den Kreis des Mandatsträgers und seine Vergleichspersonen tatsächlich nur eine einzige Beförderungsstelle zur Verfügung steht, und daher die Mehrzahl der vergleichbaren Arbeitnehmer aus diesem Grund nicht befördert werden kann. Das überwiegend verlangte Erfordernis der mehrheitlichen Beförderung kann in solchen Fällen daher schon nicht erfüllt werden. Dem ähnlich dürften die Situationen zu beurteilen sein, in denen nur eine einzige oder eine geringe Anzahl an Vergleichspersonen zur Verfügung steht, weil man hier mit der üblichen Bestimmung über die Beförderung der Mehrzahl der Vergleichspersonen ebenfalls nicht mehr weiterkommt.

aa) Überblick über die vertretenen Lösungsansätze

Die Rechtsprechung und teilweise auch die Literatur wollen dieses Problem damit lösen, indem sie eine Entgeltanpassung nach § 37 Abs. 4 BetrVG in solchen Konstellationen nur dann annehmen, wenn gerade das betreffende Betriebsratsmitglied nach den betrieblichen Auswahlkriterien auf die höher dotierte Stelle hätte befördert werden müssen.[1124] Damit wird die Beurteilung anhand einer hypothetischen Betrachtung vorgenommen. Dem entspricht wohl auch eine Auffassung, die sich in einem ähnlich gelagerten Fall, bei dem bestimmte Positionen in dem Betrieb nur gelegentlich neu besetzt werden, von einer starren Anwendung des Kriteriums der Beförderungsüblichkeit lösen will, ohne es zugleich bedeutungslos werden zu lassen.[1125] Dabei soll mit einer personen- und stellenbezogenen Betrachtung geprüft werden, ob das Betriebsratsmitglied dem Anforderungsprofil der höheren Position entspricht.[1126] Der hypothetische Lösungsansatz scheint darüber hinaus zum Teil allgemein für Beförderungen von Mandatsträgern und nicht lediglich für den speziellen Fall nur einer zur Verfü-

---

1123 *Peter*, FA 2010, 73, 75.
1124 BAG DB 1993, 1379; AP BetrVG 1972 § 37 Nr. 61; HWGNRH/*Glock*, § 37 Rn. 117.
1125 *Bayreuther*, NZA 2014, 235, 237.
1126 *Bayreuther*, NZA 2014, 235, 237.

gung stehenden Beförderungsstelle angewandt zu werden.[1127] Denn in den verwendeten Definitionen wird bereits auch danach gefragt, ob das Betriebsratsmitglied hätte befördert werden müssen.

Im Gegensatz dazu wird bei Vorhandensein nur einer Beförderungsstelle auch der Weg über einen Anspruch auf Entgeltanpassung nach § 78 S. 2 BetrVG und nicht mehr nach § 37 Abs. 4 BetrVG angenommen, weil es sich gerade um keine betriebsübliche Entwicklung mehr handele.[1128]

bb) Bewertung

Die Vorgehensweise über einen Anspruch nach § 78 S. 2 BetrVG ist hier bereits von vornherein abzulehnen, da sich eine Entgeltentwicklung allein nach § 37 Abs. 4 BetrVG richtet und nicht ausschließlich über das Bestehen eines Anspruches bestimmt werden kann, zumal § 78 S. 2 BetrVG ohnehin keine eigenständige Anspruchsgrundlage darstellt.[1129] Schließlich sind auch Fälle einer freiwilligen Beförderungsentscheidung des Arbeitgebers denkbar, auf die kein Anspruch besteht.[1130]

Doch auch die anderen Lösungsansätze weisen selbst wiederum Schwächen auf und können dem mit § 37 Abs. 4 BetrVG bezweckten Entgeltschutz kaum ausreichend gerecht werden. Eine rein hypothetische Beurteilung, ob ein Betriebsratsmitglied hätte befördert werden müssen, passt zum einen nicht zu der grundsätzlich bezweckten objektivierten Feststellung, die in § 37 Abs. 4 BetrVG vorzunehmen ist. Während § 37 Abs. 2 BetrVG bei der Bestimmung des Grundentgeltes durchaus eine hypothetische Betrachtung anstellt, was das Betriebsratsmitglied verdient hätte, richtet sich die berufliche Entwicklung nur objektiv nach der von vergleichbaren Arbeitnehmern.[1131] Zum anderen wird sich die Ermittlung einer hypothetischen Beförderung in vielen Einzelfällen in der Praxis als äußerst schwierig darstellen oder als nahezu unmöglich erweisen. Bestehen in dem Betrieb klare Beförderungsrichtlinien oder festgelegte Auswahlkriterien, ließe sich das anhand dieser objektiven Anforderungen noch deutlich einfacher beurteilen. Gibt es solche Richtlinien allerdings nicht oder sind deren Voraussetzungen an schwer (hypothetisch) bestimmbare Kriterien geknüpft, können Aussagen über hypothetische Beförderungschancen oder -verläufe kaum getroffen werden. Nicht nur, dass Beförderungsentscheidungen auf subjektiven Einschätzungen bezogen auf den Einzelfall beruhen, sondern auch Gesichtspunkte wie eine längere Zeit der Zusammenarbeit oder persönliches Vertrauen können

1127 BAG DB 1993, 1379; NZA 2006, 448, 449; GK-BetrVG/*Weber*, § 37 Rn. 137; Richardi/*Thüsing*, § 37 Rn. 74.
1128 *Jacobs/Frieling*, ZfA 2015, 241, 251; *Lipp*, S. 78 ff. mit Hinweis auf LAG Frankfurt a. M. BeckRS 2000, 30451464.
1129 So im Ergebnis auch *Purschwitz*, S. 47; a. A. *Happe*, S. 57; siehe dazu auch S. 277 ff.
1130 Vgl. *Bayreuther*, NZA 2014, 235, 237; *Happe*, S. 61 f.
1131 Vgl. BAG NZA 2006, 448, 449; BeckRS 2005, 30349201; a. A. *Hennecke*, RdA 1986, 241 f.; Richardi/*Thüsing*, § 37 Rn. 69a; siehe auch *Jacobs/Frieling*, ZfA 2015, 241, 251; *Lipp*, S. 61, die § 37 Abs. 4 für den Fall als nicht passend erachten.

entscheidend sein. Die jeweilige Personalpolitik des Entscheidungsträgers spielt dabei eine bedeutende Rolle, sie kann aber allenfalls Aufschluss über erhöhte oder verminderte Chancen einzelner Arbeitnehmer, nicht aber über einen sicheren Aufstieg geben.[1132] Erst recht lassen sich Auswahlentscheidungen in höheren Positionen weder vorhersehen noch nachvollziehen, weil sie häufig besonders individualisiert sind.[1133] Das ist auch nicht in Zweifel zu ziehen. Denn dem Arbeitgeber ist durchaus ein gewisser Spielraum bei der Entscheidung zuzubilligen, so dass eine hypothetische Betrachtung dahingehend, ob ein Betriebsratsmitglied hätte befördert werden müssen, nicht starr angewandt werden darf. Schließlich soll der Arbeitgeber aus dem Kreis geeigneter Arbeitnehmer frei entscheiden können, wen er auf eine bestimmte Position setzen möchte. Das würde jedoch bedeuten, dass immer dann, wenn eine Beförderungsentscheidung nicht anhand verbindlicher Regeln getroffen werden kann, eine Vorhersehbarkeit und damit auch in diesen Fällen die Berücksichtigung einer Beförderung bei der Entgeltanpassung nach § 37 Abs. 4 BetrVG nicht möglich wäre. Das würde in den Betrieben heute den Normalfall darstellen. Für die Möglichkeit, Betriebsräten solche Beförderungsstellen im Rahmen der Entgeltanpassung (finanziell) zugutekommen zu lassen, muss daher ebenfalls ein modifizierter Lösungsweg im Folgenden gefunden werden.

2. Möglichkeit der Berücksichtigung besonderer Beförderungsfälle im Rahmen des § 37 Abs. 4 BetrVG

Die genannten Probleme dürfen nicht dazu führen, dass Beförderungen bei der Entgeltanpassung nach § 37 Abs. 4 BetrVG nicht ausreichend bzw. keine Berücksichtigung finden können. Es kann nicht von vornherein ausgeschlossen werden, dass ein Mandatsträger ohne die Amtsübernahme möglicherweise befördert worden wäre. Nur wegen Schwierigkeiten bei der Beurteilung oder Unsicherheiten dürfen Betriebsräte nicht sicherheitshalber übergangen werden.[1134] Daher muss ein Weg gefunden werden, der entsprechend der heutigen Beförderungspraxis und der genannten besonderen Fälle zu einem sachgerechten Ergebnis führt.

Sämtliche genannten Konstellationen haben eines gemeinsam: Sie zeichnen sich durch eine gewisse „Versubjektivierung" aus, die mit dem rein objektiven Vergleichsmaßstab des § 37 Abs. 4 S. 1 BetrVG nicht mehr in Einklang stehen bzw. mit diesem allein nicht mehr ausreichend gelöst werden können. Sowohl der Wandel der Beförderungspraxis als auch die Verfügbarkeit von nur einer Beförderungsstelle oder nur einer kleinen Vergleichsgruppe stellen sich als deutlich individualisierte Sachverhalte dar. Daher ist für diese Fälle auch ein subjektiverer Lösungsansatz zu suchen, auch wenn das im Rahmen des § 37 Abs. 4

1132 Vgl. *Hennecke*, RdA 1986, 241, 243.

1133 Vgl. *Hennecke*, RdA 1986, 241, 243.

1134 Vgl. *Bayreuther*, NZA 2014, 235, 237; *Happe*, S. 60; *v. Steinau-Steinrück/Kuntzsch*, NJW-Spezial 2017, 754, 755; vgl. auch *Annuß*, NZA 2018, 134, 137.

BetrVG von dem Gesetz grundsätzlich nicht vorgesehen ist. Anderenfalls ließe sich für diese subjektivierten (Ausnahme-)Fälle keine ausreichende Lösung finden. Hauptproblem und zugleich Ansatzpunkt für entsprechende Lösungen ist dabei das Merkmal der Betriebsüblichkeit. Die Anforderungen, die in Rechtsprechung und Literatur an dieses Erfordernis gestellt werden, waren bislang allein objektive Kriterien, wie Gleichförmigkeit oder Beförderungsmehrheiten. Die Bestimmung der Betriebsüblichkeit bedarf daher einer Modifizierung, allerdings ausschließlich für solche versubjektivierten Beförderungsfälle. Existieren in dem Betrieb nach wie vor z. B. bestimmte vorgezeichnete Beförderungsstufen, welche alle bzw. ein Großteil der vergleichbaren Arbeitnehmer durchlaufen und deren Erreichen anhand objektiver Kriterien bestimmt werden kann, ist eine Modifizierung nicht erforderlich. Für die anderen Fälle muss ein subjektiveres Verständnis der Betriebsüblichkeit angelegt werden, und zwar in zweierlei Hinsicht. Zum einen sind hier die (auch nach Amtsübernahme erlangten)[1135] Qualifikations- und Leistungskriterien des Betriebsratsmitgliedes heranzuziehen und mit den Anforderungen der jeweiligen Stelle dahingehend abzugleichen, ob der jeweilige Mandatsträger für den Posten überhaupt in Frage kommen würde. Zum anderen muss die bisherige Beförderungspraxis genau beleuchtet werden. Dabei sind zwar auch die Vergleichspersonen und deren Entwicklung heranzuziehen, in erster Linie ist aber die Personalpolitik des jeweiligen Vorgesetzten zu betrachten und zu untersuchen, worauf er bei Beförderungen bislang Wert gelegt hat. Vor allem bei höheren Positionen können die vorangegangenen Entscheidungen und weitere relevante Merkmale und Indizien Bedeutung erlangen, die Aufschluss über eine konkrete, versubjektivierte Beförderungspraxis in dem Betrieb geben können. Nach Auswertung dieser Merkmale kann dann eine Betriebsüblichkeit angenommen werden oder eben nicht.

Selbst wenn mit einem subjektiveren Lösungsansatz versucht wird, den Umständen der heutigen Zeit und den besonderen Beförderungsfällen einigermaßen gerecht zu werden, kann eine Beförderungsentscheidung im Ergebnis dennoch nie mit Sicherheit vorhergesagt werden, erst recht nicht, wenn das Betriebsratsmitglied über längere Zeit im Amt ist. Letztendlich handelt es sich auch hier um eine hypothetische Betrachtung, bei der zwangsläufig Unsicherheiten verbleiben können. Falsch wäre es daher, im Rahmen von Entgeltanpassungen bei Beförderungen zu strenge Maßstäbe an die Entscheidung des Arbeitgebers anzulegen. Denn der Arbeitgeber wäre trotz Unsicherheiten und Zweifeln großen – auch strafrechtlichen – Risiken ausgesetzt. Das wäre widersinnig, wenn man bei unklaren bzw. unbestimmten Anforderungen, hypothetischen Betrachtungen sowie meist unterschiedlichsten Einflüssen auf die Bewertung nur einen Weg oder ein Ergebnis für richtig erachten würde. Der Rahmen des Erlaubten darf nicht zu eng gesteckt werden, weil der Arbeitgeber sonst kaum eine Chance hätte, sich rechtskonform zu verhalten. Daher ist ihm bei diesen Beförderungsfällen ein ge-

---

1135 Siehe dazu ausführlich S. 249 ff.

wisser Ermessensspielraum zuzugestehen.[1136] Entscheidend ist allerdings, dass die Beförderung nicht vollkommen außerhalb des in dem Betrieb grundsätzlich Möglichen liegt; sie darf sich nicht als außergewöhnlich oder besonders untypisch für das Berufsfeld, sondern muss sich als plausibel und nachvollziehbar darstellen und es darf sich insgesamt nicht eine allzu großzügige Handhabung allein gegenüber Betriebsratsmitgliedern zeigen.[1137] Abzulehnen ist es dagegen, bei sämtlichen (freiwilligen) Beförderungen eine widerlegliche Vermutung der Begünstigung aufzustellen, die dann mit den Gründen der konkreten Beförderungsentscheidung entkräftet werden kann.[1138] Das ist nicht sachgerecht, weil es den Arbeitgeber unter den Generalverdacht der Begünstigung von Betriebsräten stellen würde. Eine Beförderung wäre damit in der Praxis auch mit so hohen Risiken besetzt, dass sie wegen drohender Konsequenzen kaum mehr vorgenommen würden.

Im Ergebnis ist die Berücksichtigung besonderer Karrieren aufgrund von Beförderungen bei der Entgeltanpassung in gewissen Grenzen daher möglich. In diesem Rahmen hat der Arbeitgeber einen Entscheidungsspielraum. Dieser wäre beispielsweise dann überschritten, wenn ein beruflicher Aufstieg zu rasch, ungewöhnlich häufig oder als ein abrupter Wechsel von einer niedrigeren Tätigkeitsstufe auf eine höhere Position erfolgt.[1139]

III. Besonderheiten in der Entwicklung der Vergleichsarbeitnehmer

1. Berücksichtigung von Weiter- und Fortbildungen

Nicht selten führen einige Zusatzausbildungen, Fortbildungen oder Schulungen in den Betrieben dazu, dass die Arbeitnehmer, die daran teilgenommen haben, mit höher vergüteten Arbeiten betraut werden. Weist ein Mandatsträger bestimmte Zusatzqualifikationen bei Amtsübernahme noch nicht auf, darf ein Arbeitnehmer mit diesen Kenntnissen nicht als Vergleichsperson herangezogen werden. Erwerben bereits festgelegte vergleichbare Arbeitnehmer diese aber im Laufe der Amtszeit des Betriebsratsmitgliedes, kommt ihre daraus resultierende berufliche Entwicklung uneingeschränkt auch den Betriebsratsmitgliedern im Rahmen des § 37 Abs. 4 BetrVG zugute.[1140] So sieht es das Gesetz vor. Voraussetzung ist lediglich, dass die Vergleichsarbeitnehmer sie absolviert haben und

---

1136 Vgl. dazu wohl ähnlich *Happe*, S. 63 f., der nach der Freiwilligkeit der Beförderung differenziert.

1137 *Bayreuther*, NZA 2014, 235, 238.

1138 *Happe*, S. 63 f.

1139 *Bayreuther*, NZA 2014, 235, 238.

1140 HWGNRH/*Glock*, § 37 Rn. 118; wohl nur mit dem einschränkenden Kriterium, dass dem Betriebsratsmitglied wegen dem Amt eine Teilnahme nicht möglich war, *Fitting*, § 37 Rn. 121; GK-BetrVG/*Weber*, § 37 Rn. 138; *Lipp*, S. 74 f.; vgl. auch *Happe*, S. 55; a. A. wohl *Georgi*, S. 55.

sie sich im Rahmen der Betriebsüblichkeit bewegen. Nicht dazu gehören damit spezielle persönliche oder privat durchgeführte Weiterbildungen.[1141]

a) Erfolglose Teilnahme des Mandatsträgers an einer Fortbildungsmaßnahme

In diesem Zusammenhang wird allerdings häufig die Situation diskutiert, dass das Betriebsratsmitglied in seiner Funktion als Amtsträger ebenfalls an der Weiterbildungsmaßnahme teilgenommen hat, jedoch ohne Erfolg. Dann stellt sich nämlich die Frage, ob diese Entwicklung trotz des nicht erfolgreichen Abschlusses dennoch bei einer Entgeltanpassung des Mandatsträgers zu berücksichtigen ist. Schließlich ist der Misserfolg tatsächlich feststellbar. Zwar handelt es sich dabei auch um die Frage, ob besondere Umstände in der Person des Betriebsratsmitgliedes im Rahmen des § 37 Abs. 4 S. 1 BetrVG Berücksichtigung finden können bzw. müssen. Das Problem ist aber vorrangig in Zusammenhang mit der Weiterentwicklung der Vergleichsarbeitnehmer zu betrachten. Denn hier muss geklärt werden, ob allein die Weiterbildung der Vergleichspersonen maßgeblich ist.

Verdeutlichen lässt sich die zu klärende Situation am besten an folgendem Beispiel: Ein Betriebsratsmitglied ist in einem großen Steuerunternehmen tätig und hatte bereits vor seiner vollständigen Freistellung als Betriebsrat die Absicht – wie in der Abteilung vorgesehen und üblich – die Prüfung zum Steuerberater abzulegen. Alle vergleichbaren Arbeitnehmer haben diese nach und nach mit Erfolg abgelegt, das Betriebsratsmitglied selbst hat sich der Prüfung während seiner Freistellung gestellt, diese allerdings nicht bestanden. Würde man in dem Fall die Entwicklung der Vergleichsarbeitnehmer wegen der nicht erfolgreichen Teilnahme des Mandatsträgers an der Steuerberaterausbildung nicht beachten, wäre das Betriebsratsmitglied schlechter gestellt, als wenn es nicht an der Fortbildung teilgenommen hätte. Außerdem würde man den rein objektiven Maßstab des § 37 Abs. 4 S. 1 BetrVG nicht konsequent anwenden, indem man auch individuelle Leistungen – wie hier das Nichtbestehen der Prüfung – berücksichtigen würde. Stellt man dagegen ausschließlich auf die Entwicklung der Vergleichspersonen trotz des persönlichen Misserfolges des Mandatsträgers ab, würde man die sich aufdrängenden tatsächlichen Anhaltspunkte, aufgrund derer ein realitätsnahes Ergebnis erzielt werden könnte, ignorieren. Bei konsequenter Gesetzesanwendung würde trotz nicht erfolgreicher Teilnahme an der Steuerberaterprüfung die Vergütung des Mandatsträgers trotzdem der eines geprüften Steuerberaters angepasst. Ein Betriebsratsmitglied dürfte somit nach geltender Rechtslage – jedenfalls finanziell – an einer beruflichen Entwicklung teilhaben, die es selbst eigentlich nicht erreicht hat.

Vor allem für den Arbeitgeber mag in solchen Situationen eine gewisse Unsicherheit bestehen, da die Nichtberücksichtigung der beruflichen Entwicklung

---

1141 DKKW/*Wedde*, § 37 Rn. 92; GK-BetrVG/*Weber*, § 37 Rn. 138; HWGNRH/*Glock*, § 37 Rn. 119; *Happe*, S. 56; *Lipp*, S. 75.

das Betriebsratsmitglied wegen des Amtes deutlich schlechter stellen könnte, während die Beachtung der Weiterbildung ihn andererseits bevorteilen könnte. Eindeutiger wäre die Konstellation, dass das Betriebsratsmitglied die Prüfung wegen der Amtstätigkeit nicht geschafft hat. Denn die neuen Aufgaben, die sich von der bisherigen Tätigkeit deutlich abheben und vielleicht auch ein außerordentlicher Arbeitsanfall für den Betriebsrat können ein Grund dafür sein, dass der Mandatsträger die Prüfung nicht wie seine Vergleichskollegen absolvieren konnte. Eine Feststellung, ob das im Einzelfall die Hauptursache für den Misserfolg war, wird jedoch – außer in eindeutigen Fällen – nur schwer bzw. kaum möglich sein.

b) Lösungswege in der Literatur

Die Meinungen im Schrifttum gehen zu dieser Frage auseinander. Einer Ansicht nach soll in solchen Fällen für ein möglichst objektives und wirklichkeitsnahes Ergebnis nicht nur allein die Entwicklung der Vergleichsarbeitnehmer ausschlaggebend sein, sondern der Nichterfolg durchaus berücksichtigt werden; demnach wäre eine Entgeltanpassung dann nicht vorzunehmen.[1142] Nach anderer Auffassung soll aber die tatsächliche, nicht erfolgreiche Teilnahme an einer Bildungsmaßnahme keinen Einfluss auf die Entgeltentwicklung haben, da es lediglich auf die objektiven Verhältnisse vergleichbarer Arbeitnehmer und nicht die subjektiven Umstände des Betriebsratsmitgliedes ankomme.[1143] Eine weitere Ansicht lässt sich zwischen diesen beiden Meinungen einordnen; diese befürwortet in dem Fall zwar eine Entgeltanpassung, allerdings nur, wenn der fehlende Erfolg bei der Fortbildungsmaßnahme auf das Betriebsratsamt zurückzuführen ist.[1144]

c) Stellungnahme

Auch wenn der Gesetzgeber mit der Regelung vor allem Objektivität bei der Entgeltanpassung erreichen wollte, hat er dabei sicher auch beabsichtigt, einigermaßen gerechte Ergebnisse zu erzielen, die nicht allein auf reine Mutmaßungen gestützt werden. Hintergrund der Vorschrift muss ebenso sein, ein realistisches Bild der beruflichen Karriere zu zeichnen, um nicht nur konstruierte oder unwahrscheinliche Karrieren als Grundlage für eine Entgeltanpassung heranzuziehen.

Auch wenn in der hier betrachteten Konstellation zwar ein tatsächliches Ergebnis eines Betriebsratsmitgliedes herangezogen werden könnte, handelt es sich dabei aber dennoch nicht zwingend um das realitätsnahe Bild seiner beruflichen

---

1142 *Hennecke*, RdA 1986, 241, 244.

1143 *Fitting*, § 37 Rn. 122; *Däubler*, SR 2017, 85, 102; so im Ergebnis auch DKKW/*Wedde*, § 37 Rn. 92; HWGNRH/*Glock*, § 37 Rn. 121; *Sturm*, S. 98 f.; so mittlerweile auch GK-BetrVG/*Weber*, § 37 Rn. 138.

1144 *Lipp*, S. 74 ff.; noch in der Vorauflage ebenso GK-BetrVG/*Weber*, 10. Auflage 2014, § 37 Rn. 127.

Entwicklung ohne das Betriebsratsamt. Worauf sich der Misserfolg zurückführen lässt, wird in den meisten Fällen wohl kaum ausreichend zu beantworten sein und ist darüber hinaus auch unerheblich, weil nach dem Gesetz ausschließlich die Vergleichspersonen relevant sind. Denn die Vorschrift des § 37 Abs. 4 S. 1 BetrVG ist dahingehend klar, dass bei betriebsüblicher Entwicklung eines vergleichbaren Arbeitnehmers das Arbeitsentgelt daran anzupassen ist. Hält man sich an diesen objektiven Maßstab, ändert daran auch eine ohne Erfolg absolvierte Fortbildungsmaßnahme nichts. Mit der sorgfältigen Auswahl der vergleichbaren Arbeitnehmer hat man ohnehin schon eine Vergleichsgruppe herangezogen, die in fachlicher wie persönlicher Hinsicht dem Betriebsratsmitglied entspricht, weshalb das Bestehen der Prüfung jedenfalls nicht fernliegend ist. Dem widerspricht auch nicht der Zweck des Gesetzes. Das Betriebsratsmitglied wird nicht begünstigt, wenn es an der Entwicklung teilhaben darf, schließlich kann nicht mit Sicherheit ausgeschlossen werden, dass das Amt für den Misserfolg (mit-) ursächlich war. Im Zweifel dürfen daher keine Ergebnisse zulasten der Mandatsträger angenommen werden. Die konsequente Anwendung des Gesetzes führt auch in diesen Fällen zu angemessenen Ergebnissen, so dass dieser Ansicht im Ergebnis daher zu folgen ist.

2. Unterdurchschnittliche Entwicklungen der Vergleichspersonen

Bei der Beurteilung des beruflichen Werdegangs vergleichbarer Arbeitnehmer stellt sich häufig die Frage, ob auch deren unterdurchschnittliche negative Entwicklungen dem Betriebsratsmitglied bei der Entgeltentwicklung angelastet werden müssen. Stellt man allein auf die vergleichbaren Arbeitnehmer ab und nehmen diese eine schlechtere Entwicklung, könnte man daran denken, das auch für eine Entgeltanpassung des Betriebsratsmitgliedes als maßgeblich zu erachten. Damit würde man aber dem Mandatsträger nicht nur jegliche positive Entwicklung versagen, sondern er hätte außerdem noch Anteil an schlechteren Verläufen. Entscheidend muss auch in solchen Fällen die Beurteilung der Betriebsüblichkeit sein, die sich bei negativen Entwicklungen nur schwer feststellen lassen wird.

Zwar könnte man darauf abstellen, dass ursprünglich herangezogene Vergleichspersonen dem gleichen (niedrigen) Qualifikations- und Leistungsstand des Betriebsratsmitgliedes entsprechen und damit eine unterdurchschnittliche Entwicklung bereits vorgezeichnet ist.[1145] Damit müsste die Betriebsüblichkeit aber bereits an dem verringerten Leistungsvermögen festgemacht und ausgehend davon bestimmt werden.[1146]

Diese Auffassung ist allerdings nicht überzeugend, die Fälle sind differenzierter zu betrachten. Eine pauschale Aussage zur Betriebsüblichkeit ist gerade bei negativen Entwicklungen kaum möglich, auch wenn man an das geringe-

---

1145 Vgl. *Sturm*, S. 97.
1146 So *Sturm*, S. 97.

re Leistungsvermögen als Basis der Beurteilung anknüpft. Denn eine negative Entwicklung eines Arbeitnehmers kann auf sehr viele verschiedene Ursachen zurückgeführt werden. Sicherlich ist nicht abzustreiten, dass einer besonderen beruflichen Entwicklung bei einem bestimmten Leistungsstand meist von vornherein gewisse Grenzen gesetzt sind. Das heißt aber nicht, dass damit automatisch eine unterdurchschnittliche negative Laufbahn vorgezeichnet sein muss. Bei jeder beruflichen Karriere spielen unterschiedliche Einflüsse eine Rolle. So kann diese, z. B. wegen persönlicher Umstände, weil der Arbeitnehmer ein persönliches oder fachliches, vorübergehendes oder länger andauerndes „Leistungstief" hat oder aufgrund individueller Einschätzungen und Entscheidungen von Vorgesetzten, einen schlechteren Verlauf nehmen. Dabei lässt sich auch nicht immer eine Ursache als ausschlaggebend feststellen, sondern häufig wirken sich verschiedene Faktoren kumulativ auf die Karriere – und zwar durchaus auch negativ – aus. Diese zahlreichen möglichen und vor allem individuellen Faktoren dürfen einem Betriebsratsmitglied nicht verallgemeinert aufgebürdet werden.

Ist eine Gruppe mit mehreren vergleichbaren Arbeitnehmern vorhanden und nimmt der Großteil eine schlechtere Entwicklung, spräche in dieser Konstellation tatsächlich vieles dafür, dass diese auf das grundsätzlich geringere Leistungsniveau zurückzuführen ist. Dabei dürfte es sich aber in der Praxis um einen äußerst seltenen Fall handeln und selbst dann könnte immer noch nicht gänzlich ausgeschlossen werden, dass das Betriebsratsmitglied ohne das Amt eine positivere Entwicklung gegenüber seinen Kollegen erreicht hätte. Zwar ließe sich das Argument gleichermaßen auch andersherum verwenden, weil auch eine schlechtere Entwicklung nie ganz ausgeschlossen werden kann, so muss hier wegen der bestehenden Unsicherheiten aber der Zweck der Vergütungsvorschriften berücksichtigt und die Vorschrift dementsprechend ausgelegt werden. Auch wenn das Gesetz nämlich vorrangig zu verhindern versucht, dass Betriebsratsmitglieder durch eine zu hohe Vergütung Vorteile erlangen und dadurch in ihrer Amtsausübung beeinflusst werden, bezweckt es durchaus auch, das Amt für die Arbeitnehmer attraktiv und damit zukunftsfähig zu halten. Würde man jedoch zulassen, dass Betriebsratsmitglieder auch an negativen Entwicklungen anderer Arbeitnehmer teilnehmen, wäre das Amt für sehr viele Arbeitnehmer nicht besonders ansprechend.

Darüber hinaus hätten es die Mandatsträger, wenn sie „normal" ihrer bisherigen Tätigkeit nachgehen würden – auch bei ursprünglich vorliegendem geringeren Qualifikations- und Leistungsstand – selbst in der Hand, daran noch etwas zu ändern und beispielsweise durch Weiterbildung oder besondere Anstrengungen und Leistungen doch noch eine bessere Entwicklung zu erreichen. Nur vorübergehend von der Arbeit befreite Betriebsratsmitglieder hätten dazu vielleicht auch noch während der Amtszeit die Möglichkeit, während diese Chance für voll freigestellte Mandatsträger nicht mehr besteht. Sie wären von den Leistungen und womöglich auch mitursächlichen persönlichen Umständen der vergleichbaren Arbeitnehmer abhängig. Das ist zwar grundsätzlich von dem Gesetz so gewollt, in dem Fall wären sie aber dem ständigen Risiko ausgesetzt, auch an – auf unterschiedlichen Gründen basierenden – negativen Verläufen teilzuhaben. Das kann aber von den Vergütungsvorschriften nicht mehr gedeckt sein, zumal die Übernahme des Amtes dadurch nicht nur unattraktiv, sondern geradezu abschreckend wäre. Den Mandatsträger nicht an negativen beruflichen Entwicklungen teilhaben zu lassen bedeutet außerdem nicht zugleich eine Begünstigung. Indem man ihm einen normalen Karriereverlauf zugesteht, wird ein Mandatsträger noch nicht bevorteilt, seine Unabhängigkeit könnte vielmehr gefährdet sein, wenn ein negativer Verlauf auch für ihn maßgebend wäre.

Im Ergebnis dürfen daher negative Entwicklungen der Vergleichsarbeitnehmer keinen Einfluss auf die Entgeltanpassung nach § 37 Abs. 4 BetrVG für Betriebsratsmitglieder haben.

IV. Berücksichtigung persönlicher Umstände und Leistungen des Betriebsratsmitgliedes

1. Ausgangssituation

Neben besonderen Entwicklungen der Vergleichsarbeitnehmer können sich natürlich auch Betriebsratsmitglieder während ihrer Amtszeit in jeglicher Hinsicht – positiv wie negativ – weiterentwickeln. Denn die Amtsübernahme bedeutet nicht, dass die Mandatsträger auf einem bestimmten Leistungsniveau stehen bleiben, nur weil sie ihre ursprüngliche Arbeitstätigkeit nicht mehr ausüben. Im Gegenteil können sie auch während dieser Zeit eine besondere persönliche Entwicklung in vielfältiger Weise nehmen. Das kann entweder unabhängig von dem Betriebsratsamt durch persönliche Weiterbildung und besondere individuelle Leistungen erfolgen oder aber auf das Amt selbst und die damit verbundenen Tätigkeiten und Fortbildungen zurückzuführen sein. In der Person eines Betriebsratsmitgliedes können besondere Umstände, Eigenschaften oder Leistungen auftreten, die generell geeignet wären, positiven wie negativen Einfluss auf seine berufliche Laufbahn zu nehmen. Ob solche Umstände auch bei der Entgeltanpassung nach § 37 Abs. 4 BetrVG berücksichtigt werden können und wenn ja, auf welche Weise, ist allerdings fragwürdig. Denn grundsätzlich orientiert sich das Gesetz an einem rein objektiven Maßstab, nämlich der beruflichen Entwicklung vergleichbarer Arbeitnehmer, so dass Umstände in der Person des Betriebsratsmitgliedes von vornherein unbeachtet bleiben müssten.[1147] Darüber hinaus handelt es sich um Faktoren, die erst während der Amtszeit, d.h. erst nach dem maßgeblichen Zeitpunkt für die Wahl der Vergleichsarbeitnehmer entstehen, so dass solche Qualifikationen auch schon nicht durch Auswahl entsprechender Vergleichspersonen ausreichend Berücksichtigung finden können.[1148] Damit müssten diese Umstände anhand der betriebsüblichen beruflichen Entwicklung beurteilt werden. Das wird jedoch nicht möglich sein, wenn die ur-

---

1147 So auch *Fitting*, § 37 Rn. 122; HWGNRH/*Glock*, § 37 Rn. 121.
1148 Vgl. auch *Lipp*, 59, 62.

sprünglich festgelegten Vergleichsarbeitnehmer diese Entwicklung selbst nicht durchlaufen haben.

Dennoch werden in diesem Zusammenhang immer wieder besondere Fallkonstellationen dahingehend diskutiert, ob sie bei der Entgeltanpassung eine Rolle spielen können bzw. dürfen. Angeführt werden dabei sowohl positive als auch negative amtsbezogene und von dem Amt unabhängige Umstände, Qualifikationen und Leistungen. Daher ist zu betrachten, wie das Gesetz zu solchen Fällen steht und ob die bestehende gesetzliche Regelung dem ausreichend Rechnung tragen kann und zu sachgerechten Ergebnissen führt.

2. Negative Entwicklung eines Mandatsträgers

In der Person des Betriebsratsmitgliedes können verschiedene Umstände gegeben sein, die sich möglicherweise nachteilig auf seine berufliche Laufbahn auswirken könnten. Häufig wird hier eine längere Erkrankung des Mandatsträgers als Beispiel angeführt. Selbst wenn dieser Umstand grundsätzlich geeignet wäre, den beruflichen Aufstieg vergleichbarer Arbeitnehmer wegen der langen Fehlzeiten negativ zu beeinflussen, hat eine längere Krankheit des Betriebsratsmitgliedes bei strenger Anwendung des objektiven Maßstabes des § 37 Abs. 4 S. 1 BetrVG keinen Einfluss auf seine Entgeltentwicklung, weil allein die Vergleichspersonen maßgeblich sind. Haben die vergleichbaren Arbeitnehmer während der Erkrankung des Betriebsratsmitgliedes daher einen beruflichen Aufstieg erreicht, kommt das dem Mandatsträger bei konsequenter Anwendung des § 37 Abs. 4 S. 1 BetrVG finanziell ebenso zugute, einzig vorausgesetzt dieser war betriebsüblich. Das entspricht auch der herrschenden Lehre in der Literatur, die solche persönlichen – sich eigentlich negativ auswirkenden – Umstände bei der Entgeltanpassung außer Acht lässt.[1149] Nur eine Mindermeinung rückt hier den Zweck der Vorschrift in den Vordergrund und lässt die Berücksichtigung dieser tatsächlichen Entwicklung zu, weil anderenfalls der objektive Maßstab der Regelung über den Zweck der Vorschrift – nämlich der Vermeidung einer Begünstigung des Betriebsratsmitgliedes – dominieren würde.[1150] Übertragen lässt sich die dargestellte Situation auf sämtliche Fälle, die sich negativ auf eine berufliche Entwicklung auswirken würden, und zwar auch dann, wenn sie von dem Betriebsratsamt herrühren. Negative Einflüsse auf die Entwicklung des Betriebsratsmitgliedes sind unabhängig davon, auf welchem Umstand sie beruhen, grundsätzlich gleich zu beurteilen.

1149 HWGNRH/*Glock*, § 37 Rn. 121; *Fitting*, § 37 Rn. 122; WPK/*Kreft*, § 37 Rn. 38; DKKW/*Wedde*, § 37 Rn. 90; *Happe*, S. 56; *Esser*, S. 42; *Däubler*, SR 2017, 85, 102; ErfK/*Koch*, § 37 BetrVG Rn. 9, allerdings wohl einschränkend, nur wenn dies auf die Betriebsratstätigkeit zurückzuführen ist.

1150 So *Lipp*, S. 77; im Ergebnis auch GK-BetrVG/*Weber*, § 37 Rn. 134, der hier aber neuerdings dann eine Grenze sieht, wenn die Nichterreichung einer solchen Entwicklung von dem Betriebsratsmitglied oder Vergleichsarbeitnehmern feststeht (ohne Einschränkung noch in GK-BetrVG/*Weber*, 10. Auflage 2014, § 37 Rn. 124).

Dem aus der strikten Anwendung der Vorschrift folgenden Ergebnis und damit der herrschenden Lehre ist zuzustimmen. Das Heranziehen negativer persönlicher Umstände mit Einfluss auf die berufliche Entwicklung – unabhängig davon, ob sie auf das Betriebsratsamt zurückzuführen sind oder nicht – steht bereits der Wortlaut der Vorschrift des § 37 Abs. 4 BetrVG entgegen. Denn darin heißt es ausdrücklich, dass das Arbeitsentgelt „nicht geringer bemessen" werden darf als das der vergleichbaren Arbeitnehmer. Eine entsprechende hypothetische Betrachtung des Karriereverlaufs ähnlich dem Entgeltausfallprinzip des § 37 Abs. 2 BetrVG, nach dem das Betriebsratsmitglied so gestellt werden müsste, wie wenn es normal weitergearbeitet hätte, lässt sich der Regelung jedoch nicht entnehmen. Sie knüpft allein an den objektiven Maßstab der vergleichbaren Arbeitnehmer sowie deren tatsächlicher Entwicklung und eben nicht an eine hypothetische Betrachtung an.[1151] Zwar wurde bereits im Rahmen der Beurteilung der Betriebsüblichkeit von Beförderungen in speziellen Fällen, wie z. B. bei Verfügbarkeit nur einer Beförderungsstelle, auch im Rahmen des § 37 Abs. 4 S. 1 BetrVG vorliegend eine etwas subjektivere Betrachtung zugelassen. Dabei handelt es sich aber um anders gelagerte Konstellationen, deren Beurteilung sonst nicht möglich wäre und die dennoch möglichst objektiv zu erfolgen hat. Eine solche Ausnahme ist hier weder erforderlich noch sachgerecht. Würde man bei dem Betriebsratsmitglied selbst bestehende, nachteilige Umstände, wie z. B. eine sich negativ auf den beruflichen Aufstieg auswirkende längere Erkrankung, bei der Entgeltanpassung derart berücksichtigen, dass sie Einfluss auf die Vergütung nehmen, würden die Mandatsträger entgegen der gesetzlichen Anordnung ein geringeres Entgelt als die nicht erkrankten vergleichbaren Arbeitnehmer erhalten. Das BAG hat zumindest im Hinblick auf Tätigkeits- oder Qualifikationsunterschiede, die nur wegen des Amtes eingetreten sind, entschieden, dass diese nicht zuungunsten des Betriebsratsmitgliedes herangezogen werden dürfen.[1152] Eine andere Einschätzung erfordert auch nicht der Zweck der Vorschrift, eine Begünstigung des Betriebsratsmitgliedes zu verhindern. Sicherlich ließe sich anführen, dass bei einem nur vorübergehend befreiten Mandatsträger die Auswirkungen der negativen Umstände auf die berufliche Entwicklung tatsächlich feststellbar sind, weil er seiner ursprünglichen Tätigkeit grundsätzlich noch weiter nachgeht. Eine mögliche Begünstigung scheidet aber in allen Fällen schon deshalb aus, weil es zum einen gesetzlich ausdrücklich vorgesehen ist, dass nachteilige Faktoren keinen Einfluss haben sollen[1153] und zum anderen außerdem nie ausgeschlossen werden kann, dass die negativen Umstände sich auch auf die Amtsausübung zurückführen lassen. So könnte beispielsweise auch die neue und zusätzliche Arbeitsbelastung, jedenfalls indirekt, Auswirkungen auf den Gesundheitszustand des Betriebsratsmitgliedes haben.[1154] Dann läge wiede-

---

1151 BAG NZA 2006, 448, 449; BeckRS 2005, 30349201; vgl. auch *Happe*, S. 53; a. A. *Hennecke*, RdA 1986, 241 f.; Richardi/*Thüsing*, § 37 Rn. 69a.
1152 BAG DB 1993, 1379.
1153 Vgl. auch *Happe*, S. 54 ff.
1154 Vgl. *Esser*, S. 42.

rum eine Benachteiligung des Betriebsratsmitgliedes vor, wenn amtsbezogene negative Einflüsse bei seiner Entgeltbemessung eine Rolle spielen würden. Auch wenn oder gerade weil sich das nicht immer eindeutig feststellen lassen wird, dürfen Zweifel nicht zulasten des Betriebsratsmitgliedes gehen. Das Betriebsverfassungsgesetz verfolgt mit den Vergütungsvorschriften außerdem noch andere Zwecke, nämlich das Betriebsratsamt für die Zukunft und entsprechenden Nachwuchs attraktiv zu halten und die Bereitschaft qualifizierter Arbeitnehmer zur Amtsübernahme zu fördern.[1155] Das wäre aber wohl nicht der Fall, wenn Arbeitnehmer negative finanzielle Einbußen zu befürchten hätten.

3. Persönliche und fachliche Fortschritte des Betriebsratsmitgliedes

Der entgegengesetzte Fall zu einer negativen Entwicklung des Betriebsratsmitgliedes aufgrund besonderer persönlicher Umstände ist eine besonders positive Weiterentwicklung eines Mandatsträgers. Auch hier wird häufig diskutiert, ob solche Fälle bei der Entgeltanpassung nach § 37 Abs. 4 BetrVG nicht doch Bedeutung erlangen können. Daher ist genauer zu untersuchen, wie sich die derzeit geltenden Regelungen dazu verhalten.

a) Weiterentwicklung während der Amtszeit

Betriebsratsmitglieder können sich nach der Amtsübernahme auf verschiedene Weise persönlich weiterentwickeln. Solche Fortschritte können entweder unabhängig von dem Betriebsratsamt erreicht werden oder gerade auch von der Amtsstellung bzw. der Tätigkeit als Betriebsrat herrühren. Erstere Variante wäre z. B. dann der Fall, wenn der Mandatsträger während seiner Amtszeit, aber unabhängig von dem Amt, aus persönlichen Gründen an Weiterbildungsmaßnahmen teilnimmt. Ein Betriebsratsmitglied kann sich durchaus dazu entscheiden, ein Fernstudium oder Fortbildungen außerhalb seiner (Betriebsrats-)Arbeitszeit zu absolvieren, um zusätzliche Qualifikationen zu erwerben oder sich fachlich – vielleicht auch im Hinblick auf die Zeit nach der Betriebsratstätigkeit – auf den neuesten bzw. einen höheren Wissensstand zu bringen. Dazu gehört beispielsweise auch, dass ein Betriebsrat seine Eignung für einen beruflichen Aufstieg oder für besondere Positionen durch Absolvieren eines hierfür in dem Betrieb erforderlichen Assessment-Centers beweist.[1156] Ein nur vorübergehend befreiter Mandatsträger kann das auch noch im Rahmen seiner beruflichen Tätigkeit tun. Dadurch nimmt er eine besonders positive persönliche Entwicklung, die mit dem Amt des Betriebsrates aber primär nichts zu tun hat. Denkbar wäre auch, dass ein nur vorübergehend befreiter Mandatsträger besondere Leistungen in seiner verbleibenden Eigenschaft als Arbeitnehmer zeigt, indem er seine bisherige Arbeit beispielsweise so optimiert und effizient gestaltet, dass er diese sogar

---

1155 Vgl. BAG NZA 2016, 1212 1213 (zu § 37 Abs. 2 BetrVG); *Jacobs/Frieling*, NZA 2015, 513, 516; *Lipp*, S. 109; *Knipper*, S. 87, 89; *Weismann*, JuS 1987, 971, 974.
1156 Vgl. *Ballauf*, AiB 2014, 62, 63.

in der durch die Amtstätigkeit verkürzten Arbeitszeit erledigen kann.[1157] Das kann dann eine besondere persönliche Entwicklung, unter anderem durch eine gesteigerte Leistungsfähigkeit belegen, was sich unter normalen Umständen früher oder später auch auf eine höhere Vergütung auswirken könnte.

Deutlich häufiger wird es in der betrieblichen Praxis dagegen vorkommen, dass Betriebsratsmitglieder eine persönliche Entwicklung aufgrund des Amtes durchlaufen. Denn das Betriebsratsamt bringt vielfältige sowie anspruchsvolle Tätigkeiten mit sich und verlangt dazu oftmals spezielle Kenntnisse in unterschiedlichen Bereichen, die sich die Mandatsträger teils durch Schulungen, teils durch besondere Fortbildungen oder auch selbst durch Eigenstudium im Amt aneignen (müssen). Dadurch erlangen die Betriebsratsmitglieder in fachlicher Hinsicht ein breit gefächertes Wissen sowie besondere Qualifikationen und Eigenschaften, aber auch in persönlicher Hinsicht entwickeln sich Mandatsträger meist weiter. Denn vor allem in den großen Betrieben kann die Tätigkeit des Betriebsrates prägend für die Persönlichkeit einzelner Mandatsträger sein. Nicht nur, dass der Betriebsrat – wie häufig in diesem Zusammenhang angeführt wird – mit dem Management auf Augenhöhe zu bestimmten Themen verhandelt, er setzt sich für die gesamte Belegschaft in dem Betrieb ein, vertritt deren Interessen gegenüber dem Arbeitgeber, betreibt Konfliktmanagement und tritt auch, je nach Position innerhalb des Gremiums, vor der gesamten Belegschaft in Betriebsversammlungen auf. Das Persönlichkeitsbild kann dadurch von unterschiedlichsten Eigenschaften wie rhetorischen Fähigkeiten, Argumentationsfähigkeit und Belastbarkeit nachhaltig beeinflusst werden. Auch solche betriebsratsbedingt erworbenen Fähigkeiten sind je nach Ausprägung mehr oder weniger geeignet, eine berufliche Karriere zu beeinflussen. Eine besonders positive Weiterentwicklung eines Mandatsträgers manifestiert sich nicht selten darin, dass er zum Beispiel eine herausragende Karriere innerhalb des Betriebsratsgremiums genommen hat oder ihm beispielsweise die Übernahme einer höheren Position in dem Betrieb angeboten wird.

Nicht hierher gehören jedoch die Fälle, in denen ein Betriebsratsmitglied tatsächlich auf eine andere Position gesetzt wird. Denn das ist nicht im Rahmen der Entgeltanpassung des § 37 Abs. 4 BetrVG zu beurteilen, sondern nach dem Benachteiligungs- und Begünstigungsverbot des § 78 S. 2 BetrVG bzw. gegebenenfalls nach § 37 Abs. 5 BetrVG. Die Vorschrift des § 37 Abs. 4 BetrVG betrifft allein eine Anpassung des Entgeltes. Allerdings verdeutlichen besondere Betriebsratskarrieren oder konkrete Stellenangebote das Niveau bzw. die Stärke der neu erlangten Fertigkeiten, so dass sie gegebenenfalls zumindest als Hinweis für eine entsprechende berufliche Entwicklung dienen könnten.

b) Möglichkeit der Einbeziehung im Rahmen des § 37 Abs. 4 BetrVG

Bei normalen Arbeitnehmern in dem Betrieb würden sich die zusätzlichen Fähigkeiten und Qualifikationen früher oder später auch auf ihre berufliche Lauf-

---

1157 Siehe dazu ausführlich *Esser*, S. 43.

bahn auswirken. Bei einem Betriebsratsmitglied können solche Fähigkeiten und Leistungen, die sich erst während der Amtszeit ausprägen, in der Regel jedoch keinen Einfluss auf ihre Karriere nehmen. Etwas anderes kann allenfalls bei nur vorübergehend befreiten Mandatsträgern gelten, wenn die Fertigkeiten bereits im Rahmen ihrer bisherigen Tätigkeit, die sie weiterhin ausüben, beachtet und honoriert werden. Ist das nicht der Fall, stellt sich bei ihnen dasselbe Problem. Nur diese Konstellation ist im Folgenden auch relevant. Denkbar wäre einzig eine Berücksichtigung durch eine Entgeltanpassung nach § 37 Abs. 4 BetrVG. Nach der gesetzlichen Ausgestaltung der Regelung können diese Merkmale aber nicht von vornherein über die Auswahl entsprechend qualifizierter Vergleichspersonen berücksichtigt werden, weil die Entwicklung erst später erfolgt ist.[1158] Eine Beachtung dieser Faktoren im Rahmen der beruflichen Entwicklung ist unabhängig von der zeitlichen Komponente ebenfalls nur schwer vorstellbar. Denn selbst wenn feststehen würde, dass eine bestimmte Weiterbildung oder besondere Leistungen bei vergleichbaren Arbeitnehmern grundsätzlich zu einer beruflichen Entwicklung mit einer besseren, höheren Vergütung hätte führen können, dürfte das im Rahmen des § 37 Abs. 4 S. 1 BetrVG – wenn man allein auf den objektiven Maßstab der Regelung abstellt – keine Rolle spielen. Solange die ursprünglich festgesetzten Vergleichspersonen diese nicht auch tatsächlich absolviert bzw. erreicht haben, müssten die Umstände unbeachtet bleiben. Ob das zutreffend und daran festzuhalten ist, bleibt jedoch fraglich.

aa) Meinungsstand

Zu dem Thema existiert bislang keine Rechtsprechung. In der Literatur wird zum Teil ein Heranziehen von untypischen positiven Entwicklungen, die nicht auf dem Betriebsratsamt basieren, im Rahmen des § 37 Abs. 4 BetrVG abgelehnt[1159] oder nur mit der Einschränkung zugelassen, dass die neu erworbenen Fähigkeiten einen Bezug zu der bisherigen Arbeitstätigkeit aufweisen[1160]. Einer Auffassung nach können erfolgreich absolvierte, weiterführende Fortbildungsmaßnahmen jedenfalls dann herangezogen werden, wenn der Mandatsträger die entsprechende Tätigkeit nur wegen des Amtes nicht ausführen kann.[1161] Eine neuere Ansicht lässt eine höhere Vergütung aufgrund neuer, während der Amtszeit erworbener Fähigkeiten zu und ordnet sie als zulässige Honorierung persönlicher fachlicher Weiterentwicklung ein.[1162]

1158 So *Däubler*, SR 2017, 85, 102; vgl. auch *Happe*, S. 40; *Liesenfeld*, S. 137.
1159 Vgl. *Rid/Triemel*, AuA 2011, 482, 483; *Rüthers*, RdA 1976, 61, 63; *Esser*, S. 43 f.; wohl auch DKKW/*Wedde*, § 37 Rn. 90.
1160 So *Byers*, NZA 2014, 65, 66, der aber nicht zwischen Fähigkeiten, die aufgrund des Amtes erworben werden, und nicht amtsbezogenen Qualifikationen unterscheidet.
1161 GK-BetrVG/*Weber*, § 37 Rn. 138.
1162 GK-BetrVG/*Kreutz*, § 37 Rn. 88 (so seit 11. Auflage 2018), allerdings unklar, ob auch amtsbedingte Qualifikationen berücksichtigt werden dürfen; für die erfolgreiche Teilnahme an einer Weiterbildungsmaßnahme auch *Däubler*, SR 2017, 85, 102.

Hinsichtlich des Einflusses von betriebsratsbedingt neu erworbenen Fähigkeiten und Qualifikationen wird in der Literatur dagegen überwiegend vertreten, dass diese keine Rolle bei der Entgeltanpassung nach § 37 Abs. 4 BetrVG spielen dürfen.[1163] Eine Ansicht will sogar aus der Bemessungsgrundlage der vergleichbaren Arbeitnehmer ein Verbot ableiten, das Entgelt orientiert an der Betriebsratstätigkeit zu bestimmen.[1164]

Nur wenige Stimmen machen hier eine Ausnahme und wollen eine Berücksichtigung solcher Umstände zulassen.[1165] Dabei werden jedoch häufig Einschränkungen vorgenommen. So sollen nach einer Ansicht Fähigkeiten, die während der Amtszeit erlangt werden, dann in die Entgeltanpassung mit einfließen dürfen, wenn sie im Zusammenhang mit der ursprünglichen Arbeitstätigkeit stehen.[1166] Eine andere Auffassung differenziert danach, ob es sich zwar in Zusammenhang mit dem Amt erlangte, aber zugleich um tatsächliche und davon unabhängig weiterbestehende Qualifikationen handelt; nur in dem Fall lässt sie eine Neuauswahl der Vergleichsgruppe zu.[1167] Nach einer weiteren Ansicht sollen die neuen Kenntnisse und Leistungen jedenfalls als Indiz für die Qualifikation des Betriebsratsmitgliedes in seinem ursprünglichen Beruf[1168] bzw. für allgemeine überdurchschnittliche Fähigkeiten und Kenntnisse, die bereits vor Amtsübernahme vorhanden waren,[1169] dienen können.

Da die Berücksichtigung persönlicher Umstände des Betriebsratsmitgliedes zu einem Vergleich mit einer besonderen Laufbahn einer Vergleichsperson und damit zu einer deutlich höheren Entgeltentwicklung führen kann, muss man sich bei der Beurteilung in diesem Zusammenhang jedenfalls auch mit der überwiegend vertretenen Auffassung auseinandersetzen, dass für die Bemessung der Entgeltanpassung von Betriebsratsmitgliedern nur Normalfälle, d. h. keine Sonderkarrieren ausschlaggebend sein dürfen.[1170]

1163 GK-BetrVG/*Weber*, § 37 Rn. 131; DKKW/*Wedde*, § 37 Rn. 90; Richardi/*Thüsing*, § 37 Rn. 69; *Lipp*, S. 61 f.; *v. Steinau-Steinrück/Kuntzsch*, NJW-Spezial 2017, 754; *Jacobs/Frieling*, ZfA 2015, 241, 252 f.; *Fischer*, NZA 2014, 71, 72; *Bittmann/Mujan*, BB 2012, 637, 638; *Frahm/Koch*, ArbRAktuell 2010, 468 f.; *Schweibert/Buse*, NZA 2007, 1080, 1081; *Rieble*, NZA 2008, 276, 277; *Rüthers*, RdA 1976, 61, 63; *Löwisch*, DB 2008, 466, der aber eine entsprechende Vergütungsanpassung über die Übertragung einer höherwertigen Tätigkeit nach § 37 Abs. 5 BetrVG zulässt.

1164 Richardi/*Thüsing*, § 37 Rn. 69.

1165 *Happe*, S. 55, der hier wohl zwischen Leistungen und erlangten Qualifikationen unterscheidet, vgl. *ders.*, S. 42 f.; ohne nähere Erläuterung *Kehrmann*, FS Wlotzke, S. 364; vgl. auch *Georgi*, S. 48 ff. zu einer sehr eingeschränkten Möglichkeit der Berücksichtigung von Führungspositionen innerhalb des Betriebsratsgremiums.

1166 *Byers*, NZA 2014, 65, 66.

1167 *Annuß*, NZA 2018, 134, 135 f.

1168 *Peter*, FA 2010, 73, 75; *Happe*, S. 42 f. (Indiz für besondere Leistungsbereitschaft); Richardi/*Thüsing*, § 37 Rn. 69 (Indiz für besondere Arbeitsfähigkeiten); zu Beförderungen *Bayreuther*, NZA 2014, 235, 236.

1169 *Fitting*, § 37 Rn. 120; *Peter*, FA 2010, 73, 75.

1170 Vgl. dazu u. a. BAG NZA 2006, 448, 449; DB 1993, 1379; AP BetrVG 1972 § 37 Nr. 61; WPK/*Kreft*, § 37 Rn. 40; DKKW/*Wedde*, § 37 Rn. 91; HWGNRH/*Glock*, § 37 Rn. 117; *Jacobs/Frieling*, ZfA 2015, 241, 251; *Bayreuther*, NZA 2014, 235; *Frahm/Koch*, ArbRAktuell 2010,

bb) Bewertung und Stellungnahme

Ob die Möglichkeit der Einbeziehung persönlicher Leistungen und Qualifikationen eines Betriebsratsmitgliedes bei der Entgeltanpassung nach § 37 Abs. 4 BetrVG zu befürworten ist, hängt von verschiedenen Faktoren ab. Neben der grundsätzlichen Frage der Notwendigkeit einer Einbeziehung solcher persönlicher Umstände muss untersucht werden, ob sich dies mit den Vergütungsvorschriften grundsätzlich in Einklang bringen lässt.

(1) Notwendigkeit der Berücksichtigung persönlicher Entwicklungen

Der Gedanke, auch persönliche Leistungen und Qualifikationen in die Entgeltanpassung mit einzubeziehen, ist nicht unberechtigt. Bedenkt man die umfangreichen und stetig anwachsenden Aufgaben und Leistungen mancher Betriebsräte, gerade auch Betriebsratsvorsitzender, sowie den Wandel der Betriebsratstätigkeit, erscheint es nicht mehr zeitgemäß, solche Faktoren nicht in irgendeiner Art und Weise Einfluss auf das Entgelt haben zu lassen – zumindest wenn das bei anderen Arbeitnehmern ebenso zu einer Gehaltserhöhung führen würde.

Wegen der gestiegenen Anforderungen an ihre Tätigkeit erreichen die Betriebsräte meist ein neues besonderes Niveau an Kenntnissen und Fähigkeiten, teilweise sogar bis hin zu Managerqualitäten.[1171] Das verdeutlichen in der Praxis unter anderem auch besondere Betriebsratskarrieren. Betriebsratsmitglieder – insbesondere Vorsitzende der Gremien – können nach ihrem Amt nicht selten sogar höhere Posten im Personalwesen bis hin zur Vorstandsebene erreichen.[1172] Ein Arbeitgeber würde leitende Positionen sicherlich nicht allein wegen des Hintergedankens der Beeinflussung eines Betriebsrates besetzen, sondern nur, wenn die Person auch für die Stelle fachlich und persönlich tatsächlich geeignet ist. Teilweise wird ein solcher Aufstieg eines Mandatsträgers sogar als Indiz dafür angesehen, dass die Einbeziehung von Betriebsrats-Qualifikationen bei der Entgeltanpassung notwendig ist.[1173]

Richtig ist außerdem der Einwand, dass es unsinnig wäre, die Betriebsratsmitglieder an beruflichen Entwicklungen vergleichbarer Arbeitnehmer teilhaben zu lassen, obwohl ihnen die entsprechenden Qualifikationen selbst fehlen, gleichzeitig aber die von ihnen tatsächlich erworbenen Fähigkeiten außer Acht zu lassen.[1174] Wenn dem Betriebsratsmitglied eine Entgeltsteigerung während der Amtszeit allein aufgrund des Aufstieges einer anderen Person vor dem Hintergrund ermöglicht wird, dass er wegen des Amtes keine eigene Karriere machen konnte, muss das erst recht für eine real erzielte eigene Entwicklung gelten.

468; *Esser*, S. 40; *Knipper*, S. 25; a. A. *Annuß*, NZA 2018, 134, 135 f., basierend auf § 78 S. 2 BetrVG.

1171 Vgl. auch *Kehrmann*, FS Wlotzke, S. 364.

1172 Vgl. dazu *Rieble*, NZA 2008, 276, 277 (Hinweis in Fn. 25), wonach der Wechsel eines erfahrenen Betriebsratsmitgliedes schon im Hinblick auf die Berufswahlfreiheit des Art. 12 Abs. 1 GG zulässig sein muss.

1173 *Kehrmann*, FS Wlotzke, S. 364.

1174 *Byers*, NZA 2014, 65, 66.

Bedenkt man außerdem, dass viele Betriebsräte oft über mehrere Amtszeiten hinweg das Amt bekleiden, müssen die Qualifikationen und Fähigkeiten, die bei Amtsübernahme vorlagen, vielleicht sogar Jahrzehnte später noch als Grundlage für die Bemessung einer Entgeltanpassung dienen. Es ist nicht einleuchtend, warum tatsächlich neu erworbene Fähigkeiten und Leistungen hier nicht zu einer „Aktualisierung" des Qualifikationsbildes eines Mandatsträgers herangezogen werden sollten.

Zumindest scheint auch das Gesetz dem nicht in jeder Hinsicht entgegenzustehen. Zum einen dürfen nach der Regelung des § 38 Abs. 4 S. 1 BetrVG – jedenfalls dauerhaft von der Arbeit freigestellte – Mandatsträger von inner- und außerbetrieblichen Berufsbildungsmaßnahmen nicht ausgeschlossen werden. Auf der anderen Seite schreibt § 38 Abs. 4 S. 2 BetrVG für freigestellte Betriebsratsmitglieder ebenso vor, dass ihnen die Gelegenheit zu geben ist, eine wegen der Freistellung versäumte berufliche Entwicklung auch noch nach Beendigung der Amtszeit nachzuholen. Der Gesetzgeber fördert damit gezielt eine tatsächliche Entwicklung der Mandatsträger, sowohl während als auch nach der Amtszeit. Zwar sollen die eingeräumten Möglichkeiten in erster Linie dazu dienen, das Gefälle zwischen der neu erreichten Vergütungsebene, die nach § 37 Abs. 4 S. 1 BetrVG an vergleichbare Arbeitnehmer angepasst wurde, und den tatsächlichen Qualifikationen des Mandatsträgers auszugleichen. Sie zeigen aber auch die grundsätzliche Förderungsbereitschaft der fachlichen Entwicklung von Betriebsräten. Eine Obergrenze für Fortbildungen bis zu dem Kenntnisstand der Vergleichsarbeitnehmer hat der Gesetzgeber nicht vorgesehen. Dazu besteht auch kein Grund. Hat ein Betriebsratsmitglied eine Entwicklung über die der Vergleichspersonen hinaus genommen, spricht das nur dafür, diese in die Entgeltanpassung mit einfließen zu lassen. Sie nur unberücksichtigt zu lassen, weil sie während der Amtszeit erfolgt ist, ist nicht einleuchtend.

Grundsätzlich ist dem daher zuzustimmen, dass eine besondere, tatsächlich erfolgte und anhaltende Entwicklung in der Person des Betriebsratsmitgliedes – unabhängig davon, ob sie auf dem Amt basiert – auch zu einer entsprechenden Entgeltanpassung nach § 37 Abs. 4 BetrVG führen muss.[1175]

Die ebenfalls befürwortenden Ausführungen im Schrifttum erläutern selten, worauf sie die Einbeziehung der persönlichen Umstände stützen. Zu Recht wird in der Literatur daher für das hier betrachtete Problem das Fehlen von Lösungsansätzen, die mit den Vergütungsregelungen in Einklang stehen, kritisiert.[1176] Auch wenn man eine Entgeltanpassung aufgrund persönlicher Umstände und Qualifikationen in der Person des Betriebsratsmitgliedes zulassen möchte, ist die Fest-

---

1175 Vgl. auch GK-BetrVG/*Kreutz*, § 78 Rn. 88; eingeschränkt *Byers*, NZA 2014, 65, 66, wenn die Qualifikationen in Zusammenhang mit der bisherigen Tätigkeit stehen. Jedenfalls für eine Berücksichtigung als Indiz auch *Happe*, S. 40 ff.; *Bayreuther*, NZA 2014, 235, 236; *Peter*, FA 2010, 73, 75; *Kehrmann*, FS Wlotzke, S. 364; *Fitting*, § 37 Rn. 120; a. A. *Jacobs/Frieling*, ZfA 2015, 241, 252 f.; *Bittmann/Mujan*, BB 2012, 637, 638; *Rieble*, NZA 2008, 276, 277; *Schweibert/Buse*, NZA 2007, 1080, 1081.

1176 *Schweibert/Buse*, NZA 2007, 1080, 1081.

stellung ihrer Notwendigkeit oder eine einfache Bejahung dieser Möglichkeit hier noch nicht ausreichend. Schließlich muss diese Annahme und letztendlich die tatsächliche Durchführung mit den Vergütungsvorschriften in Einklang stehen. Dabei ist nicht nur eine Vereinbarkeit mit § 37 Abs. 4 BetrVG erforderlich, um die Umstände überhaupt mit in die Entgeltanpassung einfließen lassen zu können. Das Ergebnis muss darüber hinaus auch mit den anderen Vergütungsvorschriften übereinstimmen. Zuletzt stellt sich außerdem das Problem, wie solche Umstände dann im Rahmen des Gesetzes berücksichtigt werden können und ob hier gegebenenfalls Einschränkungen – wie sie teilweise verlangt werden – vorgenommen werden müssen.

(2) Vereinbarkeit mit § 37 Abs. 4 BetrVG

Grundvoraussetzung für die Einbeziehung von persönlichen, amtsbezogenen Umständen bei der Entgeltanpassung ist daher zunächst, dass dies von der Vorschrift des § 37 Abs. 4 BetrVG gedeckt ist. Auch wenn der objektive Maßstab eine Einbeziehung auf den ersten Blick nicht zuzulassen scheint, fällt bei genauerer Betrachtung auf, dass die gesetzliche Regelung dem zumindest nicht entgegensteht. Die Vorschrift des § 37 Abs. 4 S. 1 BetrVG setzt mit dem Maßstab der Entwicklung vergleichbarer Arbeitnehmer keine Höchstgrenze, sondern explizit nur eine Mindestgrenze fest; das Entgelt darf ausdrücklich nur nicht „geringer bemessen werden" als das der Vergleichspersonen.[1177] Im Unterschied zu dem Entgeltausfallprinzip des § 37 Abs. 2 BetrVG wird bei der Entgeltanpassung nach § 37 Abs. 4 BetrVG auch keine rein hypothetische Betrachtung dahingehend angestellt, was das Betriebsratsmitglied bei normaler Tätigkeit verdient hätte.[1178] Zu einer Obergrenze oder zu der Berücksichtigung persönlicher Umstände über das Entgelt vergleichbarer Arbeitnehmer hinaus äußert sich das Gesetz dagegen nicht. Der Gesetzgeber hat eine entsprechende Reglementierung hier offensichtlich nicht für notwendig erachtet, auch wenn er sich der Gefahr einer möglichen Begünstigung bewusst gewesen sein dürfte. Sowohl in dem Regierungsentwurf zu dem Betriebsverfassungsgesetz von 1972[1179] als auch in dem schriftlichen Bericht des Ausschusses für Arbeit und Sozialordnung zu dem Gesetzesentwurf[1180] ist nur die Rede davon, dass der § 37 Abs. 4 BetrVG – bzw. der dem entsprechende ursprünglich geplante § 38 Abs. 3 BetrVG – lediglich Nachteile für die Betriebsratsmitglieder verhindern soll, die dadurch entstehen könnten, dass andere vergleichbare Arbeitnehmer während dieser Zeit gege-

---

1177 Vgl. auch *Sturm*, S. 106 ff.; *Kehrmann*, FS Wlotzke, S. 364; im Ergebnis auch *Esser*, S. 46 f.; *Neef*, FS Wendeling-Schröder, S. 98, die ebenfalls von der Regelung nur einer Mindestgrenze, damit zugleich aber auch der Bestimmung des Regelfalls ausgehen; neuerdings auch GK-BetrVG/*Weber*, § 37 Rn. 130 (vgl. dagegen noch GK-BetrVG/*Weber*, 10. Auflage 2014, § 37 Rn. 121) und nun auch GK-BetrVG/*Kreutz*, § 78 Rn. 88.

1178 BAG NZA 2006, 448, 449; BeckRS 2005, 30349201; a. A. Richardi/*Thüsing*, § 37 Rn. 69a; *Hennecke*, RdA 1986, 241 f.

1179 BT-Drucks. VI 1786, S. 41.

1180 BT-Drucks. VI/2729, S. 23.

benenfalls eine höhere Vergütung erzielt haben. Auch in der Literatur wird in Zusammenhang mit § 37 Abs. 4 BetrVG überwiegend nur auf das Verhindern möglicher Nachteile bei Anwendung der Vorschrift eingegangen.[1181]

Würde man zur Vermeidung einer Begünstigung die Möglichkeit einer Entgeltanpassung über das Gehalt vergleichbarer Arbeitnehmer hinaus generell ablehnen, würde man zu viel in das Gesetz hineininterpretieren und die gesetzliche Regelung unzulässigerweise ausdehnen. Zusätzlich das Benachteiligungs- und Begünstigungsverbot des § 78 S. 2 BetrVG neben § 37 Abs. 4 BetrVG heranzuziehen, um für die Entgeltanpassung eine Grenze nach oben zu ziehen, ist nicht aus systematischen Gründen geboten,[1182] sondern wäre vielmehr systemwidrig. Die Vorschriften würden mit ihren unterschiedlichen Regelungsbereichen dadurch unzulässig vermengt. § 78 S. 2 BetrVG ist neben den speziellen Vergütungsvorschriften nicht direkt anwendbar.[1183] Zumindest ist eine Benachteiligung sowie Begünstigung jedenfalls über den Zweck der Vorschrift, die Wahrung von Unparteilichkeit sowie Unabhängigkeit der Betriebsratsmitglieder, bei Anwendung und Auslegung der speziellen Regelungen zu berücksichtigen. Allerdings steht das Ergebnis auch mit dem Gesetzeszweck in Einklang. Denn es würde vielmehr eine Benachteiligung darstellen, wenn persönlichen Umstände, die unabhängig von dem Betriebsratsamt eingetreten sind und die auch ohne Amtsübernahme zu einer Entgeltanpassung geführt hätten, nicht auch während der Amtszeit zu einer entsprechenden Erhöhung des Entgeltes führen dürften.[1184] Ansonsten würde in dem Fall nur wegen dem Amt eine entsprechende Entwicklung bei dem Mandatsträger verhindert. Aber auch für die Einbeziehung von Fortschritten und Leistungen aufgrund des Amtes gilt nichts anderes. Könnten sie sich nicht gleichermaßen in dem Entgelt des Mandatsträgers niederschlagen, wäre ebenso ein Verlust der Unparteilichkeit zu befürchten. Außerdem kommen die neu erworbenen Fähigkeiten dem Betrieb auch tatsächlich zugute. Die Honorierung dieser Weiterentwicklungen ist deshalb nicht nur angemessen, sondern vielmehr erforderlich. Schafft es das Betriebsratsmitglied während der Amtszeit, eine besondere persönliche Entwicklung zu nehmen, ist nicht nachvollziehbar, weshalb sein Entgelt trotzdem ausschließlich an anderen Vergleichspersonen zu messen ist, wenn doch tatsächliche Anhaltspunkte vorhanden sind. Das entspricht weder dem Zweck des Gesetzes noch seiner Intention. Es darf auch nicht vergessen werden, dass sich die Situation in den Betrieben zur Zeit der Einführung der Regelung noch deutlich anders darstellte als sie sich heute zeigt. Dass sich Betriebsratsmitglieder durch ihr Amt derart weiterentwickeln können, war zu der damaligen Zeit kaum möglich oder absehbar.

1181 Vgl. GK-BetrVG/*Weber*, § 37 Rn. 128 ff.; *Fitting*, § 37 Rn. 116 ff.; siehe dazu auch *Esser*, S. 46 f.

1182 So *Esser*, S. 46 f.

1183 So auch HWGNRH/*Glock*, § 37 Rn. 106; siehe dazu auch die Ausführungen auf S. 68 ff.; a. A. BAG NZA 2006, 448, 450; DB 1993, 1379; GK-BetrVG/*Kreutz*, § 78 Rn. 88; *Fitting*, § 37 Rn. 114; *Esser*, S. 46 f.; *Neef*, FS Wendeling-Schröder, S. 99.

1184 Vgl. auch GK-BetrVG/*Kreutz*, § 78 Rn. 88, der in solchen Fällen dann von einer „Schlechterstellung durch Nichtbeförderung" spricht.

Unabhängig von der Frage, wie die persönlichen Umstände im Rahmen der Vorschrift dann im Einzelnen berücksichtigt werden können, schließt § 37 Abs. 4 BetrVG jedenfalls nicht aus, dass Mandatsträger auch eine höhere Vergütung als die Vergleichsarbeitnehmer erzielen können – wenn entsprechende Gründe vorhanden sind.[1185] Indem der objektive Maßstab lediglich eine Untergrenze für das Entgelt festlegt, können bei der Entgeltanpassung grundsätzlich auch persönliche Entwicklungen Beachtung finden. Das gilt allerdings nur für solche Faktoren, die sich positiv auf die Vergütung auswirken, da sie nicht zu einem geringeren Entgelt als das der vergleichbaren Arbeitnehmer führen dürfen. Insoweit kann die Entgeltanpassung ausnahmsweise subjektiv erfolgen, unabhängig von den zu bestimmenden Vergleichspersonen.[1186] Das könnte in wenigen einzelnen Fällen – entgegen der überwiegend vertretenen Ansicht – sogar dazu führen, dass ausnahmsweise eine besondere individuelle Karriere maßgeblich ist und nicht nur der typische Normalfall.

(3) Vereinbarkeit mit den weiteren Vergütungsvorschriften

Die Möglichkeit der Entgeltanpassung aufgrund von während der Amtszeit erworbenen Qualifikationen oder besonderer Leistungen ist an den weiteren Vergütungsvorschriften zu messen. In Betracht kommt nur ein Verstoß gegen das Unentgeltlichkeitsgebot des § 37 Abs. 1 BetrVG, weil nach hier vertretener Ansicht das Benachteiligungs- und Begünstigungsverbot des § 78 S. 2 BetrVG im Rahmen der Bemessung der Vergütung von Betriebsratsmitgliedern keine Anwendung findet. Dieses allgemeine Verbot kann allenfalls im Rahmen der dem Gesetzeszweck entsprechenden Anwendung und Auslegung der Vorschrift des § 37 Abs. 4 BetrVG zu beachten sein. Für die Beurteilung ist zwischen amtsbezogenen und nicht auf dem Amt basierenden persönlichen Entwicklungen zu unterscheiden, weil hierfür unterschiedliche Maßstäbe gelten können.

(a) Kein Verstoß bei amtsunabhängiger Entwicklung

Für eine entsprechende Erhöhung der Vergütung, die nicht auf einer amtsbezogenen Entwicklung basiert, lässt sich die vergütungsrechtliche Zulässigkeit leicht beantworten. Eine Entgeltanpassung wegen Fähigkeiten, die sich das Betriebsratsmitglied selbst oder jedenfalls nicht aufgrund des Betriebsratsamtes angeeignet hat, verstößt nicht gegen das Unentgeltlichkeitsprinzip des § 37 Abs. 1 BetrVG. Denn es handelt sich dabei – wenn ein Amtsbezug nicht besteht – ausschließlich um eine Zahlung wegen der besonderen persönlichen Fortschritte und Leistungen und nicht für das Amt oder die Tätigkeit als Betriebsrat. Betrachtet man das Ergebnis im Lichte des Gesetzeszwecks der Vergütungsvorschriften bzw. des Benachteiligungs- und Begünstigungsverbotes, ergibt sich nichts anderes. Eine mögliche Begünstigung liegt ebenfalls schon

---

1185 *Kehrmann*, FS Wlotzke, S. 364.
1186 *Kehrmann*, FS Wlotzke, S. 363 f.

wegen des fehlenden erforderlichen Amtsbezuges nicht vor. Vielmehr würde eine Nichtberücksichtigung den Mandatsträger dann wegen des Amtes benachteiligen, wenn ohne die Amtsübernahme seine Leistungen und neu erworbenen Kenntnisse sonst ohne Zweifel berücksichtigt worden wären.[1187]

(b) Indizielle Wirkung bei amtsbedingten Entwicklungen

Handelt es sich dagegen um eine persönliche Entwicklung, die ein Mandatsträger nur aufgrund des Betriebsratsamtes erreicht hat, würde eine entsprechende Entgeltanpassung wegen des Amtsbezuges gegen das Unentgeltlichkeitsprinzip verstoßen. Nach § 37 Abs. 1 BetrVG sind Entgeltzahlungen für das Betriebsratsamt oder die -tätigkeit grundsätzlich verboten. Hier würden die betriebsratsbedingten Qualifikationen und Leistungen allerdings zu einer Erhöhung des Entgeltes führen und damit vergütet werden. Auch wenn es sich nicht um eine gesonderte Zahlung für Betriebsratsleistungen handelt, ist nicht in Frage zu stellen, dass bereits eine Anpassung der Vergütung, die sich auf das Amt zurückführen lässt, als Entgeltzahlung für das Betriebsratsamt einzustufen ist.

Auch wenn es die gesetzliche Regelung so vorsieht, erscheint es aufgrund der bisherigen Ausführungen aber dennoch nicht sachgerecht, die zusätzlich erzielten Qualifikationen und Leistungen als Betriebsrat wegen Verstoßes gegen das Unentgeltlichkeitsprinzip gänzlich unberücksichtigt zu lassen. Schließlich können sie Aufschluss darüber geben, wie leistungsfähig und -willig ein Mandatsträger grundsätzlich ist. Außerdem kommen dem Betrieb die Fertigkeiten jedenfalls auch zugute. Daher können solche Merkmale zumindest ein Indiz für eine besondere Qualifizierung und das Leistungsvermögen im Rahmen der Entgeltanpassung darstellen. Zwar finden die neu erworbenen Fähigkeiten dann nicht direkt Berücksichtigung, sie können aber konkrete Hinweise auf die vermutlich genommene Entwicklung geben. Das muss ebenso für Fälle gelten, bei denen sich nicht eindeutig feststellen lässt, ob die persönliche Entwicklung eines Mandatsträgers auf dem Betriebsratsamt basiert oder nicht. Anderenfalls bestünde das Risiko eines Verstoßes gegen das Unentgeltlichkeitsgebot.

(c) Ausnahmsweise Zulässigkeit bei „professionalisierten" Betriebsräten

Etwas anderes könnte bei der Berücksichtigung amtsbedingter Entwicklungen gegebenenfalls nur dann gelten, wenn es sich um den besonderen Ausnahmefall eines „beruflichen" Betriebsrates handelt. Eine Auslegung sowie entsprechende teleologische Reduktion hat ergeben, dass auf diese besonderen Fälle das Unentgeltlichkeitsprinzip nicht mit einem strengen Maßstab anzuwenden ist.[1188] Vor allem mit dem Erwerb besonderer Qualifikationen, Fähigkeiten und Leistungen durch den Mandatsträger aufgrund seines Amtes kann sich ein solcher Fall eines „verberuflichten" Betriebsrates deutlich zeigen oder sich gerade erst

---

1187 Vgl. auch GK-BetrVG/*Kreutz*, § 78 Rn. 88.
1188 Vgl. die Ausführungen auf S. 45 ff., 61 ff.

daraus ergeben. Die hier aufgestellten Grundsätze würden in der Konstellation exakt ineinandergreifen. Ein Betriebsratsmitglied kann sich durch verschiedene Kenntnisse und Fähigkeiten, die es sich während seiner Amtszeit aneignet, sowie mit überdurchschnittlicher Betriebsratsarbeit laufend weiterentwickeln. Dadurch können ihm weitere Aufgaben und Verantwortung übertragen werden, die wiederum zu einer Weiterentwicklung führen. Bei Erreichen eines bestimmten Grades an „Professionalisierung" bzw. „Verberuflichung" handelt es sich um einen speziellen Fall eines „Berufsbetriebsrates", der sich von den „normalen" Betriebsratsmitgliedern deutlich unterscheidet. Greift dann auch die teleologische Reduktion des § 37 Abs. 1 BetrVG, steht das Unentgeltlichkeitsgebot ausnahmsweise einer Entgeltanpassung aufgrund betriebsratsbedingter, persönlicher Entwicklung nicht im Wege. Von der Möglichkeit, dass mit einer teleologischen Reduktion der Vorschrift nicht nur eine Einschränkung der Regelung erfolgen kann, sondern diese auch zu einer Erweiterung bzw. Ausdehnung des Anwendungsbereiches einer anderen Regelung führen könnte,[1189] muss hier dann nicht mehr Gebrauch gemacht werden. Denn bereits das Ergebnis, dass das Unentgeltlichkeitsgebot bei einer Entgeltanpassung wegen amtsbedingter Entwicklungen ausnahmsweise nicht greift, ist ausreichend. Eine Ausweitung der Vorschrift des § 37 Abs. 4 BetrVG ist nicht notwendig, da sie der Einbeziehung – wie soeben festgestellt – ohnehin nicht entgegensteht. Bedeutung könnte das allenfalls bei der Art und Weise der Berücksichtigung der Merkmale im Rahmen des § 37 Abs. 4 S. 1 BetrVG erlangen.

Dieser Annahme steht auch nicht der Gesetzeszweck des Verbotes einer Begünstigung im Wege. Dieser dient in erster Linie der Sicherung der Unabhängigkeit und Unparteilichkeit der Betriebsratsmitglieder. In den besonderen Ausnahmefällen der „verberuflichten" Betriebsräte wäre eher eine negative Beeinflussung ihrer Tätigkeit zu befürchten, wenn der erhebliche Mehraufwand und die erhöhte Belastung dieser Mandatsträger überhaupt nicht zum Ausgleich gebracht würden.

c) Entsprechende Anpassung des Entgeltes im Rahmen des § 37 Abs. 4 BetrVG

aa) Vorgehensweise

Nachdem die gesetzlichen Vorschriften einer Entgeltanpassung aufgrund sowohl amtsunabhängiger als auch amtsbedingt erzielter Weiterentwicklungen von Betriebsräten nicht grundsätzlich entgegenstehen, bleibt die Frage, wie diese unter Anwendung der ermittelten Grundsätze im Einzelnen vorzunehmen ist. Es ist zu klären, an welcher Stelle die persönliche Entwicklung eines Betriebsratsmitgliedes tatsächlich Berücksichtigung finden kann. Dabei ist noch einmal zu

---

1189 *Larenz*, S. 395.

verdeutlichen, dass es im Rahmen des § 37 Abs. 4 BetrVG ausschließlich um die Anpassung des Entgeltes und nicht um eine tatsächliche Versetzung auf einen anderen Arbeitsplatz geht, letzteres beurteilt sich nach anderen Vorschriften.

Die Einbeziehung der Umstände kann nur im Rahmen des § 37 Abs. 4 S. 1 BetrVG stattfinden. Denn die einzig alternativ in Betracht kommende Regelung des § 37 Abs. 2 BetrVG, also das Entgeltausfallprinzip mit dem alleinigen Ziel der Sicherung des ursprünglichen „Grundgehalts", lässt für eine Berücksichtigung während der Amtszeit erworbener Qualifikationen keinen Raum. Da § 37 Abs. 4 S. 1 BetrVG allerdings nicht die Einbeziehung von in der Person des Betriebsratsmitgliedes liegenden Umständen vorsieht, sondern nur einen objektiven Maßstab der vergleichbaren Arbeitnehmer vorgibt, müsste ein Weg gefunden werden, wie die Qualifikationen hier bei der Entgeltanpassung Einfluss nehmen können.

Allerdings muss auch bei dieser Frage noch einmal differenziert werden. Ein wichtiger Unterschied, der erst in dem Zusammenhang Bedeutung erlangt, ist zwischen neu erworbenen Qualifikationen bzw. erzielten Leistungen auf der einen Seite sowie tatsächlichen Karrieren oder entsprechenden Angeboten auf der anderen Seite zu machen. Während zusätzlich erlangte Fähigkeiten erst zu einem bestimmten beruflichen Aufstieg führen können, haben diese sich bei einem tatsächlichen Aufstieg oder einem entsprechenden Angebot bereits tatsächlich erfolgreich ausgewirkt. Diese beiden Varianten sind daher getrennt voneinander zu betrachten. Dagegen kommt es hier nicht darauf an, zwischen amtsbezogenen und nicht auf dem Amt basierenden Entwicklungen zu unterscheiden. Für die zu beantwortende Frage der Art und Weise der Einbeziehung dieser Umstände ist dieser Unterschied unerheblich. Jedenfalls müssen aber innerhalb der auf dem Amt basierenden Umstände die Fälle „verberuflichter" Betriebsräte von „normalen" Mandatsträgern bei der Beurteilung unterschieden werden, weil bei Letzteren die Berücksichtigung – wie soeben festgestellt – nur als Indiz möglich ist, was womöglich einen anderen Lösungsweg erfordern wird.

bb) Berücksichtigung neu erworbener Qualifikationen und Fähigkeiten

Grundsätzlich wird es bei Mandatsträgern häufiger vorkommen, dass lediglich besondere Qualifikationen und Fähigkeiten erlangt werden und nicht auch tatsächlich ein direkter beruflicher Aufstieg erfolgt. Für die Berücksichtigung der persönlichen Umstände bei der Entgeltanpassung nach § 37 Abs. 4 S. 1 BetrVG ist eigentlich nur die Variante denkbar, dass sie im Rahmen der darin aufgestellten gesetzlichen Anforderungen, d. h. bei den vergleichbaren Arbeitnehmern oder der betriebsüblichen beruflichen Entwicklung, mit einbezogen werden. Anderenfalls wäre nur an eine unabhängige, eigenständige Zahlung als „Aufstockung" des Gehalts für die persönliche Entwicklung des Betriebsratsmitgliedes zu denken. Allerdings ist letzteres von der gesetzlichen Regelung nicht gedeckt. Vorrangig ist daher zu versuchen, einen dem Gesetz entsprechenden Weg zu finden, die neu erworbenen Fähigkeiten und Kenntnisse oder besonderen Leistungen im Rahmen der Voraussetzungen und Anforderungen der Vorschrift des

§ 37 Abs. 4 S. 1 BetrVG einfließen zu lassen. Nur wenn das nicht möglich ist, wäre eine Alternative durch eine entsprechende Modifizierung zu prüfen.

(1) Mögliche Varianten der Einbeziehung

Die Vorgehensweise der Berücksichtigung im Rahmen der Voraussetzungen des § 37 Abs. 4 S. 1 BetrVG, insbesondere bei der beruflichen Entwicklung, wirft Probleme auf. Zwar wäre es grundsätzlich denkbar, das Merkmal der Betriebsüblichkeit im Lichte der heutigen betrieblichen Verhältnisse entsprechend auszulegen und gegebenenfalls anzupassen. Würde man aber das persönliche Fortkommen innerhalb der betriebsüblichen beruflichen Entwicklung mit beachten, würde das zu einem sich möglicherweise widersprechenden Ergebnis führen, das verschiedene Anforderungen vermengt und dem gesetzlichen Grundgedanken nicht mehr entspricht. Hierfür müsste man nämlich die aufgrund der neuen Qualifikationen oder Leistungen wahrscheinlich genommene und dementsprechend in dem Betrieb übliche berufliche Entwicklung hypothetisch bestimmen, um dann das Entgelt entsprechend daran anzupassen. Zwar wäre eine solche Ermittlung grundsätzlich noch vorstellbar, die Vorgehensweise würde dann aber dazu führen, dass die berufliche Entwicklung nicht mehr zu den ursprünglich festgelegten vergleichbaren Arbeitnehmern passt. In der Folge wären Vergleichsperson und berufliche Entwicklung grundverschieden, was dem gesetzlich vorgesehenen Vorgehen widerspricht.

Daher bleibt hier nur die Möglichkeit, an dem Merkmal der vergleichbaren Arbeitnehmer anzusetzen. Es liegt nahe, vergleichbare Arbeitnehmer entsprechend den neu erworbenen Qualifikationen, Fähigkeiten oder erzielten Leistungen auszuwählen. Allerdings besteht das Problem dann darin, dass die Vergleichspersonen bereits im Zeitpunkt der Amtsübernahme ausgesucht und festgelegt werden müssen. Selbst wenn die tatsächliche Auswahl erst später durchgeführt wird, muss sie rückwirkend für diesen Zeitpunkt erfolgen.[1190] Nur bei Wiederwahl eines Mandatsträgers besteht – nach hier vertretener Ansicht – bislang die Möglichkeit, die Vergleichspersonen zu Beginn der nächsten Amtszeit unter Umständen neu festzulegen, wenn sich die persönlichen oder fachlichen Voraussetzungen offensichtlich und grundlegend verändert haben. Das ist jedoch auch für die Fälle zu fordern, in denen ein Betriebsrat während seiner Amtszeit eine derartige Entwicklung durchläuft, dass er mit den ursprünglich ausgewählten Vergleichspersonen in fachlicher wie persönlicher Hinsicht nicht mehr auf einer Ebene steht und sie deshalb nicht mehr vergleichbar sind.

1190 Siehe dazu S. 217 f.; a. A. wohl *Happe*, S. 42, der die Einbeziehung solcher Qualifikationen durch eine nachträgliche Festlegung von Vergleichspersonen zwar bejaht, aber offenbar nur, wenn eine Vergleichsgruppenbildung noch nicht erfolgt ist; zugleich verlangt er aber eine ex ante Bestimmung der Vergleichspersonen, vgl. *ders.*, S. 49.

(2) Anpassung der Vergleichspersonen

Die Lösung hier über eine Anpassung der Vergleichsarbeitnehmer zu suchen, ist nicht nur naheliegend, sondern auch sachgerecht.[1191] Es handelt sich bei § 37 Abs. 4 BetrVG um eine dynamische Entgeltanpassung. In speziellen Fällen muss das ebenso für die Vergleichspersonen gelten, auch diese müssen Veränderungen dynamisch angepasst werden können. Dem steht auch das Gesetz nicht entgegen, weil es keinen Zeitpunkt zur Festlegung der vergleichbaren Arbeitnehmer nennt. Das darf natürlich nicht uneingeschränkt gelten, da anderenfalls Benachteiligungen und Begünstigungen Tür und Tor geöffnet wären. Es darf nicht dazu führen, dass bereits bei geringen Fortschritten eines Betriebsratsmitgliedes, andere, dem Mandatsträger in keiner Weise mehr entsprechende, überqualifizierte Vergleichsarbeitnehmer herangezogen werden können. Liegen jedoch eindeutige Anhaltspunkte vor, dass ein Betriebsratsmitglied eine besondere persönliche Entwicklung durchlaufen hat, ist zu prüfen, ob es sich von den ursprünglich festgesetzten Vergleichsarbeitnehmern so weit entfernt hat, dass eine Anpassung durch Neuauswahl notwendig erscheint. Das lässt sich in der Praxis nicht nur leicht durchführen, sondern auch gut nachvollziehen, weil sich das neu erreichte Qualifikations- und Leistungsniveau in der Regel durch Zeugnisse, Teilnahmebescheinigungen o. ä. nachweisen lassen wird. Das trifft gleichermaßen auf eine Entwicklung aufgrund persönlicher Qualifikationen zu, jedenfalls wenn diesen eine nachvollziehbare Einschätzung und Beurteilung zugrunde liegt und sie bestenfalls nicht nur von einem Vorgesetzten bewertet, sondern von mehreren Personen bestätigt wurden. Eine statische Festlegung der Vergleichspersonen wäre in solchen Fällen nicht mehr sachgerecht. Der Vergleichszeitpunkt ist daher immer dann zu verschieben, wenn das Betriebsratsmitglied eine relevante Entwicklung genommen hat. Dadurch können ab diesem Moment dann neue, entsprechende Vergleichspersonen herangezogen werden.

Einschränkungen dahingehend, dass die neu erworbenen Fähigkeiten nur dann berücksichtigt werden dürfen, wenn sie in Zusammenhang mit der bisherigen Arbeitstätigkeit stehen, sind hier grundsätzlich nicht aufzustellen. Denn das Betriebsratsmitglied hat nachweislich eine Qualifikation erlangt, die es jederzeit in verschiedenen Bereichen anwenden könnte. Das bedeutet nicht nur, dass es diese nach der Amtstätigkeit, auch in einer entsprechenden (angepassten) Arbeitsstelle einsetzen könnte. Die Beschäftigung eines Mandatsträgers mit einer anderen Tätigkeit nach Beendigung des Amtes ist nämlich durchaus möglich, wenn sie in Einklang mit § 37 Abs. 5 BetrVG bzw. außerhalb dieses Anwendungsbereiches mit § 78 S. 2 BetrVG steht. Viel entscheidender ist aber zudem, dass die neu erworbenen Fähigkeiten und Leistungen dem Betrieb schon allein über das Gebot der vertrauensvollen Zusammenarbeit zwischen Betriebsrat und Arbeitgeber gemäß § 2 Abs. 1 BetrVG zugutekommen.[1192] Ein zusätzlicher Nutzen der Qualifikationen besonders für den ursprünglichen Beruf ist daher nicht

---

1191 Im Ergebnis auch *Annuß*, NZA 2018, 134, 136; *Nebeling/Hey*, BB 2018, Die erste Seite, Nr. 9.
1192 *Kehrmann*, FS Wlotzke, S. 364.

zu verlangen. Eine Einschränkung wäre nur denkbar, wenn es sich um unbedeutendere Qualifikationen handelt, die in keiner Weise von Vorteil für die bisherige oder eine zukünftige berufliche Tätigkeit sind oder sonst keinen Nutzen für den Betrieb mit sich bringen.

Insgesamt ist die Vorgehensweise in vielerlei Hinsicht passend und zu befürworten. Das Ergebnis lässt sich auch mit einer Entscheidung des BAG[1193] bekräftigen. Zwar handelte es sich dabei um einen anderen Fall einer „normalen" Festlegung von Vergleichsarbeitnehmern ohne Einfluss persönlicher Entwicklungen des Mandatsträgers. Doch die Ausführungen, dass selbst bei einem besonders herausragend qualifizierten und in Bezug auf seine Leistungen überdurchschnittlichen Betriebsratsmitglied nur vergleichbare Arbeitnehmer mit einem ähnlichen Qualifikations- und Leistungsbild in Betracht kommen,[1194] lassen sich auf diesen Fall übertragen. Wenn grundsätzlich besondere Entwicklungen bei der Auswahl der Vergleichspersonen nach § 37 Abs. 4 S. 1 BetrVG zu berücksichtigen sind, wäre es widersinnig, diese außer Acht zu lassen, nur weil sie nach der Amtsübernahme aufgetreten sind. Dadurch wird nicht das gesetzliche System in Frage gestellt. Denn der grundsätzlich vorgesehene objektive Maßstab erfährt hier kaum eine Durchbrechung oder Versubjektivierung. Auch weiterhin bleibt die Orientierung an der Entwicklung vergleichbarer Arbeitnehmer bestehen. Lediglich die Vergleichsgrundlage wird entsprechend angepasst, die aber schon immer subjektiv an den Fähigkeiten und Kenntnissen des Betriebsratsmitgliedes auszurichten war.

Letztlich fügt sich die Vorgehensweise in die hier aufgestellten Grundsätze ein und gibt im Ergebnis ein rundes Bild. Denkt man zum Beispiel an den Fall, dass ein ursprünglich festgelegter vergleichbarer Arbeitnehmer nachträglich wegfällt, wird dieser durch einen am ehesten vergleichbaren Arbeitnehmer ersetzt. Es handelt sich dabei um eine vergleichbare Situation, die ähnlich gelöst wird: Das Betriebsratsmitglied hat sich so weit fortentwickelt, dass es die vergleichbaren Arbeitnehmer überholt hat, was einem Ausfall ähnlich ist. Konsequenterweise sind daher neue Vergleichspersonen zu bestimmen, die ihm in Qualifikation und Leistungsvermögen am nächsten kommen.

(3) Einfluss bei nicht „professionalisierten" Betriebsräten

Neben der genannten Konstellation werden betriebsratsbedingt erworbene Qualifikationen oder auf dem Amt basierende besondere Leistungen, wenn es sich nicht um einen besonderen Auslegungsfall „verberuflichter" Betriebsräte handelt, allerdings nicht immer direkt bei der Beurteilung der Entgeltanpassung mit einfließen können. Denn bei allen anderen Betriebsräten würde die Berücksichtigung gegen das Unentgeltlichkeitsgebot des § 37 Abs. 1 BetrVG verstoßen, zumindest wenn es sich nicht um dauerhaft, auch über das Amt hinaus bestehende

---

1193 BAG AP BetrVG 1972 § 37 Nr. 43.
1194 BAG AP BetrVG 1972 § 37 Nr. 43; vgl. auch BAG AP BetrVG 1972 § 37 Nr. 61.

Qualifikationen handelt. Dann sollen die neuen Fähigkeiten aber jedenfalls als Indiz für eine besondere Entwicklung herangezogen werden können. Hierfür dürfte es ausreichend sein, die Umstände im Rahmen der beruflichen Entwicklung zu beachten. So können aus dem Kreis der verschiedenen Vergleichsarbeitnehmer, die allesamt eine unterschiedliche Entwicklung durchlaufen haben, diejenigen als Maßstab herangezogen werden, die zwar eigentlich eine individuelle, ganz besondere Entwicklung genommen haben, die aufgrund des Amtes zutage getretenen neuen Fertigkeiten des Betriebsratsmitgliedes aber einen Hinweis darauf geben, dass es diesen Schritt ebenfalls hätte erreichen können. Ist allerdings nur ein vergleichbarer Arbeitnehmer vorhanden, kann die neue höhere Qualifikation ein Indiz dafür sein, dass gegebenenfalls eine neue Vergleichsperson auszuwählen ist. Dafür müssten dann aber besonders starke und gewichtige Anzeichen vorliegen, weil eine Anpassung von Vergleichsarbeitnehmern nur in ganz besonderen Fällen vorgenommen werden kann. Lediglich das Bestehen von Indizien wird dafür kaum ausreichend sein.

cc) Sonderfall: Berücksichtigung tatsächlicher Karrieren und konkreter Beförderungsangebote

Zuletzt bleibt der Fall, dass ein Betriebsratsmitglied innerhalb des Gremiums eine besondere Karriere durchlaufen hat oder ihm eine gehobene Position in dem Unternehmen angeboten wird. Hier hat eine bestimmte persönliche Entwicklung des Mandatsträgers schon tatsächlich zu einem direkten Aufstieg – inner- oder außerhalb des Betriebsratsgremiums – geführt; im Falle eines konkreten Angebots wird er hierfür jedenfalls als geeignet erachtet. Das könnte ebenfalls zu einer Erhöhung des Entgeltes führen, schließlich ist es ein eindeutiger Hinweis auf seine Fähigkeiten. Bei der Frage, ob die Einbeziehung dieser Faktoren bei einer Entgeltanpassung mit den Vergütungsvorschriften vereinbar ist, macht das noch keinen Unterschied. Die Konstellationen können wie jede andere Weiterentwicklung der Betriebsratsmitglieder auch, je nachdem ob sie auf dem Amt beruhen oder nicht, beurteilt werden. Deutlich schwieriger ist aber die Frage ihrer tatsächlichen Einbeziehung im Rahmen des § 37 Abs. 4 S. 1 BetrVG. Hier ist zu differenzieren.

Eine betriebsratsinterne Karriere wird sich in den überwiegenden Fällen nur schwer mit der Entwicklung anderer Arbeitnehmer vergleichen lassen, weil sie mit der ursprünglichen Arbeitstätigkeit nichts zu tun hat. Dennoch geben solche Karrieren Hinweis auf besondere Leistungen und Fähigkeiten – entweder weil sie ausschlaggebend für den Aufstieg waren oder aber weil sie zeigen, dass der Betroffene der herausragenden Position besonders gut gewachsen ist. Um das im Rahmen des § 37 Abs. 4 S. 1 BetrVG für eine Entgeltanpassung berücksichtigen zu können, bleiben im Grundsatz die soeben dargestellten Möglichkeiten. Da die Karriere an sich allerdings nicht auf die Vergleichspersonen übertragen werden kann, muss auf die entsprechend erworbenen Qualifikationen, Fähigkeiten und Leistungen abgestellt werden. Dabei kann es sich genauso um spezielle Eigenschaften oder Fertigkeiten von Führungskräften handeln wie auch um sonstige spezielle Kenntnisse in verschiedensten Bereichen. Lassen sich aus der Betriebsratskarriere solche Qualifikationen erkennen bzw. bestimmen, ist – wie oben bereits ausgeführt – eine Anpassung der Vergleichsarbeitnehmer möglich – allerdings nur, wenn es sich um einen „verberuflichten" Betriebsrat handelt. Liegt ein solcher Ausnahmefall nicht vor oder lässt sich die Laufbahn nur als Ganzes ohne Feststellung einzelner Fähigkeiten betrachten, kann diese Entwicklung jedenfalls als Indiz berücksichtigt werden.

Für den Fall, dass einem Betriebsratsmitglied eine neue höhere Position angeboten wurde, es diese Stelle aber abgelehnt hat, gilt ähnliches. Die Beförderungsentscheidung des Arbeitgebers zeigt, dass der Mandatsträger eine entsprechende Entwicklung genommen hat – vorausgesetzt natürlich, dass der Arbeitgeber dies nicht aus sachfremden Gründen oder allein wegen der Amtsstellung angeboten hat. Diese kann daher ebenfalls bei der Entgeltanpassung herangezogen werden.[1195] Es wird hier nicht allein die tatsächliche Auswahl des Arbeitgebers betrachtet, sondern auch die der Entscheidung zugrundeliegende Qualifikation des Betriebsratsmitgliedes. Je nach Intensität, d.h. ob ein Fall „verberuflichter" Betriebsräte vorliegt oder nicht, ist dann entsprechend dem oben bereits dargestellten Vorgehen entweder eine Einbeziehung direkt über Anpassung der vergleichbaren Arbeitnehmer oder eine Berücksichtigung als Indiz bei der Entwicklung vorzunehmen.

V. Mögliche Kritik an den Vorgehensweisen und Ergebnissen

Die nähere Betrachtung der Schwierigkeiten und Grenzen, die bei Anwendung der Vorschrift des § 37 Abs. 4 BetrVG entstehen, hat gezeigt, dass die Vorschrift nicht allen Konstellationen und vor allem auch nicht immer der heutigen betrieblichen Realität ausreichend gerecht werden kann. In gewisser Weise sind die an die gesetzlichen Grundsätze gestellten Anforderungen daher teilweise zu modifizieren und ein gelockerter Maßstab anzusetzen. Damit sollen auch die für den Arbeitgeber bestehenden Herausforderungen in der Praxis erleichtert werden. Das kann dazu führen, dass neu erworbene Fähigkeiten und Qualifikationen zur Heranziehung höher qualifizierter Vergleichspersonen führen und die Betriebsratsmitglieder im Einzelnen eine deutliche Entgeltanpassung erfahren können, die sich – entgegen der überwiegend vertretenen Auffassung – unter Umständen sogar an einer speziellen Sonderkarriere orientiert. Da der Maßstab des § 37 Abs. 4 S. 1 BetrVG meist aber relativ streng gehandhabt wird, können die dargelegten Ansätze auf Widerstand stoßen. Daher sind die möglichen Kritikpunkte dahingehend zu betrachten, ob sie die gefundenen Ergebnisse überzeugend entkräften oder widerlegen können.

1195 Vgl. auch Richardi/*Thüsing*, § 37 Rn. 74.

1. Schwierigkeiten der Reintegration eines Betriebsratsmitgliedes nach Ende der Amtszeit

Gerade in Zusammenhang mit der Berücksichtigung besonderer persönlicher Umstände und Entwicklungen im Rahmen der Entgeltanpassung sowohl bei den Vergleichspersonen als auch den Betriebsratsmitgliedern werden häufig Bedenken wegen der Situation nach dem Ausscheiden aus dem Amt angebracht.[1196] Ein Betriebsratsmitglied könnte nach der vorliegend vertretenen Auffassung wegen neuer Qualifikationen und besonderer Leistungen im Amt eine höhere Vergütung erreichen. Nach Ende der Amtszeit müsste der Mandatsträger dann aber wieder seine ursprüngliche – niedriger bezahlte – Arbeitstätigkeit aufnehmen. Allerdings sieht hierfür § 37 Abs. 5 BetrVG vor, dass Mandatsträger nur mit gleichwertigen Tätigkeiten beschäftigt werden dürfen, wie sie auch ihre vergleichbaren Arbeitnehmer ausüben. Dieser Tätigkeitsschutz besteht bis ein Jahr nach Ende der Amtszeit bzw. bei über drei Amtszeiten freigestellten Betriebsratsmitgliedern nach § 38 Abs. 3 BetrVG über zwei Jahre nach Amtsende.

In den Fällen, in denen neu erworbene Fähigkeiten und Kenntnisse des Betriebsratsmitgliedes für die Entgelterhöhung ausschlaggebend waren, ist das unproblematisch und lässt sich gut vertreten. Denn das Betriebsratsmitglied hat die besonderen Leistungen tatsächlich erbracht oder die entsprechenden Qualifikationen wirklich erlangt. Damit ist auch eine neue, entsprechend angepasste Arbeitsstelle sowohl während als auch nach dem Schutzzeitraum gerechtfertigt, weil der Mandatsträger für sie auch fachlich und persönlich geeignet ist.

Schwierigkeiten treten aber vor allem dann auf, wenn Amtsträgern trotz einer nicht erfolgreich absolvierten Fortbildung die nicht erreichte Qualifikation über eine Vergleichsperson bei der Entgeltbemessung zugerechnet wird. In dem Fall müssten sie ein bzw. zwei Jahre nach Beendigung der Amtszeit wegen § 37 Abs. 5 BetrVG mit einer der Qualifikation entsprechenden Tätigkeit betraut werden, obwohl die erforderlichen Fähigkeiten dazu – zumindest auf dem Papier – nicht vorhanden sind. Veranschaulichen lässt sich das an dem zuvor genannten Beispiel, dass ein Betriebsratsmitglied die Steuerberaterprüfung zwar nicht erfolgreich absolviert hat, aber durch Orientierung an den im Gegensatz zu ihm erfolgreichen vergleichbaren Arbeitnehmern auf dem Niveau eines Steuerberaters bezahlt wird. Auch wenn mit einer Entgeltanpassung nach § 37 Abs. 4 BetrVG keinesfalls die tatsächliche Übertragung einer höher bezahlten Tätigkeit einhergeht, sondern bei Vorliegen der Voraussetzungen nur allein das Entgelt erhöht wird, müsste das Betriebsratsmitglied wegen der Vorschrift zum Tätigkeitsschutz des § 37 Abs. 5 BetrVG nach der Amtszeit dennoch auf einen gleichwertigen Arbeitsplatz wie die Vergleichsperson gesetzt werden. Das hätte zur Folge, dass der Mandatsträger nach Ausscheiden aus dem Amt nicht mehr nur finanziell so gestellt, sondern tatsächlich mit der Tätigkeit eines Steuerberaters betraut werden müsste, obwohl er die erforderliche Qualifikation nicht hat. Bei nur vorübergehend befreiten Betriebsräten wäre das noch während der Amts-

---

1196 Vgl. z. B. *Schweibert/Buse*, NZA 2007, 1080, 1082; siehe auch *Däubler*, SR 2017, 85, 89.

zeit denkbar. Denn auch für sie gilt in diesen Konstellationen nichts anderes. Schließlich ist auch eine nur zeitweise Betriebsratsarbeit geeignet, positiv wie negativ auf die berufliche Entwicklung sowie das Entgelt Einfluss zu nehmen. Dieses grundsätzlich mögliche Szenario zwingt allerdings nicht von vornherein zu einer anderen Beurteilung solcher Fälle. Denn die dargestellten Folgen sind insoweit nicht problematisch, als das Betriebsratsmitglied die entsprechende Zusatzausbildung sowohl während als auch nach seiner Arbeitsbefreiung bzw. Freistellung nachholen kann. Für dauerhaft freigestellte Mandatsträger sieht § 38 Abs. 4 BetrVG sogar ausdrücklich vor, dass ihnen dazu die Gelegenheit zu geben ist. Nur wenn das Betriebsratsmitglied die Weiterbildung dann nicht nachholt, kann es, auch wenn es über mehrere Amtszeiten gewählt war und daher bereits über lange Zeit entsprechend vergütet wurde, spätestens nach zwei Jahren in Gehalt und Position wieder auf das ursprüngliche Niveau zurückgestuft werden.[1197] Der Schutz besteht damit nur während des vorgesehenen Schutzzeitraumes und führt nicht zu einem „fiktiven" Steuerberater im Betrieb. Diese Übergangzeit ist vertretbar und eine anschließende Rückstufung auch von dem Betriebsratsmitglied hinnehmbar. Nach Ablauf dieser Zeit könnte zwar die Vorschrift des § 78 S. 2 BetrVG greifen. Es wäre aber nur in besonderen Ausnahmefällen denkbar, dass sich die Herabsetzung des Entgeltes auf das ursprüngliche Niveau als eine Benachteiligung i. S. d. Regelung darstellt und deshalb eine andere Beurteilung gerechtfertigt wäre. In diesem Zusammenhang führen daher auch Argumente wie eine mögliche Besitzstandswahrung, aufgrund derer dem Betriebsratsmitglied ein während der Betriebsratszeit erlangter Entgeltstatus erhalten bleiben müsste,[1198] nicht weiter. Wenn das Betriebsratsmitglied die Qualifikation nicht nachholen kann, ist es dann ebensowenig notwendig, einen „harten Absturz" von dem höheren Entgelt auf ein geringeres, beispielsweise durch einen nach Amtszeiten gestaffelten Ausgleich der Entgeltdifferenz aus einem hierfür eingerichteten Sicherungsfond, abzumildern.[1199] Es steht von vornherein fest, dass die Entgeltanpassung sowie der Tätigkeitsschutz in § 37 Abs. 4 und 5 BetrVG auf ein bzw. zwei Jahre beschränkt sind. Ein Betriebsratsmitglied weiß daher in solchen Fällen, dass es sich entsprechend weiterbilden kann bzw. wenn es die angepasste Stelle auch nach Ablauf des Schutzzeitraumes noch behalten will, das auch muss. Dafür hat es ausreichend Gelegenheit. Probleme einer Reintegration in den Betrieb nach Ablauf der Amtszeit(en) stellen sich daher nicht.

2. Problem des Erreichens der Ebene eines leitenden Angestellten

Im Rahmen der Entgeltanpassung nach § 37 Abs. 4 BetrVG besteht – wie bei den vorherigen Ausführungen festgestellt – keine Vergütungsobergrenze. Grundsätzlich könnte daher auch von einem Betriebsratsmitglied durchaus das Gehalts-

1197 Vgl. am Beispiel der Höhergruppierung *Natzel*, NZA 2000, 77, 79.
1198 Vgl. *Schweibert/Buse*, NZA 2007, 1080, 1082.
1199 So *Fahrtmann*, FS Stahlhacke, S. 127; vgl. auch *Schweibert/Buse*, NZA 2007, 1080, 1082.

niveau eines leitenden Angestellten erreicht werden.[1200] Würden vergleichbare Arbeitnehmer eine Entwicklung bis hin zu Führungspositionen nehmen, käme das auch den Betriebsratsmitgliedern – zumindest in finanzieller Hinsicht – zugute. Zwar wird das seltener der Fall sein, weil meist nicht mehrere oder alle Vergleichspersonen leitende Angestellte werden. Auf Führungsebenen stellen sich Beförderungen oder entsprechende berufliche Aufstiege ohnehin nur als sehr individuelle Entwicklungen dar. Aber in manchen Einzelfällen könnte nach hier vertretener Ansicht ein Betriebsrat sogar an einer speziellen Sonderkarriere gemessen werden, so dass sein Entgelt dann entsprechend auf die Höhe des Gehalts eines leitenden Angestellten anzupassen wäre.[1201]

Diese Fälle begegnen aber häufig Bedenken dahingehend, ob ein solcher Fall Auswirkungen auf die Zugehörigkeit zu dem Betriebsrat haben kann. Leitende Angestellte können grundsätzlich nicht in den Betriebsrat gewählt werden. Auf sie findet gemäß § 5 Abs. 3 S. 1 BetrVG das Betriebsverfassungsgesetz keine Anwendung. Nach § 24 Nr. 4 BetrVG verliert ein Mandatsträger seine Mitgliedschaft in dem Betriebsrat, wenn seine Wählbarkeit erlischt, die wiederum nach §§ 7, 8 BetrVG auch entscheidend von der Arbeitnehmereigenschaft abhängt.

Bei der Entgeltanpassung ergeben sich in Zusammenhang mit dieser Frage aber keine Probleme. Denn hier wird ausschließlich die Vergütung des Mandatsträgers erhöht, das führt nicht auch zu einer tatsächlichen Tätigkeitsänderung.[1202] Allein auf Grundlage der Vorschrift des § 37 Abs. 4 BetrVG kann keine Versetzung auf einen anderen Posten bzw. in eine höhere Position erfolgen. Daher bedeutet die Erhöhung des Entgeltes eines Betriebsratsmitgliedes auf das Niveau eines leitenden Angestellten nicht, dass damit automatisch auch ein tatsächlicher Aufstieg auf Führungskraftebene einhergeht. Denn für die Bestimmung leitender Angestellter in § 5 Abs. 3 S. 2 sowie Abs. 4 BetrVG sind nicht vorrangig Vergütungsgesichtspunkte maßgeblich. Die Höhe des Entgeltes wird darin zwar ausdrücklich als Kriterium für die Feststellung des Status eines leitenden Angestellten genannt, allerdings erst als vorletzter Punkt. Das Merkmal ist in dem hier betrachteten Fall aber nicht passend und kann nicht allein maßgeblich sein. In der Regel kann die Höhe der Vergütung zwar ein ausschlaggebendes Kriterium für die Einordnung als leitender Angestellter sein, das gilt aber gerade deshalb, weil damit grundsätzlich auch eine Beschäftigung mit entsprechenden Tätigkeiten und Verantwortung einhergeht.[1203] Das stellt sich bei dem Betriebsratsamt allerdings anders dar. Hier kann es nämlich – vor allem bei dauerhafter Freistellung – dazu kommen, dass Vergütung und eigentliche Tätigkeit über längere Zeit auseinanderfallen, so dass dieser Gleichklang durchbrochen ist.[1204] Erst nach Beendigung der Amtszeit würde der Mandatsträger mit einer entsprechenden Tätigkeit betraut, wenn dem nicht zwingende betriebliche Notwendigkeiten ent-

---

1200 So auch *Hennecke*, BB 1986, 936, 937; *Lipp*, S. 81.
1201 Im Ergebnis auch *Annuß*, NZA 2018, 134, 136; a. A. *Rieble*, NZA 2008, 276, 277.
1202 *Weisman*, JuS 1987, 971, 974; *Lipp*, S. 82.
1203 Vgl. auch *Neef*, FS Wendeling-Schröder, S. 105.
1204 Vgl. auch *Neef*, FS Wendeling-Schröder, S. 105.

gegenstehen. Bei höheren Positionen könnte letzteres wegen der nur sehr geringen Anzahl der verfügbaren Stellen jedoch häufiger der Fall sein. Damit kann nicht ausschließlich die Vergütung des Betriebsratsmitgliedes ein verlässliches Kriterium für eine Stellung als leitender Angestellter sein.

Das steht auch in Einklang mit dem Sinn und Zweck des Gesetzes, der hier keine andere Lösung erfordert. Denn durch eine höhere Vergütung entsteht zum einen kein Interessenskonflikt, der bei leitenden Angestellten wegen der Nähe zum Arbeitgeber durch Ausschluss aus den Arbeitnehmergremien verhindert werden soll.[1205] Zum anderen will § 37 Abs. 4 BetrVG erreichen, dass sich Arbeitnehmer mit dem Bewusstsein, keine beruflichen Nachteile befürchten zu müssen sowie auch besser qualifizierte Arbeitnehmer in höheren Positionen für das Amt des Betriebsrates zur Verfügung stellen.[1206] Daher verliert ein Mandatsträger nicht bereits mit einer höheren Bezahlung auf dem Niveau eines leitenden Angestellten seine Mitgliedschaft in dem Betriebsrat,[1207] so dass der Kritikpunkt der vertretenen Vorgehensweise ebenfalls nicht entgegensteht.

3. Gefahr des Verlustes der Unabhängigkeit und einer Kandidatur nur aus monetären Interessen

Grundsätzlich besteht immer das Risiko, dass bei zu hohen Zahlungen die Arbeitnehmer sich allein aus finanziellen Interessen um das Amt des Betriebsrates bemühen. Gleichzeitig ist auch immer deren Unabhängigkeit und Unparteilichkeit in Gefahr. Denn demjenigen, der die Vergütung gewährt, wird man sich wohl kaum negativ gegenüberstellen.

Beide Szenarien, verkehrt man sie in ihr Gegenteil, stellen aber ebenfalls erhebliche Risikofaktoren dar. Nehme man an, ein Betriebsrat erhält sein ursprüngliches Gehalt mit geringfügigen Entgeltentwicklungen über Jahre weiter, er ist aber z. B. seit langer Zeit Betriebsratsvorsitzender in einem großen Betrieb mit vielen tausend Mitarbeitern, dann entspricht sowohl Art als auch Umfang der Betriebsratsarbeit meist nicht mehr der Entlohnung. Doch auch gerade deshalb besteht die Gefahr des Verlustes von Unabhängigkeit und Unparteilichkeit. Überbelastung ohne entsprechenden finanziellen Ausgleich kann durchaus negativen Einfluss auf die Einstellung gegenüber dem Arbeitgeber nehmen. Darüber hinaus hätte das womöglich abschreckende Wirkung, sich für das Amt des Betriebsrates aufstellen zu lassen. Wer würde ein Ehrenamt über mehrere Jahre übernehmen, das möglicherweise nicht nur Mehrarbeit, sondern das Aneignen von umfangreichem Wissen und speziellen Fähigkeiten erfordert, wofür aber keinerlei finanzieller Ausgleich erfolgt. Darüber hinaus gehen mit dem Betriebsratsamt bereits jetzt einige Vorteile bzw. Schutzvorschriften einher, wie z. B. der besondere Kündigungsschutz des § 15 KSchG. Das Problem wäre hier das

---

1205 *Weisman*, JuS 1987, 971, 974; *Lipp*, S. 82.

1206 *Hennecke*, BB 1986, 936, 937; *Lipp*, S. 82.

1207 Im Ergebnis auch *Annuß*, NZA 2018, 134, 136, der hier allerdings differenziert und ein Ausscheiden aus dem Betriebsrat für nicht dauerhaft freigestellte Mandatsträger bejaht.

gleiche, schon seit Jahrzehnten könnten die besonderen Vorteile den Anreiz für eine Aufstellung zur Wahl geben. Der Verdacht kommt zwar auch wegen dieser Regelungen häufig auf, er führt in dem Zusammenhang aber nicht annähernd zu einer solchen Diskussion wie im Bereich der Vergütung von Betriebsräten. Daher handelt es sich auch hier um nicht überzeugende Kritikpunkte.

VI. Bewertung und Fazit

Das gesetzliche System des § 37 Abs. 4 BetrVG ist im Grundsatz nachvollziehbar. Ziel war und ist es nach wie vor, den Betriebsratsmitgliedern eine versäumte berufliche Entwicklung jedenfalls in finanzieller Hinsicht zugutekommen zu lassen, um vor allem ihre Unabhängigkeit und Unparteilichkeit zu bewahren. Das ist einleuchtend und soll nicht in Frage gestellt werden. Doch die Ausführungen haben Grenzen und deutliche Schwächen der gesetzlichen Regelung aufgezeigt. Neben den teilweisen Unsicherheiten bei Anwendung der Vorschrift, führt die Regelung in einigen Fällen nicht mehr zu sachgerechten Ergebnissen. Zwar wären die Anforderungen, die in § 37 Abs. 4 S. 1 BetrVG aufgestellt werden, trotz ihrer schwierigen und teilweise aufwendigen Umsetzung, im Grundsatz geeignet, angemessene Lösungen herbeizuführen. Aber selbst bei bestmöglicher konsequenter Anwendung des Gesetzes sind die Ergebnisse häufig ungenau bzw. unpassend und würden in einigen Fällen nicht mehr in Einklang mit der heutigen Zeit sowie der modernen Betriebsratsarbeit stehen. Denn die Betriebspraxis hat sich gegenüber der bei Einführung des Betriebsverfassungsgesetzes vorherrschenden Situation grundlegend geändert. Vor allem das Merkmal der Betriebsüblichkeit stößt dabei an seine Grenzen.

Die Sachverhalte, die bei der Bemessung der Entgeltanpassung häufiger zu Problemen führen, haben eines gemeinsam: Es handelt sich um Fälle, die sich als besonders subjektiv darstellen. Betrachtet man die genannten Beispiele, wie eine Beförderung sowie besondere Entwicklungen der Vergleichsarbeitnehmer oder des Betriebsratsmitgliedes, wird das deutlich. Ungeachtet dessen, ob nur eine Beförderungsstelle vorhanden ist oder persönliche Umstände und Leistungen die Frage ihrer Berücksichtigung aufwerfen, die Fälle zeichnen sich allesamt auf unterschiedliche Art durch besondere subjektive Komponenten aus. Das ist zugleich der Grund, warum die Vorschrift des § 37 Abs. 4 BetrVG hier an ihre Grenzen gelangt. Denn die Regelung sieht lediglich eine Entgeltanpassung aufgrund rein objektiver Gegebenheiten vor. Hält man sich strikt an diesen objektiven Maßstab der betriebsüblichen beruflichen Entwicklung, dürfen subjektive Umstände im Rahmen des § 37 Abs. 4 S. 1 BetrVG keine Berücksichtigung finden. Dadurch könnten aber manche Konstellationen nicht oder nicht ausreichend in die Entgeltanpassung mit einbezogen werden. Allerdings handelt es sich bei den gezeigten Beispielen nicht um unbedeutende Sachverhalte. Sie können durchaus großen Einfluss auf das Entgelt haben, so dass sich ihre Nichteinbeziehung im Rahmen des § 37 Abs. 4 S. 1 BetrVG als Nachteil für das Betriebsratsmitglied darstellen kann.

Für die besonderen Fälle lassen sich sachgerechte Ergebnisse daher nur mit einer entsprechenden Auslegung bzw. mit modifizierten Lösungswegen erreichen, die der jeweiligen Situation und zugleich der gesetzlichen Regelung am besten entsprechen. Dabei müssen auch subjektive Komponenten in die Bestimmung der Entgeltanpassung mit einbezogen werden und je nach Fallkonstellation teilweise auch Differenzierungen nach Umfang und Art der Betriebsratsarbeit vorgenommen werden. Aufgrund der unterschiedlichen vertretenen Lösungsansätze und der damit verbleibenden Unsicherheiten bei der Umsetzung in der Praxis zeigt sich dennoch, dass eine Neuregelung für eine zukunftsfähige Betriebsratsarbeit unabdingbar sein wird.

D. Umsetzung und Vorgehensweise der Anpassung des Entgeltes für Betriebsräte

Nach Bestimmung und Konkretisierung der Voraussetzungen des § 37 Abs. 4 BetrVG ist zuletzt zu klären, wie die Anpassung des ursprünglichen Entgeltes eines Betriebsratsmitgliedes auf Basis der betriebsüblichen beruflichen Entwicklung der Vergleichsarbeitnehmer im Einzelnen tatsächlich zu erfolgen hat. Da es sich um eine dynamische Weiterentwicklung des Entgeltes[1208] handelt, ist die Anpassung bei jeder Änderung fortlaufend vorzunehmen.[1209] Das bedeutet aber nicht, dass direkt bei Amtsübernahme mit Festlegung der Vergleichspersonen das Entgelt sofort an deren Gehalt anzupassen wäre. Schließlich sind Entgeltentscheidungen individuell, so dass Unterschiede zwischen einzelnen Arbeitnehmern bestehen können. Nur die Amtsübernahme würde eine Erhöhung nicht rechtfertigen. Erst wenn die vergleichbaren Arbeitnehmer während der Amtszeit eine Entwicklung mit einer Erhöhung der Vergütung erreichen, ist sie auch dem Betriebsratsmitglied zu gewähren – immer vorausgesetzt, dass die Anforderungen der Vorschrift erfüllt sind.

I. Zugestehen eines Einschätzungsspielraumes

Die Beurteilung der Voraussetzungen für eine Entgeltanpassung und die Einhaltung der daran gestellten Anforderungen kann in Einzelfällen mit erheblichen Schwierigkeiten verbunden sein. Die konsequente Anwendung des Gesetzes führt vor allem bei über lange Zeit dauerhaft freigestellten Betriebsräten zu Schätzungen oder Spekulationen.[1210] Da dies aber nicht nur für die Durchführung der Entgeltangleichung von essentieller Bedeutung ist, sondern eine Falschbemessung erhebliche Konsequenzen für den Arbeitgeber haben könnte, ist ihm daher ein gewisser Einschätzungs- und Beurteilungsspielraum zuzuge-

---

1208 ErfK/*Koch*, § 37 BetrVG Rn. 9; *Byers*, NZA 2014, 65, 66.
1209 Richardi/*Thüsing*, § 37 Rn. 78; *Fitting*, § 37 Rn. 124; WPK/*Kreft*, § 37 Rn. 41.
1210 *Rüthers*, RdA 1976, 61, 62; *Esser*, S. 35.

stehen. Dieser Ansicht scheinen sich auch die Arbeitsgerichte nicht zu verwehren.[1211]

An die Entscheidungen, ob im Einzelfall die Voraussetzungen der Vorschrift erfüllt sind, insbesondere, welche vergleichbaren Arbeitnehmer auszuwählen sind und ob eine betriebsübliche Entwicklung vorliegt, dürfen nicht zu hohe Maßstäbe gesetzt werden. Der Arbeitgeber muss die Möglichkeit haben, besondere Konstellationen je nach Einzelfall beurteilen zu können, ohne zwingend an allzu starre Vorgaben, die auf die jeweilige Situation vielleicht nicht (mehr) passen, gebunden zu sein. Wegen der zahlreichen Unsicherheiten und unbestimmten Anforderungen kann nicht nur ein einziger Weg als zulässig erachtet werden.[1212] Darüber hinaus basieren Beförderungsentscheidungen ohnehin auf Beurteilungen und Einschätzungen des Arbeitgebers; die Möglichkeit ist ihm im Grundsatz auch bei der Vergütung von Betriebsräten zu erhalten.[1213] Zugleich darf dieser Spielraum aber auch nicht zu weit ausgedehnt werden, so dass es einer freien Entscheidung allein auf Basis des Ermessens des Arbeitgebers gleichkäme. Die Entscheidung muss überprüf- und nachvollziehbar bleiben und sich im Wesentlichen an die genannten Grundsätze der Beurteilung halten.

II. Durchführung der Entgeltanpassung

1. Bemessung der konkreten Entgeltangleichung

Ist der Arbeitgeber nach eigener Einschätzung zu dem Schluss gekommen, dass ein vergleichbarer Arbeitnehmer eine betriebsübliche Entwicklung genommen hat, so hat er das Entgelt des Betriebsratsmitgliedes entsprechend anzupassen. Besondere Vorgaben dazu, wie das Entgelt im Einzelnen anzugleichen ist, enthält § 37 Abs. 4 BetrVG nicht, allerdings werden in Rechtsprechung und Literatur auch daran einige Anforderungen gestellt bzw. Konkretisierungen vorgenommen.

Nach überwiegender Ansicht hat eine Entgeltanpassung nicht zur Folge, dass ein Mandatsträger automatisch eine Vergütung in der exakt selben Höhe wie die Vergleichsperson erhält.[1214] Vielmehr soll entscheidend sein, ob das Entgelt des Betriebsratsmitgliedes in Relation hinter dem der Vergleichspersonen geblieben

---

1211 Jedenfalls lässt darauf die Aussage eines Arbeitsrichters im Rahmen eines Verfahrens um die Rechtmäßigkeit der Höhe der Betriebsratsvergütung schließen. Dieser soll in der Verhandlung bei der Beurteilung der Höhe des Entgeltes des Betriebsratsmitgliedes durchaus Einschätzungsspielräume erkannt haben, vgl. Bericht von *Schwarz, Konstantin*, Arbeitsrichter sieht Spielraum im SSB-Streit, https://www.stuttgarter-nachrichten.de/inhalt.streit-um-verguenstigung-von-betriebsrat-arbeitsri-chter-sieht-spielraum-im-ssb-streit.340fdb41-3daa-4c61-a7f4-6619a13d3d22.html (zuletzt abgerufen am 21.12.2017).

1212 Vgl. auch *Esser*, S. 34, der dies im Rahmen des Benachteiligungs- oder Begünstigungsverbotes aber anzunehmen scheint (S. 8).

1213 *Annuß*, NZA 2018, 134, 137.

1214 BAG NZA 2017, 935, 936; NZA 2006, 448, 449; BeckRS 2005, 30349201; AP BetrVG 1972 § 37 Nr. 28; *Lipp*, S. 87; *Benkert*, NJW-Spezial 2018, 50; *Nebeling/Hey*, BB 2018, Die erste Seite, Nr. 9.

ist, weil anderenfalls eine Begünstigung vorliegen könnte.[1215] Als maßgeblich wird das regelmäßige, nicht das effektive Arbeitsentgelt der Vergleichspersonen erachtet.[1216] Das Entgelt des Betriebsratsmitgliedes ist auf Grundlage des Gehalts der Vergleichsperson nur entsprechend anzupassen.[1217] Dabei soll das Gehalt in demselben Umfang erhöht werden, beispielsweise nach entsprechend gleichem Prozentsatz.[1218] Bei einer Vergleichsgruppe mit mehreren Personen soll es dabei auf die Mehrzahl der vergleichbaren Arbeitnehmer ankommen; erst wenn sich kein mehrheitlich gleicher Umfang einer Erhöhung bestimmen lässt, sei der Durchschnitt der Entgeltentwicklungen für das Betriebsratsmitglied heranzuziehen, da anderenfalls die Gefahr einer Benachteiligung oder Begünstigung bestünde.[1219]

Grundsätzlich ist dem zuzustimmen, dass das Arbeitsentgelt eines Betriebsratsmitgliedes in Relation zu dem von vergleichbaren Arbeitnehmern mit betriebsüblicher beruflicher Entwicklung nicht zurückbleiben darf. Ob allerdings eine Vergütung in derselben Höhe wie das der Vergleichsperson damit automatisch unzulässig ist, darf bezweifelt werden. Schließlich kann nicht ausgeschlossen werden, dass dem Betriebsratsmitglied bei Erreichen einer anderen Vergütungsstufe durch entsprechende Aufstockung nicht auch das tatsächlich gleiche Gehalt gewährt worden wäre. Der Arbeitgeber muss – wenn es nicht in betrieblichen oder individuellen Vereinbarungen ausdrücklich vorgesehen ist – Entgelte auch nicht zwingend nur prozentual erhöhen, er ist in der Ausgestaltung von Gehaltserhöhungen vollkommen frei. Auch § 37 Abs. 4 BetrVG verlangt ein solches Vorgehen nicht, die Vorschrift enthält dazu keine Vorgaben. Jedenfalls stimmt die Art der Berechnung der Entgelterhöhung in Relation zu dem der Vergleichsperson mit der nach § 37 Abs. 4 BetrVG geforderten Mindestgrenze überein, die nicht unterschritten werden darf.

Daher ist über diese Mindestanpassung hinaus die Möglichkeit einer Erhöhung auf das tatsächliche Gehalt der Vergleichsarbeitnehmer nicht auszuschließen, wenn auch nicht zwingend vorzuschreiben. Vielmehr ist dem Arbeitgeber ein gewisser Spielraum bei der Bemessung zuzugestehen, der sich im Rahmen zwischen der Mindestgrenze der Entgelterhöhung in Relation zu der Vergleichsperson und dem tatsächlichen Gehalt des Vergleichsarbeitnehmers bewegt. Diese Vorgehensweise steht auch mit dem Zweck der Vergütungsvorschriften in Einklang. Denn eine Vergütung exakt in der Höhe des Vergleichsarbeitnehmers

---

1215 BAG NZA 2017, 935, 936; NZA 2006, 448, 449; BeckRS 2005, 30349201; *Lipp*, S. 87; *Benkert*, NJW-Spezial 2018, 50; *Annuß*, NZA 2018, 134, 136.

1216 GK-BetrVG/*Weber*, § 37 Rn. 143; HWGNRH/*Glock*, § 37 Rn. 123.

1217 GK-BetrVG/*Weber*, § 37 Rn. 143; *Lipp*, S. 87.

1218 BAG NZA 2006, 448, 449; BeckRS 2005, 30349201; *Benkert*, NJW-Spezial 2018, 50; *Blattner*, NZA 2018, 129, 131.

1219 BAG BeckRS 2005, 30349201; *Fitting*, § 37 Rn. 124; im Ergebnis auch *Lipp*, S. 87 f.; *Blattner*, NZA 2018, 129, 131; nur für eine Vergütung entsprechend der Mehrzahl der Vergleichspersonen *Nebeling/Hey*, BB 2018, Die erste Seite, Nr. 9.

könnte sowohl eine Benachteiligung als auch eine Begünstigung darstellen, weil es sich letztendlich um individuelle Gehälter handelt.

2. Keine tatsächliche Höhergruppierung oder Übertragung höherwertiger Tätigkeiten

Mit § 37 Abs. 4 BetrVG wird das Betriebsratsmitglied durch entsprechende Entgeltanpassung einer bestimmten Arbeitsebene bzw. Vergütungsstufe zugeordnet, die es wegen der Betriebsratstätigkeit zwar nicht selbst, aber die vergleichbaren Arbeitnehmer erreicht haben. Das bedeutet jedoch nur, dass lediglich die Vergütung diesem neuen Niveau angeglichen wird. Damit geht nicht zugleich auch eine tatsächliche Versetzung auf die zugehörige Stelle, Übertragung der jeweiligen Tätigkeit oder eine andere Eingruppierung einher.

Dennoch wird immer wieder die Frage aufgeworfen, ob mit einer Entgeltanpassung auch eine Pflicht zur Höhergruppierung einhergeht. Vor allem in der Praxis soll in den meisten Fällen auch eine entsprechende Höhergruppierung vorgenommen werden.[1220] Das ist aber allein auf Grundlage des § 37 Abs. 4 BetrVG nicht durchführbar und aus verschiedenen Gründen abzulehnen. Nicht nur der Wortlaut, der sich ausdrücklich lediglich auf das Entgelt bezieht, auch die Gesetzessystematik stehen einer tatsächlichen Einstufung bzw. Höhergruppierung entgegen.[1221] Mit der Regelung des § 38 Abs. 4 BetrVG hat der Gesetzgeber bedacht, dass der Kenntnisstand des – jedenfalls dauerhaft freigestellten – Betriebsratsmitgliedes wegen versäumter Entwicklung wohl nicht mehr seinem erreichten Vergütungsniveau entspricht und räumt ihm darin deshalb die Möglichkeit ein, dies während und nach der Amtszeit nachzuholen. Eine tatsächliche Anpassung der Arbeitstätigkeit kann sowohl für vorübergehend befreite als auch dauerhaft freigestellte Betriebsratsmitglieder allenfalls auf Grundlage des § 37 Abs. 5 BetrVG erfolgen. Das spricht aber eindeutig dagegen, dass der Gesetzgeber bereits mit der Regelung des § 37 Abs. 4 BetrVG auch eine tatsächliche Eingruppierung vorgesehen hat.[1222] Darüber hinaus erfolgen Höhergruppierungen in den meisten Fällen aufgrund von Tarifverträgen anhand der Tätigkeitsarten sowie entsprechenden Qualifikationen, Fähigkeiten und Kenntnissen; eine fiktive Einordung eines Betriebsratsmitgliedes würde dazu nicht passen.[1223]

III. Auszugleichende Posten

1. Entgelt und allgemeine Zuwendungen des Arbeitgebers

Eine Entgeltanpassung nach § 37 Abs. 4 BetrVG ist bei dem Betriebsratsmitglied in erster Linie dann vorzunehmen, wenn sich das normale Entgelt oder einer der Entgeltbestandteile eines Vergleichsarbeitnehmers erhöht. Nicht zu berück-

---

1220 *Natzel*, NZA 2000, 77, 79.
1221 *Natzel*, NZA 2000, 77, 79; *Lipp*, S. 99 f.
1222 So auch *Natzel*, NZA 2000, 77, 79.
1223 *Natzel*, NZA 2000, 77, 79.

sichtigen sind nach allgemeiner Ansicht Lohnzuschläge, die nur wegen vorübergehender oder zusätzlicher Leistungen der Vergleichsperson wie Sonn- und Feiertagsarbeit oder Mehrarbeit geleistet werden.[1224] Dem ist grundsätzlich zuzustimmen, weil § 37 Abs. 4 BetrVG lediglich den Ausgleich einer versäumten beruflichen Entwicklung betrifft und bei Gewährung solcher Entgeltzuschläge nach § 37 Abs. 2 BetrVG beurteilt wird, ob das Betriebsratsmitglied z. B. Mehrarbeit auch ohne das Amt geleistet hätte.[1225] Danach gehört die Überstundenvergütung zu dem Entgelt, das ein Mandatsträger verdient hätte, wenn er normal ohne das Amt weitergearbeitet hätte.

In dem Zusammenhang können bestimmte Fälle jedoch anders zu beurteilen sein. Werden Überstunden von Vergleichsarbeitnehmern z. B. nur geleistet, um die fehlende Arbeitskraft des Betriebsratsmitgliedes zu kompensieren, steht die entsprechende Vergütung dem Mandatsträger jedenfalls nicht nach § 37 Abs. 2 BetrVG zu. Versucht man hier dann den Weg über § 37 Abs. 4 BetrVG zu gehen und eine betriebsübliche Entwicklung der Vergleichsarbeitnehmer zu bestimmen, ergeben sich aber Beurteilungsschwierigkeiten. Einerseits würde man in dem Fall eine solche Entwicklung verneinen, weil sie allein wegen des Betriebsratsmitgliedes erfolgt ist. Andererseits könnte es aber zu derselben Situation kommen, wenn zwar nicht dieser gewählt worden wäre, dafür aber an seiner Stelle ein anderer aus der Vergleichsgruppe das Amt übernommen hätte und dessen fehlende Arbeitskraft ebenfalls durch Mehrarbeit ausgeglichen worden wäre. Weil das jedoch reinen Mutmaßungen nahekommen würde, muss in dem Fall auch eine Anpassung nach § 37 Abs. 4 BetrVG abgelehnt werden.

Davon abgesehen kann auch bei Zulagen ausnahmsweise eine Anpassung nach § 37 Abs. 4 BetrVG erfolgen, allerdings nur, wenn es sich für das Betriebsratsmitglied als eine berufliche Entwicklung vergleichbarer Arbeitnehmer darstellt. Das wird jedoch selten der Fall sein. Grundsätzlich sind Zulagen einem Mandatsträger in gleicher Höhe weiterzugewähren, wenn es sich um einen Entgeltbestandteil und nicht um Aufwendungsersatz handelt und er sie bei normaler Tätigkeit ohne das Amt auch erhalten hätte. Waren diese aber in seinem bisherigen Arbeitsverhältnis nicht angelegt, weil dort z. B. aufgrund der Art der Tätigkeit keine Sonn- oder Feiertagsarbeit verlangt war, und erst durch einen beruflichen Aufstieg diese Tätigkeiten mit entsprechenden Zuschlagszahlungen auftreten, sind sie auch dem Betriebsratsmitglied zu gewähren. Das ließe sich auch verallgemeinert auf andere Entgeltbestandteile anwenden. Waren sie in der ursprünglichen Tätigkeit des Betriebsratsmitgliedes noch nicht angelegt, werden sie nach einem beruflichen Aufstieg eines Vergleichsarbeitnehmers aber relevant, kann das Entgelt des Mandatsträgers – nicht auch die entsprechende Tätigkeit – entsprechend angeglichen werden, wenn die übrigen Voraussetzungen des § 37 Abs. 4 BetrVG vorliegen.

1224 BAG AP BetrVG 1972 § 37 Nr. 28; HWGNRH/*Glock*, § 37 Rn. 123; GK-BetrVG/*Weber*, § 37 Rn. 144; DKKW/*Wedde*, § 37 Rn. 95.

1225 GK-BetrVG/*Weber*, § 37 Rn. 144; vgl. dazu die Ausführungen auf S. 180 ff.

Daneben ist aufgrund der ausdrücklichen gesetzlichen Anordnung in § 37 Abs. 4 S. 2 BetrVG die Vergütung eines Betriebsratsmitgliedes eindeutig auch bei Gewährung allgemeiner Zuwendungen durch den Arbeitgeber entsprechend anzugleichen. Der Wortlaut grenzt dies ausdrücklich auf Zahlungen nur des Arbeitgebers ein. Die Beschreibung „allgemeine" Zuwendungen ist allerdings nicht so zu verstehen, dass diese allen Arbeitnehmern im Betrieb generell gewährt werden müssten, um sie auch einem Betriebsratsmitglied zugutekommen zu lassen. Es reicht vielmehr, dass sie die Gruppe der vergleichbaren Arbeitnehmer bzw. wenn nur ein einziger vorhanden ist, dieser sie erhalten hat.[1226] Entscheidend ist, dass der Arbeitgeber sie nicht nur individuell aufgrund persönlicher Gründe einem kleinen Kreis zuwendet.[1227] Sowohl freiwillig gewährte als auch auf einer rechtlichen Verpflichtung basierende sowie laufende oder einmalige Zuwendungen können hier herangezogen werden, ohne dass sie eine direkte Vergütung einer speziellen Arbeitsleistung darstellen müssen; damit können dem Betriebsratsmitglied auch Gratifikationen oder Jubiläumsgelder ausgeglichen werden.[1228]

2. Ausgleich von Nachteilen

Grundsätzlich muss einem Betriebsratsmitglied, dem wegen seiner Amtstätigkeit eine geringer entlohnte Arbeitstätigkeit als vorher zugewiesen wird, ein entsprechender Ausgleich bis zur Höhe seines ursprünglichen Gehalts gewährt werden. Häufig wird dies im Rahmen des § 37 Abs. 4 BetrVG vorgenommen.[1229] Ein solcher Gehaltsausgleich ist einem Mandatsträger allerdings schon auf Grundlage des Entgeltausfallprinzips zu gewähren,[1230] so dass in diesen Fällen die Anwendung des § 37 Abs. 4 BetrVG nicht mehr notwendig wäre.

Keine Zweifel bestehen in Fällen, in denen eine Gehaltsminderung nur auf betriebsbedingten Gründen, wie auf Kurzarbeit oder Streik, beruht, hier ist allein § 37 Abs. 2 BetrVG maßgeblich, weil es sich dabei nicht um berufliche Entwicklungen handelt.[1231] In den anderen Konstellationen von Änderungen der ursprünglichen Tätigkeit wäre es aber denkbar – wie es auch überwiegend vertreten wird –[1232] eine Entgeltanpassung ebenfalls nach § 37 Abs. 4 BetrVG vorzunehmen, zumindest wenn die Versetzung allein auf dem Amt beruht und daher die vergleichbaren Arbeitnehmer die versetzungsbedingte Entgeltminderung nicht erfahren haben. Dann könnte eine Angleichung auf das Niveau der Vergleichspersonen erfolgen. Allerdings bezieht sich die Regelung des § 37 Abs. 4 BetrVG, auch wenn sie insgesamt den Ausgleich wirtschaftlicher Nachteile be-

---

1226 BAG AP BetrVG 1972 § 37 Nr. 43; GK-BetrVG/*Weber*, § 37 Rn. 145.
1227 HGWNRH/*Glock*, § 37 Rn. 117.
1228 HGWNRH/*Glock*, § 37 Rn. 117; *Fitting*, § 37 Rn. 127; GK-BetrVG/*Weber*, § 37 Rn. 145.
1229 Vgl. GK-BetrVG/*Weber*, § 37 Rn. 143; WPK/*Kreft*, § 37 Rn. 41; *Fitting*, § 37 Rn. 124.
1230 Vgl. die Ausführungen auf S. 182 f.
1231 Siehe dazu S. 190 ff.; vgl. auch HWGNRH/*Glock*, § 37 Rn. 124.
1232 So Richardi/*Thüsing*, § 37 Rn. 77 f.; *Fitting*, § 37 Rn. 124; HWGNRH/*Glock*, § 37 Rn. 124, für Fälle der Übertragung einer anderen Art der Arbeit; GK-BetrVG/*Weber*, § 37 Rn. 143; *Lipp*, S. 88 ff.

zweckt, hauptsächlich auf den Ausgleich von Nachteilen wegen versäumter beruflicher Entwicklung, und das nur, wenn vergleichbare Arbeitnehmer während der Amtszeit eine bessere Entlohnung erzielt haben.[1233] Im Gegensatz dazu will das Entgeltausfallprinzip das bisherige Entgelt dem Grunde nach trotz Arbeitsversäumnis sichern. Wegen der Gesetzessystematik und den mit den Regelungen verfolgten Zielen ist es daher vorzugswürdig, für Fälle der Versetzung auf geringer bezahlte Tätigkeiten das Entgeltausfallprinzip des § 37 Abs. 2 BetrVG anzuwenden. Die Grenzen sind hier allerdings fließend. Wird ein Betriebsratsmitglied nach der Amtsübernahme zum Ausgleich der dadurch fehlenden Arbeitskraft oder ähnlichen betrieblichen Gründen von dem Arbeitgeber auf einen anderen Arbeitsplatz versetzt, handelt es sich eindeutig um keine berufliche Entwicklung, sondern um einen über § 37 Abs. 2 BetrVG zu lösenden Fall. Etwas anderes wäre es zum Beispiel, wenn die Versetzung eindeutig im Rahmen einer beruflichen Laufbahn – bestenfalls unabhängig von dem Amt – erfolgen würde. Dann wäre § 37 Abs. 4 BetrVG anzuwenden und die Entgeltentwicklung der Vergleichspersonen maßgeblich. Wie ein solcher Ausgleich im Einzelnen zu erfolgen hat, bestimmt sich sodann nach den hier dargestellten Grundsätzen.

IV. Dokumentation und regelmäßige Prüfung

In der Praxis ist es empfehlenswert, eine Dokumentation und Überprüfung sämtlicher Umstände für eine Entgeltanpassung vorzunehmen, um deren Umsetzung zu erleichtern und Transparenz der Vergütungsbemessung zu erreichen.[1234]
Zunächst ist es sinnvoll, die Qualifikation des Betriebsratsmitgliedes bei Amtsübernahme schriftlich festzuhalten – falls sie ohnehin noch nicht während seiner Zeit als Arbeitnehmer in der Personalakte vermerkt wurde. Darüber hinaus empfiehlt es sich, die ausgewählte Gruppe der Vergleichsarbeitnehmer bzw. die einzelne Vergleichsperson schriftlich zu dokumentieren und laufend zu ergänzen.[1235] Dadurch kann stets nachvollzogen werden, worauf die Auswahl der Vergleichsarbeitnehmer basiert. Aber auch bei nachträglich eintretenden Veränderungen, wie z. B. bei einem Wegfall der ursprünglichen Vergleichsperson, können neu erforderliche Feststellungen erleichtert werden. Denkbar wäre, diese Kriterien des Mandatsträgers und der Vergleichsgruppe im Rahmen einer Vereinbarung direkt zwischen dem Arbeitgeber und dem jeweiligen Betriebsrat festzuhalten.[1236] Für die Betriebsräte ist anhand der festgelegten Vergleichsarbeitnehmer und deren Karriereweg dann eine entsprechende Entwicklungskur-

---

1233 So ausdrücklich der Entwurf des Betriebsverfassungsgesetzes von 1972 zu der dem heutigen § 37 Abs. 4 BetrVG entsprechenden Vorschrift in § 38 Abs. 3 BetrVG, vgl. BT-Drucks. VI/1786, S. 41.

1234 Vgl. auch *Blattner*, NZA 2018, 129, 133.

1235 GK-BetrVG/*Weber*, § 37 Rn. 140; HWGNRH/*Glock*, § 37 Rn. 110; *Kehrmann*, FS Wlotzke, S. 364; *Schneider*, NZA 1984, 21, 22.

1236 Vgl. *Schweibert/Buse*, NZA 2007, 1080, 1081; *Jacobs/Frieling*, ZfA 2015, 241, 250; *Blattner*, NZA 2018, 129, 133; *Kehrmann*, FS Wlotzke, S. 364; *Nebeling/Hey*, BB 2018, Die erste Seite, Nr. 9; siehe auch BAG NZA 2017, 935, 937.

ve zu zeichnen. Darüber hinaus ist es aufgrund der hier vertretenen Möglichkeit, neu erworbene Fähigkeiten bei der Entgeltbemessung zu berücksichtigen, durchaus sinnvoll, die während der Amtszeit erlangten Qualifikationen ebenfalls festzuhalten.[1237] Es besteht auch die Möglichkeit, beispielsweise mit einer betrieblichen Vereinbarung, allgemein die Durchführung bzw. das Verfahren der Festlegung von Vergleichsarbeitnehmern zu bestimmen, vorausgesetzt, diese hält sich im Rahmen der gesetzlichen Vergütungsvorschriften.[1238] Zwar würde im Streitfall die Darlegungs- und Beweislast das Betriebsratsmitglied treffen, wenn es sich auf einen anderen vergleichbaren Arbeitnehmer bzw. auf eine sich daraus ergebende Übertragung einer anderen Tätigkeit im Rahmen der Entgeltanpassung stützen möchte.[1239] Eine schriftliche Vereinbarung kann dem Arbeitgeber aber die Bestimmung der Vergleichsarbeitnehmer vor allem bei Veränderungen bestimmter Umstände und die damit zusammenhängenden Probleme gegebenenfalls deutlich erleichtern. Außerdem kann er die ordnungsgemäße Auswahl anhand sachgerechter Kriterien jederzeit belegen. Das könnte für den Arbeitgeber jedenfalls in möglichen Strafverfahren hilfreich sein und ihm zugutekommen.

Aus Compliance-Gesichtspunkten (vgl. § 91 AktG) wird eine regelmäßige Prüfung der Vergütung der Betriebsräte, insbesondere der Vergleichsgruppe und deren Entgeltentwicklung als erforderlich betrachtet.[1240] Ausreichend sei demnach eine Überprüfung mit einem zeitlichen Abstand von einem Jahr, wenn nicht erhebliche Veränderungen eingetreten sind, die eine zusätzliche außerplanmäßige Prüfung erfordern.[1241] Damit soll nach § 130 OWiG drohenden Sanktionen bei Unterlassen besonderer Überwachungspflichten von vornherein begegnet werden können.[1242] Eine solche regelmäßige Überprüfung ist bereits auch deshalb durchzuführen, um mögliche Änderungen in der Qualifikation der Betriebsräte, die nach hier vertretener Ansicht eine nachträgliche Änderung der Vergleichsgruppe bewirken können, festzustellen und berücksichtigen zu können.

V. Ansprüche des Betriebsratsmitgliedes

1. Anspruchsgrundlage für eine Entgeltanpassung

Bei Vorliegen der Voraussetzungen steht dem Mandatsträger eine Anpassung seines Entgeltes an das vergleichbarer Arbeitnehmer zu. Häufig wird in Recht-

---

1237 Vgl. auch GK-BetrVG/*Kreutz*, § 78 Rn. 88 zum Nachweis der Kausalität der „Schlechterstellung durch Nichtbeförderung".

1238 BAG NZA 2017, 935, 937; vgl. auch LAG Hamburg BeckRS 2015, 120224; DKKW/*Wedde*, § 37 Rn. 88; *Benkert*, NJW-Spezial 2018, 50, 51; *Blattner*, NZA 2018, 129, 133; *Peter*, FA 2010, 73, 75.

1239 BAG AP BetrVG 1972 § 37 Nr. 28; NZA 1993, 909, 910; *Blattner*, NZA 2018, 129, 132; *Schweibert/Buse*, NZA 2007, 1080, 1081; *Kehrmann*, FS Wlotzke, S. 364.

1240 *Nebeling/Hey*, BB 2018, Die erste Seite, Nr. 9; *Esser*, S. 199, 201; *Georgi*, S. 45.

1241 *Nebeling/Hey*, BB 2018, Die erste Seite, Nr. 9; vgl. auch *Esser*, S. 199, 201; *Georgi*, S. 45.

1242 *Nebeling/Hey*, BB 2018, Die erste Seite, Nr. 9, die ein „abgestimmtes Risikomanagement" empfehlen.

sprechung und Literatur nicht differenziert, auf welcher Grundlage ein solcher Anspruch besteht. Es ist jedenfalls von vornherein abzulehnen, diesen allein auf § 78 S. 2 BetrVG zu stützen, weil die Vorschrift schon grundsätzlich keinen Anspruch für Betriebsratsmitglieder begründen kann.[1243] Denn wie bereits festgestellt, beruht die Entgeltzahlung an das Betriebsratsmitglied auch weiterhin allein auf dem ursprünglich geschlossenen Arbeitsvertrag, weil es sich bei dem Betriebsratsamt um ein Ehrenamt und nicht um einen gesondert vergüteten Beruf handelt. Darüber hinaus wäre ein Anspruch auf Basis des Benachteiligungs- und Begünstigungsverbotes, selbst wenn er auf Grundlage des Arbeitsvertrages i. V. m. § 611a BGB begründet würde,[1244] ebenfalls abzulehnen, da er in der Praxis auch kaum bestimmbar wäre. Das liegt daran, dass bei der Bemessung der Entgeltanpassung nach hier vertretener Ansicht für den Arbeitgeber im Einzelfall ein gewisser Einschätzungsspielraum besteht. Denn der Auffassung, dass bei der Vergütungsbemessung von Betriebsräten nur ein einzig zulässiger Weg existiert, so dass jede kleinste Abweichung entweder sofort eine Benachteiligung oder eine Begünstigung darstellt, ist nicht zu folgen. Das darf schon wegen der teils unklaren und unsicheren Anforderungen nicht angenommen werden. Darüber hinaus würde diese Annahme auch dem gesetzlichen System widersprechen. Das Entgelt der Betriebsratsmitglieder wird nur nach dem bisherigen Arbeitsvertrag weitergewährt, die Besonderheiten ihrer Vergütung sind in § 37 BetrVG abschließend geregelt. Einen Anspruch allein auf § 37 Abs. 4 BetrVG zu stützen,[1245] würde daher ebenfalls nicht passen. Diese speziellen Vergütungsvorschriften modifizieren lediglich den arbeitsvertraglichen Entgeltanspruch entsprechend der Besonderheiten des Betriebsratsamtes. So sichert § 37 Abs. 2 BetrVG das bisherige Arbeitsentgelt trotz der amtsbedingten Arbeitsversäumnis. Zusammen mit § 37 Abs. 4 BetrVG kann nach § 611a BGB i. V. m. dem Arbeitsvertrag dann der Anspruch auf Gehaltsanpassung bestehen.[1246] Es handelt sich somit auch weiterhin um Vergütungsansprüche allein aus dem Arbeitsverhältnis.[1247] Diese Einordnung ist nicht nur von dem Gesetz so vorgesehen, sondern kann vor allem hinsichtlich etwaiger Ausschlussfristen relevant werden.[1248]

1243 So im Ergebnis auch *Purschwitz*, S. 47; a. A. *Happe*, S. 57 für einen Anspruch auf Beförderung, wenn diese gerade wegen des Amtes nicht erfolgt ist; *Düwell/Lorenz*, § 78 Rn. 11, der einen Rechtsanspruch auf eine vergleichbare berufliche Entwicklung aus § 78 S. 2 i. V. m. § 37 Abs. 4, 5 BetrVG bejaht; jedenfalls für einen Anspruch auf bessere Bezahlung bei Vorliegen nur einer Beförderungsstelle auch *Jacobs/Frieling*, ZfA 2015, 241, 251; nicht eindeutig *Annuß*, NZA 2018, 134, 137.

1244 Vgl. LAG Baden-Württemberg BeckRS 2011, 65863, das zwei mögliche Anspruchsgrundlagen, sowohl § 611 (a. F.) BGB i. V. m. § 37 Abs. 4 BetrVG als auch i. V. m. § 78 S. 2 BetrVG, anerkennt; ähnlich *Blattner*, NZA 2018, 129, 130, 131, die einen Anspruch aus § 611 (a. F.) BGB i. V. m. § 78 S. 2 BetrVG sowie einen Anspruch allein aus § 37 Abs. 4 BetrVG befürwortet.

1245 So BAG AP BetrVG 1972 § 37 Nr. 61; AP BetrVG 1972 § 37 Nr. 43; *Blattner*, NZA 2018, 129, 130.

1246 BAG NZA 2011, 159, 160; BeckRS 2005, 30349201; *Jacobs/Frieling*, ZfA 2015, 241, 246.

1247 So ohne nähere Begründung auch *Richardi/Thüsing*, § 37 Rn. 83.

1248 Vgl. BAG NZA 2011, 159, 160; BeckRS 2005, 30349201; AP BetrVG 1972 § 40 Nr. 3; *Richardi/Thüsing*, § 37 Rn. 83.

Dass dem Arbeitgeber bei der Bemessung, vor allem in unklaren Fällen, nach vorliegender Ansicht ein gewisser Einschätzungsspielraum gewährt wurde, führt ebenfalls nicht zu Schwierigkeiten oder zusätzlichen Unklarheiten. Das betrifft in erster Linie die Fälle „verberuflichter" Betriebsräte, weil hier gewisse Entgeltbeurteilungen von nicht festgelegten Kriterien abhängen, die von dem Arbeitgeber richtig einzuschätzen sind. Aber ebenso bei Beförderungen oder der Einbeziehung von persönlichen Umständen in der Person des Betriebsratsmitgliedes hat sich ein Beurteilungsspielraum des Arbeitgebers gezeigt. In den Konstellationen kann ein Betriebsratsmitglied grundsätzlich auch einen Anspruch auf Erhöhung seines Entgeltes nach § 611a BGB i.V.m. § 37 Abs. 4 BetrVG geltend machen. Ein Anspruch kann bei Ermessensentscheidungen dann angenommen werden, wenn Anhaltspunkte bestehen, die sich dazu verdichten, dass der Arbeitgeber aufgrund der Umstände das Entgelt hätte anpassen müssen. Das ist der Situation vergleichbar, die – überwiegend im öffentlichen Recht – als „Ermessensreduzierung auf Null" bezeichnet wird. Es liegen dann so zahlreiche und eindeutige Kriterien vor, dass der Arbeitgeber keine andere Wahl mehr hat, als das Entgelt zu erhöhen.

2. Auskunftsanspruch

Um den Anspruch auf Gehaltsanpassung auch durchsetzen zu können, räumt das BAG den Betriebsratsmitgliedern einen Auskunftsanspruch gegen den Arbeitgeber ein.[1249] Eine gesetzliche Grundlage hierfür besteht nicht. Der Anspruch sei deshalb gewohnheitsrechtlich aus Treu und Glauben gemäß § 242 BGB abzuleiten, weil das Betriebsratsmitglied einen Anspruch auf Entgeltanpassung nur prüfen kann, wenn es das Gehalt der Vergleichsarbeitnehmer kennt. Das wird in der Regel aber nicht der Fall sein, wohingegen der Arbeitgeber ohne weiteres Auskunft darüber erteilen kann, so dass ein Ungleichgewicht aufgrund eines deutlichen Informationsgefälles besteht.[1250] Daher ist der Arbeitgeber nach § 611a BGB i.V.m. § 242 BGB, § 37 Abs. 4 BetrVG verpflichtet, dem Kläger Auskunft über die Gehaltsentwicklung eines mit dem Mandatsträger vergleichbaren Arbeitnehmers mit betriebsüblicher beruflicher Entwicklung zu geben.[1251] Das sei selbst dann der Fall, wenn ein Mandatsträger eine Entgelterhöhung geltend machen will, allerdings nur, wenn eine gewisse Wahrscheinlichkeit für das Bestehen des Anspruches besteht.[1252] Für Auskünfte zur Darlegung einer Entgeltentwicklung aufgrund einer in dem Betrieb üblichen Beförderungspraxis muss ein Betriebsratsmitglied allerdings die Vergleichsgruppe sowie die für die Beförderung der Mehrzahl der Vergleichspersonen ausschlaggebenden Umstän-

---

1249 BAG NZA 2016, 1339, 1341; BeckRS 2005, 30349201; NZA 2006, 448, 449; Richardi/*Thüsing*, § 37 Rn. 78; ErfK/*Koch* § 37 BetrVG Rn. 10; Düwell/*Lorenz*, § 78 Rn. 11.

1250 Vgl. BAG NZA 2016, 1339, 1341; BeckRS 2005, 30349201.

1251 Vgl. BAG NZA 2016, 1339, 1341; BeckRS 2005, 30349201; vgl. auch GK-BetrVG/*Weber*, § 37 Rn. 142; WPK/*Kreft*, § 37 Rn. 41; *Fitting*, § 37 Rn. 128; HWGNRH/*Glock*, § 37 Rn. 115, 127; *Jacobs/Frieling*, ZfA 2015, 241, 252.

1252 Vgl. BAG NZA 2016, 1339, 1341 f.

de nennen oder – falls das nicht möglich ist – jedenfalls entsprechende Referenz-fälle aufzeigen.[1253] Der Auskunftsanspruch erstreckt sich aber nicht darauf, dass der Arbeitgeber dem Mandatsträger die Höhe des Entgeltes mit Zuordnung zu jeder einzelnen Vergleichsperson mitteilen müsste. Bei einer Vergleichsgruppe mit mehreren Personen ist es daher ausreichend, die einzelnen Entgelte in ano-nymisierter Form ohne besonderen Personenbezug darzustellen.[1254]

E. Zusammenfassende Bewertung der Entgeltanpassung

Die Ausführungen haben gezeigt, dass § 37 Abs. 4 BetrVG zur Anpassung des Entgeltes von Betriebsratsmitgliedern in „Normalfällen" zu angemessenen Er-gebnissen führen kann. Die Betriebsräte können damit zumindest finanziell an einer beruflichen Entwicklung teilhaben, die ihnen wegen der Amtsübernahme verwehrt geblieben wäre. Die Regelung mit der hier maßgeblichen objektiven Betrachtung anhand der betriebsüblichen beruflichen Entwicklung vergleich-barer Arbeitnehmer ist in einfach gelagerten Fällen im Grundsatz praktikabel und gut umsetzbar. Sie erfüllt in diesen Konstellationen auch ihren Zweck, die Unabhängigkeit und Unparteilichkeit der Betriebsräte zu sichern. Sie ist ebenso geeignet, das Amt für potentiellen Nachwuchs attraktiv zu halten.

Trotzdem haben sich zahlreiche Schwächen und Probleme bei Anwendung und Umsetzung der Vorschrift gezeigt,[1255] vor allem wenn von dem gesetzlich gere-gelten Ausgangsfall abweichende besondere Konstellationen zu beurteilen sind. Das trifft zunächst auch auf die Bestimmung der vergleichbaren Arbeitnehmer zu; dabei ergeben sich häufig Unsicherheiten bei der Konkretisierung der Anfor-derungen und der zu berücksichtigenden Merkmale. Deutlich schwieriger wird eine Bestimmung aber in speziellen Fällen, wie Beförderungen sowie bei der Frage nach dem Umgang mit besonderen Entwicklungen der Vergleichsarbeit-nehmer oder persönlichen Umständen der Betriebsräte. Hier stößt die Vorschrift des § 37 Abs. 4 BetrVG an ihre Grenzen. Die teils unterschiedlichen Auffas-sungen sowie die strenge Handhabung in Literatur und Rechtsprechung führen ebenfalls zu Unsicherheiten bei der Anwendung und erschweren es, die Entgelt-anpassung in der Praxis dem geltenden Recht entsprechend zu bestimmen. Der Arbeitgeber setzt sich damit ungewollt – oft sicherlich auch unwissentlich – gro-ßen Risiken aus. Alternativen werden für die Bemessung der Entgeltanpassung häufig gesucht. Die verschiedenen vertretenen Lösungsansätze zeichnen sich durch subjektivere Ansätze oder teilweise auch durch Vermengung der einzelnen Vergütungsvorschriften aus.

1253 BAG NZA 2016, 1339, 1342; HWGNRH/*Glock*, § 37 Rn. 115, 127; GK-BetrVG/*Weber*, § 37 Rn. 142.

1254 Richardi/*Thüsing*, § 37 Rn. 78. Vgl. auch den individuellen Auskunftsanspruch einzelner Arbeitnehmer zur Überprüfung der Einhaltung des Entgeltgleichheitsgebots nach dem neu eingeführten Entgelttransparenzgesetz vom Juni 2017 und insbesondere die Grundsätze zu einem ähnlichen anonymisierten Verfahren in §§ 10 bis 13 EntgTranspG.

1255 Vgl. auch *Joussen*, NZA 2018, 139, 142, der die Regelung als in der Praxis „kaum handhab-bar" ansieht sowie *Denecke*, AuA 2006, 23, 25, die ihr „Realitätsferne" zuspricht.

Auch wenn im Sinne einer unabhängigen und unparteilichen Amtsführung eine rein objektive Betrachtungsweise bei der Entgeltanpassung grundsätzlich zu befürworten ist, lässt sie sich mit den Entwicklungen der letzten Jahre und den sich daraus ergebenden besonderen Konstellationen nicht mehr in Einklang bringen. Handelt es sich um einen solchen Fall, auf welche die Regelung des § 37 Abs. 4 BetrVG nicht mehr passt, sind daher die hier dargestellten modifizierten (subjektivierten) Lösungswege heranzuziehen. Das hat zur Folge, dass Betriebsräte ausnahmsweise auch an einer besonderen Karriere einer Vergleichsperson teilhaben können. Auch subjektive Qualifikationen und Leistungen eines Betriebsratsmitgliedes können damit nach den hier aufgestellten Grundsätzen – auch wenn sie einen Bezug zu dem Betriebsratsamt aufweisen – in die Entgeltanpassung mit einbezogen werden. Anderenfalls würde die Entwicklung der zunehmenden Entfernung von Entgelt und Leistung weiter begünstigt.

Obwohl diese alternativen Lösungswege zu sachgerechten Ergebnissen führen, ist wegen der unterschiedlichen Auffassungen und verbleibenden Unsicherheiten in der Praxis eine Gesetzesanpassung allerdings zu begrüßen.[1256] Eine klare gesetzliche Regelung vereinfacht die Umsetzung in der Praxis und mindert das Risiko einer Fehlbemessung, die für den Arbeitgeber weitreichende Konsequenzen nach sich ziehen kann.

1256 A.A. *Benkert*, NJW-Spezial 2018, 50, 51, nach dem die Schwierigkeiten bei der Festlegung der Vergleichsarbeitnehmer nicht zu der Annahme einer unklaren Rechtslage führen.

Kapitel 4
Weitere vergütungsrelevante Sachverhalte

Die Vergütung von Mitgliedern des Betriebsrates wird nach § 37 Abs. 2 BetrVG dem Grunde nach bestimmt und kann danach im Laufe der Amtszeit eine Erhöhung wegen versäumter beruflicher Entwicklung nach § 37 Abs. 4 BetrVG erfahren. Damit wird das Entgelt zwar umfassend geregelt, es werden von den beiden Regelungen allerdings noch nicht sämtliche vergütungsrelevante Sachverhalte vollständig erfasst. Es kann darüber hinaus noch weitere Fälle geben, in denen Betriebsratsmitglieder zusätzliche Zahlungen zu ihrem Entgelt erhalten können bzw. müssen. Einige davon sind ausdrücklich gesetzlich vorgesehen. Dabei handelt es sich um tatsächliche Entgelterhöhungen oder um Zahlungen, die im weiteren Sinne mit der Vergütung zusammenhängen. Werden sie nicht berücksichtigt, könnte die Vergütung eines Mandatsträgers falsch bemessen sein. Nicht alle Fälle besitzen auch Entgeltcharakter, können dann aber im Rahmen der Vergütung für eine Abgrenzung Bedeutung erlangen.

§ 1 Ausgleichszahlungen mit Entgeltcharakter

Neben dem typischen Entgelt können bei der Vergütung von Betriebsräten vor allem Ausgleichszahlungen relevant werden. Dabei sind nicht nur die gesetzlich vorgesehenen Möglichkeiten zu betrachten, sondern es ist auch zu prüfen, ob darüber hinaus noch weitere Zahlungen zum Ausgleich für betriebsratsbedingte Nachteile denkbar oder sogar notwendig sind.

A. Ausgleich für Betriebsratstätigkeit außerhalb der Arbeitszeit nach § 37 Abs. 3 BetrVG

Von den Betriebsratsmitgliedern wird grundsätzlich nicht verlangt, dass sie für ihre Amtstätigkeit Freizeit opfern. Zur Ausübung der Betriebsratsarbeit werden die Mandatsträger daher nach § 37 Abs. 2 BetrVG von der Arbeit befreit bzw. nach § 38 Abs. 1 BetrVG freigestellt. Die Tätigkeit für den Betriebsrat ist wegen dem Gebot der vertrauensvollen Zusammenarbeit nach § 2 Abs. 1 BetrVG grundsätzlich so zu organisieren, dass sie während der Arbeitszeit ausgeführt werden kann.[1257] Nur lässt sich das – vor allem aus betriebsbedingten Gründen – nicht immer für alle Mitglieder, z. B. wegen Schichtbetrieb, Gleitzeitmodellen oder Job-Sharing-Arbeitsverhältnissen, gleichermaßen realisieren.[1258] Die Vorschrift des § 37 Abs. 3 soll verhindern, dass Betriebsratsmitglieder dadurch Nachteile erleiden, dass sie ausnahmsweise doch Amtstätigkeit außerhalb ihrer Arbeitszeit wahrnehmen und damit einen Verlust ihrer persönlichen Freizeit hinnehmen

---

1257 BAG NJW 1983, 2835, 2836; *Esser*, S. 81 f.; *Moll/Roebers*, NZA 2012, 57, 59.
1258 DKKW/*Wedde*, § 37 Rn. 62; HWGNRH/*Glock*, § 37 Rn. 73.

müssen.[1259] Sie sieht deshalb einen Ausgleich für Mehrarbeit vor, die von Betriebsratsmitgliedern aufgrund des Amtes vorgenommen wird. Zwar handelt es sich dabei nicht vorrangig um eine Vergütungsvorschrift, dennoch kann sie in Zusammenhang mit dem Einkommen von Betriebsratsmitgliedern Bedeutung erlangen, weil sie unter bestimmten Voraussetzungen auch zu einer Erhöhung des Entgeltes führen kann.

I. Anwendbarkeit der Regelung

Im Hinblick auf die Vergütung von Mehrarbeit muss zunächst differenziert werden, welchen Fall die Regelung des § 37 Abs. 3 BetrVG betrifft, weil die verschiedenen Konstellationen der Mehrarbeit bei Mandatsträgern unterschiedlich zu bewerten sind. Zunächst kann man hier an die hypothetische Mehrarbeit denken, d.h. die Überstunden, die ein Betriebsratsmitglied wegen seinem Amt nicht mehr oder nicht mehr in gleichem Umfang leisten kann, die er aber bei normaler Weiterarbeit erbracht hätte. Die Vergütung solcher hypothetischer Mehrarbeit ist allerdings ausschließlich eine Frage des Entgeltausfallprinzips des § 37 Abs. 2 BetrVG.[1260] Von § 37 Abs. 3 BetrVG erfasst wird dagegen nur Betriebsratstätigkeit, die außerhalb der ursprünglichen Arbeitszeit durchgeführt wird.

Die zweite Frage, die man in Zusammenhang mit der Anwendbarkeit des § 37 Abs. 3 S. 3 BetrVG stellen kann, betrifft den persönlichen Geltungsbereich der Vorschrift, insbesondere ob die Regelung neben den vorübergehend von der Arbeit befreiten gleichermaßen auch für dauerhaft freigestellte Betriebsratsmitglieder gilt. Zwar wird eine Anwendbarkeit auch auf freigestellte Mandatsträger überwiegend ohne weiteres angenommen.[1261] Dennoch gibt es wenige Stimmen in der Literatur, die eine Anwendung bei diesen in Zweifel ziehen und ablehnen.[1262] Begründet wird das zum Teil damit, dass der finanzielle Ausgleich hier einer Vergütung des Betriebsratsamtes gleichkäme und damit gegen das Unentgeltlichkeitsgebot verstoßen würde.[1263] Gefolgert wird das auch aus der Annahme, dass die Vorschrift lediglich die besonderen Belastungen, die bei vorübergehend befreiten Mandatsträgern aus dem Nebeneinander von Arbeit und Amt bestehen, kompensieren wolle.[1264]

Diese Ansicht ist jedoch abzulehnen, da die Regelung für alle Betriebsratsmitglieder – jedenfalls im Grundsatz – gleich gelten muss. Die Sachverhalte stellen sich bei beiden Varianten nicht derart verschieden dar, dass dadurch eine unterschiedliche Handhabung der Fälle gerechtfertigt wäre. Auch wegen des Regelungsinhaltes der Vorschrift sowie aus Gründen der Gesetzessystematik ist hier

---

1259 BAG NZA 1990, 531, 532.
1260 Vgl. die Ausführungen auf S. 173 ff.
1261 BAG AP BetrVG 1972 § 37 Nr. 14; ausdrücklich für eine Anwendung GK-BetrVG/*Weber*, § 37 Rn. 85; WPK/*Kreft*, § 37 Rn. 26; ausführlich auch *Lipp*, S. 142 ff.
1262 *Knipper*, S. 44 ff.; *Eich*, BB 1974, 1443, 1445.
1263 *Knipper*, S. 44 f.
1264 *Eich*, BB 1974, 1443, 1445.

kein anderes Ergebnis geboten. Die Regelung betrifft lediglich den Ausgleich für Betriebsratstätigkeiten, die außerhalb der Arbeitszeit vorgenommen werden. Das kann gleichermaßen bei voll freigestellten Mandatsträgern der Fall sein, weil auch bei diesen Betriebsratsarbeit in der Regel während der ursprünglichen Arbeitszeit stattfindet. Daran ändert auch die Pauschalierung der Freistellung in § 38 Abs. 1 BetrVG nichts, mit welcher der Gesetzgeber gewisse Mehrarbeiten bereits hingenommen hat.[1265]

Der Ausgleich bewirkt bei beiden Konstellationen außerdem das gleiche: Die über die typische Arbeitszeit hinausgehende Tätigkeit wird entsprechend (nachrangig auch finanziell) abgegolten. Hier kann bei freigestellten Betriebsräten nicht angenommen werden, dass dadurch ihre Betriebsratsarbeit vergütet würde.[1266] Das Argument, dass es bei vorübergehend befreiten Mandatsträgern im Gegensatz zu dauerhaft freigestellten wegen der Mehrarbeit für den Betriebsrat nur zu einer „Verschiebung" der weiter ausgeübten Arbeitstätigkeit kommt, so dass der Ausgleich hier nicht für zusätzliche Betriebsratsarbeit, sondern für Mehrarbeit im Rahmen der ursprünglichen Tätigkeit gezahlt wird, ist nicht überzeugend.[1267] Zunächst ließe sich kaum die pauschale Behauptung aufstellen, dass während der Arbeitszeit von nur vorübergehend befreiten Mandatsträgern immer Betriebsratsaufgaben zu erledigen sind und danach automatisch nur Arbeitstätigkeit auszuüben ist. Selbst wenn man aber – wie auch das BAG – von einer zeitlich versetzten Vergütung der bisherigen Arbeitstätigkeit ausgeht, muss diese Annahme für beide Arten der Befreiung von Betriebsräten gelten.[1268] Außerdem handelt es sich bei dem finanziellen Ausgleich ohnehin nur um eine nachrangige Möglichkeit der Abgeltung, primär ist die Mehrarbeit mit einer Arbeitsbefreiung auszugleichen. Der Vergütungsanspruch stellt eine Kompensation nur für den Fall dar, dass ein Freizeitausgleich nicht zeitnah möglich war.[1269] Ein finanzieller Ausgleich als ultima ratio nur unter besonderen Voraussetzungen kann keine eigenständige Vergütungsregelung darstellen. Damit sieht die Regelung kein Entgelt für das Amt vor, weder bei vorübergehend befreiten noch bei dauerhaft freigestellten Betriebsräten. Es ist daher auch nicht erforderlich, die Vorschrift auf freigestellte Betriebsratsmitglieder nur analog anzuwenden.[1270] Allenfalls wäre es denkbar, dass bei den Anforderungen des nachrangigen Anspruches auf Ausgleich in Geld bei freigestellten Betriebsräten gegebenenfalls Modifizierungen erforderlich sind. Das ist jedoch dort im Einzelnen genauer zu betrachten.

Im Ergebnis ist die Anwendbarkeit des § 37 Abs. 3 BetrVG auf sämtliche Arten der Arbeitsbefreiung bzw. Freistellung von Betriebsratsmitgliedern im Grundsatz zu bejahen.

1265 *Waas*, S. 14; so aber BAG AP BetrVG 1972 § 37 Nr. 14.
1266 So im Ergebnis auch *Waas*, S. 13; vgl. auch *Knipper*, S. 45.
1267 Vgl. *Knipper*, S. 45.
1268 BAG NZA 2010, 1025, 1027.
1269 BAG NZA 2010, 1025, 1027.
1270 So die klägerische Ansicht in BAG AP BetrVG 1972 § 37 Nr. 14.

II. Voraussetzungen für einen Ausgleich

Um einen entsprechenden Ausgleich zu erlangen, verlangt die Vorschrift des § 37 Abs. 3 BetrVG ausdrücklich, dass Betriebsratstätigkeit außerhalb der Arbeitszeit vorgenommen wurde. Die Anforderungen hinsichtlich der Betriebsratsarbeit sind die gleichen wie bei der Arbeitsbefreiung nach § 37 Abs. 2 BetrVG.[1271] Das ergibt sich schon daraus, dass Betriebsratsarbeit grundsätzlich während der Arbeitszeit zu erledigen ist und § 37 Abs. 3 BetrVG lediglich eine Ausgleichsvorschrift für den Fall darstellt, dass das ausnahmsweise nicht möglich ist.[1272] Dazu gehören daher alle Arbeiten und Aufgaben, für die das Betriebsratsmitglied während der Arbeitszeit auch eine Arbeitsbefreiung hätte beanspruchen können.[1273] Das bedeutet, dass die Arbeiten auch entsprechend § 37 Abs. 2 BetrVG erforderlich gewesen sein müssen; Erforderlichkeit wird dabei ebenso für die tatsächliche Durchführung außerhalb der Arbeitszeit verlangt.[1274] Darüber hinaus werden teilweise auch Tätigkeiten als im Sinne der Vorschrift anerkannt, die nur in einem indirekten sachlichen Zusammenhang mit den Betriebsratsaufgaben stehen, alleine für sich genommen aber keine erforderliche Betriebsratstätigkeit darstellen; demnach soll ein Ausgleich für die Zeit der gesamten Aufgabenerfüllung, d. h. auch solche „mittelbare" Tätigkeiten möglich sein, die bei der Wahrnehmung der Betriebsratsarbeit anfallen.[1275] Nach überwiegender Ansicht sollen daher auch Reise- oder Wegzeiten zu einem Ausgleich führen, wenn diese für die Erfüllung erforderlicher Betriebsratsarbeit aus betriebsbedingten Gründen außerhalb der üblichen Dienstzeit notwendig waren.[1276]

Ob die Tätigkeiten in der Arbeitszeit lagen oder nicht, orientiert sich – worauf bereits die neu eingefügte Regelung des § 37 Abs. 3 S. 2 BetrVG hindeutet – an der persönlichen Dienstzeit des Mandatsträgers und nicht an einer betriebsüblichen.[1277] Bei Gleitzeit liegen Aufgaben z. B. dann nicht in der Arbeitszeit, wenn sie außerhalb der Rahmenzeit erledigt werden; Tätigkeiten innerhalb des Gleitzeitrahmens werden dagegen bei dem Zeitguthaben berücksichtigt.[1278] Von der Vorschrift sind nach hier vertretener Ansicht auch Fälle erfasst, in denen Betriebsratsarbeit bei einer Arbeitszeitverkürzung über die verkürzte Zeit hin-

---

1271 WPK/*Kreft*, § 37 Rn. 26 f.; *Fitting*, § 37 Rn. 76; HWGNRH/*Glock*, § 37 Rn. 75; vgl. zur erforderlichen Betriebsratstätigkeit die Ausführungen auf S. 118 ff.

1272 *Fitting*, § 37 Rn. 76.

1273 WPK/*Kreft*, § 37 Rn. 27; GK-BetrVG/*Weber*, § 37 Rn. 86.

1274 GK-BetrVG/*Weber*, § 37 Rn. 86; ausführlich *Bengelsdorf*, NZA 1989, 905, 910.

1275 *Bengelsdorf*, NZA 1989, 905, 906, 911 f.; *Fitting*, § 37 Rn. 77; a. A. HWGNRH/*Glock*, § 37 Rn. 76 f.

1276 BAG NZA 2005, 936, 938; AP BetrVG 1972 § 37 Nr. 57; *Fitting*, § 37 Rn. 77; WPK/*Kreft*, § 37 Rn. 27; Richardi/*Thüsing*, § 37 Rn. 45, 55, 64; ausführlich *Bengelsdorf*, NZA 1989, 905, 906, 911 f.; vgl. BAG NZA 2009, 1284, 1285, wonach ein Ausgleich nur nach gleichen Maßstäben wie bei normaler Arbeitstätigkeit nach betrieblicher oder tarifvertraglicher Regelung möglich sei; so auch HWGNRH/*Glock*, § 37 Rn. 76; a. A. LAG Baden-Württemberg AP BetrVG 1972 § 37 Nr. 25.

1277 WPK/*Kreft*, § 37 Rn. 27; *Fitting*, § 37 Rn. 92; vgl. auch BAG NZA 2015, 564, 566.

1278 WPK/*Kreft*, § 37 Rn. 27; *Fitting*, § 37 Rn. 92a; ErfK/*Koch*, § 37 BetrVG Rn. 7.

aus wahrgenommen wird. Das betrifft beispielsweise die Konstellationen der im Baugewerbe saisonbedingten Verkürzung der Arbeitszeit oder Kurzarbeit. Da die besondere Situation in dem Betrieb vermehrt den Einsatz des Betriebsrates erfordert, üben Mandatsträger häufig auch außerhalb der verkürzten Arbeitszeit noch Betriebsratstätigkeit aus. Das bedeutet aber nicht, dass ihnen statt dem für alle entsprechend verkürzten Entgelt das normale Gehalt weiterzugewähren wäre; das Entgeltausfallprinzip führt hier nicht weiter.[1279] Die verkürzte Arbeitszeit kann jedoch zumindest während ihres Bestehens als „normale" Arbeitszeit betrachtet werden. Dadurch können die außerhalb dieser Zeit erledigten Arbeiten in solchen Fällen dann als Tätigkeit außerhalb der Arbeitszeit i.S.d. § 37 Abs. 3 BetrVG behandelt und hierüber ein entsprechender Ausgleich gewährt werden.

Dagegen ist die Tätigkeit eines Betriebsrates allerdings nicht als außerhalb seiner Arbeitszeit zu qualifizieren, wenn er im Rahmen eines Kündigungsschutzverfahrens trotz Weiterbeschäftigungstitel seine ursprüngliche Arbeitsleistung nicht erbracht hat; da in dieser Zeit ohnehin das ursprüngliche Entgelt gewährt wird, würde sie mit einer zusätzlichen Abgeltung doppelt vergütet.[1280]

Die Wahrnehmung außerhalb der individuellen Arbeitsstunden muss darüber hinaus auch aus betriebsbedingten Gründen notwendig gewesen sein. Diese sind nach ständiger Rechtsprechung gegeben, wenn bestimmte Gegebenheiten und Sachzwänge innerhalb der Betriebssphäre für die Durchführung außerhalb der Arbeitszeit verantwortlich waren.[1281] Damit sind Gründe gemeint, die auf den betrieblichen Verhältnissen und nicht allein auf betriebsratsbedingten oder persönlichen Gründen beruhen, also aus der Sphäre des Betriebes stammen.[1282] Das können Faktoren sein, die auf der Eigenart des Betriebes beruhen, wie bestimmte Gestaltungsabläufe oder die Beschäftigungslage, aber auch sonstige Umstände, die auf Veranlassung des Arbeitgebers eintreten.[1283] Auch „unternehmensbedingte" Gründe werden teilweise als ausreichend anerkannt.[1284] Wäre eine Durchführung während der üblichen Arbeitszeit möglich gewesen, liegen betriebsbedingte Gründe in dem Sinne nur vor, wenn der Arbeitgeber einen entsprechenden Einfluss ausgeübt hat, dass die Tätigkeit dennoch außerhalb der Arbeitszeit wahrgenommen wird.[1285] Nach § 37 Abs. 3 S. 2 BetrVG fallen darunter nun ausdrücklich auch Unterschiede in den Arbeitszeiten der einzel-

---

1279 Vgl. dazu ausführlicher S. 190 ff.
1280 BAG NZA 2015, 564, 566.
1281 BAG NZA 2015, 564, 566 f.; NZA 1994, 765, 766; NZA 1988, 437, 439; AP BetrVG 1972 § 37 Nr. 52; AP BetrVG 1972 § 37 Nr. 57; *Moll/Roebers*, NZA 2012, 57, 59.
1282 *Fitting*, § 37 Rn. 80; GK-BetrVG/*Weber*, § 37 Rn. 90; WPK/*Kreft*, § 37 Rn. 28; *Esser*, S. 82; zweifelnd im Hinblick auf betriebsratsbedingte Gründe aber *Kehrmann*, FS Wlotzke, S. 367.
1283 BAG NZA 2015, 564, 567; GK-BetrVG/*Weber*, § 37 Rn. 90, 86; *Fitting*, § 37 Rn. 80; WPK/*Kreft*, § 37 Rn. 29.
1284 Befürwortend *Waas*, S. 6 f. mit Hinweis auf ArbG Siegen NZA-RR 1998, 360, 361; a.A. BAG AP BetrVG 1972 § 37 Nr. 57.
1285 BAG NZA 1994, 765, 766; GK-BetrVG/*Weber*, § 37 Rn. 92; *Esser*, S. 82; *Moll/Roebers*, NZA 2012, 57, 59.

nen Betriebsratsmitglieder. Damit sollen auch sämtliche unterschiedlichen Organisationsformen von Teilzeitarbeit erfasst sein.[1286] Betriebsratsaufgaben, die ausschließlich aus Gründen in der Person eines Mandatsträgers außerhalb der Arbeitszeit erledigt werden, können dagegen keinen Ausgleich nach § 37 Abs. 3 BetrVG begründen.[1287] Allein aus der Gestaltung der Betriebsratstätigkeit, auf die der Arbeitgeber keinen Einfluss nehmen kann, lassen sich betriebsbedingte Gründe grundsätzlich nicht herleiten.[1288] Daher sind sie ebenfalls nicht anzunehmen, wenn ein Betriebsratsmitglied aus eigenem Entschluss während einer Befreiung von der Arbeit, z. B. bei einem Kündigungsschutzverfahren oder im Urlaub, Betriebsratsarbeiten wahrnimmt.[1289] Zwar gilt der Ausgleichsanspruch ebenfalls für Schulungs- oder Bildungsveranstaltungen nach § 37 Abs. 6 und 7 BetrVG, wenn sie außerhalb der Arbeitszeit stattfinden.[1290] Allerdings hat das BAG auch hier im Falle teilzeitbeschäftigter Betriebsräte einen Freizeitausgleich für Schulungen außerhalb deren persönlicher (reduzierter) Arbeitszeit mit dem Hinweis abgelehnt, dass ein Betriebsratsmitglied einen Vorteil gegenüber anderen Arbeitnehmern in gleicher Situation erlangen könnte, indem es seine Freizeit für die Erledigung von Betriebsratsaufgaben einsetzt und hierfür einen Ausgleich erhält.[1291]

III. Sekundärer Abgeltungsanspruch

Die Regelung des § 37 Abs. 3 BetrVG sieht sowohl einen Zeitausgleich als auch einen – für die Vergütung bedeutenden – Ausgleich in Geld vor. Die beiden Varianten stehen allerdings nicht zur Wahl des Arbeitgebers oder des Betriebsratsmitgliedes. Der Ausgleich von außerhalb der Arbeitszeit vorgenommener Betriebsratstätigkeit hat primär nach § 37 Abs. 3 S. 1 BetrVG durch Arbeitsbefreiung unter Fortzahlung des Entgeltes zu erfolgen. Nur nachrangig erhält das Betriebsratsmitglied den vergütungsrelevanten Abgeltungsanspruch.

1. Freizeitausgleich vor Vergütung

Bevor ein Betriebsratsmitglied also einen Ausgleich für außerhalb der Arbeitszeit getätigte Betriebsratsarbeit in Geld erhält, muss der Arbeitgeber ihm vorrangig Arbeitsbefreiung gewähren, und zwar in dem Umfang der über die normale

---

1286 BT-Drucks. 14/5741, S. 40; HWGNRH/*Glock*, § 37 Rn. 83.
1287 ErfK/*Koch*, § 37 BetrVG Rn. 7; GK-BetrVG/*Weber*, § 37 Rn. 101; HWGNRH/*Glock*, § 37 Rn. 86; dagegen wohl a. A. DKKW/*Wedde*, § 37 Rn. 77 für Betriebsratsmitglieder, die ihre ursprüngliche Tätigkeit außerhalb des Betriebes ausüben und ihre Arbeitszeit dabei selbst bestimmen.
1288 GK-BetrVG/*Weber*, § 37 Rn. 98; HWGNRH/*Glock*, § 37 Rn. 86; *Moll/Roebers*, NZA 2012, 57, 59.
1289 BAG NZA 2015, 564, 567; vgl. auch ErfK/*Koch*, § 37 Rn. 7; GK-BetrVG/*Weber*, § 37 Rn. 98; *Richardi/Thüsing*, § 37 Rn. 50; *Däubler*, SR 2017, 85, 89.
1290 BAG NZA 2005, 936, 938; NZA 2005, 704, 705; ErfK/*Koch*, § 37 BetrVG Rn. 7.
1291 BAG NZA 1997, 1242, 1244.

Arbeitszeit hinausgehenden Tätigkeiten.[1292] Während der Arbeitsbefreiung ist das Entgelt einschließlich sämtlicher Zulagen und Zuschläge weiter zu gewähren, diesbezüglich gelten dieselben Grundsätze wie für die Entgeltfortzahlung im Rahmen des § 37 Abs. 2 BetrVG.[1293]

Nur ausnahmsweise ist die Betriebsratstätigkeit außerhalb der Arbeitszeit nach § 37 Abs. 3 S. 3 BetrVG wie Mehrarbeit zu vergüten, wenn die Gewährung der grundsätzlich vorrangigen Arbeitsbefreiung innerhalb eines Monats aus betriebsbedingten Gründen nicht möglich war. Die von dem Gesetz ausdrücklich genannte Frist von einem Monat bedeutet nicht, dass sich nach deren Ablauf der Anspruch auf Freizeitausgleich automatisch in einen Ausgleich durch finanzielle Abgeltung umwandelt.[1294] Es ist vielmehr notwendig, dass der Zeitausgleich gerade aus betriebsbedingten Gründen innerhalb eines Monats nicht gewährt werden kann, nur dann ist eine entsprechende Vergütung möglich; sind solche Gründe nicht vorhanden oder wurde der Freizeitausgleich nur aus anderen Gründen nicht gewährt, behält das Betriebsratsmitglied zunächst den Anspruch auf Arbeitsbefreiung.[1295] In Zusammenhang mit den betriebsbedingten Gründen wird häufig diskutiert, ob an diese im Rahmen des § 37 Abs. 3 S. 3 BetrVG strengere Anforderungen zu stellen sind als nach dessen Satz 1.[1296] Bei letzterem wird bei Betriebsratstätigkeit für ihre Lage außerhalb der Arbeitszeit verlangt, dass dies betriebsbedingt notwendig war. Wegen der unterschiedlichen Funktion des Begriffes in § 37 Abs. 1 S. 1 und S. 3 BetrVG und um den Abgeltungsanspruch nicht von dem Willen des Arbeitgebers abhängig zu machen, sei nach Teilen der Literatur ein engeres Verständnis der betriebsbedingten Gründe anzustellen: Diese seien dann zu bejahen, wenn ein vorrangiger Ausgleich durch Arbeitsbefreiung aus objektiven, in den betrieblichen Verhältnissen liegenden Gründen für den Arbeitgeber nicht zumutbar war.[1297] Dagegen werden die betriebsbedingten Gründe innerhalb des § 37 Abs. 3 BetrVG nach anderer Auffassung durchaus als gleich verstanden und verwendet.[1298] Dem ist grundsätzlich auch zuzustimmen, Hinweise für eine unterschiedliche Behandlung oder einen entsprechenden gesetzgeberischen Willen lassen sich nicht finden.

In dem Rahmen kann noch einmal die Frage aufgeworfen werden, ob zwischen nur vorübergehend befreiten Mandatsträgern und dauerhaft freigestellten Betriebsräten zu differenzieren ist und für letztere gegebenenfalls Modifizierungen

---

1292 BAG AP BetrVG 1972 § 37 Nr. 29; vgl. auch BAG NZA 2000, 554, 555; WPK/*Kreft*, § 37 Rn. 31; *Fitting*, § 37 Rn. 98; GK-BetrVG/*Weber*, § 37 Rn. 117; Richardi/*Thüsing*, § 37 Rn. 61, nach dem es sich hier um einen einheitlichen Anspruch mit zwei Varianten der Abgeltung handelt.

1293 DKKW/*Wedde*, § 37 Rn. 82; GK-BetrVG/*Weber*, § 37 Rn. 118; *Lipp*, S. 138; vgl. zur Entgeltfortzahlung die Ausführungen auf S. 134 ff.

1294 BAG NZA 2015, 564, 566; *Esser*, S. 83.

1295 GK-BetrVG/*Weber*, § 37 Rn. 113; ErfK/*Koch*, § 37 BetrVG Rn. 8; *Lipp*, S. 138.

1296 Vgl. ausführlich zu der Diskussion *Lipp*, S. 139 f.; GK-BetrVG/*Weber*, § 37 Rn. 122.

1297 GK-BetrVG/*Weber*, § 37 Rn. 122; WPK/*Kreft*, § 37 Rn. 34; ähnlich *Fitting*, § 37 Rn. 106.

1298 HWGNRH/*Glock*, § 37 Rn. 101; MünchArbR/*Joost*, § 220 Rn. 38; Richardi/*Thüsing*, § 37 Rn. 61.

dieses Merkmals erforderlich sind.[1299] Es wird teilweise diskutiert, ob bei freigestellten Betriebsräten, die ohnehin schon von ihrer Tätigkeit befreit sind, auch betriebsbedingte Gründe gegen einen vorrangigen Freizeitausgleich sprechen können oder jedenfalls auch betriebsratsbedingte Gründe dazu führen müssten.[1300] Dabei wird angezweifelt, dass eine Arbeitsbefreiung für Betriebsratstätigkeit außerhalb der Arbeitszeit für freigestellte Betriebsräte möglich ist.[1301] Betrachtet man zunächst das Merkmal der Tätigkeit außerhalb der Arbeitszeit i. S. d. § 37 Abs. 3 S. 1 BetrVG, ist es aber auch bei dauerhaft freigestellten Betriebsräten denkbar, dass dazu betriebsbedingte Gründe, wie z. B. Schichtarbeit, geführt haben.[1302] Stellt man im Rahmen des § 37 Abs. 3 S. 3 BetrVG auf die Rechtsstellung von freigestellten Betriebsräten ab, ist es dagegen nachvollziehbar, dass hier betriebsbedingte Gründe keine Bedeutung erlangen können.[1303] Da sie ohnehin bereits dauerhaft von ihrer Arbeitspflicht befreit sind, kommt für einen vorrangigen Freizeitausgleich lediglich in Betracht, dass er als Befreiung von der Amtspflicht gewährt wird; in dem Fall wäre konsequenterweise dann aber tatsächlich der Maßstab in „betriebsratsbedingte" Gründe zu ändern.[1304] Ein freigestellter Mandatsträger muss sich jedoch für anfallende Betriebsratsarbeit grundsätzlich in dem Betrieb bereithalten und erreichbar sein, so dass ein vorrangiger Freizeitausgleich sowieso nur in engen Grenzen denkbar wäre.[1305] Das führt aber noch nicht dazu, dass eine vorrangige Arbeitsbefreiung nach § 37 Abs. 3 S. 3 BetrVG bei freigestellten Betriebsratsmitgliedern von vornherein abzulehnen ist. Grundsätzlich sind sämtliche Arten von Arbeitsbefreiungen und Freistellungen möglichst gleich zu behandeln. Ein freigestelltes Betriebsratsmitglied kann ebenso Freizeitausgleich wahrnehmen, indem es dann eben von seiner dauerhaften Betriebsratstätigkeit – die weiterhin auch auf seinem ursprünglichen Arbeitsverhältnis beruht – zu befreien ist. Auch in diesem Fall sind betriebsbedingte Gründe denkbar, die einem Freizeitausgleich entgegenstehen können. Aufgrund der Besonderheiten der generellen und dauerhaften Freistellung können hier aber unter besonderen Umständen auch betriebsratsbedingte Gründe als im Sinne der Vorschrift anerkannt werden, die dann zu dem nachrangigen finanziellen Ausgleich führen können.

Darüber hinaus reicht eine bloße Untätigkeit des Arbeitgebers für die Begründung des Abgeltungsanspruches nicht aus; der Mandatsträger muss den vorrangigen Anspruch auf Freizeitausgleich ordnungsgemäß geltend gemacht und der Arbeitgeber diesen unter Berufung auf die entgegenstehenden betriebsbedingten Gründe verweigert haben.[1306] Damit kann verhindert werden, dass der Abgel-

---

1299 Vgl. *Waas*, S. 10 ff.
1300 Ausführlich *Waas*, S. 10 ff.
1301 *Waas*, S. 10 f.
1302 BAG AP BetrVG 1972 § 37 Nr. 14; zustimmend auch *Waas*, S. 11.
1303 *Waas*, S. 14 ff.
1304 *Waas*, S. 15 f.
1305 *Waas*, S. 16 f.
1306 BAG NZA 2000, 554, 555; ErfK/*Koch*, § 37 BetrVG Rn. 8; *Esser*, S. 83; *Lipp*, S. 140.

tungsanspruch zur freien Wahl von Arbeitgeber oder Mandatsträger steht.[1307] Eine solche Wahlmöglichkeit besteht im Rahmen des § 37 Abs. 3 BetrVG grundsätzlich nicht.[1308] Liegen diese Voraussetzungen vor, sind außerhalb der Arbeitszeit erbrachte Tätigkeiten nach § 37 Abs. 3 S. 3 BetrVG ausdrücklich wie Mehrarbeit zu vergüten.

2. Gewährung von Mehrarbeitszuschlägen

Diskutiert wird in Zusammenhang mit dem Ausgleichsanspruch nach § 37 Abs. 3 BetrVG häufig, ob für die Mehrarbeit entsprechende Zuschläge zu gewähren sind. Gemeint ist damit zusätzlicher, über die tatsächliche Mehrarbeit hinausgehender Freizeitausgleich im Falle der vorrangigen Arbeitsbefreiung bzw. bei finanzieller Abgeltung die Gewährung eines höheren Entgeltes in Form von Mehrarbeitszuschlägen.

a) Meinungsstand

Finanzielle Zuschläge werden im Hinblick auf den vorrangigen Freizeitausgleich überwiegend und meist mit Hinweis auf einen Verstoß gegen das Unentgeltlichkeits- und Ehrenamtsprinzip des § 37 Abs. 1 BetrVG abgelehnt.[1309] Wegen der Formulierung in § 37 Abs. 3 S. 3 BetrVG „wie Mehrarbeit zu vergüten" könne nach anderer Auffassung jedoch angenommen werden, dass solche Mehrarbeitszuschläge innerhalb des Abgeltungsanspruches jedenfalls insoweit zulässig sind, wie sie sich nach den bestehenden betrieblichen sowie arbeits- oder tarifvertraglichen Regelungen richten.[1310] Dabei wird nach einer weiteren Meinung in der Literatur zwischen einem „Freizeitzuschlag" und einem Zuschlag bei dem Abgeltungsanspruch getrennt und aufgrund der unterschiedlichen Interessenlagen im Arbeits- und Betriebsverfassungsrecht ein Mehrarbeitszuschlag bei Freizeitausgleich abgelehnt, bei Abgeltung in Geld aber befürwortet.[1311]
Nur eine Ansicht in der Literatur erkennt sowohl zeitliche als auch finanzielle Zuschläge für Mehrarbeit der Betriebsratsmitglieder gleichermaßen an, wenn diese aufgrund entsprechender Regelungen üblicherweise in dem Betrieb bei Mehrbelastung gewährt werden.[1312]

b) Stellungnahme

Der Ansicht, die Mehrarbeitszuschläge grundsätzlich anerkennt, ist zuzustimmen. Denn es ist nicht ersichtlich, warum für die betriebsratsbedingte Mehr-

---

1307 Vgl. *Lipp*, S. 140.
1308 BAG NZA 1996, 105, 106; *Esser*, S. 83.
1309 BAG AP BetrVG 1972 § 37 Nr. 29; *Fitting*, § 37 Rn. 98; ErfK/*Koch*, § 37 BetrVG Rn. 8; Richardi/*Thüsing*, § 37 Rn. 55; *Esser*, S. 83.
1310 GK-BetrVG/*Weber*, § 37 Rn. 125; *Fitting*, § 37 Rn. 112.
1311 *Eich*, BB 1974, 1443, 1445.
1312 DKKW/*Wedde*, § 37 Rn. 81; vgl. so auch nur zu Mehrarbeitszuschlägen bei finanzieller Abgeltung Richardi/*Thüsing*, § 37 Rn. 64.

arbeit etwas anderes gelten soll, wie für Überstunden aufgrund der normalen Arbeitstätigkeit. Dagegen sprechen weder der Wortlaut der Vorschrift noch sonstige Gründe. Selbst wenn sich die Interessenlage im Arbeits- und Betriebsverfassungsrecht unterschiedlich darstellt, dass in ersterem Fall mit Mehrarbeitszuschlägen zum Schutz der Arbeitnehmer Druck auf den Arbeitgeber ausgeübt werden soll, um weitere Mehrarbeit zu vermeiden, während bei Betriebsräten allein Belastungen ausgeglichen werden sollen,[1313] rechtfertigt das ebenfalls keine andere Beurteilung. Existieren in dem Betrieb – individual-, tarifvertragliche oder betriebliche – Bestimmungen, die auch für das Betriebsratsmitglied ohne das Amt Geltung haben würden, müssen sie auch nach Amtsübernahme auf ihn angewendet werden.

Man könnte dem Bedenken entgegenbringen, dass mit der Gleichbehandlung von Mehrarbeit aufgrund der bisherigen Arbeitstätigkeit wie auch wegen Betriebsratsarbeit die Gefahr bestünde, das Betriebsratsamt entgegen des Ehrenamtsprinzips einem Beruf gleichzustellen und entsprechend zu vergüten. Solche Bedenken lassen sich jedoch problemlos ausräumen, zumal die Vorgehensweise dem gesetzlichen System entspricht. Das Betriebsratsamt beruht weiterhin auf dem ursprünglichen Arbeitsverhältnis, das auch die Grundlage für die weitere Entgeltzahlung darstellt. Die Vorschrift des § 37 BetrVG enthält hinsichtlich der Vergütung von Betriebsratsmitgliedern nur spezielle Modifikationen. Dennoch bleibt das bisherige Arbeitsverhältnis die „Basis" des Entgeltes, so dass auch betriebliche sowie einzel- oder tarifvertragliche Regelungen zu Mehrarbeitszuschlägen für Mandatsträger gelten. Das hat keine Begünstigung zur Folge. Auch wenn im Rahmen der speziellen Vergütungsvorschriften die Vorschrift des § 78 S. 2 BetrVG keine Anwendung findet, ist ihre Regelung bei Anwendung und Auslegung sowie im Hinblick auf den gleichlaufenden Zweck der speziellen Vorschrift zu beachten. Dass die anderen Arbeitnehmer, die kein Amt ausüben, keine Gelegenheit zu Mehrarbeit wie das Betriebsratsmitglied aufgrund seiner Amtsaufgaben haben,[1314] ist ohne Bedeutung, weil hier tatsächlich geleistete Mehrarbeit ausgeglichen wird. Würde man unterschiedliche Maßstäbe ansetzen, wäre vielmehr eine Benachteiligung zu befürchten.

3. Pauschalierte Überstundenabgeltung

Bei Ausgleichsansprüchen wegen Mehrarbeit stellt sich immer wieder die Frage der Möglichkeit einer pauschalen Überstundenabgeltung. Ohne bereits näher auf die grundsätzlichen Voraussetzungen der Pauschalierung von Ansprüchen einzugehen, muss eine pauschale Überstundenabgeltung im Grundsatz abgelehnt werden.[1315] Bei Betriebsräten besteht wegen der gesetzlichen Regelung des Ausgleiches ihrer Mehrarbeit grundsätzlich keine Pauschalierungsmöglich-

---

1313 *Eich*, BB 1974, 1443, 1445.
1314 Vgl. *Esser*, S. 83.
1315 So auch *Moll/Roebers*, NZA 2012, 57, 61; *Jacobs/Frieling*, ZfA 2015, 241, 256; *Esser*, S. 84 ff.; *Liesenfeld*, S. 157 f.; a. A. *Waas*, S. 25 ff.

keit. Eine Pauschalierung nach Art der Abgeltung, d. h. eine Vereinbarung, dass jegliche Betriebsratsmehrarbeit nur noch wie betriebliche Mehrarbeit finanziell abgegolten wird, wäre nicht mit der gesetzlichen Systematik vereinbar.[1316] Denn wegen des zwingend vorrangig durchzuführenden Freizeitausgleiches, an den selbst auch konkrete Anforderungen gestellt werden, darf für Mehrarbeit stattdessen nicht automatisch nur noch eine Vergütung gezalt und der Freizeitausgleich völlig ignoriert werden.[1317] Damit würde man nicht nur den primären Ausgleich umgehen und den Charakter des Abgeltungsanspruches als nachrangig entstehenden Anspruch unbeachtet lassen, sondern den Parteien ein – vom Gesetz ausdrücklich nicht vorgesehenes – Wahlrecht einräumen. Darüber hinaus handelt es sich bei Mehrarbeit meist nicht um regelmäßig oder gleichförmig auftretende Tätigkeiten, sondern sie hängen von dem konkreten Arbeitsanfall ab,[1318] der selbst wiederum von unterschiedlichsten Faktoren bestimmt wird.

Etwas anderes könnte allenfalls gelten, wenn Mehrarbeit bei einzelnen Betriebsräten in einer Häufigkeit und Regelmäßigkeit auftritt, die eine solche Pauschalisierung rechtfertigt. Es ist vor allem in größeren Betrieben denkbar, dass besonders umfangreiche Betriebsratsarbeit anfällt, die von den Betriebsräten nicht mehr in der regelmäßigen Zeit erledigt werden kann und hierfür (noch) nicht von der Möglichkeit zusätzlicher Befreiungen Gebrauch gemacht wurde. Ein Freizeitausgleich wäre ab einem bestimmten Umfang von Mehrarbeit kontraproduktiv und in dem Fall nur schwer durchführbar, weil der Arbeitsanfall das kaum zulässt. Dieser Umstand könnte auch einen betriebsratsbedingten Grund gegen einen vorrangigen Freizeitausgleich darstellen. In solchen Fällen kann dann eine Pauschalierung von Mehrarbeit für den Betriebsrat erfolgen.[1319] Erforderlich ist die sorgfältige Bestimmung eines „Mittelweges", die Vor- und Nachteile der Typisierung müssen in ein gerechtes Verhältnis gesetzt werden und die Pauschalierung muss in wirklichkeitsnahen Grenzen liegen.[1320] Dabei sind aussagekräftige Erfahrungswerte heranzuziehen und nicht lediglich unveränderte Pauschalen über Jahr(zehnt)e hinweg zu verwenden; bei Fehlen solcher Werte muss zunächst eine Dokumentation der tatsächlichen Mehrarbeit erfolgen.[1321]

B. Ausgleichszahlungen aus anderen Gründen

Neben dem gesetzlich vorgesehenen Ausgleich für Betriebsratsarbeit außerhalb der Arbeitszeit wäre ein Ausgleich auch in anderen Konstellationen denkbar. Einem Betriebsratsmitglied können durch sein Amt bzw. bei Ausübung der dazugehörigen Tätigkeiten weitere (finanzielle) Nachteile entstehen. Handelt es sich nicht um einen typischen Aufwand, der ihm zu entschädigen ist, müssten solche

---

1316 *Esser*, S. 84 f.
1317 *Moll/Roebers*, NZA 2012, 57, 61; *Jacobs/Frieling*, ZfA 2015, 241, 256; *Esser*, S. 84 ff.
1318 *Jacobs/Frieling*, ZfA 2015, 241, 256; *Moll/Roebers*, NZA 2012, 57, 61.
1319 Vgl. auch *Waas*, S. 25 ff.; *Däubler*, SR 2017, 85, 96 ff.; *Georgi*, S. 70 f.
1320 Ausführlich *Waas*, S. 25 ff.
1321 *Däubler*, SR 2017, 85, 97.

Einbußen angemessen kompensiert werden, um eine Benachteiligung zu verhindern. Eine solche Zahlung besitzt dann Entgeltcharakter und der Arbeitgeber wäre sogar verpflichtet, sie im Rahmen einer ordnungsgemäßen Vergütung den Betriebsräten zu gewähren – wobei sie sich gleichzeitig nicht als bevorteilende Zuwendung darstellen darf.

I. Ausgleich von Steuernachteilen bei Gewährung von Zulagen

Für bestimmte Arbeiten bzw. Tätigkeitsarten werden in den Betrieben den Arbeitnehmern unterschiedliche Zulagen gewährt. Auch Betriebsräte können diese aus verschiedenen Gründen erhalten. Haben sie die Zahlungen bereits vor der Amtsübernahme erhalten, sind sie ihnen aufgrund des Entgeltausfallprinzips des § 37 Abs. 2 BetrVG auch danach fortzuzahlen. Stellen sich bestimmte Zulagen als eine neue berufliche Entwicklung vergleichbarer Arbeitnehmer dar, können sie nach § 37 Abs. 4 BetrVG auch den Mandatsträgern zu gewähren sein. Handelt es sich um einen Ausgleich für Betriebsratstätigkeiten außerhalb der Arbeitszeit nach § 37 Abs. 3 BetrVG, können auch Mehrarbeitszuschläge zu zahlen sein. Die (Weiter-)Gewährung kann allerdings – aufgrund unterschiedlicher Steuerpflichten – im Ergebnis zu Unterschieden hinsichtlich der Höhe dieser Zuschläge führen, so dass gegebenenfalls ein entsprechender Ausgleich erforderlich werden könnte. Eine angemessene Lösung dieser Situation erfordert eine Betrachtung der Ausgangssituation sowie – falls im Ergebnis erforderlich – die Bestimmung einer passenden Ausgleichsmöglichkeit.

1. Problemstellung und Lösungsansätze

Nach § 3b Abs. 1 EStG sind Zuschläge, die neben dem Grundentgelt für Sonn- sowie Feiertags- oder Nachtarbeit gewährt werden, bis zu einer bestimmten Höhe steuerfrei. Das gilt nach dem ausdrücklichen Wortlaut der Vorschrift allerdings nur für tatsächlich geleistete Arbeit an Sonn- bzw. Feiertagen oder zur Nachtzeit. Bei den Betriebsratsmitgliedern kann das im Ergebnis dann zu unterschiedlichen Beträgen führen. Das hängt wiederum entscheidend von der jeweiligen Konstellation ab, weshalb die Zuschläge dem Mandatsträger im Einzelfall gewährt werden. Erhält er sie auf Grundlage des § 37 Abs. 3 BetrVG als Ausgleich für Betriebsratsarbeit außerhalb seiner Arbeitszeit, hat er die für die Zuschläge relevante Tätigkeit tatsächlich selbst geleistet, so dass § 3b Abs. 1 EStG mit der Steuerprivilegierung greift und sich in dieser Konstellation keine Probleme ergeben.[1322]

1322 A.A. *Lipp*, S. 92 ff., die wegen fehlender Differenzierung in der Literatur eine herrschende Meinung dahingehend annimmt, dass selbst bei zuschlagsbegründenden Tätigkeiten, z. B. an Sonntagen, Betriebsratsmitgliedern die Steuerprivilegierung des § 3b EStG nicht zugutekommt. Dem ist nicht zu folgen, weil die Meinungen in der Literatur sich ausdrücklich nur auf den Fall hypothetisch erbrachter Leistungen beziehen und sich zu dieser Konstellation nicht äußern.

Stehen dem Betriebsratsmitglied die Zuschläge dagegen aufgrund hypothetisch geleisteter Sonn-, Feiertags- bzw. Nachtarbeit nach § 37 Abs. 2 BetrVG oder wegen einer beruflichen Entwicklung vergleichbarer Arbeitnehmer nach § 37 Abs. 4 BetrVG zu, hat er sie in beiden Fällen nicht tatsächlich abgeleistet. Die Zuschläge würden daher auch der Steuer- und Sozialabgabenpflicht unterliegen, wodurch sie sich in der Höhe von denen der anderen Arbeitnehmer unterscheiden. Etwas anderes würde hier nur gelten, wenn lediglich vorübergehend von der Arbeit befreite Betriebsratsmitglieder die zuschlagsbegründenden Arbeiten tatsächlich noch ausführen. In Fällen, in denen sie allerdings nicht tatsächlich ausgeübt werden, stellt sich dann die Frage eines finanziellen Ausgleichs für die Steuerabgaben, die bei normaler Tätigkeit nicht angefallen wären.

Zu diesem Problem werden verschiedene Auffassungen vertreten. Zunächst gibt es eine Ansicht in der Literatur, die von vornherein eine Steuerpflicht für solche Zuschläge ablehnt.[1323] Überwiegend wird aber wegen Fehlens einer tatsächlichen Leistung der Betriebsratsmitglieder die Abgabepflicht von Steuern für die Zuschläge bejaht, eine entsprechende Ausgleichspflicht des Arbeitgebers allerdings verneint.[1324] Nur wenige Stimmen in der Literatur sowie die frühere Rechtsprechung des BAG verlangen auch einen Ausgleich der steuerlichen Nachteile durch den Arbeitgeber, weil das Betriebsratsmitglied anderenfalls benachteiligt würde.[1325] Begründet wird das auch mit der Erhaltung des Lebensstandards des Betriebsratsmitgliedes.[1326]

2. Stellungnahme

Es ist der Auffassung zuzustimmen, die hier schon keine Steuerpflicht bejaht. Zum einen ist es richtig, dass es sich bei den Zuschlägen für das Betriebsratsmitglied nicht um eine Ausgleichszahlung für einen Entgeltausfall handele – wie es der BFH annimmt[1327] – sondern der bisherige Vergütungsanspruch in gleicher Höhe weitergewährt wird und nur die Betriebsratstätigkeit an die Stelle der ursprünglichen Arbeitstätigkeit tritt.[1328] Eine unterschiedliche Beurteilung ist daher weder geboten noch sachgemäß. Darüber hinaus käme es einer Vergütung des Betriebsratsamtes bzw. einer eigenständigen Besteuerung gleich. Denn in dem Fall würden von einem Entgeltbestandteil nur von Betriebsratsmitgliedern

---

1323 MünchArbR/*Joost*, § 220 Rn. 27, 71 f.
1324 BAG NZA 1986, 263; NJW 1981, 1287; Richardi/*Thüsing*, § 37 Rn. 39; GK-BetrVG/*Weber*, § 37 Rn. 79; *Georgi*, S. 73 f.; *Esser*, S. 90; *Lipp*, S. 90 f.; ausführlich *Beule*, S. 96 ff., 109 ff.; *Purschwitz*, S. 125 f., die noch dahingehend differenzieren, ob die zuschlagsbegründenden Umstände bei dem Betriebsratsmitglied tatsächlich bestanden haben; vgl. auch *Fitting*, § 37 Rn. 71; *Moll/Roebers*, NZA 2012, 57, 61, die aber einen freiwilligen Ausgleich des Arbeitgebers für zulässig halten.
1325 BAG BB 1969, 1433, 1434 (zu BetrVG 1952); LAG Hessen BeckRS 2014, 70659; DKKW/*Wedde*, § 37 Rn. 58; *Schneider*, NZA 1984, 21, 23; *Becker-Schaffner*, BB 1982, 498, 502.
1326 BAG BB 1969, 1433; *Becker-Schaffner*, BB 1982, 498, 502.
1327 BFH BeckRS 1974, 22002635.
1328 MünchArbR/*Joost*, § 220 Rn. 72.

Steuern erhoben, von den übrigen Arbeitnehmern, die diese Zuschläge erhalten, dagegen nicht. Das kann nicht mit der tatsächlichen Ableistung beispielsweise von Sonntags- oder Nachtarbeit begründet werden. Den Arbeitnehmern ist, nur weil sie gegenüber den Mandatsträgern die zuschlagsbegründende Arbeit tatsächlich verrichten, hierfür nicht zwangsläufig ein Vorteil zuzugestehen. Damit lässt sich auch nicht ein hinnehmbarer Nachteil für die Betriebsratsmitglieder begründen. Das müsste konsequenterweise dann ebenso für das gesamte fortzuzahlende Entgelt gelten. Hätten die Betriebsratsmitglieder die Möglichkeit dazu, würden sie die Arbeiten noch selbst ausführen, lediglich das Amt hindert sie daran. Die Vergütungsvorschriften bezwecken aber gerade, etwaige Nachteile wegen des Amtes zu verhindern. Unter tatsächlich geleistete Arbeiten i. S. d. § 3b Abs. 1 BetrVG müssen daher auch die entsprechenden Zuschläge trotz oder gerade wegen Betriebsratstätigkeiten fallen.

II. Ausgleich für sonstige mit dem Amt verbundenen Nachteile

Abgesehen von den genannten Fällen könnten noch weitere Nachteile auftreten, die sich auf das Betriebsratsamt zurückführen lassen. Denkbar wäre, zu befürchtende Einbußen allgemein mit einer entsprechenden Zahlung – quasi vorsorglich – ohne Bezug zu konkreten Vorfällen finanziell auszugleichen. Die Notwendigkeit wie auch Zulässigkeit solcher Ausgleichszahlungen kann jedoch grundsätzlich in Frage gestellt werden. Allerdings wird das Betriebsratsamt der heutigen Zeit mit einem erhöhten Anforderungsprofil und der Fülle an Aufgaben und Tätigkeiten zunehmend mit verschiedenen Nachteilen für die einzelnen Betriebsratsmitglieder verbunden sein. Daher ist zu untersuchen, ob in bestimmten Fällen ein solcher Ausgleich vielleicht sogar notwendig wird.

1. Einordnung und rechtliche Zulässigkeit

Prüft man die Möglichkeit solcher Ausgleichszahlungen, stellt sich zunächst die entscheidende Frage ihrer grundsätzlichen Zulässigkeit. Diese hängt entscheidend davon ab, wie eine solche Zahlung einzuordnen bzw. zu qualifizieren ist und ob sie mit den gesetzlichen Regelungen, insbesondere den Vergütungsvorschriften in Einklang stehen kann.

a) Abgrenzung zu Aufwandsentschädigungen ohne Entgeltcharakter

Zunächst könnte man lediglich von einer Aufwandsentschädigung ausgehen, so dass es sich dann um kein Entgelt handeln würde und damit die strengen Anforderungen an das Entgelt für Betriebsratsmitglieder, insbesondere § 37 BetrVG, keine Anwendung finden würden. Reine Ausgleichszahlungen für tatsächlichen Aufwand der Betriebsratsmitglieder oder angefallene Kosten für die Durchführung der Betriebsratsaufgaben besitzen keinen Entgeltcharakter und wären anders zu beurteilen. Das könnte bei den hier gemeinten Ausgleichszahlungen der Fall sein, weil sie lediglich dazu dienen, mit dem Amt verbundene Nachteile in jeglicher Hinsicht zu kompensieren. In Fällen tatsächlich entstandenen, konkreten Aufwands wäre eine entsprechende Zahlung zwar nicht als Entgelt einzustufen. Erfolgt diese aber verallgemeinert oder „präventiv" lediglich für potentiellen und nicht wirklich angefallenen Aufwand oder sonstige Nachteile, wird es sich in der Regel um Entgelt handeln, das an den speziellen Vergütungsvorschriften, insbesondere an dem Unentgeltlichkeitsgebot zu messen ist. Selbst bei einer Einstufung als Aufwandsentschädigung ist Vorsicht geboten, weil hier die Grenzen zu einer versteckten Vergütung schnell überschritten wären. Damit es sich um eine reine Aufwandsentschädigung ohne Entgeltcharakter handelt, dürfte der Arbeitgeber eine entsprechende Ausgleichszahlung immer nur in der Höhe der tatsächlich festgestellten Einbußen oder gegebenenfalls in Form einer angemessenen Pauschale gewähren.[1329] Das wäre nicht nur mit einem großen Aufwand verbunden, sondern würde weiterhin ein hohes Risiko bergen. Die Nachteile lassen sich meist nicht mit einem konkreten Wert bestimmen; in manchen Fällen sollen auch nicht nur tatsächliche Einbußen, sondern auch gewisse dauerhafte Erschwernisse oder Risiken kompensiert werden. Da solche Fälle überwiegend als Entgelt einzustufen sein werden, sind sie nach den konkreten Vergütungsvorschriften zu beurteilen.

b) Vereinbarkeit mit den Vergütungsvorschriften

Eine Kompensationszahlung für mit dem Amt verbundene Nachteile wird grundsätzlich Entgeltcharakter besitzen. Die nunmehr entscheidende Frage in dem Zusammenhang bleibt daher, ob eine gesetzliche Grundlage existiert, aufgrund derer sie gerechtfertigt wäre bzw. ob sie mit den gesetzlichen Vorgaben zur Vergütung von Betriebsratsmitgliedern in Einklang zu bringen ist. Eine Vorschrift, die solche Ausgleichszahlungen explizit vorsieht bzw. ermöglicht, gibt es unter den Vergütungsvorschriften nicht. Das Entgeltausfallprinzip des § 37 Abs. 2 BetrVG hilft hier schon deshalb nicht weiter, weil es sich bei solchen potentiellen Nachteilen nicht um ein hypothetisches Entgelt handelt, das der Mandatsträger bei normaler Weiterarbeit erhalten hätte; mit der ursprünglichen Arbeitstätigkeit stehen sie nicht in Zusammenhang. Auch eine entsprechende Anpassung des Entgeltes nach § 37 Abs. 4 BetrVG ist problematisch. Diese orientiert sich allein an dem objektiven Maßstab der vergleichbaren Arbeitnehmer und deren betriebsüblicher beruflicher Entwicklung. Eine allgemeine Ausgleichszahlung unabhängig von einem solchen Anknüpfungspunkt lässt sich nicht darunter fassen. Denn die anderen Arbeitnehmer in dem Betrieb sind von solchen amtsbedingten Nachteilen in keiner Weise betroffen und können daher – selbst durch Modifikation – keinen Maßstab darstellen.

Daher wäre ein finanzieller Ausgleich als Zuwendung in Form einer unabhängigen Zahlung einzustufen, die nicht auf einer entsprechenden Vergütungsrege-

---

[1329] Vgl. auch *Kehrmann*, FS Wlotzke, S. 378, der je nach Position des Betriebsratsmitgliedes differenzierte Aufwendungspauschalen für zulässig erachtet, wie auch für besondere Betriebsaufgaben, die sich aber kaum noch als Zahlung für Aufwand, sondern eher als Entgelt qualifizieren ließen.

lung basiert. Diese müsste dann mit dem allgemeinen Grundsatz der Unentgeltlichkeit des Betriebsratsamtes nach § 37 Abs. 1 BetrVG in Einklang stehen. Da
es sich aber eindeutig um eine Zahlung allein für das Amt handelt, wird sich das
als schwierig erweisen. In den meisten Fällen werden solche Zahlungen mit der
Regelung grundsätzlich nicht vereinbar und damit unzulässig sein. Nur in speziellen Konstellationen und bei besonderen Gründen könnte man ausnahmsweise
an eine Ausgleichszahlung denken.

2. *Ausnahmsweise Zulässigkeit amtsbedingter Ausgleichszahlungen*

Grundsätzlich würden verallgemeinerte Ausgleichszahlungen gegen den Grundsatz der Unentgeltlichkeit nach § 37 Abs. 1 BetrVG verstoßen, weil sie allein
für das Amt und damit verbundene Nachteile gezahlt werden. Ob bzw. welche
besonderen Umstände zu einer ausnahmsweisen Zulässigkeit führen könnten, ist
im Folgenden zu prüfen.[1330]

a) Erforderlichkeit besonderer Umstände

Wäre speziell mit dem Amt des Betriebsrates dauerhaft eine besondere Belastung oder ein Risiko für die Mitglieder, vor allem im Vergleich zu ihrer bisherigen Tätigkeit, verbunden, könnte ein entsprechender, auch finanzieller Ausgleich
durchaus erforderlich werden. Zu denken ist dabei an sämtliche potentielle Einbußen, vor allem in finanzieller Hinsicht, die ein Betriebsratsmitglied wegen des
Amtes erfahren kann. Denkbar wäre zum Beispiel auch ein Ausgleich für eine
versäumte berufliche Entwicklung der Betriebsratsmitglieder,[1331] schließlich haben sie meist nicht die gleichen Karrierechancen, die sie ohne Amtsübernahme
gehabt hätten.
Es muss sich allerdings um Faktoren handeln, die so deutliche bzw. schwerwiegende Auswirkungen und Folgen für das Betriebsratsmitglied und seine Tätigkeit
mit sich bringen, dass die Situation mit dem Sinn und Zweck der Vergütungsvorschriften nicht mehr in Einklang steht und deshalb ausnahmsweise ein Ausgleich
gerechtfertigt ist. Denn nach dem Sinn und Zweck der Vergütungsvorschriften
dürfen Betriebsratsmitglieder unter anderem weder begünstigt noch benachteiligt werden. Bei einer sich besonders auf die Mandatsträger auswirkenden Belastung wäre ohne entsprechende Kompensation jedoch eine Benachteiligung
zu befürchten. Würde eine solche besondere Belastungssituation bestehen, wäre
das Unentgeltlichkeitsprinzip dann dahingehend modifiziert anzuwenden, dass
es einer Ausgleichszahlung ausnahmsweise nicht entgegensteht. Das wird aber
bei einem Ausgleich allein wegen versäumter beruflicher Entwicklung nicht anzunehmen sein. Schließlich existieren hierfür eigene Vorschriften, wie z. B. § 37

1330 Allgemein ablehnend *Rüthers* RdA 1976, 61, 62 f.; *Rieble*, NZA 2008, 276 f.; *Moll/Roebers*,
    NZA 2012, 57; *Franzen*, NZA 2008, 250, 251; GK-BetrVG/*Weber*, § 37 Rn. 17; wohl auch
    Happe, S. 66; vgl. aber *Wiebauer*, BB 2011, 2104, 2107, der zumindest de lege lata eine allge-
    meine Betriebsratszulage für zusätzliche Belastung aufgrund des Amtes vorschlägt.
1331 Vgl. allerdings im Ergebnis ablehnend *Esser*, S. 92 f.; *Liesenfeld*, S. 159.

Abs. 4 BetrVG, die das zu verhindern versuchen. Es würde der gesetzlichen Systematik nicht entsprechen, wenn man eine allgemeine Zahlung zulassen würde, ohne die genauen Anforderungen der Regelung für die Teilhabe an einem verpassten beruflichen Aufstieg zu beachten. Gemeint sind hier vielmehr Fälle, die das Gesetz so nicht vorsehen konnte, weil das Problem bei dessen Entstehung noch nicht bestand oder nicht abzusehen war, eine Kompensation aber dennoch unerlässlich erscheint. Einen solchen Umstand kann z. B. die besondere Haftungssituation der Betriebsratsmitglieder darstellen. Außerdem kann gegebenenfalls eine Ausnahme für die bereits festgestellte, nicht mehr voll mit dem Gesetz in Einklang stehende Gruppe „professionalisierter" Betriebsräte anzunehmen sein. Solche Fälle wären jedenfalls im Grundsatz geeignet, eine Ausgleichszahlung zu begründen.

Davon abzugrenzen ist ein Ausgleich allein für das Amt oder für Betriebsratsarbeit, die sich nicht als besonderer Nachteil für den Mandatsträger darstellt. Hierfür kann keinesfalls eine Ausgleichszahlung gewährt werden. Insbesondere dürfen den Betriebsratsmitgliedern keine Zahlungen lediglich für die Teilnahme an Sitzungen, auch wenn sie außerhalb der Arbeitszeit stattfinden, gezahlt werden. Für letzteres greift ohnehin die besondere Vorschrift des § 37 Abs. 3 BetrVG, weitere Zahlungen darüber hinaus sind nicht zulässig. Die Vorschrift des § 44 Abs. 1 S. 2 BetrVG, nach der die Teilnahme an Sitzungen „wie Arbeitszeit zu vergüten" ist, findet auf Betriebsratsmitglieder keine Anwendung, sondern gilt ausschließlich für die Arbeitnehmer in dem Betrieb.

b) Ausgleichszahlungen wegen dem Risiko der persönlichen Haftung von Betriebsratsmitgliedern

Zunächst ist die Haftungssituation der einzelnen Betriebsratsmitglieder zu betrachten, ob diese möglicherweise ein derart belastendes Risiko und damit einen so schwerwiegenden Nachteil für die Betriebsratsmitglieder darstellt, dass sie ausnahmsweise eine Ausgleichszahlung rechtfertigt oder sogar erfordert. Der BGH hat vor kurzem in einem Urteil zur Haftung der Betriebsräte – teils kontrovers diskutierte – Grundsätze aufgestellt, die wegen ihrer Reichweite und Folgen für die Mandatsträger zu einer solchen Annahme führen könnten.

aa) Haftungssituation der Betriebsräte

Grundsätzlich können Mitglieder des Betriebsrates, wenn sie für den Betriebsrat tätig werden, nach den allgemeinen Regeln des Zivilrechts vertraglich sowie deliktisch haften.[1332] Dazu wird unterschiedlich vertreten, ob für die Mandatsträger gleichermaßen wie für die anderen Arbeitnehmer in dem Betrieb die

---

[1332] *Fitting*, § 1 Rn. 212 ff.; GK-BetrVG/*Franzen*, § 1 Rn. 79 ff.; *Müller/Jahner*, BB 2013, 440, 442 ff.; vgl. ausführlich *Happe*, S. 89 ff.; a. A. DKKW/*Wedde*, Einl. Rn. 150, der bei Annahme einer Haftungsmöglichkeit des Betriebsrates eine mögliche Erpressbarkeit des Gremiums befürchtet.

Grundsätze der Haftungsbeschränkung für Arbeitnehmer[1333] gelten sollen und sie damit nur für Vorsatz und grobe Fahrlässigkeit voll haften.[1334] Unabhängig davon hat das BAG bereits in einer früheren Entscheidung eine persönliche Haftung von Betriebsratsmitgliedern grundsätzlich für möglich erachtet, wenn diese Rechtsgeschäfte außerhalb des ihnen gesetzlich zugewiesenen Wirkungskreises vorgenommen haben.[1335] Nach Meinung des Gerichts richte sich eine solche persönliche Haftung aller an dem zugrundeliegenden Beschluss beteiligten Mandatsträger nach den allgemeinen Regelungen der Rechtsgeschäftslehre sowie des allgemeinen Schuldrechts, ohne dass es dabei aber näher auf eine konkrete Haftungsgrundlage eingegangen ist.[1336]

Auch der BGH hat in einer späteren Entscheidung eine persönliche und verschuldensunabhängige Haftung einzelner Betriebsratsmitglieder nach folgenden Grundsätzen bejaht:[1337] In dem Urteil erkennt der BGH zunächst eine Teilrechtsfähigkeit des Betriebsrates an, soweit er sich im Rahmen des ihm grundsätzlich zustehenden Freistellungsanspruches gegenüber dem Arbeitgeber hält, der ihm für die Kosten seiner Betriebsratsarbeit nach § 40 Abs. 1 BetrVG zusteht. Aus einem Vertrag über einen Gegenstand außerhalb seines zugewiesenen Aufgabenkreises („ultra vires") kann er nach Ansicht des Gerichts dagegen nicht verpflichtet werden. Das gleiche gelte aber bereits auch dann, wenn ein von dem Betriebsrat beabsichtigtes Geschäft – in dem zugrunde liegenden Fall ein Beratungsauftrag – für die Erfüllung seiner Aufgaben im Einzelfall nicht erforderlich war; hinsichtlich der Kosten stehe dem kein korrespondierender Erstattungs- oder Freistellungsanspruch gegen den Arbeitgeber aus § 40 Abs. 1 BetrVG gegenüber.[1338] In dem Urteil wurde als Beispiel hierfür ein zu weit gefasster Umfang der beauftragten Beratungstätigkeit oder eine nicht übliche Höhe der vereinbarten Vergütung genannt, bei denen eine Erforderlichkeit zu verneinen ist.[1339] Hat sich das handelnde Betriebsratsmitglied – in dem entschiedenen Fall der Betriebsratsvorsitzende bzw. seine Stellvertreter – nicht innerhalb der Grenzen der Erforderlichkeit bewegt, wird der Betriebsrat nach Auffassung des BGH wegen diesbezüglich fehlender Teilrechtsfähigkeit nicht mehr verpflichtet, sondern es greift dann eine persönliche Haftung analog § 179 BGB zumindest über den Teil, der den ordnungsgemäßen Freistellungsanspruch übersteigt.[1340] Die persönliche Haftung ist nur auf das negative Interesse begrenzt, wenn der Mandatsträger Kenntnis von dem Mangel hatte (§ 179 Abs. 2 BGB). Ausgeschlossen ist dagegen eine Haftung entsprechend § 179 Abs. 3 BGB, wenn der andere Teil

---

1333 Vgl. dazu *Heinrich*, JuS 1998, 97, 102.
1334 Vgl. den Überblick zum Meinungsstand bei *Müller/Jahner*, BB 2013, 440, 442; dazu sowie ausführlich zu sämtlichen Möglichkeiten der Haftungsprivilegierung, im Ergebnis jedoch ablehnend *Happe*, S. 142 f.; ablehnend auch *Georgi*, S. 141 f.
1335 BAG NZA 1987, 100, 101.
1336 BAG NZA 1987, 100, 101; ausführlich zu den möglichen Haftungsgrundlagen *Happe*, S. 90 ff.
1337 BGH NZA 2012, 1382.
1338 BGH NZA 2012, 1382, 1384.
1339 BGH NZA 2012, 1382, 1385.
1340 BGH NZA 2012, 1382, 1385.

die Überschreitung kannte bzw. kennen musste. Im Unterschied zu dem früheren BAG-Urteil ist die Entscheidung des BGH deshalb bemerkenswert, weil er zum einen auch eine Haftung des einzelnen handelnden Betriebsratsmitgliedes, nicht nur aller am Beschluss beteiligten Amtsträger annimmt, sondern in sachlicher Hinsicht bereits die fehlende Erforderlichkeit des vorgenommenen Geschäftes für eine Haftung ausreichen lässt und nicht eine Überschreitung der gesetzlich festgelegten Fälle verlangt.[1341] Aus diesen Gründen wird das Urteil des BGH überwiegend kritisch betrachtet und in der Literatur häufig abgelehnt.[1342] Kritisiert werden an der Entscheidung vor allem die unbegrenzte Haftung trotz des Ehrenamtscharakters des Betriebsratsamtes sowie die Haftung einzelner Mandatsträger, welche die Tatsache, dass deren Handlungen in der Regel auf Betriebsratsbeschlüssen beruhen, unberücksichtigt lässt.[1343]

Unabhängig von der persönlichen Haftung werden für solche Fälle der Beauftragung externer Berater, wie er auch dem Urteil des BGH zugrunde lag, auch strafrechtliche Risiken gesehen: Für die Betriebsratsmitglieder kann sich eine Strafbarkeit wegen Untreue gemäß § 266 StGB ergeben; für sie besteht jedenfalls die erforderliche Vermögensbetreuungspflicht bei Zurverfügungstellung von Geldern für die Betriebsratsarbeit durch den Arbeitgeber, beispielsweise durch einen Dispositionsfond.[1344]

Die Entscheidung des BGH zu dem Sachverhalt der Beauftragung externer Berater ließe sich entsprechend auch auf andere Fälle übertragen, bei denen es um die Verursachung von Kosten durch den Betriebsrat geht, die er selbst entscheiden kann. Damit besteht ein umfangreiches persönliches Haftungsrisiko für die Betriebsratsmitglieder.

bb) Auswirkungen auf das Betriebsratsamt

Betrachtet man die Rechtsprechung des BGH zur Haftung der Betriebsratsmitglieder[1345] sowie die damit zusammenhängende Diskussion in der Literatur, zeigen sich Schwierigkeiten der Vereinbarkeit der richterlichen Entscheidung mit der Ausgestaltung, insbesondere dem ehrenamtlichen Charakter des Betriebsratsamtes. Mit dem Urteil werden sämtliche Grundsätze in Zusammenhang mit der Rechtsstellung der Betriebsratsmitglieder in Frage gestellt. Eine stets abgelehnte Hierarchie der Mandatsträger innerhalb des Betriebsratsgremiums wird in dem Urteil jedenfalls mit einer übergeordneten Stellung des Betriebsratsvorsitzenden

---

1341 BGH NZA 2012, 1382, 1385; vgl. auch *Lunk/Rodenbusch*, NJW 2014, 1989, 1991.
1342 U. a. ErfK/*Koch*, § 1 BetrVG Rn. 20; GK-BetrVG/*Franzen*, § 1 Rn. 79; *Bell/Helm*, ArbRAktuell 2013, 39, 42 f.; vgl. auch *Lunk/Rodenbusch*, NJW 2014, 1989, 1991 ff.; *Wendeling-Schröder*, S. 71 ff.; ausführlich *Belling*, S. 246 ff.; *Purschwitz*, S. 283 ff.; *Richardi/Thüsing*, Vor § 26 Rn. 14; *Fitting*, § 1 Rn. 211, 216, die eine Haftung der Betriebsratsmitglieder nur bei Vorsatz und grober Fahrlässigkeit annehmen; dem Urteil zustimmend dagegen *Happe*, 107 f.; *Georgi*, S. 141 ff.
1343 So ErfK/*Koch*, § 1 BetrVG Rn. 20; *Wendeling-Schröder*, S. 74 f.
1344 Vgl. ausführlich *Krug/Rathgeber*, ArbRAktuell 2017, 266, 267 ff.
1345 BGH NZA 2012, 1382.

offensichtlich bedenkenlos angenommen.[1346] Erstaunlich ist auch, dass auf der einen Seite, bei der Frage der Vergütung von Betriebsratsmitgliedern sowohl der Ehrenamtscharakter wie auch der Unentgeltlichkeitsgrundsatz nicht oft genug betont werden können, während bei der Haftung der Mandatsträger hierauf offenbar keine Rücksicht genommen wird. Zu Recht wird hier eine fehlende Begrenzung der Vertrauenshaftung der Betriebsratsmitglieder kritisiert, die bei einem nur ehrenamtlich Handelnden aber geboten wäre.[1347] Die Annahme einer vollen verschuldensunabhängigen Haftung von ehrenamtlich tätigen Betriebsräten verdeutlicht einmal mehr die Stellung und Bedeutung, die den Betriebsratsmitgliedern, insbesondere dem Vorsitzenden des Gremiums sowie seinen Stellvertretern, und ihrer Tätigkeit beigemessen wird. Diese Haftungssituation – insbesondere bei den Amtsträgern in „höheren" Positionen – passt nicht zu der Vorstellung eines ehrenamtlich tätigen Betriebsratsmitgliedes, das sich freiwillig für die Belange der Belegschaft einsetzt. Der BGH scheint sich aber bewusst hierfür entschieden zu haben, da er weder andere Möglichkeiten der Haftung in Betracht zieht, noch eine Haftungserleichterung bzw. -privilegierung vorsieht. Für ihn bringe bereits die notwendige Einschätzung der Erforderlichkeit des jeweiligen Geschäftes, die grundsätzlich aus der Sicht ex ante zu erfolgen hat,[1348] und der dabei bestehende Beurteilungsspielraum des Betriebsratsmitgliedes eine Reduzierung des Haftungsrisikos mit sich.[1349]

Auch mit dem Sinn und Zweck der Schutzvorschriften für Betriebsratsmitglieder, insbesondere des Ehrenamts- und Unentgeltlichkeitsprinzips des § 37 Abs. 1 BetrVG, stehen die Haftungsgrundsätze nicht in Einklang. Dabei ist zunächst noch festzuhalten, dass sich das dargestellte Risiko für die Betriebsratsmitglieder je nach ihrer Position und den ihnen zugewiesenen Aufgaben im Gremium unterschiedlich darstellt.[1350] Bei dem Vorsitzenden des Betriebsrates und seinen Stellvertretern wird es beispielsweise deutlich stärker ausgeprägt sein als bei den „normalen" Amtsträgern, da überwiegend der Vorsitzende den Betriebsrat nach § 26 Abs. 2 BetrVG vertreten und am häufigsten kostenverursachende Geschäfte abschließen wird.

Gerade in letzteren Fällen sind die vorrangigen gesetzlichen Ziele der Vermeidung einer Benachteiligung oder Begünstigung sowie die Gewährleistung der Unabhängigkeit und Unparteilichkeit gefährdet. Allein mit dem bestehenden Haftungsrisiko wird ein Betriebsratsmitglied schon benachteiligt.[1351] Während für andere Arbeitnehmer in dem Betrieb die Grundsätze der Haftungsbeschrän-

---

1346 Vgl. BGH NZA 2012, 1382, 1385 ff.; auch *Bell/Helm*, ArbRAktuell 2013, 39, 42 f.; a. A. wohl *Purschwitz*, S. 279 f.

1347 ErfK/*Koch*, § 1 BetrVG Rn. 20; vgl. auch *Wendeling-Schröder*, S. 74.

1348 Die Erforderlichkeit wird bei der Erlaubnis des § 111 S. 2 BetrVG zur Hinzuziehung eines Beraters sowie bei der Kostentragungspflicht nach § 40 BetrVG allgemein verlangt, vgl. *Uffmann*, Anmerkung zu BGH Urt. v. 25.10.2012 – III ZR 266/11, AP BetrVG 1972 § 40 Nr. 110.

1349 BGH NZA 2012, 1382, 1387.

1350 A. A. *Purschwitz*, S. 279 f.

1351 Vgl. auch *Wendeling-Schröder*, S. 75.

kung gelten, soll das Betriebsratsmitglied verschuldensunabhängig haften. Eine Haftungsbeschränkung oder -befreiung wird für Betriebsräte realistischerweise in der Praxis kaum vorkommen.[1352] Zwar ist eine Haftung der Mandatsträger im Hinblick auf den Schutz des Arbeitgebers, der gerade nur für die erforderlichen Kosten einer sachgerechten Interessenwahrnehmung einstehen soll, durchaus nachvollziehbar und auch wichtig.[1353] Ein Betriebsratsmitglied soll damit auch dazu angehalten werden, keine unüberlegten, die Kompetenzen überschreitenden Geschäfte zu tätigen, die für den Arbeitgeber mit hohen Kosten verbunden sein können. Auf der anderen Seite bedeuten das bestehende Haftungsrisiko und die potentiellen finanziellen Einbußen im Haftungsfall in erster Linie für den Betriebsratsvorsitzenden und seine Stellvertreter – und je nach Ausprägung des jeweiligen persönlichen Risikos bei den einzelnen Betriebsratsmitgliedern – aber eine dauerhafte Belastung, der kein adäquater Ausgleich gegenübersteht. Dadurch kann die Unabhängigkeit dieser Betriebsräte gefährdet sein, wenn bestimmte Tätigkeiten nur noch übervorsichtig und mit dem Ziel einer Haftungsvermeidung vorgenommen werden. Das könnte im schlimmsten Fall zu einer Lähmung der Betriebsratsarbeit führen. Auch wenn dem handelnden Mandatsträger ein Beurteilungsspielraum zugestanden wird, muss er dennoch sowohl die Interessen der Belegschaft als auch die des Arbeitgebers sorgfältig abwägen und darüber hinaus gute Kenntnisse in der Sache haben.[1354] Dabei können unbeabsichtigt Fehleinschätzungen auftreten, zumal das Betriebsratsmitglied das Amt als Ehrenamt ausübt und das für diese Tätigkeit notwendige Wissen sich selbst aneignen muss.

Ebenso der weitere Zweck der Schutzvorschriften, die Attraktivität des Amtes und damit seine Sicherung durch adäquaten Nachwuchs für die Zukunft zu erhalten, wird mit dieser Haftungssituation beinahe in sein Gegenteil verkehrt. Denn wer wird gerne aus seiner bisherigen Arbeitnehmerstellung mit beschränkter Haftung ein Amt übernehmen, das nicht nur mit enormen Anforderungen verbunden sein kann, sondern auch ein deutlich größeres Haftungsrisiko birgt. Das Beispiel der Erteilung von Beratungsaufträgen zeigt, dass es dabei auch um hohe Summen gehen kann. Daher ist eher von einer abschreckenden Wirkung auszugehen.[1355] Die Argumente des BGH, dass der Mandatsträger vorab Rechtsrat über die Frage der Erforderlichkeit einholen oder einen Haftungsausschluss mit dem am Geschäft beteiligten Dritten vereinbaren könnte, überzeugen hier nicht.[1356] Zunächst kann die Einholung eines Rechtsrates sowohl selbst wiederum Fragen der Erforderlichkeit aufwerfen; das wäre der Fall, wenn hierzu eine externe Beauftragung notwendig ist und die Beurteilung des geplanten Geschäfts leicht selbst vorzunehmen wäre, sie sich aber persönlich für den Mandatsträger als schwierig erwiesen hat oder er diesbezüglich unsicher war. Dann würde er

1352 Vgl. *Purschwitz*, S. 281 f.
1353 *Krug/Rathgeber*, ArbRAktuell 2017, 266.
1354 Vgl. *Krug/Rathgeber*, ArbRAktuell 2017, 266; GK-BetrVG/*Weber*, § 40 Rn. 13.
1355 So auch *Lunk/Rodenbusch*, NJW 2014, 1989.
1356 Vgl. zu den Möglichkeiten auch ausführlich *Dzida*, NJW 2013, 433, 434 f.

möglicherweise auch für die Einholung des Rechtsrates haften. Außerdem kann ein solches Vorgehen die reibungslose Tätigkeit des Betriebsrates behindern bzw. deutlich verlangsamen. Schließlich kann die Beurteilung eines außenstehenden Rechtsberaters – je nach Umfang und Schwierigkeit der Sache sowie Verfügbarkeit der beratenden Person – einige Zeit in Anspruch nehmen. Auf einen Haftungsausschluss wird sich der Vertragspartner möglicherweise auch nicht einlassen, so dass dieses Risiko ebenfalls das Betriebsratsmitglied trägt.[1357]

Die Haftungssituation der Mandatsträger, insbesondere nach den durch den BGH aufgestellten Grundsätzen zur persönlichen Haftung, lässt sich nur schwer mit dem Betriebsratsamt als Ehrenamt vereinbaren. Je nach Ausprägung des persönlichen Haftungsrisikos, das in erster Linie von der Position und den Aufgaben des jeweiligen Mandatsträgers abhängt, steht es vor allem bei Betriebsratsvorsitzenden und deren Stellvertretern dem Sinn und Zweck der Regelung in § 37 Abs. 1 BetrVG entgegen.[1358]

cc) Kompensation des Haftungsrisikos durch Ausgleichszahlungen

Das persönliche Haftungsrisiko entspricht nicht der Ausgestaltung des Betriebsratsamtes als Ehrenamt und bedarf daher unzweifelhaft einer Einschränkung. Es werden oft verschiedene Möglichkeiten genannt, dieser Haftungssituation angemessen zu begegnen, von denen jedoch keine zu dauerhaften sachgerechten Lösungen führt. Die oben bereits dargestellten, auch von dem BGH genannten Varianten zur Begrenzung des Haftungsrisikos durch die Betriebsratsmitglieder selbst, zeigen Schwächen und führen nicht zu ausreichenden Ergebnissen. Auch die Möglichkeit, sich vorab mit dem Arbeitgeber über die Einzelheiten des abzuschließenden Geschäftes, wie z.B. den Umfang eines Beraterhonorars, zu einigen, kann nicht als dauerhafte Lösung angenommen werden.[1359] Schließlich soll der Betriebsrat seine Tätigkeit, die neben der Beauftragung externer Berater auch allgemein den Abschluss bestimmter Geschäfte umfasst, unabhängig von dem Arbeitgeber frei ausüben können. Zwar wäre der Mandatsträger mit einer vorherigen Einigung auf der sicheren Seite und könnte damit bestehende Risiken ausschließen, das kann aber auch eine Einschränkung seiner Arbeit zur Folge haben, wenn er jedes Handeln vorab mit dem Arbeitgeber besprechen müsste, um das Haftungsrisiko zu begrenzen.

Darüber hinaus wird in der Literatur zwar eine volle Haftung angenommen, dann allerdings eine allgemeine Beschränkung nur auf Vorsatz und grobe Fahrlässigkeit vorgenommen und eine alleinige persönliche Haftung hinsichtlich des

---

1357 Vgl. *Lunk/Rodenbusch*, NJW 2014, 1989, 1991.

1358 So im Ergebnis auch *Lunk/Rodenbusch*, NJW 2014, 1989; vgl. Richardi/*Thüsing*, Vor § 26 Rn. 14, der wegen dem unentgeltlichen Ehrenamtsprinzip eine Haftungsbegrenzung annimmt; a.A. *Uffmann*, Anmerkung zu BGH Urt. v. 25.10.2012 – III ZR 266/11, AP BetrVG 1972 § 40 Nr. 110, die lediglich die persönliche Haftung einzelner Betriebsratsmitglieder als Manko der Entscheidung ansieht.

1359 Vgl. dazu *Dzida*, NJW 2013, 433, 434 f.

auf einem Betriebsratsbeschluss basierende Tätigwerden des Betriebsrates in Zweifel gezogen.[1360]

Um der Situation in jeder Hinsicht am besten gerecht zu werden, bietet sich jedoch auch eine Lösung über entsprechende Ausgleichszahlungen für Betriebsratsmitglieder an. Eine Ansicht in der Literatur wirft die Frage einer „Risikoprämie" als Kompensation auf, ohne näher darauf einzugehen.[1361] Denn dadurch kann das bestehende persönliche Haftungsrisiko kompensiert werden, ohne dass es einer – von der höchstrichterlichen Rechtsprechung so nicht vorgesehenen – Haftungsbegrenzung oder einer Einschränkung auf eine gesamtschuldnerische Haftung aller an einem Beschluss beteiligter Betriebsräte bedarf. Das Prinzip der Vergütung eines besonderen Haftungsrisikos ist dem Arbeitsrecht außerdem nicht fremd, denkt man zum Beispiel an die Möglichkeit von Mankoabreden, die der Arbeitgeber mit einem Arbeitnehmer, dem ein besonderer Waren- oder Kassenbestand bei seiner Tätigkeit anvertraut wurde, treffen kann. In diesen Konstellationen stellt sich die Situation wie folgt dar: Der Arbeitnehmer haftet normalerweise für ein Manko, d.h. eine Fehlmenge bzw. einen Fehlbetrag in dem ihm anvertrauten Bestand nach den zwingenden Grundsätzen der beschränkten Arbeitnehmerhaftung.[1362] Mit einer entsprechenden Vereinbarung kann der Arbeitnehmer für solche Fehlbestände jedoch vertraglich einstehen, so dass eine Erweiterung auf eine verschuldensunabhängige Haftung erfolgen kann.[1363] Da der Schutz der Arbeitnehmer mit der grundsätzlich zwingenden Haftungsprivilegierung aber nicht unterlaufen werden darf, muss für die Zulässigkeit solcher Mankoabreden, die über das normale Haftungsrisiko hinausgehen, im Gegenzug ein angemessener Ausgleich gewährt werden.[1364] Das kann beispielsweise in Form eines besonderen Mankogeldes oder auch mit einer angemessenen Erhöhung des Entgeltes erfolgen, bis zu dessen Höhe die vereinbarte Haftung dann beschränkt ist, vorausgesetzt es handelt sich um einen von dem Arbeitnehmer kontrollierbaren Bereich.[1365]

Die Situation der persönlichen Haftung der Betriebsräte stellt sich ähnlich dar. Grundsätzlich würde ein Arbeitnehmer bei seiner Tätigkeit nach den allgemeinen Grundsätzen nur begrenzt haften. Mit Übernahme des Betriebsratsamtes kommen für die Mandatsträger, insbesondere den Vorsitzenden und die Stellvertreter, neue Aufgaben und eine erhöhte Verantwortung hinzu. Sie können vor allem bestimmte Geschäfte im Rahmen der Betriebsratsarbeit abschließen, für die der Arbeitgeber die Kosten zu tragen hat, wenn sie erforderlich waren. Damit wird einem Betriebsratsmitglied zwar nicht direkt ein bestimmter Kassen-

---

1360 *Uffmann*, Anmerkung zu BGH Urt. v. 25.10.2012 – III ZR 266/11, AP BetrVG 1972 § 40 Nr. 110; wohl im Ergebnis auch GK-BetrVG/*Franzen*, § 1 Rn. 79, 80.

1361 *Beck*, S. 16.

1362 MüKoBGB/*Henssler*, § 619a Rn. 40; Bamberger/Roth/*Fuchs*, § 611 Rn. 95.

1363 MüKoBGB/*Henssler*, § 619a Rn. 42.

1364 Bamberger/Roth/*Fuchs*, § 611 Rn. 95; MüKoBGB/*Henssler*, § 619a Rn. 42.

1365 BAG NZA 1999, 141, 142; Bamberger/Roth/*Fuchs*, § 611 Rn. 95; MüKoBGB/*Henssler*, § 619a Rn. 42.

bestand anvertraut, es handelt sich aber um eine vergleichbare Situation, weil er in gewisser Weise Einfluss bzw. Zugriff auf das Vermögen des Arbeitgebers hat, indem er den Umfang der Geschäfte sowie Höhe der daraus entstehenden Kosten selbst bestimmen kann. Dabei muss er – bereits wegen des Gebots der vertrauensvollen Zusammenarbeit nach § 2 Abs. 1 BetrVG – die Interessen des Arbeitgebers, die betrieblichen Belange sowie den Grundsatz der Verhältnismäßigkeit beachten.[1366] Zu hohe Kostenverursachung, z. B. weil das Geschäft nicht für die Betriebsratsarbeit erforderlich war, wäre einem Manko vergleichbar, denn in beiden Fällen wird das Vermögen des Arbeitgebers verringert. Teilweise wird dem Betriebsrat für seine Tätigkeit auch ein entsprechender Dispositionsfond zur Verfügung gestellt, so dass den Mandatsträgern dann tatsächlich ein gewisser Geldbestand anvertraut wird. Für nicht erforderliche Kosten haftet das Betriebsratsmitglied – ähnlich einem Manko – persönlich und zwar vollumfänglich, allerdings ohne entsprechenden wirtschaftlichen Ausgleich. Da keinerlei Haftungsbegrenzung vorgenommen wird, entspricht die volle Haftung weder dem Ehrenamtscharakter des Betriebsratsamtes noch der grundsätzlich weiter bestehenden Arbeitnehmerstellung. Daher ist hier auch eine entsprechende, der Mankovergütung vergleichbare „Risikoausgleichszahlung" geboten, damit die verschuldensunabhängige Haftung gerechtfertigt ist.

Gegen diese Auffassung können Bedenken wegen der Vereinbarkeit mit dem Unentgeltlichkeitsprinzip des § 37 Abs. 1 BetrVG angebracht werden. Das steht in Fällen eines besonders ausgeprägten persönlichen Haftungsrisikos einer Ausgleichszahlung jedoch nicht entgegen. Denn die Annahme einer verschuldensunabhängigen Haftung durch den BGH, insbesondere des Betriebsratsvorsitzenden sowie seiner Stellvertreter, steht jedenfalls bei diesem Personenkreis in Widerspruch zu dem Ehrenamt des Betriebsrates. Da damit der Zweck der Vorschrift nicht mehr erreicht werden kann, ist hier eine Modifikation möglich und erforderlich, so dass das Unentgeltlichkeitsgebot für diese besonders belasteten Betriebsratsmitglieder ausnahmsweise nicht strikt anzuwenden ist. Das kann auch für andere Mandatsträger gelten, wenn bei diesen ebenfalls ein besonders ausgeprägtes Haftungsrisiko, beispielsweise aufgrund ihrer besonderen Stellung oder der ihnen zugewiesenen Aufgaben innerhalb des Gremiums besteht. Im Ergebnis bedeutet das auch keine dem Zweck der Vorschriften widersprechende Begünstigung der Betriebsratsmitglieder. Vielmehr läge wegen der derzeit bestehenden Haftungsrisiken eine Benachteiligung der Mandatsträger vor, die daher zum Ausgleich gebracht werden muss.

c) Ausgleichszahlungen in Sonderfällen „professionalisierter" Betriebsräte

Denkbar wäre aufgrund der hier vertretenen Ansicht außerdem, dass ausgleichende Zahlungen für die Ausnahmefälle „professionalisierter" Betriebsräte möglich wären. Denn diese Gruppe von Mandatsträgern, bei denen die Betriebs-

---

1366 GK-BetrVG/*Weber*, § 40 Rn. 13 f.

ratsarbeit einem eigenständigen Beruf nahekommt, steht nach Auslegung des Gesetzes nicht mehr mit dem Sinn und Zweck des Grundsatzes der Unentgeltlichkeit in Einklang, so dass für sie die Regelung des § 37 Abs. 1 BetrVG teleologisch zu reduzieren ist.[1367] Damit ist auch die Möglichkeit der Gewährung von Ausgleichszahlungen für mit dem Amt verbundene Nachteile für die Gruppe von „verberuflichten" Betriebsräten zu bejahen, weil sie gerade bei ihnen notwendig und gerechtfertigt erscheinen.[1368] Zieht man die soeben dargestellten Grundsätze der Haftung heran, gilt das dann in zweierlei Hinsicht, weil sie vor allem auf solche „verberuflichten" Betriebsräte, wie gerade Betriebsratsvorsitzende und ihre Stellvertreter zutreffen. Allein aus diesem Grund wären für diese Gruppe daher schon Ausgleichszahlungen möglich.

Darüber hinaus werden vor allem bei den „professionalisierten" Mandatsträgern häufig Nachteile und auch finanzielle Einbußen auftreten, die sich auf ihre Amtsstellung, insbesondere den damit verbundenen besonderen Aufgaben und Tätigkeiten sowie der herausragenden Verantwortung für das Gremium zurückführen lassen. Wirken sich bestimmte Belastungen auf diese Betriebsratsmitglieder besonders aus und würden sie einen Nachteil – vor allem in finanzieller Hinsicht – für sie darstellen oder zumindest ein nicht unerhebliches (finanzielles) Risiko für sie bedeuten, können in solchen Einzelfällen ebenfalls ausnahmsweise weitere ausgleichende Zahlungen erfolgen.[1369] Allein eine besondere Belastung, z. B. wegen einer bestimmten Art der Tätigkeit, wird eine finanzielle Ausgleichszahlung jedoch noch nicht rechtfertigen können. Neben dem Erfordernis, dass es sich um einen solchen „professionalisierten" Mandatsträger handelt – nur diese stehen mit der gesetzlichen Regelung des § 37 Abs. 1 BetrVG nicht mehr in Einklang – ist zwingende Voraussetzung, dass eine tatsächlich feststellbare, schwerwiegende, entweder bereits eingetretene oder drohende Belastung besteht. Überwiegend sind hier natürlich finanzielle Einbußen gemeint, aber auch besondere Strapazen im Rahmen der Betriebsratstätigkeit, wie z. B. eine enorm belastende Reisetätigkeit, könnten einer Ausgleichszahlung zugrunde liegen. Das wäre aber nur möglich, wenn sie sich als besonderer Nachteil darstellen und daher in diesen Fällen kein adäquates Entgelt mehr gegenüberstünde. Die Anforderungen hieran sind hoch und insgesamt streng zu handhaben. Denn nicht jeder mit dem Amt verbundene Nachteil muss auch ausgeglichen werden, wenn er für den Mandatsträger noch hinnehmbar ist. Es handelt sich hier um besondere Ausnahmefälle, bei denen sich die Belastung besonders deutlich zeigen und auswirken muss. Nur insoweit kann eine Kompensation in Form einer Ausgleichszahlung auch gerechtfertigt sein.

1367 Vgl. dazu die Ausführungen auf S. 45 ff., 61 ff.
1368 Ablehnend *Rüthers*, NJW 2007, 195, 196; so auch hinsichtlich einer Funktionsvergütung *Esser*, S. 53 f.; insgesamt gegen jegliches Entgelt für Betriebsräte *Rieble*, NZA 2008, 276.
1369 A.A. *Jacobs/Frieling*, ZfA 2015, 241, 252 f.; *Rieble*, NZA 2008, 276 f.; *Richardi/Thüsing*, § 37 Rn. 8 f.

3. Form und Umfang des Ausgleiches

Liegt einer der genannten besonderen Umstände vor, aufgrund dessen eine Ausgleichszahlung ausnahmsweise zulässig ist, stellt sich die Frage, wie diese dann im Einzelnen aussehen kann. Ein Ausgleich für das persönliche Haftungsrisiko bzw. für sonstige schwerwiegende Nachteile bei „professionalisierten" Betriebsräten hat grundsätzlich in Geld zu erfolgen. Auch wenn wegen einer hohen Belastung beispielsweise ebenso ein Freizeitausgleich denkbar wäre, so würde diese Variante gerade im Hinblick auf die Haftungsrisiken der Betriebsratsmitglieder keinen Sinn machen, weil damit nicht die Kompensation eines finanziellen Risikos erreicht werden könnte.

Ein direkter Ausgleich einzelner konkreter Nachteile kommt hier außerdem nicht in Frage. Denn erfasst werden sollen von den Ausgleichszahlungen nicht nur tatsächlich entstandene Einbußen, sondern auch Belastungen z.B. wegen eines dauerhaft bestehenden Risikos von Nachteilen. Solche Zahlungen zur Kompensation können ausschließlich pauschaliert und nicht konkret erfolgen. Sie sind ausnahmsweise trotz des Unentgeltlichkeitsgebots zulässig, weil in den Fällen sein Sinn und Zweck nicht mehr erreicht werden könnte und es deshalb einer entsprechenden Modifizierung bedarf.

Für die aus diesen Gründen generell vorzunehmende Ausgleichszahlung sind zwei Wege denkbar: zum einen die Gewährung als besonderer Zuschlag zu dem Entgelt, zum anderen in Form einer Entgelterhöhung. Ein Zuschlag wäre hinsichtlich seiner Höhe an den Umständen des jeweiligen Betriebes sowie an Kriterien wie Art und Umfang des jeweiligen persönlichen Risikos festzumachen. Dabei müssten verschiedene Faktoren eine Rolle spielen, wie z.B. die Betriebsgröße und damit zusammenhängend die typischerweise von dem Betriebsrat zu erledigenden Aufgaben, die dann vor allem Aufschluss über Größe und Umfang der zu tätigenden Geschäfte und damit über die Höhe der Haftungsrisiken geben können. Denkbar wäre auch eine entsprechende Entgelterhöhung des Betriebsratsmitgliedes. Das könnte sich in der Höhe an vergleichbaren Arbeitnehmern oder Vergütungsgrundsätzen des Betriebes orientieren, die der Haftungssituation, insbesondere dem Risikoumfang des Betriebsratsmitgliedes ähnlich sind. Insgesamt müssen die Zahlungen nachvollziehbar sein und dürfen nicht grundlos ohne jeden Anhaltspunkt festgelegt werden. Sie müssen der jeweiligen Belastung im Einzelfall entsprechen. Schließlich darf durch die Kompensation eines Nachteils nicht eine Bevorteilung bei dem Betriebsratsmitglied eintreten. Auch wenn der Ausgleich nicht zu hoch ausfallen darf, steht dem Arbeitgeber hier ein gewisser Einschätzungsspielraum zu. Zwar könnten dagegen Zweifel angebracht werden, weil die Entscheidung für eine Ausgleichszahlung sowie die Bestimmung ihrer Höhe nur einseitig durch den Arbeitgeber erfolgen. Solange sie aber nachvollziehbar an objektiven Kriterien festgelegt werden, bestehen hier keine Bedenken. Um solchen Argumenten von vornherein wirksam zu begegnen sowie im Hinblick auf eine transparente und ausgeglichene Entscheidung ist es auch möglich, die Zahlungen durch eine paritätisch besetzte Kommission zu bestimmen.

C. Fazit

Betriebsratsmitglieder können, unabhängig von der Art und Dauer ihrer Freistellung, für Betriebsratstätigkeit außerhalb der Arbeitszeit einen Ausgleich nach § 37 Abs. 3 BetrVG erhalten. Der kann, allerdings nur nachrangig gegenüber einem Freizeitausgleich, auch in Form eines Abgeltungsanspruches bestehen. Mehrarbeitszuschläge sind Mandatsträgern dabei ebenso zu gewähren, wie es in dem Betrieb aufgrund entsprechender tarifvertraglicher oder betrieblicher Vereinbarungen üblich ist. Die Pauschalierung eines solchen Anspruches ist nur unter besonderen Umständen möglich.

Darüber hinaus können Betriebsräte in speziellen Fällen weitere Ausgleichszahlungen für mit dem Amt verbundene Nachteile erhalten. Die Haftungssituation der Betriebsräte, die gegenüber den anderen Arbeitnehmern im Betrieb nicht beschränkt ist, sowie die Sonderfälle „verberuflichter" Betriebsräte können einen solchen besonderen Grund darstellen, der ausnahmsweise eine finanzielle Kompensation erfordert.

§ 2 Änderung des Entgeltes durch Übertragung einer höherwertigen Tätigkeit

Änderungen der Entgelthöhe können auch mit der Übertragung einer anders vergüteten Arbeitsstelle einhergehen. Hat ein Betriebsratsmitglied eine besondere Qualifikationsstufe erreicht, kann die Versetzung des Mandatsträgers auf eine entsprechende Arbeitsstelle in Betracht gezogen werden.

Zwar hat die einzige Vorschrift zur beruflichen Entwicklung der Mandatsträger, die Entgeltanpassung nach § 37 Abs. 4 BetrVG, nicht zugleich auch die tatsächliche Übertragung einer höherwertigen Tätigkeit zur Folge. Sie orientiert sich ausschließlich an dem objektiven Maßstab des beruflichen Aufstieges vergleichbarer Arbeitnehmer, bei dem nur ausnahmsweise nach hier befürworteter Auffassung auch besondere Umstände in der Person des Betriebsratsmitgliedes herangezogen werden können.[1370] An dieser Stelle ist aber eine von der Vorschrift unabhängige, tatsächliche Versetzung auf den entsprechenden Arbeitsplatz gemeint, bei der alle persönlichen Qualifikationen, Fertigkeiten und Leistungen Berücksichtigung finden sollen.

A. Vereinbarkeit mit den betriebsverfassungsrechtlichen Schutzvorschriften

Diese Möglichkeit, Betriebsratsmitgliedern während der Amtszeit andere Tätigkeiten mit höherer Bezahlung zuzuweisen, muss den gesetzlichen Regelungen zum Schutze der Betriebsratsmitglieder entsprechen. Hieran werden aber nicht so strenge Maßstäbe angesetzt, wie an die Gewährung einer direkten Vergütung.

1370 Vgl. die Ausführungen auf S. 245 ff.

Versetzungen auf eine höher bezahlte Tätigkeit können bereits von dem allgemeinen Weisungsrecht des Arbeitgebers umfasst sein.[1371] Selbst bei einer Änderungskündigung würde vorliegend der darauf ebenso anwendbare besondere Kündigungsschutz nach § 15 KSchG – jedenfalls wenn sie aus wichtigem Grund erfolgt – nicht entgegenstehen.[1372] Die Übertragung einer anderen Tätigkeit steht auch nicht mit § 37 Abs. 5 BetrVG in Widerspruch. Danach dürfen Betriebsratsmitglieder ausdrücklich nur mit zu vergleichbareren Arbeitnehmern gleichwertigen Tätigkeiten beschäftigt werden, es sei denn, dies ist wegen zwingenden betrieblichen Notwendigkeiten nicht möglich. Die Vorschrift enthält einen Tätigkeitsschutz, der für voll freigestellte Betriebsratsmitglieder erst nach der Amtszeit Relevanz entfaltet, dagegen für nur vorübergehend befreite Mandatsträger, die auch immer wieder an ihren Arbeitsplatz zurückkehren, schon während ihrer Zeit als Betriebsrat Bedeutung erlangt. Damit soll sichergestellt werden, dass ein Betriebsratsmitglied, das nach § 37 Abs. 4 BetrVG an der beruflichen Entwicklung vergleichbarer Arbeitnehmer schon finanziell teilhaben darf, auch tatsächlich die dementsprechende Entwicklung nehmen kann. Fehlen ihm die Qualifikationen dazu, sieht § 38 Abs. 4 BetrVG für dauerhaft freigestellte Mandatsträger Möglichkeiten zum Erwerb der entsprechenden Fähigkeiten vor. Die Regelung stellt allerdings kein Verbot auf, wonach Mandatsträger darüber hinaus nicht mit höheren Tätigkeiten betraut werden dürfen. Schließlich setzt die ausdrückliche Anordnung der Beschäftigung nur mit „gleichwertigen" Tätigkeiten – wie auch § 37 Abs. 4 BetrVG – keine Grenze nach oben fest.[1373]

Da die weiteren Vergütungsregelungen des § 37 BetrVG nicht einschlägig sind, muss eine solche Übertragung einer höher bezahlten Tätigkeit aber an § 78 S. 2 BetrVG gemessen werden.

B. Anforderungen und Umsetzung einer zulässigen Versetzung

Da sich die Zulässigkeit einer Versetzung nach § 78 S. 2 BetrVG richtet, darf es sich nicht um eine danach verbotene Begünstigung handeln. Wichtig ist in diesem Zusammenhang, dass die Versetzung sich nicht als eine Umgehung der strengeren Vergütungsvorschriften darstellt. Das soll mit dem Benachteiligungs- und Begünstigungsverbot gerade verhindert werden, das nach seinem Wortlaut auch ausdrücklich für berufliche Entwicklungen gilt. Eine Begünstigung i. S. d. Vorschrift liegt aber dann nicht vor, wenn das Betriebsratsmitglied die erforderlichen Fähigkeiten und Kenntnisse tatsächlich besitzt bzw. erworben hat – unabhängig davon, ob sie aufgrund des Amtes erlangt wurden oder nicht. Denn damit ist die Bevorteilung nämlich nicht „wegen" der Tätigkeit als Betriebsratsmitglied erfolgt.[1374] Für die Beurteilung der Geeignetheit des Mandatsträgers für

---

1371 Vgl. ErfK/*Preis*, § 106 GewO Rn. 4; die Regelung findet sich nun auch in § 611a BGB, vgl. *ders.*, § 611a BGB Rn. 33 ff.; MüKoBGB/*Müller-Glöge*, § 611 Rn. 1019.

1372 *Löwisch/Rügenhagen*, DB 2008, 466 f.

1373 So auch *Löwisch/Rügenhagen*, DB 2008, 466.

1374 Vgl. auch *Löwisch/Rügenhagen*, DB 2008, 466; a. A. *Liesenfeld*, S. 139.

die neue Arbeitsstelle ist dem Arbeitgeber jedoch ein gewisser Einschätzungs-spielraum zuzugestehen. Nur bei einer „Gefälligkeitsversetzung", die nur wegen der Amtsstellung erfolgt und nicht auf den Qualifikationen des Mandatsträgers beruht oder in keiner Weise mehr nachvollziehbar ist, wäre dann ein Verstoß gegen § 78 S. 2 BetrVG oder gegebenenfalls auch gegen § 37 Abs. 1 BetrVG wegen einer versteckten Vergütung anzunehmen.

Sowohl die Versetzung auf die neue Arbeitsstelle als auch die entsprechende Bezahlung ist nicht nur bei vorübergehend befreiten, sondern auch bei dauerhaft freigestellten Betriebsratsmitgliedern möglich. Für einen nach § 37 Abs. 2 BetrVG zeitweise befreiten Mandatsträger ergeben sich hier keine Probleme, weil er die neue Tätigkeit auch tatsächlich ausübt, es sei denn er ist aufgrund dieser Regelung ausnahmsweise dauerhaft für die komplette Arbeitszeit befreit. Aber auch für diese nach § 37 Abs. 2 BetrVG dauerhaft befreiten sowie die nach § 38 BetrVG voll freigestellten Betriebsratsmitglieder ergibt sich nichts anderes. Nur weil sie wegen des Amtes nicht mehr an ihren Arbeitsplatz zurückkehren, heißt das nicht, dass ihnen nicht grundsätzlich eine andere Tätigkeit übertragen werden darf. Schließlich können auch sie während der Amtszeit tatsächlich Entwicklungen durchlaufen, für die gleichermaßen die Möglichkeit einer entsprechenden Versetzung bestehen muss.

Wird dem Betriebsratsmitglied sodann eine andere Tätigkeit übertragen, ändert sich sein ursprüngliches Arbeitsverhältnis dahingehend. Ihm ist ab diesem Zeitpunkt das Arbeitsentgelt der neuen Arbeitsstelle auf Grundlage des § 37 Abs. 2 BetrVG zu gewähren, weil es ab diesem Zeitpunkt von der neuen Tätigkeit ohne Minderung des dazugehörigen Entgeltes befreit wird.[1375] Auf Basis dieses geänderten Grundgehalts wäre es theoretisch wieder möglich, dass der Mandatsträger an einer entsprechenden Entwicklung nach § 37 Abs. 4 BetrVG teilhaben darf. Hierfür sind aufgrund der geänderten Arbeitstätigkeit dann aber auch neue vergleichbare Arbeitnehmer festzulegen und als Maßstab heranzuziehen. Zu beachten ist allerdings, dass der tatsächlichen Übertragung höherwertiger Tätigkeiten auf Betriebsratsmitglieder Grenzen gesetzt sind: Bei Erreichen des Niveaus eines leitenden Angestellten endet das Amt des Betriebsratsmitgliedes nach § 24 Nr. 4 BetrVG wegen des Verlustes seiner Wählbarkeit.[1376]

§ 3 Aufwendungen des Betriebsrates

Der Arbeitgeber hat nach § 40 BetrVG grundsätzlich für sämtliche Kosten, die bei Durchführung der Aufgaben und Tätigkeiten des Betriebsrates anfallen, sowie für Sachaufwand und Büropersonal des Betriebsrates aufzukommen. Obwohl es sich bei den Kosten in der Regel nicht um Entgelt handelt und diese Zahlungen daher eigentlich keine Relevanz für die Vergütung von Betriebsrats-

---

1375 Ebenso *Löwisch/Rügenhagen*, DB 2008, 466.
1376 *Löwisch/Rügenhagen*, DB 2008, 466, 467.

mitgliedern haben, werden sie dennoch häufig in diesem Zusammenhang genannt. Das liegt unter anderem auch an den Abgrenzungsschwierigkeiten, die hier entstehen können. Die richtige Einordnung einer Zuwendung ist allerdings entscheidend für die Bewertung ihrer Zulässigkeit sowie die Bemessung des Entgeltes der Mandatsträger. Bei bestimmten Zahlungen an Betriebsräte ist es für die Anwendbarkeit der Vergütungsvorschriften von Bedeutung, ob es sich um die Zuwendung eines Entgeltbestandteils oder um den Ersatz von konkreten Mehraufwendungen handelt. Das kann bei Aufwendungsersatz in pauschalierter Form problematisch sein, hier wird die Gefahr einer versteckten Vergütung gesehen.[1377] Schwierigkeiten können auch bei der Frage entstehen, wie eine Zahlung, die über die Erstattung des Kostenaufwands oder der Sachmittelausstattung hinausgeht, einzuordnen und zu bewerten ist.

Daher sind im Rahmen der Entgeltbemessung von Betriebsratsmitgliedern auch die schwer abgrenzbaren Fälle der Kostenübernahme nach § 40 BetrVG für eine rechtssichere Handhabung und die Vermeidung des Risikos eines unzulässigerweise gewährten Entgeltes zu betrachten.

A. Pauschaler Aufwendungsersatz für Betriebsratsmitglieder

Nach § 40 Abs. 1 BetrVG trägt der Arbeitgeber die Kosten für die Betriebsratsarbeit. Dazu gehören nicht nur die Aufwendungen des Betriebsratsgremiums als Ganzes, sondern auch die erforderlichen Aufwendungen einzelner Mandatsträger, die bei Wahrnehmung ihrer Amtsaufgaben anfallen.[1378] Voraussetzung dafür ist, dass die entstehenden Kosten für die Durchführung der Betriebsrattätigkeit erforderlich sind.[1379] Dabei sind nicht alle anfallenden Auslagen immer auch den Kosten der Betriebsratsarbeit zuzuordnen. Grundsätzlich sind die Aufwendungen einzeln nachzuweisen und abzurechnen.[1380] Zur Vermeidung von Streitigkeiten über das Kriterium der Erforderlichkeit sowie auch zur Reduzierung von Verwaltungsaufwand werden die Aufwendungen häufig in pauschalierter Form erstattet.[1381] Dabei stellt sich die Frage, ob bzw. unter welchen Voraussetzungen es sich dabei um eine zulässige Methode handelt und welche Aufwendungen im Einzelnen erstattet werden können.

1377 Vgl. BAG NJW 1956, 158, 159 (bereits vor Einführung des heute geltenden Betriebsverfassungsgesetzes); GK-BetrVG/*Weber*, § 40 Rn. 33; *Fitting*, § 40 Rn. 41; *Bittmann/Mujan*, BB 2012, 637, 639; *Schweibert/Buse*, NZA 2007, 1080, 1082 f.; vgl. auch *Röhrborn*, ArbRAktuell 2015, 573.

1378 BAG NZA 2010, 1298, 1300; NZA 2008, 546, 547; NZA 1992, 72, 73; NZA 1989, 641, 642; GK-BetrVG/*Weber*, § 40 Rn. 7, 49 ff.; HWGNRH/*Glock*, § 40 Rn. 54; *Richardi/Thüsing*, § 40 Rn. 3, 50 ff.; *Schweibert/Buse*, NZA 2007, 1080, 1082.

1379 *Fitting*, § 40 Rn. 9; GK-BetrVG/*Weber*, § 40 Rn. 11 f.; HWGNRH/*Glock*, § 40 Rn. 11.

1380 GK-BetrVG/*Weber*, § 40 Rn. 32; HWGNRH/*Glock*, § 40 Rn. 100; *Fitting*, § 40 Rn. 97.

1381 *Schweibert/Buse*, NZA 2007, 1080, 1083; vgl. auch *Kehrmann*, FS Wlotzke, S. 374.

I. Zulässigkeit von Pauschalierungen

Das BAG hat in einer früheren Entscheidung die Pauschalierung von Aufwendungsersatz bei Betriebsratsmitgliedern grundsätzlich für zulässig erachtet, wenn die pauschale Abgeltung für regelmäßig wiederkehrende Aufwendungen erfolgt und sie diesen der Höhe nach „im großen und ganzen" entspricht.[1382] Dann wären nach Ansicht des Gerichts sowohl kleinere Begünstigungen wie auch Benachteiligungen von den Betriebsratsmitgliedern hinzunehmen, solange es sich nicht um eine versteckte Lohnerhöhung handelt, weil diese dem Ehrenamtsprinzip des Betriebsratsamtes widersprechen würde.[1383] Teilweise wird in der Literatur eine solche Pauschalzahlung als unzulässig abgelehnt,[1384] wohingegen nach wohl überwiegender Meinung die Möglichkeit von Kostenpauschalen – allerdings nur bei Vorliegen bestimmter Voraussetzungen – bejaht wird.[1385] Es gibt keinen Grund, die Möglichkeit der Zahlung von pauschalem Aufwendungsersatz Betriebsratsmitgliedern zu verwehren, weshalb der überwiegenden Auffassung in Rechtsprechung und Literatur zuzustimmen ist. Sie stellen nicht zwangsläufig entweder eine Benachteiligung oder eine Begünstigung der Betriebsräte dar.[1386] Zu erwähnen sind hier auch voll freigestellte Personalratsmitglieder, bei denen der pauschale Aufwendungsersatz gesetzlich vorgesehen ist; nach § 46 Abs. 5 BPersVG erhalten diese eine monatliche Aufwendungsentschädigung, deren Höhe durch Rechtsverordnung bestimmt wird. Da die Vorschrift des § 40 Abs. 1 BetrVG zur Kostenerstattung für Betriebsratsmitglieder nur tatsächlich entstandene Aufwendungen erfasst, kann eine Pauschalierung jedoch nicht ohne weiteres uneingeschränkt erfolgen, sondern sie hat in gewisser Weise der Realität zu entsprechen.[1387] Es muss daher ein Bezug zu den tatsächlich anfallenden Aufwendungen bestehen, d. h. eine Pauschalzahlung hat an die typischen und erwartbaren Auslagen anzuknüpfen.[1388] Das soll dann der Fall sein, wenn nach allgemeiner Lebenserfahrung mit hoher Wahrscheinlichkeit zu erwarten

---

1382 BAG NJW 1956, 158, 159 (zu Art IX KRG Nr. 22 Betriebsrätegesetz); dem anschließend ArbG Stuttgart NZA-RR 2013, 140, 142.
1383 BAG NJW 1956, 158, 159; ArbG Stuttgart NZA-RR 2013, 140, 142.
1384 WPK/*Kreft*, § 40 Rn. 23; *Purschwitz*, S. 264 ff.; *Esser*, S. 68 ff.; *Jacobs/Frieling*, ZfA 2015, 241, 255; *Frahm/Koch*, ArbRAktuell 2010, 468, 469; kritisch auch Düwell/*Wolmerath*, § 40 Rn. 2; *Rieble*, NZA 2008, 276, 277.
1385 GK-BetrVG/*Weber*, § 40 Rn. 33; *Fitting*, § 40 Rn. 41; DKKW/*Wedde*, § 40 Rn. 57; ErfK/*Koch*, § 40 BetrVG Rn. 7; *Waas*, S. 20 ff.; *Moll/Roebers*, NZA 2012, 57, 58 f.; *Happe*, S. 68; *Georgi*, S. 58 ff.; *Sturm*, S. 169; *Däubler*, SR 2017, 85, 107; nach Richardi/*Thüsing*, § 40 Rn. 48, aber nur eingeschränkt zulässig, wenn bestimmte Aufwendungen nach der Verkehrsanschauung als Pauschale abgegolten werden können. Vgl. ausführlich zum Meinungsstand, *Kehrmann*, FS Wlotzke, S. 375.
1386 Vgl. aber *Purschwitz*, S. 264 ff.
1387 ArbG Stuttgart NZA-RR 2013, 140, 142.
1388 BAG NJW 1956, 158, 159 (zu Art IX KRG Nr. 22 Betriebsrätegesetz); ArbG Stuttgart NZA-RR 2013, 140, 142; GK-BetrVG/*Weber*, § 40 Rn. 33; *Rieble*, NZA 2008, 276, 277; ähnlich *Bittmann/Mujan*, BB 2012, 637, 639, nach denen die Aufwendungspauschale den durchschnittlichen tatsächlichen Belastungen entsprechen soll; so auch *Schweibert/Buse*, NZA 2007, 1080, 1083.

ist, dass die Aufwendungen tatsächlich entstehen.[1389] So werde eine Pauschale auch eher für zulässig gehalten, je mehr klar ist, welche Aufwandspositionen mit der Zahlung in welchem Umfang abgegolten werden sollen.[1390] Eine allgemeine, für alle Betriebsratsmitglieder generalisierte Pauschale wird in der Regel daher unzulässig sein, weil bei den einzelnen Mandatsträgern schon wegen der verschiedenen Tätigkeiten und Aufgaben unterschiedliche Kosten und Auslagen anfallen werden.[1391] Dass Pauschalen darüber hinaus entweder nur aus Praktikabilitätsgründen zulässig sein sollen[1392] oder nur dann, wenn eine Einzelabrechnung praktisch nicht möglich bzw. wirtschaftlich unzumutbar ist,[1393] ist nicht im Sinne einer zwingenden Voraussetzung zu verlangen. Pauschale Abrechnungssysteme werden ohnehin zwangsläufig mit einer Vereinfachung bzw. Verminderung des administrativen Aufwands einhergehen. Eine gesonderte Feststellung, dass die Pauschalierung im konkreten Fall auch einen geringeren Aufwand zur Folge hat, wäre kontraproduktiv und nicht sinnvoll. Entscheidend ist, dass es sich bei der Pauschalzahlung nicht um eine versteckte Vergütung für die Betriebsratsmitglieder handelt.[1394] Das wäre dann der Fall, wenn die Mandatsträger einen persönlichen Vorteil erlangen würden, beispielsweise durch deutlich über die real entstehenden Auslagen hinausgehende Zahlungen; diese würden eine Verbesserung des Lebensstandards bedeuten, wenn die Betriebsräte den restlichen Betrag für sich persönlich nach Belieben nutzen können.[1395] Dass es mit einer Pauschalierung aber zu einer generalisierten Zahlung kommen kann, die entweder ein wenig über oder unter den tatsächlich entstehenden Aufwendungen liegt, schadet hier nicht, sondern liegt in der Natur von Pauschalabgeltungen.[1396] Auch die Rechtsprechung ist der Ansicht, dass geringe Abweichungen von den Mandatsträgern hinzunehmen sind.[1397]

1389 ArbG Stuttgart NZA-RR 2013, 140, 142; ähnlich GK-BetrVG/*Weber*, § 40 Rn. 33 („nach allgemeinen Erfahrungssätzen [...] den tatsächlichen Aufwendungen entsprechen").

1390 *Kehrmann*, FS Wlotzke, S. 376.

1391 So *Rieble*, NZA 2008, 276, 277; Richardi/*Thüsing*, § 40 Rn. 48; GK-BetrVG/*Weber*, § 40 Rn. 33.

1392 *Fitting*, § 40 Rn. 41.

1393 ArbG Stuttgart NZA-RR 2013, 140, 142.

1394 BAG NJW 1956, 158, 159159 (zu Art IX KRG Nr. 22 Betriebsrätegesetz); ArbG Stuttgart NZA-RR 2013, 140, 142; GK-BetrVG/*Weber*, § 40 Rn. 33; *Fitting*, § 40 Rn. 41; DKKW/*Wedde*, § 40 Rn. 57; ErfK/*Koch*, § 40 BetrVG Rn. 7; *Bittmann/Mujan*, BB 2012, 637, 639; *Schweibert/Buse*, NZA 2007, 1080, 1082 f.

1395 BAG NZA 1995, 588, 589; NZA 1989, 112, 113; LAG Köln NZA-RR 2016, 486, 488; GK-BetrVG/*Weber*, § 37 Rn. 78; *Lipp*, S. 105 f.; vgl. auch *Schweibert/Buse*, NZA 2007, 1080, 1083.

1396 A.A. *Jacobs/Frieling*, ZfA 2015, 241, 254 f.

1397 BAG NJW 1956, 158, 159; ArbG Stuttgart NZA-RR 2013, 140, 142.

II. Einzelne Aufwendungspauschalen

1. Erstattungsfähige Posten

Der pauschale Aufwendungsersatz kann sich auf verschiedenste konkrete Auslagen der Betriebsratsmitglieder beziehen, wie z. B. Fahrt- und Reisekosten sowie Kosten für Kommunikationsmittel.[1398] Denkbar wäre auch der Ersatz für ein häusliches Arbeitszimmer. An dieses müssten dann aber die gleichen Anforderungen gestellt werden wie auch im Rahmen eines normalen Arbeitsverhältnisses. Der Ersatz von Mietkosten – je nach Nutzungsanteilen – wäre daher nur möglich, wenn der Arbeitgeber dem Betriebsratsmitglied keinen Arbeitsplatz im Betrieb für seine Amtstätigkeit zur Verfügung stellt und er deshalb die Arbeit zwangsläufig zuhause erledigen muss.[1399] Genannt werden beispielsweise auch Pauschalen für Telefonkosten, die private Nutzung eines Pkw im Rahmen der Betriebsratstätigkeit oder auch für Repräsentationsaufwand.[1400]

Nicht zu den erstattungsfähigen Aufwendungen gehören – nach der Rechtsprechung des BAG – dagegen Auslagen, die unabhängig von dem Betriebsratsamt bzw. auch bei der bisherigen Arbeitstätigkeit entstanden wären oder Kosten, die zwar irgendwie in Zusammenhang mit der Betriebsratsarbeit stehen, aber eigentlich zu dem Bereich der persönlichen Lebensführung des Mandatsträgers gehören.[1401] Etwas anderes kann allerdings gelten, wenn die Wahrnehmung von Betriebsratsaufgaben mit einer anderen Pflicht des Mandatsträgers zusammenfällt und diese Pflichtenkollision nur mit Hilfe finanzieller Mittel gelöst werden kann.[1402] Dann wäre eine Erstattung wiederum denkbar. Daher sind Art und Umstände der jeweiligen Mehraufwendungen zu betrachten und es ist danach gegebenenfalls genau zu differenzieren. Beispielsweise sind Kinderbetreuungskosten, die einem Betriebsratsmitglied während der Betriebsratsarbeit entstehen, grundsätzlich nicht erstattungsfähig, weil sie auch bei normaler Tätigkeit angefallen wären. Für den Fall, dass einem alleinerziehenden Betriebsratsmitglied während einer mehrtägigen auswärtigen Betriebsratstätigkeit Fremdbetreuungskosten entstehen, hat das BAG dagegen eine Erstattung der Kosten bejaht.[1403] Nach Ansicht des Gerichts sei es entscheidend, dass die Kosten nicht auch bei normaler Tätigkeit angefallen wären; demnach soll eine Kostenübernahme nicht für die Zeiten möglich sein, in denen auch eine Arbeitspflicht des Mandatsträgers bestanden hätte oder der Arbeitgeber Mehrarbeit hätte verlangen können.[1404]

1398 Vgl. *Moll/Roebers*, NZA 2012, 57, 58.

1399 *Moll/Roebers*, NZA 2012, 57, 58.

1400 *Kehrmann*, FS Wlotzke, S. 374, 378.

1401 BAG NZA 2010, 1298, 1300; NZA 1992, 72, 73; *Esser*, S. 63 f.

1402 *Moll/Roebers*, NZA 2012, 57, 59.

1403 BAG NZA 2010, 1298; a. A. *Wiebauer*, BB 2011, 2104, 2107 f., nach dem die Kinderbetreuung unter allen Umständen Privatsache bleibt, sich aber für eine allgemeine Betriebsratszulage de lege ferenda ausspricht.

1404 BAG NZA 2010, 1298, 1300 f.

2. Sonderfall der Erstattung von Fahrtkosten

Auch bei Fahrtkosten muss eine entsprechende Differenzierung vorgenommen werden. Die Wegekosten, die dem Betriebsratsmitglied durch die Fahrt zum Betrieb entstehen, sind grundsätzlich nicht erstattungsfähig, schließlich würden sie in der Regel auch bei normaler Arbeitstätigkeit anfallen. Fraglich ist aber, wie der Fall zu beurteilen ist, wenn sich Fahrtkosten für das Betriebsratsmitglied erst nach bzw. wegen der Amtsübernahme ergeben.

a) Rechtsprechung des BAG

Nach Ansicht des BAG sind Fahrtkosten zur Durchführung konkreter Arbeiten für den Betriebsrat zwar grundsätzlich erstattungsfähig, bezogen auf den Fall der Kosten für den Weg zwischen Wohnung und Betrieb gelte das aber nicht, wenn der Mandatsträger ohne die Betriebsratstätigkeit ebenfalls zu dem Betrieb hätte fahren müssen.[1405] Selbst wenn mit der Pflicht eines voll freigestellten Betriebsratsmitgliedes, sich für anfallende Betriebsratstätigkeit an dem Betrieb bereitzuhalten, eine Änderung des Leistungsortes einhergeht, weil er bisher an einem anderen Ort tätig war, seien nach Auffassung des Gerichts solche nachteiligen Folgen aufgrund des Amtes von den Mandatsträgern hinzunehmen.[1406] Denn Arbeitnehmer müssen sich auf eigene Kosten zu dem Ort der Leistungserbringung begeben, der sich mit der dauerhaften Freistellung lediglich ändere.[1407] Die Übernahme der Fahrtkosten hat das BAG selbst dann verneint, wenn sie dem Mandatsträger bislang von seinem Arbeitgeber erstattet wurden, weil er ohne die Freistellung an einem anderen Ort tätig gewesen wäre.[1408] Bei dem Anspruch auf Fahrtkostenerstattung handele es sich eben nicht um einen Bestandteil des Entgeltes.[1409] Diese Aufwendungen werden auch weiterhin allein der Privatsphäre der Betriebsratsmitglieder zugeordnet und es wird in Kauf genommen, dass die freigestellten Mandatsträger dadurch womöglich schlechter gestellt werden könnten als die nur vorübergehend von der Arbeit befreiten.[1410]

b) Kritische Würdigung

Dass das Betriebsratsamt Nachteile – auch im privaten Bereich – mit sich bringt, wird, wie hier von dem BAG, häufig einfach hingenommen.[1411] Doch ist die Rechtsprechung nicht nur innerhalb dieser Aufwendungsfälle, sondern insgesamt inkonsequent. Zunächst sei es nach Ansicht des BAG im Rahmen des § 40 Abs. 1 BetrVG entscheidend, ob die Kosten bei dem Betriebsratsmitglied auch ohne das Amt bei seiner bisherigen Tätigkeit angefallen wären. Ist das nicht der

---

1405 BAG NZA 2007, 1301, 1302; NZA 1992, 72, 73.
1406 BAG NZA 2007, 1301, 1302; NZA 1992, 72, 73 f.; ablehnend Düwell/*Lorenz*, § 78 Rn. 20.
1407 BAG NZA 2007, 1301, 1302; NZA 1992, 72, 73 f.
1408 BAG NZA 1992, 72.
1409 BAG NZA 1992, 72, 73, mit Hinweis auf BAG NZA 1989, 856, 857.
1410 BAG NZA 1992, 72, 73 f.
1411 Vgl. z. B. auch *Wiebauer*, BB 2011, 2104, 2107.

Fall, müssten sie erstattet werden. Warum das aber nicht für Fahrtkosten zwischen dem Betrieb und der Wohnung des Mandatsträgers gelten soll, wenn er bislang an einem anderen Ort tätig war und der Arbeitgeber ihm die Fahrtkosten erstattet hatte, ist nicht einleuchtend. Sicherlich ist dem zuzustimmen, dass es sich bei Fahrtkosten für Fahrten zu dem Betrieb grundsätzlich um Kosten der persönlichen Lebensführung handelt. In dem konkreten Fall werden ihm jedoch Kosten auferlegt, die bislang bei ihm nicht entstanden sind und nur auf die Amtsübernahme zurückzuführen sind. Die Erstattung von Aufwendungen würde so nicht nach einer einheitlichen Vorgehensweise erfolgen. Darüber hinaus wird damit der stets betonte ehrenamtliche Charakter des Amtes vernachlässigt. Denn mit der fehlenden Annahme der Fahrtkostenerstattung in dem speziellen Fall würde das Amt fast schon als eine Art eigenständiger Beruf anerkannt, für den sich nicht nur der Leistungsort ändert, sondern bei dem das Betriebsratsmitglied auch neue Kosten übernehmen muss.

Diese Rechtsprechung ist daher abzulehnen[1412] und zumindest in solchen besonderen Einzelfällen auch die Erstattung von Wegekosten zwischen dem Betrieb und dem Wohnort des Mandatsträgers zuzulassen.

III. Folgen unrechtmäßigen Aufwendungsersatzes

1. Feststellung der Unrechtmäßigkeit von pauschalem Aufwendungsersatz

Nicht ganz eindeutig beurteilen lässt sich, ob bzw. wann die Erstattung von Aufwendungen, insbesondere in pauschalierter Form, nicht (mehr) rechtmäßig ist. Die Vorschrift des § 40 Abs. 1 BetrVG enthält dazu keine Regelung, vor allem keine explizite Höchstgrenze für die Kostenerstattung. Damit wäre von einem unrechtmäßigen Aufwendungsersatz zunächst bei Missachtung der Anforderungen an den Ersatz von Auslagen, d. h. bei mangelnder Erforderlichkeit, oder bei fehlenden Voraussetzungen für die Gewährung in pauschalierter Form auszugehen. Allerdings wird vertreten, dass von der fehlenden objektiven Erforderlichkeit nicht bereits auf die Unzulässigkeit der Sachausstattung geschlossen werden darf; denn die Vorschrift des § 40 BetrVG regele nur das „Muss" der Kostenübernahme sowie der Sach- und Personalausstattung durch den Arbeitgeber, nicht allerdings auch in welchem Umfang er das vornehmen darf.[1413] Ausschlaggebend für die Rechtmäßigkeit soll nach dieser Auffassung vielmehr sein, ob nach objektiver Betrachtung und allgemeiner Erfahrung die Leistung sich noch dazu eignet, „Betriebsratsarbeit zu ermöglichen, zu fördern oder wenigstens zu erleichtern und insgesamt noch angemessen ist".[1414]

Dem ist zuzustimmen, da die Regelung keine strikten Grenzen oder Vorgaben setzt. Ein Aufwendungsersatz kann sich aber dann als unrechtmäßig darstellen, wenn er diesen Grundsätzen nicht entspricht oder aber auch, wenn die Voraus-

---

1412 So auch Düwell/*Lorenz*, § 78 Rn. 20, der eine Lösung über eine Teilfreistellung sucht, bei der Fahrtzeiten einen Anspruch auf Arbeitsbefreiung nach § 37 Abs. 2, 3 BetrVG auslösen können.
1413 Vgl. *Bayreuther*, NZA 2013, 758, 759.
1414 Vgl. *Bayreuther*, NZA 2013, 758, 759.

setzungen der Pauschalierung nicht vorliegen, d.h. diese z.B. nicht für regelmäßig wiederkehrende Aufwendungen erfolgt oder sie den tatsächlich anfallenden Kosten nicht entspricht.

Ist die Kostenerstattung nicht rechtmäßig, stellt sich die Frage, wie die Zahlung bzw. der über eine rechtmäßige Erstattung hinausgehende Teil zu bewerten ist. Eine Unzulässigkeit ergibt sich nicht allein aus der Vorschrift des § 40 BetrVG, die lediglich die Übernahme der Kosten durch den Arbeitgeber anordnet. Daher ist in solchen Fällen eine genaue Prüfung der Zulässigkeit der Zuwendung vorzunehmen, die je nach ihrer Qualifizierung und Einordnung an unterschiedlichen Vorschriften zu messen ist.

2. Einordnung als unzulässige versteckte Vergütung

Die unrechtmäßige Zuwendung könnte zunächst als Entgelt zu qualifizieren sein, so dass sich deren Zulässigkeit nach den speziellen Vergütungsvorschriften richtet. Nach Rechtsprechung und Literatur darf es sich bei pauschalem Aufwendungsersatz nicht um eine versteckte Vergütung handeln.[1415] Das läge bei einer deutlich zu hoch bemessenen oder einer nicht den genannten Grundsätzen entsprechenden Gewährung einer Pauschale nahe. Ob in solchen Fällen allerdings immer automatisch von einem versteckten Entgelt ausgegangen werden muss, ist fraglich. Wie sich eine versteckte Vergütung aber im Einzelfall feststellen oder bestimmen lässt, ist ebenfalls schwierig. Grundsätzlich können Zahlungen nach ihrer inhaltlichen Ausgestaltung und dem objektiven Zweck der Leistung qualifiziert werden. Das hilft bei der Ermittlung einer versteckten Vergütung aber nicht weiter. Die Lösung über das Erfordernis einer entsprechenden Absicht oder eines Vorsatzes des Arbeitgebers zu suchen und nur dann eine Entgeltzahlung anzunehmen, würde in der Praxis zu großen Problemen – vor allem hinsichtlich der Beweisbarkeit – führen.

Eine versteckte Vergütung kann jedenfalls dann bejaht werden, wenn es ausreichende Anhaltspunkte hierfür gibt. Das wäre in eindeutigen Konstellationen der Fall, wenn beispielsweise die Aufwendungspauschale weit über den erfahrungsgemäß tatsächlich anfallenden Auslagen liegt oder sie für nur einmalig oder selten und unregelmäßig wiederkehrende Kosten gewährt wird und dies für den Arbeitgeber leicht erkennbar gewesen wäre. Das gilt auch, wenn die Aufwandserstattung offensichtlich nicht geeignet war, die Betriebsratstätigkeit zu fördern und nicht mehr angemessen war. Dann wäre ihre Zulässigkeit an den Vergütungsvorschriften, insbesondere an § 37 BetrVG, zu messen. Dabei greifen aber weder § 37 Abs. 2 BetrVG, weil es nicht die Fortzahlung eines bislang gewährten Entgeltbestandteil betrifft, noch § 37 Abs. 4 BetrVG, weil es eindeutig nicht um die berufliche Entwicklung vergleichbarer Arbeitnehmer geht. Es handelt sich um eine Zuwendung aufgrund des Betriebsratsamtes, die im Falle einer ver-

---

1415 Vgl. BAG NJW 1956, 158, 159 (noch vor Einführung des heute geltenden Betriebsverfassungsgesetzes); GK-BetrVG/*Weber*, § 40 Rn.33; *Fitting*, § 40 Rn.41; *Bittmann/Mujan*, BB 2012, 637, 639; *Schweibert/Buse*, NZA 2007, 1080, 1082 f.

steckten Vergütung nach § 37 Abs. 1 BetrVG wegen des Unentgeltlichkeitsprinzips grundsätzlich unzulässig ist. Dabei ist auch für die „professionalisierten"
Betriebsräte, bei denen das Verbot des Entgeltes eigentlich modifiziert werden
könnte, keine Ausnahme zu machen. Eine versteckte Vergütung würde nämlich
den Hintergründen und Umständen dieses Ausnahmefalles nicht gerecht werden. Hier geht es darum, dass das Unentgeltlichkeits- und Ehrenamtsprinzip auf
die „verberuflichten" Betriebsräte mit besonderen Anforderungen, Leistungen
und Qualifikationen nicht mehr passt, so dass diese unter bestimmten Voraussetzungen finanzielle Zuwendungen erhalten können. Eine unter dem Deckmantel
der Aufwandsentschädigung gezahlte, versteckte Vergütung ist damit aber gerade nicht gemeint, sondern vielmehr nur eine den Anforderungen und Besonderheiten entsprechende Zahlung. Schließlich stellt gerade bei solchen Ausnahmefällen – nicht zuletzt im Hinblick auf ihre Akzeptanz – die Transparenz und
Nachvollziehbarkeit zusätzlicher Vergütungen ein entscheidendes Kriterium dar.

3. Begünstigung des Mandatsträgers

Bei Betrachtung aller Umstände kann sich aber auch ergeben, dass keine Anhaltspunkte dafür bestehen, dass die unrechtmäßige Aufwendungspauschale als
versteckte Vergütung zu qualifizieren ist. Das wäre zum Beispiel dann der Fall,
wenn die Höhe der Pauschale zwar nicht den erfahrungsgemäß entstehenden
Kosten entspricht, sie aber auch nicht deutlich, sondern nur in geringerem Maße
davon abweicht. Auch wenn es nicht eindeutig ist, ob ein Aufwendungsersatz
noch angemessen ist, darf nicht automatisch ein verstecktes Entgelt angenommen werden. Vor allem in Fällen, in denen dem Arbeitgeber ungewollt Fehler bei
der Bemessung unterlaufen oder der Pauschale eine falsche Einschätzung zugrunde liegt, darf nicht generell ein verstecktes Entgelt bejaht werden. Schließlich steht auch den Betriebsräten ein gewisser Beurteilungsspielraum bei der
Einschätzung der Erforderlichkeit der Kosten zu; folgerichtig ist ein solcher bei
der Gewährung einer Aufwendungspauschale auch dem Arbeitgeber zuzuste-
hen.
Kommt man zu dem Schluss, dass kein Entgelt vorliegt, ist die Zulässigkeit der
Zahlung bzw. die über den erlaubten Bereich hinausgehende Zuwendung aber
noch an dem Benachteiligungs- und Begünstigungsverbot des § 78 S. 2 BetrVG
zu messen. Die Vorschrift ist neben § 40 BetrVG anwendbar. Denn im Gegensatz
zu § 37 BetrVG enthält § 40 Abs. 1 BetrVG keine abschließende Regelung zu
Art oder Höhe der Kostenerstattung, sondern die Vorschrift ordnet nur an, dass
der Arbeitgeber sie zu tragen hat. Die Mandatsträger dürfen demnach wegen
ihrer Tätigkeit keinen Vorteil erlangen. Zwar sind gewisse Benachteiligungen
und Begünstigungen von den Betriebsratsmitgliedern bei der Gewährung von
Pauschalen nach der Rechtsprechung des BAG hinzunehmen,[1416] handelt es sich
aber um größere Abweichungen, wird die Zahlung in der Regel wegen einer
Begünstigung unzulässig sein. Ausnahmsweise kann hier nur in bestimmten

---

1416 BAG NJW 1956, 158, 159; ArbG Stuttgart NZA-RR 2013, 140, 142.

Einzelfällen etwas anderes gelten, nämlich wenn einer der besonderen Rechtfertigungsgründe im Rahmen des § 78 S. 2 BetrVG greift.[1417]

B. Arbeitsmittelausstattung einzelner Betriebsratsmitglieder

Der Arbeitgeber hat nach § 40 Abs. 2 BetrVG dem Betriebsrat die für seine Tätigkeit notwendigen Sach- und Personalmittel zur Verfügung zu stellen. Auch hier kann eine (unter Umständen schwierige) Abgrenzung vorzunehmen sein, weil die Zuwendung bestimmter Sachmittel auch als Entgelt – beispielsweise in Form von Sachbezügen – gewertet werden könnte.

Der Betriebsrat benötigt für die Durchführung seiner Tätigkeiten, d. h. für Sitzungen, Sprechstunden und die laufende Geschäftsführung verschiedene Sach- und Personalmittel, die ihm der Arbeitgeber auf seine Kosten nach § 40 Abs. 2 BetrVG in erforderlichem Umfang zur Verfügung stellen muss. Die Zurverfügungstellung hängt hier ebenso von der Erforderlichkeit ab, die sich an den Aufgaben des Betriebsrates und ihrer ordnungsgemäßen Durchführung orientiert.[1418] Im Gegensatz zu der Erstattung der Aufwendungen nach § 40 Abs. 1 BetrVG nehmen die Betriebsratsmitglieder in dem Fall nicht selbst die kostenverursachende Tätigkeit vor; zu einer Selbstbeschaffung sind sie nicht berechtigt, sondern allein der Arbeitgeber ist für die Anschaffung verantwortlich.[1419] Grundsätzlich betrifft die Ausstattung zunächst den Betriebsrat als Gremium, wobei aber einzelne Mandatsträger von einer bestimmten Zuwendung durchaus alleine oder zumindest auch betroffen sein können. Es lässt sich nicht immer zweifelsfrei feststellen, ob es sich um eine Zuwendung des Arbeitgebers nur an das Gremium als Ganzes oder an einen einzelnen Mandatsträger handelt.[1420] Beispielsweise die Gewährung von Büroräumen oder Dienstwägen[1421] kommt ebenso einzelnen Mandatsträgern zugute, wenn sie von der Ausstattung Gebrauch machen. Darüber hinaus können diese auch selbst eine bestimmte Sachmittelausstattung nur für sich erlangen, wie z. B. Diensthandys oder -laptops.

Für die Frage, ob eine ähnliche Bewertung von zu großzügigen Zuwendungen – wie bereits bei der Kostenerstattung nach § 40 Abs. 1 BetrVG – als verstecktes Entgelt oder anhand von § 78 S. 2 BetrVG vorgenommen werden kann, ist zunächst zu klären, wann eine Sach- oder Personalausstattung nicht mehr rechtmäßig ist. Hierfür ist unter anderem relevant, wann eine Überschreitung der zulässigen Grenzen anzunehmen ist bzw. ob überhaupt eine Obergrenze existiert. Allein bei Missachtung der Anforderung der Erforderlichkeit ist ebenfalls nicht schon automatisch von der Unzulässigkeit der Sachmittelausstattung auszuge-

---

1417 Vgl. die Ausführungen auf S. 106 ff.
1418 GK-BetrVG/*Weber*, § 40 Rn. 137; *Fitting*, § 40 Rn. 104.
1419 BAG AP BetrVG 1972 § 40 Nr. 20; GK-BetrVG/*Weber*, § 40 Rn. 135; ErfK/*Koch*, § 40 BetrVG Rn. 15.
1420 Vgl. *Bayreuther*, NZA 2013, 758, 759.
1421 Ausführlicher zur Gewährung eines Dienstwagens für die Betriebsratsarbeit *Joussen*, NZA 2018, 139, 141.

hen. Vielmehr soll auch hier eine objektive Betrachtung ausschlaggebend sein, ob die Zuwendung angemessen ist und sich eignet, die Betriebsratstätigkeit jedenfalls zu erleichtern.[1422]

Da sich die Unzulässigkeit aber nicht bereits aus § 40 BetrVG ergibt, bleibt zu klären, wonach dies zu beurteilen ist. Als versteckte Vergütung lässt sich eine Arbeitsmittelausstattung nicht so leicht einordnen wie eine unrechtmäßige Aufwendungspauschale. Denn nicht alle Arbeitsmittel wären auch als Entgelt in Form eines Sachbezuges denkbar, wie z. B. im Fall einer Personalausstattung. Außerdem ist für die Qualifizierung einer Gewährung von Sachmitteln als Entgeltbestandteil das entscheidende Kriterium die private Nutzungsmöglichkeit der zur Verfügung gestellten Mittel. Nur wenn sie dem Betriebsratsmitglied persönlich zugutekommen, weil beispielsweise auch der private Gebrauch erlaubt wird, handelt es sich um ein Entgelt, das nach § 37 BetrVG zu beurteilen ist. Dann gelten die gleichen Grundsätze, wie bereits oben erwähnt. Allerdings stellt in diesem Zusammenhang beispielsweise die Erlaubnis, einen Dienstwagen für die Fahrten von und zur Arbeitsstätte zu nutzen, lediglich einen „mittelbaren Nebenzweck" dar, der einer Qualifizierung als Arbeitsmittel zum Zweck der funktionsgerechten Erledigung der Betriebsratspflichten nicht entgegensteht.[1423]

Kann das gewährte Arbeitsmittel nicht als Vergütung eingeordnet werden – was in diesem Zusammenhang wohl häufiger der Fall sein wird – ist wiederum das Benachteiligungs- und Begünstigungsverbot des § 78 S. 2 BetrVG heranzuziehen. Entscheidend ist dabei, dass das einzelne Betriebsratsmitglied von der Zuwendung selbst betroffen sein muss, da § 78 S. 2 BetrVG keinen „Organschutz" gewährt.[1424]

1422 Vgl. *Bayreuther*, NZA 2013, 758, 759.
1423 So *Beule*, S. 92.; vgl. auch *Georgi*, S. 79 die ein Geschäftsfahrzeug für Betriebsratstätigkeit für zulässig hält.
1424 Vgl. dazu S. 84 ff.

Kapitel 5
Vereinbarungen und Gestaltungsmöglichkeiten

Die bisherigen Ausführungen haben gezeigt, dass bei der Bemessung der Vergütung von Betriebsratsmitgliedern diverse Schwierigkeiten und Probleme auftreten können. Das liegt unter anderem daran, dass die Bestimmung der Vergütung überwiegend auf unbestimmten Anforderungen und Voraussetzungen beruht. Gerade weil die Mandatsträger in der Regel ihrer bisherigen Arbeitstätigkeit nicht bzw. nicht mehr voll nachgehen, sind für die Bemessung des Entgeltes häufig hypothetische Betrachtungen und Prognosen anzustellen. Aufgrund der teils sehr strengen Maßstäbe, die von Rechtsprechung und Literatur hieran gestellt werden, besteht für den Arbeitgeber eine große Gefahr der Falschbemessung, die wiederum mit hohen Risiken verbunden ist. Daher werden in der Praxis oft Lösungswege für eine einfachere rechtskonforme Handhabung der Vergütungsvorschriften gesucht. Als Beispiel dient die bereits dargestellte Pauschalierung von Aufwendungsersatz, mit der komplizierte Einzelabrechnungen vermieden werden sollen. Darüber hinaus werden in der Praxis auch Wege über vertragliche Vereinbarungen zwischen Arbeitgeber und Betriebsrat sowie verschiedene Verfahren und Vorgehensweisen für die Anwendung und Durchführung der Regelungen gesucht. Die Möglichkeiten sind allerdings durch die Grenzen der Dispositionsfreiheit sowie wegen der relativ strengen Vergütungsregelungen eingeschränkt.

§ 1 Abweichung von den betriebsverfassungsrechtlichen Vergütungsvorschriften

Die Organisationsnormen des Betriebsverfassungsgesetzes sind grundsätzlich zwingend und unterliegen nicht der Dispositionsfreiheit der Betriebsparteien, es sei denn § 3 BetrVG oder weitere spezielle Ausnahmeregelungen in einzelnen betriebsverfassungsrechtlichen Vorschriften erlauben abweichende Vereinbarungen.[1425] Zu diesen Organisationsvorschriften gehören die besonderen Vergütungsregelungen für Betriebsratsmitglieder, insbesondere § 37 BetrVG. Eine ausdrückliche Abweichungsmöglichkeit durch Tarifvertrag oder Betriebsvereinbarung ist im Gesetz nicht vorgesehen. Ob bzw. inwieweit dennoch Möglichkeiten bestehen, entsprechende Vereinbarungen im Rahmen der Bemessung der Vergütung von Betriebsratsmitgliedern zu treffen, ist im Folgenden genauer zu betrachten.

[1425] GK-BetrVG/*Wiese*, Einl. Rn. 104; HWGNRH/*Rose*, Einl. BetrVG Rn. 261; *Richardi*, Einl. Rn. 142; *Franzen*, NZA 2008, 250; vgl. auch *Fuchs*, Tarifvertragsrecht, S. 118.

A. Regelungsmöglichkeiten in Betriebsvereinbarungen und Tarifverträgen

I. Meinungsstand

Aufgrund des zwingenden Charakters der betriebsverfassungsrechtlichen Vergütungsvorschriften können die einzelnen Regelungen zur Bemessung des Entgeltes der Mandatsträger nach allgemeiner Meinung weder von den Tarifvertragsparteien noch von den Betriebsparteien abgeändert werden.[1426] Demnach können zwar betriebsverfassungsrechtliche Themen als Gegenstand von Tarifverträgen zulässig sein, wenn sie den Vorgaben des Betriebsverfassungsgesetzes nicht entgegenstehen.[1427] Auch der EuGH hat entschieden, dass durch Tarifvertrag kein geringerer als der von dem nationalen Gesetzgeber in einem Umsetzungsgesetz vorgesehene Schutz von Arbeitnehmervertretern geregelt werden kann.[1428] Überwiegend anerkannt wird daher, dass kollektivrechtliche Regelungen, die lediglich ergänzend die Durchführung der Vorschrift des § 37 BetrVG betreffen, zulässig sind, wenn sie sich im Rahmen der gesetzlichen Vorgaben halten.[1429] Möglich wären somit zum Beispiel spezielle Firmentarifverträge, bei denen im Hinblick auf die Vergütungsbemessung die jeweiligen besonderen betrieblichen Umstände Berücksichtigung finden könnten.[1430]

Eine Ansicht in der Literatur geht noch weiter und bejaht die Möglichkeit, das Entgelt von Betriebsratsmitgliedern in Betriebsvereinbarungen – sogar bis zu der Höhe von Gehältern leitender Angestellter – festzulegen.[1431] Damit könne vermieden werden, dass die Bemessung der Vergütung allein auf unsicheren Schätzungen der beruflichen Entwicklung durchgeführt werden muss, die in der Regel nicht nur wenig überzeugend seien, sondern auch die Gefahr von Ungleichbehandlungen bergen.[1432] Die Festlegung des Entgeltes in Betriebsvereinbarungen sei nach der Ansicht nicht nur in schwierigen Fällen, die eine Schätzung erfordern, möglich, sondern selbst bei einfach gelagerten Fällen, in denen eine hypothetische Ermittlung ohne größere Schwierigkeiten erfolgen kann, wie z. B. bei erstmaliger Freistellung.[1433] Auch für nur vorübergehend befreite Mandatsträger sei eine betriebliche Vereinbarung über eine Stundenvergütung für die Durchführung von Betriebsratsarbeit möglich.[1434] Hintergrund

---

1426 BAG NZA 2017, 335, 338; *Lipp*, S. 27; HWGNRH/*Glock*, § 37 Rn. 8; GK-BetrVG/*Weber*, § 37 Rn. 8; Düwell/*Wolmerath*, § 37 Rn. 3.

1427 *Fischer*, NZA 2014, 71, 73; vgl. auch *Heinrich*, Insolvenzarbeitsrecht, S. 56.

1428 EuGH EuZW 2010, 258, 260 (zu einem verstärkten Kündigungsschutz für Arbeitnehmervertreter); vgl. auch *Fuchs*, Europäisches Arbeitsrecht, S. 415.

1429 BAG NZA 2017, 335, 338; *Fitting*, § 37 Rn. 4; GK-BetrVG/*Weber*, § 37 Rn. 8; a. A. HWGN-RH/*Glock*, § 37 Rn. 8, der für solche Regelungen keinen Raum sieht und sie nur mit Hinweis auf das geltende Recht für zulässig erachtet.

1430 *Fischer* NZA 2014, 71, 73 (zu § 37 Abs. 4 BetrVG).

1431 *Gamillscheg*, § 40 S. 567.

1432 *Gamillscheg*, § 40 S. 567 f.

1433 *Gamillscheg*, § 40 S. 568.

1434 *Gamillscheg*, § 40 S. 568.

bzw. Rechtfertigung scheinen für die Auffassung zu sein, dass sich die heutige Betriebsratsarbeit als Verwaltungsarbeit mit hoher Verantwortung und Belastung darstellt, bei der das Entgelt ohnehin mit einem lockeren Maßstab großzügig zu bemessen ist.[1435]

II. Stellungnahme

Der letztgenannten Ansicht kann nur in Teilen zugestimmt werden. Obwohl die Vergütungsvorschriften des Betriebsverfassungsgesetzes abschließend und zwingend ausgestaltet sind, sprechen gute Argumente dafür, hinsichtlich der Vergütung kollektivrechtliche Regelungen zuzulassen. Einigen sich die Tarif- bzw. Betriebsparteien auf bestimmte abweichende Regelungen, hat die Arbeitnehmerseite an der Ausgestaltung des Schutzes des Betriebsrates selbst mitgewirkt.[1436] Zumindest sind dann keine Bedenken dagegen anzubringen, sofern sie nicht zum Nachteil der Mandatsträger von den gesetzlichen Vorschriften abweichen.[1437] Betrachtet man außerdem die Reichweite der Tarifautonomie und Regelungskompetenzen, die wichtige Kernbereiche des Arbeitsverhältnisses, wie Vergütung, Arbeitszeit oder Erholungsurlaub,[1438] sowie nach § 3 BetrVG die Struktur des Betriebsrates erfassen, müsste auch eine Dispositionsbefugnis hinsichtlich der Betriebsratsvergütung eingeräumt werden. Die Betriebsparteien besitzen umfassende Kompetenzen zum Abschluss freiwilliger Betriebsvereinbarungen, auch außerhalb der Mitbestimmungsrechte.[1439] Ohnehin lässt sich im Bereich der betrieblichen Mitbestimmung – jedenfalls bei der europäischen Rechtssetzung – ein Trend zu Vereinbarungslösungen verzeichnen.[1440] Auf der anderen Seite darf nicht außer Acht gelassen werden, dass es sich bei den Vergütungsregelungen des § 37 BetrVG nicht nur um individuelle Schutzvorschriften handelt, sondern damit auch kollektive Interessen, insbesondere die Unabhängigkeit sowie Unparteilichkeit und dadurch die Funktionsfähigkeit des Betriebsrates gewahrt werden sollen.[1441] Die Grundsätze zur Vergütung der Betriebsratsmitglieder dürfen daher mit einer kollektivrechtlichen Vereinbarung nicht völlig außer Kraft gesetzt werden.

Dennoch bedeutet das aber nicht, dass gewisse Umstände nicht mit einer Betriebsvereinbarung geregelt werden könnten. Entscheidend ist, dass sie sich mit den vergütungsrechtlichen Anforderungen und Grundsätzen vereinbaren lässt und nicht gegen das Benachteiligungs- und Begünstigungsverbot des § 78 S. 2 BetrVG verstößt. Da es sich nicht um eine speziell geregelte, konkrete Entgeltfrage handelt bzw. mit einer kollektiven Vereinbarung noch kein Entgelt gewährt

---

1435 Vgl. *Gamillscheg,* § 40 S. 567 f.
1436 Siehe auch *Röhrborn*, ArbRAktuell 2015, 573, 574.
1437 Vgl. GK-BetrVG/*Weber*, § 37 Rn. 8.
1438 *Heinrich*, Insolvenzarbeitsrecht, S. 56.
1439 BAG NZA 2007, 453 454; NZA 1990, 816, 818.
1440 Vgl. *Franzen*, NZA 2008, 250.
1441 Vgl. *Lipp*, S. 27.

wird, ist das Verbot hier uneingeschränkt anwendbar.[1442] Wie die bisherigen Ausführungen gezeigt haben, ist die Gruppe „professionalisierter" Betriebsräte nach Auslegung mit den Regelungen des § 37 BetrVG, insbesondere dem Unentgeltlichkeits- und Ehrenamtsprinzip nach § 37 Abs. 1 BetrVG, nicht mehr in Einklang zu bringen. Für diese Fälle können daher – zumindest durch Betriebsvereinbarung – gewisse Ausnahmen bzw. Ausgleichszahlungen und deren Voraussetzungen getroffen werden, die dann zu einem höheren Entgelt führen können. § 37 Abs. 2 und Abs. 4 BetrVG stehen dem ohnehin nicht entgegen, weil sie nach dem Wortlaut sowieso nur eine Mindestgrenze des Entgeltes sicherstellen wollen. Die Regelung des § 37 Abs. 1 BetrVG kann für diese besonderen Einzelfälle modifiziert werden.[1443] Werden die Anforderungen und Voraussetzungen für diese spezielle Entgelterhöhung in der Betriebsvereinbarung ausdrücklich und klar festgelegt, so dass sie lediglich auf die besonderen Ausnahmefälle der „verberuflichten" Betriebsräte Anwendung findet, ist keine Begünstigung wegen des Amtes nach § 78 S. 2 BetrVG zu befürchten, weil vielmehr die besonders starken Belastungen und die hohe Verantwortung ohne adäquaten Ausgleich zu einer Benachteiligung führen würden, die damit aber verhindert werden kann. Somit könnten auch die hier für zulässig erachteten Ausgleichszahlungen für besondere Nachteile aufgrund des Amtes mit ihren Anforderungen im Einzelnen in einer Betriebsvereinbarung festgehalten werden. Wichtig ist stets, dass es sich nicht um willkürliche Zusatzzahlungen handeln darf, sondern die besonderen Fälle müssen mit ihren Voraussetzungen klar bestimmt sein.

Darüber hinaus wäre eine Betriebsvereinbarung neben den genannten Ausnahmefällen z. B. auch für die – hier befürwortete – Möglichkeit der Rechtfertigung im Rahmen des § 78 S. 2 BetrVG, jedenfalls aus dem Grund betrieblicher Gepflogenheiten, vorstellbar. Diese in dem Betrieb bereits existierenden und auf andere Arbeitnehmer und Gremien angewandten Gepflogenheiten könnten so in einer Betriebsvereinbarung zusammen mit der Festlegung ihrer Geltung auch für Betriebsräte festgehalten werden.

B. Individualvertragliche Vereinbarungen

Grundsätzlich ist es möglich – und in der Praxis nicht unüblich –, dass der Betriebsrat oder einzelne seiner Mitglieder mit dem Arbeitgeber Vereinbarungen hinsichtlich der Vergütung treffen. Dabei können unterschiedlichste Bereiche für eine Regelung in Betracht gezogen werden.

Zunächst kann unter Umständen mit einem Betriebsratsmitglied die Übertragung einer anderen – auch höher bezahlten – Tätigkeit vereinbart werden.[1444] Eine vertragliche Abrede, mit der ausschließlich das Entgelt eines Mandatsträgers geändert werden soll, ist dagegen problematisch. Denn dadurch würden die Vergütungsregelungen gänzlich außer Acht gelassen und unabhängig von den

---

1442 Vgl. zur Anwendbarkeit des § 78 S. 2 BetrVG die Ausführungen auf S. 70 ff.
1443 Siehe dazu S. 61 ff.
1444 Vgl. die Ausführungen auf S. 309 ff.

darin aufgestellten Anforderungen und Voraussetzungen würde nur generell ein anderes Gehalt festgesetzt werden. Wie bereits bei den kollektiven Regelungsmöglichkeiten gilt auch im Rahmen von Individualvereinbarungen, dass allenfalls Abreden zur Erleichterung der Bemessung und Berechnung des Entgeltes im Einzelfall möglich sind. In Betracht kommen dabei als einzelvertragliche Regelungsgegenstände allerdings nur Erleichterungen bei der Festsetzung des Gehalts nach § 37 Abs. 2 BetrVG sowie bei der Entgeltentwicklung nach § 37 Abs. 4 BetrVG. Die Möglichkeit, in einer Einzelvereinbarung von dem Unentgeltlichkeitsprinzip abzuweichen und beispielsweise mit einem Betriebsratsmitglied einen besonderen Ausnahmefall wie den eines „professionalisierten" Betriebsrates festzulegen, ist dagegen abzulehnen. Zum einen kann ein einzelnes Betriebsratsmitglied nicht wirksam auf den Schutz der Vergütungsvorschriften als zwingende Organisationsnormen verzichten,[1445] zum anderen lassen sich solche Ausnahmefälle – allein aus Transparenz- und Nachvollziehbarkeitsgründen – nicht durch eine Vereinbarung mit dem betroffenen Betriebsratsmitglied festlegen. Anderenfalls könnten Arbeitgeber und Mandatsträger zusammenwirken und die Vergütungsvorschriften umgehen, indem sie einen besonderen Ausnahmefall einvernehmlich vereinbaren, obwohl ein solcher nicht gegeben ist. Daher bleibt in der Beziehung zwischen dem Arbeitgeber und dem einzelnen Betriebsratsmitglied nur die Möglichkeit, die Anforderungen, die an die Bemessung der Vergütung gestellt werden, für den jeweiligen Mandatsträger zu konkretisieren und die Berechnung dadurch zu erleichtern. So können beispielsweise das Entgelt, das der Arbeitnehmer bislang erhalten hat, seine Position sowie sein Status zu Beginn der Amtszeit als Grundlage des fortzuzahlenden Entgeltes während der Amtszeit verbindlich festgelegt werden. Darüber hinaus ließe sich auch die Gruppe der vergleichbaren Arbeitnehmer, an der sich dann die berufliche Entwicklung des Mandatsträgers orientiert, bei Amtsübernahme mit dem Betriebsratsmitglied verbindlich festlegen.[1446] Allerdings muss sich eine solche Festlegung an die gesetzlichen Vorgaben halten bzw. auch der Realität entsprechen. Es ist nicht möglich, fiktive Gehälter oder Positionen des Betriebsratsmitgliedes als Grundlage festzuschreiben, die es bislang überhaupt nicht erreicht hatte. Insgesamt können solche Vereinbarungen in erster Linie der Vermeidung von Streitigkeiten bzw. der besseren Nachweisbarkeit dienen.[1447]

§ 2 Einführung spezieller Vergütungssysteme

Neben den kollektiv- sowie einzelvertraglichen Vereinbarungslösungen werden vor allem in großen Betrieben häufig spezielle Verfahren und Richtlinien zur Bestimmung der Vergütung eingeführt. Auch diese dürften vorrangig dem Ziel einer Erleichterung der Entgeltbemessung sowie der Vermeidung von Strei-

---

1445 *Schmidt*, S. 54 ff., 78 ff., 212; *Lipp*, S. 27.
1446 Wohl ablehnend *Lipp*, S. 28 f.
1447 Vgl. auch *Lipp*, S. 28.

tigkeiten dienen. Grundsätzlich können Arbeitgeber unterschiedlichste Vergütungssysteme auch für Betriebsratsmitglieder in ihrem Betrieb einführen, wenn sie mit den gesetzlichen Regelungen in Einklang zu bringen sind.

A. Richtlinien zur Vergütung von Betriebsratsmitgliedern

Häufig werden in den Betrieben Richtlinien aufgestellt, nach denen die Vergütung von Betriebsratsmitgliedern bemessen werden soll. Darin können entweder die Entgeltbemessung allgemein für alle Betriebsratsmitglieder[1448] oder einzelne spezielle Punkte wie Mehrarbeit oder Aufwendungsersatz[1449] geregelt werden. Sie besitzen allerdings weder Rechtsnormqualität[1450] noch denselben verbindlichen Charakter wie vertragliche Vereinbarungen. Sie können jedoch als Betriebsvereinbarung oder mit einer Einbeziehung in den Arbeitsvertrag der entscheidenden leitenden Angestellten umgesetzt werden.[1451] Dennoch dürfen die Richtlinien keinen Inhalt aufweisen, der den Vergütungsvorschriften, insbesondere dem § 37 BetrVG, widerspricht, für die Mandatsträger darf er außerdem keine Benachteiligung oder Begünstigung darstellen. Daher müssen die darin aufgestellten Regelungen mit den bisher dargestellten Grundsätzen der Entgeltfestsetzung von Betriebsratsmitgliedern ein Einklang stehen. Pauschale bzw. generalisierte Festsetzungen der Gehälter, beispielsweise gestaffelt nach Amtszeit oder Position in dem Betriebsrat werden in der Regel unzulässig sein, da sie nicht den Besonderheiten und Anforderungen der Vergütungsregelungen entsprechen. So ist auch die Festsetzung einer automatischen Gewährung der höchsten tariflichen Entgeltstufe für Mandatsträger nicht zulässig.[1452] Das Entgelt der Betriebsratsmitglieder wird sich wegen dem Bezug zu dem jeweiligen bisherigen Arbeitsverhältnis nie generalisiert darstellen lassen, sondern erfordert immer eine Bewertung in jedem einzelnen Fall.

Nach der hier vertretenen Auffassung bedeutet das aber auch, dass – wie bereits bei der Möglichkeit der Abweichung durch Betriebsvereinbarung – für den Ausnahmefall der „verberuflichten" Betriebsräte besondere, entsprechend modifizierte Richtlinien aufgestellt werden können. Für diese Gruppe von Betriebsratsmitgliedern können in diesem Rahmen Ausgleichszahlungen oder spezielle Entgelterhöhungen unter Festlegung der Voraussetzungen vorgesehen werden. Bei genauer Definition mit eindeutiger Bestimmbarkeit des Ausnahmefalles ist dann in der Regel eine Begünstigung nach § 78 S. 2 BetrVG zu verneinen.

1448 So die Vergütungsordnung, die Gegenstand des Urteils des ArbG Bielefeld BeckRS 2011, 73560 war; vgl. auch den konkreten Vorschlag der Ausgestaltung solcher Richtlinien bei *Esser*, S. 197 ff.

1449 So die dem Urteil des ArbG Stuttgart NZA-RR 2013, 140 zugrunde liegenden Richtlinien eines Automobilherstellers über die Vergütung von Mehrarbeit sowie über Aufwandsentschädigung.

1450 Vgl. ArbG Stuttgart NZA-RR 2013, 140, 141.

1451 *Esser*, S. 203, der im Ergebnis die Variante eines Verweises auf die Richtlinien im Anstellungsvertrag leitender Angestellter für vorzugswürdig erachtet.

1452 Vgl. auch *Sturm*, S. 171.

B. Entgeltfestsetzung durch paritätisch besetzte Kommission

Mit der Einsetzung einer paritätisch besetzten Kommission, die das Entgelt der Betriebsratsmitglieder im Einzelnen bestimmt und festlegt, wird in der Praxis häufig versucht, einen transparenten und rechtssicheren Weg der Vergütung von Betriebsratsmitgliedern einzuschlagen.[1453] Mit dem System können in erster Linie das Verfahren der Entgeltbemessung sowie auch einzelne Entgelte definiert werden. Durch die gemeinsame Entscheidung von Arbeitgeber- wie Arbeitnehmervertretern wird versucht, eine gerechte und angemessene Entgelthöhe für den jeweiligen Mandatsträger zu finden, die allen Umständen ausreichend gerecht wird. Die Verfahrensweise macht das Ergebnis nicht nur nachvollziehbar und transparenter, sondern kann dadurch vor allem das Vertrauen der Belegschaft in die Unabhängigkeit und Unparteilichkeit der Betriebsräte stärken.[1454] Auch wenn dieser Weg de lege lata gesetzlich nicht vorgeschrieben oder vorgesehen ist, handelt es sich dennoch um eine zulässige Möglichkeit der Entgeltfestsetzung. In dem Fall zu hoher Zahlungen an Betriebsräte durch die Volkswagen AG hat das LG Braunschweig die Art der Bestimmung des Entgeltes durch eine paritätische Kommission jedenfalls nicht beanstandet.[1455] Allerdings können mit diesem Verfahren die zwingenden Vergütungsgrundsätze nicht umgangen werden, sondern das gemeinsam festgelegte Entgelt muss der Vorschrift des § 37 BetrVG dennoch entsprechen. Denn die Art der Vergütungsbemessung kann keinen Einfluss auf deren Rechtmäßigkeit haben, selbst wenn sie durch eine paritätisch besetzte Kommission erfolgt. Allein daraus darf nicht die Zulässigkeit des Entgeltes gefolgert werden. Auch eine Kommission kann sich nicht über die gesetzlichen Vorgaben hinwegsetzen.[1456] Gerade in schwierigen Fällen mit erforderlichen hypothetischen Betrachtungen und Prognosen oder bei der Beurteilung des Bestehens eines hier befürworteten besonderen Ausnahmefalles von „verberuflichten" Betriebsräten kann die Entscheidung durch eine paritätische Kommission aber gegebenenfalls erleichtert werden.[1457] Ihre Nachvollziehbarkeit und Transparenz stellen – vor allem im Streitfall – einen großen Vorteil dar. Zuletzt könnte ein solches Verfahren auch als Indiz für die Rechtmäßigkeit der Vergütungsentscheidung gelten.

[1453] So z. B. die Volkswagen AG, vgl. *Sturm*, S. 169 f. mit Hinweis auf das entsprechende Urteil des BGH (NJW 2010, 92) zu diesem Fall.

[1454] *Sturm*, S. 170.

[1455] LG Braunschweig CCZ 2008, 32, 34, mit kritischer Anmerkung *Rieble*, der die Vorgehensweise für rechtswidrig hält; vgl. auch *Rieble*, BB 2009, 1612 (mit Hinweis in Fn. 1 auch auf LG Braunschweig BeckRS 2009, 29834).

[1456] Vgl. auch *Sturm*, S. 170; *Rieble*, NZA 2008, 276, 278, der das „Durchwinken" der deutlich zu hohen Entgeltfestsetzung durch eine paritätische Kommission im Urteil des LG Braunschweig CCZ 2008, 32 kritisiert.

[1457] Vgl. auch *Neef*, FS Wendeling-Schröder, S. 105, der die Möglichkeit wegen fehlender Alternativen als „nicht die schlechteste Lösung" ansieht.

Kapitel 6
Straf- und haftungsrechtliche Konsequenzen überhöhter Betriebsratsentgelte

Mit den vorangegangenen Ausführungen wurde nicht nur aufgezeigt, wie die Vergütung von Betriebsratsmitgliedern im Einzelnen zu bestimmen ist, sondern vor allem, welche Schwierigkeiten und Unsicherheiten damit verbunden sind. Wird das Entgelt eines Mandatsträgers nicht richtig bemessen, können sich daraus verschiedene Konsequenzen für den Arbeitgeber, gegebenenfalls ebenso für das jeweilige Betriebsratsmitglied ergeben. Denkbar ist zwar, dass eine Unrechtmäßigkeit der Vergütung sowohl aus einer zu niedrig bemessenen als auch von einer zu hoch ausfallenden Zahlung des Arbeitgebers herrührt. Aufgrund zahlreicher bekannt gewordener Fälle in den letzten Jahren ist aber zunehmend das Problem überhöhter Entgelte von Betriebsräten in den Fokus gerückt. Gerade in den großen Betrieben stellen heutzutage jedoch nicht mehr nur zu niedrige Gehälter von Mandatsträgern das zentrale Problem der Betriebsratsvergütung dar. Daher ist bei dem folgenden Überblick über die Folgen unzulässiger Vergütung der Schwerpunkt auf zu hoch bemessene Gehälter für Betriebsräte zu legen. In erster Linie ist dabei auf mögliche strafrechtliche Konsequenzen einzugehen, die für die Beteiligten in dem Zusammenhang meist das größte Risiko darstellen,[1458] sowie kurz die Haftungssituation zu beleuchten.

§ 1 Strafrechtliche Risiken

Der Schutz der Betriebsratsmitglieder und damit die Sicherung ihrer unabhängigen und unparteilichen Amtsausführung soll unter anderem durch die besonderen Vergütungsvorschriften des Betriebsverfassungsgesetzes gewährleistet werden. Hätten die Verantwortlichen bei Missachtung der Grundsätze keinerlei Konsequenzen zu befürchten, würde der Schutz ins Leere laufen. Daher hat das Betriebsverfassungsgesetz entsprechende Straftatbestände festgesetzt. Darüber hinaus können andere nebenstrafrechtliche Vorschriften sowie Normen des Strafgesetzbuches relevant werden. Die Strafbarkeitsrisiken treffen vorrangig den Arbeitgeber. Da das Strafrecht eine Verantwortung juristischer Personen nicht kennt, richtet es sich an die dahinter stehenden natürlichen Personen ihrer handelnden Organe.[1459] Die Strafbarkeit betrifft aber nicht nur den jeweiligen Personalvorstand, weil in erster Linie Tatbestände des Arbeitsstrafrechts berührt sein werden, sondern alle Vorstands- oder Geschäftsführungsmitglieder wegen

---

1458 Vgl. *Jacobs/Frieling*, ZfA 2015, 241, 260.
1459 *Schmucker*, ZIS 2011, 30; GK-BetrVG/*Oetker*, § 119 Rn. 63 („gesetzliche Vertreter").

der mit der Organisationsherrschaft verbundenen Generalverantwortung.[1460] Inwieweit Betriebsratsmitglieder selbst strafrechtlich zur Verantwortung gezogen werden können, ist im Anschluss an die möglichen Straftatbestände kurz zu betrachten.

A. Relevante Straftatbestände

Wegen einer überhöhten Vergütung von Betriebsratsmitgliedern ist neben dem besonderen Tatbestand des Betriebsverfassungsgesetzes eine Strafbarkeit wegen Untreue nach § 266 StGB sowie wegen Steuerhinterziehung nach § 370 Abs. 1 Nr. 1 AO denkbar.

I. Der betriebsverfassungsrechtliche Straftatbestand des § 119 Abs. 1 Nr. 3 BetrVG

Die Norm des § 119 Abs. 1 Nr. 3 BetrVG bewehrt die Benachteiligung oder Begünstigung (unter anderem) von Betriebsratsmitgliedern mit bis zu einem Jahr Freiheitsstrafe oder Geldstrafe.[1461] Aufgrund des angedrohten Strafmaßes handelt es sich nach § 12 Abs. 2 StGB um ein Vergehen, weshalb mangels ausdrücklicher gesetzlicher Anordnung ein Versuch nicht strafbar ist (vgl. § 23 Abs. 1 BetrVG). Täter kann für diese Tathandlung grundsätzlich jedermann sein.[1462] Auch wenn sich die Vorschrift damit ebenso an sämtliche Arbeitnehmer in dem Betrieb wie auch betriebsexterne Dritte, so z. B. auch an Arbeitgeberverbände richtet,[1463] wird die Strafbarkeit dennoch überwiegend den Arbeitgeber als Leistenden betreffen.[1464] Eine Verjährung der Tat tritt gemäß § 78 Abs. 3 Nr. 5 StGB nach drei Jahren ein.

1. Objektiver Tatbestand

a) Bestimmung des Begünstigungstatbestandes

Der objektive Straftatbestand des § 119 Abs. 1 Nr. 3 BetrVG verlangt ausdrücklich die Benachteiligung oder Begünstigung eines Mandatsträgers. Damit die Zahlung eines zu hohen Entgeltes an Betriebsräte unter den Tatbestand fällt, muss sie eine Begünstigung im Sinne der Vorschrift darstellen.

Naheliegend wäre die Annahme, dass die Voraussetzungen identisch mit denen des Benachteiligungs- und Begünstigungsverbotes des § 78 S. 2 BetrVG sind.

1460 *Rieble*, CCZ 2008, 32, 35 mit Hinweis auf BGH NJW 1990, 2560 („Lederspray-Entscheidung") sowie BGH NJW 2000, 443 („Mauerschützen-Entscheidung"); vgl. auch *Esser*, S. 168 f.

1461 Für Mitglieder des Europäischen sowie des SE-Betriebsrates sehen die § 44 Abs. 1 Nr. 2 EBRG bzw. § 45 Abs. 2 Nr. 2 SEBG entsprechende Regelungen vor.

1462 LG Braunschweig BeckRS 2009, 29834; GK-BetrVG/*Oetker*, § 119 Rn. 61; WPK/*Preis*, § 119 Rn. 3; *Esser*, S. 163; *Moll/Roebers*, NZA 2012, 57, 61.

1463 Vgl. GK-BetrVG/*Oetker*, § 119 Rn. 61; WPK/*Preis*, § 119 Rn. 3.

1464 *Dzida/Mehrens*, NZA 2013, 753, 757; *Byers*, NZA 2014, 65, 68.

Aufgrund eines systematischen und teleologischen Zusammenhangs der beiden Vorschriften wird die strafbare Begünstigung daher häufig entsprechend den Ausführungen dieses allgemeinen Verbotes bestimmt.[1465] Allerdings sind die Tatbestände der beiden Regelungen nicht in dem Sinn als identisch zu betrachten, dass nur die von § 78 S. 2 BetrVG erfassten Fälle auch unter § 119 Abs. 1 Nr. 3 BetrVG fallen. Zwar können die Sachverhalte, die dem allgemeinen Verbot unterfallen, gleichermaßen von dem betriebsverfassungsrechtlichen Straftatbestand erfasst sein, das ist jedoch nicht zwingende Voraussetzung für eine Strafbarkeit. Ein solches Erfordernis lässt sich weder aus dem Wortlaut der Norm schließen noch wäre es aus gesetzessystematischen Gründen zu verlangen. Unabhängig von dem weiter gefassten persönlichen Anwendungsbereich des § 119 Abs. 1 Nr. 3 BetrVG[1466] erfasst die Strafvorschrift alle Fälle, die eine Benachteiligung oder Begünstigung darstellen. Der Anwendungsbereich ist weiter als der des § 78 S. 2 BetrVG und ergänzt diesen.[1467] Denn über § 78 S. 2 BetrVG hinaus existieren weitere spezielle Schutzvorschriften, die in bestimmten Bereichen die Vermeidung einer Benachteiligung oder Begünstigung zumindest bezwecken. Bei einem Verstoß gegen die speziellen Regelungen kann dann ebenso der Tatbestand des § 119 Abs. 1 Nr. 3 BetrVG erfüllt sein, ohne dass zugleich das allgemeine Verbot greift. Das lässt sich anhand der Vergütungssachverhalte verdeutlichen. Nach hier vertretener Ansicht verdrängen die speziellen Vergütungsvorschriften das allgemeine Benachteiligungs- und Begünstigungsverbot. Bei einem zu hoch bemessenen Entgelt greift daher zwar nicht die Regelung des § 78 S. 2 BetrVG. Ist die Zahlung nicht nach § 37 BetrVG rechtmäßig, kann aber der Straftatbestand des § 119 Abs. 1 Nr. 3 BetrVG einschlägig sein. Vereinfacht lässt sich festhalten, dass sowohl die konkreten als auch die allgemeinen Schutzvorschriften den gleichen Zweck verfolgen. Wird dieser nicht erreicht, weil die Vorschriften nicht ordnungsgemäß angewandt werden, sieht § 119 Abs. 1 Nr. 3 BetrVG hierfür eine Strafbarkeit vor.

Gleichzeitig können trotz des weiter gefassten Anwendungsbereiches bestimmte Fälle, die von § 78 S. 2 BetrVG oder den speziellen Vorschriften erfasst werden, dagegen nicht nach § 119 Abs. 1 Nr. 3 StGB strafbar sein. Das zeigt sich zum Beispiel daran, dass es sich hier um ein Erfolgsdelikt handelt, weshalb für die Strafbarkeit eine Begünstigung tatsächlich eingetreten sein muss.[1468] Lediglich das Versprechen oder Androhen eines Vor- oder Nachteils reicht daher – im Gegensatz zu § 119 Abs. 1 Nr. 1 BetrVG, in dem das ausdrücklich als Tathandlung genannt wird – noch nicht für eine Strafbarkeit aus.[1469] Nach hier befürworteter Auffassung führt das im Falle des Versprechens eines Vorteils, z. B. eines

---

1465 So WPK/*Preis*, § 37 Rn. 119 Rn. 27; GK-BetrVG/*Oetker*, § 119 Rn. 43; Düwell/*Zwiehoff*, § 119 Rn. 4; vgl. auch ausführlich dazu *Esser*, S. 164 ff.

1466 Vgl. *Esser*, S. 164 ff.

1467 *Pasewaldt*, ZIS 2007, 75, 76, 79; a. A. *Esser*, S. 165 f.

1468 GK-BetrVG/*Oetker*, § 119 Rn. 47; *Fitting*, § 119 Rn. 9; *Dannecker*, FS Gitter, S. 183; *Pasewaldt*, ZIS 2007, 75, 79; *Esser*, S. 165.

1469 GK-BetrVG/*Oetker*, § 119 Rn. 47; WPK/*Preis*, § 119 Rn. 30; *Pasewaldt*, ZIS 2007, 75, 79.

höheren Entgeltes, nicht zu einer unterschiedlichen Bewertung nach § 78 S. 2 BetrVG und § 119 Abs. 1 Nr. 3 BetrVG.[1470] Der Straftatbestand lässt sich ohne Rückgriff auf § 78 S. 2 BetrVG ausreichend bestimmen und konkretisieren.[1471] Die Ausführungen zu dem allgemeinen Verbot lassen sich bei der Strafvorschrift allenfalls zur Bestimmung der Begriffe der Benachteiligung und Begünstigung unterstützend heranziehen.

Für die Erfüllung des objektiven Tatbestandes ist ein Kausalzusammenhang zwischen der Betriebsratstätigkeit und der begünstigenden bzw. benachteiligenden Maßnahme erforderlich.[1472] Vor- oder Nachteile können sowohl materieller als auch immaterieller Natur sein.[1473] Erfolgt eine Vorteilsgewährung an Dritte, ist sie nach § 119 Abs. 1 Nr. 3 BetrVG – im Unterschied zu der Strafvorschrift der Bestechlichkeit nach § 299 StGB – aber nur strafbar, wenn diese für das Betriebsratsmitglied einen mittelbaren Vorteil bedeutet.[1474] Die Tathandlung kann auch in Form eines Unterlassens liegen, wenn bei Kenntnis begünstigender Maßnahmen in dem Betrieb keine Einstellung dieser Handlungen erfolgt; erforderlich ist allerdings das Bestehen einer Garantenstellung nach § 13 StGB.[1475] Eine solche Einstandspflicht wird bei Personen unterhalb der für das Unternehmen entscheidenden und handelnden Organe in der Regel jedoch nicht gegeben sein.[1476] Zwar kann sich eine Garantenpflicht auch aus einem Arbeitsvertrag ergeben, wobei allein der Vertragsschluss noch nicht ausreichend ist; entscheidend ist aber der von dem Verantwortlichen übernommene konkrete Pflichtenkreis, nach dem sich Inhalt und Umfang der Einstandspflicht bestimmen.[1477] Eine solche Garantenstellung wird selbst bei einem Personalleiter noch abzulehnen sein.[1478]

b) Erfordernis eines einschränkenden Kriteriums

Aufgrund der Weite des Tatbestandes der Begünstigung bzw. Benachteiligung wird in der Literatur teilweise ein „einschränkendes Korrektiv" verlangt, um den Straftatbestand des § 119 Abs. 1 Nr. 3 BetrVG nicht zu sehr auszuweiten.[1479] Hierzu wird auf unterschiedliche Weise ein Zusammenhang zu dem Amt gefordert. Nach einer Auffassung soll eine Unrechtsvereinbarung notwendig sein,

---

1470 So aber bei *Esser*, S. 165 f. Es ist jedoch zu befürworten, dass unverbindliche Versprechen nicht unter das Verbot des § 78 S. 2 BetrVG fallen, vgl. dazu die Ausführungen auf S. 96 f.

1471 *Pasewaldt*, ZIS 2007, 75, 76; vgl. ausführlich dazu *Schemmel/Slowinski*, BB 2009, 830, 831, die zur Bestimmung des unbestimmten Rechtsbegriffes der Begünstigung eine „Gesamtschau des BetrVG" vornehmen.

1472 WPK/*Preis*, § 119 Rn. 30; *Pasewaldt*, ZIS 2007, 75, 76.

1473 HWGNRH/*Hess*, § 119 Rn. 41.

1474 Vgl. *Rieble*, CCZ 2008, 121, 125.

1475 *Dzida/Mehrens*, NZA 2013, 753, 757; *Byers*, NZA 2014, 65, 68; *Jacobs/Frieling*, ZfA 2015, 241, 260; GK-BetrVG/*Oetker*, § 119 Rn. 56.

1476 *Dzida/Mehrens*, NZA 2013, 753, 757; *Byers*, NZA 2014, 65, 68.

1477 BGH NZG 2009, 1356, 1357 f.

1478 Vgl. *Dzida/Mehrens*, NZA 2013, 753, 757 mit Hinweis auf BGH NJW 2009, 3173.

1479 *Pasewaldt*, ZIS 2007, 75, 79; HdB-ArbStrafR/*Kische*, § 11 Rn. 38; vgl. auch MüKoStGB/*Joecks*, § 119 BetrVG Rn. 32.

weil bei dem Straftatbestand allein mit dem Merkmal der Begünstigung dem Erfordernis der Bestimmtheit nach Art. 103 Abs. 2 GG noch nicht ausreichend genüge getan ist.[1480] Das Erfordernis einer Unrechtsvereinbarung wird im Schrifttum aber teilweise abgelehnt, weil die Strafvorschrift nicht nur eine „gekaufte Amtsführung", sondern bereits die Begünstigung an sich sanktionieren wolle.[1481] Auch der Schutzzweck der Norm, die nicht als typischer Korruptionstatbestand zu qualifizieren sei, sowie der Wille des Gesetzgebers, dass jede Begünstigung den Tatbestand erfülle, sprechen gegen die Notwendigkeit einer Unrechtsvereinbarung.[1482] Die Ansicht, die eine solche Einschränkung fordert, hat bereits auch selbst Bedenken im Hinblick auf den Normzweck der Strafvorschrift; wegen der bestehenden Beweisprobleme sowie des Zweifelssatzes könnten demnach mit dem Erfordernis einer Unrechtsvereinbarung Strafbarkeitslücken entstehen.[1483] Eine weitere Ansicht will den Tatbestand damit eingrenzen, dass eine strafbare Begünstigung nicht anzunehmen sei, wenn die Vorteile „untrennbar mit dem Aufgabenbereich eines Betriebsrates zusammenhängen".[1484] Da die Pflichten eines Betriebsrates allerdings nicht eindeutig bestimmbar sind, sollen nur Fälle erfasst sein, bei denen ein Zusammenhang zu dem Amt offensichtlich ist.[1485] Dem ähnlich wird vertreten, dass von dem Tatbestand gerade nur „betriebsverfassungsrechtlich inadäquate[r] Vorteile" erfasst sein sollen.[1486] Eine weitere Ansicht verlangt, dass der Vorteil für eine Willensbeeinflussung „attraktiv" genug ist, weil mit der Strafvorschrift eben nicht auch das Ansehen des Betriebsrates als nicht käuflich geschützt wird.[1487]

Im Ergebnis ist ein zusätzlicher Zusammenhang zu der Amtstätigkeit durch Abschluss einer Unrechtsvereinbarung abzulehnen. Es ist dem zuzustimmen, dass die Vorschrift des § 119 Abs. 1 Nr. 3 BetrVG nicht wie § 299 StGB das „Erkaufen" einer bestimmten Amtsführung vorsieht.[1488] Dagegen ist es richtig, dass von der Strafbarkeit nicht auch Fälle erfasst sein sollen, die keinen Zusammenhang zu der Amtsführung aufweisen und daher nicht bereits auch geringe Vorteile für Betriebsratsmitglieder strafbewehrt sind. Als festes einschränkendes Kriterium wird sich das aber kaum umsetzen lassen. Denn einen Bezug zu dem Amt werden Vorteile in der Regel immer aufweisen. Dass sie in Zusammenhang mit den Betriebsratsaufgaben stehen, kann nicht verlangt werden, weil auch unabhängig von den konkreten Pflichten zulässige Zahlungen denkbar sind. Nur besonders deutliche Verstöße oder allein betriebsverfassungsrechtlich inadäquate Vorteile

---

1480 *Pasewaldt*, ZIS 2007, 75, 79; vgl. auch *Latzel*, wistra 2013, 334, 336, der bei einer Benachteiligung ebenfalls eine Einschränkung dahingehend annimmt, dass nur eine „Schlechterstellung wegen der *rechtmäßigen* Amtstätigkeit" unter den Tatbestand fallen darf.
1481 *Rieble*, CCZ 2008, 121, 125; *Düwell/Zwiehoff*, § 119 Rn. 4; *Esser*, S. 166 f.
1482 *Esser*, S. 166 f.
1483 Vgl. *Pasewaldt*, ZIS 2007, 75, 79 (Anmerkung in Fn. 79).
1484 MüKoStGB/*Joecks*, § 119 BetrVG Rn. 32.
1485 MüKoStGB/*Joecks*, § 119 BetrVG Rn. 32.
1486 HdB-ArbStrafR/*Kische*, § 11 Rn. 38.
1487 *Sax*, S. 193 f.
1488 *Rieble*, CCZ 2008, 121, 126; *Esser*, S. 166 f.

zu erfassen, wird sich wegen der ohnehin bestehenden Unsicherheiten und Probleme bei der Bemessung der Vergütung als schwierig erweisen. Auch wenn eine Einschränkung des Tatbestandes des § 119 Abs. 1 Nr. 3 BetrVG zu wünschen wäre, handelt es sich dabei um nicht praktikable und umsetzbare Kriterien.

2. Subjektiver Tatbestand

Der Straftatbestand setzt in subjektiver Hinsicht Vorsatz des Handelnden voraus.[1489] Eine fahrlässige Begehung kommt nicht in Betracht, weil eine Fahrlässigkeitsstrafbarkeit nach § 15 StGB nur bei ausdrücklichem Hinweis besteht, der in der Regelung jedoch fehlt. Von dem Vorsatz umfasst sein muss dabei die Begünstigung bzw. die Benachteiligung[1490] sowie die Kausalität, dass diese wegen der Amtstätigkeit erfolgt ist.[1491] Nach überwiegender Ansicht soll Vorsatz auch in Form von dolus eventualis ausreichen; demnach könnte ebenso eine Strafbarkeit begründet werden, wenn der Handelnde billigend in Kauf genommen hat, dass seine begünstigende Maßnahme nicht rechtmäßig war.[1492] Nur selten wird das abgelehnt und eine entsprechende Begünstigungs- bzw. Benachteiligungsabsicht verlangt.[1493] Während ein solches Erfordernis bereits aus dem Wortlaut der Regelung „um seiner Tätigkeit willen" abgeleitet wird,[1494] soll die Formulierung von Gegnern dieser Ansicht gerade nicht auf die besondere Vorsatzform der Absicht[1495] bzw. die erforderliche Kausalität[1496] hinweisen.

Wie soeben schon festgestellt wurde, ist der objektive Tatbestand der Strafvorschrift relativ weit gefasst, ein einschränkendes Kriterium kann dort nur schwer verlangt werden. Würde man bei dem subjektiven Tatbestand keinerlei Einschränkung vornehmen, wäre jedoch jede benachteiligende oder begünstigende Maßnahme strafbar, unabhängig davon, ob sie von dem Handelnden beabsichtigt war oder nicht. Zwar ist das im Hinblick auf Beweisschwierigkeiten sowie die daraus möglicherweise resultierenden Strafbarkeitslücken richtig,[1497] jedoch wäre vor allem der Arbeitgeber erheblichen strafrechtlichen Risiken ausgesetzt. Gerade wegen der dargestellten zahlreichen Probleme und Unsicherheiten,

---

1489 OLG Düsseldorf BeckRS 2008, 10025; GK-BetrVG/*Oetker*, § 119 Rn. 51; WPK/*Preis*, § 119 Rn. 31; *Esser*, S. 167.

1490 OLG Düsseldorf BeckRS 2008, 10025; WPK/*Preis*, § 119 Rn. 31; *Fitting*, § 119 Rn. 10; *Dannecker*, FS Gitter, S. 183; *Esser*, S. 167; *Keilich*, BB 2014, 2229, 2232.

1491 WPK/*Preis*, § 119 Rn. 31; *Dannecker*, FS Gitter, S. 183; *Esser*, S. 167; *Latzel*, wistra 2013, 334, 337 (zu einer Benachteiligung).

1492 OLG Düsseldorf BeckRS 2008, 10025; *Fitting*, § 119 Rn. 10; WPK/*Preis*, § 119 Rn. 31; *Keilich*, BB 2014, 2229, 2232; *Frahm/Koch*, ArbRAktuell 2010, 468, 469; a.A. GK-BetrVG/*Oetker*, § 119 Rn. 54, der aber hinsichtlich der übrigen Tatbestandsmerkmale dolus eventualis genügen lässt.

1493 GK-BetrVG/*Oetker*, § 119 Rn. 54; DFL/*Rieble*, §§ 119-121 BetrVG Rn. 6; *Polzer/Helm*, AiB 2000, 133, 138; Sax, S. 197; a.A. *Krumm-Mauermann*, S. 71 f.; *Pasewaldt*, ZIS 2007, 75, 80; HdB-ArbStrafR/*Kische*, § 11 Rn. 40.

1494 GK-BetrVG/*Oetker*, § 119 Rn. 54.

1495 *Krumm-Mauermann*, S. 71 f.; *Georgi*, S. 123.

1496 *Pasewaldt*, ZIS 2007, 75, 80; *Latzel*, wistra 2013, 334, 337 (zu einer Benachteiligung).

1497 *Pasewaldt*, ZIS 2007, 75, 79 (Anmerkung in Fn. 79), 80 (Hinweis in Fn. 91).

die sich bei der Bemessung des Entgeltes von Betriebsräten gezeigt haben, ist das jedoch bedenklich. Nach dem derzeit geltenden Recht basiert die Entgeltbemessung zum Teil auf relativ unbestimmten Anforderungen bis hin zu rein hypothetischen Betrachtungen. Gewisse Abweichungen von einem „Idealmaß" werden daher zwangsläufig hinzunehmen sein. Gleichzeitig müssen die Strafbarkeitsrisiken aber in Grenzen gehalten werden. Zwar ist der Einwand, dass eine solche Absicht nur bedingt geeignet ist, in rechtlichen Zweifelsfällen eine Strafbarkeit zu vermeiden und deshalb die §§ 16 und 17 StGB hierfür passender sind, nachvollziehbar.[1498] Aber der Tatbestand des § 119 Abs. 1 Nr. 3 StGB ist generell so weit gefasst, dass er nicht nur in Zweifelsfällen, sondern insgesamt einer Einschränkung bedarf. Das kann nur mit der Forderung eines besonderen subjektiven Merkmals erreicht werden. Daher ist dem zuzustimmen, dass eine Strafbarkeit nach § 119 Abs. 1 Nr. 3 BetrVG eine entsprechende Absicht des Handelnden voraussetzt.

3. Strafbarkeitsausschließende Umstände

a) Möglichkeit einer Rechtfertigung

Es ist grundsätzlich möglich, dass die Rechtswidrigkeit der Tat bei Vorliegen von Rechtfertigungsgründen entfällt. Für den hier betriebsverfassungsrechtlichen Straftatbestand werden solche Gründe aber in der Regel nicht bestehen. In Betracht würde hier zwar eine rechtfertigende Einwilligung kommen, diese scheidet aber bereits wegen fehlender Verfügungsbefugnis einzelner Betriebsräte aus, weil es sich vorliegend nicht um dispositive Individualrechtsgüter handelt.[1499] Das geschützte Rechtsgut in § 119 Abs. 1 BetrVG stellt im Grundsatz die Arbeitnehmerbeteiligung dar.[1500] Ein Notwehrrecht des von der Maßnahme betroffenen Betriebsratsmitgliedes, von dem er ohnehin wohl nur bei einer Benachteiligung Gebrauch machen würde, ist schon deshalb ausgeschlossen, weil die Verteidigung eines solchen Rechtsgutes der Allgemeinheit allein Sache des Staates ist.[1501]

b) Rechtsirrtümer

Aufgrund der Anknüpfung des Straftatbestandes an komplexes Fachrecht stellt sich die Frage des richtigen Umganges mit Zweifeln und Unsicherheiten, die in Zusammenhang mit der Beurteilung betriebsverfassungsrechtlicher Fragen entstehen können.[1502] Hier können die strafrechtlichen Konstruktionen von Rechtsirrtümern gegebenenfalls für eine Lösung herangezogen werden. Relevant wer-

---

1498 *Latzel*, wistra 2013, 334, 337.
1499 GK-BetrVG/*Oetker*, § 119 Rn. 58; WPK/*Preis*, § 119 Rn. 5; *Krumm-Mauermann*, S. 79; *Pasewaldt*, ZIS 2007, 75, 80; *Esser*, S. 164.
1500 Vgl. *Pasewaldt*, ZIS 2007, 75, 80; vgl. auch GK-BetrVG/*Oetker*, § 119 Rn. 13 ff.
1501 Vgl. *Latzel*, wistra 2013, 334, 337.
1502 Vgl. *Latzel*, wistra 2013, 334.

den könnten dabei sowohl der Tatbestandsirrtum nach § 16 Abs. 1 StGB als auch ein Verbotsirrtum nach § 17 StGB.

Ein Tatbestandsirrtum lässt nach § 16 StGB den Vorsatz des Täters entfallen, weil er einen Umstand nicht kennt, der zu dem gesetzlichen Tatbestand gehört. In dem Fall wäre nur noch eine Strafbarkeit wegen Fahrlässigkeit denkbar (vgl. § 16 Abs. 1 S. 2 StGB), die aber hier mangels ausdrücklicher Anordnung ausscheidet. Enthält der Straftatbestand wie hier normative Tatbestandsmerkmale, die eine wertende (rechtliche) Betrachtung erfordern, muss der Täter nicht nur die entsprechenden Tatsachen kennen; für die Beurteilung eines Tatbestandsirrtums muss ermittelt werden, ob der Handelnde auch den Bedeutungsgehalt der tatsächlichen Elemente, die unter das normative Merkmal zu subsumieren und für die Unrechtsbegründung wesentlich sind, erfasst hat.[1503] Dabei hat er aber keine exakte juristische Subsumtion vorzunehmen, sondern es ist eine Parallelwertung in der Laiensphäre maßgeblich.[1504] Die geforderte Benachteiligungs- bzw. Begünstigungsabsicht kann logischerweise keinen Umstand des Tatbestandes i. S. d. § 16 StGB darstellen und daher nicht Gegenstand des Irrtums sein.[1505] Fehlt dem Täter dagegen die Unrechtseinsicht, handelt es sich um einen Verbotsirrtum nach § 17 S. 1 StGB, der die Schuld entfallen lässt, sofern dieser Irrtum nicht vermeidbar war. Der Irrtum muss sich hier nach überwiegender Ansicht nicht konkret auf die Strafbarkeit beziehen, sondern es kommt nur darauf an, ob dem Täter bewusst war, dass er gegen die verbindliche rechtliche Werteordnung verstößt.[1506] Bei einem vermeidbaren Irrtum kommt lediglich die Möglichkeit der Strafmilderung nach § 17 S. 2 i. V. m. § 49 Abs. 1 StGB in Betracht. Eine Vermeidbarkeit wird angenommen, wenn es dem Handelnden im Zeitpunkt der Tat im Rahmen seiner Fähigkeiten und Kenntnisse möglich war, die Rechtswidrigkeit zu erkennen, es einen Anlass gab, über die Verbotenheit des Vorhabens nachzudenken – z. B. bei Zweifeln über die Rechtmäßigkeit – und es ihm zumutbar war, sich darüber zu erkundigen.[1507] In Bereichen, in denen der Handelnde das Bestehen rechtlicher Regelungen für sein Tätigwerden kennt, wovon bei dem Arbeitgeber in Bezug auf die Betriebsratsvergütung auszugehen ist, wird er sich über die Rechtmäßigkeit seines Verhaltens auch ohne konkreten Anlass regelmäßig erkundigen müssen.[1508]

Vereinfacht lassen sich die möglichen Rechtsirrtümer so darstellen, dass der Handelnde im ersten Fall die tatsächlichen Umstände zwar richtig erfasst, den Sachverhalt aber falsch beurteilt hat, ihm dagegen bei der zweiten Variante das Bewusstsein fehlt, Unrecht zu tun. Die Beurteilung des Straftatbestandes des § 119 Abs. 1 Nr. 3 BetrVG, d. h. ob eine Benachteiligung oder Begünstigung vor-

---

1503 MüKoStGB/*Joecks*, § 16 Rn. 70 (m. weit. Nachw.); *Fischer*, § 16 Rn. 14.

1504 MüKoStGB/*Joecks*, § 16 Rn. 70 f.; *Fischer*, § 16 Rn. 14; *Latzel*, wistra 2013, 334, 337.

1505 Vgl. MüKoStGB/*Joecks*, § 16 Rn. 7.

1506 BGH NJW 2008, 2723, 2725; ausführlich dazu MüKoStGB/*Joecks*, § 17 Rn. 12 ff.; *Latzel*, wistra 2013, 334, 338.

1507 MüKoStGB/*Joecks*, § 17 Rn. 48 ff.; *Fischer*, § 17 Rn. 7 f.; *Latzel*, wistra 2013, 334, 337.

1508 Vgl. MüKoStGB/*Joecks*, § 17 Rn. 50 (m. weit. Nachw.).

liegt, muss anhand von komplexen betriebsverfassungsrechtlichen Vorschriften erfolgen; daher müssen sich auch die Rechtsirrtümer auf diese Einschätzung beziehen.[1509] Übertragen auf die Zahlung eines zu hohen Entgeltes an Betriebsratsmitglieder bedeutet das: Nimmt der Arbeitgeber irrig an, dass gewisse Entgeltbestandteile oder Zuschläge zu dem fortzuzahlenden Entgelt gehören oder glaubt er irrtümlich, dass ein bestimmter Arbeitnehmer dem Mandatsträger i. S. d. § 37 Abs. 4 S. 1 BetrVG vergleichbar ist, handelt es sich um einen Tatbestandsirrtum nach § 16 StGB.

Ein Verbotsirrtum wird demgegenüber bei Vergütungssachverhalten kaum anzunehmen sein. Denn dafür müsste der Handelnde zwar wissen, dass gewisse Entgeltbestandteile dem Betriebsratsmitglied nicht weiterzuzahlen wären; er geht aber irrig davon aus, dass die daraus folgende Besserstellung des Mandatsträgers rechtmäßig ist. Das wäre auch der Fall, wenn z. B. der Arbeitgeber fälschlicherweise einen speziellen Grund annimmt, wegen dem eine Begünstigung nach § 78 S. 2 BetrVG gerechtfertigt wäre. Auch bei irrtümlicher Annahme eines besonderen Ausnahmefalles, der zu einer – hier vertretenen – modifizierten Anwendung der Vergütungsvorschriften führen würde, könnte ein Verbotsirrtum vorliegen. Das soll nach überwiegender Auffassung nämlich dann gelten, wenn der Beurteilung des Täters von der Rechtsprechung ungeklärte sowie in der Literatur uneinheitlich beantwortete Rechtsfragen zugrunde liegen.[1510] Bei Fragen der Vergütung von Betriebsratsmitgliedern kann das – wie die bisherigen Ausführungen gezeigt haben – häufig der Fall sein.

4. Strafantrag

Nach § 119 Abs. 2 BetrVG wird das Vergehen nach § 119 Abs. 1 Nr. 3 BetrVG ausschließlich auf Antrag und nicht bereits von Amts wegen verfolgt; auch ein besonderes öffentliches Interesse kann nicht eine Strafverfolgung von Amts wegen begründen, selbst wenn es sich um einen schweren Fall handeln würde.[1511] Bei fehlendem Strafantrag kann eine Strafverfolgung nicht stattfinden, weil dann ein zwingendes Prozesshindernis besteht.[1512] Die wichtigsten Antragsberechtigten sind der Unternehmer, der Betriebsrat sowie eine in dem Betrieb vertretene Gewerkschaft. Der Antrag ist nach den allgemeinen strafrechtlichen bzw. strafprozessualen Regelungen der §§ 77 ff. StGB sowie § 158 StPO zu stellen[1513] und kann bis zu dem Erlass eines Strafurteils wieder zurückgenommen werden (vgl. § 77d StGB).[1514]

1509 Vgl. ausführlich allerdings zu einer Benachteiligung *Latzel*, wistra 2013, 334, 339 ff.
1510 *Latzel*, wistra 2013, 334, 339; vgl. dazu den Überblick über den Meinungsstand bei MüKoStGB/*Joecks*, § 17 Rn. 50.
1511 GK-BetrVG/*Oetker*, § 119 Rn. 66; *Esser*, S. 174; *Rieble*, CCZ 2008, 212, 125.
1512 *Schweibert/Buse*, NZA 2007, 1080, 1085; *Byers*, NZA 2014, 65, 68.
1513 Vgl. WPK/*Preis*, § 119 Rn. 34; *Esser*, S. 174, 177.
1514 DKKW/*Trümner*, § 119 Rn. 24.

Als antragsberechtigter Unternehmer ist der Inhaber des Betriebes zu verstehen, d. h. in der Regel der Arbeitgeber.[1515] Bei einer juristischen Person bedeutet das der gesetzliche Vertreter; erfolgt die Vertretung durch ein Organ, setzt das einen entsprechenden Beschluss voraus.[1516] Bei einer rechtsfähigen Personengesellschaft ist die jeweilige vertragliche, satzungsmäßige oder gesetzliche Regelung maßgeblich.[1517] Dabei kommt eine Strafantragstellung durch einen Prokuristen nicht in Betracht, weil es sich um eine grundsätzliche Leitungsentscheidung des Unternehmens und nicht lediglich um Strafanträge handelt, die wegen des Verdachts der Verletzung von Unternehmensrechten gestellt werden.[1518] Das gilt auch für sonstige untergeordnete Stellvertreter.[1519]

Einzelnen Betriebsratsmitgliedern steht nach dem ausdrücklichen Wortlaut des § 119 Abs. 2 BetrVG kein Strafantragsrecht zu. Der Betriebsrat als Gremium muss für die Wahrnehmung seines Antragsrechtes zuvor einen darauf gerichteten Beschluss fassen.[1520] Ob es sich um eine antragsberechtigte, in dem Betrieb vorhandene Gewerkschaft handelt, richtet sich nach den allgemeinen Grundsätzen.[1521] Dabei gelten Gewerkschaften nach herrschender Meinung als in dem Betrieb vertreten, wenn der Arbeitgeber selbst Mitglied bei ihr ist oder ihr wenigstens ein Arbeitnehmer aus dem Betrieb angehört, der nicht leitender Angestellter ist.[1522] Für eine wirksame Stellung des Antrages muss auch hier die nach der Satzung vertretungsberechtigte Organisationseinheit tätig werden.[1523] Weil für das BAG zu dem Begriff der Gewerkschaft das Merkmal Tariffähigkeit gehört,[1524] werden Minderheitengewerkschaften in der Regel nicht antragsberechtigt sein.[1525] Für die dreimonatige Antragsfrist (vgl. § 77b StGB), die ab Kenntnis der Tat und der Person des Täters – nicht bei einem bloßen Verdacht – beginnt, kommt es auf die Kenntnis der antragsberechtigten Stellen, bei einem Kollegialorgan auf den jeweiligen Vorsitzenden an.[1526] Ein späterer Wegfall der Antragsberechtigung schadet allerdings nicht, sie muss lediglich in dem Zeitpunkt der Tat bestehen.[1527]

1515 GK-BetrVG/*Oetker*, § 119 Rn. 70.
1516 GK-BetrVG/*Oetker*, § 119 Rn. 76.
1517 GK-BetrVG/*Oetker*, § 119 Rn. 76.
1518 BGH NJW 2010, 92, 97 ff. (m. Anmerk. Bittmann); GK-BetrVG/*Oetker*, § 119 Rn. 78; *Hunold*, SPA 2012, 27, 28; vgl. auch ausführlich dazu *Esser*, S. 174 f.
1519 DFL/*Rieble*, §§ 119-121 BetrVG Rn. 11.
1520 Richardi/*Annuß*, § 119 Rn. 31; DKKW/*Trümner*, § 119 Rn. 23; GK-BetrVG/*Oetker*, § 119 Rn. 75; *Dannecker*, FS Gitter, S. 184.
1521 GK-BetrVG/*Oetker*, § 119 Rn. 69; WPK/*Preis*, § 119 Rn. 32.
1522 Vgl. GK-BetrVG/*Franzen*, § 2 Rn. 39 m. weit. Nachw.
1523 DKKW/*Trümner*, § 119 Rn. 23; GK-BetrVG/*Oetker*, § 119 Rn. 69.
1524 BAG NZA 2007, 518, 520.
1525 *Rieble*, NZA 2008, 276, 278; *ders.*, CCZ 2008, 121, 126.
1526 GK-BetrVG/*Oetker*, § 119 Rn. 79; *Frahm/Koch*, ArbRAktuell 2010, 468, 469; *Esser*, S. 177.
1527 GK-BetrVG/*Oetker*, § 119 Rn. 82.

II. Untreue, § 266 StGB

Ein weiterer Straftatbestand, der bei einer überhöhten Entgeltzahlung an Betriebsräte in Betracht kommt, ist die Untreue nach § 266 StGB. Allgemein betrachtet würden hier gegenüber der Strafbarkeit nach § 119 Abs. 1 Nr. 3 BetrVG – vor allem für den Arbeitgeber – größere Risiken bestehen. Das liegt nicht nur daran, dass bei einer Untreue kein Strafantrag erforderlich ist und die Behörden von Amts wegen die Strafverfolgung aufnehmen können. Auch das Strafmaß kann mit bis zu fünf Jahren Freiheitsstrafe deutlich höher ausfallen. Aufgrund der Verweise in § 266 Abs. 2 BetrVG besteht auch die Möglichkeit der Annahme eines besonders schweren Falles, in Zusammenhang mit dem für den vorliegenden Fall relevanten § 263 Abs. 3 Nr. 2 StGB könnte die Strafe damit bis zu zehn Jahre Freiheitsstrafe betragen. Dennoch ist davon auszugehen, dass es in der Praxis bei der Zahlung eines überhöhten Entgeltes an Betriebsräte nicht zu einer Anklage kommen wird bzw. eine Strafbarkeit zu verneinen ist. Die höchstrichterliche Rechtsprechung führt zu dieser Einschätzung.

1. Subsumtion überhöhter Zahlungen an Betriebsräte unter den Untreuetatbestand

Betrachtet man zunächst den Straftatbestand der Untreue nach § 266 StGB im Hinblick auf die Fälle überhöhter Zahlungen an Betriebsräte, spielt von den beiden möglichen Tatbestandsalternativen in erster Linie der Treubruchstatbestand nach § 266 Abs. 1 Alt. 2 StGB eine Rolle. Die andere Variante des Missbrauchstatbestandes scheitert nach allgemeiner Auffassung bereits an § 134 BGB, nach dem Vereinbarungen, die gegen § 37 Abs. 1 bzw. § 78 S. 2 BetrVG verstoßen, nichtig sind; begründet wird dies mit dem Fehlen des für den Tatbestand erforderlichen wirksamen Rechtsgeschäfts, bei dem der Handelnde seine Befugnisse im Innenverhältnis überschritten haben müsste.[1528]

In Frage kommt deshalb nur eine Strafbarkeit wegen Erfüllung des Treubruchstatbestandes. Voraussetzung dafür ist das Bestehen und die Verletzung einer Vermögensbetreuungspflicht.[1529] Diese wird für Vorstandsmitglieder einer Aktiengesellschaft aus §§ 76, 93 AktG gefolgt, wonach sie bei ihrer Geschäftsführung die Sorgfalt eines ordentlichen und gewissenhaften Geschäftsleiters anwenden müssen.[1530] Bei Vergütungsentscheidungen müssen sie zum Wohl der Gesellschaft handeln und in deren Interesse Vorteile wahren wie auch Nachteile verhindern.[1531] Das gilt ebenso für Geschäftsführer einer GmbH (vgl. § 43 Abs. 1 GmbHG) sowie die Gesellschafter oder Geschäftsführer von Personen-

---

1528 *Graf/Link*, NJW 2009, 409, 410; *Esser* S. 179 f.; *Hunold*, SPA 2012, 27, 28; vgl. *Fischer*, § 266 Rn. 24 zu dem Erfordernis eines rechtlich wirksamen Rechtsgeschäftes.

1529 Vgl. MüKoStGB/*Dierlamm*, § 266 Rn. 161 ff.; *Fischer*, § 266 Rn. 33 ff., 50 ff.; *Jacobs/Frieling*, ZfA 2015, 241, 261; vgl. ausführlich im Hinblick auf eine Betriebsratsbegünstigung *Esser*, S. 178 ff.

1530 BGH NJW 2006, 522, 523; *Jacobs/Frieling*, ZfA 2015, 241, 261; *Hunold*, SPA 2012, 27, 28.

1531 BGH NJW 2006, 522, 523; *Jacobs/Frieling*, ZfA 2015, 241, 261.

gesellschaften.[1532] In dem konkreten Fall zu hoher und damit unrechtmäßiger Zahlungen an Betriebsratsmitglieder der Volkswagen AG ist der BGH von einem pflichtwidrigen Verstoß gegen die Vermögensbetreuungspflicht ausgegangen, weil dem Unternehmensvermögen keine adäquate Kompensation gegenüberstand; im Ergebnis hat er deshalb die Strafbarkeit nach § 266 StGB bejaht.[1533] Auch in der Literatur wurde die Erfüllung des Tatbestandes in solchen Fällen befürwortet.[1534]

Überhöhte Entgelte von Betriebsräten entgegen der betriebsverfassungsrechtlichen Vorgaben lassen sich daher grundsätzlich unter den Straftatbestand nach § 266 Abs. 1 Alt. 2 StGB subsumieren. Aufgrund einer dem genannten Urteil nachfolgenden Entscheidung des BGH aus dem Jahr 2010[1535] ist eine Strafbarkeit aber dennoch in Zweifel zu ziehen.

2. Änderung der Rechtsprechung

Nach der Entscheidung des BGH im Fall der Volkswagen AG hat sich das BVerfG im Jahr 2010 zu dem – häufig wegen seiner Weite kritisierten – Straftatbestand der Untreue nach § 266 StGB geäußert. In dem Urteil hat sich das BVerfG für eine zurückhaltendere und einschränkende Auslegung des Tatbestandes ausgesprochen.[1536] Noch im selben Jahr hat sodann der BGH eine Strafbarkeit wegen Untreue in Zusammenhang mit einer Einflussnahme auf Betriebsräte bzw. mit ihrer Wahl abgelehnt. Diese Entscheidung ist für die Konstellation überhöhter Entgelte an Betriebsräte als richtungsweisend zu betrachten. Auch in der Literatur wird seither meist eine eingeschränkte Anwendung des § 266 StGB auf die vorliegend betrachteten Fälle erwartet.[1537]

Der späteren Entscheidung des BGH lag der Fall der Siemens AG zugrunde, bei dem es um die Finanzierung einer Wahlvorschlagsliste für die Betriebsratswahl und damit um eine strafbare Wahlbeeinflussung nach § 119 Abs. 1 Nr. 1 BetrVG ging. Das Gericht ist offensichtlich der Aufforderung des BVerfG gefolgt und hat den Straftatbestand der Untreue abgelehnt.[1538] Es hat in dem Urteil ausgeführt, dass die für den Treubruchstatbestand des § 266 Abs. 1 Alt. 2 StGB erforderliche Pflichtverletzung wegen des weiten Tatbestandes der Vorschrift und im Hinblick auf deren vermögensschützenden Schutzzweck nicht bei jedem

---

1532 *Hunold*, SPA 2012, 27, 28; *Frahm/Koch*, ArbRAktuell 2010, 468, 469.

1533 BGH NJW 2010, 92.

1534 Vgl. *Frahm/Koch*, ArbRAktuell 2010, 468, 469; *Rieble*, NZA 2008, 276, 280; *Schweibert/Buse*, NZA 2007, 1080, 1086.

1535 BGH NStZ 2011, 37.

1536 BVerfG NJW 2010, 3209; vgl. auch *Bittmann/Mujan*, BB 2012, 637, 640; *Byers*, NZA 2014, 65, 69.

1537 *Dzida/Mehrens*, NZA 2013, 753, 757; *Byers*, NZA 2014, 65, 69; zweifelnd aber *Bittmann/Mujan*, BB 2012, 637, 640 sowie *Jacobs/Frieling*, ZfA 2015, 241, 261, die nach wie vor davon ausgehen, dass diese Fälle auch weiterhin als Untreue betrachtet werden könnten; für eine Untreuestrafbarkeit wohl auch *Keilich*, BB 2014, 2229, 2233; *Hunold*, SPA 2012, 27, 28; *Moll/Roebers*, NZA 2012, 57, 62.

1538 BGH NStZ 2011, 37.

strafbewehrten Verstoß gegen die Rechtsordnung angenommen werden kann.[1539] Daher soll nach Ansicht des BGH die Verletzung einer Rechtsnorm nur dann auch eine Pflichtverletzung darstellen, wenn diese Norm vermögensschützenden Charakter für das betreuungspflichtige Vermögen besitzt.[1540] Daran ändere auch der Umstand nichts, dass bei einer Aktiengesellschaft damit zugleich die entsprechenden Vorschriften der §§ 76, 93, 116 AktG, die den Umfang der Vermögensbetreuungspflichten der Organe regeln, verletzt werden; nur deshalb könne der primär verletzten Norm nicht doch ein vermögensschützender Charakter zugesprochen werden.[1541] Es genüge ebenfalls nicht die Tatsache, dass die Verletzung der betroffenen Norm zugleich einen Schadensersatzanspruch auslöst.[1542] Vielmehr sieht das Gericht den nach § 266 Abs. 1 StGB erforderlichen untreuespezifischen Zusammenhang zwischen dem darin geschützten Rechtsgut und der Pflichtverletzung nur, wenn die tatsächlich verletzte Rechtsnorm selbst einen vermögensschützenden Charakter aufweist.[1543] Ist das nicht der Fall, bleibt es bei den eigenen Rechtsfolgen der betroffenen Vorschrift, also den eigenen Sanktionen der Regelung sowie etwaiger Schadensersatzansprüche.[1544] Offen gelassen hat das Gericht allerdings, ob etwas anderes angenommen werden könnte, wenn die Verletzung der Rechtsnorm auch eine besondere, sich vermögensmindernd auswirkende Sanktion vorsieht; im Falle von Sanktionen des Betriebsverfassungsgesetzes hat der BGH das aber ohnehin verneint.[1545]

3. Kein vermögensschützender Charakter des § 119 Abs. 1 Nr. 3 BetrVG

Die Rechtsprechung des BGH – wie auch die Forderung des BVerfG – ist eindeutig und lässt keinen Raum für eine Strafbarkeit wegen Untreue nach § 266 StGB. Das ist auf den vorliegenden Fall von überhöhten Zahlungen an Betriebsräte übertragbar, auch wenn es hier nicht um einen Fall der Wahlbeeinflussung nach § 119 Abs. 1 Nr. 1 BetrVG, sondern um eine Betriebsratsbegünstigung nach § 119 Abs. 1 Nr. 3 BetrVG geht. Es handelt sich nämlich gerade nicht um zwei derart verschiedene Konstellationen, dass sie in dem Zusammenhang unterschiedlich zu beurteilen wären.[1546] Zwar ist nicht abzustreiten, dass die beiden Vorschriften zwei verschiedene Sachverhalte betreffen, insoweit ist die Annahme durchaus richtig. Letztendlich verfolgen sie im Einzelnen nicht einen in allen Ausprägungen identischen Schutzzweck, da § 119 Abs. 1 Nr. 1 BetrVG auch die Integrität der Wahl und die Freiheit der Willensbetätigung der Wahlbeteiligten schützt.[1547] Dennoch streben beide Regelungen im Grundsatz das gleiche Ziel

---

1539 BGH NStZ 2011, 37, 38.
1540 BGH NStZ 2011, 37, 38.
1541 BGH NStZ 2011, 37, 38.
1542 BGH NStZ 2011, 37, 38.
1543 BGH NStZ 2011, 37, 38.
1544 BGH NStZ 2011, 37, 38.
1545 BGH NStZ 2011, 37, 38.
1546 So aber *Jacobs/Frieling*, ZfA 2015, 241, 261.
1547 Vgl. BGH NStZ 2011, 37, 38.

an, die Wahl und die Funktionsfähigkeit des Betriebsrates zu sichern sowie die Beteiligungsrechte der Arbeitnehmer insgesamt zu schützen.[1548] Jedenfalls hinsichtlich dieses übergeordneten gemeinsamen Schutzzwecks besteht kein Unterschied zwischen allen drei Varianten des § 119 Abs. 1 BetrVG. Darüber hinaus kann allein dem § 119 Abs. 1 Nr. 3 BetrVG keine vermögensschützende Wirkung zugesprochen werden. Denn die Regelung soll im speziellen vor allem eine ordnungsgemäße Amtsführung durch Unabhängigkeit und Unparteilichkeit der Mandatsträger sicherstellen. Dass damit das Vermögen des Unternehmens geschützt werden soll, kann nicht als Zweck der Vorschrift, sondern allenfalls als zufälliger Vorteil, der nebenbei entsteht, betrachtet werden.

Wegen der fehlenden vermögensschützenden Wirkung des § 119 Abs. 1 Nr. 3 BetrVG kann daher bei Betriebsratsbegünstigungen (und ebenso bei Benachteiligungen) künftig keine Untreuestrafbarkeit nach § 266 StGB angenommen werden.

4. Möglichkeit der Vereinbarung vermögensschützender Pflichten

An dieser Einschätzung ändert auch ein erneutes BGH-Urteil aus dem Jahr 2011 mit einer anderen Beurteilung der Verletzung einer Vermögensbetreuungspflicht nach § 266 Abs. 1 StGB in dem Bereich der Parteienfinanzierung nichts.[1549] In dem zugrundeliegenden Verfahren ging es um die Aufnahme von rechtswidrig erlangten Parteispenden in den Rechenschaftsbericht. Das Gericht nahm in diesem Fall – entgegen den soeben dargestellten Ausführungen – eine Untreuestrafbarkeit an, obwohl die verletzte Norm des § 25 PartG (a. F.) ebenfalls keine vermögensschützende Wirkung aufwies.[1550] Trotzdem bejahte es im Ergebnis die Verletzung einer vermögensschützenden Hauptpflicht nach § 266 Abs. 1 StGB. Diese ergab sich nach den Ausführungen des BGH zwar nicht aus der verletzten Rechtsnorm selbst, sie war aber Gegenstand einer selbstständigen von der Partei statuierten Verpflichtung: In einem internen Leitfaden wurde für Funktionsträger, die mit der Parteifinanzierung befasst sind, ausdrücklich die Einhaltung des Parteiengesetzes, insbesondere der gesetzlichen Buchführungspflichten, zur Vermeidung finanzieller Nachteile gefordert.[1551] Eine vermögensschützende Hauptpflicht könne nach Ansicht des Gerichts ebenso durch eine Satzung oder durch parteiinterne Vorgaben ausgestaltet werden.[1552] Die Verletzung der Vermögensbetreuungspflicht ergab sich für den BGH daher aus einem Verstoß gegen die funktionsspezifischen, durch Rechtsgeschäft begründeten Treuepflichten.[1553]

1548 GK-BetrVG/*Weber*, § 119 Rn. 13; vgl. auch BGH NJW 2010, 92, 97; *Schemmel/Slowinski*, BB 2009, 830, 833.

1549 Vgl. BGH NJW 2011, 1747; vgl. aber *Bittman/Mujan*, BB 2012, 637, 640.

1550 Vgl. BGH NJW 2011, 1747, 1749.

1551 Vgl. BGH NJW 2011, 1747, 1749.

1552 Vgl. BGH NJW 2011, 1747, 1749.

1553 Vgl. BGH NJW 2011, 1747; *Bittman/Mujan*, BB 2012, 637, 640.

Ob eine solche vermögensschützende Pflicht – wie eine Ansicht in der Literatur vertritt –[1554] für den hier zu betrachtenden Fall gleichermaßen aus dem Anstellungsvertrag von Organen und Arbeitnehmern abgeleitet werden kann und künftig auch wird, ist jedoch zweifelhaft. Denn ein parteiinterner Leitfaden für entsprechende Funktionsträger zur Einhaltung von Buchführungspflichten – mit dem sich der BGH in dem Urteil auseinandersetzte – lässt sich mit einem einfachen Anstellungsvertrag nicht vergleichen. Zunächst kommt das für „normale" Arbeitnehmer ohnehin nicht in Betracht, sondern nur für Geschäftsführer, Vorstandsmitglieder oder allenfalls noch leitende Angestellte mit entsprechender Entscheidungsbefugnis. Die rechtsgeschäftliche Begründung von vermögensschützenden Hauptpflichten, die für § 266 StGB relevant sein können, wäre zwar grundsätzlich denkbar, kann aber nicht ohne weiteres in jeden Anstellungsvertrag von Organen oder sogar Arbeitnehmern hineininterpretiert werden.[1555] Hierfür müssten eindeutige und ausdrückliche Anhaltspunkte bestehen. Das zeigt auch die Entscheidung des BGH: In dem die vermögensschützende Pflicht begründenden Leitfaden waren die einzelnen konkreten Pflichten zu Rechnungslegung und Rechenschaftsbericht aus dem PartG explizit genannt. Dabei wurde vor allem auch ein ausdrücklicher Hinweis auf die erheblichen finanziellen Nachteile gegeben, die sich aus Verstößen gegen diese Pflichten ergeben.[1556] Der BGH hat festgestellt, dass es sich dabei nicht lediglich um eine allgemeine Aufforderung zu gesetzestreuem Verhalten handelt, sondern mit der festgesetzten Verpflichtung gerade Vermögenseinbußen wegen gesetzeswidrigem Verhalten vermieden werden sollten.[1557] Das dürfte in Anstellungsverträgen aber regelmäßig nicht der Fall sein. Übertragen auf den Fall der Betriebsratsbegünstigung würde das bedeuten, dass bei den relevanten Personen konkrete Hinweise in dem Vertrag oder gegebenenfalls auch in entsprechenden Richtlinien enthalten sein müssten, die eine Einhaltung der Vorschrift des § 119 Abs. 1 Nr. 3 BetrVG gerade auch zum Schutz des Unternehmensvermögens fordern. Denn anderenfalls würde der erforderliche Bezug zu einem Vermögensschutz, der für § 266 StGB aber erforderlich ist und zuvor bei § 119 Abs. 1 Nr. 3 BetrVG noch abgelehnt wurde, nicht hergestellt. Das scheinen in dem von dem BGH entschiedenen Fall die Satzung bzw. die internen Vorgaben mit der Anordnung aber gerade zu erreichen. Ein Vermögensbezug kann demnach für § 266 StGB grundsätzlich in einer Vereinbarung hergestellt werden, allerdings nur, wenn er eindeutig und ausdrücklich erfolgt.

Ob das in jedem Fall ohne Einschränkung möglich ist, insbesondere auch in Bezug auf § 119 Abs. 1 Nr. 3 BetrVG, ist aber dennoch zu bezweifeln. Hintergrund der Vereinbarung zur Parteienfinanzierung in dem Urteil des BGH war nämlich, dass die möglichen Sanktionen bei Verstoß gegen die Vorschriften des Parteiengesetzes vor allem in finanzieller Hinsicht schwerwiegend sein können. Betrach-

---

1554 So *Bittman/Mujan*, BB 2012, 637, 640.
1555 Vgl. aber *Bittman/Mujan*, BB 2012, 637, 640.
1556 Vgl. BGH NJW 2011, 1747, 1749.
1557 BGH NJW 2011, 1747, 1749.

tet man diese genauer, wie z. B. § 31b ParteiG, zeigt sich, dass die Sanktionen mit hohen finanziellen Nachteilen verbunden sein können; bei einem Verstoß gegen die Rechenschaftspflicht kann gegen die Partei beispielsweise ein Anspruch in Höhe des zweifachen unrichtigen Betrages entstehen, in § 31c ParteiG sogar des dreifachen Betrages. Bei Parteispenden kann es sich dabei um große Summen handeln. Derart hohe finanzielle Sanktionen sieht das Betriebsverfassungsgesetz dagegen nicht vor. Zwar kann nach § 119 Abs. 1 Nr. 3 BetrVG eine Geldstrafe verhängt werden, diese orientiert sich aber nicht allein an den zu hoch bemessenen Zahlungen für Betriebsräte. Die Herstellung eines Vermögensbezuges für Pflichtverletzungen von Entscheidungsträgern des Unternehmens ist im Fall von Betriebsratsbegünstigungen (und damit auch Benachteiligungen) in jeder Hinsicht abzulehnen. Es bleibt daher dabei, dass eine Untreuestrafbarkeit nach § 266 StGB in diesen Fällen nicht angenommen werden kann.

III. Steuerhinterziehung, § 370 Abs. 1 Nr. 1 AO

Die gezeigten Strafbarkeitsrisiken bei einer zu hoch bemessenen Betriebsratsvergütung stellen sich bislang noch als relativ überschaubar dar. Unter anderem deshalb wird in solchen Fällen eine Strafbarkeit häufig über Nebenstraftatbestände aus dem Steuerrecht gesucht. Den „eigentliche[n] Fallstrick" eines Vergütungssystems, das für Betriebsräte zu hohe, an einer Professionalisierung orientierte Gehälter vorsieht, soll nämlich das Steuerrecht darstellen.[1558] Nicht selten wird daher der Straftatbestand der Steuerhinterziehung nach § 370 Abs. 1 Nr. 1 AO angeführt. Für die hier zu betrachtenden Konstellationen spielt dabei das Betriebsausgabenabzugsverbot des § 4 Abs. 5 Nr. 10 EStG (bzw. auch § 8 Abs. 1 S. 1 KStG) die maßgebliche Rolle. Nach dieser Vorschrift dürfen rechtswidrige Zahlungen, die den Tatbestand eines Strafgesetzes erfüllen, den Gewinn nicht als Betriebsausgabe mindern. Als relevante Strafvorschrift kommt im Falle einer zu hohen Zahlung an Betriebsräte nur die Betriebsratsbegünstigung nach § 119 Abs. 1 Nr. 3 BetrVG in Betracht. Würde ein Arbeitgeber ein zu hohes Entgelt gewähren, das den Straftatbestand erfüllt und setzt er diese als Betriebsratsausgaben an, würde er wegen des Abzugsverbotes des § 4 Abs. 5 Nr. 10 EStG unrichtige Angaben über steuererhebliche Tatsachen bei den Finanzbehörden und sich damit wegen Steuerhinterziehung nach § 370 Abs. 1 Nr. 1 AO strafbar machen.

1. Betriebsausgabenabzugsverbot wegen verbotener Betriebsratsbegünstigung

Dreh- und Angelpunkt für eine Strafbarkeit wegen Steuerhinterziehung stellt vorliegend daher § 4 Abs. 5 Nr. 10 EStG dar. Die wichtigste Frage in dem Zusammenhang ist wiederum, ob die Strafvorschrift der Betriebsratsbegünstigung gemäß § 119 Abs. 1 Nr. 3 BetrVG als „Strafgesetz" im Sinne der Vorschrift zu

---

1558 *Rieble*, NZA 2008, 276, 278.

verstehen ist. Das wurde in der Literatur nicht immer einheitlich beurteilt. Überwiegend wird bis heute aber angenommen, dass eine finanzielle Begünstigung von Betriebsräten nach § 119 Abs. 1 Nr. 3 BetrVG auch von dem Betriebsausgabenabzugsverbot erfasst sein muss.[1559] Nur eine Ansicht lehnt das ab.[1560] Für die Beurteilung dieser Fragestellung wurden von den Auffassungen vor allem zwei Punkte genauer betrachtet und unterschiedlich ausgelegt: Zum einen stützte man sich auf die (fehlenden) Hinweise der Auslegungsrichtlinien und -hilfen der Finanzverwaltung, zum anderen wurde diskutiert, ob die Regelung des § 4 Abs. 5 Nr. 10 EStG lediglich Korruptionsstraftaten erfassen will.[1561] Dabei kommt ersterem Aspekt heute wohl kaum mehr eine große Bedeutung zu. Die Einkommensteuer-Richtlinie, die alle relevanten Straftaten und Ordnungswidrigkeiten nennt, lässt den § 119 Abs. 1 BetrVG bis heute unerwähnt und kann – unabhängig von ihrer Verbindlichkeit – zu keinem eindeutigen Ergebnis, weder in die eine noch in die andere Richtung führen. Auch die Einkommensteuer-Hinweise lassen sich heute nicht mehr für eine Begründung heranziehen. Zwar konnte früher mit der ausdrücklichen Nennung nur des § 119 Abs. 1 Nr. 1 BetrVG als relevante Strafvorschrift im Rahmen des § 4 Abs. 5 Nr. 10 EStG davon ausgegangen werden, dass § 119 Abs. 1 Nr. 3 BetrVG gerade nicht dazu gehören soll. Allerdings enthalten die Hinweise aktuell einen allgemeinen Verweis auf den gesamten § 119 Abs. 1 BetrVG, so dass von einer Erfassung aller Straftatbestände in Absatz 1 ausgegangen werden muss.[1562]

Ein Betriebsausgabenabzugsverbot – und in der Folge eine Strafbarkeit wegen Steuerhinterziehung – ließe sich hier daher nur noch damit ablehnen, dass von § 4 Abs. 5 Nr. 10 EStG lediglich Korruptionsstraftatbestände erfasst werden. Dabei werden gute Gründe genannt, die für eine solche Annahme sprechen:[1563] Die Vorschrift des Betriebsausgabenabzugsverbotes bezwecke nach dem Willen des Gesetzgebers ausschließlich, Korruptionsfälle zu bekämpfen.[1564] Dagegen normiert die betriebsverfassungsrechtliche Regelung des § 119 Abs. 1 Nr. 3 BetrVG einen sehr weit gefassten Tatbestand, bei der eine Unrechtsvereinbarung wie bei dem klassischen Korruptionstatbestand nach § 299 StGB oder anderen Bestechungstatbeständen gerade nicht verlangt wird.[1565] Nicht zuletzt deshalb könne § 119 Abs. 1 Nr. 3 BetrVG eindeutig nicht als Korruptionsdelikt verstanden

---

1559 *Rieble/Klebeck*, NZA 2006, 758, 768; *Rieble*, NZA 2008, 276, 278 f.; *ders.*, BB 2009, 1612, 1619; *Schemmel/Slowinski*, BB 2009, 830, 832 f.; *Sparchholz/Trümner*, S. 22; *Bittman/Mujan*, BB 2012, 637, 640; *Esser*, S. 193 f.; *Dzida/Mehrens*, NZA 2013, 753, 757; *Zimmermann*, ArbRAktuell 2014, 278, 279; *Jacobs/Frieling*, ZfA 2015, 241, 260; BDDH/*Lunk*, § 119 BetrVG Rn. 13; *Georgi*, S. 126 f.

1560 So *Graf/Link*, NJW 2009, 412; vgl. auch den Überblick über den Meinungsstand bei *Esser*, S. 192 f.

1561 Siehe dazu ausführlich *Rieble*, BB 2009, 1612, 1614 ff.; die Gegenauffassung dazu *Graf/Link*, NJW 2009, 409, 411 ff.; siehe auch den Überblick bei *Esser*, S. 192 f.

1562 Vgl. EStH 2012, H 4.14.; so auch *Esser*, S. 194; *Jacobs/Frieling*, ZfA 2015, 241, 260.

1563 Vgl. ausführlich *Graf/Link*, NJW 2009, 409, 411.

1564 *Graf/Link*, NJW 2009, 409, 411.

1565 *Graf/Link*, NJW 2009, 409, 411.

werden;[1566] bei Auslegung des Betriebsausgabenabzugsverbotes soll sie nach dessen Sinn und Zweck daher nicht erfasst werden.[1567]

Die Gegenauffassung begegnet der Annahme eines nur auf Korruptionstatbestände begrenzten Tatbestandes des § 4 Abs. 5 Nr. 10 EStG allerdings nachvollziehbar mit Argumenten der Entstehungsgeschichte sowie der Systematik und dem Zweck der Norm.[1568] Von großem Gewicht ist dabei vor allem auch der Grundgedanke, auf dem das steuerrechtliche Abzugsverbot basiert: Der Staat soll rechtswidrige und strafbare Taten nicht noch durch die Möglichkeit eines Betriebsausgabenabzugs unterstützen.[1569] Darüber hinaus könnte eine Differenzierung nach verschiedenen Tatbeständen im Rahmen des § 4 Abs. 5 Nr. 10 EStG außerdem zu einer Ungleichbehandlung führen, indem gewisse Straftatbestände von dem Betriebsausgabenabzugsverbot nicht erfasst und damit durch den Staat „subventioniert" würden.[1570] Außerdem stützt sich diese ablehnende Ansicht bei der Beurteilung der Frage, ob nur Korruptionstatbestände unter das Abzugsverbot fallen, vor allem auf die Entstehungsgeschichte der Vorschrift.[1571] Dabei ist jedoch anzumerken, dass die entstehungsgeschichtlichen Hintergründe der gesetzlichen Regelungen sich von beiden Seiten beleuchten und zur Begründung heranziehen lassen. Während der Gesetzesentwurf zu dem aktuell geltenden § 4 Abs. 5 Nr. 10 EStG[1572] noch einen Katalog mit einer Aufzählung der zu beachtenden rechtswidrigen (Korruptions-)Taten enthielt, wurde die Regelung in dem weiteren Gesetzgebungsverfahren abgeändert und – ohne Nennung der möglichen Taten – bewusst offen gehalten.[1573] Daraus ließe sich zwar zum einen folgern, dass der Gesetzgeber mit der Nichtaufnahme von Katalogstraftaten eine Beschränkung auch nicht beabsichtigt hat und bei dem (neuen) Wortlaut vielmehr von einer „offene[n] Generalklausel" für zahlreiche Vorschriften auszugehen ist.[1574] Zum anderen kann damit aber auch angenommen werden, dass in dem damaligen Entwurf lediglich „echte" Korruptionstatbestände mit dem Erfordernis einer Unrechtsvereinbarung enthalten waren, so dass trotz des Wegfalls der Aufzählung diese Einschränkung weiterhin gelten soll.[1575]

Betrachtet man die dazugehörigen Gesetzesmaterialien, sind vor allem zwei Erläuterungen interessant: Die Begründung des Gesetzesentwurfes bezeichnet die

---

1566 *Graf/Link*, NJW 2009, 409, 411; a. A. *Rieble*, CCZ 2008, 121, 125, der trotz Darstellung der Unterschiede zwischen § 119 Abs. 1 Nr. 3 BetrVG und § 299 StGB davon ausgeht, dass der Tatbestand des § 119 Abs. 1 Nr. 3 BetrVG einen „partiellen arbeitsrechtlichen ‚Korruptionsschutz' liefert"; vgl. auch *Rieble*, BB 2009, 1612, 1617, der außerdem von einer Korruptionsstrafbarkeit „im Vorfeld" ausgeht, wodurch die Regelung nicht „korruptionsfremd" sei.
1567 *Graf/Link*, NJW 2009, 409, 411.
1568 Vgl. ausführlich *Rieble*, BB 2009, 1612, 1614 ff.
1569 *Rieble*, BB 2009, 1612, 1616.
1570 *Rieble*, BB 2009, 1612, 1616.
1571 *Rieble*, BB 2009, 1612, 1616, 1614 ff.
1572 Entwurf eines Steuerentlastungsgesetzes 1999/2000/2002, BT-Drucks. 14/23.
1573 *Rieble*, BB 2009, 1612, 1615.
1574 *Rieble*, BB 2009, 1612, 1615 f.
1575 *Graf/Link*, NJW 2009, 409, 411; vgl. aber *Rieble*, BB 2009, 1612, 1615 f., der bei den Katalogtaten bereits eine Lösung von den klassischen Korruptionstatbeständen annimmt.

bisherige Verfahrenspraxis – nach der die Zuwendung von Vorteilen nur dem Abzugsverbot unterlag, wenn eine rechtskräftige Verurteilung nach einem Strafgesetz erfolgte, das Verfahren eingestellt oder ein Bußgeld rechtskräftig verhängt wurde – ausdrücklich „als ungeeignet, Korruption wirksam zu bekämpfen".[1576] Das legt noch einmal deutlich das alleinige Ziel der reinen Korruptionsbekämpfung nahe, wohingegen die Vorschrift des § 119 Abs. 1 Nr. 3 BetrVG allenfalls als Korruptionsstraftatbestand im weiteren Sinne angesehen werden könnte. In dem dritten Bericht des Finanzausschusses zu dem Gesetzesentwurf wird außerdem die gegenüber der ursprünglich geplanten neuen Fassung des § 4 Abs. 5 Nr. 10 EStG – also der Wegfall des Straftatenkataloges in der Regelung – nur als Änderung „rechtstechnischer Art" bezeichnet; statt der Aufzählung einzelner Vorschriften werde „abstrakt auf die einschlägigen Paragraphen" verwiesen.[1577] Auch wenn eine Ansicht daraus folgert, dass trotz letzterer Aussage gerade keine Einschränkung, sondern aus der neuen Formulierung vielmehr eine Öffnung der Vorschrift folge,[1578] sprechen die beiden genannten Beispiele aber eher für den Willen des Gesetzgebers, eine Beschränkung vornehmen zu wollen. Dass es sich nur um eine Änderung aus rechtstechnischen Gründen zur Vermeidung eines ständigen Anpassungsbedarfes handeln soll,[1579] deutet ebenso mehr darauf hin, dass der Inhalt des bisherigen Entwurfes mit der expliziten Aufzählung der Normen gerade nicht verändert werden sollte.

2. Bewertung

Letztendlich muss entschieden werden, ob man dem Willen des Gesetzgebers im Rahmen des § 4 Abs. 5 Nr. 10 BetrVG derart Bedeutung beimessen will, dass er mit Bekämpfung der Korruption tatsächlich eine Beschränkung nur auf solche Fälle gemeint hat oder ob der Hintergrund der Regelung, den Staat nicht an strafbaren Handlungen „zu beteiligen", überwiegen muss. Letzteres Argument hat großes Gewicht, weil der Staat rechtswidrige Taten steuerrechtlich nicht „privilegieren" sollte. Auf der anderen Seite darf nicht außer Acht gelassen werden, dass das Steuerrecht grundsätzlich wertneutral ist: Nach § 40 AO ist es unerheblich, ob ein steuerrechtlich bedeutsames Verhalten gegen ein gesetzliches Gebot bzw. Verbot oder gegen die guten Sitten verstößt. Zwar stellt § 4 Abs. 5 Nr. 10 EStG eine Durchbrechung dieses Grundsatzes dar.[1580] Dennoch ist hier aber Zurückhaltung geboten. Das Betriebsausgabenabzugsverbot kann nicht bedeuten, dass sämtliche Straftaten damit über § 370 AO als eine Art steuerrechtlichen „Auffangtatbestandes" doch noch erfasst werden können. Denn zu bedenken ist hier auch, dass § 4 Abs. 5 Nr. 10 EStG lediglich eine objektive Tatbestandserfüllung, nicht aber ein Verschulden, einen Strafantrag oder gar eine Verurtei-

---

1576 BT-Drucks. 14/23, S. 169.
1577 BT-Drucks. 14/443, S. 21.
1578 *Rieble*, BB 2009, 1612, 1615.
1579 BT-Drucks. 14/443, S. 21.
1580 *Rieble*, BB 2009, 1612, 1616.

lung voraussetzt.[1581] Selbst bei einer Einstellung des Verfahrens wäre es daher denkbar, dass ein Abzugsverbot im Rahmen einer Betriebsprüfung von den Finanzbehörden noch Beachtung findet, wobei in dem Rahmen zudem niedrigere Beweisanforderungen gestellt werden.[1582] So kann das zu der Situation führen, dass eine Strafbarkeit nach § 119 Abs. 1 Nr. 3 BetrVG – z. B. auch wegen eines schuldausschließenden Verbotsirrtums – entfällt, allerdings wegen derselben Tat eine Strafe über eine Steuerhinterziehung nach § 370 AO verhängt wird.[1583] Das ist zwar das grundsätzliche System des § 4 Abs. 5 Nr. 10 EStG. Dadurch könnte die reine Besserstellung eines Betriebsratsmitgliedes aber, ohne dass hier spezifische Merkmale eines Korruptionstatbestandes vorhanden sein müssen, eine Strafbarkeit begründen. Unabhängig von ihrer genauen Einordnung stellt die Vorschrift des § 119 Abs. 1 Nr. 3 BetrVG jedenfalls keinen Tatbestand mit klassischen Korruptionsmerkmalen dar. Dieses Ergebnis wäre vor allem auch im Hinblick auf die festgestellten bestehenden Unsicherheiten bei der Entgeltbemessung höchst bedenklich. Nur weil in diesen Fällen insgesamt ein geringeres Strafbarkeitsrisiko besteht, dürfen nicht Auswege im steuerrechtlichen Nebenstrafrecht gesucht werden. Vielmehr wird hier deutlich, dass das strafrechtliche System im Hinblick auf Betriebsratsbegünstigungen unzureichend ist.

Auch wenn nach hier befürworteter Auffassung eine Strafbarkeit wegen Steuerhinterziehung in den Fällen zu hoher Entgelte abzulehnen ist, bleibt ein Risiko im Hinblick auf die jeweilige Einschätzung durch Finanzbehörden und Staatsanwaltschaften für den Arbeitgeber bestehen. Eindeutige Rechtsprechung zu diesen Rechtsfragen existiert bislang nicht.[1584] Daher ist in dem Zusammenhang zu beachten, dass für den Arbeitgeber nach § 153 Abs. 1 Nr. 1 AO die Pflicht bestehen kann, unverzüglich eine entsprechende Berichtigungserklärung abzugeben, wenn er nachträglich erkennt, dass die Erklärung der Betriebsausgaben unrichtig oder unvollständig war. Damit können auch Schwierigkeiten entstehen, wenn der Arbeitgeber die gegebenenfalls zu hohen Betriebsratsentgelte aus Unsicherheit nicht mehr als Betriebsausgabe ansetzt, sie aber in den Bilanzen anführen müsste; das könnte wiederum wegen des fehlenden Steuerabzuges das Risiko einer Untreuestrafbarkeit nach § 266 StGB nach sich ziehen.[1585] Die Pflicht greift allerdings nur bei positiver Kenntnis und nicht lediglich bei bloßen Verdachtsmomenten.[1586] Darüber hinaus bestünde dann unter Umständen die Möglichkeit einer strafbefreienden Selbstanzeige nach §§ 371, 398a AO, mit welcher der Arbeitgeber einer Strafverfolgung entgehen könnte, wenn er von sich aus gegenüber den Finanzbehörden in vollem Umfang fehlerhafte oder unvollständige Angaben berichtigt oder nachholt; die Voraussetzungen hierfür sind allerdings in jedem Einzelfall genau zu prüfen.

1581 BT-Drucks. 14/23, S. 169; *Jacobs/Frieling*, ZfA 2015, 241, 260.
1582 *Schemmel/Slowinski*, BB 2009, 830, 832.
1583 *Schemmel/Slowinski*, BB 2009, 830, 833.
1584 Vgl. auch *Rieble*, BB 2009, 1612, 1614.
1585 Vgl. *Rieble*, BB 2009, 1612, 1618.
1586 *Schemmel/Slowinski*, BB 2009, 830, 833.

B. Die strafrechtliche Verantwortlichkeit von Betriebsratsmitgliedern

Das Arbeitsstrafrecht richtet sich in erster Linie an den Arbeitgeber und dient seiner Disziplinierung.[1587] Bei unzulässiger Betriebsratsvergütung steht überwiegend der Arbeitgeber im Fokus. Es darf jedoch nicht außer Acht gelassen werden, dass auf der anderen Seite Betriebsräte die hohen Zahlungen gleichermaßen annehmen oder sie möglicherweise sogar von dem Arbeitgeber fordern. Dass hier ebenfalls eine Sanktionierung möglich sein muss, steht außer Frage. Inwieweit bei den Betriebsräten aber gleichermaßen strafrechtliche Risiken bestehen und ob ihnen dieselben Konsequenzen wie den Arbeitgebern drohen, ist fraglich.

I. Täterschaftliche Verantwortlichkeit

Nach dem deutschen Strafrecht, das zwischen Täterschaft und Teilnahme (vgl. §§ 25 ff. StGB) unterscheidet, kann Täter nur derjenige sein, der sämtliche Tatbestandsmerkmale selbst verwirklicht.[1588] Bei den zuvor genannten, in Betracht kommenden Straftatbeständen erscheint eine eigene Tatbestandsverwirklichung durch Betriebsratsmitglieder allerdings abwegig.

Es ist allgemeine Meinung, dass § 119 Abs. 1 Nr. 3 BetrVG nicht die Entgegennahme von Begünstigungen erfasst und deshalb die Annahme von zu hohen Zahlungen nicht strafbar ist.[1589] Genauere Begründungen oder Rechtsprechung zu der Frage fehlen weitestgehend.[1590] Lediglich das LG Braunschweig hat eine Strafbarkeit allein wegen der Annahme einer Begünstigung für Betriebsratsmitglieder verneint, ohne aber genauer darauf einzugehen.[1591] In der Literatur wird allenfalls auf dieses Urteil oder pauschal darauf verwiesen, dass es sich in diesen Fällen um eine notwendige Teilnahme handelt bzw. nur unter besonderen Umständen Beteiligungsformen wie Anstiftung oder Beihilfe zu der Tat des Arbeitgebers in Betracht kommen.[1592] Nur eine Ansicht in der Literatur setzt sich damit genauer auseinander, ob ein Betriebsratsmitglied im Rahmen des § 119 Abs. 1 Nr. 3 BetrVG auch Täter sein kann.[1593] Zwar gelangt die Auffassung zunächst tatsächlich zu dem Ergebnis, dass nach der subjektiven Tätertheorie, nach der bereits das Interesse einer Person am Taterfolg als wesentliches Täterkriterium

---

1587 *Rieble/Klebeck*, NZA 2006, 758; *Zimmermann*, ArbRAktuell 2014, 278.

1588 *Fischer*, § 25 Rn. 3.

1589 LG Braunschweig BeckRS 2009, 29834; GK-BetrVG/*Oetker*, § 119 Rn. 45; WPK/*Preis*, § 119 Rn. 29; *Fitting*, § 119 Rn. 9; HWGNRH/*Hess*, § 119 Rn. 43; *Esser*, S. 170 f.; *Rieble/Klebeck*, NZA 2006, 758, 767; *Schweibert/Buse*, NZA 2007, 1080, 1085; *Pasewaldt*, ZIS 2007, 76, 80; *Schemmel/Slowinski*, BB 2009; 830, 831; *Sparchholz/Trümner*, S. 13 f.; *Frahm/Koch*, ArbRAktuell 2010, 468, 469; *Moll/Roebers*, NZA 2012, 57, 62; *Byers*, NZA 2014, 65, 68; *Zimmermann*, ArbRAktuell 2014, 278, 279; *Keilich*, BB 2014, 2229, 2233; *Cosack*, ZRP 2016, 177, 178.

1590 Vgl. auch *Schlösser*, NStZ 2007, 562, 563.

1591 LG Braunschweig BeckRS 2009, 29834.

1592 Vgl. z.B. *Rieble/Klebeck*, NZA 2006, 758, 767; *Schemmel/Slowinski*, BB 2009; 830, 831; *Frahm/Koch*, ArbRAktuell 2010, 468, 469; *Zimmermann*, ArbRAktuell 2014, 278, 279.

1593 Vgl. *Schlösser*, NStZ 2007, 562, 563.

ausreichend ist, von einem Betriebsrat als Täter ausgegangen werden könne; sie geht nämlich davon aus, dass ein entsprechender Täterwille bei einem Betriebsratsmitglied – unabhängig von einem objektiven Tatbeitrag – mit Entgegennahme einer Begünstigung regelmäßig anzunehmen sein wird.[1594] Auch im Rahmen der Tatherrschaftslehre könne demnach dem Mandatsträger die Begünstigungshandlung einer anderen Person zugerechnet werden, weil gerade im Bereich der Mittäterschaft ein großer Interpretationsspielraum bestehe.[1595] Allerdings lehnt die Ansicht die Täterschaft des Betriebsratsmitgliedes bei § 119 Abs. 1 Nr. 3 BetrVG zuletzt selbst ab, weil diese Annahme nicht mit dem Wortlaut der Vorschrift in Einklang zu bringen sei.[1596] Dem muss auch zugestimmt werden. Die Formulierung der Vorschrift „wer […] ein Mitglied […] des Betriebsrates […] begünstigt" spricht eindeutig für ein Zwei-Personen-Verhältnis und nicht für die Begünstigung eines Betriebsratsmitgliedes quasi durch sich selbst.[1597] Denkbar wäre hier allenfalls, dass ein Mandatsträger einem anderen Betriebsratsmitglied einen Vorteil verschafft, was in der Praxis nicht nur äußerst selten vorkommen wird, sondern auch nicht die hier betrachtete Konstellation betrifft. Allein die Entgegennahme einer Leistung kann daher nicht unter den Tatbestand subsumiert werden.

Eine (täterschaftliche) Strafbarkeit von Betriebsratsmitgliedern wegen Untreue scheidet schon wegen der fehlenden Vermögensbetreuungspflicht aus, die bei ihnen gegenüber dem Unternehmen nicht besteht.[1598] Etwas anderes könnte nur gelten, wenn ihnen von dem Arbeitgeber im Voraus ein bestimmtes Budget zur Verfügung gestellt wird, das sie in eigener Verantwortung selbst verwalten können.[1599] Das wird in der Praxis aber allenfalls für die Kostentragung in Zusammenhang mit der Betriebsratsarbeit, nicht aber für den Bereich der Vergütung in der Form erfolgen, dass sich die Betriebsräte ihr Gehalt selbst zuteilen. Eine Täterschaft im Rahmen einer Steuerhinterziehung wegen des Betriebsausgabenabzugsverbotes scheidet ebenfalls von vornherein aus. Nur wenn er selbst die (zu hohen) Einkünfte in seiner eigenen Steuererklärung nicht ausweisen würde, käme eine strafrechtliche Verantwortlichkeit des Mandatsträgers als Täter nach § 370 Abs. 1 Nr. 1 bzw. Nr. 2 AO in Betracht.[1600]

1594 *Schlösser*, NStZ 2007, 562, 563.

1595 *Schlösser*, NStZ 2007, 562, 563.

1596 *Schlösser*, NStZ 2007, 562, 563; so im Ergebnis auch *Sparchholz/Trümner*, S. 14; vgl. DKKW/ *Trümner*, § 119 Rn. 19.

1597 *Schlösser*, NStZ 2007, 562, 563; *Sparchholz/Trümner*, S. 14.

1598 *Schweibert/Buse*, NZA 2007, 1080, 1086; *Sparchholz/Trümner*, S. 14; *Moll/Roebers*, NZA 2012, 57, 62; *Esser*, S. 189; *Hunold*, SPA 2012, 27, 29; *Jacobs/Frieling*, ZfA 2015, 241, 261.

1599 Vgl. *Zimmermann*, ArbRAktuell 2014, 278, 281; siehe auch *Rieble/Klebeck*, NZA 2006, 758, 763 f.

1600 *Zimmermann*, ArbRAktuell 2014, 278, 279.

II. Strafbarkeit wegen Teilnahme

Da eine täterschaftliche strafrechtliche Verantwortlichkeit von Betriebsratsmitgliedern ausscheidet, kommt für sie lediglich eine Begehung als Teilnahme an der Haupttat in Betracht. Das deutsche Strafrecht unterscheidet zwei Teilnahmeformen, die Anstiftung nach § 26 StGB sowie die Beihilfe nach § 27 StGB. Die Sanktionen sind bei beiden Begehungsformen allerdings unterschiedlich: Während ein Anstifter gemäß § 26 StGB wie ein Täter bestraft wird, kann bei einem Gehilfen nach § 27 Abs. 2 StGB die sich nach der Strafdrohung des Täters richtende Strafe entsprechend § 49 Abs. 1 StGB gemildert werden.

1. Notwendige Teilnahme von Betriebsratsmitgliedern

In Zusammenhang mit der Strafvorschrift des § 119 Abs. 1 Nr. 3 BetrVG drehen sich die Ausführungen zu einer möglichen Teilnehmerstrafbarkeit von Betriebsräten – wenn sie überhaupt genauer erfolgen – im Grundsatz um die Frage, ob es sich dabei um einen Fall notwendiger Teilnahme handelt.

Das wird überwiegend bejaht und kann als herrschende Meinung angesehen werden.[1601] In diesen Fällen könne sich ein Mandatsträger nur dann wegen Anstiftung oder Beihilfe strafbar machen, wenn er die Grenzen einer notwendigen Teilnahme, d. h. vorliegend der bloßen Annahme eines Vorteils, überschreitet,[1602] wie z. B. bei einem aktiven Einfordern eines höheren Entgeltes. Allgemein bedeutet eine notwendige Teilnahme, dass ein Straftatbestand zwingend nur durch mehrere Beteiligte erfüllt werden kann.[1603] Überschreitet der an der Tat notwendig Beteiligte nicht das zur Tatbestandserfüllung erforderliche Mindestmaß, bleibt er straffrei.[1604] Im Hinblick auf die entscheidende Folge der Straffreiheit der Betriebsräte ist eine genaue Feststellung, ob es sich auch bei § 119 Abs. 1 Nr. 3 BetrVG um einen Fall notwendiger Teilnahme handelt, umso wichtiger. Nur eine Ansicht in der Literatur scheint dies abzulehnen.[1605] Die Auffassung ordnet den Straftatbestand des § 119 Abs. 1 Nr. 3 BetrVG als Tätigkeits- und nicht als Erfolgsdelikt ein, für dessen Erfüllung bereits das bloße Tätigwerden, also allein die Begünstigungshandlung ausreiche.[1606] Das führt diese Ansicht aber zu dem Ergebnis, dass die Tat bereits mit Ausführung dieser Begünsti-

---

1601 LG Braunschweig BeckRS 2009, 29834; GK-BetrVG/*Oetker*, § 119 Rn. 45; DKKW/*Trümner*, § 119 Rn. 19; ausführlich *Esser*, S. 171 ff.; *Rieble/Klebeck*, NZA 2006, 758, 767; *Schlösser*, NStZ 2007, 562, 564 ff.; *Pasewaldt*, ZIS 2007, 76, 80; *Schemmel/Slowinski*, BB 2009; 830, 831; *Frahm/Koch*, ArbRAktuell 2010, 468, 469; *Cosack*, ZRP 2016, 177, 178; a. A. *Sparchholz/Trümner*, S. 14 f., die hier von einem Tätigkeitsdelikt ausgehen.

1602 LG Braunschweig BeckRS 2009, 29834; GK-BetrVG/*Oetker*, § 119 Rn. 46; DKKW/*Trümner*, § 119 Rn. 19; *Esser*, S. 173; *Rieble/Klebeck*, NZA 2006, 758, 767; *Schlösser*, NStZ 2007, 562, 566; *Pasewaldt*, ZIS 2007, 76, 80; *Schemmel/Slowinski*, BB 2009; 830, 831; *Zimmermann*, ArbRAktuell 2014, 278, 279 (mit Beispielen); *Frahm/Koch*, ArbRAktuell 2010, 468, 469; *Cosack*, ZRP 2016, 177, 178.

1603 MüKoStGB/*Joecks*, Vorb. § 26 Rn. 31; *Fischer*, Vor § 25 Rn. 7.

1604 MüKoStGB/*Joecks*, Vorb. § 26 Rn. 34; *Fischer*, Vor § 25 Rn. 7.

1605 *Sparchholz/Trümner*, S. 15 f.

1606 *Sparchholz/Trümner*, S. 15.

gungshandlung vollendet und damit Beihilfe eines Mandatsträgers an der vollendeten Tat durch Annahme eines Vorteils nicht mehr möglich ist.[1607]
Die letztgenannte Auffassung ist abzulehnen und entsprechend der allgemeinen Meinung bei dem Tatbestand der Betriebsratsbegünstigung eine notwendige Teilnahme anzunehmen. Es handelt sich hier um ein Erfolgsdelikt, anderenfalls würde der Tatbestand der Vorschrift zu weit ausgedehnt und der Arbeitgeber sich einem ständigen Strafbarkeitsrisiko bei der (schwierigen) Entgeltfestsetzung, selbst bei geringsten Abweichungen, ausgesetzt sehen. Außerdem sind nach der Vorschrift schon begrifflich zwei Personen notwendig, der Begünstigende sowie eine den Vorteil empfangende Person.[1608]

Innerhalb der notwendigen Teilnahme unterscheidet man zwei Arten von Delikten, wobei vorliegend von einem Begegnungsdelikt auszugehen ist, nach dem mehrere Beteiligte aus verschiedenen Richtungen auf das Rechtsgut einwirken.[1609] Das zieht in der hier betrachteten Konstellation eine Straffreiheit nach sich, wenn der Mandatsträger die bloße Entgegennahme eines Vorteils nicht überschreitet. Zwar wäre es auch bei einer reinen Annahme von Leistungen unter Umständen denkbar, trotzdem eine Strafbarkeit wegen Beihilfe anzunehmen.[1610] Auch wenn ein höheres Strafbarkeitsrisiko für begünstigte Betriebsräte durchaus zu befürworten wäre, lassen aber weder die Vorschrift des § 119 Abs. 1 Nr. 3 BetrVG noch der gesetzgeberische Wille hierfür Spielraum. Der Wortlaut der Regelung ist dahingehend eindeutig, dass er nicht auch Betriebsräte bestrafen will, die Gesetzesmaterialien geben hierauf ebenfalls keinen Hinweis. Das mag nicht zuletzt daran liegen, dass Begünstigungen von Betriebsratsmitgliedern, wie sie in den letzten Jahren immer wieder an die Öffentlichkeit gelangten, bei Einführung des Gesetzes im Jahre 1972 in der Form nicht absehbar waren.

2. Betriebsräte als Anstifter oder Gehilfe

Zuletzt bleibt im Fall des § 119 Abs. 1 Nr. 3 BetrVG daher nur eine Strafbarkeit der Betriebsräte wegen Anstiftung (§ 26 StGB) oder Beihilfe (§ 27 StGB), wenn ihr Beitrag zumindest über eine bloße Entgegennahme von Vorteilen hinausgeht.[1611]
Für eine tätergleiche Strafe wegen Anstiftung zur Haupttat müsste der Mandatsträger den Täter zu seiner vorsätzlichen und rechtswidrigen Tat, d. h. der Begünstigung, bestimmt haben.[1612] Darunter soll jede Anstiftungshandlung unabhängig von Form und Mittel fallen, die den Täter zu dem gesetzlich beschriebenen Verhalten führt.[1613] Welche Anforderungen daran im Einzelnen

---

1607 *Sparchholz/Trümner*, S. 15 f.
1608 Vgl. *Schlösser*, NStZ 2007, 562, 564.
1609 So auch *Schlösser*, NStZ 2007, 562, 564; vgl. allgemein dazu MüKoStGB/*Joecks*, Vorb. § 26 Rn. 31 ff.
1610 Vgl. MüKoStGB/*Joecks*, Vorb. § 26 Rn. 34.
1611 MüKoStGB/*Joecks*, Vorb. § 26 Rn. 34.
1612 Vgl. MüKoStGB/*Joecks*, § 26 Rn. 6.
1613 Vgl. MüKoStGB/*Joecks*, § 26 Rn. 10; *Sparchholz/Trümner*, S. 17.

zu stellen sind, wird unterschiedlich beurteilt, vertreten werden unter anderem Ansichten von einem Unrechtspakt über ein bloßes (Mit-)Verursachen des Tatentschlusses bis hin zu einer kommunikativen Beeinflussung.[1614] Daran sind hier keine allzu strengen Anforderungen zu stellen.[1615] Zwar hat das LG Braunschweig in dem Zusammenhang entschieden, dass ohne zusätzliche unrechtsbegründende Merkmale das Verlangen eines Arbeitnehmers nach einem höheren Gehalt noch keine Anstiftungshandlung darstelle.[1616] Allerdings darf dabei auch die Situation des Arbeitgebers nicht völlig unberücksichtigt bleiben. Tritt ein Betriebsrat an ihn mit einem höheren Gehaltswunsch heran, muss er diesen ablehnen, wenn er nicht nach den Vergütungsvorschriften zulässig ist. Auf der anderen Seite muss der Arbeitgeber dann aber befürchten, auch wenn es sich nicht direkt um ein Koppelungsgeschäft handelt, dass das Betriebsratsmitglied – das selbst keinerlei Strafen bei einer zu hohen Zahlung zu befürchten hätte – aufgrund der Ablehnung der Entgelterhöhung bei seiner Betriebsratstätigkeit nicht mehr vollkommen unabhängig und frei entscheidet. Zwar dürfen solche Überlegungen nicht ausschlaggebend für das Handeln des Arbeitgebers sein, sie verdeutlichen aber die Probleme in Zusammenhang mit der Strafbarkeit bzw. Straffreiheit von Betriebsräten. Hätte ein Betriebsratsmitglied selbst strafrechtliche Konsequenzen zu befürchten, würde es sich gut überlegen, ob es an den Arbeitgeber mit entsprechenden Wünschen oder Forderungen herantritt. Für eine Anstiftungshandlung ist es daher als ausreichend zu betrachten, dass ein Mandatsträger in irgendeiner Weise den Tatentschluss (mit-)verursacht hat.

Auch die für eine Beihilfe erforderliche Hilfeleistung zu der Tat ist vorliegend nicht zu streng zu beurteilen. Diese ist bereits in Form von sog. psychischer Beihilfe sowie insbesondere bei einer Stärkung des Tatentschlusses anzunehmen.[1617]

Das würde ebenso für den Straftatbestand der Untreue nach § 266 StGB gelten. Auch hier soll nach allgemeiner Meinung eine Strafbarkeit des Betriebsratsmitgliedes wegen Anstiftung (§ 26 StGB) sowie Beihilfe (§ 27 StGB) in Betracht kommen, wenn es die Zuwendung nicht lediglich entgegennimmt, sondern selbst einen Beitrag dazu leistet.[1618] Nur aus der Erfüllung seiner Forderung durch den Arbeitgeber, könne das Betriebsratsmitglied noch nicht schließen, dass das bereits deshalb rechtlich unbedenklich ist; auch dann beziehe sich sein

---

1614 Ausführlicher Überblick über die verschiedenen Ansätze bei MüKoStGB/*Joecks*, § 26 Rn. 10 ff.

1615 Vgl. dazu aber *Schlösser*, NStZ 2007, 562, 565 f., der an eine Strafbarkeit wegen Anstiftung im Hinblick auf mildere Mittel wie eine Abwahl des Mandatsträgers nach §§ 7 ff. BetrVG sowie einen Ausschluss aus dem Betriebsrat nach § 23 BetrVG strengere Voraussetzungen stellt.

1616 LG Braunschweig BeckRS 2009, 29834.

1617 Vgl. ausführlich zu dem Begriff der Hilfeleistung sowie den Bedenken gegenüber dem bloßen Bestärken des Tatenschlusses MüKoStGB/*Joecks*, § 27 Rn. 5 ff.

1618 *Schweibert/Buse*, NZA 2007, 1080, 1085; *Sparcholz/Trümner*, S. 20 f.; *Esser*, S. 190 f.; *Moll/Roebers*, NZA 2012, 57, 62; *Jacobs/Frieling*, ZfA 2015, 241, 261 f.; zur Anstiftung BGH NJW 2010, 92; LG Braunschweig BeckRS 2009, 29834; *Hunold*, SPA 2012, 27, 28 f.

Vorsatz auf die Rechtswidrigkeit der Begünstigungshandlung.[1619] Allerdings ist auch hier auf die zuvor dargestellte Änderung der Rechtsprechung zu verweisen, nach der schon eine Strafbarkeit des Arbeitgebers wegen Untreue in diesen Fällen nicht anzunehmen ist.

Wegen einer Steuerhinterziehung nach § 370 AO wird sich dagegen regelmäßig nur der Arbeitgeber strafbar machen. Eine Beihilfe von Betriebsräten wäre hier nach § 369 Abs. 2 AO i.V.m. § 27 StGB nur denkbar, wenn sie beispielsweise durch Erstellen und Einreichen entsprechender Belege die Steuerminderung bei dem Arbeitgeber unterstützen würden.[1620]

§ 2 Überblick über mögliche Haftungsrisiken

Neben den strafrechtlichen Konsequenzen stellen mögliche Haftungsfolgen die bedeutendsten Rechtsfolgen unzulässiger Betriebsratsvergütungen dar, nicht nur für den Entscheidungsträger bzw. tatsächlich Leistenden, sondern auch für diejenigen, die eine Begünstigung annehmen. Auch hier nehmen zu hohe Zahlungen an Betriebsräte eine zentrale Rolle ein. Für das Verhalten der Beteiligten ist es maßgeblich, welchen Haftungsrisiken sie ausgesetzt sind.

A. Haftung auf Seiten des Arbeitgebers

Zunächst stellen sich Haftungsfragen vor allem auf Arbeitgeberseite, von der das zu hohe Entgelt bzw. bestimmte Leistungen den Betriebsratsmitgliedern in der Regel gewährt werden. Auf Unternehmensseite haften die Vorstände einer Aktiengesellschaft nach § 93 Abs. 2 AktG. Da entsprechendes für die Geschäftsführer einer GmbH (§ 43 Abs. 2 GmbHG) oder die geschäftsführenden Gesellschafter von Personengesellschaften gilt,[1621] ist die Betrachtung auf die Haftung des Vorstandes zu konzentrieren. Nach § 93 Abs. 1 S. 1 AktG haben die Vorstandsmitglieder bei ihrer Geschäftsführung die Sorgfalt eines ordentlichen und gewissenhaften Geschäftsleiters anzuwenden. Allerdings kann eine Pflichtverletzung tatbestandlich nach § 93 Abs. 1 S. 2 AktG ausgeschlossen sein.[1622] Jedenfalls bei unternehmerischen Entscheidungen wird den Vorstandsmitgliedern ein Ermessensspielraum zugebilligt.[1623] Daher soll bei solchen unternehmerischen Entscheidungen eine Pflichtverletzung dann nicht anzunehmen sein, wenn der jeweilige Vorstand nach angemessener Information vernünftigerweise annehmen durfte, dass seine Entscheidung zum Wohle der Gesellschaft erfolgt. In dem hier betrachteten Fall einer unrechtmäßigen Entgeltzahlung an Mandatsträger könnte demnach eine Pflichtverletzung eines Vorstandsmitgliedes unter

---

1619 Vgl. *Hunold*, SPA 2012, 27, 28 f., der dies aber bereits selbst ablehnt.

1620 *Rieble/Klebeck*, NZA 2006, 765, 768; *Rieble*, NZA 2008, 276, 278; *Esser*, S. 195.

1621 *Frahm/Koch*, ArbRAktuell, 2010, 468, 470; vgl. auch *Georgi*, S. 122.

1622 Vgl. *Frahm/Koch*, ArbRAktuell, 2010, 468, 470.

1623 *Hölters*, § 93 Rn. 29.

Umständen ausscheiden, wenn es sich dabei um eine unternehmerische Entscheidung handelt. Unter den Schutz solcher Ermessensentscheidungen fallen allerdings nicht Pflichtaufgaben des Vorstandes.[1624] Zu einer solchen Verhaltenspflicht des Vorstandes gehört aber auch die sog. Legalitätspflicht, nach der die Mitglieder die Einhaltung von Recht und Gesetz sicherstellen müssen.[1625] Davon abgesehen, dass es sich bei der Materie der Vergütungsbemessung von Betriebsräten nicht um eine unternehmerische Entscheidung handeln wird,[1626] gehört es ohnehin zu den verpflichtenden Aufgaben des Vorstandes, die Einhaltung der Vergütungsvorschriften zu gewährleisten und die Erfüllung des Straftatbestandes des § 119 Abs. 1 Nr. 3 BetrVG damit zu vermeiden. Darüber hinaus müssen ebenso unternehmerische Ermessensentscheidungen in jedem Fall den gesetzlichen Vorgaben entsprechen.[1627] Bei einem Verstoß gegen die §§ 37, 78 S. 2 sowie 119 Abs. 1 Nr. 3 BetrVG ist daher von einem pflichtwidrigen Handeln auszugehen, bei dem nicht der Fall des § 93 Abs. 1 S. 2 AktG greifen kann.

Allerdings können im Rahmen von Hauptpflichten vereinzelt Ausnahmen bestehen, die ein grundsätzlich unrechtmäßiges Verhalten rechtfertigen können.[1628] Unter anderem kann bei einer nicht eindeutigen Rechtssituation ein Vorstandsmitglied dennoch pflichtgemäß handeln, wenn es seine Entscheidung nach sorgfältiger Abwägung für rechtmäßig halten durfte.[1629] Wie die bisherigen Ausführungen zu der Entgeltbemessung von Betriebsräten gezeigt haben, bestehen trotz konkreter Vergütungsvorschriften in unterschiedlichen Bereichen und zahlreichen Konstellationen erhebliche Unsicherheiten. Häufig sind bei der Bemessung auch hypothetische, oft schätzungsähnliche Betrachtungen anzustellen. Die Rechtssituation ist daher und vor allem im Hinblick auf „professionalisierte" Betriebsräte nicht eindeutig. Zwar hat ein Vorstandsmitglied Rechtsrat einzuholen, wenn davon auszugehen ist, dass die unsichere Situation dadurch geklärt werden kann.[1630] Das wird in der Situation aber nicht weiterführen, weil es sich um ungeklärte Rechtsfragen handelt. Auf die Möglichkeit einer Überprüfung durch die Gerichte zu verweisen,[1631] stellt sich als schwierig dar. Denn es kann nicht jede Entscheidung über das Entgelt eines einzelnen Betriebsratsmitgliedes, bei der Unsicherheiten bestehen, gerichtlich überprüft werden. Außerdem wäre im Hinblick auf ein mögliches Rechtsschutzinteresse fraglich, welche Verfahrensart in einem arbeitsgerichtlichen Prozess zu wählen wäre. Der Weg über die Strafgerichte oder – gegebenenfalls in Zusammenhang mit einer Rückforderung von Leistungen – über die Zivilgerichte, nur um so die Rechtmäßigkeit seines Handelns gerichtlich überprüfen zu lassen, wäre nicht nur für den Arbeitgeber zeit- und kostenintensiv, sondern ist insgesamt nicht praxistauglich. In solchen

---

1624 *Frahm/Koch*, ArbRAktuell, 2010, 468, 470.
1625 *Hölters*, § 93 Rn. 54; vgl. auch *Frahm/Koch*, ArbRAktuell, 2010, 468, 470.
1626 Ablehnend *Frahm/Koch*, ArbRAktuell, 2010, 468, 470.
1627 Vgl. auch *Frahm/Koch*, ArbRAktuell, 2010, 468, 470.
1628 Vgl. ausführlich *Hölters*, § 93 Rn. 76 ff.
1629 *Hölters*, § 93 Rn. 76.
1630 *Hölters*, § 93 Rn. 76.
1631 Vgl. *Hölters*, § 93 Rn. 76.

einzelnen Fällen zu hoher Betriebsratsentgelte kann deshalb ausnahmsweise keine Pflichtverletzung des Vorstandes anzunehmen sein.
Daneben wird eine deliktische Haftung der Organmitglieder ausscheiden. § 266 StGB wird regelmäßig nicht einschlägig sein und daher als Verbotsgesetz im Rahmen des § 823 Abs. 2 BGB nicht herangezogen werden können. Im Hinblick auf Begünstigungen stellt § 78 S. 2 BetrVG kein Verbotsgesetz dar.[1632] Besteht gegen ein Vorstandsmitglied aber ein Anspruch nach § 93 Abs. 2 AktG, wäre der Aufsichtsrat nach der Rechtsprechung des BGH sogar verpflichtet, diesen auch einzufordern.[1633]
Darüber hinaus wird eine solche Einforderungspflicht auch für den Vorstand angenommen, der Ansprüche gegen andere unrechtmäßig handelnde Arbeitnehmer oder sonstige Dritte zu verfolgen hat; er darf sie weder verjähren lassen, noch auf sie verzichten.[1634] Um einer weiteren Pflichtverletzung zu entgehen, müsste er also sämtliche Ansprüche – auch gegen das Betriebsratsmitglied selbst – tatsächlich einfordern. Etwas anderes würde hier nur gelten, wenn die Geltendmachung offensichtlich keinen Erfolg verspricht oder nur mit höheren Kosten als Nutzen verbunden wäre.[1635]

Hinsichtlich einzelner Arbeitnehmer wären Ansprüche vor allem gegen diejenigen Mitarbeiter aus dem Personalbereich denkbar, die mit dem Thema befasst waren.[1636] Nimmt ein Arbeitnehmer im Sinne des Arbeitgebers eine Leistung vor, kann er sich wegen der Verletzung der arbeitsvertraglichen Nebenpflicht gemäß § 241 Abs. 2 BGB, der Rücksichtnahme auf die Interessen des Arbeitgebers, schadensersatzpflichtig machen, wobei die Grundsätze der beschränkten Arbeitnehmerhaftung zu berücksichtigen sind.[1637] Ein Unterlassen würde für eine Pflichtverletzung bereits ausreichen, wenn eine entsprechende Schadensabwendungspflicht bestand, wenn z. B. der Verantwortliche Kenntnis von der Begünstigung erlangt.[1638] In der Regel werden Vergütungsfragen meist nur auf der Ebene der leitenden Angestellten und Führungskräfte angesiedelt sein, bei denen eine Haftungsprivilegierung nicht immer einheitlich beurteilt wird.[1639]

B. Rückforderungsansprüche gegen Betriebsräte

Darüber hinaus könnten bei zu hohen Zahlungen an Betriebsräte Ansprüche gegen die Mandatsträger selbst in Betracht kommen, auch wenn sich die straf-

---

1632 GK-BetrVG/*Kreutz*, § 78 Rn. 28; vgl. dazu *Frahm/Koch*, ArbRAktuell 2010, 468, *470; Jacobs/ Frieling*, ZfA 2015, 241, 258; a. A. wohl *Röhrborn*, ArbRAktuell 2015, 573, 574.
1633 BGH NJW 1997, 1926; *Rieble*, CCZ 2008, 32, 36.
1634 *Hölters*, § 93 Rn. 165; *Rieble*, CCZ 2008, 32, 36.
1635 Vgl. *Hölters*, § 93 Rn. 165.
1636 Vgl. *Frahm/Koch*, ArbRAktuell, 2010, 468, 470.
1637 *Frahm/Koch*, ArbRAktuell 2010, 468, 470; *Dzida/Mehrens*, NZA 2013, 753, 757; *Jacobs/ Frieling*, ZfA 2015, 241, 259 f.
1638 *Dzida/Mehrens*, NZA 2013, 753, 757; *Jacobs/Frieling*, ZfA 2015, 241, 259 f.
1639 Vgl. ausführlich *Fritz*, NZA 2017, 673 ff.

rechtlichen Risiken für sie als relativ gering erwiesen haben. In erster Linie sind hier zivilrechtliche Rückforderungsansprüche relevant. Vereinbarungen, die unrechtmäßige Vergütungsabreden zum Inhalt haben sind nach § 134 BGB i.V.m. § 37 Abs. 1 bzw. § 78 S. 2 BetrVG nichtig.[1640] Damit entfällt ein Anspruch auf die Leistungen aus dieser Vereinbarung für die Zukunft. Zugleich entsteht für bereits geleistete Zahlungen – wegen fehlendem Rechtsgrund – nach § 812 Abs. 1 S. 1 BGB ein bereicherungsrechtlicher Rückforderungsanspruch. Die entscheidende Frage für einen Anspruch gegen das Betriebsratsmitglied ist dann, ob gegebenenfalls ein Ausschluss nach § 817 S. 2 BetrVG greift. Denn nach der Regelung scheidet eine Rückforderung aus, wenn der Leistende selbst gegen ein gesetzliches Verbot verstoßen hat. Ein solcher Ausschluss wird bislang im Hinblick auf den Schutzzweck der Vergütungsvorschriften abgelehnt.[1641] Es sei eine restriktive Auslegung notwendig, weil anderenfalls der unrechtmäßige Zustand aufrechterhalten würde.[1642] Teilweise wird dagegen in der Literatur ein Rückforderungsausschluss nach § 817 S. 2 BetrVG bejaht.[1643] Die Frage ist bislang nicht höchstrichterlich entschieden.[1644] Allerdings hat das Arbeitsgericht Stuttgart in einer jüngeren Entscheidung einen Rückforderungsanspruch trotz unrechtmäßiger Zuvielzahlungen an Betriebsräte abgelehnt. Den Presseberichten ist zu entnehmen, dass die Vorsitzende Richterin der Ansicht war, dass das BGB eine Rückforderung in solchen Fällen nicht vorsehe.[1645] Das Argument, dass eine restriktive Auslegung des § 817 S. 2 BetrVG hier schon deshalb notwendig sei, um eine abschreckende Wirkung für die Betriebsratsmitglieder zu erhalten, ist zwar durchaus nachvollziehbar, zumal sich die Strafbarkeitsrisiken bei ihnen als relativ gering erwiesen haben.[1646] Allerdings ist die Vorschrift des § 817 S. 2 BGB eindeutig und mit Ablehnung eines Ausschlusses würden sich die Haftungsrisiken auf Arbeitgeberseite noch mehr erhöhen, da der Vorstand verpflichtet wäre, die Ansprüche gegen die Mandatsträger geltend zu machen. Im Ergebnis ist daher die Geltung des § 817 S. 2 BetrVG und damit der Aus-

---

1640 H.M., vgl. HWGNRH/*Glock*, § 37 Rn. 19; DKKW/*Wedde*, § 37 Rn. 7; *Fitting*, § 37 Rn. 11; GK-BetrVG/*Weber*, § 37 Rn. 22; GK-BetrVG/*Kreutz*, § 78 Rn. 25; *Jacobs/Frieling*, ZfA 2015, 241, 259; *Moll/Roebers*, NZA 2012, 57, 61; *Rieble*, NZA 2008, 276, 278.

1641 U.a. GK-BetrVG/*Weber*, § 37 Rn. 22; HWGNRH/*Glock*, § 37 Rn. 20; ErfK/*Koch*, § 37 BetrVG Rn. 1; *Schweibert/Buse*, NZA 2007, 1080, 1086; *Rieble*, NZA 2008, 276, 278; *Bittmann/Mujan*, BB 2012, 1604, 1605; *Jacobs/Frieling*, ZfA 2015, 241, 259; *Liesenfeld*, S. 161 ff.; *Georgi*, S. 119 f.; differenzierend *Esser*, S. 154, der einen Ausschluss nach § 817 S. 2 BetrVG nur ablehnt, wenn das Verhalten des Betriebsratsmitgliedes über die bloße Entgegennahme der Begünstigung hinausgeht.

1642 *Fischer*, BB 2007, 997, 998; *Rieble*, NZA 2008, 276, 278; *Bittmann/Mujan*, BB 2012, 1604, 1606; *Jacobs/Frieling*, ZfA 2015, 241, 259; *Liesenfeld*, S. 163; *Georgi*, S. 119 f.

1643 *Fitting*, § 37 Rn. 11; DKKW/*Wedde*, § 37 Rn. 7; *Düwell/Wolmerath*, § 37 Rn. 5; *Hennecke*, BB 1986, 936, 940.

1644 Vgl. auch *Moll/Roebers*, NZA 2012, 57, 61; *Bittmann/Mujan*, BB 2012, 1604, 1605.

1645 Vgl. den Pressebericht auf https://www.stuttgarter-zeitung.de/inhalt.arbeitsgericht-in-stuttgart-betriebsrat-verliert-klage-gegen-ssb.2a934103-1f16-4124-97ad-c5692ea267e6.html (zuletzt abgerufen am 15.2.2018).

1646 *Bittmann/Mujan*, BB 2012, 1604, 1606.

schluss der Rückforderungspflicht bei unrechtmäßigen Betriebsratsgehältern anzunehmen.

§3 Bewertung

Die Darstellung der straf- und haftungsrechtlichen Konsequenzen einer zu hohen, unrechtmäßigen Vergütung von Betriebsratsmitgliedern hat gezeigt, dass diese nicht nur zwischen dem Leistenden und dem Annehmenden ungleich verteilt sind, sondern sich auch ihre Verfolgung als nicht besonders effektiv darstellt.

Auf Arbeitgeberseite besteht das größte strafrechtliche Risiko in einer Strafbarkeit wegen Betriebsratsbegünstigung nach § 119 Abs. 1 Nr. 3 BetrVG. Als absolutes Antragsdelikt kommt eine tatsächliche Strafverfolgung in der Praxis aber nur selten vor, wenn man den Kreis der Antragsberechtigten betrachtet. Es ist nicht verwunderlich, dass diese als die „im Mitbestimmungsfilz verstrickten Beteiligten" bezeichnet werden.[1647] Zwar wurden in der Vergangenheit durchaus in manchen Fällen Ermittlungen eingeleitet, letztendlich wurden die Verfahren aber häufig wieder eingestellt.[1648] Es ist davon auszugehen, dass es sich dabei nur um einen Bruchteil aller strafrechtlich relevanten Fälle gehandelt haben dürfte, schon lange Zeit wird angenommen, dass in der Praxis zu hohe Entgelte für Betriebsräte keine Seltenheit darstellen.[1649] Selbst wenn die Behörde von solchen Fällen erfährt, sind ihr die Hände gebunden; ohne Strafantrag kann sie die Verfolgung nicht aufnehmen. Nicht zuletzt deshalb wird die Strafvorschrift häufig auch als „stumpfe[s] Schwert" bezeichnet.[1650] Zwar hat der Gesetzgeber mit der Aufnahme der Gewerkschaften in den Kreis der Antragsberechtigten schon bei der Einführung des Gesetzes im Jahr 1972 versucht, die Verfolgung strafbarer Verstöße gegen die Vorschrift wirksamer zu gestalten.[1651] Das hat in den letzten 40 Jahren jedoch zu keiner merklichen Verbesserung geführt, zumal das BAG gerade diese Antragsberechtigung wieder einschränkt, indem es für die Gewerkschaften Tariffähigkeit verlangt.[1652] Es überrascht daher nicht, dass die Strafvorschrift immer wieder in die Kritik gerät und ihr bis heute der Ruf vorauseilt, dass sie in der Praxis „praktisch leerläuft"[1653].

Während die Norm des § 119 Abs. 1 Nr. 3 BetrVG lange Jahre kaum in Erscheinung getreten ist,[1654] gewinnt sie seit einiger Zeit aber immer mehr an Bedeu-

---

1647 So *Rieble*, CCZ 2008, 121, 126.
1648 Vgl. DKKW/*Trümner*, § 119 Rn. 3.
1649 Vgl. DKKW/*Trümner*, § 119 Rn. 3; *Byers*, NZA 2014, 65, 69; *Rieble*, NZA 2008, 276; *Pasewaldt*, ZIS 2007, 75, 80.
1650 *Schweibert/Buse*, NZA 2007, 1080, 1085; *Hunold*, SPA 2012, 27; BDDH/*Lunk*, § 119 BetrVG Rn. 11.
1651 Vgl. die Begründung des Gesetzesentwurfes zu § 120 BetrVG, der dem heutigen § 119 BetrVG entspricht, BT-Drucks. VI/1786, S. 58.
1652 Vgl. *Rieble*, NZA 2008, 276, 278; *ders.*, CCZ 2008, 121, 126.
1653 *Jacobs/Frieling*, ZfA 2015, 241, 260.
1654 Dazu ausführlicher *Dannecker*, FS Gitter, S. 168 f.

tung.[1655] Nicht nur medienwirksam dargestellte Berichte einiger besonders spektakulärer Fälle aus der Praxis haben dazu beigetragen, dass die Vorschrift in den letzten Jahren an Bekanntheitsgrad gewonnen hat. Auch die zuletzt bekannt gewordenen jüngsten Ermittlungen zeigen, dass von dem Strafantragsrecht seit Neuestem auch Gebrauch gemacht wird.[1656]

Davon abgesehen ist jedoch auch die fehlende Strafbarkeit der begünstigten Betriebsräte als großes Manko der Vorschrift zu sehen. Die Fälle unrechtmäßiger Gehälter der Mandatsträger könnten dadurch deutlich reduziert werden. Gerade in Wirtschaftsstrafsachen kommt es vor allem auf den präventiven Effekt der Strafvorschriften an.[1657] Der kann aber nur erreicht werden, wenn alle Beteiligten eine Strafverfolgung zu befürchten haben. In der Praxis kommt es nicht selten vor, dass Betriebsratsmitglieder ein höheres Entgelt von dem Arbeitgeber fordern – unabhängig davon, ob das mit Versprechen oder Androhungen auf ein bestimmtes Verhalten verbunden ist. Mit dem Bewusstsein, dass für sie strafrechtliche Risiken bei der Entgegennahme von zu hohen Zahlungen bestehen, werden solche Forderungen lediglich aus berechtigtem Anlass erfolgen. Nicht nur, dass der präventive Effekt mit einer Strafbarkeit der Betriebsräte gestärkt wird, gleichzeitig würde der Arbeitgeber nicht mehr in die schwierige Lage gebracht werden, über ein gefordertes höheres Entgelt der Betriebsräte entscheiden zu müssen; das würde die Gelegenheiten für unrechtmäßige Zahlungen deutlich reduzieren.

Die Strafvorschrift des § 119 Abs. 1 Nr. 3 ist daher sowohl im Hinblick auf den Leistenden als auch auf den Begünstigten insgesamt unzureichend, Fälle von Begünstigungen werden von ihr nicht ausreichend erfasst. Eine effektive Strafverfolgung ist in diesen Fällen aber zwingend notwendig, da auch eine Strafbarkeit nach § 266 StGB oder § 370 AO keine wirksame und den Taten entsprechende Verfolgung verspricht. Eine Änderung des Gesetzes wird daher unumgänglich sein.

1655 Vgl. *Pasewaldt*, ZIS 2007, 75, 80.
1656 Vgl. dazu z. B. https://www.haufe.de/compliance/recht-politik/staatsanwalt-ermittelt-bei-vw-wegen-zu-hohen-betriebsratsbezuegen_230132_435658.html (zuletzt abgerufen am 16.2.2018); vgl. auch *Pasewaldt*, ZIS 2007, 75, 80 f.
1657 *Cosack*, ZRP 2016, 177, 180.

Kapitel 7
Reformbedarf der Betriebsratsvergütung

Die bisherigen Ausführungen haben gezeigt, dass die derzeit geltenden Vorschriften zur Vergütung von Mitgliedern des Betriebsrates in Teilen nicht mehr zeitgemäß sind. Die Regelungen wären zwar in der Theorie durchaus geeignet, einen ausreichenden Schutz des Entgeltes von Betriebsräten zu gewährleisten und eine genaue Bemessung zu ermöglichen. Dennoch haben sich in zahlreichen Konstellationen große Schwächen des Systems gezeigt. Das Gesetz lässt sich – nach hier vertretener Auffassung – anhand einer teleologischen Reduktion schon jetzt entsprechend auslegen und modifiziert auch auf nicht mit den Regelungen in Einklang stehende Fälle anwenden. Eine gesetzliche Neuregelung ist dennoch nicht nur wünschenswert, sondern im Hinblick auf Rechtssicherheit und eine einfachere Umsetzung in der Praxis notwendig. Denn letztendlich bestehen insgesamt große Unsicherheiten bei der Anwendung der Vorschriften. Viele Ansichten in der Literatur verlangen jedoch nach wie vor eine strenge Handhabung der Gesetze und sehen trotz der Schwierigkeiten und Veränderungen in den letzten Jahren keinen Spielraum de lege lata.[1658] Ungewissheiten bei der Festlegung eines konkreten Entgeltes lassen sich im Einzelnen auch nicht damit beseitigen, bei Zweifeln stets den Weg über die Arbeitsgerichte zu beschreiten.[1659] Das wäre unabhängig von dem Bestehen eines Rechtsschutzinteresses gerade im Hinblick auf die Vielzahl von Betriebsräten weder praktikabel noch durchführbar.

Es gibt einige Stimmen, die das derzeit bestehende Vergütungssystem für Betriebsräte dennoch für ausreichend erachten und die weiterhin an dem Ehrenamtsprinzip unverändert festhalten wollen.[1660] Demgegenüber wird in der Literatur aber schon seit geraumer Zeit auch eine Änderung de lege ferenda gefordert.[1661] Die Gründe, die eine Gesetzesänderung notwendig machen, sind dabei so vielfältig wie die Möglichkeiten einer Neugestaltung.

1658 U. a. *Löwisch*/Kaiser, § 37 Rn. 3; *Röhrborn*, ArbRAktuell 2015, 573, 575; *Fischer*, NZA 2014, 71, 72, 74.; *Rieble*, NZA 2008, 276, 280; *Schweibert/Buse*, NZA 2007, 1080, 1082.

1659 *Keilich*, BB 2014, 2229, 2233.

1660 Vgl. *Esser*, S. 208 ff.; *Lipp*, S. 201 ff.; *Weinspach*, FS Kreutz, S. 495 ff.; *Fischer*, NZA 2014, 71, 74 f.; *ders.*, NZA 2007, 484, 489; wohl auch *Jacobs/Frieling*, ZfA 2015, 241, 265.

1661 *Knipper*, S. 87 ff.; *Fahrtmann*, FS Stahlhacke, S. 127; *Beck*, S. 25 f.; *Franzen*, ZAAR-Kongress, § 2 Rn. 36, 41; *ders.*, NZA 2008, 250, 254; *Rieble*, NZA 2008, 276, 280; *ders.*, CCZ 2008, 32, 36 f.; *Byers*, NZA 2014, 65, 69; ausführlich *Happe*, S. 157 ff.; vgl. auch *Blattner*, NZA 2018, 129, 133 sowie *Schweibert/Buse*, NZA 2007, 1080, 1082, nach denen eine Änderung jedenfalls „wünschenswert" bzw. „begrüßenswert" wäre; für eine Neugestaltung des § 37 Abs. 4 BetrVG *Peter*, FA 2010, 73, 76.

§ 1 Zusammenfassender Überblick über die Schwächen des derzeit geltenden Vergütungssystems

Es sprechen gute und überwiegende Gründe für eine Änderung des Vergütungssystems von Betriebsräten durch den Gesetzgeber. Die Vergütungsvorschriften, insbesondere die Norm des § 37 BetrVG, haben zahlreiche Schwächen bei ihrer Anwendung in der Praxis gezeigt.

Aufgrund des Funktionswandels der Betriebsräte hat sich in den letzten Jahren in zahlreichen Betrieben eine besondere Gruppe „professionalisierter" bzw. „verberuflichter" Betriebsräte herausgebildet. Die gesetzliche Ausgestaltung des Amtes sowie der Aufgaben der Mandatsträger fördert eine solche Entwicklung. Allerdings weichen diese Fälle von dem ursprünglichen Verständnis des Betriebsratsamtes als unentgeltliches Ehrenamt stark ab. Eine teleologische Auslegung hat gezeigt, dass diese besonderen Konstellationen nicht mehr vollumfänglich mit dem Unentgeltlichkeitsgebot nach § 37 Abs. 1 BetrVG in Einklang stehen. Bei „professionalisierten" Betriebsräten kann der Zweck der Vorschrift nicht mehr erreicht werden. Denn die hohen Anforderungen an das Amt, zusätzliche Belastungen und die Notwendigkeit der Aneignung von besonderen Kenntnissen und Fähigkeiten können ebenso dazu führen, dass die betroffenen Betriebsratsmitglieder ihre Unabhängigkeit und Unparteilichkeit verlieren. Das Amt wäre auch für eine potentielle Nachfolge nicht besonders attraktiv. In der Regel werden solche „verberuflichten" Betriebsräte aber nur in den großen Betrieben bzw. Unternehmen zu finden sein. Das ist nicht ungewöhnlich, vergleicht man diese Situation z.B. mit typischen kommunalrechtlichen Strukturen: Während in kleineren Gemeinden das Amt des Bürgermeister ebenfalls als Ehrenamt wahrgenommen wird, ist im Unterschied dazu in größeren Kommunen dasselbe Amt als Beruf mit eigenen Bezügen ausgestaltet.[1662] Allgemein gesprochen werden größere Organisationsformen mit komplexeren Strukturen stets eine Professionalisierung (mit-)entscheidender Gremien erfordern. Das lässt sich auch auf die Betriebe übertragen, in denen ein deutlich größerer Aufgabenbereich und verantwortungsvoller Tätigkeiten auf die Betriebsräte zukommen.

Davon abgesehen sind aber auch Schwierigkeiten bei Anwendung der einzelnen Bemessungsvorschriften deutlich geworden, unabhängig davon, ob es sich um einen „professionalisierten" Betriebsrat handelt oder nicht. Die nach der Regelung des § 37 Abs. 2 BetrVG vorgesehene Ermittlung des subjektiven Entgeltes eines Betriebsratsmitgliedes anhand des Entgeltausfallprinzips ist zwar grundsätzlich zu befürworten. Die Methode der hypothetischen Ermittlung des persönlichen Gehalts stößt aber bei einigen Entgeltbestandteilen, insbesondere bei variablen Vergütungsformen, häufig an ihre Grenzen. Hier zeigt sich die Regelung als sehr starr und unflexibel. Oft werden in Literatur und Rechtsprechung daher Lösungswege über objektivere Betrachtungen gesucht, die dem derzeit gesetzlich vorgesehenen System allerdings nicht entsprechen. Teilweise kann

---

1662 Vgl. auch *Rieble*, CCZ 2008, 32, 37.

die konsequente Anwendung der Vorschrift außerdem zu Ungerechtigkeiten innerhalb des Betriebsratsgremiums führen. Mit der Orientierung an dem subjektiven Entgelt kann es nämlich durchaus dazu kommen, dass aufgrund der verschiedenen, früher ausgeübten Arbeitstätigkeiten Betriebsratsmitglieder sehr unterschiedliche Entgelte erhalten und sich gleichzeitig aber Art und Umfang ihrer Tätigkeiten für den Betriebsrat stark unterscheiden; ein Betriebsratsvorsitzender, der vielleicht umfangreichere und anspruchsvollere Leistungen erbringt, kann dadurch weniger verdienen als ein Betriebsrat mit durchschnittlichen Leistungsanforderungen. Die gesetzliche Regelung sieht das allerdings so vor.

Während die Schwächen im Rahmen des § 37 Abs. 2 BetrVG sich noch als relativ gering darstellen, treten bei Anwendung des § 37 Abs. 4 BetrVG, mit dem das Entgelt an die betriebsübliche berufliche Entwicklung vergleichbarer Arbeitnehmer anzupassen ist, nicht selten Probleme oder jedenfalls Unsicherheiten auf. Die im Gegensatz zu § 37 Abs. 2 BetrVG hier maßgebliche objektive Betrachtungsweise lässt sich nicht in jedem Fall konsequent durchführen. Es gibt einige Konstellationen, die mit der Vorschrift nicht ausreichend zu lösen sind. Dabei handelt es sich um Fälle, bei denen besondere persönliche Umstände vorliegen, die in die Berechnung der Entgeltanpassung mit einfließen müssten, es aber bei strenger Anwendung des objektiven Maßstabes nicht dürfen. Vor allem die Beachtung auf dem Amt basierender Merkmale und Entwicklungen drängt sich aufgrund der heute meist gestiegenen Qualifikationen und Leistungen der Betriebsräte bei der Entgeltberechnung auf, was die derzeitige Gesetzeslage aber nicht eindeutig vorsieht. Eine direkte Einbeziehung solcher persönlichen, amtsbedingten Merkmale ist nach hier vertretener Ansicht de lege lata über die Anpassung der Vergleichsarbeitnehmer oder nach Auslegung in den Ausnahmefällen der „professionalisierten" Betriebsräte zwar möglich, in anderen Fällen können sie allenfalls als Indiz berücksichtigt werden. Für eine angemessene Lösung müssen aber zusätzliche subjektive Kriterien in die objektive Entgeltanpassung mit einbezogen werden können.

Dass Literatur wie auch Rechtsprechung bei § 37 Abs. 2 BetrVG den Schwierigkeiten der erforderlichen subjektiven Betrachtung mit Heranziehung objektiver Kriterien begegnen und sich bei der eigentlichen objektiven Beurteilung in § 37 Abs. 4 BetrVG mit subjektiven Ansätzen behelfen, verdeutlicht, wie die derzeit geltenden Vorschriften zur Festlegung der Vergütung (teilweise) an ihre Grenzen stoßen. Hypothetische Betrachtungen, die häufig eher Mutmaßungen nahekommen, und lange Betriebsratskarrieren über viele Jahre hinweg erschweren eine Berechnung zusätzlich. Das führt zu großen Unsicherheiten, nicht zuletzt wegen der überwiegend vertretenen strengen Auslegung der Vorschriften. Die meisten Fälle sind richterlich nicht geklärt, die Arbeitgeber sind bei der Bemessung sich selbst überlassen und setzen sich bei unrechtmäßiger Vergütung straf- und haftungsrechtlichen Risiken aus.

Nicht außer Acht gelassen werden darf dabei auch, dass die relevanten Vorschriften, wie sie heute existieren, seit dem Jahr 1972 mit der Neueinführung des Betriebsverfassungsgesetzes keine wesentliche Veränderung mehr erfahren haben.

Dass sich in den letzten 40 Jahren aber nicht nur die Betriebspraxis, sondern damit vor allem auch die Betriebsräte und ihre Tätigkeit grundlegend verändert haben, lässt sich nicht bestreiten. Mit dem Amt des Betriebsrates sind heutzutage deutlich mehr Anforderungen und Belastungen verbunden als noch während der Einführung des derzeit geltenden Betriebsratsgesetzes.

Abgesehen von den gestiegenen Ansprüchen an die Tätigkeit, Qualifikation und Verantwortung der einzelnen Betriebsräte sehen sich die Mandatsträger seit einer Entscheidung des BGH[1663] aus dem Jahr 2012 nun auch einer besonderen Haftungssituation ausgesetzt. Danach unterliegen sie in bestimmten Fällen als Betriebsrat einer persönlichen und verschuldensunabhängigen Haftung und nicht mehr der grundsätzlich beschränkten Arbeitnehmerhaftung. Es steht außer Frage, dass solche erweiterte Haftungsrisiken auch entsprechend ausgeglichen werden müssen, anderenfalls wäre das Amt mit Nachteilen verbunden. Die geänderte haftungsrechtliche Situation ist dabei nur ein Beispiel von vielen Nachteilen, die aufgrund der gestiegenen Komplexität des Amtes entstehen können. Dass sich das Betriebsverfassungsgesetz nicht vollkommen dem Gedanken eines finanziellen Ausgleichs für zusätzliche Belastungen wegen des Amtes verschließt, zeigt die Regelung des § 37 Abs. 3 S. 3 Hs. 2 BetrVG bei (nachrangigem) Ausgleich in Geld für Betriebsratsarbeit außerhalb der Arbeitszeit. Darüber hinaus sind Ehrenämtern in anderen Bereichen bestimmte Ausgleichszahlungen für einen mit dem Amt verbundenen besonderen Aufwand ebenfalls nicht fremd. Es lässt sich allerdings nicht abstreiten, dass solche Haftungsrisiken überwiegend für Betriebsräte mit einer herausgehobenen Stellung in dem Gremium, wie den Vorsitzenden oder seinen Stellvertretern, bestehen.

Im Ergebnis besteht daher aus verschiedenen Gründen ein gesetzlicher Anpassungsbedarf bei den Vergütungsvorschriften für Betriebsratsmitglieder. Auch wenn bereits aufgrund von Auslegung einige Modifizierungen de lege lata befürwortet wurden, ist eine (teilweise) Gesetzesänderung schon aus Gründen der Rechtssicherheit und einfacheren Handhabung in der Praxis erforderlich. Inwieweit bzw. in welcher Form die genannten Schwächen mit einer Neuregelung überwunden werden können, ist im Folgenden zu betrachten. Dabei sind zunächst vor allem die mit einer Gesetzesänderung verbundenen Herausforderungen genau zu betrachten. Denn die verschiedenen Änderungsmöglichkeiten werfen häufig Folgefragen und -probleme auf, die beachtet werden müssen. Nicht selten werden Reformvorschlägen auch zahlreiche Bedenken entgegengesetzt, die es ebenfalls zu berücksichtigen gilt.

1663 BGH NZA 2012, 1382.

§ 2 Möglichkeiten und Herausforderungen einer Änderung der Vergütungsvorschriften

A. Allgemeine Herausforderungen

Bei Überlegungen zu der Änderung der gesetzlichen Vorschriften ist zunächst stets im Blick zu behalten, dass für die sachgerechte und effektive Durchführung von Mitwirkung und Mitbestimmung der Schutz vor Nachteilen sowie die Unabhängigkeit der Betriebsratsmitglieder unabdingbare Voraussetzungen sind. Das muss als übergeordneter Zweck stets gewährleistet werden. Darüber hinaus bestehen weitere grundsätzliche Herausforderungen, mit denen man sich – unabhängig von der Form einer gesetzlichen Neuregelung – vor der Festlegung eines konkreten Änderungsvorschlages auseinandersetzen muss.[1664]

I. Differenzierung innerhalb des Betriebsrates

Wie die bisherigen Ausführungen gezeigt haben, lassen sich die Gründe, die eine Gesetzesänderung notwendig machen, überwiegend auf die Veränderungen der letzten Jahre und insbesondere auf den Funktionswandel zahlreicher Betriebsräte zurückführen. Da sich dieser Wandel aber nicht einheitlich vollzogen hat, sondern in erster Linie von der Größe des jeweiligen Betriebes oder der persönlichen Entwicklung des einzelnen Mandatsträgers abhängt, wäre eine pauschale Änderung für alle Betriebsräte kaum umsetzbar, aber auch nicht notwendig. Vielmehr liegt es nahe, eine Differenzierung vorzunehmen, wobei verschiedene Kriterien wie Unternehmensgröße, Position in dem Betriebsratsgremium oder leistungsbezogene sowie persönliche Merkmale eine Rolle spielen könnten. Das führt allerdings zu dem Problem, dass dadurch eine Ungleichbehandlung einzelner Betriebsräte bis hin zu der Etablierung einer „Zwei-Klassengesellschaft" zwischen „professionellen" und „normalen" Mandatsträgern innerhalb des Betriebsrates erfolgen könnte.[1665] Der Möglichkeit einer gewissen unterschiedlichen Behandlung widerspricht das im Grundsatz allerdings nicht.[1666] Die Vergütung von Arbeitnehmern ist in den Betrieben in der Regel so ausgestaltet, dass sie nach verschiedenen Gesichtspunkten unterschiedlich entlohnt werden. Außerdem bestehen aufgrund des betriebsverfassungsrechtlichen Systems auch heute schon große Schwankungen zwischen den Gehältern der einzelnen Mandatsträger. Könnte man bei Betriebsräten mit hohen Anforderungen und erhöhtem Arbeitsanfalls ihre Leistungen berücksichtigen bzw. entsprechend honorieren, wäre es vielmehr so, dass nunmehr sachliche, der Realität entsprechende Merkmale in die Entgeltberechnung mit einfließen könnten, die das Ergebnis deutlich gerechter machen, als einzelne Betriebsräte zu benachteiligen. Davon abgesehen schließt auch das BAG offenbar Differenzierungen, z. B. nach der

---

1664 Vgl. *Fahrtmann*, FS Stahlhacke, S. 126; *Jacobs/Frieling*, ZfA 2015, 241, 262 ff.

1665 *Fahrtmann*, FS Stahlhacke, S. 126; *Weinspach*, FS Kreutz, S. 495; vgl. auch *Jacobs/Frieling*, ZfA 2015, 241, 263.

1666 Ablehnend *Weinspach*, FS Kreutz, S. 495.

Position innerhalb des Betriebsratsgremiums, nicht aus. Beispielsweise hat es in einer Entscheidung die Erforderlichkeit einer speziellen Betriebsratsschulung nur für den Fall bejaht, dass das teilnehmende Mitglied eine herausragende Position in dem Gremium einnehmen wird.[1667]

Grundsätzlich denkbar wäre es, in dem Zusammenhang auch, eine Differenzierung nach Art und Umfang der Arbeitsbefreiung für Betriebsrattätigkeit vorzunehmen, d. h. insbesondere nach nur vorübergehend gemäß § 37 Abs. 2 BetrVG befreiten sowie nach § 38 BetrVG dauerhaft freigestellten Betriebsräten.[1668] Das ist jedoch abzulehnen. Die Entgeltbemessung hat bei beiden Arten der Arbeitsbefreiung grundsätzlich gleich zu erfolgen, ein Unterschied war hier weder von dem Gesetzgeber beabsichtigt noch wäre er sachgerecht. Die Betriebsräte üben im Grundsatz die gleichen Tätigkeiten aus. Darüber hinaus wäre es durchaus möglich, dass über § 37 Abs. 2 BetrVG unter Umständen auch eine dauerhafte Arbeitsbefreiung über einen längeren Zeitraum vorgenommen wird.[1669] Ein Unterschied zu den dauerhaft freigestellten Mandatsträgern wäre dann nicht mehr feststellbar. Dass mit dieser Lösung aber ein nur vorübergehend befreites bzw. teilweise freigestelltes Betriebsratsmitglied dann gegebenenfalls aber zwei unterschiedlich hohe Entgeltteile erhalten könnte, ist weder unpraktikabel noch verfassungsrechtlich bedenklich.[1670] Ein Betriebsratsmitglied enthält einen Teil des Entgeltes für die bisherige Arbeitstätigkeit und einen zweiten für die Zeit der Betriebsratstätigkeit. Damit müssen zwei verschiedene Entgelte berechnet werden, wobei der auf die Betriebsratstätigkeit entfallende Teil vor allem bei einer Änderung des Gesetzes gegebenenfalls anders ausfallen könnte. Eine ähnliche Situation besteht bereits nach der derzeit geltenden Rechtslage, denn eine gesonderte Berechnung oder Betrachtung wird stets erforderlich sein, weil sich hier auch jetzt schon Unterschiede ergeben können. Leistet ein Betriebsratsmitglied zum Beispiel amtsbedingt Überstunden, ist ihm unter Umständen zusätzlich ein Ausgleich nach § 37 Abs. 3 S. 3 BetrVG zu gewähren. Daneben können ihm auch betriebsratsbedingte Aufwandsentschädigungen zu gewähren sein. Ob sich der Unterschied nun auch auf das Grundentgelt bezieht, schadet nicht. Die Berechnungen könnten aber einfacher werden, wenn sie anhand festgelegter Kriterien erfolgen.

II. Stellung des Betriebsratsmitgliedes

Hinsichtlich der Stellung des Betriebsratsmitgliedes während und nach der Amtszeit könnten Schwierigkeiten auftreten, wenn eine Professionalisierung des Amtes mit anderer Vergütung erfolgen würde. Häufig werden Bedenken dagegen angebracht, dass sich der Betriebsrat mit einer gesonderten Zahlung

---

1667 BAG NZA 1996, 783; a.A. *Weinspach*, FS Kreutz, S. 495.

1668 Vgl. *Liesenfeld*, S. 176, der eine Betriebsratszulage bejaht, wenn ein Betriebsrat mehr als die Hälfte seiner ursprünglichen Arbeitszeit für Amtstätigkeit verwendet; kritisch *Jacobs/Frieling*, ZfA 2015, 241, 263; ablehnend *Weinspach*, FS Kreutz, S. 495.

1669 Vgl. die Ausführungen auf S. 123 ff.

1670 So aber *Jacobs/Frieling*, ZfA 2015, 241, 263.

aus der Mitte der Arbeitnehmer, die er eigentlich repräsentiert und deren Interessen er vertritt, „herauslöst". Das wäre in zweifacher Hinsicht denkbar: Zum einen könnte er tatsächlich seine Arbeitnehmereigenschaft mit Erreichen des Niveaus eines leitenden Angestellten verlieren (vgl. § 5 BetrVG). Zum anderen geht es um das Bewusstsein der Belegschaft, dass der sie repräsentierende Betriebsrat aus ihrer Mitte stammt und „einer von ihnen" ist. Doch auch diese Bedenken können ausgeräumt werden. Zunächst ist – wie schon nach geltendem Recht – zwingend zwischen der tatsächlichen Versetzung auf die Position eines leitenden Angestellten und der lediglich entsprechenden Anhebung des Gehalts zu unterscheiden. Nimmt man nicht eine tatsächliche Professionalisierung beispielsweise in Form der Ausgestaltung des Amtes als Beruf vor, ist wegen der höheren Bezahlung jedenfalls nicht eine Änderung der Arbeitnehmerstellung zu befürchten. Außerdem bedeutet es nicht zwingend, dass ein Betriebsrat die Nähe zu den Arbeitnehmern – denen er weiterhin angehört – verliert, nur weil er z. B. ein höheres Entgelt als zuvor erhält. Vielmehr wäre zu befürchten, dass er mehr Nähe zu dem Arbeitgeber gewinnen könnte, wenn Zahlungen unrechtmäßig erfolgen. Dann ist dem Mandatsträger in der Regel die Verbotenheit durchaus bewusst und er könnte dem Arbeitgeber gerade deshalb besonders verbunden sein. Stehen ihm allerdings Zahlungen rechtmäßig zu, kann er diese jederzeit von dem Arbeitgeber verlangen und die Gefahr wäre weitestgehend vermieden.

Darüber hinaus soll bei Eröffnung der Möglichkeit höherer oder zusätzlicher Zahlungen an Betriebsräte auch die Zeit nach dem Amt bedacht werden, d. h. ihre Wiedereingliederung in den Betrieb nach Ende der Amtszeit.[1671] Das wirft nämlich die Frage auf, ob Mandatsträger dann wieder zu den Bedingungen des – auch während der Amtszeit grundsätzlich fortbestehenden – bisherigen Arbeitsverhältnisses weiterzubeschäftigen sind oder ob gegebenenfalls eine Anpassung erforderlich ist. Die Lösung dieses Problems mit einer Absicherung über einen Sicherungsfond, aus dem ehemaligen Amtsträgern gestaffelt nach ihrer Amtszeit ein Teil ihres Betriebsratsentgeltes fortgewährt werden soll,[1672] ist abzulehnen. Vielmehr wäre diese Entscheidung in Zusammenhang mit der Ausgestaltung der Neuregelung zu treffen: Würde man eine Bezahlung der Betriebsräte nach bestimmten Kriterien festlegen, könnten diese je nach Art auch für eine spätere Reintegration in den Betrieb ausschlaggebend sein. Wird dagegen eine Vereinbarungslösung gewählt, kann diese Entscheidung den Vertragspartnern überlassen werden.

Wird allerdings keine explizite Regelung dazu getroffen, entstehen aber keine größeren Probleme. Die Konsequenz nach dem Ausscheiden aus dem Amt wäre, dass grundsätzlich das bisherige Arbeitsverhältnis gilt. Das könnte zwar zunächst zu einer Rückstufung in dem Gehalt führen. Für den Normalfall der Betriebsräte

---

1671 *Fahrtmann*, FS Stahlhacke, S. 126 f.; *Weinspach*, FS Kreutz, S. 495; *Däubler*, SR 2017, 85, 89; vgl. entsprechende Bedenken bereits bei zu hohen Zahlungen de lege lata *Schweibert/Buse*, NZA 2007, 1080, 1082.

1672 So *Fahrtmann*, FS Stahlhacke, S. 126 f.

ist eine Reintegration auf Basis des bisherigen Arbeitsverhältnisses aber gerechtfertigt. Ist das Entgelt tatsächlich höher als zuvor, wurde es an das vergleichbarer Arbeitnehmer nach § 37 Abs. 4 BetrVG angepasst; dann greift aber ohnehin der entsprechende nachwirkende Tätigkeitsschutz nach § 37 Abs. 5 BetrVG. In der Zeit hat das Betriebsratsmitglied ausreichend Gelegenheit, für bestimmte Stellen möglicherweise fehlende Kenntnisse und Qualifikationen nachzuholen. Es wäre ihm auch unbenommen, sich nach dem Ausscheiden des Amtes jederzeit auf andere Positionen bewerben. Aber auch wenn das Betriebsratsmitglied während der Amtszeit zusätzliche besondere Qualifikationen erlangt hat, ist es ebenfalls über § 37 Abs. 5 BetrVG ausreichend geschützt. Bei dem hierfür geltenden Maßstab der vergleichbaren Arbeitnehmer wären die amtsbedingt neu erworbenen Qualifikationen ebenso mit einzubeziehen. Denkbar wäre in dem Zusammenhang lediglich, den Zeitraum für besonders qualifizierte, „professionalisierte" Betriebsräte zu erhöhen. Für die Zeit nach Ende des Tätigkeitsschutzes greift dann aber auch § 78 S. 2 BetrVG, der sich ausdrücklich auch auf die berufliche Entwicklung bezieht und nachwirkenden Schutz entfaltet. Würde sich eine Rückstufung im Einzelfall dann als Nachteil darstellen, wäre sie demnach wegen einer Benachteiligung verboten.

Bereits hier zeichnet sich ab, dass eine gesetzliche Neuregelung in der Form vorzugswürdig ist, die sich (auch) an den tatsächlichen Qualifikationen und Leistungen aufgrund des Amtes orientiert. Abgesehen davon, dass eine höhere Bezahlung nur dann gerechtfertigt ist, stellen sich auch die Probleme nach der Amtszeit als deutlich geringer dar. Die Beschäftigung nach Amtsende mit einer Tätigkeit, die vergleichbaren Arbeitnehmern entspricht, macht eigentlich nur Sinn, wenn das Betriebsratsmitglied auch für die Stelle (fachlich) geeignet ist. Zwar sieht das die gesetzliche Regelung bereits de lege lata so vor, indem zumindest die Karrieren vergleichbarer Arbeitnehmer maßgeblich sind. Würden aber Gehälter allein aufgrund des Amtes erhöht und müsste man nach Amtsübernahme die weitere Beschäftigung danach ausrichten, wäre zum einen die Suche einer geeigneten Stelle – wegen mangelndem Bezug zu konkreten Qualifikationen und Kenntnissen – schwierig; zum anderen müsste der Arbeitgeber hoch bezahlte Stellen mit hierfür vielleicht nicht qualifizierten und fachlich ungeeigneten ehemaligen Betriebsräten besetzen.

III. Verfahren der Entgeltbemessung

Neben den genannten Herausforderungen bei einer Gesetzesänderung werden häufig auch Probleme im Hinblick auf die konkrete Festlegung der Vergütung gesehen. Dabei sei vor allem bedenklich, wer im Einzelnen der Entscheidungsträger für die Bestimmung der Betriebsratsvergütung sein soll; denkbar wäre neben Arbeitgeber, Arbeitnehmern oder Betriebsräten auch eine unabhängige Kommission, bestehend aus Mitgliedern aller drei genannten Gruppen.[1673]

1673 *Weinspach*, FS Kreutz, S. 493; *Jacobs/Frieling*, ZfA 2015, 241, 263; vgl. auch *Beck*, S. 26.

Dabei wurde bereits nach derzeit geltendem Recht, das die Entgeltfestsetzung durch eine paritätisch besetzte Kommission bislang nicht vorsieht, von dem LG Braunschweig diese Vorgehensweise in einem zu entscheidenden Fall über zu hohe Zahlungen an Betriebsräte nicht beanstandet.[1674] Dadurch könnte nicht nur ein Missbrauch zwischen Arbeitgeber und Betriebsräten verhindert werden, sondern die Entscheidungen wären nachvollziehbarer und würden außerdem auf allen Seiten zu einer höheren Akzeptanz führen. Ob eine solche Kommission aber zwingend notwendig ist, hängt wiederum entscheidend von der Art einer Neuregelung ab. Bei einer Festlegung des Entgeltes anhand bestimmter oder bestimmbarer (objektiver) Kriterien wäre eine Entscheidung allein des Arbeitgebers denkbar, weil sie wegen dieser Anknüpfungspunkte nachvollziehbar sowie überprüfbar wäre und einem möglichen Missbrauch damit Einhalt geboten werden könnte. Bei einer Vereinbarungslösung sind ohnehin mindestens zwei Seiten an der Abrede beteiligt. Handelt es sich bei diesen jedoch nur um den Betriebsrat und den Arbeitgeber, wäre eine unabhängige Instanz für eine breite Akzeptanz der Regelungen eher erforderlich, um nicht dem Verdacht von „Mauscheleien" zu unterliegen. Unabhängig von einer Notwendigkeit der Bestimmung durch eine paritätische Kommission kann sich der Arbeitgeber aber stets auch freiwillig dieser Möglichkeit bedienen, um einen Vorwurf des Missbrauches von vornherein auszuräumen und den Interessen aller Seiten gerecht zu werden. Vor allem in Streitfällen können dem Arbeitgeber auf diese Art und Weise festgesetzte Entgelte kaum mehr „gefährlich werden".

Das führt zu einem weiteren Punkt, der ebenfalls in Zusammenhang mit einer breiten Akzeptanz der Entlohnung von Betriebsräten – auch bereits de lege lata – angeführt wird. Häufig wird sich für eine Transparenz oder sogar Offenlegungspflicht der Betriebsratsgehälter ausgesprochen.[1675] Dadurch könne der Verdacht von Beeinflussung oder Käuflichkeit von vornherein ausgeräumt werden.[1676] Ein solches System könnte zu hohen Zahlungen entgegenwirken und zu einer breiten Akzeptanz bei der Belegschaft beitragen.[1677] Eine Geheimhaltung würde nach Befürwortern dieser Lösung dagegen stets zu Misstrauen führen.[1678] Auf der anderen Seite wird vertreten, dass die Methode ein Misstrauensvotum gegenüber sämtlichen Betriebsräten bedeuten würde.[1679] Außerdem könne eine Offenlegung schon der Rechtsprechung des BAG widersprechen; nach Ansicht des Gerichts stelle eine nicht mit dem Betriebsverfassungsgesetz in Einklang

---

1674 LG Braunschweig CCZ 2008, 32, 34, mit kritischer Anmerkung *Rieble*.
1675 Als Lösung bereits de lege lata: *Weinspach*, FS Kreutz, S. 497; *Fischer*, NZA 2014, 71, 74; für eine Transparenzlösung de lege ferenda: *Fischer*, BB 2007, 997, 1000; *Happe*, S. 175 f.; *Liesenfeld*, S. 174, in Anlehnung an § 285 S. 1 Nr. 9 HGB; vgl. auch *Ballauf*, AiB 2014, 62, 64; wohl ablehnend *Esser*, S. 218 f., der aber einen Auskunftsanspruch für Arbeitnehmer über die Gehälter der Betriebsräte befürwortet.
1676 *Weinspach*, FS Kreutz, S. 497.
1677 *Happe*, S. 176.
1678 *Weinspach*, FS Kreutz, S. 497; *Fischer*, BB 2007, 997, 1000.
1679 *Peter*, FA 2010, 73, 75.

stehende Art der Veröffentlichung von Kosten für die Betriebsratsarbeit eine Behinderung der Amtstätigkeit dar und begründet einen Unterlassungsanspruch.[1680] Zwar besteht nun auch mit dem neu eingeführten Entgelttransparenzgesesetz vom Juni 2017 in den Unternehmen ein individueller Auskunftsanspruch einzelner Arbeitnehmer zur Überprüfung der Einhaltung des Entgeltgleichheitsgebots gemäß §§ 10 ff. EntgTranspG. Einer Offenlegung einzelner Betriebsratsgehälter kann das aber nicht als Grundlage dienen.

Im Ergebnis ist ein solches Vorgehen nicht zwingend zu fordern oder gesetzlich festzuschreiben.[1681] Unabhängig von den genannten Argumenten ist die Situation auch nicht mit der Offenlegungspflicht von Vorstandsgehältern vergleichbar. Während das Entgelt eines Vorstandsmitgliedes individuell in arbeitsvertraglichen Regelungen festgelegt wird, erfolgt die Betriebsratsvergütung grundsätzlich nach gesetzlichen Vorschriften. Das wird sich auch de lege ferenda nicht ändern. Eine Vereinbarung über eine höhere Amtsvergütung in dem Arbeitsvertrag eines Mandatsträgers wäre daher nicht möglich. Es lässt sich nach dem Gesetz ungefähr nachvollziehen, was ein Betriebsratsmitglied verdient. Wenn der ursprüngliche Arbeitsvertrag weiterhin gilt und Grundlage der Vergütung ist, kann hier keine Offenlegungspflicht begründet werden. Schließlich sind auch die anderen Arbeitnehmer in dem Betrieb nicht dazu verpflichtet, ihr Gehalt öffentlich zu machen. Trotzdem kann eine solche Lösung Vorteile, vor allem im Hinblick auf die Akzeptanz und das Vertrauen der Belegschaft, mit sich bringen. Eine konkrete Offenlegung einzelner Gehälter wäre nur mit Einverständnis des jeweiligen Betriebsratsmitgliedes möglich; denkbar wäre lediglich die Veröffentlichung der Bandbreite sämtlicher Bezüge der Betriebsräte.[1682] Diese Entscheidung ist dem Arbeitgeber aber selbst zu überlassen.

B. Mögliche Alternativen zu der derzeit geltenden Regelung

Der Gesetzgeber hat sich bei Neueinführung des Betriebsverfassungsgesetzes im Jahr 1972 nicht für die Zahlung eines gesonderten Entgeltes für das Betriebsratsamt bzw. die -tätigkeit, sondern für die Weitergewährung des ursprünglichen Arbeitnehmergehalts auch nach Amtsübernahme entschieden. Darüber hinaus sind aber zahlreiche andere Varianten denkbar, wie das Entgelt von Betriebsräten zukünftig bestimmt werden könnte.

I. Öffnung des Gesetzes für Vereinbarungslösungen

Häufig wird in der Literatur in Zusammenhang mit Gesetzesänderungen der Vergütungsvorschriften für Betriebsräte vorgeschlagen, die relevanten Regelungen

---

1680 Vgl. BAG NZA 1998, 559; *Peter*, FA 2010, 73, 75.
1681 Ebenfalls gegen eine Offenlegungspflicht *Peter*, FA 2010, 73, 75; *Esser*, S. 218 f.
1682 *Weinspach*, FS Kreutz, S. 497 mit Hinweis auf die häufig in dem Zusammenhang als Vorbild genannte Offenlegungspraxis der BASF, die bereits seit geraumer Zeit die Bandbreite der Gehälter ihrer Betriebsräte veröffentlicht; vgl. auch *Rieble*, CCZ 2008, 32, 37.

zu öffnen und sie dispositiv zu stellen.[1683] Da kleinere Unternehmen und Betriebe von den Problemen, die eine Gesetzesänderung notwendig machen, in der Regel kaum betroffen sein werden, sieht eine Ansicht in der Literatur auch bei einer Öffnung des Gesetzes dieselben, zuvor genannten Herausforderungen; zu klären wäre auch hier die Frage des Anknüpfens an die Betriebsgröße, die Geltung nur für einen bestimmten Personenkreis oder die Bestimmung der Entscheidungsträger.[1684] Allerdings dürften sich mit Vereinbarungslösungen diese Probleme eher verringern; jedenfalls ließen sich durch Verlagerung auf eine andere Ebene für die jeweiligen Unternehmen und Betriebe deutlich sachgerechtere Lösungen finden.[1685] Mit einer Öffnung des Gesetzes könnten Fragen der Betriebsratsvergütung künftig durch Tarifvertrag oder Betriebsvereinbarung geregelt werden; dabei könnte auf die Besonderheiten der jeweiligen Betriebe deutlich besser eingegangen werden als mit einer allgemeinen gesetzlichen Regelung.[1686] Die damit erreichbare Sachnähe stellt sich als großer Vorteil gegenüber anderen Regelungsmöglichkeiten dar. Daher wird eine solche Vereinbarungslösung von einer befürwortenden Auffassung in der Literatur sogar als „Königsweg" bezeichnet.[1687] Die Ansicht nennt einen konkreten Anpassungsvorschlag und würde de lege ferenda eine neue Vorschrift „§ 41a BetrVG" einführen, die in ihrem Absatz 1 eine Abweichungsmöglichkeit von den §§ 37 bis 41 BetrVG durch Betriebsvereinbarung oder Tarifvertrag vorsieht; Absatz 2 enthält dann eine Beschränkung der damit ermöglichten Umlagefinanzierung nach § 41 BetrVG.

Allerdings sprechen auch Argumente gegen solche Vereinbarungslösungen. Sie bergen das Risiko, dass von den vorgegebenen gesetzlichen Regelungen, die grundlegende und bedeutende Zwecke verfolgen, unsachgemäß abgewichen wird. Vor allem bei der Möglichkeit einer Betriebsvereinbarung könnten Arbeitgeber und Betriebsrat selbst die Bedingungen festlegen, ohne dass sie einer unabhängigen Kontrolle unterliegen. Auch wenn das nicht von vornherein zu unterstellen ist, besteht jedenfalls die Gefahr des „Erkaufens" von Wohlwollen seitens des Arbeitgebers oder von „Erpressungsversuchen" durch Betriebsräte.[1688] Es ist außerdem kritisch zu sehen, die Vergütung der Betriebsräte „zu einem reinen Verhandlungsobjekt" zwischen Arbeitgeber und Betriebsrat werden zu lassen.[1689] Bedenken ergeben sich ebenfalls hinsichtlich der Nähe des überwie-

---

1683 *Beck*, S. 27; *Franzen*, ZAAR-Kongress, § 2 Rn. 36, 41; *ders.*, NZA 2008, 250, 255; *Rieble*, NZA 2008, 276, 280; *ders.*, CCZ 2008, 32, 37; *Byers*, NZA 2014, 65, 69; vgl. auch *Röhrborn*, ArbRAktuell 2015, 573, 576 (für eine Möglichkeit tarifvertraglicher Sondervergütungen); ablehnend *Happe*, S. 167 ff.; *Esser*, S. 216.

1684 *Weinspach*, FS Kreutz, S. 492 f.

1685 *Jacobs/Frieling*, ZfA 2015, 241, 264.

1686 Vgl. *Jacobs/Frieling*, ZfA 2015, 241, 264.

1687 *Franzen*, ZAAR-Kongress, § 2 Rn. 36.

1688 *Weinspach*, FS Kreutz, S. 493; *Jacobs/Frieling*, ZfA 2015, 241, 265; *Happe*, S. 171; vgl. auch die Bedenken bei *Liesenfeld*, S. 170 f.

1689 *Weinspach*, FS Kreutz, S. 493; *Jacobs/Frieling*, ZfA 2015, 241, 265; vgl. auch *Esser*, S. 216, der hier von „Kuhhandel" spricht.

genden Teils von Betriebsratsmitgliedern zu den Gewerkschaften, so dass bei Abschluss von Tarifverträgen Druckausübung zu befürchten wäre.[1690]

II. Änderung oder Einführung neuer Vergütungsvorschriften

Als eine von vielen Gestaltungsmöglichkeiten bei Neuregelungen wäre zunächst die von den bisherigen Vorschriften vollständig abweichende Variante der abstrakten Festlegung eines fixen Entgeltes denkbar,[1691] quasi als direkte Entlohnung des Betriebsratsamtes. Das würde allerdings zu zahlreichen Folgeproblemen, nicht nur hinsichtlich der konkreten Festlegung, sondern vor allem auch im Hinblick auf die Rechtsstellung der Betriebsräte führen und ist schon deshalb abzulehnen. Davon abgesehen könnte eine pauschale und gleiche Bezahlung aller Betriebsräte für manche Mandatsträger ein geringeres Entgelt als bisher und damit einen Nachteil bedeuten; außerdem würde man hier besondere Leistungsgesichtspunkte sowohl aus dem bisherigen Arbeitsverhältnis als auch aufgrund des Betriebsratsamtes komplett vernachlässigen.[1692]

Eine andere Alternative wäre die Möglichkeit der Versetzung der Betriebsratsmitglieder auf einen anderen, höher bezahlten Arbeitsplatz.[1693] Dem ist aber ebenfalls nicht zu folgen, weil die Mandatsträger nicht zwingend die erforderlichen Qualifikationen und Kenntnisse für die höher dotierten Stellen mit sich bringen. Selbst wenn man noch von der eher nachvollziehbaren Variante einer Versetzung nur bei Erwerb neuer, der Stelle entsprechender Fähigkeiten ausgehen würde, zeigen sich in dieser Lösung Schwächen. Der Arbeitgeber müsste eine entsprechende freie Stelle in dem Betrieb haben oder neue Plätze schaffen, um sie dann womöglich mit einem dauerhaft freigestellten Betriebsratsmitglied zu besetzen, der die neue Tätigkeit über lange Zeit nicht wahrnehmen würde. Das käme nur faktischen Stellenbesetzungen oder sogar fiktiven Versetzungen gleich, die grundsätzlich abzulehnen sind – auch wenn damit Reintegrationsprobleme nach der Amtszeit bereits gelöst wären.

Häufig wird in dem Zusammenhang auch eine Umlagefinanzierung durch die Arbeitnehmer in dem Betrieb genannt,[1694] eine Lösung, wie sie in ähnlichen Konstellationen in Österreich und Frankreich praktiziert wird.[1695] Dadurch müssten die Arbeitnehmer für ihre Interessenvertretung aufkommen, was nicht auf sehr breite Akzeptanz stoßen wird. Davon abgesehen, dass auch hier zahlreiche Schwierigkeiten im Hinblick auf die Höhe sowie die Festlegung der konkreten Vergütung nicht gelöst werden würden, wäre sogar ein „Aussterben" der

---

1690 *Jacobs/Frieling*, ZfA 2015, 241, 265; vgl. auch *Happe*, S. 170.
1691 Für eine Ausgestaltung als Berufsbetriebsrat *Georgi*, S. 179 f.; vgl. auch *Jacobs/Frieling*, ZfA 2015, 241, 263; *Knipper*, S. 90 f.
1692 Vgl. dazu *Knipper*, S. 90 f.
1693 *Weinspach*, FS Kreutz, S. 493 f.
1694 *Weinspach*, FS Kreutz, S. 494 f.; *Fischer*, BB 2009, 997, 1000; *Jacobs/Frieling*, ZfA 2015, 241, 264; ablehnend *Esser*, S. 215.
1695 *Fischer*, BB 2009, 997, 1000.

Betriebsräte, vor allem in kleineren Betrieben, zu befürchten.[1696] § 41 BetrVG verbietet dieses Vorgehen derzeit ausdrücklich und das soll auch beibehalten werden. Dem ähnlich wird teilweise eine Lösung über eine Budgetierung bzw. Fondslösung diskutiert.[1697] Dem Betriebsrat würde eine bestimmte Geldsumme zur Verfügung gestellt werden, aus der er in eigener Verantwortung sämtliche Kosten für den Betriebsrat selbst begleichen müsste.[1698] Dabei könnte er die Gehälter der einzelnen Betriebsratsmitglieder eigenständig festlegen und verteilen. Eine solche Festlegung von Gehältern ist aber vor allem im Hinblick darauf, dass die Betriebsräte grundsätzlich Arbeitnehmer bleiben, bedenklich. Auch mögliche gremieninterne Streitigkeiten und die Frage, wie sie gelöst werden könnten, sprechen gegen diese Methode.[1699]

Teilweise wird in der Literatur auch befürwortet, den Betriebsräten eine Zulage zu gewähren. Dabei ist eine pauschale Zahlung, die in der Höhe gesetzlich festgelegt ist, allerdings abzulehnen.[1700] Sie wäre ausschließlich an das Amt geknüpft und hätte keinerlei Bezug zu Leistung oder Qualifikation. Davon abgesehen, dass damit auch Betriebsräte eine zusätzliche Bezahlung erhalten würden, auch wenn ihre Amtstätigkeit mit keinen besonderen Anforderungen verbunden ist, könnte eine solche Zulage eine falsche Motivation für Arbeitnehmer zur Wahlaufstellung mit sich bringen. Knüpft man dagegen eine Betriebsratszahlung auch an Leistungsgesichtspunkte, werden dagegen deutlich mehr Anreize für eine qualifizierte Betriebsratsarbeit gesetzt.

Zuletzt ist daher die Möglichkeit zu betrachten, Entgelte für Betriebsräte an der tatsächlichen Betriebsratstätigkeit zu messen.[1701] Denkbar wäre hier eine Zahlung des Entgeltes in Form von Sonder- und Bonuszahlungen[1702] oder Amtszulagen[1703]. Das größte Problem in diesem Zusammenhang stellt allerdings die gesetzliche Festlegung eines allgemeingültigen Maßstabes für die Bemessung dar, d. h. anhand welcher konkreten Kriterien das leistungsorientierte Entgelt im Einzelnen bestimmt werden kann.[1704] Hierfür sind verschiedene Bezugspunkte denkbar. Dabei ist dem zuzustimmen, dass der wirtschaftliche Erfolg des Unternehmens kein taugliches Merkmal darstellen kann.[1705] Eine Orientierung an der Regelung des § 113 Abs. 1 S. 3 AktG ist abzulehnen, weil damit keine konkreten

---

1696 Vgl. auch *Jacobs/Frieling*, ZfA 2015, 241, 264.

1697 *Fischer*, BB 2009, 997, 1000; *Jacobs/Frieling*, ZfA 2015, 241, 263 f.; *Happe*, S. 172.

1698 *Fischer*, BB 2009, 997, 1000; *Jacobs/Frieling*, ZfA 2015, 241, 263 f.

1699 Vgl. *Jacobs/Frieling*, ZfA 2015, 241, 263 f.; vgl. auch *Esser*, S. 215, der hier die Gefahr eines „Mitbestimmungsdumpings" sieht.

1700 So *Happe*, S. 178 f., der einen Höchstbetrag von 500 Euro monatlich vorsieht, der sich aber nach der Anzahl der nach § 38 BetrVG freigestellten Betriebsratsmitglieder erhöhen kann.

1701 *Fahrtmann*, FS Stahlhacke, S. 126; *Weinspach*, FS Kreutz, S. 491 f.; *Jacobs/Frieling*, ZfA 2015, 241, 262.

1702 *Weinspach*, FS Kreutz, S. 491.

1703 *Happe*, S. 177 f.; *Liesenfeld*, S. 171 ff.; ablehnend *Knipper*, S. 90.

1704 *Fahrtmann*, FS Stahlhacke, S. 126; *Weinspach*, FS Kreutz, S. 491 f.; *Jacobs/Frieling*, ZfA 2015, 241, 262.

1705 *Fahrtmann*, FS Stahlhacke, S. 126; *Jacobs/Frieling*, ZfA 2015, 241, 262.

Anhaltspunkte geschaffen werden könnten und die Bestimmung nach wie vor an unsicheren Kriterien festgemacht wäre; außerdem passt die Regelung nicht auf die vorliegende Situation.[1706]

Dabei kann auch eine Betrachtung der Aufgaben, Position und Funktion des jeweiligen Betriebsratsmitgliedes sachgerecht sein.[1707] In dem Zusammenhang wird beispielsweise auch eine Zulage in der Gestalt vorgeschlagen, dass sie sich an Arbeitnehmern oder Dienstleistern orientiert, die mit der Amtstätigkeit vergleichbar sind, aber nur ab dem Umfang einer Freistellung von mindestens der Hälfte der ursprünglichen Arbeitszeit gezahlt wird.[1708] Damit soll eine Entlohnung nach Wert möglich sein, die bis zu einer Vergütung von Managern reichen kann.[1709] Nicht passend wäre es aber, auf die Erfolge des Betriebsratsmitgliedes bzw. des Gremiums im Hinblick auf die Durchsetzung der Interessen oder die Mitbestimmung in dem Betrieb abzustellen; das wäre in der Tat für den Arbeitgeber ein seltsames Ergebnis, wenn er den Betriebsrat quasi gemessen an den Niederlagen, die er selbst einstecken muss, zu entlohnen hätte.[1710]

Dass hier Leistungsgesichtspunkte ausschlaggebend sein müssen, ist durchaus nachvollziehbar und richtig; diese müssen Anknüpfungspunkt bei einer gesetzlichen Neuregelung sein.[1711] Das muss sowohl für amtsbedingte als auch nicht auf dem Amt basierende Qualifikationen und Fähigkeiten gelten. Die Betriebsräte haben es somit selbst in der Hand, sich fachlich und persönlich weiterzuentwickeln. Die Kriterien müssen sich dabei nachvollziehen lassen. Dann schadet auch eine Einordnung bzw. Bestimmung durch den Arbeitgeber nicht. Schließlich legt dieser auch das Entgelt von Arbeitnehmern in dem Betrieb in der Regel anhand von Leistungsgesichtspunkten fest. Zusätzliche, neu erworbene Qualifikationen lassen sich außerdem mit Nachweisen wie Teilnahmebescheinigungen, Zeugnissen oder Urkunden einfach belegen. Schwieriger wäre es dagegen bei allein leistungsbezogenen oder persönlichen Merkmalen. Diese wären nur nachvollziehbar und glaubwürdig, wenn sie bestenfalls von verschiedener Seite beurteilt und dokumentiert wurden. Dann stellt sich aber einmal mehr die Frage nach den beurteilenden Personen, zumal der Arbeitgeber nicht befugt ist, die Betriebsratsarbeit zu „überwachen".

Zwar lassen sich gegen diese Methode ebenfalls Bedenken anbringen, wie z. B. dass eine abstrakte Festlegung willkürlich erscheint oder dass mit der Möglichkeit zusätzlicher Zahlungen an Betriebsräte die Gefahr besteht, dass die Arbeitgeber sich das Wohlwollen und die Kooperationsbereitschaft der Arbeit-

---

1706 So *Pflüger*, BB 2007, Editorial Heft 41; ebenfalls ablehnend *Esser*, S. 217.
1707 *Fahrtmann*, FS Stahlhacke, S. 126 f., der damit eine Zuordnung zu einer den Leistungen entsprechenden Leitungsebene vornehmen und sich daran orientieren will; kritisch dagegen *Jacobs/Frieling*, ZfA 2015, 241, 262 f.
1708 *Liesenfeld*, S. 171 f.
1709 *Liesenfeld*, S. 171 f.
1710 *Weinspach*, FS Kreutz, S. 492; *Jacobs/Frieling*, ZfA 2015, 241, 262.
1711 *Fahrtmann*, FS Stahlhacke, S. 127; vgl. auch *Ballauf*, AiB 2014, 61, 64; kritisch im Hinblick auf ihre Bestimmung und ablehnend *Weinspach*, FS Kreutz, S. 492.

nehmervertretung „erkaufen" wollen.[1712] Zudem bestünde das Risiko, dass die Betriebsräte künftig auf den Arbeitgeber Druck ausüben, um höhere Bezüge zu erhalten.[1713] Zuletzt ist nicht nur die Unabhängigkeit der Betriebsräte gefährdet, es wäre damit ebenso ein Vertrauensverlust der Arbeitnehmer sowohl in die Vergütungsentscheidung als auch in eine ordnungsgemäße Vertretung ihrer Interessen zu befürchten.[1714]

Diesen Überlegungen und Zweifeln kann aber einfach begegnet werden, indem man zugleich eine Anpassung der relevanten Strafvorschriften vornimmt. Die Änderung des § 119 Abs. 1 Nr. 3 BetrVG, dessen Anwendungsbereich in der Praxis derzeit noch relativ gering ist, wird auch in der Literatur teilweise gefordert.[1715] Dabei steht vor allem eine Erweiterung des Strafantragsrechts in der Diskussion. Mit einer Lockerung des Strafantragserfordernisses sowie der Einführung einer Strafbarkeit für die Betriebsräte selbst könnten einige der genannten Probleme ohne weiteres gelöst werden. Die Betriebsräte würden von dem Arbeitgeber höhere Zahlungen nicht mehr einfordern, wenn sie deswegen eine Strafverfolgung zu befürchten hätten. Und selbst wenn der Arbeitgeber mit dem Hintergedanken der Beeinflussung einem Betriebsratsmitglied die Erhöhung seines Entgeltes anbieten würde, hätte das mit großer Wahrscheinlichkeit zur Folge, dass der Mandatsträger sie ablehnt.

§ 3 Reformvorschläge

Die Darstellung der Herausforderungen im Zusammenhang mit einer Neuregelung der Betriebsratsvergütung führt im Ergebnis dazu, dass die aktuelle gesetzliche Ausgestaltung jedenfalls im Grundsatz beizubehalten ist.

Das bisherige Arbeitsverhältnis eines Mandatsträgers soll weiterhin Grundlage der Bezahlung während der Amtszeit bleiben. Eine Ausgestaltung des Amtes als Beruf mit eigenen Bezügen wäre trotz des festgestellten Wandels der Betriebsräte hin zu einer Verberuflichung nicht sachgerecht und in vielerlei Hinsicht kaum umsetzbar. Diese Lösung wäre mit der ursprünglichen Idee des Betriebsratsamtes auch nur schwer in Einklang zu bringen. Dabei ist vor allem zu bedenken, dass sich dadurch die Betriebsräte tatsächlich zu leitenden Angestellten i. S. d. § 5 Abs. 3 BetrVG entwickeln und damit eigentlich nicht mehr dem Betriebsrat angehören könnten.[1716] Für kleinere Betriebe wird das geltende System in den überwiegenden Fällen, insbesondere die Ausgestaltung als Ehrenamt, nach wie vor ausreichend sein. Eine unterschiedliche Behandlung von nur vorübergehend befreiten und dauerhaft freigestellten Betriebsräten wäre der Arbeit

---

1712 *Weinspach*, FS Kreutz, S. 492.
1713 *Weinspach*, FS Kreutz, S. 492.
1714 *Weinspach*, FS Kreutz, S. 492.
1715 *Happe*, S. 173; *Esser*, S. 225 ff.; *Liesenfeld*, S. 175 ff.; *Cosack*, ZRP 2016, 177, 180; vgl. auch *Fischer*, BB 2007, 997, 1001; *Byers*, NZA 2014, 65, 70; *Röhrborn*, ArbRAktuell 2015, 573, 576.
1716 Vgl. *Happe*, S. 166.

des Gremiums nicht zuträglich und könnte zu Spannungen unter den einzelnen Mandatsträgern führen.[1717] Mit einem Anknüpfen an Leistungsgesichtspunkte haben dagegen sämtliche Betriebsräte die Möglichkeit, ein höheres Entgelt zu erzielen. Das Ehrenamts- und Unentgeltlichkeitsprinzip des § 37 Abs. 1 BetrVG ist beizubehalten.

Das Entgeltausfallprinzip stellt im Grundsatz ebenfalls eine angemessene Regelung dar. Zwar hat die Vorschrift in Einzelfällen Schwächen gezeigt, die aber überwiegend mit den dargestellten Lösungsansätzen ausreichend behoben werden können. Mit einer gesetzlichen Anpassung könnten künftig ohnehin nicht alle einzelnen fortzuzahlenden Entgeltbestandteile gesetzlich erfasst und geregelt werden. Um den Schwierigkeiten zu begegnen, wird dem Arbeitgeber – nach hier befürworteter Auffassung – bei der Bemessung im Rahmen des § 37 Abs. 2 BetrVG anhand der hypothetischen Betrachtung außerdem ein gewisser Beurteilungsspielraum zugebilligt. Die größten Schwierigkeiten haben sich bei einer fiktiven Entgeltbemessung im Bereich der variablen Vergütungsbestandteile gezeigt. Für diese Fälle kann daher zur Erleichterung der Umsetzung in der Praxis die Möglichkeit der Berechnung anhand eines objektiven Maßstabes, angelehnt an die Regelung des § 37 Abs. 4 S. 1 BetrVG, gesetzlich eröffnet werden.[1718] Bestehen keine ausreichenden Anhaltspunkte für die Bestimmung dieses fiktiven Gehaltsteiles, kann dann auch auf vergleichbare Arbeitnehmer zurückgegriffen werden. Denkbar wäre hier außerdem, speziell auf die Unternehmen und ihre Vergütungspraxis zugeschnittene Lösungswege über eine Öffnungsklausel und damit entsprechende betriebliche Vereinbarungen zu ermöglichen.

Um den Schwächen bei der Bemessung im Rahmen des § 37 Abs. 4 BetrVG zu begegnen, müssen bei der Entgeltanpassung auch nachträglich erworbene Qualifikationen und Fähigkeiten der Betriebsräte mit einbezogen werden können. Mit diesem Weg wird man auch der zunehmenden Professionalisierung der Betriebsräte am besten gerecht. Zwar ist nach hier vertretener Auffassung die Berücksichtigung neu erworbener – auch amtsbedingter – Qualifikationen im Rahmen des § 37 Abs. 4 S. 1 BetrVG unter bestimmten Umständen teilweise auch de lege lata schon möglich. Für eine uneingeschränkte Geltung sowie auch aus Klarstellungsgründen bzw. für mehr Rechtssicherheit in der Praxis ist eine entsprechende gesetzliche Anpassung jedoch erforderlich.[1719]
Außerdem müssen die mit dem Amt möglicherweise verbundenen Nachteile für die Mandatsträger adäquat ausgeglichen werden können. Zum Teil ist das bereits damit gesichert, dass ihre Leistungen und besonderen Anforderungen über die berufliche Entwicklung nach § 37 Abs. 4 BetrVG (künftig) ohne Einschränkung honoriert werden können. Die Herausforderung einer gesonderten Ausgleichsregelung liegt darin, dass sich die Ausnahmen und Besonderheiten nur schwer in einer gesetzlichen Regelung verallgemeinert festlegen lassen. Vor

---

1717 Vgl. auch *Happe*, S. 166.
1718 Ebenso *Liesenfeld*, S. 165 f., 176.
1719 Vgl. auch *Annuß*, NZA 2018, 134, Fn. 23.

allem ist zu beachten, dass solche speziellen Fälle und die gezeigten Schwierigkeiten nicht in jedem Unternehmen in gleichem Maße oder in gleicher Intensität auftreten.[1720] Gerade in kleineren Betrieben werden sich manche der genannten Probleme kaum oder überhaupt nicht zeigen. Hier wären daher spezielle Lösungen auf Betriebsebene sinnvoller.

Am besten gerecht werden könnte man diesen Punkten deshalb mit einer Art „gemischten" Lösung: Zunächst kann in § 37 BetrVG die Umsetzung des Entgeltausfallprinzips für variable Vergütungsbestandteile erleichtert und zudem die Möglichkeit eröffnet werden, dass persönliche Umstände und Leistungen, die auf dem Betriebsratsamt beruhen, bei einer Entgeltanpassung berücksichtigt werden können. Das soll unabhängig von der Betriebsgröße erfolgen, weil sich Mandatsträger grundsätzlich in allen Betrieben (durch ihr Amt) weiterentwickeln können. Darüber hinaus sollen unternehmens- bzw. betriebsspezifische Lösungen für besondere, dem jeweiligen Betrieb angepasste Fälle ermöglicht werden. Damit können die Unternehmen auf die stetig fortschreitende Professionalisierung der Mandatsträger – auch in der Zukunft – angemessen reagieren und die mit den gestiegenen Anforderungen an Betriebsräte zusammenhängenden Nachteile zum Ausgleich bringen. Diese Entwicklungen und Umstände zeigen sich aber überwiegend nur in großen Betrieben. Für Betriebsräte kleinerer Betriebe ist eine Neuregelung des § 37 Abs. 4 BetrVG ausreichend, falls auch sie sich besonders weiterentwickeln. Daher ist es sinnvoll, hier eine Differenzierung nach der Betriebsgröße vorzunehmen, wobei die Untergrenze bei 2000 Arbeitnehmern angesiedelt werden kann. Weil damit die Besonderheiten in Zusammenhang mit der Professionalisierung aufgefangen werden sollen, scheint der an § 1 Abs. 1 Nr. 2 MitbestG angelehnte Schwellenwert sachgerecht und daher vorzugswürdig.[1721] Ab dieser Betriebsgröße ist zu erwarten, dass auf den Betriebsrat regelmäßig komplexere und umfangreichere Aufgaben zukommen. Das bedeutet dann auch keine unangemessene Benachteiligung von Betriebsräten kleinerer Betriebe.[1722] Eine Differenzierung nach Arbeitsumfang und Leistung ist sachgerecht.

Unter Berücksichtigung aller genannten Umstände empfiehlt es sich, die relevanten Regelungen der §§ 37 und 119 BetrVG teilweise anzupassen. Die Vorschrift des § 38 BetrVG ist dabei allerdings nicht abzuändern, weil die Regelungen des § 37 BetrVG uneingeschränkt auch auf nach § 38 BetrVG freigestellte Betriebsräte anwendbar sind, ohne dass es eines ausdrücklichen Hinweises bedarf. Die weiteren Vergütungsvorschriften können wie folgt geändert werden:

1720 Vgl. *Däubler*, SR 2017, 85, 89.

1721 So auch *Byers*, NZA 2014, 65, 70.

1722 Mit Bedenken aber *Happe*, S. 170.

In § 37 Abs. 2 BetrVG kann die Berechnung des fiktiven Entgeltes der Betriebs-räte mit Einfügung eines Satzes 2 erleichtert werden:[1723]

> „²*Der Berechnung leistungs- und erfolgsbezogener Entgeltbestandteile können auch Leistungen und Erfolge zugrunde gelegt werden, die vergleichbare Arbeitnehmer in dem maßgeblichen Zeitraum erzielt haben.*"

Die Möglichkeit der Berücksichtigung persönlicher Umstände und Leistungen des Betriebsratsmitgliedes bei der Entgeltbemessung kann durch Einfügen eines Satzes 3 in § 37 Abs. 4 BetrVG umgesetzt werden. Dass die für die Entgeltan-passung maßgeblichen Vergleichsarbeitnehmer bzw. der -zeitpunkt im Laufe der Amtszeit dadurch gegebenenfalls neu bestimmt werden können oder sogar müssen, ergibt sich aus der Regelung selbst und bedarf keines gesonderten Hin-weises:

> „³*In die Bemessung des Entgeltes nach Satz 1 und 2 sind persönliche Qualifikationen und Fähigkeiten, die während der Amtszeit erworben werden, zugunsten des Betriebsratsmitglieds einzubeziehen; dabei können auch besondere Leistungen und Fähigkeiten als Betriebsrat berücksichtigt werden.*"

Eine Öffnungsklausel für besondere Fälle der Professionalisierung von Betriebs-räten in den großen Betrieben kann durch Einfügen eines Absatzes 8 nach § 37 Abs. 7 BetrVG erfolgen:

> „*(8) In Betrieben mit mehr als 2000 Arbeitnehmern kann von den Ab-sätzen 1 bis 7 durch Betriebsvereinbarung oder Tarifvertrag zugunsten der Betriebsratsmitglieder abgewichen werden.*"

Im Rahmen einer solchen Vereinbarungslösung könnten unter anderem Aus-gleichszahlungen für betriebsratsbedingte Nachteile in bestimmten Fällen, auch beispielhaft, festgelegt werden. Außerdem wäre es denkbar, im Hinblick auf die Betriebsräte, die aufgrund amtsbedingt neu erworbener Qualifikationen ein höheres Entgelt als zuvor erhalten, den Geltungszeitraum des Tätigkeitsschut-zes des § 37 Abs. 5 BetrVG entsprechend zu anzuheben, um Probleme bei einer Reintegration zu vermeiden. Das kann auch für dauerhaft freigestellte Betriebs-räte erfolgen, obwohl bereits eine Sonderregelung dazu in § 38 Abs. 3 BetrVG besteht.

1723 Vgl. auch den Vorschlag von *Liesenfeld*, S. 176.

Die Verschärfung der strafrechtlichen Sanktionen kann mit einer Änderung des § 119 Abs. 1 Nr. 3 BetrVG erreicht werden.[1724] Hierfür ist die bisherige Regelung in § 119 Abs. 1 Nr. 3 a) BetrVG zu ändern und nachfolgend einzufügen:

> *„b) als Mitglied eines der in Abs. 1 Nr. 3a genannten Gremien eine Begünstigung annimmt oder duldet."*

Für die Erleichterung des Strafantragserfordernisses kann in § 119 Abs. 2 BetrVG folgender Satz 2 eingefügt werden:

> *„[2]In den Fällen des Absatzes 1 Nr. 3 kann die Tat auch auf Antrag eines Mitglieds des betroffenen Gremiums oder mindestens eines Viertels der wahlberechtigten Arbeitnehmer in dem Betrieb verfolgt werden."*

1724 Vgl. auch die Vorschläge von *Happe*, S. 179; *Esser*, S. 226, 228; *Liesenfeld*, S. 175 ff.

Zusammenfassung der Ergebnisse

1. Aufgrund der gestiegenen Anforderungen an die einzelnen Amtsträger zeigt sich heute in den Betrieben eine deutliche Professionalisierung der Betriebsratsarbeit. Diese Entwicklung der Betriebsratätigkeit hat dazu geführt, dass sich im Laufe der Jahre „professionalisierte" bzw. „verberuflichte" Betriebsräte mit erhöhten Leistungsanforderungen und besonderen Qualifikationen, überwiegend in großen Betrieben, herausgebildet haben. Eine objektivierte geltungszeitliche Auslegung hat ergeben, dass der Zweck des Unentgeltlichkeitsgrundsatzes nach § 37 Abs. 1 BetrVG mit dieser Fallgruppe nicht mehr in Einklang zu bringen ist. In einzelnen Ausnahmefällen kann daher aufgrund einer teleologischen Reduktion die Regelung der Unentgeltlichkeit nicht mehr anzuwenden sein.

2. Das allgemeine Benachteiligungs- und Begünstigungsverbot des § 78 S. 2 BetrVG steht mit den konkreten Vergütungsregelungen des § 37 BetrVG in einem Spezialitätsverhältnis. Es wird daher bei Vergütungssachverhalten von den speziellen Vorschriften des § 37 Abs. 1 bis 4 BetrVG verdrängt. Im Rahmen der Vergütung von Betriebsräten findet das allgemeine Verbot lediglich Anwendung bei entsprechenden vertraglichen Vereinbarungen oder Versprechen sowie nach Ablauf der Amtszeit bzw. nach den Geltungszeiträumen der einzelnen Regelungen des § 37 (und § 38) BetrVG. Darüber hinaus sind die Grundsätze des allgemeinen Verbots bei Zweifeln und Auslegung der Vergütungsvorschriften heranzuziehen. Ist eine Benachteiligung oder Begünstigung i. S. d. Vorschrift gegeben, kann sie ausnahmsweise aufgrund eines betrieblichen Brauchs oder anderer sachlicher Gründe sowie auch wegen besonderer amtsbedingter Umstände, die sich auf den Wandel der Betriebsratsarbeit zurückführen lassen, gerechtfertigt sein.

3. Der Grundsatz des Entgeltausfallprinzips nach § 37 Abs. 2 BetrVG ist sowohl auf vorübergehend von der Arbeit befreite Betriebsräte als auch auf nach § 38 BetrVG dauerhaft freigestellte Betriebsratsmitglieder anwendbar. Die Entgeltberechnung kann nicht pauschal für alle Fälle gleich erfolgen. Die Vielzahl von möglichen Vergütungsarten und -formen sind in jedem Einzelfall gesondert zu betrachten und jeder Entgeltbestandteil ist entsprechend seinen Besonderheiten zu beurteilen. Aufgrund der Schwierigkeiten der Bemessung bei manchen Entgeltbestandteilen wird dem Arbeitgeber ein Beurteilungsspielraum eingeräumt.

4. Im Rahmen der Anpassung des Entgeltes von Betriebsräten an die berufliche Entwicklung vergleichbarer Arbeitnehmer nach § 37 Abs. 4 S. 1 BetrVG kann in besonderen Fällen ausnahmsweise auch die Sonderkarriere einer Vergleichsperson maßgeblich sein. Subjektive Umstände des Betriebsratsmitgliedes können in Einzelfällen in die Entgeltbemessung mit einbezogen werden. Dabei können auch persönliche Qualifikationen und Leistungen der Mandatsträger berücksichtigt werden. Bei amtsbedingten Entwicklungen ist für ihre Einbeziehung allerdings danach zu unterscheiden, ob es sich um den Fall eines „professionalisierten" Betriebsratsmitgliedes handelt. Bei diesen ist eine direkte Berücksichtigung

ausnahmsweise möglich. Bei den anderen Betriebsräten können persönliche, auf dem Amt basierende Umstände zumindest als Indiz für eine besondere berufliche Entwicklung dienen. Bei der Beurteilung der Entgeltanpassung ist dem Arbeitgeber aufgrund der bestehenden Schwierigkeiten bei der Bemessung und der verbleibenden Unsicherheiten ein Einschätzungs- und Beurteilungsspielraum zuzugestehen.

5. Der nach § 37 Abs. 3 S. 3 BetrVG für Betriebsratstätigkeit außerhalb der Arbeitszeit zu gewährende Ausgleich in Geld kann unter Umständen auch pauschaliert erfolgen. Unabhängig davon können Mandatsträger bei Bestehen besonderer Gründe in Einzelfällen eine Zahlung mit Entgeltcharakter zum Ausgleich spezieller mit dem Amt verbundener Nachteile erhalten. Das ist vor allem für die besondere Haftungssituation einzelner Betriebsratsmitglieder sowie bei Einbußen in den Sonderfällen „verberuflichter" Betriebsräte möglich. Das Entgelt von Mandatsträgern kann sich außerdem durch eine tatsächliche Versetzung auf einen anderen Arbeitsplatz erhöhen, wenn das in Einklang mit § 37 Abs. 5 BetrVG bzw. dem allgemeinen Verbot des § 78 S. 2 BetrVG steht.

6. Neben der ohnehin zulässigen Möglichkeit von ergänzenden Regelungen zur Durchführung der Vergütung können in Betriebsvereinbarungen auch weitere zulässige Fälle, wie die „professionalisierter" Betriebsratsmitglieder oder besondere Ausgleichszahlungen aufgrund amtsbedingter Nachteile sowie spezielle Rechtfertigungsgründe im Rahmen des § 78 S. 2 BetrVG geregelt werden. Diese Ausnahmen müssen in der betrieblichen Vereinbarung ausdrücklich festgelegt und eindeutig bestimmt sein.

7. Strafrechtliche Konsequenzen können sich für den Arbeitgeber aus § 119 Abs. 1 Nr. 3 BetrVG ergeben, die wegen eines Tatbestandsirrtums oder gegebenenfalls auch Verbotsirrtums des Handelnden ausscheiden können. Eine Strafbarkeit wegen Untreue nach § 266 StGB ist aufgrund der Rechtsprechungsänderung des BGH abzulehnen. Die Betriebsratsmitglieder können sich allenfalls in der Begehungsform der Anstiftung (§ 26 StGB) oder Beihilfe (§ 27 StGB) der Tat nach § 119 Abs. 1 Nr. 3 BetrVG strafbar machen, wenn sie über die bloße Entgegennahme einer Begünstigung hinausgehen.
Eine Haftung von Vorstandsmitgliedern nach § 93 Abs. 2 AktG kann bei zu hohen Zahlungen an Betriebsräte bei einer nicht eindeutigen Rechtssituation ausnahmsweise wegen mangelnder Pflichtverletzung ausscheiden, wenn das Vorstandsmitglied seine Entscheidung nach sorgfältiger Abwägung für rechtmäßig halten durfte.

8. Aufgrund des Wandels der Betriebsratstätigkeit sind die derzeit bestehenden Regelungen zur Vergütung von Betriebsräten nicht mehr in vollem Umfang zeitgemäß. Es besteht gesetzgeberischer Reformbedarf. Die Vorschrift des § 37 BetrVG sowie die Strafvorschrift des § 119 BetrVG sind teilweise zu ändern bzw. zu ergänzen.

Literaturverzeichnis

Aden, Menno	Lohnzuschläge für hypothetische Arbeit des freigestellten Betriebsratsmitgliedes, RdA 1980, 256–260.
Annuß, Georg	Das System der Betriebsratsvergütung, NZA 2018, 134–138.
Annuß, Georg/ *Lembke, Mark*	Aktienoptionspläne der Konzernmutter und arbeitsrechtliche Bindungen, BB 2003, 2230–2234.
Ascheid, Reiner/ *Preis, Ulrich/* *Schmid, Ingrid*	Kündigungsrecht, Großkommentar zum gesamten Recht der Beendigung von Arbeitsverhältnissen, 5. Auflage 2017 (zit. APS/*Bearbeiter*).
Ballauf, Helga	Transparenz statt Tabu, AiB 2014, 62–64.
Bamberger, Heinz Georg/ *Roth, Herbert (Hrsg.)*	Kommentar zum Bürgerlichen Gesetzbuch, Band 2, §§ 611–1296, AGG, ErbbauRG, WEG, 3. Auflage 2012 (zit. Bamberger/Roth/*Bearbeiter*).
Bayreuther, Frank	Die „betriebsübliche" Beförderung des freigestellten Betriebsratsmitglieds, NZA 2014, 235–237. Sach- und Personalausstattung des Betriebsrats, Eine Betrachtung vor dem Hintergrund des betriebsverfassungsrechtlichen Begünstigungsverbots, NZA 2013, 758–764.
Beck, Thorsten	Das Betriebsratsamt als Ehrenamt – Anmerkung zur Diskussion über die Vergütung von Betriebsratsmitgliedern, in: Wendeling-Schröder, Ulrike (Hrsg.), Die Arbeitsbedingungen des Betriebsrats, 2014, S. 14–26.
Becker-Schaffner, Reinhard	Die Rechtsprechung zur Freistellung von Betriebsratsmitgliedern gemäß § 38 BetrVG, BB 1982, 498–503.
Behrens, Martin	Die Arbeit des Betriebsrats in komplexen Gremienstrukturen, WSI Mitteilungen 2005, 638–644.
Bell, Regina/ *Helm, Rüdiger*	Der BGH zur Haftung von Betriebsratsmitgliedern – Widerspruch aus München, ArbRAktuell 2013, 39–44.
Belling, Detlev W.	Die Haftung des Betriebsrats und seiner Mitglieder für Pflichtverletzungen, 1990.
Belling, Detlev W./ *Hartmann, Christian*	Ausschluß der Entgeltfortzahlung durch hypothetische Nichtleistung?, ZfA 1994, 519–544.
Bengelsdorf, Peter	Sitzungen im Schichtbetrieb, AuA 2001, 71–73. Freizeitausgleich für teilzeitbeschäftigte Betriebsratsmitglieder, NZA 1989, 905–915.
Benkert, Daniel	Vergütung von Betriebsräten, NJW-Spezial 2018, 50–51.

Literaturverzeichnis

Beule, Jutta	Die arbeitsvertragliche Stellung des nach § 37 Abs. 2 BetrVG gelegentlich befreiten Betriebsratsmitglieds, 1992.
Bittmann, Barbara / *Mujan, Susanne*	Compliance – Brennpunkt „Betriebsratsvergütung" (Teil 1), BB 2012, 637 – 640.
	Compliance – Brennpunkt „Betriebsratsvergütung" (Teil 2): Nur Einstellung oder auch Rückforderung unzulässiger Begünstigungen? – Fortsetzung des Aufsatzes in BB 2012, 634, BB 2012, 1604 – 1607.
Blattner, Jessica	Die Vergütung von Betriebsratsmitgliedern vor und nach der Betriebsratswahl, NZA 2018, 129 – 133.
Blomeyer, Wolfgang	Das Übermaßverbot im Betriebsverfassungsrecht, in: Gamillscheg, Franz / Hueck, Götz / Wiedemann, Herbert (Hrsg.), 25 Jahre Bundesarbeitsgericht, 1979, S. 17 – 36 (zit. *Blomeyer*, FS 25 Jahre BAG).
Boecken, Winfried / *Düwell, Franz Josef /* *Diller, Martin /* *Hanau, Hans (Hrsg.)*	Gesamtes Arbeitsrecht, Band 1, 2016 (zit. BDDH / *Bearbeiter*).
Boemke, Burkhard	Anmerkung zu BAG Beschl. v. 13.11.1991 – 7 ABR 5 / 91, AP BetrVG 1972 § 37 Nr. 80.
Brox, Hans / *Rüthers, Bernd*	Arbeitskampfrecht, Ein Handbuch für die Praxis, 2. Auflage 1982.
Butz, Benjamin / *Preedy, Kara*	Boni trotz Fehlzeiten?, AuA 2010, 578 – 580.
Bydlinski, Franz	Juristische Methodenlehre und Rechtsbegriff, 2. Auflage 1991.
Byers, Philipp	Die Höhe der Betriebsratsvergütung, Eine Kritische Auseinandersetzung mit der Rechtslage, NZA 2014, 65 – 71.
Chen, Ming-Huei	Zum Schutz der Repräsentanten der Arbeitnehmer im Recht der Betriebsverfassung und der Unternehmensmitbestimmung, 1995.
Cosack, Katrin	Betriebsratskorruption: Co-Manager ohne rechtliche Verantwortung, ZRP 2016, 177 – 180.
Dannecker, Gerhard	Der strafrechtliche Schutz der betriebsverfassungsrechtlichen Organe und ihrer Mitglieder, in: Heinze, Meinhard / Schmitt, Jochem, Festschrift für Wolfgang Gitter zum 65. Geburtstag, 1995, S. 167 – 193 (zit. *Dannecker*, FS Gitter).

Däubler, Wolfgang	Unabhängigkeit des Betriebsrats trotz Gegnerfinanzierung? – Probleme der Vergütung von Betriebsratsmitgliedern, SR 2017, 85–110.
Däubler, Wolfgang / Hjort, Jens Peter / Schubert, Michael / Wolmerath, Martin (Hrsg.)	Arbeitsrecht, Individualarbeitsrecht mit kollektivrechtlichen Bezügen, Handkommentar, 4. Auflage 2017 (zit. HK-ArbR / *Bearbeiter*).
Däubler, Wolfgang / Kittner, Michael / Klebe, Thomas / Wedde, Peter (Hrsg.)	BetrVG, Betriebsverfassungsgesetz, Kommentar für die Praxis mit Wahlordnung und EBR-Gesetz, 16. Auflage 2018 (zit. DKKW / *Bearbeiter*).
Denecke, Frauke	Freigestellte Betriebsratsmitglieder, Das Problem der angemessenen Vergütung, AuA 2006, 24–27.
Dietz, Rolf	Anspruchskonkurrenz bei Vertragsverletzung und Delikt, 1934.
Dornbusch, Gregor / Fischermeier, Ernst / Löwisch, Manfred (Hrsg.)	AR, Kommentar zum gesamten Arbeitsrecht, 8. Auflage 2016 (zit. DFL / *Bearbeiter*).
Düwell, Franz Josef	Betriebsverfassungsgesetz, Handkommentar, 5. Auflage 2018 (zit. Düwell / *Bearbeiter*).
Dzida, Boris	Die persönliche Haftung von Betriebsratsmitgliedern nach § 179 BGB, NJW 2013, 433–435.
Dzida, Boris / Mehrens, Christian	Straf- und haftungsrechtliche Risiken im Umgang mit dem Betriebsrat, NZA 2013, 753–758.
Eich, Rolf-Achim	Freizeitausgleich für Betriebsratstätigkeit außerhalb der Arbeitszeit, BB 1974, 1443–1445.
Engisch, Karl	Einführung in das juristische Denken, 11. Auflage 2010 (zit. *Engisch*, Einführung).
	Die Idee der Konkretisierung in Recht und Rechtswissenschaft unserer Zeit, 2. Auflage 1968 (zit. *Engisch*, Die Idee der Konkretisierung).
Esser, Patrick	Die Begünstigung von Mitgliedern des Betriebsrats, 2013.
Fahrtmann, Friedhelm	Der gerechte Betriebsratslohn – Funktionswandel in der Betriebsratsarbeit und Entgeltgerechtigkeit –, in: Fahrtmann, Friedhelm / Hanau, Peter / Isenhardt, Udo / Preis, Ulrich (Hrsg.), Arbeitsgesetzgebung und Arbeitsrechtsprechung, Festschrift zum 70. Geburtstag von Eugen Stahlhacke, 1995, S. 115–127 (zit. *Fahrtmann*, FS Stahlhacke).

Fitting, Karl (Begr.)	Betriebsverfassungsgesetz mit Wahlordnung, Handkommentar, 29. Auflage 2018.
Fischer, Thomas	Strafgesetzbuch und Nebengesetze, 65. Auflage, 2018.
Fischer, Ulrich	Das Ehrenamtsprinzip der Betriebsverfassung „post Hartzem" – revisited, NZA 2014, 71–74.
	Das Ehrenamtsprinzip der Betriebsverfassung „post Hartzem" – antiquiert oder Systemerfordernis?, NZA 2007, 484–489.
	Korruptionsbekämpfung in der Betriebsverfassung, BB 2007, 997–1001.
Frahm, Sebastian / *Koch, Jochen*	Risiken überhöhter Betriebsratsvergütung, ArbRAktuell 2010, 468–471.
Franke, Dietmar	Die Grundsätze über die Amtsführung der Betriebsratsmitglieder, SPA 2014, 28–31.
	Abfindungszahlungen an Betriebsratsmitglieder, SPA 2012, 137–138.
Franzen, Martin	Professionalisierung der Betriebsratsarbeit – Abschied vom Ehrenamt?, in: Rieble, Volker / Junker, Abbo (Hrsg.), Unternehmensführung und betriebliche Mitbestimmung, 4. ZAAR-Kongress, 2008, S. 48–75 (zit. *Franzen*, ZAAR-Kongress).
	Zwingende Wirkung der Betriebsverfassung, NZA 2008, 250–255.
Frey, Dieter / *Streicher, Bernd*	Co-Management und Rollenkonflikt des Betriebsrats, in: Rieble, Volker / Junker, Abbo (Hrsg.), Unternehmensführung und betriebliche Mitbestimmung, 4. ZAAR-Kongress, 2008, S. 87–107.
Fritz, Hans-Joachim	Haftungsbegrenzung bei Führungskräften, NZA 2017, 673–679.
Fritz, Fabricius	Betriebsverfassungsgesetz, Gemeinschaftskommentar, Band II: §§ 74 – 132 mit Kommentierung des BetrVG und Sozialgesetzes, 3. Bearbeitung, 1985 (zit. Fritz / *Bearbeiter*).
Fuchs, Maximilian / *Marhold, Franz*	Europäisches Arbeitsrecht, Handbuch, 5. Auflage 2018.
Fuchs, Maximilian / *Reichold, Hermann*	Tarifvertragsrecht, 2. Auflage 2006.
Gamillscheg, Franz	Kollektives Arbeitsrecht, Band II: Betriebsverfassung, 2008.
Gaul, Björn	Berechnung leistungs- oder erfolgsbezogener Jahressonderzahlungen bei Betriebsratsmitgliedern, BB 1998, 101–105.

Galperin, Hans/ *Löwisch, Martin*	Kommentar zum Betriebsverfassungsgesetz, Band I: Organisation der Betriebsverfassung (§§ 1–73 und Wahlordnung), 6. Auflage 1982.
Genosko, Joachim	Zur Dezentralisierung der Tarifpolitik: Eine Analyse anhand des Subsidiaritätsprinzips, in: Diskussionsbeiträge der Katholischen Universität Eichstätt, Wirtschaftswissenschaftlichen Fakultät Ingolstadt, Nr. 81, 1996 (zit. *Genosko*, Dezentralisierung der Tarifpolitik).
	Globalisierung und regionale Restrukturierung, in: Diskussionsbeiträge der Katholischen Universität Eichstätt, Wirtschaftswissenschaftlichen Fakultät Ingolstadt, Nr. 93, 1997 (zit. *Genosko*, Globalisierung).
Georgi, Felicitas	Das Ehrenamtsprinzip in der Betriebsverfassung, 2017.
Georgiades, Apostolos	Die Anspruchskonkurrenz im Zivilrecht und Zivilprozessrecht, 1967.
Göpfert, Burkard/ *Fellenberg, Katharina/* *Klarmann, Philipp*	Leistungsbezogene Vergütung für teilfreigestellte Betriebsratsmitglieder, DB 2009, 2041–2045.
Graf, Walther/ *Link, Holger*	Überhöhte Betriebsratsvergütung – kein neues Betätigungsfeld für Steuerfahnder, NJW 2009, 409–412.
Greiner, Stefan	Mindestlohn und Ehrenamt, NZA 2015, 285–286.
Greßlin, Martin	Teilzeitbeschäftigte Betriebsratsmitglieder, 2004.
Gutzeit, Martin	Das arbeitsrechtliche System der Lohnfortzahlung, 2000.
Happe, Nico H.	Die persönliche Rechtsstellung von Betriebsräten, 2017.
Haußmann, Katrin	Einem freigestellten Betriebsrat ist das Arbeitsentgelt fortzuzahlen, orientiert an der Arbeitszeit seiner hypothetischen Arbeitstätigkeit, Anmerkung zu BAG Urt. v. 25.10.2017 – 7 AZR 731/15, ArbRAktuell 2018, 189.
Heinrich, Christian	Das Insolvenzarbeitsrecht – ein Weg aus der Krise?, 2004 (zit. *Heinrich*, Insolvenzarbeitsrecht).
	Formale Freiheit und materiale Gerechtigkeit, 2000 (zit. *Heinrich*, Formale Freiheit).
	Einführung in das Arbeitsvertragsrecht, JuS 1998, S. 97–106.
	Die Beweislast bei Rechtsgeschäften, 1996 (zit. *Heinrich*, Beweislast).
Hennecke, Rudolf	Bemessung von Arbeitsentgelt und allgemeinen Zuwendungen für freigestellte Betriebsräte, BB 1986, 936–941.
	Die Bemessung von Arbeitsentgelt und allgemeinen Zuwendungen freigestellter Betriebsräte, RdA 1986, 241–246.

Literaturverzeichnis

Henssler, Martin / *Willemsen, Heinz Josef /* *Kalb, Heinz-Jürgen (Hrsg.)*	Arbeitsrecht Kommentar, 7. Auflage 2016 (zit. HWK / *Bearbeiter*).
Hess, Harald / *Worzalla, Michael /* *Glock, Dirk /* *Nicolai, Andrea /* *Rose, Franz-Josef /* *Huke, Kristina*	BetrVG Kommentar, 10. Auflage 2018 (zit. HWGNRH / *Bearbeiter*).
v. Hoyningen-Huene, *Gerrick*	Betriebsverfassungsrecht, 6. Auflage 2007. Mit dem Betriebsrat in die 90er Jahre, NZA 1991, 7 – 11.
Hölters, Wolfgang (Hrsg.)	Aktiengesetz, Kommentar, 3. Auflage 2017 (zit. Hölters / *Bearbeiter*).
Huber, Peter	Irrtumsanfechtung und Sachmängelhaftung, Eine Studie zur Konkurrenzfrage vor dem Hintergrund der internationalen Vereinheitlichung des Vertragsrechts, 2001.
Hunold, Wolf	Zur Strafbarkeit der Begünstigung von Betriebsratsmitgliedern, SPA 2012, 27 – 30. Qualifikation des Betriebsrats entscheidend, AuA 2002, 451 – 454.
Ignor, Alexander / *Mosbacher, Andreas*	Handbuch Arbeitsstrafrecht, Personalverantwortung als Strafbarkeitsrisiko, 3. Auflage 2016 (zit. HdB-ArbStrafR / *Bearbeiter*).
Jacobs, Matthias / *Frieling, Tino*	Betriebsratsvergütung, Grundlagen und Grenzen der Bezahlung freigestellter Betriebsratsmitglieder, ZfA 2015, 241 – 265. Betriebsratsvergütung bei arbeitszeitunabhängiger Provision, NZA 2015, 513 – 520.
Joecks, Wolfgang / *Miebach, Klaus (Hrsg.)*	Münchener Kommentar zum Strafgesetzbuch, Band 1, §§ 1 – 37, 3. Auflage 2017 (zit. MüKoStGB / *Bearbeiter*). Münchener Kommentar zum Strafgesetzbuch, Band 5, §§ 263 – 358, 2. Auflage 2014 (zit. MüKoStGB / *Bearbeiter*). Münchener Kommentar zum Strafgesetzbuch, Band 7, Nebenstrafrecht II, 2. Auflage 2015 (zit. MüKoStGB / *Bearbeiter*).
Joussen, Jacob	Der Betriebsrat und die Privatnutzung eines Dienstwagens, NZA 2018, 139 – 143.
Kappenhagen, Markus O.	Lohnausfallprinzip und Bezugsmethode, Die Möglichkeiten zur Berechnung des Vergütungsanspruchs bei nicht geleisteter Arbeit, 1991.

Kehrmann, Karl	Pauschalierung von Vergütungs- und Kostenerstattungsansprüchen der Betriebsratsmitglieder, in: Anzinger, Rudolf / Wank, Rolf (Hrsg.), Entwicklungen im Arbeitsrecht und Arbeitsschutzrecht, Festschrift für Otfried Wlotzke zum 70. Geburtstag, 1996, S. 357 – 379 (zit. *Kehrmann*, FS Wlotzke).
Keilich, Jochen	Die Bemessung der Betriebsratsvergütung – Gut gemeint ist das Gegenteil von gut, BB 2014, 2229 – 2233.
Klebe, Thomas	Betriebsrat 4.0 – Digital und global?, NZA-Beilage 2017, 77 – 84. Die Zukunft der Betriebsratsarbeit, AiB 2006, 558 – 565.
Klocke, Daniel Matthias	Überblick über die Konkurrenzen im Bürgerlichen Recht, JA 2013, 581 – 584.
Knipper, Claudia	Das Arbeitsverhältnis des freigestellten Betriebsratsmitgliedes, 1992.
Krug, Björn / Rathgeber, Christian	Die untreuerelevante Vermögensbetreuungspflicht für Betriebsratsmitglieder bei der Beauftragung externer Berater, ArbRAktuell 2017, 266 – 268.
Krumm-Mauermann, Claudia	Rechtsgüterschutz durch die Straf- und Bußgeldbestimmungen des Betriebsverfassungsgesetzes, Eine Abhandlung unter Berücksichtigung rechtsdogmatischer und rechtstatsächlicher Aspekte, 1990.
Kutsch, Stefan	Schutz des Betriebsrats und seiner Mitglieder, 1993.
Küttner, Wolfdieter (Begr.) / Röller, Jürgen (Hrsg.)	Personalbuch 2018, Arbeitsrecht, Lohnsteuerrecht, Sozialversicherungsrecht, 25. Auflage, 2018 (zit. Küttner / *Bearbeiter*, Stichwort).
Larenz, Karl	Methodenlehre der Rechtswissenschaft, 6. Auflage, 1991.
Latzel, Clemens	Rechtsirrtum und Betriebsratsbenachteiligung, wistra 2013, 334 – 341.
Liesenfeld, Jan	Probleme der Betriebsratsvergütung de lege lata und de lege ferenda, in: Annuß, Georg / Juds, Annika, Linklaters Employment Academy 2014, Wissenschaft trifft Praxis: Arbeitsrecht, 2015, S. 131 – 178.
Lipp, Heidrun	Honorierung und Tätigkeitsschutz von Betriebsratsmitgliedern, 2008.
Löwisch, Manfred / Kaiser, Dagmar (Hrsg.)	Kommentar BetrVG, Betriebsverfassungsgesetz, Band 1: §§ 1 – 73b und Wahlordnung, 7. Auflage 2017. Betriebsverfassungsgesetz, Kommentar, 6. Auflage 2010.

Löwisch, Manfred / Angemessene arbeitsvertragliche Vergütung von Betriebsrats-
Rügenhagen, Jens mitgliedern mit Führungsfunktionen, DB 2008, 466–467.

Lunk, Stefan / Die Haftung des Betriebsrats und seiner Mitglieder. Eine Kri-
Rodenbusch, Vincent tik am Haftungsmodell des BGH, NJW 2014, 1989–1994.

Maschmann, Frank Mitbestimmung 4.0, 31. Passauer Arbeitsrechtssymposion,
NZA-Beilage 2017, 73–74.

Misera, Karlheinz Besteuerung der Nachtzuschläge freigestellter Betriebsratsmitglieder, Anmerkung zu BAG Urt. v. 29.7.1980 – 6 AZR
231/78, SAE 1982, 69–76.

Moll, Wilhelm Münchener Anwaltshandbuch Arbeitsrecht, 4. Auflage 2017
(zit. MAHArbR/*Bearbeiter*).

Moll, Wilhelm / Pauschale Zahlungen an Betriebsräte?, NZA 2012, 57–62.
Roebers, Dorothea

Müller, Stefan / Die Haftung des Betriebsrats und der Betriebsratsmitglieder,
Jahner, Kristina BB 2013, 440–444.

Müller-Glöge, Rudi / Erfurter Kommentar zum Arbeitsrecht, 18. Auflage 2018
Preis, Ulrich / (zit. ErfK/*Bearbeiter*).
Schmidt, Ingrid (Hrsg.)

Natzel, Ivo Rechtsstellung des freigestellten Betriebsratsmitglieds, NZA
2000, 77–81.

Nebeling, Martin / Risk Management: Vergütung freigestellter Betriebsratsmit-
Hey, Thomas glieder, BB 2018, Die erste Seite, Nr. 9.

Niemeyer, Edzard / Betriebsratsarbeit als Co-Management, Versuch der Neube-
Rapp, Thomas wertung eines belasteten Begriffs, AiB 2001, 473–478.

Neef, Klaus Vergütung und berufliche Entwicklung freigestellter Betriebsratsmitglieder, in: Sozialer Dialog in der Krise – Social
dialogue in crisis?, Liber amicorum Ulrike Wendeling-Schröder, 2009, S. 97–105 (zit. *Neef*, FS Wendeling-Schröder).

Ott, Edward E. Die Methode der Rechtsanwendung, 1979.

Palandt, Otto Bürgerliches Gesetzbuch mit Nebengesetzen, 77. Auflage
2018 (zit. Palandt/*Bearbeiter*).

Pasewaldt, David Straftaten gegen Betriebsverfassungsorgane und ihre Mitglieder gem. § 119 BetrVG, ZIS 2007, 75–81.

Pawlak, Klaus / Betriebsverfassungsrecht, 2. Auflage 2014.
Ruge, Jan

Peter, Gabriele Ehrenkodex für Betriebsräte, FA 2010, 73–76.

Pflüger, Norbert	Vorschläge für ein Vergütungsmodell für Betriebsräte – Abschied vom Ehrenamt?, BB 2007, Editorial Heft 41.
Pohl, Hans	Mitbestimmung und Betriebsverfassung in Deutschland, Frankreich und Großbritannien seit dem 19. Jahrhundert, ZUG 1996, Beiheft 92.
Polzer, Alexandra / *Helm, Rüdiger*	Behinderung der Betriebsratstätigkeit, Ein Fall für den Staatsanwalt, AiB 2000, 133 – 139.
Purschwitz, Laura	Das betriebsverfassungsrechtliche Benachteiligungs- und Begünstigungsverbot nach § 78 Satz 2 BetrVG, 2015.
Reichold, Hermann	Die reformierte Betriebsverfassung 2001. Ein Überblick über die neuen Regelungen des Betriebsverfassungs-Reformgesetzes, NZA 2001, 857 – 865.
Reimer, Franz	Juristische Methodenlehre, 2016.
Richardi, Reinhard (Hrsg.)	Betriebsverfassungsgesetz mit Wahlordnung, Kommentar, 16. Auflage 2018 (zit. Richardi / *Bearbeiter*). Anmerkung zu BAG Beschl. v. 22.05.1973 – 1 ABR 2 / 73, AP BetrVG 1972 § 38 Nr. 2.
Richardi, Reinhard / *Wlotzke, Otfried /* *Wißmann, Hellmut /* *Oetker, Hartmut (Hrsg.)*	Münchener Handbuch zum Arbeitsrecht, Band 1, Individualarbeitsrecht, 3. Auflage 2009 (zit. MünchArbR / *Bearbeiter*). Münchener Handbuch zum Arbeitsrecht, Band 2, Kollektivarbeitsrecht / Sonderformen, 3. Auflage 2009 (zit. MünchArbR / *Bearbeiter*).
Rid, Claudia / *Triemel, Martin*	Vergütung von Betriebsräten, AuA 2011, 482 – 484.
Rieble, Volker	Betriebsratsbegünstigung und Betriebsausgabenabzugsverbot, BB 2009, 1612 – 1619. Führungsrolle des Betriebsrats und Corporate Governance, in: Rieble, Volker / Junker, Abbo (Hrsg.), Unternehmensführung und betriebliche Mitbestimmung, 4. ZAAR-Kongress, 2008, S. 9 – 45 (zit. *Rieble*, ZAAR-Kongress). Die Betriebsratsvergütung, NZA 2008, 276 – 280.
Rieble, Volker	Gewerkschaftsbestechung?, CCZ 2008, 121 – 130. Untreue durch Zahlung einer gesetzlich nicht vorgesehenen Vergütung an Betriebsratsmitglieder, Anmerkung zu LAG Braunschweig Urt. v. 25.1.2007 – 6 KLs 48 / 06, CCZ 2008, 32 – 37.
Rieble, Volker / *Klebeck, Ulf*	Strafrechtliche Risiken der Betriebsratsarbeit, NZA 2006, 758 – 769.

Röhrborn, Stefan	Betriebsratsvergütung und Lohnausfallspinzip – Heiligenschein oder scheinheilig?, ArbRAktuell 2015, 573–576.
Rolfs, Christian/ Giesen, Richard/ Kreikebohm, Ralf/ Udsching, Peter (Hrsg.)	Beck'scher Online-Kommentar Arbeitsrecht, 47. Edition 2018 (zit. BeckOK-ArbR/*Bearbeiter*).
Rüthers, Bernd	VW: Gemeinsamer Verrat an der Mitbestimmung?, NJW 2007, 195–197.
	Zum Arbeitsentgelt des Betriebsrates, RdA 1976, 61–64.
Sax, Walter	Die Strafbestimmungen des Betriebsverfassungsrechts, 1975.
Säcker, Franz Jürgen/ Rixecker, Roland/ Oetker, Hartmut/ Limperg, Bettina (Hrsg.)	Münchener Kommentar zum Bürgerlichen Gesetzbuch, Band 1, Allgemeiner Teil, 7. Auflage 2015 (zit. MüKoBGB/*Bearbeiter*).
	Münchener Kommentar zum Bürgerlichen Gesetzbuch, Band 4, Schuldrecht – Besonderer Teil II, 7. Auflage 2016 (zit. MüKoBGB/*Bearbeiter*).
Schaub, Günter (Begr.)	Arbeitsrechts-Handbuch, Systematische Darstellung und Nachschlagewerk für die Praxis, 17. Auflage 2017 (zit. Schaub/*Bearbeiter*).
Schemmel, Alexander/ Slowinski, Peter	Notwendigkeit von Criminal Compliance im Bereich der Betriebsratstätigkeit, BB 2009, 830–833.
Schlösser, Jan	Zur Strafbarkeit des Betriebsrates nach § 119 BetrVG – ein Fall straffreier notwendiger Teilnahme?, NStZ 2007, 562–566.
Schmidt, Esther	Der Verzicht auf betriebsverfassungsrechtliche Befugnisse, 1997.
Schmucker, Timo	Die strafrechtliche Organ- und Vertreterhaftung, ZIS 2011, 30–37.
Schneider, Wolfgang	Arbeitsentgelt/ und Berufsschutz freigestellter Betriebsratsmitglieder, NZA 1984, 21–24.
Schweibert, Ulrike/ Buse, Sandra	Rechtliche Grenzen der Begünstigung von Betriebsratsmitgliedern – Schattenbosse zwischen „Macht und Ohnmacht", NZA 2007, 1080–1086.
Sparchholz, Karsten/ Trümner, Ralf	Die strafrechtliche Verantwortung von Betriebsratsmitgliedern, Typische Fallkonstellationen und ihre strafrechtlichen Risiken, Arbeitspapier 173 der Hans-Böckler-Stiftung, 2009.
v. Steinau-Steinrück, Robert/ Kuntzsch, Anton	Vergütung von Betriebsratsmitgliedern, NJW-Spezial 2017, 754–755.

Sturm, Daniel	Die Vergütung freigestellter und dauerhaft von der Arbeit befreiter Betriebsratsmitglieder unter besonderer Berücksichtigung der Gestaltungsmöglichkeiten, 2016.
Stück, Volker	Die richtige Vergütung von Betriebsratsmitgliedern – der Arbeitgeber zwischen Skylla und Charybdis, ArbRAktuell 2017, 512–514.
Uffmann, Katharina	Anmerkung zu BGH Urt. v. 25.10.2012 – III ZR 266/11, AP BetrVG 1972 § 40 Nr. 110.
Waas, Bernd	Betriebsrat und Arbeitszeit, Pauschale Abgeltung und Freistellung über das Gesetz hinaus, 2012.
Wank, Rolf	Die Auslegung von Gesetzen, 6. Auflage 2015.
Weinspach, Friedrich Karl	§ 37 Abs. 1 BetrVG – ist das Ehrenamtsprinzip noch zeitgemäß?, in: Hönn, Günther/Oetker, Hartmut/Raab, Thomas, Festschrift für Peter Kreutz zum 70. Geburtstag, 2010, S. 485–497 (zit. Weinspach, FS Kreutz).
Weismann, Stefan	Arbeitsrecht: Das unterbezahlte Betriebsratsmitglied, JuS 1987, 971–976.
Weiss, Manfred	Anmerkung zu BAG Urt. v. 19.5.1983 – 6 AZR 290/81, AP BetrVG 1972 § 37 Nr. 44.
Weiss, Manfred/ Weyand, Joachim	Betriebsverfassungsgesetz, 3. Auflage 1994.
Wendeling-Schröder, Ulrike (Hrsg.)	Die Arbeitsbedingungen des Betriebsrats, 2014.
	Die Haftung des Betriebsrats, in: Wendeling-Schröder, Ulrike (Hrsg.), Die Arbeitsbedingungen des Betriebsrats, 2014, S. 67–75.
Wiebauer, Bernd	Kosten der privaten Lebensführung als Kosten der Betriebsratsarbeit, BB 2011, 2104–2109.
Wiese, Günther	Anmerkung zu BAG Urt. v. 5.5.2010 – 7 AZR 728/08, AP BetrVG 1972 § 37 Nr. 147.
Wiese, Günther/ Kreutz, Peter/ Oetker, Hartmut/ Raab, Thomas/ Weber, Christoph/ Franzen, Martin/ Gutzeit, Martin/ Jacobs, Matthias	Gemeinschaftskommentar zum Betriebsverfassungsgesetz, Band I: §§ 1–73b mit Wahlordnungen und EBRG, 11. Auflage 2018 (zit. GK-BetrVG/*Bearbeiter*).
	Gemeinschaftskommentar zum Betriebsverfassungsgesetz, Band II: §§ 74–132, 11. Auflage 2018 (zit. GK-BetrVG/*Bearbeiter*).

Literaturverzeichnis

Wiese, Günther / *Kreutz, Peter /* *Oetker, Hartmut /* *Raab, Thomas /* *Weber, Christoph /* *Franzen, Martin /* *Gutzeit, Martin /* *Jacobs, Matthias*	Gemeinschaftskommentar zum Betriebsverfassungsgesetz, Band I: §§ 1 – 73b mit Wahlordnungen und EBRG, 10. Auflage 2014 (zit. GK-BetrVG / *Bearbeiter*, 10. Auflage 2014). Gemeinschaftskommentar zum Betriebsverfassungsgesetz, Band II: §§ 74 – 132, 10. Auflage 2014 (zit. GK-BetrVG / *Bearbeiter*, 10. Auflage 2014).
Witt, Carsten	Die betriebsverfassungsrechtliche Kooperationsmaxime und der Grundsatz von Treu und Glauben, 1987.
Wlotzke, Otfried / *Preis, Ulrich /* *Kreft, Burghard*	Betriebsverfassungsgesetz, 4. Auflage 2009 (zit. WPK / *Bearbeiter*).
Würdinger, Markus	Das Ziel der Gesetzesauslegung – ein juristischer Klassiker und Kernstreit der Methodenlehre, JuS 2016, 1 – 6.
Zimmermann, Gernot	Strafrechtliche Risiken der Betriebsratstätigkeit, ArbRAktuell 2014, 278 – 282.
Zumkeller, Alexander R. / *Lüber, Sandra*	Der Betriebsrat als „Arbeitgeber" – Umfang und Grenzen des Weisungsrechts gegenüber im Betriebsratsbereich beschäftigtem Büropersonal, BB 2008, 2067 – 2072.